Schopenhauer ist kein Champion der akademischen Philosopie, doch umso größer war von Anfang an seine Wirkung jenseits akademischer Profession: Ein Verspäteter eigentlich, der an der Philosophie als Weltweisheit festhielt und gerade deshalb immer seine Leser finden sollte. Rüdiger Safranskis hoch gelobte Biographie dieses ingrimmigen Denkers und makellosen Prosaisten verbindet erzählerische Eleganz mit einer souveränen Kenntnis von Schopenhauers Philosophie und ihren biographischen wie zeit- und ideengeschichtlichen Kontexten.

Rüdiger Safranski, geboren 1945, lebt als Autor und Privatgelehrter in Berlin. Er wurde mit dem Friedrich-Märker-Preis, dem Ernst-Robert-Curtius-Preis für Essayistik, dem Friedrich-Nietzsche-Preis sowie dem Premio Internazionale Federico Nietzsche ausgezeichnet.

Im Fischer Taschenbuch Verlag liegen vor: ›E. T. A. Hoffmann. Das Leben eines skeptischen Phantasten‹ (Bd. 14301), ›Wieviel Wahrheit braucht der Mensch?‹ (Bd. 10977), ›Das Böse oder Das Drama der Freiheit‹ (Bd. 14298), ›Ein Meister aus Deutschland. Heidegger und seine Zeit‹ (Bd. 15157), ›Nietzsche. Biographie seines Denkens‹ (Bd. 15181); ›Wieviel Globalisierung verträgt der Mensch?‹ (Bd. 16384); ›Romantik. Eine deutsche Affäre‹ (Bd. 18230) sowie ›Schiller als Philosoph‹ (Bd. 90181).

Unsere Adressen im Internet: www.fischerverlage.de
www.hochschule.fischerverlage.de

Rüdiger Safranski

Schopenhauer und Die wilden Jahre der Philosophie

Eine Biographie

Fischer
Taschenbuch
Verlag

6. Auflage: April 2010

Veröffentlicht im Fischer Taschenbuch Verlag,
einem Unternehmen der S. Fischer Verlag GmbH,
Frankfurt am Main, August 2001

Lizenzausgabe mit freundlicher Genehmigung des
Carl Hanser Verlag, München, Wien
© 1987 Carl Hanser Verlag, München, Wien
Druck und Bindung: CPI – Clausen & Bosse, Leck
Printed in Germany
ISBN 978-3-596-14299-6

Inhaltsverzeichnis

Die Nähe der Wahrheit. Alles ist eins. Die verfeindete Einheit. Wege
hinaus. Die Kunst. Vita contemplativa gegen den arbeitenden Weltgeist.

Sechzehntes Kapitel
DIE WELT ALS WILLE UND VORSTELLUNG. *Philosophie des Leibes:*
wo der Spaß aufhört. Selbstbehauptung und Selbstauflösung. Die
Macht des Egoismus. Staat und Recht. Eigentum. Die unio mystica des
Mitleids. Das große Nein. Musik. Zaungastperspektive der Vernei-
nung. Das Vorletzte und das Letzte.

Siebzehntes Kapitel
Zerwürfnis mit Brockhaus. Erste Italienreise. Liebelei. Streit im Café
Greco: ›Laßt uns den Kerl hinauswerfen!‹ Zurück nach Deutschland.
Finanzkrise und Familienstreit. Arthur und Adele.

Achtzehntes Kapitel
Als Dozent in Berlin. Der ›Rächer‹, den keiner hören will.
VIERTES PHILOSOPHISCHES SZENARIO: DER SIEGESZUG HEGELS
UND DER GEIST DES BIEDERMEIER.
Warum Arthur nicht durchdringt.

Neunzehntes Kapitel
Philosophische Strategien gegen die Enttäuschung. Nachbesserungen im
Manuskriptbuch. Die Geliebte Caroline Medon. Die Marquet-Affäre.
Zweite Italienreise. Krankheit. Irrfahrten. Zurück nach Berlin. Bur-
leske am Ende.

Zwanzigstes Kapitel
Flucht aus Berlin. Schopenhauer schlägt auf die Möbel. Frankfurt.
Rituale gegen die Angst. Lebensstil und Sprachstil. Tod der Mutter und
Adeles trauriges Geschick.

Vorwort

Dieses Buch ist eine Liebeserklärung an die Philosophie. Was es einmal gab: Gott und die Welt denken, mit heißem Herzen. Das große Staunen darüber, daß etwas ist und nicht Nichts. Das Buch blickt zurück auf eine versunkene Welt, als die Philosophie noch einmal, zum letzten Mal vielleicht, in prachtvoller Blüte stand. Die ›wilden Jahre der Philosophie‹: Kant, Fichte, Schelling, die Philosophie der Romantik, Hegel, Feuerbach, der junge Marx. So erregend und erregt war eigentlich noch nie gedacht worden. Der Grund: die Entdeckung des Ichs, ob dieses nun in der Rolle des Geistes, der Sittlichkeit, der Natur, des Leibes, des Proletariats vorgeführt wurde – es stimmte euphorisch, gab zu den ausschweifendsten Hoffnungen Anlaß. Man holte sich die »an den Himmel verschleuderten Reichtümer« zurück. Man bemerkte: lauter selbstgemachte Dinge. Man kam in sein Eigentum, zu welch fernen Ufern man auch aufbrach. Das entzückt eine Weile lang, dann aber enttäuscht es. Indem man in den alten Reichtümern der Metaphysik das Selbstgemachte entdeckt, verlieren sie ihren Zauber, ihre Verheißungen. Sie werden matt und trivial. Was das ist: ›Sein‹, weiß man nicht mehr, auch wenn es allerorten heißt: ›Das Sein bestimmt das Bewußtsein‹. Was tun? Wenn man schon der Macher ist, dann muß man eben möglichst vieles machen. Man sucht Zukunft in hektischen Akkumulationen. Das Glück der Erkenntnis verschwindet, es bleibt ihr bloßer Nutzen. ›Wahrheiten‹ sind nur noch dazu da, daß sie ›verwirklicht‹ werden. Das entbindet die säkularisierte Religion des Fortschritts und des Wachstums. Es kommt die Zeit, in der man sich vom *Gemachten* umzingelt fühlt und sich nach dem *Gewordenen* sehnt, eine Zeit, in der dann die Aneignung des Eigenen zum Problem wird; dann ist von Entfremdung inmitten der selbstgemachten Welt die Rede, dann wächst das Gemachte den Machern über den Kopf. Die Einbildungskraft entdeckt eine neue Utopie: die Beherrschbarkeit des Gemachten. Wo diese Utopie an Kraft verliert, greift eine neuartige Angst um sich: die Angst vor der selbstgemachten Geschichte. Wir sind in der Gegenwart angekommen. Die

›wilden Jahre der Philosophie‹ sind nicht ganz schuldlos an ihr. Eine nachträgliche Liebeserklärung wird deshalb zugleich nachtragend sein müssen. Hilfreich ist dabei das andere große Thema dieses Buches: Schopenhauer.

Er kommt aus den ›wilden Jahren der Philosophie‹ und ist doch aufs erbittertste mit ihnen verfeindet. Er hat von der säkularisierten Vernunftreligion wenig gehalten. Ihm, dem ehemaligen Kaufmannslehrling, gilt die Vernunft als Ladenschwengel: Wie dieser läuft sie überall hin, wohin der Prinzipal ›Wille‹ sie schickt. Der ›Wille‹ ist weder Geist, noch Sittlichkeit, noch Geschichtsvernunft. ›Wille‹ ist zugleich das Vitale und Unheilschwangere: Tod und Verderben, Verfeindung ohne Zahl bringt er herauf. Schopenhauer steht quer zu seiner Zeit. Nicht die Lust des Machens beseelt ihn, sondern die Kunst des Nachlassens: eine ergreifende Philosophie der Handlungshemmung entwirft dieser »rationalste Philosoph des Irrationalen« (Thomas Mann). Sein Traum: eine Welt, die sich ins ›interesselose‹ Spiel der Musik zurückverwandelt. Ein Traum der Versöhnung, den, unter allerlei Heikelkeiten verborgen, später auch Wittgenstein und Adorno geträumt haben. Wenn Schopenhauer träumt, will er sich vor der Macht einer Wirklichkeit bewahren, die ihm zum Alptraum geworden ist. Er bewahrt sich, indem er den Alptraum ins Herz seiner Philosophie hineinnimmt. Zu einem Gesprächspartner sagte er einmal gegen Ende seines Lebens: »Eine Philosophie, in der man zwischen den Seiten nicht die Tränen, das Heulen und Zähneklappern und das furchtbare Getöse des gegenseitigen allgemeinen Mordens hört, ist keine Philosophie.«

Mit Blick auf die Französische Revolution hatte Kant, der Geburtshelfer der ›wilden Jahre der Philosophie‹, geschrieben: »Ein solches Phänomen in der Menschengeschichte *vergißt sich nicht mehr,* weil es eine Anlage und ein Vermögen in der menschlichen Natur zum Besseren aufgedeckt hat, dergleichen kein Politiker aus dem bisherigen Laufe der Dinge herausgeklügelt hätte.«

Unsere Ereignisse, die sich nicht mehr vergessen lassen, heißen Auschwitz, Archipel Gulag und Hiroshima. Philosophische Einsicht heute sollte sich dem, was in diesen Ereignis sen zum Vorschein kommt, gewachsen zeigen. Man wird auf Schopenhauer zurückgreifen müssen, um auf die Höhe unserer Zeit zu kommen. Nicht nur Schopenhauers Pessimismus, auch seine Philosophie des kraftvollen Innehaltens und der Verweigerung treibt das Denken voran.

Schopenhauer ist ein Philosoph des frühen 19. Jahrhunderts. Das vergißt man leicht, weil seine Wirkung erst so spät eingesetzt hat.

Er wurde 1788 in Danzig geboren. Die Jugend verlebte er in Hamburg. Europa lernte er kennen auf den großen Reisen mit den Eltern. Der Vater, ein reicher Handelsherr, wollte ihn zum Kaufmann machen. Schopenhauer wurde Philosoph, begünstigt vom Tode des Vaters und mit Hilfe der von ihm später angefeindeten Mutter. Schopenhauers Leidenschaft für die Philosophie kommt aus dem Staunen über die Welt; bekanntlich ist das der älteste Antrieb zur Philosophie. Schopenhauer konnte, da er ererbtes Vermögen besaß, *für* die Philosophie leben; er brauchte nicht *von* ihr zu leben. Im professionellen Philosophiebetrieb hatte er keine Chance. Schließlich gab er es auf, sie zu suchen. Das ist ihm gut bekommen: Der existentielle Stachel, der ihn zum Philosophieren treibt, wird ihm durch den Betrieb nicht wegsozialisiert. Er bleibt scharfsichtig: Er sieht, wie nackt die Könige auf deutschen Lehrstühlen sind, wie Karrierewünsche, Originalitätssucht und Erwerbssinn durch die feingesponnenen Systemnetze hindurchschimmern.

Sein Hauptwerk, DIE WELT ALS WILLE UND VORSTELLUNG, entsteht zwischen 1814 und 1818. Er beendet diese Lebensphase mit dem Bewußtsein, seine eigentliche Lebensaufgabe erfüllt zu haben. Danach tritt er vor das Publikum und muß zu seinem Entsetzen feststellen, daß keiner gekommen ist. Ohne einen Auftritt gehabt zu haben, tritt er ab. Es bietet sich ihm nicht die Möglichkeit, zum Denker auf der Bühne zu werden. Er gerät nicht in die Gefahr, funkelnde Selbstinszenierung und Wahrheit miteinander zu verwechseln; es gibt bei ihm keine philosophischen Maskenspiele. Die eine Maske genügt ihm: philosophischer Zaungast zu sein bei dem manchmal grausamen Karneval des Lebens. Und doch wird er, mehr als er sich selbst einzugestehen bereit ist, auf Antwort warten. Zu stolz, sich ein Publikum suchen oder gar, es gewinnen zu wollen, hofft er doch insgeheim, das Publikum möge *ihn* suchen. Was er verkörpern will: die Wahrheit, die sich entzieht. Wenn man ihn dann, am Ende seines Lebens, wirklich ›findet‹, wird er rückblickend sein langwährendes Inkognito als den langen Weg zur Wahrheit deuten.

Aber Arthur Schopenhauer mußte Geduld haben, ein ganzes Leben lang Geduld, während draußen der Gang der Geschichte sich beschleunigte und die ›wilden Jahre der Philosophie‹ in den Ereignissen der Revolution von 1848 kulminierten.

Die ›wilden Jahre der Philosophie‹ ignorierten diesen Philosophen des ›Heulens und Zähneklapperns‹ und der uralten Kunst des kontemplativen Lebens, das zur Ruhe kommen will. Sie ignorierten einen Philosophen, der, seiner Zeit weit voraus, die drei großen Kränkungen des menschlichen Größenwahns zusammen- und zu Ende gedacht hat. Die kosmologische Kränkung: Unsere Welt ist eine der zahllosen Kugeln im unendlichen Raum, auf der ein »Schimmelüberzug lebender und erkennender Wesen« existiert. Die biologische Kränkung: Der Mensch ist ein Tier, bei dem die Intelligenz lediglich den Mangel an Instinkten und die mangelhafte organische Einpassung in die Lebenswelt kompensieren muß. Die psychologische Kränkung: Unser bewußtes Ich ist nicht Herr im eigenen Hause.

Ich werde davon erzählen, wie Arthur zu seiner Philosophie kam und was dann diese Philosophie aus dem Philosophen gemacht hat.

Ich wage den Versuch, über Philosophie nachzudenken, indem ich sie erzähle, so, wie ich auch das Leben Schopenhauers und seine kulturgeschichtlichen Umstände erzähle. Die Menschen, die das alles damals gedacht haben, sind tot, ihre Gedanken aber leben. Grund genug, die Gedanken, die sie überlebt haben, wie lebendige Menschen auftreten zu lassen.

ERSTES BUCH

Erstes Kapitel

Danzig. Arthurs pränatale Geschichte. Kein Kind der Liebe.
Der erste Erfahrungskern der Philosophie. Die Speicherinsel:
das Herz der Finsternis.

Fast wäre Arthur Schopenhauer in England geboren. Der Vater wollte es so, und die Mutter fügte sich. Die Eltern waren nach England gereist. Die Geburt des Kindes sollte in London abgewartet werden. Der die englische Lebensart bewundernde Vater beabsichtigte, den erhofften Sohn auf diese Weise in den Genuß der englischen Staatsbürgerschaft zu bringen. Doch plötzlich, während der nebelverhangenen Tage des Wartens, packt den Vater die Angst. In strapaziösen Gewalttouren schleppt er seine hochschwangere Frau nach Danzig zurück, wo Arthur am 22. Februar 1788 zur Welt kommt.

Als Philosoph aber und für die Öffentlichkeit ist Arthur Schopenhauer tatsächlich in England geboren. Er ist 64 Jahre alt und hat sein Lebenswerk, von der Öffentlichkeit unbeachtet, bereits vollendet, als im April 1853 eine englische Zeitung, die »Westminster and Foreign Quarterly Review«, diesen Kaspar Hauser der deutschen Philosophie ans Licht zieht.

Dem englischen Publikum, dem das philosophische Spekulationsfieber in Deutschland als Kuriosum gilt, wird ein bislang obskurer Philosoph mit folgenden Worten vorgestellt: »Nur wenigen unserer englischen Leser wird der Name Arthur Schopenhauer bekannt sein. Noch wenigere werden wissen, daß das geheimnißvolle Wesen, dem dieser Name angehört, seit etwa vierzig Jahren an dem Umsturz des ganzen seit Kants Tode von den Universitätsprofessoren aufgebauten Systems deutscher Philosophie gearbeitet hat und – ein merkwürdiger Beleg zu dem akustischen Gesetz, nach welchem der Knall der Kanone erst lange nach dem Abfeuern vernommen wird – sich jetzt erst Gehör verschafft.«

Der Knall dieses Artikels wird allerdings sofort gehört, auch in Deutschland, wo die »Vossische Zeitung« eine Übersetzung veröffentlicht. Das Lob, das von der Insel herübertönt, ist einfach zu schrill: »Die allerwenigsten aber werden eine Ahnung davon haben, daß Arthur Schopenhauer einer der genialsten und lesenswerthesten Schriftsteller der Welt ist, groß als Theoretiker, von universellster Bildung, unerschöpflicher Kraft in der Aufhellung der Probleme, erschreckender Logik, unerbittlicher Folgerichtigkeit und dabei von der – für jedermann außer den Getroffenen höchst unterhaltenden Eigenschaft, seine Gegner auf eine furchtbare Weise zu treffen.« Dieser Artikel aus England eröffnet, was Schopenhauer bissig die »Komödie des Ruhmes« nennt. Besucher, die ihm jetzt in Frankfurt das Haus einrennen, entläßt er mit dem Bescheid: »Der Nil ist bei Kairo angelangt.«

Von Frankfurt und der Nilmündung zurück nach London. Arthur ist noch nicht geboren. Die Eltern warten.

Am Johannistag des Jahres 1787 waren die Eltern von Danzig zu ihrer Reise aufgebrochen. Heinrich Floris Schopenhauer verband mit dieser Reise eine doppelte Absicht. Er wollte seiner um zwanzig Jahre jüngeren Frau, die noch nichts von der Welt gesehen hatte, eine angenehme Abwechslung verschaffen. Vor zwei Jahren hatte er Johanna Trosiener geheiratet, eine Vernunftehe, die noch kinderlos war. Schwer nur konnte Johanna ihre Langeweile im prächtigen Danziger Stadthaus und im idyllischen Landsitz Oliva verscheuchen. Mißmut und Melancholie begannen das frische, wenn auch von Anfang an nur moderate Eheglück zu trüben. Für Johanna war der Aufbruch ein Geschenk des Himmels. »Reisen sollte ich, reisen! England sehen! ... Mir schwindelte vor Freude, ich glaubte zu träumen, als mein Mann die nahe Aussicht auf dies nie geahnte Glück mir eröffnete«, so schreibt Johanna in ihren Lebenserinnerungen.

Doch nicht nur ein Geschenk wollte Heinrich Floris machen, sondern er beabsichtigte, da er eine Übersiedlung nach England erwog, dort diesbezügliche Erkundigungen einzuziehen. Denn Danzig, wo die Schopenhauers seit Generationen als hochangesehene Großkaufleute ansässig sind, ist nicht mehr, was es einmal war.

Noch im 17. Jahrhundert wird über die alte Hansestadt Danzig sechzig Prozent des Ostseehandels abgewickelt. Unter der Schutzmacht Polen bewahrt Danzig seine politische

Selbständigkeit. Indem aber das Königreich Polen im Verlauf des 18. Jahrhunderts verfällt und zum Spielball der konkurrierenden Machtinteressen Habsburgs, Rußlands und Preußens wird, ist auch Danzigs Freiheit bedroht. Zwar bieten sich auch die anderen Nachbarn als Schutzmächte an, doch, das weiß man in Danzig, ist von dieser Seite nicht Schutz, sondern Erpressung zu gewärtigen. Man muß sich in Danzig mit dem Gedanken anfreunden, daß eine stolze, traditionsreiche Handelsstadt nun selbst zum Handelsobjekt der europäischen Großmächte geworden ist. Den Selbstbehauptungswillen der Stadt formuliert einige Jahrzehnte vor Arthurs Geburt die Danziger Regierung in einem Hilferuf an die Holländischen Generalstaaten: »Da stehen wir, wie eine Sandbank, um die das Meer braußt und sehen dem Augenblick entgegen, wo die Wellen über uns stürzen, und uns unbeklagt begraben werden.« Lange Zeit brauchen die Danziger der Woge, die sie begraben wird, nicht entgegenzusehen. 1772 rückt Preußen, veranlaßt durch die erste polnische Teilung, vor und nimmt Danzig in den Würgegriff. Truppen besetzen das umliegende Land und die Weichselmündung. Manche Landsitze der reichen Danziger Bürger befinden sich jetzt auf preußischem Gebiet. Die russischen und polnischen Getreidetransporte die Weichsel herunter müssen bei der preußischen Akzise Zoll entrichten, wodurch der Danziger Handel schwer geschädigt wird. Die »Kaffeeschnüffler« Friedrichs des Großen lassen sich sogar im Danziger Stadtgebiet blicken. Einen von ihnen bekommt die empörte Volksmenge zu packen und schlägt ihn tot.

Johanna Schopenhauer ist noch ein kleines Mädchen, als dies geschieht. Eines Morgens geht es auf den Straßen ungewöhnlich lebhaft zu. Schiffer, Handwerker und Dienstboten stehen heftig und laut debattierend beieinander, dazwischen auch die besseren Bürger in Seidenstrümpfen. Auf den offenen Hausterrassen, in Danzig »Beischläge« genannt, stecken die Nachbarinnen, noch im Schlafrock und in Pantoffeln, die Köpfe zusammen. Das Mädchen fragt seine kaschubische Kinderfrau ängstlich, was denn geschehen sei. »›Freilich wohl ein Unglück, und ein großes‹ antwortete Kasche, ›aber ihr Kinder versteht doch nichts davon. Der Preuß ist über Nacht gekommen – darum seid hübsch artig.‹«

Besonders unartig gebärdete sich in dieser Situation Heinrich Floris Schopenhauer. Sein bürgeraristokratischer Republikanismus – er las Rousseau und Voltaire und war außerdem auf die Londoner »Times« abonniert – und die über Generationen zurückreichende Verbundenheit der Schopenhauers mit den freistädtischen Traditionen Danzigs machten ihn zum unversöhnlichen Gegner des preußischen Autoritarismus. Dabei war es ihm sogar einmal vergönnt, Friedrich dem Großen persönlich gegenüberzustehen. Das war 1773. Von einer langen Auslandsreise zurückkehrend, hielt sich Heinrich Floris für einige Tage in Berlin auf. Bei einer Truppenparade bemerkte ihn der König unter den Zuschauern. Seine elegante und stolze Erscheinung fiel auf. Der König lud ihn zur Audienz, in deren Verlauf er den Danziger Handelsherr aufforderte, sich in Preußen niederzulassen, denn, so ließ er durchblicken, Danzigs Freiheit habe wohl keine Zukunft mehr. »Voilà les calamitées de la ville de Dansic«, sprach der König, indem er mokant auf die Landkarte in der Ecke des Zimmers wies. Heinrich Floris indes machte keinen Gebrauch von diesem Angebot. Was er war, wollte er sich selbst und nicht der Gunst der Macht verdanken.

Diese Geschichte erzählte man sich in Danzig, und andere Geschichten, von denen die inzwischen heiratsfähige Johanna hörte, kamen hinzu. Zum Beispiel diese: Während der preußischen Blockade Danzigs im Jahre 1783 hatte der Großvater Schopenhauer auf seinem Landgut draußen vor der Stadt die Einquartierung eines preußischen Generals hinzunehmen. Um seinen Dank für die zwar erzwungene, aber doch gastlich gefällige Aufnahme zu bezeigen, ließ der General dem Sohn seines Hausherrn, eben Heinrich Floris Schopenhauer, die freie Einfuhr von Pferdefourage anbieten. Heinrich Floris, Besitzer einer erlesenen Pferdezucht, ließ bündig antworten: »Ich danke dem preußischen General für seinen guten Willen, mein Stall ist jetzt noch hinlänglich versehen, und wenn mein Vorrat verzehrt ist, lasse ich meine Pferde totstechen.«

Der starre Republikaner, den man in Danzig geradezu als Verkörperung des Selbstbehauptungswillens der Stadt empfand, war mit seinen knapp vierzig Jahren immer noch ein Hagestolz, der es aber nun bei der Pferdeliebe nicht bewenden lassen wollte. Er suchte eine Frau und fand sie in Johanna Trosiener, die von ihrem fragwürdigen Glück noch nichts wußte. Distanziert respektvoll begegnete sie dem bekannten Handelsherrn und fiel aus allen Wolken, als dieser sich eines Tages, wie damals üblich, ihren Eltern gegenüber eröffnete. Die Trosieners fühlten sich geschmeichelt, denn sie zählten nicht, wie die Schopenhauers, zum Patriziat der Stadt. Was sich da eines Sonntagmorgens halb barsch, halb verlegen hören ließ – das war eine glänzende Partie. Johanna wußte es; weniger deutlich aber war ihr die heikle politische Konstellation dieses Eheangebotes. Denn Johannas Vater, Christian Heinrich Trosiener, war bei weitem nicht von demselben gesinnungstüchtigen Danziger Patriotismus beseelt, wie ihn Heinrich Floris so überzeugend zu verkörpern wußte. Christian Heinrich Trosiener gehörte als ebenfalls weltläufiger, wenn auch nicht ebenso wohlhabender Kaufmann der mittelständischen Vertretungskörperschaft, der sogenannten »Dritten Ordnung«, in Danzig an, die bisweilen heftig gegen die patrizische Stadtregierung opponierte und dabei bisweilen auch über dem Verfolgen eigener korporativer Interessen die Verteidigung der äußeren Unabhängigkeit der Stadt aus den Augen verlor.

Diese innerstädtische Opposition, die sich sozialpolitisch ebenso nach unten wie nach oben scharf abgrenzte, hatte Mitte des 18. Jahrhunderts sogar die Hilfe des polnischen Königs gegen die patrizische Stadtregierung in Anspruch genommen, mit der Folge, daß einige ökonomische Interessen des Mittelstandes (Zuzugseinschränkung für ausländische Kaufleute, Festhalten am Zunftzwang) zwar befriedigt wurden, zugleich aber Hoheitsrechte der Stadt auf dem Gebiet der Hafen- und Militärverwaltung verlorengingen. Die Verfassungsreform von 1761 öffnete dann den Angehörigen der »Dritten Ordnung« den Zugang zum Rat der Stadt. Und so avancierte Christian Heinrich Trosiener, ein führender Kopf der Opposition, wenig später zum Ratsherrn. Während der preußischen Blockade Danzigs galten diese Mittelständler, und also auch und gerade Johannas Vater, als unsichere Kantonisten. Man verdächtigte sie der Preußenfreundlichkeit. Noch fünfzig Jahre später mag sich Johanna Schopenhauer in ihren Erinnerungen zu diesem heiklen Thema nicht deutlich äußern. An jenem Tag ihrer Kindheit, als ›der Preuß kam‹, hatte sich im Hause der Eltern der Buchhalter plötzlich ungewohnt frech aufgeführt: »Herr M ... sprach noch viel, meine Mutter geriet darüber mit ihm in Streit ... Es kam mir vor, als habe er etwas über meinen Vater gesagt, das sie nicht zugeben wollte ... Ich hätte gar zu gerne erfahren, warum meine Mutter sich darüber so erzürnte, daß Herr M ... behauptet hatte: mein Vater trüge seinen Mantel auf beiden Achseln; wie sollte er denn sonst ihn tragen?« In der Tat: Christian Heinrich Trosiener trug den Mantel auf beiden Schultern, denn er wurde in den achtziger Jahren das Haupt einer Bewegung, die sich für ein Arrangement mit Preußen einsetzte. Am 24. Januar 1788 stellte er, unterstützt vom Geselligkeitsverein »Bürgerliche Ressource«, den Antrag: »Hängt unsere Fortdauer von ... der Handlung (i. e. dem Handel, R. S.) mit den benachbarten preußischen Untertanen allein ab, so müssen wir zu denselben zu gelangen suchen, und führt uns kein Nebenweg dahin ... so müssen wir den offenen gehen und – mag er immer bei dem ersten Anblick das Gefühl eines Republikaners empören – Untertanen eines Königs zu werden versuchen, unter dessen Zepter sich unsere nächsten Nachbarn besser befinden als wir.«

Politisch überlebte Johannas Vater diesen erfolglosen Vorstoß nicht. Er mußte seine Ratsstelle aufgeben, liquidierte sein Handelsgeschäft und zog sich 1789 als Pächter auf die städtische Domäne Stutthof zurück. Später, nach dem Tode Christian Trosieners 1797, verarmte die Familie und mußte von den Schopenhauers unterstützt werden.

Während also Christian Heinrich Trosiener daheim mit den Preußen anzubändeln versucht, hält sich Heinrich Floris Schopenhauer mit seiner Johanna, geborene Trosiener, in England auf, um zu sondieren, wohin er sich, wenn ›der Preuß kommt‹, am besten zurückziehen kann.

Wann genau Johanna ihre Schwangerschaft bemerkte, bleibt in ihrer Autobiographie unklar. Bei Reiseantritt, als sie schon schwanger war, wußte sie es jedenfalls noch nicht. Bei der oft völligen Ahnungslosigkeit, mit der die bürgerlichen Frauen damals ihre ersten Kinder zur Welt brachten, kann man durchaus vermuten, daß der Vater die Schwangerschaft zuerst bemerkte und seiner Frau, damit der erhoffte Sohn nur ja als ›Engländer‹ geboren werde, die Strapazen des Übersetzens von Calais nach Dover zumutete, ohne sie mit ihrem Zustand bekanntzumachen. Als die Schwangerschaft auch für Johanna offenbar wird, kommt es zum Konflikt zwischen den Eheleuten. Johanna schreibt: »Daß mein Mann unserem zu hoffenden Sohne dieses besonders für seine Verhältnisse als Kaufmann sehr bedeutende Vorrecht (die englische Staatsbürgerschaft, R. S.) zu verschaffen wünschte, da die Gelegenheit dazu so vollkommen sich darbot, daß er alles anwandte, um mich zu bewegen, meine Niederkunft in London abzuwarten, war sehr natürlich; aber auch mir wird wenigstens keine Frau das offene Geständnis verargen, daß es mir diesmal unendlich schwer wurde, mich seinem Wunsche zu fügen. Erst nach sehr harten Kämpfen mit mir selbst, die ich ganz alleine bestand, gelang es mir, mein inneres Widerstreben zu besiegen, die bange Sehnsucht nach der beruhigenden Gegenwart, der wohltätigen Pflege meiner Mutter in jener mir immer näher rückenden schweren Stunde. So ergab ich mich denn endlich auf leidlich gute Art dem Willen meines Mannes, dem ich außerdem, was mich selbst betraf, eigentlich nichts Vernünftiges entgegenzustellen wußte; anfangs zwar mit schwerem, dann aber mit durch äußere Veranlassung sehr erleichtertem Herzen.« Man muß diese und auch die folgenden Passagen (die noch zitiert werden) aus Johanna Schopenhauers 1837 geschriebenen Erinnerungsbuch sehr aufmerksam lesen, da sie, wenn auch dezent verhüllt (das hatte sie ihrem Ideal Goethe abgeschaut), das Drama ihrer Ehe, das nachhaltig auf den Lebensgang Arthurs einwirken wird, anklingen lassen.

Die Pläne des Heinrich Floris seien »vernünftig« gewesen, schreibt sie, sogar »natürlich«. Nichts sei gegen sie einzuwenden. Und doch: Ihrem Willen und Wunsch entsprachen sie durchaus nicht. Sie möchte ihr Kind im Hause ihrer eigenen Mutter zur Welt bringen.

In solchen Sätzen Johannas ist noch ein schwaches Nachbeben der Empörung darüber zu spüren, daß sie sich nicht nur dem Willen des Mannes beugen, sondern ihren Wünschen unter der Gewalt der männlichen Entscheidung Natürlichkeit und Vernunft absprechen soll. Als einziger Stolz bleibt ihr, daß sie die »harten Kämpfe«, in denen sie sich dem Manne beugte, »alleine bestand«. Aber auch hier ist die Verbitterung nicht zu überhören: Mir hat keiner geholfen, ich mußte meinen Kummer alleine überwinden. Der Mann aber schleppt mich, um mit seiner Angst fertig zu werden, durch halb Europa. Johanna wird sich dem Mann in jener Art gebeugt haben, die Groll – gegenüber der unterwerfenden Macht und gegenüber dem eigenen Akt der Unterwerfung – zurückläßt: »So ergab ich mich denn endlich auf leidlich gute Art dem Willen meines Mannes...« Nachdem dies also ausgestanden ist, widerfährt ihr überraschenderweise das Glück, in London von einer beträchtlichen Zahl lieber Menschen umgeben zu sein, die sich um sie kümmern. Sie erlebt zum ersten Mal, worauf sie später großen Wert legen wird: Sie kann sich als Mittelpunkt eines gesellschaftlichen Interesses empfinden: »Von allen Seiten kamen sie mit tröstendem... Zuspruch mir entgegen... und ich sah, von allen Seiten mit liebenden Freunden umgeben, jetzt ruhig der Zukunft entgegen.« Das ist Johanna Schopenhauer, die über Abgründe des Lebens mit geselligem Talent zu balancieren versteht. Hier in London, im Spätherbst 1787, gelingt es ihr zum ersten Mal. Für sie ist es eine lichterlohe Selbstentdeckung.

Doch nun kommen die düsteren Novembertage. London versinkt im Nebel. Die Lampen brennen den ganzen Tag. Jetzt lernen wir und auch Johanna (die sonst die »furchtlose Offenheit« ihres Mannes zu rühmen pflegt) einen ganz anderen Heinrich Floris Schopenhauer kennen und können verstehen, was Arthur viele Jahre später in seinen geheimen Aufzeichnungen Eis Eauton notiert: »Vom Vater angeerbt ist mir die von mir selbst verwünschte... und mit dem ganzen Aufwande meiner Willenskraft bekämpfte Angst« (HN IV, 2, 120).

Diese Angst kommt jetzt zum Vorschein: »Und nun«, schreibt Johanna, »verfiel mein Mann plötzlich in die nämliche ängstliche Sorge um mich, von der ich eben mich losgekämpft hatte.«

Hier ist Johanna ungenau: Es ist nicht dieselbe Angst. *Sie* hatte sich davor geängstigt, in fremder Umgebung, fern der eigenen Mutter, das Abenteuer einer Geburt überstehen zu müssen. Wovor ängstigt sich Heinrich Floris? Angst um Johanna kann es nicht sein, denn sie hat ja inzwischen in London den »mütterlichen Zuspruch« der Freundinnen und Freunde gefunden, weshalb sie auch dableiben möchte. Angst um das noch nicht geborene Kind ist ebenfalls auszuschließen, denn nicht das Verweilen am Ort, sondern die strapaziöse Heimreise ist für das ungeborene Kind und natürlich auch für Johanna gefährlich.

Die Andeutungen, mit denen Johanna das Verhalten ihres Mannes zu erklären versucht, sind dunkel: »Meine stille Ergebung in seinen Willen hatten einen weit tieferen Eindruck auf sein Gemüt gemacht, als er es anfangs mir zeigen mochte, die große Teilnahme, die ich überall fand, erweckte in ihm Befürchtungen einer mit meinem in London-Bleiben verknüpften Gefahr, die ihn endlich zu dem Entschluß bewogen, alle Pläne für unser noch ungeborenes Kind aufzugeben.«

Welche »Befürchtungen« weckt die »große Teilnahme«, die Johanna überall findet? Müßte die »große Teilnahme« eigentlich nicht alle Befürchtungen zerstreuen? Es gibt im Leben des Vaters eine dunkle, unbestimmte Quelle der Angst, die ihn dann später vom Speicherboden seines Hamburger Hauses sich in den Tod stürzen läßt. Hier in London scheint diese Angst ziemlich bestimmt aufzutreten: als Eifersucht.

Offenbar kann Heinrich Floris Schopenhauer schlecht ertragen, daß der gesellige Magnetismus seiner Frau das Leben, als dessen Mittelpunkt er sich gerne weiß, von ihm abzieht.

Arthur Schopenhauer, der sich in seinen Vater, nicht aber in seine Mutter einfühlen konnte, läßt viele Jahre später in einer Erinnerung an den Tod des Vaters durchblicken, daß dieser wohl durchaus recht damit gehabt habe, eifersüchtige Befürchtungen zu hegen: »Da mein eigener Vater siech und elend an seinen Krankenstuhl gebannt war, wäre er verlassen gewesen, hätte nicht ein alter Diener sogenannte Liebespflicht an ihm erfüllte. Meine Frau Mutter gab Gesellschaften, während er in Einsamkeit verging, und amüsierte sich, während er bittere Qualen litt« (G, 152).

Daß ihr Mann sie mit Eifersucht geplagt habe, stellt Johanna in ihren Erinnerungen ausdrücklich in Abrede, betont auch, sie habe ihm dazu keinen Grund gegeben. Und doch finden sich in ihrer Autobiographie merkwürdige Andeutungen: »Mein Mann war unfähig, durch direkte Äußerung von Eifersüchteleien mir das Leben zu verbittern ... Nie erwähnte er die große Verschiedenheit unseres Alters, doch wenn er in jugendlichen Umgebungen mit anderen meinesgleichen mich fröhlich umherflattern sah, bemerkte ich wohl, wie diese Erinnerung sich wenig erfreulich ihm aufdrängte. Die französischen Romane, die er selbst mir in die Hände gegeben, hatten mich belehrt, daß bei seinem vieljährigen Aufenthalte in jenem Lande manche Erfahrung ihm zuteil geworden sein müsse, die sich wenig dazu eigne, mein Geschlecht in seinen Augen zu erheben. Ich fühlte, wenn ich gleich nicht in deutlichen Worten mir es sagte, daß unser beider jetziges und künftiges Glück nur von seiner fortgesetzten Zufriedenheit mit mir abhängig sei ... Und wollte auch zuweilen ein leises Gefühl von Unbehagen oder Mißmut auf mich eindringen, ein Blick auf die wundervolle Szenerie um mich her, und es war verklungen.«

Doch beim Genuß dieser »wundervollen·Szenerie« (Landhaus Oliva bei Danzig) erlegte sich Johanna Schopenhauer strikte Beschränkungen auf, um ihrem Gemahl keinen Anlaß zum Mißtrauen zu geben: »Nie legte ich in Abwesenheit meines Mannes in der Nachbarschaft Besuche ab, bediente mich des mir zu Gebote stehenden Fuhrwerks nur zu kurzen Spazierfahrten, von denen ich, ohne irgendwo anzuhalten, zurückkehrte, wählte außerhalb dem weitläufigen Bezirk meines Gartens nur von der Landstraße entlegene Wege und Wiesen, Feld und Wald zu meinen größeren Spaziergängen; also riet es zu meinem Heil mir eine gewisse innere Stimme, der zu folgen ich zeitlebens bereit gewesen bin, weil ich in seltenen Fällen, wo ich ihr widerstrebte, immer Ursache gefunden, dieses bitterlich zu bereuen.«

Das alles deutet auf eine außerordentlich prekäre, nur mühsam aufrechterhaltene Balance zwischen den Eheleuten. Von Liebe jedenfalls kann nicht die Rede sein. Das gibt Johanna in ihren Erinnerungen unumwunden zu: »Glühende Liebe heuchelte ich ihm ebensowenig, als er Anspruch darauf machte.«

Warum eigentlich hat die achtzehnjährige Johanna Troisiener in das für sie überraschende Eheangebot sofort eingewilligt, ohne auch nur, was sie sogar stolz vermerkt, die Bedenkzeit, die man ihr ließ, in Anspruch zu nehmen?

Sie sei, schreibt sie, nachdem der »ersten Liebe zarte Götterblume« vom Schicksal zertreten ward, ganz auf Verzicht gestimmt gewesen. »Ich meinte, mit dem Leben abgeschlossen zu haben, ein Wahn, dem man in früher Jugend nach der ersten schmerzlichen Erfahrung sich so leicht und gern überläßt.«

Johanna deutet hier schemenhaft eine innere Geschichte an, die sie in ihren viele Jahre später verfaßten Romanen häufig zu Ende erzählt – Romane, die Goethe zwar lobte, aber weniger wohlmeinende zeitgenössische Kritiker von dem »lauwarmen Gewässer der Schopenhauerschen Entsagungsromane« sprechen ließen.

Diese Romane sind bevölkert von Frauen, die in ihrer Jugend heftig, aber unglücklich geliebt haben, die dann den entschwundenen Geliebten in ihrem Herzen eingeschreint zurückbehalten, von Vernunft oder auch Kabale gedrängt, sich in eine andere Ehe schicken, in der die Männer in der Regel keine gute Figur machen. Manchmal sind es sogar richtige Finsterlinge. Treu bewahren diese Frauen das Heiligenbild ihrer ersten Liebe, indem sie den unwürdigen Profiteuren des Realitätsprinzips keine Kinder gebären (so etwa im Roman GABRIELE), und wenn sie es doch tun, so ist das Kind manchmal – nach dem Vorbild der Goetheschen WAHLVERWANDTSCHAFT – die Verkörperung eines imaginären Ehebruchs. Johanna Schopenhauer selbst allerdings war in ihrem weiteren Leben glücklicherweise nicht so entsagungsvoll wie ihre Romanheldinnen.

Eine Einsicht, die sie in ihrem eigenen Falle sich nie zugestand, hat sie vorsichtig auf andere Frauen ihres Bekanntenkreises bezogen: »Glanz, Rang und Titel üben eine gar zu verführerische Gewalt über ein junges, verwöhntes, argloses Mädchenherz, sie verlockten die Unerfahrene, ein Eheband zu knüpfen, wie deren noch heute so viele geknüpft werden; ein Mißgriff, für den sie lebenslänglich aufs härteste büßen mußten, was denn auch heutzutage selten auszubleiben pflegt.«

Von ähnlicher Art werden wohl auch für Johanna die Verlockungen einer Ehe mit Heinrich Floris Schopenhauer gewesen sein. Sie spricht in diesem Zusammenhang jedoch nur von ihren Eltern: »Meine Eltern, alle meine Verwandten mußten meine Verbindung mit einem so bedeutenden Manne, wie Heinrich Floris Schopenhauer in unserer Stadt es war, für ein sehr glückliches Ereignis nehmen.«

Zu einem »glücklichen Ereignis« wurde diese Ehe für Johanna jedoch erst nach dem Tode des Mannes. Denn das geerbte Vermögen ermöglichte ihr in Weimar jene unabhängige Existenz, die alle in ihr schlummernden Talente entband. Aber wir sind noch immer in London, vor Arthurs Geburt.

Ende November 1787 reisen die Schopenhauers ab. Heinrich Floris zeigt sich, um die Mühe der Rückreise, die er seiner Frau zumutet, ein wenig auszugleichen, sehr rücksichtsvoll, so, als müßte er ein schlechtes Gewissen verscheuchen. In Dover z. B. läßt der Gatte die Schwangere in einem Lehnstuhl ins Boot befördern. Es ist Nacht. Man holt zusätzliche Lichter. Um die Sicherheit der Tragseile zu erproben, müssen die Matrosen, die dafür ein reichliches Trinkgeld bekommen, zunächst Heinrich Floris hinaufziehen. Eine Szene, die ihre Spottlust erregt.

In Anbetracht der Strapazen, die eine Kutschenreise durchs spätherbstliche Deutschland über aufgeweichte, steinige Wege mit sich bringt, wirkt diese Fürsorglichkeit bei der Einschiffung geradezu albern. Man bleibt im Schlamm stecken, einmal stürzt die Kutsche sogar um. Es gibt wenig Schutz vor Wind, Regen, Kälte. Bisweilen nächtigt man in Notquartieren, an der offenen Herdstelle einer westfälischen Bauernkate. Manchmal leidet Johanna an Schüttelfrost und ist der Ohnmacht nahe. Arthur in ihrem Leibe – er wird tüchtig geschüttelt und geplagt, noch ehe er das Licht der Welt erblickt. Man kann sich vorstellen, welchen Ärger über den ängstlichen und zugleich herrischen Eigensinn des Mannes Johanna, die so ungern von ihren Londoner Freunden geschieden war, hinunterschlucken muß. Die hastige Rückreise wird zur üblen Hypothek für die Eheleute. Arthurs Geburt, neun Wochen nach der Ankunft in Danzig, am 22. Februar 1788, steht unter keinem guten Stern.

»Wie alle jungen Mütter«, schreibt Johanna, »spielte auch ich mit meiner neuen Puppe.«

Mit ihrem Kind als Spielzeug muß Johanna fortan ankämpfen gegen das Gefühl der Langeweile und Verödung, das sich ihrer zu bemächtigen beginnt. Heinrich Floris schickt seine Frau und das Kind den Sommer über hinaus auf den Landsitz Oliva. Dort, in idyllischer Umgebung – in ihren Erinnerungen schildert sie den »terrassenförmig angelegten herrlichen Garten, voll Blumen und Früchte, den Springbrunnen, den großen Teich mit buntbemalter Gondel« – verbringt sie die Woche über allein mit ihrem Kind. An den Wochenenden bringt Heinrich Floris manchmal Besucher mit. Doch am Montag wird es wieder still, für sie unerträglich still.

Auch der Mentor ihrer Mädchenjahre, der Pfarrer der englischen Gemeinde, Dr. Jameson, der sie sonst auch während der Woche draußen in Oliva besucht hatte, ist inzwischen aus ihrem Leben verschwunden. Jameson kehrte 1789 in seine schottische Heimat zurück. Sie schreibt darüber: »Jameson konnte das allmähliche Verkümmern des Ortes, den er in der Blüte des Wohlstandes gekannt, nicht ansehen, ohne selbst es mitzuempfinden; ihm war dabei zumute, als stünde er am Schmerzenslager eines langsam Hinsterbenden.«

Vom wirtschaftlichen Niedergang Danzigs im Würgegriff Preußens veranlaßt, verlassen einige Familien aus dem großbürgerlichen Bekanntenkreis der Schopenhauers die Stadt. Auch sie hinterlassen »im Wechsel des Lebens so manche Lücke«.

Johanna fühlt sich in ein »Scheinleben« eingewoben, »durch welches dem oberflächlich darüber hinstreifenden Blicke das tief im Inneren zehrende Verderben verschleiert wurde«.

Einmal im Jahr, meistens im Monat Mai, darf Johanna mit ihrem Kind ihre Eltern auf der städtischen Domäne Stutthof besuchen. Dort erfrischt sie sich beim Anblick des bäuerlichemsigen Lebens. Doch auch hier werden ihr trotz aller schaffensfroher Betriebsamkeit die Spuren des Niedergangs nicht verborgen geblieben sein. Immerhin hat sich ihr Vater, Christian Heinrich Trosiener, als Pächter auf die Domäne zurückgezogen, weil er politisch mit seinem preußenfreundlichen

Vorstoß gescheitert war und seine kaufmännischen Geschäfte ins Stocken geraten sind.

Nur beim Anblick der endlosen Bewegtheit des Meeres, nahe bei Oliva, findet Johanna Trost. »In der Abend- wie in der Morgenbeleuchtung, vom Sturm in seinen tiefsten Tiefen aufgeregt, erglänzend im hellen Sonnenschein oder von darüber hinfliegenden Schatten... momentan verdunkelt, bot im Wechsel der Tageszeit das ewig bewegte Meer mir ein nie mich ermüdendes Schauspiel.«

Die Ferne, das bewegte Leben locken, und Johanna fühlt sich eingeengt, festgenagelt durch das Kind, dessen Reiz als Spielzeug abnimmt und das das Gefühl des Lebensverzichtes immer weniger kompensieren kann. Zwischen einem Vater, den er fast nur an den Wochenenden erlebt, und einer Mutter, die sich von einem Leben wegsehnt, das sie an ein heranwachsendes Kind fesselt, bildet sich in Arthur der Erfahrungskern, aus dem später seine Philosophie herauswächst.

Als Zwanzigjähriger wird Arthur folgende Überlegung in sein Tagebuch eintragen: »Tief im Menschen liegt das Vertrauen, daß etwas außer ihm sich seiner bewußt ist wie er selbst; das Gegentheil lebhaft vorgestellt, neben der Unermeßlichkeit, ist ein schrecklicher Gedanke« (HN I, 8). Genau diesen Gedanken wird Arthur zu Ende denken, weil er sehr früh hat lernen müssen, auf jenes Vertrauen Verzicht zu leisten.

Die Gelassenheit und das Behagen eines Urvertrauens hat Arthur nie kennengelernt. Trotzdem fehlen in seinem Charakter die Züge des Geduckten, Eingeschüchterten, Unsicheren. Man merkt eben doch: Er ist der Sohn eines patrizischen Kaufmanns, dem es nicht an Selbstbewußtsein, Realitätssinn und Weltoffenheit fehlt. Auch noch die Frömmigkeit des Vaters ist stolz, ohne Bigotterie: Gott ist bei den Erfolgreichen. Mit seinen Depressionen wird der Vater fertig, indem er fest auftritt. Das bringt er seinem Sohn bei und auch jene gewisse Härte, mit der man seine Lebenspflichten auf sich nimmt. »Die schöne Stellung am Schreibepulte wie im gemeinen Leben ist gleich nöthig«, schreibt der Vater am 23. Oktober 1804 in einem seiner letzten Briefe an den Sohn, »denn wenn man in den Speisesälen einen so darnieder gebückten gewahr wird,

nimmt man ihn für einen verkleideten Schuster oder Schneider.«

Mut, Stolz und Nüchternheit lernt Arthur bei seinem Vater.
Das kühle, schroffe Selbstbewußtsein hat er von ihm.

Arthurs stark entwickeltes Selbstgefühl kann sich jedoch
nicht erwärmen, weil Johanna sich zur Mutterliebe zwingen
muß. Der Sohn ist ihr die Verkörperung des eigenen Lebensverzichtes. Johanna will ihr Leben. Daß sie es nicht hat, daran
wird sie durch die Mutterpflichten täglich erinnert. Mit der
Geburt Arthurs ist für sie die Falle zunächst einmal zuge-
schnappt.

Wer die primäre, die mütterliche Liebe nicht empfangen
hat, dem wird sehr oft die Liebe zum Primären, zur eigenen
Lebendigkeit fehlen. Wem es an grundlegender Lebensbeja-
hung mangelt, nicht aber an stolzem Selbstbewußtsein, der
ist, wie Arthur, dafür disponiert, auf alles Lebendige jenen
verfremdenden Blick zu werfen, aus dem die Philosophie
kommt: die Verwunderung darüber, daß es überhaupt Leben
gibt. Nur wer sich nicht in fragloser, weil von Sympathie ge-
tragener Einheit mit allem Lebendigen fühlt, dem kann fremd
werden, was doch zu ihm gehört: der Leib, das Atmen, der
Wille. Eine Absence sonderbarer Art läßt schon den jungen
Arthur staunen und zugleich sich erschrecken vor dem Willen
zum Leben, von dem wir nicht loskommen, weil wir ganz aus
seinem Stoff gemacht sind. Wenn man staunt, so muß man
doch nicht erschrecken. Wenn Arthur erschrickt, dann deshalb, weil von allem Anfang an eine Gestimmtheit in ihm ist,
die ihm nicht erlaubt, Leben als Wärme zu empfinden. Er
erlebt es anders: Es ist ein Kältestrom, der durch ihn hindurchgeht und auf dem er treibt. Das Nächste – die pulsieren-
de Wirklichkeit des Leibes – ist ihm zugleich das Fernste und
Fremdeste, so fern und so fremd, daß es ihm zum Geheimnis
wird, zu *dem* philosophischen Geheimnis schlechthin. Er wird
diese Leibeswirklichkeit, die er ›Wille‹ nennt, zum Kernpunkt
seiner Philosophie machen. Gestützt auf die für ihn befremdli-
che Erfahrung der eigenen Lebendigkeit, wird er später das
Geheimnis dessen zu lüften versuchen, was Kant in die fremdeste Ferne gerückt hat: das ominöse »Ding an sich« – die
Welt, wie sie ist, unabhängig davon, wie wir sie uns vorstellen.

Schopenhauer wird dieses Fernste wieder zum Nächsten machen. Das »Ding an sich« – das sind wir selbst in unserer von innen erlebten Leiblichkeit. Das »Ding an sich« ist der Wille, der lebt, noch ehe er sich begreift. Die Welt ist das Universum des Willens, und der Eigenwille ist jeweils das pochende Herz dieses Universums. Wir sind immer schon, was das Ganze ist. Das Ganze aber ist Wildnis, Kampf, Unruhe. Und vor allem: Es hat keinen Sinn, keine Absicht. So will es das Schopenhauersche Lebensgefühl.

Das zumindest von der Mutter nicht ›beabsichtigte‹ Kind steht von früh an auf vertrautem Fuß mit einer Welt, der keine ›höhere Absicht‹, kein ›höherer Zweck‹ zugrunde zu liegen scheint und in deren Zentrum ein eigenartig dunkles Treiben alles in Bewegung setzt.

Bei den Spaziergängen mit der Mutter in Danzig konnte der kleine Arthur auch auf andere, nämlich topographische Weise einen Eindruck davon gewinnen, wie sehr das vitale Zentrum der Welt – und Danzig war für das Kind die Welt – zugleich das geheimnisvolle und gefährliche Herz der Finsternis ist.

Da gab es in der Mitte der Stadt, nahe dem elterlichen Haus, von der Mottlau umflossen, die Speicherinsel. Hier lagerte der ganze schiffbare Handelsreichtum der Stadt: Getreide, Felle, Textilien, Gewürze. Hier wurde tagsüber erarbeitet, wovon die Stadt lebte. Hier war die arbeitende Seele der Stadt. Bei anbrechender Dunkelheit wurden die Tore der Speicherinsel geschlossen. Wer jetzt noch auf die Insel sich wagte, wurde von Bluthunden, die man während der Nacht aus ihren Zwingern ließ, zerrissen.

Und auch vom Zauber der Musik, die dem Abgründigen widersteht, erhält der junge Arthur in dieser grausigen Szenerie eine Vorstellung. Einmal, so erzählt ihm die Mutter, soll ein bekannter Cellist in einer Weinlaune den Übermut besessen haben, es mit den nächtlichen Bestien aufnehmen zu wollen. Kaum hatte dieser das Tor der Speicheranlagen passiert, als auch schon die Hundemeute auf ihn zustürzte. Er preßte sich an die Mauer und strich mit dem Bogen über sein Instrument. Die Hunde verharrten, und als er dann, mutiger geworden, seine Sarabanden, Polonaisen, Menuette intonierte, da ließen sich die Bluthunde friedlich um ihn nieder und lauschten. Das ist die Macht der Musik, von der Schopenhauer in seiner Metaphysik später behaupten wird, daß sie die quälende und auch gefährliche Unruhe des Lebendigen zugleich ausdrücke und besänftige.

Die Speicherinsel Danzigs – wahrscheinlich war sie für Arthur der erste Schauplatz dieses mysteriösen Dramas, das der Lebenswille und die Musik miteinander austragen.

Zweites Kapitel

Hamburg. Die erste Lektüre im Buch des Lebens: Le Havre.
Freundschaft mit Anthime.
Arthur wird zum Kaufmann erzogen.

Was Heinrich Floris Schopenhauer schon seit geraumer Zeit
befürchtet und weshalb er in England die Möglichkeit einer
Umsiedlung sondiert hatte – das geschah nun im Frühjahr
1793: Preußen und Rußland einigten sich auf weitere Anne-
xionen polnischen Hoheitsgebietes. Die Städte Danzig und
Thorn, als Freistädte bisher formell unter polnischem Schutz,
wurden dabei dem preußischen König zugesprochen. Dem
General Raumer – derselbe, der sich Heinrich Floris Schopenhauer so gefällig hatte zeigen wollen und schroff zurückgewiesen worden war – obliegt es, die Annexion ins Werk zu setzen
und die über Jahrhunderte gewachsene Stadtfreiheit zu liqui-
dieren. Die Schopenhauers warten den Einmarsch der preußischen Truppen nicht ab. Unmittelbar nachdem der Rat und
die Bürgerschaft am 11. März 1793 in einem einhelligen Be-
schluß die Stadt der Oberhoheit des preußischen Königs un-
terstellen, reist die Familie ab. Es ist eher eine Flucht denn
eine Übersiedlung. Heinrich Floris Schopenhauer hatte einiges zu befürchten, denn die Beleidigung des preußischen Generals war noch nicht vergessen.

Mit den Schopenhauers fliehen etliche andere patrizische
Familien, die ebenfalls als ›Preußenfeinde‹ hervorgetreten waren. Im mittleren Bürgertum indes dachte man anders: Die
Eingliederung ins preußische Territorium versprach wirt-
schaftliches Gedeihen. Ganz unten in den einfachen Volks-
schichten, bei den Gesellen, Tagelöhnern und Schiffersknech-
ten, kommt es zur offenen Rebellion. Einfache Stadtsoldaten
entwaffnen ihre übergabebereiten Offiziere und richten die
Kanonen auf die anrückenden preußischen Truppen. Mit
Recht mußten sie fürchten, nach der Übergabe der Stadt zum
preußischen Heer, das damals gerade gegen das revolutionäre
Frankreich im Felde stand, eingezogen zu werden. Die Unruhen und Kämpfe ziehen sich noch bis in den April 1793 hin.

Arthur Schopenhauer,
Jugendporträt,
Aquarell auf Elfenbein
von Karl Ludwig Kaaz,
1809

Arthur Schopenhauer,
Ölporträt von
Ludwig Sigismund Ruhl,
1815

Arthur Schopenhauer,
Daguerrotypie vom
22. August 1845

Arthur Schopenhauer,
Daguerrotypie vom
4. Juni 1853

Alle Abbildungen:
Stadt- und Universitätsbibliothek Frankfurt am Main, Schopenhauer Archiv

Einige Häuser werden durch Kanonen und Brand zerstört, es kommt zu Plünderungen, Menschen sterben. Aber während dies geschieht, sind die Schopenhauers schon in Sicherheit – in Hamburg.

Weshalb die Schopenhauers schließlich doch nicht nach England übersiedelten, wissen wir nicht. Warum aber Hamburg?

Für den Seehandelskaufmann Heinrich Floris Schopenhauer kam nur eine Hafenstadt in Frage. Zu Hamburg unterhielt er gute Geschäftsverbindungen. Außerdem schien diese mächtige Hansestadt am ehesten die Gewähr einer Unabhängigkeit von Preußen zu bieten. Heinrich Floris Schopenhauer wird sterben, noch ehe auch Hamburg seine republikanische Stadtfreiheit zwar nicht an Preußen, aber an das Napoleonische Frankreich verliert.

Als die Schopenhauers im Frühjahr 1793 ankommen, erlebt die Stadt gerade eine beispiellose wirtschaftliche Konjunktur.

Das ganze 18. Jahrhundert über war Hamburg ein wichtiger Umschlagsplatz für französische und holländische Kolonialwaren und für die Erzeugnisse der englischen Industrie. Beim England-Handel hatte Hamburg alle europäischen Konkurrenten aus dem Felde geschlagen, seit 1663 der englische König der Hansestadt das Privileg erteilte, mit eigenen Schiffen englische Hafenstädte anlaufen zu dürfen. Über Hamburg wurden die Erzeugnisse des mitteleuropäischen Binnenlandes exportiert: Getreide aus Mecklenburg, Südrußland und Polen, Schiffbauholz aus dem Sachsenwald, russischer Salpeter; Produkte der heimischen Industrie, Glaskeramik, grobe Stoffe, Holzarbeiten; bedeutend war auch der Zwischenhandel mit Teer, Juchten, Fellen, Tran aus den nordischen Ländern. Aus den Niederlanden, Frankreich und England bezog man Gewürze, Tee, Kaffee, Tabak, Textilien, Edelmetalle. In Hamburg lagerten diese Waren auf den größten Stapelplätzen Festlandeuropas. Zwischen 1788 und 1799 verdoppelte sich die Zahl der in Hamburg beheimateten Schiffe. Im Jahre 1795 liefen über 2000 Schiffe in Hamburg ein, ein europäischer Rekord.

Der Abbé Sieyès nannte 1798 in einer Denkschrift für Napoleon Hamburg den »wichtigsten Teil des Erdballs«. Das war sicherlich ein wenig übertrieben, die Hamburger aber hörten es gerne und sparten nicht mit Selbstlob: »Hamburgs Flagge wehte im Rothen Meere, am Ganges und in China, sie wehte in den Gewässern von Mexico und Peru, in Nordamerika, in den holländischen und französischen Besitzungen von Ost- und Westindien. Sie war geachtet in allen Weltteilen, und fremde Nationen beneideten uns nicht, daß unsere Schiffe uns die Schätze beider Indien zuführten, denn auch zur Beförderung ihres Vorteils geschah dieses.« So schildert der Kaufmann Johann E. F. Westphalen 1806 die gewaltige Entwicklung des Handels in den letzten Jahrzehnten des 18. Jahrhunderts und ist dabei ein wenig elegisch gestimmt, denn 1806, zur Zeit der Kontinentalsperre, ist die alte Herrlichkeit vorbei. Ehe aber Napoleon die Stadt seinem Herrschaftsgebiet einfügte, profitierte Hamburg von den Kriegen und territorialen Neuordnungen des revolutionären Frankreich. Die Eroberung Hollands durch die Franzosen (1795) führte zu einem Exodus französischer und holländischer Firmen nach Hamburg. Die unsichere Kriegslage sperrte die Rheinstraße und lenkte den gesamten Verkehr von Westdeutschland und der Schweiz die Elbe hinunter. Als Einfuhrhafen amerikanischer Waren auf dem europäischen Kontinent und für den holländischen Ostindien- und Levantehandel trat Hamburg an die Stelle von Amsterdam und Antwerpen.

Mit dem Handel und der Schiffahrt wuchs auch der Geldverkehr. Hamburg wurde der bedeutendste Finanzmarkt des Kontinents. Das innerstädtische Gewerbe florierte, die Einwohnerzahl nahm sprunghaft zu, sie lag um die Jahrhundertwende bei einhundertdreißigtausend.

Heinrich Floris Schopenhauer, der bei der Flucht aus Danzig immerhin ein Zehntel seines Vermögens verloren hatte, konnte in Hamburg kaufmännisch recht bald wieder Fuß fassen. Der Handel mit England und Frankreich, der hier besonders gedieh, war ja auch schon in Danzig seine Spezialität gewesen.

Zunächst quartierten sich die Schopenhauers am Altstädter Neuen Weg 76 ein. Als die Schopenhauerschen Handelsgeschäfte, begünstigt von der allgemeinen Wirtschaftskonjunktur, wieder in Schwung kamen, zog die Familie Ostern 1796 in das weitaus repräsentativere Haus am Neuen Wandrahm 92 um. In dieser Gegend residierten die großen Hamburger Handelshäuser, die Jenisch, die Godeffroys, die Westphalen, die Sieveking. Zum Hause gehörten, wie damals üblich, zugleich Wohn- und Geschäftsräume. In den rückwärtigen Gebäuden und im Mittelhaus befanden sich die Böden, Speicherräume, Kontore und Lagerkeller. Die Rückseite des Anwesens grenzte an einen Kanal. Die Lastkähne konnten dort anlegen. Um einen geräumigen Innenhof lief eine holzgeschnitzte Galerie, die Vorplätze waren mit Marmorfliesen ausgelegt. Im Vorderhaus befanden sich die Wohnräume, zehn Zimmer, vier Kabinette, vier Kammern, dazu ein Saal mit kostbarer Stukkatur, Holztäfelung und kunstvoll gearbeitetem Fensterglas. Hier, wo sich weit über hundert Menschen versammeln konnten, gaben die Schopenhauers ihre Gesellschaftsabende, »weit über ihren Stand hinaus«, wie Adele, Arthurs Schwester, später behauptet.

Mit diesem prachtvollen Etablissement durften sich die Schopenhauers gewiß zur Elite der Hansestadt zählen. Doch dem heranwachsenden Arthur vermittelten die weitläufigen Räumlichkeiten wenig Heimatgefühl. Auch später führen ihn keine Erinnerungen mehr in dieses Hamburger Domizil zurück.

Nicht nur die Geschäfte, auch der bürgeraristokratische Republikanismus der Schopenhauers fand in Hamburg seinen rechten Ort.

Nach bürgerkriegsähnlichen Unruhen hatte sich Hamburg 1712 eine neue Verfassung gegeben, die eine Machtbalance zwischen patrizischem und mittlerem Bürgertum festschrieb. Die patrizischen Ratsherren und der Konvent der erbgesessenen Bürgerschaft teilten sich in die vollziehende und gesetzgebende Gewalt. Natürlich mußte man ein bestimmtes Vermögen haben, um das politische Leben der Stadt mitbestimmen zu können. Aber die Einkommensgrenze war doch weiter nach unten verlegt worden. Wichtiger jedoch war, daß die Verfassung im Sinne der englischen Habeas-corpus-Akte persönliche Freiheitsrechte garantierte. Das Bürgertum war stolz auf diese politische Ordnung. »Die Verfassung ist weder ganz aristokratisch, noch ganz demokratisch, noch ganz repräsentativ, sondern alles drei zusammen«, schreibt im Jahre 1800 ein Zeitgenosse, »der ehemals so tätige Fraktionsgeist ist durch die Verfassung ganz in seine Grenzen zurückgewiesen, und statt seiner herrscht Ruhe, Sicherheit und Freiheit in einem solchen Grade, wie vielleicht in keinem anderen Staate«.

»Ruhe, Sicherheit und Freiheit« hatte Heinrich Floris Schopenhauer gesucht und hier in Hamburg nun gefunden. Besonders die »Freiheit« von Preußen lag ihm am Herzen. Und auch daran fehlte es in Hamburg zunächst nicht. Friedrich der Große hatte zwar ein Auge auf die blühende Handelsmetropole geworfen, doch England, Frankreich und die Niederlande unterstützten, aus eigenen freihändlerischen Interessen, das Unabhängigkeitsverlangen der Stadt. So mußte sich Preußen damit begnügen, von den erfahrenen Hamburger Kaufleuten in Handelsdingen Gutachten einzuholen. Diese fielen allerdings nicht im Sinne der merkantilistischen Wirtschaftspolitik Preußens aus. »Freiheit muß die Losung sein«, schrieb die Hamburger Commerz-Deputation, und Berlin antwortete, die Gutachten seien klug abgefaßt, aber unbrauchbar.

Die Französische Revolution, bei deren Beginn Heinrich Floris Schopenhauer noch in Danzig aus seinem Kontor hinaus auf den Landsitz Oliva zu seiner Frau geeilt war, um ihr hocherfreut davon Kunde zu geben – die Französische Revolution fand auch in Hamburg ihre begeisterten Fürsprecher. Sogar Georg Heinrich Sieveking, der einflußreichste Ratsherr und »Hamburger Rothschild«, wie man ihn nannte, zählte zu ihnen. Sein anfänglicher Enthusiasmus galt manchen Mitbürgern als unhanseatisch. Sieveking verteidigte sich in einem Pamphlet, dem er den Titel gab: AN MEINE MITBÜRGER. Auf dem Sievekingschen Landsitz trug Klopstock während eines Gartenfestes zum ersten Mal seine Oden auf die Französische Revolution vor. Der »Hamburgische Correspondent« und die »Hamburgische Neue Zeitung«, die besten Zeitungen in Deutschland damals, waren berühmt für ihre detaillierte Berichterstattung aus Paris. Doch die Hamburger bewunderten vor allem sich selbst, wenn sie die Französische Revolution hochleben ließen. Sie verbanden 1790 den Jahrestag des Bastillesturms mit dem Jubiläum der Commerz-Deputation und

sangen dabei: »Oh, dreimal selig unsre Vaterstadt, / Daß
Fried' und Freiheit sie vor stolzen Nationen / So hoch begna-
digt hat!« Als die Französische Revolution in ihre jakobini-
sche Phase eintrat, ging man auch in Hamburg auf Distanz,
die Geschäftsverbindungen rissen natürlich nicht ab. Hansea-
tisch fühlte man sich den Exzessen, den Kinderkrankheiten
des Freiheitskampfes, überlegen. »Hamburg brüstet sich zwar
mit keiner Habeas-corpus-Akte, und in den Versammlungssä-
len unserer Gesetzgeber prangt keine Tafel mit den Rechten
der Menschheit; aber dafür wird jene nicht suspendiert und
diese nicht verhüllt«, schreibt der »Hamburgische Correspondent«, und in einem Leserbrief hieß es: »Ist's nicht schön,
daß wir dem Ideale politischer Seligkeit so nahe stehen ohne
zu schwindeln? daß wir frei und gleich sind ohne Robespierre
und Sansculotten? daß wir da altes, friedliches Herkommen
verehren, wo andere vernünftige Neuerungen mit Revolu-
tionsgreuln befleckten... Es ist doch in der Tat sonderbar,
daß das, was jetzt bei Frankreich neu und paradox hieß, bei
uns alte politische Orthodoxie geworden ist.«

Die Hamburger »Orthodoxie« aber will es mit keinem verderben, man muß sich absichern. Während also die Handelsgeschäfte mit dem revolutionären Frankreich blühen und die
Schulkinder Klopstocks Revolutionsoden rezitieren müssen,
nimmt man gleichzeitig die adligen Emigranten und ihr bunt-
scheckiges Gefolge auf.

Bisher war in Hamburg vor allem die Anglomanie zu Hause, jetzt wird man, bezaubert von der Eleganz und dem Flair
der distinguierten französischen Flüchtlinge, auch frankophil.
Johanna Schopenhauer, eigentlich eine Sympathisantin der
Französischen Revolution, ist stolz darauf, wenn sich bei ihren Gesellschaftsabenden auch erlesene Emigranten einfinden, der Baron von Staël-Holstein beispielsweise, der Ehemann der berühmten Madame.

Die Emigranten und ihr Anhang lockerten die steifen Sitten
bürgerlicher Wohlanständigkeit. Es wurde jetzt mehr getanzt,
gespielt und getrunken. Auch das Gewerbe der Prostitution
erlebte Zulauf, und natürlich kursierte auch in Hamburg das
Gerücht von der französischen Lustseuche, selbst von der
Kanzel der Michaeliskirche herab wurde es verbreitet.

Ein entlaufener französischer Oberst, der besser kochen als fechten konnte, richtete auf der Elbhöhe ein Ausflugslokal ein, das sehr schnell zum Sammelpunkt der Jeunesse doree avancierte. »Was diesem Ort den vornehmsten Beifall verschafft«, schreibt ein Zeitgenosse, »ist unstreitig die Art der Bewirtung für unsere deutschen Leckermäuler, weil die französische Kochkunst alle Kräfte aufgeboten hat, Zunge und Gaumen vollkommen zu befriedigen.« Auch das französische Kaffeehaus bürgerte sich ein. 1794 eröffnete das Französische Theater. Die Hamburger lernten Revuen und Vaudevilles kennen, und die männliche Jugend begeisterte sich für die Schauspielerinnen. Madame Chevalier ist der Star der Szene. Frau Reimarus, die Schwiegertochter des Verfassers der WOLFEN-BÜTTLER FRAGMENTE, bemerkt ein wenig grämlich: »Madame Chevalier verdreht unseren jungen Leuten die Köpfe und hat gerade den Zeitpunkt getroffen, wo einige junge Kaufleute Geld zu verschleudern haben.« Zu ihnen zählt Arthur noch nicht, er ist mit seinen zwölf Jahren noch zu jung; aber die Mutter ist stolz, den mondänen Engel aus Paris unter ihren Gästen zu haben. Bald jedoch litt die französische Emigrantenkolonie an pekuniärer Auszehrung. Manche mußten das Genre wechseln: Sie wurden Tanzlehrer, Fechtmeister oder gaben Sprachunterricht. Vor allem in diesen Rollen hat Arthur dann mit ihnen zu tun bekommen.

Der französische Anflug leichter Lebensart blieb in Hamburg indes nur ein Intermezzo. Heine, der ein Jahrzehnt nach Arthur Schopenhauer dort lebte, hat dies mit Bedauern vermerkt. Sehr schnell, für Heine zu schnell, kehrte man zur wohlanständigen Steifheit zurück. »Der Himmel war schneidend blau und dunkelte hastig«, schreibt Heine im SCHNABELE-WOPSKI, »es war Sonntag, fünf Uhr, die allgemeine Fütterungsstunde, und die Wagen rollten, Herren und Damen stiegen aus, mit einem gefrorenen Lächeln auf den hungrigen Lippen...« Zu schnell auch legte der kaufmännische Sinn der Hamburger seine elegante Umhüllung ab und ließ sich wieder nackt und bloß sehen. »Und als ich die vorüberwandelnden Menschen genauer betrachtete«, schreibt Heine, »kam es mir vor, als seien sie selber nichts anders als Zahlen, als arabische Chiffern; und da ging eine krummfüßige Zwei neben einer fatalen Drei, ihrer schwangeren und vollbusigen Frau Gemahlin; dahinter ging Herr Vier auf Krücken ...« Das war wieder die Verlust und Gewinn wägende, den Nutzen berechnende Geistesart, die Hamburg als Handelsstadt so groß gemacht und als Stätte der Kultur doch recht unbeträchtlich hat bleiben lassen. Deshalb auch wird Johanna Schopenhauer später von Weimar und der dortigen manchmal künstlerisch-verspielten Geselligkeit aus befremdet auf ihre Hamburger Erfahrungen zurückblicken: »Wenn so ein Senator oder Bürgermeister sähe, wie ich mit Meyer Papierschnitzel zusammenleime, wie Goethe und die anderen dabey stehen und eifrig Rath geben, er würde ein recht christliches Mitleid mit uns armen kindischen Seelen haben.«

Es paßt auch zum Geiste der Stadt, daß als die wichtigste kulturelle Einrichtung die »Hamburgische Gesellschaft zur Beförderung der Manufakturen, Künste und nützlichen Gewerbe« galt. In dieser Vereinigung war jeder Mitglied, der etwas auf sich hielt und über das notwendige Einkommen verfügte. Wenn ein ›Unwürdiger‹ sich hier einschlich, so war das in den besseren Kreisen sogleich ein Stadtgespräch, wichtig genug, daß ein Schulfreund dem während seiner Europareise von 1803/04 im fernen Südfrankreich weilenden Arthur Schopenhauer davon Bericht erstattete. Die »Künste«, die im Programm dieser vom Lessing-Freund Reimarus mitbegründeten Gesellschaft auch auftauchen, waren unter die Kuratel der Nützlichkeit gestellt. Zwar vergab man auch Stipendien an mittellose Maler, Zuschüsse fürs Theater und veranstaltete Konzerte, vor allem aber finanzierte man Projekte zur Verbesserung des Futterkräuteranbaus, organisierte Wettbewerbe der Obstbaumzucht, unterstützte Forschungsvorhaben zur »Vertilgung des den Schiffen so verderblichen Seewurms«. Eine Badeanstalt wurde gegründet, und eine öffentliche Bibliothek, Schwimmkurse und Schwangeren-Beratungsstellen wurden eingerichtet – ein flächendeckendes Verbesserungsprogramm, dessen exzessive Realitätstüchtigkeit die schönen Künste beschämen mußte.

Darüber wurden auch schon damals Klagen laut. In dem VERSUCH EINES SITTENGEMÄLDES VON HAMBURG, im Jahre 1811 verfaßt von dem am Ort bekannten Theologen und

Schulmann Johann Anton Fahrenkrüger, lesen wir: »Man sah Gelehrsamkeit, Wissenschaften und Künste über die Achsel an, wenn sie nicht laut wurden, sich nicht in den Dienst des Gewöhnlichen schmiegen wollten. Die Freude des Gelehrten an seiner Wissenschaft als solcher, abgesehen von den daraus entspringenden baren Vorteilen, begreift der Hamburger nicht. Den Übungen im Denken bloß zur Erweiterung des Geistes und zur Berichtigung allgemeiner Ideen, kann er seinen Beifall nicht geben. Er schenkt ihn nur den Bemühungen, die ihm, seiner Vaterstadt, den Gewerben Nutzen gewähren... Den Wert der Menschen und Dinge stempelt der Kaufmann. Dies ist der Hamburger in vollkommenem Grade.« Die hohe Kunst der Nützlichkeit war in Hamburg von umwerfender Wirksamkeit und machte vor nichts halt. Respektable und künstlerisch reizvolle Gebäude wurden hemmungslos abgerissen. Die Instandsetzung des alten Doms kostete zuviel Geld: Man riß ihn 1805 ein. Mittelalterliche Klosterbauten erlitten dasselbe Schicksal. Einige der prachtvollen Stadttore und die Befestigungswerke wurden niedergelegt. Es verschwanden die Maria-Magdalenen-Kirche und das Englische Haus mit seiner berühmten Renaissancefassade. Auch die Bildergalerie des Rathauses konnte dem Geist der Nützlichkeit nicht widerstehen. Zu Spottpreisen verschleuderte man die Bestände, zu denen Bilder von Rubens und Rembrandt gehörten.

Lessing mußte der Teufel geritten haben, als er – ein Menschenalter vor Arthur Schopenhauer – gerade in Hamburg eine erneuerte Theaterkunst aus der Taufe heben wollte.

Da hatten sich 1766 eine Handvoll Kaufleute – es überwogen die Spekulanten und Bankrotteure – zusammengetan, um eine Entreprise zu finanzieren, die sie hochtrabend »Deutsches Nationaltheater« nannten. Sie boten Lessing 800 Reichsthaler Jahresgehalt, und der kam, um hier alles zu sein: Dramaturg, Rezensent, Autor, Regisseur. Die Theaterzeitung, sein vornehmstes Projekt, war die später hochberühmte HAMBURGISCHE DRAMATURGIE. Sie soll, schrieb Lessing in der Ankündigung, »ein kritisches Register von allen aufzuführenden Stücken halten, und jeden Schritt begleiten, den die Kunst sowohl des Dichters, als des Schauspielers hier tun wird.« Zunächst verbaten sich die Schauspieler die Lessingsche Begleitung ihrer Schritte. Dann empörte sich das Publikum über die Lektionen, die ihnen der aus Berlin hereingeschneite Feuerkopf glaubte erteilen zu dürfen. Immerhin war Lessing kühn genug, sich gleichzeitig mit der Galerie und dem Parterre anzulegen. »Die Galerie«, schrieb er, »ist freilich ein großer Liebhaber des Lärmenden und Tobenden, und selten wird sie ermangeln, eine gute Lunge mit lauten Händen zu erwidern. Auch das deutsche Parterre ist noch ziemlich von diesem Geschmacke...« Sehr bald mußte Lessing zurückstecken, er beschränkte sich auf die Analyse der Theaterstükke und verfaßte werbende Elogen auf Shakespeare... Doch den Spielplan bestimmte der Hamburger Geschmack. Trotzdem war das Unternehmen nach knapp einem Jahr bankrott, zur Freude der bürgerlich-lutherischen Obrigkeit, deren Beziehung zum Theater ein Zeitgenosse so beschreibt: »Meldet sich ein Comödianten Trupp mit guten Zeugnissen; so läßt zwar der Senat den Auftritt zu; aber ich bin gewiß versichert; das ernstliche Predig-Amt, und die vernünftige Stadt-Obrigkeit freuen sich beyde; wenn sie wieder fortwandern...«

Lessing wanderte fort, zwei Jahre nach euphorischem Beginn. »Ich ziehe meine Hand von diesem Pflug eben so gern wieder ab, als ich sie anlegte«, schrieb er im übellaunigen Rückblick, »Der süße Traum, ein Nationaltheater hier in Hamburg zu gründen, ist schon wieder verschwunden; und so viel ich diesen Ort nun habe kennen lernen, dürfte er auch wohl gerade der seyn, wo ein solcher Traum am spätesten in Erfüllung gehen wird.«

Daß Hamburg ein schlechter Ort für künstlerische Träume war, das zeigt auch das Schicksal der Hamburger Oper – als ständige Einrichtung immerhin die erste in Deutschland. Der junge Händel hat dort am letzten Pult der zweiten Geige seine Lehrzeit absolviert. Schon ein halbes Jahrhundert nach ihrer Gründung im Jahre 1678 begann die Oper zu verwahrlosen. Das Hamburger Publikum wurde der italienischen Arien überdrüssig, man verlangte nach heimischer Kost. So gelangte auch plattdeutsche Sangeskunst auf die Bühne. Die zumeist aus Italien teuer eingekauften Stars der Oper verwandelten sich in Dienstmädchen, Marschbauern, Kaufherren mit gewaltiger Uhrkette und Pastoren mit Bäffchen. Man sang, so ein Zeitgenosse, »auf eine rechte Pickelherings-Weise vom lieben Neben-Mann, von drey und vier galans und dergleichen mehr um die Wette.« Die wirklichen Liebhaber resignierten. »Dem Aufnehmen der Oper«, bemerkt einer von ihnen, »steht im Wege das Naturell der Einwohner, denn kurz zu sagen: Opern sind mehr für Könige und Fürsten, als für Kauf- und Handelsleute!«

Zu Schopenhauers Zeiten trauerte keiner mehr der in Verfall geratenen Oper nach, statt dessen ergötzte man sich am frisch importierten französischen Musiktheater. Und beim Schauspiel reüssierte der Dramaturg, Regisseur und Darsteller Friedrich Ludwig Schröder, der es besser als Lessing verstand, zugleich dem Publikum und der Kunst zu dienen. Diesem Virtuosen des Kompromisses hat Goethe in WILHELM MEISTERS LEHRJAHRE in Gestalt des Theaterdirektor Serlo ein Denkmal gesetzt.

Alles Wilde, Exzentrische, Grelle hatte es in Hamburg schwer. Das bekamen die jungen Genies des Sturm und Drang und – eine Generation später – die der Romantik zu spüren. Die Dichterfürsten Hamburgs waren von anderem Schlage. Da gab es zum Beispiel Barthold Hinrich Brockes, Jurist, Ratsherr, Kaufmann und eben auch Dichter. Für die Hamburger war er die Verkörperung des guten Geistes der Stadt. Bei ihm bekam das nüchterne Lebensbehagen poetischen Glanz, keiner konnte so wie er die karge Nützlichkeit in solch liebenswürdige Verse kleiden. Die Gedichte seiner mehrere Bände umfassenden Sammlung IRDISCHES VERGNÜGEN IN GOTT sind ein einziger Preisgesang auf eine Welt, wie sie Gott zu »Nutz und Frommen« der Menschen eingerichtet hat. Diese Himmelfahrten der Naturseligkeit und der Erfolgsbilanz mußten in Hamburg gefallen. Brockes lebte seinen Mitbürgern vor, wie man zugleich Poet sein und Hamburger bleiben kann: »Die Verfertigung seiner geistlichen Gedichte hat er sich zu seiner ordentlichen Sonntagsarbeit ausgesetzet«, berichtet einer dieser Mitbürger bewundernd.

Brockes ist zu Schopenhauers Zeit schon ein halbes Jahrhundert tot, doch der Geist seiner Dichtkunst ist noch lebendig. In Matthias Claudius, dem »Wandsbeker Boten«, lebte er am Ende des 18. Jahrhunderts fort. Bei ihm allerdings ist das weltbehagliche »irdische Vergnügen in Gott« zur pietistischen Mystik vertieft und verinnerlicht, ein Zug, dem Arthur Schopenhauer später sehr zugetan sein wird.

Die dritte poetische Zelebrität der Hamburger war Klopstock. Er ließ sich 1770 am Ort nieder, als er schon berühmt war. Und weil er schon berühmt war, verehrten ihn dann auch die Hamburger. »Bewunderung, fast Anbetung kam dem Manne entgegen, wo er sich zeigte«, berichtet neidlos der Großkaufmann Caspar Voght. Klopstock wurde gefeiert, aber wenig gelesen. Das gefühlsstarke Pathos blieb den Hamburgern fremd, doch als der Dichter des Messias 1803 starb, wurde er mit fürstlichen Ehren, unter dem Geläut sämtlicher Glocken, geleitet von Senatoren, Gelehrten, Kaufleuten, Diplomaten und einer unübersehbaren Menge (es sollen an die zehntausend gewesen sein) auf dem Friedhof in Ottensen unter der »Klopstocklinde« beigesetzt.

Arthur Schopenhauers Eltern haben Klopstock noch persönlich kennengelernt; ob bei einem ihrer Gesellschaftsabende im eigenen Haus oder bei anderer Gelegenheit, ist ungewiß. War man erst einmal in die besseren Kreise Hamburgs aufgenommen, so konnte man diesen gemütlich pfeiferauchenden alten Herrn mit Samtkäppchen gar nicht verfehlen. Denn Klopstock wurde als Zierde der Salons überall herumgereicht. Man traf ihn bei den Sievekings, bei den Voghts, bei den Bartels.

Johanna Schopenhauer genoß dieses entwickelte Gesellschaftsleben in Hamburg in vollen Zügen. Sie wollte nicht nur eingeladen werden, sondern verfolgte das ehrgeizige Ziel, das eigene Haus zum geselligen Sammelpunkt zu erheben. Ihre Autobiographie bricht vor den Hamburger Jahren ab, jedoch weisen die erhalten gebliebenen Entwürfe darauf hin, daß ihr gesellschaftlicher Ehrgeiz offenbar nicht unbefriedigt geblieben ist. Die Aufzählung ihrer Hamburger Bekanntschaften enthält glanzvolle Namen: Klopstock, Wilhelm Tischbein, den Maler und Goethes Begleiter bei der italienischen Reise; Doktor Reimarus, den Sohn des Lessing-Freundes und Verfassers der WOLFENBÜTTLER FRAGMENTE; Baron von Staël-Holstein, den schwedischen Diplomaten und Ehemann der Madame de Staël; Madame Chevalier vom französischen Theater; den Grafen Reinhard, polyglotter französischer Diplomat aus dem Schwabenlande; Professor Meißner, den berühmten Verfasser zahlloser schlüpfriger Romane im galanten Stil; Domherr Lorenz Meyer, stadtbekannter Kunstmäzen und Mitglied des Vorstandes der »Patriotischen Gesellschaft«.

Im stattlichen Hause am Neuen Wandrahm versuchte Johanna Schopenhauer der Devise zu folgen, die Hannchen Sieveking, die Frau des »Hamburger Rothschild«, ausgab: »Nichts geht doch über das Gefühl eines Haufens einig fühlender Menschen, die sich miteinander des Lebens freuen und es auf rechte Weise genießen.«

Der kleine Arthur nimmt an diesem Genuß keinen Anteil. In Schopenhauers Erinnerungen an die frühen Hamburger Jahre ist fast nur von Verlassenheit und Angst die Rede. In diesem dem Kommen und Gehen der Gäste geöffneten Hause scheint der Knabe, der von einer Kinderfrau und Dienstmägden versorgt wird, zu vereinsamen: »Schon als sechsjähriges Kind fanden mich die vom Spaziergang heimkehrenden Aeltern eines Abends in der vollsten Verzweiflung, weil ich mich plötzlich von ihnen für immer verlassen wähnte« (HN IV, 2, 121). Die Väter aus dem bürgerlichen Milieu nahmen sich ihre Söhne erst vor, wenn sie ins Alter der ›Bildsamkeit‹ eintraten, und als ›bildsam‹ galten sie ungefähr mit acht Jahren. Dann erst begannen für die Kinder auch die Väter zu existieren. Dann trat der verborgene Gott aus der Kulisse und sprach seine schicksalsbestimmenden Machtworte. Die von Heinrich Floris Schopenhauer lassen es an Entschiedenheit nicht fehlen. »Über mich«, so berichtet Arthur Schopenhauer in seinem für die Berliner Universität verfaßten Lebenslauf, »hatte er (der Vater, R. S.) beschlossen, daß ich ein tüchtiger Kaufmann und zugleich ein Mann von Welt und feinen Sitten werden sollte« (B, 648).

Im Sommer 1797, nach der Geburt Adeles, hält der Vater die Zeit für die erste Lektion in kaufmännischer Weltläufigkeit für gekommen. Er reist mit dem Sohn über Paris nach Le

Havre, wo er Arthur für zwei Jahre in die Obhut der Familie eines Geschäftspartners gibt. Bei den Grégoires de Blésimaire soll Arthur Französisch lernen, sich im geselligen Umgang üben, und überhaupt, wie sich der Vater auszudrücken pflegte, »im Buche der Welt lesen«.

Bei den Grégoires wird Arthur den »weitaus frohesten Theil« (B, 649) seiner Kindheit verleben. So jedenfalls empfindet er es im Rückblick. Doch wir wissen von diesen zwei Jahren sehr wenig. Arthurs Jugendbriefe sind nicht erhalten, doch der Zauber dieses Lebens fern dem Elternhaus, in jener »freundlichen, an der Seinemündung und der Meeresküste gelegenen Stadt« (B, 649), muß ihn sehr gefangengenommen haben. Man merkt es an der Reaktion der anderen. Anthime, der gleichaltrige Sohn der gastgebenden Familie, mit dem er sich befreundet, schreibt ihm einige Jahre später, am 7. September 1805: »Du trauerst der Zeit nach, die Du in Le Havre verbracht hast.« Als Arthur auf der großen Europareise mit den Eltern 1803 Le Havre nocheinmal besucht, vermerkt er in seinem Reisetagebuch: »Ich hatte während dieser Zeit viel an sie alle, an die Örter um u. in der Stadt, wo ich so froh gewesen war, gedacht, viel davon geträumt, hatte aber niemand gehabt, mit dem ich davon sprechen konnte, u. dadurch war mir alles dies beinah wie ein bloßes Bild meiner Einbildungskraft geworden. Und so war es mir natürlich ein ganz wunderbares Gefühl gerade an derselben Stelle mit denselben Gegenständen umgeben zu seyn: ich konnte mich kaum überreden, daß ich wirklich in Havre wäre. Auf eine sonderbare Weise kamen mir allerhand Dinge u. Gesichter, an die ich während der ganzen Zeit meiner Abwesenheit nicht gedacht zu haben glaube, wieder ins Gedächtnis zurück, ich erkannte einen jeden. Bald war mir als wäre ich gar nicht weg gewesen« (RT, 95).

Nicht nur Ebbe und Flut des Meeres, auch die Gezeiten der Weltgeschichte waren in dieser Stadt an der Seinemündung zu spüren. Die Einbildungskraft des Zehnjährigen bekam hier viel zu tun. Die See war dem Jungen von Hamburg her bekannt, der Geruch von Teer und Tang, der Wind, die schaukelnden Schiffsmasten im Hafen, das Schreien der Möwen.

Doch anders als Hamburg, dessen Neutralität die Turbulenzen des Napoleonischen Zeitalters zunächst fernhielt, war Le Havre ihnen gänzlich preisgegeben.

Der Vater hatte für die Reise nach Le Havre einen Augenblick politischer Windstille genutzt. Der Erste Koalitionskrieg der alteuropäischen Mächte gegen das revolutionäre Frankreich ging 1797 zu Ende. Preußen verzichtet auf seine linksrheinischen Ansprüche und scheidet aus dem Kriegsgeschehen vorzeitig aus; der ganze Norden Deutschlands wird damit neutral.

Man kann also reisen, doch die Reise führt ins Ungewisse, in ein sehr unhanseatisches Abenteuer. In Frankreich herrscht noch das Direktorium, aber schon vollzieht sich der Aufstieg Napoleons, begünstigt von der chaotischen Lage im Lande. Nach dem Geheimbericht des Polizeiministers sollen in fünfundvierzig von sechsundachtzig Departements Chaos und Bürgerkrieg herrschen. Wehrpflichtige widersetzen sich gewaltsam dem Zugriff der Rekrutierungsbehörden. Es werden Gefängnisse gestürmt, Polizisten ermordet, Steuereinnehmer beraubt. Marodierende Banden ziehen im Lande umher, manchmal auf eigene Faust, machmal von Royalisten bezahlt. Für Alexis de Tocqueville ist Frankreich in diesen Jahren »nichts als eine aufgeregte Knechtschaft«. Die Nation, schreibt er, »zitterte gleichsam vor den Bewegungen des eigenen Schattens«, und »viele hatten Angst, ihre Angst zu zeigen«. Auch in Le Havre kam es zu Emeuten, als man Priester, die den Haßschwur gegen das Königtum und den Eid auf die Republik verweigerten, aus dem ganzen Umland zusammentrieb und in den Kellergewölben des Rathauses einsperrte. Die frommen Normannen wollten das nicht hinnehmen, in den Kirchen sangen sie royalistische Lieder, und nachts ließen sie die Priester laufen. In der Nähe Le Havres operierte eine berüchtigte Räuberbande, die eines Tages sogar tollkühn genug war, in das Kaufmannsviertel Basse-Ville einzubrechen. Als sie wieder verschwand, waren manche der Wohlhabenden in der Stadt ein wenig ärmer geworden. Die Grégoires indes scheinen mit dem Schrecken davongekommen zu sein. Die Räuberei und Piraterie in der Umgebung Le Havres erlebte einen ungeahnten Aufschwung, weil der Staat dieses

Gewerbe selbst in Regie nahm. Der Marineminister vermietete 1797 französische Kriegsschiffe an einschlägig erfahrene Abenteurer, die als privilegierte Freibeuter englische Handelsschiffe aufbringen und ihre Beute mit dem Staat teilen sollten. Damit der Verdacht einer staatlichen Beteiligung nicht aufkäme, operierten diese Schiffe nicht von den großen Kriegshäfen Brest, Lorient oder Rochefort, sondern eben von Le Havre aus. Sonderlich erfolgreich scheint diese Aktion allerdings nicht gewesen zu sein, denn unter den siebzigtausend französischen Gefangenen, die man 1801 in England zählte, gehörten die meisten zu den Besatzungen solcher Kaperschiffe. Anfang 1798 geriet Le Havre für kurze Zeit in den Brennpunkt auch des ›offiziellen‹ Kriegsgeschehens. General Bonaparte drängte, ein Jahr vor seinem Staatsstreich, auf die neuerliche Eröffnung des Krieges gegen England. Er zog das Kommando über eine hundertfünfzigtausend Mann starke Invasionsarmee an sich, inspizierte die normannische Küste und gab dann den Werften von Le Havre den Auftrag, eine große Zahl kanonenbestückter Truppentransportboote zu bauen. In der Stadt machte man sich ans Werk, dann plötzlich wurden die Aufträge storniert, es hieß, Bonaparte wolle nach Hamburg marschieren, um den englischen Handel mit Zentraleuropa dort zu treffen. Die Grégoires werden den kleinen Arthur vielleicht davon unterrichtet haben, daß dieser schrecklich-faszinierende General, dem man soeben noch im Hafen von Le Havre begegnen konnte, nun Arthurs Eltern einen Besuch abstatten werde. Aber es blieb still, bis dann die sensationelle Nachricht eintraf, Bonaparte sei in Ägypten gelandet. Anthime und Arthur suchten die ferne Gegend auf der Landkarte und studierten die Abbildungen der Pyramiden.

Nicht nur die Pyramiden – eigentlich das ganze Geschehen in und um Le Havre muß für Arthur eine Bilderbuchwelt gewesen sein, nahe, aber doch nicht gefährlich nahe, wirklich, aber doch auch phantastisch. Denn das Leben bei den Grégoires verlief behütet und umhegt, die Gefahren zogen über den Knaben hin so leicht wie die Wolken des normannischen Himmels. Arthur war ganz in die Familie Grégoire aufgenommen. Er wurde zusammen mit Anthime erzogen, beherrschte in kurzem die französische Sprache so gut, daß er bei seiner

Rückkehr das Deutsche schon fast verlernt hatte. »Unbändig freute sich mein guter Vater«, berichtet Arthur Schopenhauer in seinem ›Lebenslauf‹, »als er mich plaudern hörte wie wenn ich ein Franzose wäre: die Muttersprache dagegen hatte ich dermaßen verlernt, daß man sich darin mir nur mit größter Schwierigkeit verständlich machen konnte« (B, 649).

Bei den Grégoires fand Arthur so etwas wie Elternliebe; über den Herrn Grégoire schreibt er später: »Dieser, ein lieber, guter sanfter Mann, hielt mich ganz wie seinen zweiten Sohn« (B, 649). Bei den Grégoires glaubt er sich in seinen Vorzügen und Eigenarten sogar besser verstanden als zu Hause. Frau Grégoire schreibt an den nach Hamburg zurückgekehrten Jungen: »Du wirst bald ein interessanter Mann werden; erhalte auch Dein gefühlvolles Herz... Wir sprechen oft von Dir.«

Arthur muß in seinen Briefen aus Frankreich den Eltern einiges vorgeschwärmt haben von der Liebe, die er im Hause Grégoire gefunden habe, denn Johanna Schopenhauer fühlt sich in ihren Antwortbriefen an den Sohn bemüßigt, die Fürsorglichkeit des Vaters ausdrücklich und schon fast verteidigend herauszustreichen. »Dein Vater erlaubt Dir die elfenbeinerne Flöte für einen Louis d'or zu kauffen«, schreibt sie, »ich hoffe, daß Du einsiehst, wie gut er gegen Dich ist.« Auf die demonstrative Güte aber folgt sogleich die Ermahnung: »er bittet sich dagegen aus, daß Du Dir daß einmaleins recht angelegen seyn läßt. Das ist nun wohl das Wenigste was Du thun kannst, um ihm auch zu zeigen wie gerne Du alles thust was er wünscht.«

Die Eltern hatten Arthur dazu angehalten, regelmäßig Briefe zu schreiben – das gehörte zum bürgerlichen Erziehungsprogramm. Arthur machte sich die Pflicht angenehm, indem er der Post an die Eltern Briefe für seinen Hamburger Spielgefährten Gottfried Jänisch beilegte. Auch dem Freunde gegenüber muß Arthur sein französisches Glück in den verlockendsten Farben geschildert haben, denn recht betrübt schreibt Gottfried am 21. Februar 1799 zurück: »Ich habe gehört... daß du Deinen Winter sehr vergnügt zugebracht hast. Ich nicht, denn ich habe eine Art von Geschwür am Halse gehabt wobey ich viel ausgestanden habe.« Arthurs tröstende

Antwort auf diesen Brief erreicht den Freund nicht mehr. Am 8. April 1799 teilt Johanna Schopenhauer ihrem Sohn mit: »Auch dir, mein Arthur, habe ich einen Verlust anzukündigen, der dich gewis betrüben wird, dein guter Freund Gottfried, er ist wieder sehr krank geworden, 14 Tage hat er gelegen ... er ist fast gar nicht zum Bewußtseyn gekommen ... Auch ist er schon 8 Tage glücklicher als wir alle, er ist auch gestorben, dein Brief an ihn, mein lieber Junge, kam zwey Tage nach seinem Tode an. So hast du denn schon deinen liebsten Spielkameraden verlieren müssen.« Bei Arthur geriet dieser frühverstorbene Freund bald in Vergessenheit. In der Neujahrsnacht 1830/31 aber wird ihm Gottfried in einem Traum erscheinen: Er steht, ein schlanker, hoch aufgeschossener Mensch, in einem unbekannten Land unter einer Gruppe von Männern und bewillkommnet ihn. Schopenhauer wacht entsetzt auf und fühlt sich wenig später bewogen, Berlin beim Eintritt der Cholera, 1831, zu verlassen. Er hatte die Wiederkehr Gottfrieds im Traum als Todesdrohung empfunden.

In Le Havre aber betrübte ihn im Frühjahr 1799 die Todesnachricht weniger als die Aufforderung der Eltern, nach Hamburg zurückzukehren. Die Eltern machten sich Sorgen, weil alle Anzeichen dafür sprachen, daß ganz Europa wieder Kriegsschauplatz werden würde. England war es gelungen, Österreich, Rußland und Neapel für ein Bündnis gegen Frankreich zu gewinnen. In Italien und in der Schweiz wurde wieder gekämpft. Der Landweg zurück nach Hamburg erschien zu unsicher. Es empfahl sich, die Schiffsroute zu nehmen. Arthur ist so stolz auf das Abenteuer dieser ohne Begleitung überstandenen Seereise, daß er sie sogar noch in seinem 1819 verfaßten akademischen Lebenslauf erwähnt: »Nach einem mehr als zweijährigen Aufenthalt vor Vollendung meines zwölften Jahres fuhr ich allein zu Schiff nach Hamburg zurück« (B, 649).

Während dieser durchaus gefährlichen Rückreise – immerhin kreuzten englische und französische Kriegsschiffe sowie freischaffende Piraten in der Nordsee – scheint der kleine Arthur soviel Kaltblütigkeit besessen zu haben, daß er sogar skurrile Beobachtungen anstellen konnte. Denn auf die unmittelbar nach seiner Rückkehr geschriebenen Briefe antwortet Anthime: »Du hast mich zum Lachen gebracht wie Du mir von Deiner Dame mit dem Schnurrbart erzähltest, Du hättest wie Cook auf seinen Reisen ihr Portrait machen sollen ... der kleine Lotse mit dem kurzen Rock muß sehr komisch anzusehen sein, vor allem der Kopf.«

Nach der zweijährigen, für Arthur insgesamt höchst erfreulichen Lektüre im ›Buch des Lebens‹ begannen nun die weniger erfreulichen Lektionen, die der Vater für den Sohn vorgesehen hatte. Arthur wurde im Sommer 1799, gleich nach der Ankunft in Hamburg, in die Privaterziehungsanstalt des Johann Heinrich Christian Runge gesteckt. Hier verbrachte er über vier Jahre jede Woche sechsundzwanzig Stunden. Das Rungesche Institut war eine Erziehungsanstalt speziell für künftige Kaufleute und stand in hohem Ansehen. Die Söhne der besten Hamburger Familien wurden hier unterrichtet.

Man lernte, »was einem Kauffmann von Nutzen ist und dem Gebildeten wohl ansteht« (B, 649) – so Schopenhauer in seinem ›Lebenslauf‹. Als nützlich und schicklich in diesem Sinne galten vor allem Geographie, Geschichte und Religion. Latein beispielsweise wurde nur pro forma betrieben, um dem Schein von Bildung Genüge zu tun.

Arthur Schopenhauer äußerte sich später lobend über Dr. Runge. Dieser »vortreffliche Mann« galt in Hamburg als pädagogische Kapazität, was etwas besagen will, denn der grassierende Verbesserungseifer in der Stadt hatte geradezu erdrückende pädagogische Koryphäen hervorgebracht: Johann Bernhard Basedow, der nachmalige Gründer der berühmten Erziehungsanstalt von Dessau (das »Philanthropinum«), war zunächst Lehrer am Gymnasium in Altona gewesen. Und auch Joachim Heinrich Campe, der Geburtshelfer des Jugendbuches, hatte in Hamburg seine pädagogische Ader entdeckt. Runge war von Haus aus Theologe, sein Studium hatte er in Halle absolviert, der Hochburg des Pietismus. Er stammte aus Hamburg und kehrte 1790 dorthin zurück in der Hoffnung auf eine Pfarrstelle. Da er sie nicht bekam, eröffnete er die Privatschule, mit der er schnell reüssierte, weil er gute Verbindungen zu den besseren Kreisen Hamburgs unterhielt. Sein Pietismus war, dem Geist der Stadt entsprechend, durch pragmatische Vernunft weltfromm geworden. Das Neue und Anziehende bei Runge war, daß er als erster in Hamburg eine Zusammenarbeit von Schule und Elternhaus anstrebte und in die Tat umsetzte. Die Aufklärung, vor allem die Schriften Basedows, hatten die schwarze Pädagogik des Strafrituals und des mechanischen Paukens ein wenig aufgehellt. Runge wollte ein Freund seiner Schüler sein und verkehrte freundschaftlich in den Häusern der betuchten Eltern – nicht ohne dabei an das eigene Fortkommen zu denken. Zum pädagogischen Grundbuch des aufgeklärten Hamburg wurde seine 1800 herausgegebene Schrift »Pädagogische Haustafel für Aeltern zu pflichtmäßiger Erziehung ihrer Kinder«. Dieser Schulmeister, dessen sanft fließende Suada Schopenhauer so beeindruckte, starb 1811, erst zweiundvierzig Jahre alt, an »Kinnbackenkrampf«.

Aus den Tagebüchern des Lorenz Meyer, eines Schulfreundes von Arthur, gewinnt man einen Eindruck von Art und Inhalt des Unterrichts. Die Lehrer trugen ihr Pensum vor, die Schüler schrieben brav mit. Danach durften Fragen gestellt werden. Manchmal gab es auch regelrechte Debatten, denn es handelte sich um sehr selbstbewußte Schüler, die sich ihres sozialen Prestiges durchaus bewußt waren und in ihren Schulmeistern doch eigentlich nur arme Schlucker sahen, weshalb auch häufig Disziplinschwierigkeiten auftraten. Nur Runge selbst wurde akzeptiert, oft mußte er für die gebeutelten Kollegen einstehen. »Hierauf hielt Herr Runge eine kleine Rede an uns«, schreibt Lorenz Meyer am 16. Januar 1802 in seinem Tagebuch, »worin er die Geringschätzung tadelte, die wir Herrn Hauptmann bezeigt hatten, er hoffe von der Liebe, die wir ihm bezeigten, daß wir in Herrn Hauptmanns Stunden uns besser aufführen würden.«

An Runges Institut lernten die Schüler, wie man mit verschiedenen Währungen rechnet (Mathematik), sie lernten Verkehrswege und Handelszentren kennen und die Erträge des Bodens und des Gewerbefleißes (Geographie); sie lernten die modernen Fremdsprachen so weit, daß es zur Abfassung von Geschäftsbriefen reichte; das Erstaunliche aber ist, daß die ›Religion‹ den Löwenanteil des Unterrichts beanspruchte. Nun war dies aber eine ›Religion‹ ohne Mystik, ohne Innerlichkeit, auch ohne theologischen Dogmatismus; keine

Offenbarungslehre, keine Erweckungslehre, sondern eine deistisch haltbar gemachte Morallehre. Runge muß sie sehr anziehend vorgetragen haben, denn Schopenhauer erinnert sich in späteren Jahren gerne an diese Unterrichtsstunden, und auch Lorenz Meyer vermerkt in seinem Tagebuch die einzelnen Themen – was er bei anderen Fächern unterläßt. Da wird z. B. über die Notlüge gesprochen, »daß die nicht erlaubt wäre... sonst könnte man auch... sagen Nothdiebstahl... und also mit Noth die größten Laster entschuldigen«. Zum Glück kannten die Rungeschen Zöglinge wenig Not, weshalb diese Quelle der Untugend spärlicher floß. Schlimmer war es schon mit der Überheblichkeit. Deshalb spricht Runge in einer anderen Stunde »von der Art wie man andere schont, daß junge Leute auf den Comptoiren diese Regel oft übertreten, indem sie protzen...« Lebensnah war für diese wohlhabenden Schüler auch die Warnung vor der Untugend, »wie ich andere durch Ärgernis verführen könne. Wenn ich z. B. jenen zu einem Vergnügen aufforderte, was seine Kosten nicht zuließen«. Es wird für die »Leutseligkeit« und gegen die »Schwatzhaftigkeit« gesprochen und darüber, »wie man in seinen Berufsgeschäften auch anderen nützlich sein könnte«. Einmal spricht man über Freundschaft und Menschenliebe – ein schlechter Tag für die einschlägigen Ermahnungen, denn am Nachmittag kann man einen Soldaten Spießruten laufen sehen. Die Schüler rennen natürlich hin.

Die Kasuistik der Moral scheint also interessant, aber nicht ergreifend gewesen zu sein; vernünftig, aber nicht inspirierend; klar, aber ohne Geheimnis; optimistisch ohne eine Spur von Tragik. Die Schüler lernten ein behagliches Ja zum Leben. In Runges Unterrichtsstunden hat Arthur Schopenhauer noch keine Einwendungen dagegen vorgebracht. Oder vielleicht doch? Am 20. November 1802 notiert Lorenz Meyer in seinem Tagebuch: »Herr Runge war böse über Schopenhauer.«

Die Schule lag in der guten Wohngegend, am Katharinenkirchhof Nr. 44. An allen Wochentagen, außer Mittwoch und Samstagnachmittag, begaben sich die Schüler dorthin, vormittags von 9 bis 12 Uhr, nachmittags von 15 bis 17 Uhr. Regnete es, wurden manche mit der Kutsche abgeholt, oder ein Dienstbote kam mit Regenschirm gelaufen. Die Schüler waren schon kleine Herren. Sie prügelten sich bisweilen – Lorenz Meyer erwähnt einige Male das handfeste Auftreten Arthurs – sie spielten Blindekuh, doch abends gingen sie auf Bälle und Soireen und bändelten dort mit den Töchtern aus guter Familie an. Gerade diese Abendvergnügungen hat Lorenz Meyer buchhalterisch genau in seinem Tagebuch vermerkt: »Den Abend war ich bei Böhl auf dem Balle. Ich amüsierte mich sehr gut, hätte mich aber noch besser amüsiert, wenn ich mehr getanzt hätte. Ich tanzte die erste Ecossaise mit Doris, die 2. und 3. mit Malchen Böhl. Die 1. Française mit Marianne, 2. mit B. Flohr...den abend gegen 2 Uhr kehrten wir zurück. Eigentlich tanzte ich die 2. Ecossaise mit Madame Schopenhauer. Mad. Böhl schanzte sie mir auf.« Lorenz Meyer, der hier so ungalant sein Tanzvergnügen mit Arthurs Mutter vermerkt, ist gerade fünfzehn Jahre alt. Er wie auch andere Schulfreunde Arthurs finden bei solchen Gelegenheiten ihre künftigen Ehefrauen. Arthur nicht, obwohl auch er sich dem Tanzen hingebungsvoll gewidmet hat. Er muß seinem Freunde Anthime nach Le Havre einiges davon berichtet haben, denn dieser schreibt zurück, Arthur solle seinen Bauch wegschaffen, der behindere die Anmut. Auch nennt er ihn einmal einen »charmanten Schwerenöter«.

Es verging keine Woche ohne ein Fest in großem Stil. »Den Abend war ich bei den Schröders auf dem Baumhause«, schreibt Lorenz Meyer, »ich amüsierte mich sehr gut, es mochten wohl 150 bis 200 Personen da sein. Es waren 12 Musikanten, worunter Pauken und Trompeten.«

Arthur bewegte sich unter seinesgleichen, mit Pauken und Trompeten. Was er schon wenige Jahre später sein »besseres Bewußtsein« nennen wird, jetzt ist es noch verschlossen, oder er hält es in dieser Umgebung verschlossen. Und doch spricht aus den erhaltenen Jugendbriefen der beiden Schulfreunde Lorenz Meyer und Karl Godeffroy ein gewisser Respekt: Godeffroy und Meyer sind wechselseitig aufeinander eifersüchtig, wenn der eine von Arthur einen längeren Brief als der andere erhält. Und sie lassen es sich auch gefallen, von Arthur zurechtgewiesen zu werden: »Lorentz Meyer den letzt sprach,« schreibt Karl Godeffroy am 26. Dezember 1803 an Arthur, der zur Zeit auf Reisen ist, »erzählte mir daß Du ihm einen sehr beleidigenden Brief geschrieben hättest, gelesen habe ich diesen Brief freilich nicht, aber ich kenne Arthur gut genug, um zu wissen daß er seine Freunde nicht mit Fleiß beleidigen wird.« Besonders Karl Godeffroy drückt in seinen Briefen häufig die Befürchtung aus, er könnte den Freund, der doch so fesselnd zu schreiben verstünde, mit den eigenen Mitteilungen langweilen. In der Tat, die Briefe Karl Godeffroys und Lorenz Meyers sind recht öde. Das wirft ein bezeichnendes Licht auf die Art der Freundschaft, die diese drei miteinander verband. Es war kein empfindsamer Herzensbund, wie ihn Jünglinge in dieser Zeit romantischer Innigkeit unterhielten.

Was Arthur seinen Freunden schrieb, wissen wir nicht; Karl Godeffroy und Lorenz Meyer jedenfalls verbreiten sich über entflohene Wechselfälscher, über mißratene Tanzabende, über das Pistolenschießen am Sonntagnachmittag, über neue Mitglieder der »Patriotischen Gesellschaft« – und immer wieder über die Langeweile. Keine schwärmerische Verliebtheit, kein pubertärer Weltschmerz, keine jugendstolze Verachtung der Erwachsenenwelt, kein Spott über die ›Philister‹, keine Albernheiten.

Es war eine oberflächliche Freundschaft, doch Arthur findet in diesen Jahren keine, die tiefer gegangen wäre. Als er 1807 Hamburg verläßt, verschwinden auch Karl Godeffroy und Lorenz Meyer aus seinem Leben. Beide machten Karriere: Godeffroy ging in den diplomatischen Dienst, wurde Botschafter der Hansestädte zuerst in St. Petersburg, dann in Berlin. Sehr wohlhabend lebte er auf gesellschaftlich großem Fuß und schrieb auf seine alten Tage ein Buch über die »Theorie der Armut oder der Minderbegüterung, ein Beitrag zur Lehre der Güterverteilung«. Der Zufall wollte es, daß ein halbes Jahrhundert nach der gemeinsamen Schulzeit einer der ersten und eifrigsten Anhänger Schopenhauers, Julius Frauenstädt, bei den Godeffroys als Hauslehrer eingestellt wird.

Lorenz Meyer übernimmt das väterliche Geschäft, führt es zum Erfolg, mehrt den Reichtum, mischt sich in die hamburgische Politik, heiratet eine reiche Tochter der Stadt, wird Senator und stirbt im hohen Alter.

Ein solches Leben hatte der Vater für Arthur Schopenhauer auch vorgesehen. Noch in der Zeit der Freundschaft mit Karl Godeffroy und Lorenz Meyer jedoch kommen Arthur Zweifel, ob es auch das Leben ist, das er selbst will.

Drittes Kapitel

Die schwere Wahl: in die Welt oder in die Bücher? Die große Europareise als Teufelspakt: zweite Lektüre im Buch des Lebens und anschließende Verdammnis. Das Bergerlebnis und der Absturz ins Kontor. ›Wer kann steigen und schweigen?‹

Während Arthur Schopenhauer das Rungesche Institut besucht, sich mit Klassenkameraden rauft, abends Bälle und Redouten besucht, während die Mutter Gesellschaften gibt und der Vater seinen Geschäften nachgeht, zieht sich um Hamburg das politische Gewitter zusammen. Man unterschätzt die Gefahr, weil man sich durch die politische Neutralität geschützt glaubt. So vertrauensvoll blicken die Hamburger in die Zukunft, daß sie in einer demonstrativen Geste der Friedenswilligkeit sogar die Außenwerke der Befestigungen niederlegen und einem Kunstgärtner erlauben, die Wälle in Promenaden und Blumengärten zu verwandeln.

Hamburg glaubt an das Gleichgewicht der Kräfte. Die alte Garantiemacht, das Heilige Römische Reich Deutscher Nation, ist nur noch ein Schatten und bietet keinen Schutz mehr vor dem begehrlichen Preußen. Doch Preußen wird durch Frankreich in Schach gehalten. Und dem nicht minder begehrlichen Napoleonischen Frankreich bietet England die Stirn. England, so glaubt man in Hamburg, wird niemals erlauben, daß diese bedeutende Hafenstadt, dieser wichtige Handelspartner, seine Freiheit verliert. Natürlich muß man lavieren, überallhin Bekundungen des Wohlverhaltens aussenden, nach Paris, nach Berlin, nach London. Und die Geschäfte gehen gut in dieser Zeit – auch ein Grund, sich in Sicherheit zu wiegen. Besonders wird die Freundschaft mit England gepflegt, das hat Tradition. Die Hamburger empfinden sich als gelehrige Schüler der moderaten englischen Demokratie und des englischen ›way of life‹. Im Bürgertum Hamburgs dominiert die englische Kleidermode; wie auf der Insel zelebriert man hier den Nachmittagstee. Über Hamburg faßt die englische Literatur Fuß auf dem Festland. TRISTRAM SHANDY von Laurence Sterne erlebt in Hamburg seinen Durchbruch. Auch der Siegeszug der erbaulichen Romane von Richardson beginnt hier. Der englische Konsul ist der wichtigste Mäzen der Hamburger Oper und der geschworene Feind dieses Vergnügens, das »Moralische Wochenblatt«, ist ebenfalls von England, von der dortigen Moral-Journaille, inspiriert, und englisch waren in Hamburg auch die Regenschirme und ›Börsenhelme‹.

Die Anglomanie ist hier so auffällig, daß Herder von einem Besuch in der Stadt den Eindruck mitnimmt, »daß sie (die Hamburger, R. S.) nächst Gott dem Herrn kein großmütigreicheres Wesen als einen englischen Lord, kein zarteres Geschöpf als eine Lady und keinen Engel als in einer englischen Miss erkannten«.

Wie die Ankunft eines Götterpaares empfanden die Hamburger deshalb auch die kurze Zwischenstation, die Admiral Nelson und Lady Hamilton in der Hansestadt machten. Der »Altonaische Mercurius« vom 23. Oktober 1800 meldet: »Gestern ist der berühmte Lord Nelson mit dem Gesandten Hamilton und dessen Gemahlin... hier angelangt. Abends erschien Lord Nelson in dem hiesigen französischen Schauspielhause und wurde mit lebhaftestem Beyfall des Publikums begrüßt.« Dieser Beifall ist erstaunlich, denn der englische Seebär, dem bei Gefechten das rechte Auge und der rechte Arm abhanden gekommen waren, hatte soeben in Neapel, von wo er zurückkehrte, nicht gerade Rühmliches vollbracht. Er hatte das neapolitanische Königshaus gegen einen republikanischen Aufruhr verteidigt und es dabei an Heimtücke und Grausamkeit nicht fehlen lassen. Die Führer der Republikaner ließ er, obwohl ihnen freies Geleit zugesichert worden war, an den Rahen seines Admiralschiffes aufhängen – und das war kaum eine Empfehlung für eine Stadt wie Hamburg, die auf ihre republikanische Tradition stolz war. Auch Lady Hamilton war ein heikler Fall, denn die ehemalige Küchenmagd, die durch Schönheit und Klugheit in den englischen Hochadel aufstieg, war gleichzeitig Gemahlin des englischen Gesandten Hamilton und Mätresse des Admirals, dem sie ein Jahr später auch eine Tochter gebar. In dem sonst sittenstrengen Hamburg nahm man auch daran keinen Anstoß, der englische Kredit wog schwerer. Auch Johanna Schopenhauer vergißt ihre republikanische Loyalität und vermerkt stolz ihre Begeg-

nung mit dem illustren Paar; und der alte Klopstock – nicht
lange ist es her, daß er die französische Freiheit besungen hat –
läßt sich zu einer Ode auf die schöne Lady und ihren kriegsbe-
schädigten Liebhaber hinreißen: DIE UNSCHULDIGEN nennt er
sein Poem. Die Hamburger Zeitungen drucken es auf der ersten Seite ab.

Die zeitweilige politische Windstille um Hamburg endet
1801 jäh mit dem Einmarsch von dänischen Truppen. Dänemark handelt als Verbündeter Frankreichs. Offiziell wird erklärt, die Nordseeküste solle gegen englische Angriffe geschützt werden, in Wirklichkeit aber will sich Dänemark, die
internationale Lage ausnutzend, die reiche Stadt, um deren
Besitz es jahrhundertelang vergeblich gekämpft hatte, als
wertvolles Unterpfand bei der anstehenden politischen
Neuordnung Europas sichern. Doch Hamburgs Vertrauen in
die Balance der europäischen Mächte bewährt sich noch einmal. Preußen nimmt eine drohende Haltung gegen Dänemark
ein, ebenso England; Admiral Nelson kann sich für die Gast-
freundschaft bedanken: Mit der Beschießung Kopenhagens
beendet er die kurze dänische Besetzung Hamburgs.

Wenn auch der Frieden noch einmal wiederhergestellt werden kann, so bleibt er doch von nun an gefährdet. Das macht
sich auch wirtschaftlich bemerkbar. Der Warenverkehr geht
deutlich zurück, viele Handelsgeschäfte müssen schließen.
Die Zeit der Konjunktur ist zu Ende, zwischen den Firmen
beginnt ein harter Überlebenskampf. Ein Kaufmann, der
nicht resigniert, müßte eigentlich gerade jetzt am Platze bleiben. Doch Heinrich Floris Schopenhauer plant eine große
Vergnügungsreise durch Europa. Wir wissen über die Ge-
mütsverfassung des Vaters wenig, aber soviel lassen diese Rei-
sepläne erkennen: Er ist nicht mehr mit Leib und Seele bei
seinem Geschäft, und er glaubt, da er sich alt werden fühlt,
seiner um zwanzig Jahre jüngeren Frau etwas bieten zu müssen, um sie halten zu können.

Sorgen bereitet Heinrich Floris Schopenhauer auch der
Sohn Arthur. Der liegt ihm jetzt mit dem Wunsch in den Ohren, aufs Gymnasium überwechseln zu dürfen. Und das heißt
nichts anderes als: Er will nicht Kaufmann werden, er will
ausbrechen aus der Familientradition, die nun wie ein Alp auf

ihm liegt. Er will nicht in die Lehre aufs »Comptoire«. Was eine solche Kaufmannslehre damals bedeutete, erfahren wir aus dem Lehrkontrakt des Jugendfreundes Lorenz Meyer, den dieser sorgfältig kopiert und in seinem Tagebuch abgeheftet hat. Danach sollte Meyer sieben Jahre als »Bursche« und drei Jahre als »Handlungsdiener« in der Firma bleiben. Er mußte im Hause des Patrons wohnen, durfte nicht »bei nächtlicher Zeit ausbleiben, sollte seiner Herren Patrone Ehre, Credit und Vortheil so viel an ihm ist nach Möglichkeit befördern, deren keines aber zu seinem Nutzen gebrauchen«. Erst nach sieben Jahren würde der Lehrling ein Einkommen beziehen. Inzwischen würde er von den Eltern bekleidet und vom Dienstherrn verköstigt werden. Würde der Lehrling kontraktbrüchig werden, müßten die Eltern ein Strafgeld zahlen.

Ähnliches steht nun Arthur bevor, wenn er, wie der Vater wünscht, nach dem Abgang vom Rungeschen Institut mit fünfzehn Jahren in die Lehre beim angesehenen Großkaufmann und Senator Martin Johann Jenisch eintritt.

Unter den Rungeschen Eleven – allesamt Knaben, die für die Kaufmannslaufbahn bestimmt sind – war die Rebellion gegen die Aussicht, »auf die Galeere« zu müssen, durchaus üblich. Auch für den anderen Schulfreund Arthurs, für Karl Godeffroy, ist die Lehre ein »Greul«, woran er besser gar nicht denkt. Arthurs Weigerung aber ist bestimmter, energischer, denn er weiß, was er will: Er möchte Gelehrter werden, Latein lernen, Griechisch, Literatur, Philosophie; die Wissenschaften, in denen er schon ein wenig herumvagabundiert, reizen ihn. Auch Runge, ein Mann mit pädagogischer Sensibilität, unterstützt den Wunsch des Knaben und versucht in diesem Sinne auf den Vater einzuwirken. In der Schule glänzt Arthur durch Lerneifer, zu Hause durchstöbert er die Bibliothek des Vaters. Auch an die Schätze der verschlossenen Kommode kommt er heran. Dort verwahrt der Vater die galanten Romane, beispielsweise die LIEBESABENTEUER DES CHEVALIER DE FAUBLAS, ein sechsbändiges, in Saffianleder gebundenes Werk des Jean-Baptiste Louvet de Couvray. Arthur verschlingt diese paarungsfrohen Phantasien im Rokokogeschmack nachts im Bett, bis er vom Vater ertappt wird. Doch auch die weniger sinnliche, dafür tiefsinnige Literatur aus der Feder der großen

Franzosen Voltaire und Rousseau ist ihm schon vertraut. Er liest überhaupt alles, was ihm in die Hände kommt, vor allem natürlich Schöngeistiges. Sogar die Mutter, dem Schöngeistigen nun wirklich nicht abhold, warnt den Sohn vor Übermaß: »Überhaubt wünschte ich«, schreibt sie am 4. August 1803 während der großen Reise aus Schottland an den für einige Wochen in Wimbledon zurückgebliebenen Arthur, »daß du die Dichter allesammt und sonders auf einige Zeit über Seite legtest ... es wird dir unerträglich vorkommen, wenn Du Dich schon so frühe gewöhnst, Deine Stunden alle mit der Kunst zu vertändeln. Du bist nun 15 Jahre alt, Du hast schon die besten Deutschen, Französischen und zum Theil auch Englischen Dichter gelesen und studirt.«

Der Vater ist mit den Wünschen seines Sohnes gar nicht einverstanden. Doch bemerkenswert bald, schon im Jahre 1802, scheint er, zunächst jedenfalls, kapituliert zu haben. Denn in diesem Jahr verhandelt er mit dem Hamburger Domkapitel, um seinen Sohn dort in eine Pfründe einzukaufen. »Da seiner väterlichen Liebe«, schreibt Arthur später in seinem akademischen Lebenslauf, »mein Wohl vor allem am Herzen lag und in seiner Ideenverbindung Gelehrtenthum und Dürftigkeit unzertrennlich verknüpft waren, so glaubte er vor Allem dafür sorgen zu müssen, daß dieser drohenden Gefahr bei Zeiten vorgebeugt werde. Er beschloß deshalb, mich zum Hamburger Canonicus zu machen und begann sich mit den dazu erforderten Bedingungen zu beschäftigen« (B, 649).

Indem der Vater nachgibt, verzichtet er auf die Verwirklichung seiner eigenen Lebenspläne. Die Familientradition wird also abbrechen. Er wird im Geschäft keinen Nachfolger haben. Er wird in seinem Sohn seine Zukunft verlieren. Die Bereitschaft, das alles auf sich zu nehmen, ist Ausdruck seiner Resignation – einer Resignation, die sich auch zeigt in der Lockerung seiner Bindung ans Handelsgeschäft; in schwieriger Zeit bringt er es fertig, die Geschäfte im Stich zu lassen, und geht auf lange Reise.

Die Verhandlungen mit dem Domstift ziehen sich hin. Der Einkaufspreis für die Pfründe ist sehr hoch, annähernd 20000 Reichstaler, vielleicht zu hoch für die Schopenhauers. Man muß ja auch an die Versorgung Adeles denken.

Im Jahr 1802 wollten die Eltern ursprünglich ihre Reise antreten. Sie verschieben sie, noch sind die Zeiten allzu unruhig. Man wartet auf einen Friedensschluß. Im März 1802 einigen sich England und Frankreich, eine sehr vorläufige Einigung. Doch für Hamburg scheinen sich die Dinge günstig anzulassen. Im Reichsdeputationshauptschluß vom Februar 1803 garantiert Frankreich die Freiheit der Hansestädte. Man muß allerdings ziemlich naiv sein, wenn man zu dieser Zeit solchen Garantien traut. Heinrich Floris Schopenhauer ist nicht naiv, aber er will weg; Johanna drängt, und er selbst will der Lasten des Geschäftes auch einmal ledig sein. Deshalb wird der Termin der Abreise auf Anfang Mai 1803 gelegt. Wenige Tage später wird der Krieg wieder ausbrechen, mit katastrophalen Folgen für die Hansestadt.

In Arthurs Angelegenheit ist immer noch keine endgültige Entscheidung gefallen. Da kommt dem Vater eine furchtbar vernünftige Idee. Er überantwortet den Sohn dem Abenteuer der Freiheit und der Selbstverantwortlichkeit. Er inszeniert einen Scheideweg, zwischen zwei Lebensläufen soll der Sohn wählen. Arthur könne entweder in Hamburg bleiben und sofort das lateinische Gymnasium beziehen, dann studieren und so weiter oder – er könne die Eltern auf der mehrjährigen Vergnügungsreise durch Europa begleiten, müsse dann aber nach der Rückkehr beim Großkaufmann Jenisch als Lehrling eintreten.

Der Vater zwingt Arthur in die Schule des Entweder-Oder-Existentialismus. Arthur ist auf den Punkt gestellt, von dem aus er sich ›entwerfen‹ muß. Er glaubt zu wissen, was er will, und muß sich entscheiden. Und an seiner Entscheidung erst wird er ablesen können, was er wirklich will und was er ist. Er will nicht diese Situation, die ihm offenbaren wird, was er will. Es ist allemal bequemer, das eine zu tun und sich einzubilden, man wolle eigentlich das andere. Man kann dann andere verantwortlich machen für das, was man selbst verfehlt hat oder wozu die Kraft nicht ausreichte. Die Freiheit der Wahl konfrontiert uns mit uns selbst. Wenn wir wählen, müssen wir auch Verantwortung übernehmen. In der Wahl können wir uns nicht mehr entkommen. Nach der Wahl, die wir getroffen haben, wissen wir, wer wir sind.

Jede Entscheidung nimmt das eine an und schließt das andere aus. Genaugenommen schließt eine Entscheidung ein ganzes Universum anderer Möglichkeiten aus. Ein Ja, das sich mit lauter Verneinungen bewaffnet, um sich behaupten zu können. »Denn«, so lehrt Arthur Schopenhauer später in der METAPHYSIK DER SITTEN, »wie unser physischer Weg auf der Erde immer nur eine Linie ist und keine Fläche; so müssen wir im Leben, wenn wir Eines ergreifen und besitzen wollen, unzähliges Andres rechts und links liegen lassen, ihm entsagend. Können wir uns dazu nicht entschließen, sondern greifen, wie Kinder auf dem Jahrmarkt, nach Allem, was uns im Vorübergehn reizt; dann ist dies das verkehrte Bestreben, die Linie unsers Wegs in eine Fläche zu verwandeln: wir laufen sodann im Zickzack, irrlichterliren hin und her, und gelangen zu Nichts. Wer Alles seyn will, kann nichts seyn« (VMS, 103).

Daß Arthur das eine nur ergreifen kann, indem er das andere schmerzlich verneint, dafür hat das schreckliche Arrangement des Vaters gesorgt: Die Gelehrtenbahn betreten heißt: auf die große Reise verzichten. Die große Reise jetzt genießen heißt: die Zukunft an die Kaufmannsexistenz verkaufen.

Der Vater aber hat mit diesem Arrangement mehr getan, als nur an jede mögliche Entscheidung einen Preis zu knüpfen. Er hat darüber hinaus – ohne sich dessen voll bewußt zu sein – ein Spiel der Bedeutungen inszeniert, das in Arthur ein unauslöschliches Muster hinterlassen wird. Die arrangierte Entscheidungssituation gibt dem Knaben zu verstehen: Gelehrter werden bedeutet, auf den Genuß jetzt zu verzichten. Wer lernen will, muß sublimieren können. Wer mit dem Kopf reisen will, der muß seinen Körper zu Hause lassen. Das künftige Glück des Gelehrten wird erkauft mit dem Unglück eines sinnlichen Verzichtes. Steckt das Zeug zu einem Gelehrten in einem, so hat man auch die Kraft zum Verzicht. Man kann die anderen ziehen lassen und bleibt sitzen im sicheren Vorgefühl andersartiger Ausfahrten.

Und umgekehrt: Wer sich den Reisegenuß jetzt nicht versagen kann, der ist nicht für den Verzicht gemacht, der kann nicht aufschieben, dem fehlt die Kraft zu den sublimen Genüssen des Kopfes. Der kann nur Gelegenheiten ergreifen und verwerten, der kann Kaufmann, aber kein Gelehrter werden.

Die Welt kennenlernen heißt den Kopf verleugnen. Den Kopf zu bilden heißt auf die Welt Verzicht leisten. Das Schreckliche: Der Vater zerreißt die beiden Arten der Mobilität – die des Kopfes und die des Körpers – in sich ausschließende Alternativen. Er inszeniert dieses Bedeutungsspiel – denn mehr ist es nicht – ganz gewiß, ohne es in seiner Tragweite zu begreifen. Aber wie alle Spiele, wenn sie den Spielenden einschließen, werden sie zum Drama mit Sieger und Besiegten.

Arthur hätte das Zeug nicht zum Gelehrten, sondern zum Stubenhocker gehabt, wenn er sich *gegen* die Reise entschieden hätte. Doch wenn er sich *für* die Reise entscheidet, so wird er sich trotzdem beschämen – darin liegt das Teuflische der Situation: Denn er wird, in der gegebenen Alternative, die Reise als Verrat an seinen Ambitionen empfinden müssen. Und er wird sich nicht verhehlen können, daß er sie verrät, weil der Gelehrtenwunsch doch nicht jene Stärke hat, die er noch diesseits des Entscheidungszwanges vermuten durfte. Er wird reisen, aber sein Selbstgefühl wird Schaden nehmen. Mehr noch: Er wird mit dem Gefühl reisen, für die Entdeckung der Welt seine Seele verkauft zu haben. Genau dies: Mit Siebenmeilenstiefeln durch die Welt, dann holt mich der Teufel – in Gestalt des Großkaufmanns Jenisch in Hamburg.

Die geheimen Wirkungen dieses Dramas können gar nicht überschätzt werden. Schopenhauers Affekt gegen die Geschichte – der ihn von allen philosophischen Zeitgenossen radikal unterscheidet – hat hier seine Wurzel. Der Teufelspakt läßt die Zukunft als Verhängnis, als Drohung, als dunkles Loch erscheinen. Wer geschichtlich denkt, muß, wie insgeheim auch immer, von der Zukunft etwas erwarten können. Kein Geschichtsdenken ohne die Verheißungen des Künftigen. Die Reise durch Europa aber ist wie ein Auslauf im Gefängnishof. Ein paarmal im Kreis herum – dann zurück ins Loch.

Doch die theoretische Neugier in Arthur ist stärker als jeder Verrat. Zum Glück kann man auf Dauer nicht vor sich selbst davonlaufen, man macht höchstens Umwege, wobei es einem allerdings passieren kann, daß man stirbt, ehe man ankommt. Der Mensch wird, schreibt Schopenhauer in der METAPHYSIK DER SITTEN, »allerlei mislingende Versuche machen, wird seinem Karakter im Einzelnen Gewalt anthun; aber im Ganzen ihm doch wieder nachgeben müssen« (VMS, 103).

Mit der künftigen Kaufmannslehre wird Arthur seiner theoretischen Neugier »Gewalt anthun«; aber sie wird sich nicht beirren lassen. Vorerst nimmt er sie mit, sie wird sein heimlicher Reisebegleiter.

Von welcher Art ist diese theoretische Neugier?

Sie ist nicht weltumschlingend, sondern spröde. Sie will mit dem, was sie berührt, nicht verschmelzen, sie will es sich vom Leibe halten. Eine Neugier der Trennung, nicht der Vereinigung, ein Genuß des Solitären, nicht des Universellen. Eine geheime Metaphysik des Seperatismus arbeitet in dem Jungen – das sind die Verletzungsspuren in einem nicht genügend geliebten Kind. Es sind aber Verletzungen, die der Stolz überwachsen hat. Und dieser Stolz ist auch ein Erbteil. Er ist ihm zugekommen vom Vater und vom Milieu. Arthur hat einen ausgeprägten Sinn für die Vertikale. Sie katapultiert ihn nach oben. Nur dann läßt sich die Horizontale aushalten, aus der Vogelperspektive. Deshalb wird Arthur für sein Leben gerne Berge besteigen, am liebsten bei Sonnenaufgang. Das sind Augenblicke der Ekstase. Im Reisetagebuch wird er davon erzählen. Unten liegt noch alles im Dunkeln, schläft, und er – er erblickt schon die Sonne, ein intimes Stelldichein mit dem Zentralgestirn, von dem man unten im Tal noch nichts ahnt. Hier, von der Höhe her, findet er dann auch Lust am Universellen. Er ist ein Dionysos nicht von unten heraus, sondern von oben herab.

Von oben herab – auf jeden Fall aber mit Abstand. Arthur Schopenhauer kann sich an der glasklaren Kälte eines frühen Morgens im Gebirge erhitzen, die scharfen Konturen schmeicheln seinen Sinnen. So ist auch seine Sprache. Sie fließt nicht, sondern sie schreitet, tritt dabei kräftig auf, klar, bestimmt, aber wenig einschmeichelnd. Sie hält Abstand. Und so möchte er auch selbst dastehen: wenn schon nicht geliebt, dann auch nicht zum Anfassen. Durch Kälte und Schärfe geschützt. Etwas Unberührbares ging schon vom Knaben aus, spürbar für seine Schulfreunde, die sich manches Mal darüber beklagten. Auch die Mutter macht ihm immer wieder Vorhaltungen: Er solle seinen Mitmenschen doch etwas mehr

entgegenkommen. »So wenig ich für steife ... Etikette eingenommen bin«, schreibt sie an den Fünfzehnjährigen, »so kann
ich doch das rauhe sich nur selbst zu gefallen suchende Wesen
und Thun noch weniger leiden ... Du hast keine üblen Anlagen dazu.« Auch der Vater, in seinem letzten Brief vom
20. November 1804, ermahnt den Sohn: »Ich wollte daß du
lerntest, dir die Menschen angenehm zu machen.«

Arthur wird es nie lernen. Seine theoretische Neugier ist
sein Organ der Verfremdung. Der Rückstoß jener Geste, mit
der er die Welt auf Distanz hält, bringt ihn sich selbst näher.
Diese Art von Selbstliebe muß zum dunklen Quellgrund einer
universellen Verfeindung werden. Wie man so etwas überleben kann, ohne zu versteinern, wie daraus sogar noch ein philosophisches Genie kommt, werden wir sehen.

Den Knaben in der Kutsche jedenfalls begleitet eine durchaus nicht wohlwollende Neugier.

Er sieht genau hin, beobachtet exakt, läßt sich aber nicht
überwältigen. Er sammelt Beweise; mit den Erfahrungen, die
er sucht und macht, will er offenbar ein Verfahren eröffnen –
ein Verfahren gegen die Welt, die er bereist; vergessen wir dabei nicht: Sie erscheint ihm im Lichte einer Zukunft, die ihn
einsperren wird, sie erscheint ihm also als Gefängnishof.

Natürlich steht Arthur zur Zeit der Reise im Alter des pu-
bertären Weltschmerzes. Aber dieser in die nüchternste Beob-
achtung versunkene Weltschmerz ist beispiellos. Arthur reist
auf den Spuren des Voltaireschen CANDIDE, dem die Welt
auch als etwas erschien, das man sich besser abgewöhnt. Arthur hatte den Roman im Bücherschrank des Vaters gefunden.

Später hat Arthur Schopenhauer, die Reise resümierend, zu
höheren Vergleichen gegriffen. Ihm sei es ergangen wie Buddha, trägt er 1832 in sein CHOLERABUCH ein: »In meinem 17ten
Jahre, ohne alle gelehrte Schulbildung, wurde ich vom *Jammer
des Lebens* so ergriffen, wie Buddha in seiner Jugend, als er
Krankheit, Alter, Schmerz und Tod erblickte. Die Wahrheit,
welche laut und deutlich aus der Welt sprach, überwandt bald
die auch mir eingeprägten Jüdischen Dogmen, und mein Resultat war, daß diese Welt kein Werk eines allgütigen Wesens
seyn könnte, wohl aber das eines Teufels, der Geschöpfe ins

Daseyn gerufen, um am Anblick ihrer Qual sich zu weiden« (HN IV, 1,96). In seinem *Lebenslauf* wird die Reise mit geringerem Selbststilisierungsaufwand charakterisiert. Dort heißt es: »Denn gerade in den Jahren der erwachenden Mannbarkeit, in welchen die menschliche Seele sowohl Eindrücke jeder Art am meisten offensteht... wurde mein Geist, nicht, wie gewöhnlich geschieht, mit leeren Worten und Berichten von Dingen... angefüllt und auf diese Weise die ursprüngliche Schärfe des Verstandes abgestumpft und ermüdet; sondern statt dessen durch die Anschauung der Dinge genährt und wahrhaft unterrichtet... Besonders erfreue ich mich dessen, daß mich dieser Bildungsgang frühzeitig daran gewöhnt hat, mich nicht mit den bloßen Namen von Dingen zufrieden zu geben, sondern die Betrachtung und Untersuchung der Dinge selbst und ihre aus der Anschauung erwachsende Erkenntniß dem Wortschwalle entschieden vorzuziehen, weshalb ich später nie Gefahr lief, Worte für Dinge zu nehmen« (B, 650).

Wie Arthur nicht nach, sondern während seiner Reise gedacht hat, darüber geben die Reisetagebücher Auskunft. Drei Hefte schreibt er voll, in säuberlicher Schrift, der Vater verlangt es so. Und die Mutter möchte den Sohn schon ein wenig literarisch erziehen. Er soll lernen, in Sprache umzusetzen, was er sieht, was er erlebt. Er soll sich in der Kunst des Urteilens, des Auswählens, des Einordnens üben. Kurz: Das Reisetagebuch ist keine intime Kladde. Hier notiert Arthur nur, was auch unter die Augen der Eltern kommen kann. Arthurs Aufzeichnungen sind zu Ende formuliert, sie haben nichts Flüchtiges. Die Mutter konnte sie später für ihre Reisebücher verwenden.

Das Reisen wurde damals in der Regel als unwiederholbares Lebensereignis zelebriert. Eindrücke von fremden Ländern, fremden Menschen galten als Kleinodien. Das Reisetagebuch, das jeder Reisende, der etwas auf sich hielt, anlegte, war das Futteral dieses Lebensschmuckes. Hatte man eine Kollektion zusammen und war man selbstbewußt und erfahrungsstolz genug, so trug man sie zum Verleger, der die Zeugnisse gepflegter Vagabundage bereitwillig druckte, weil das zumeist stationär lebende Publikum sie gerne las. Über die Reiseschriftstellerei hatte sich die Mutter dem literarischen Olymp genähert. Der Sohn aber ist von solchen Ambitionen noch frei.

Am 3. Mai 1803 brechen die Schopenhauers auf, mit eigener Kutsche und eigenem Diener. Die sechsjährige Adele übergibt man Verwandten und einer Kinderfrau. Die Reiseroute ist bis ins einzelne sorgfältig festgelegt. Überall in Europa gibt es Geschäftsfreunde und Bekannte von Bekannten, bei denen man vor Anker gehen kann – in Bremen, Amsterdam, Rotterdam, London, Paris, Bordeaux, Zürich, Wien. Und Empfehlungsschreiben öffnen Türen und knüpfen neue Verbindungen. So wird die Reise auch zu einer Exkursion in die gute Gesellschaft Europas, wo jeder jeden irgendwie kennt oder jemanden kennt, der jemanden kennt. Man hat sich zuvor über die Sehenswürdigkeiten informiert, es gibt einschlägige Handbücher. In Bremen zum Beispiel, der ersten Station, eilen die Schopenhauers sogleich in den berühmten Bleikeller, wo sie unverweste Leichen mit eingetrockneter Pergamenthaut bewundern. Von solchen Eindrücken erholt man sich abends dann im Theater oder läßt sich zu einer Geselligkeit am Ort einladen. In Westfalen gerät die Schopenhauersche Kutsche zum ersten Mal in tiefen Morast. Der Himmel ist grau, es regnet unablässig. »Schwarze Haide«, notiert Arthur. Das Essen hier ist unzumutbar. Die Schopenhauers greifen auf ihren Reiseproviant zurück: französische Pasteten und Wein. Die Dörfer sind schmutzig, Bettelvolk kommt gelaufen. In Holland kann man wieder aufatmen. Hier gibt es mit Klinkersteinen gepflasterte Wege. Schmucke, saubere Häuser. Überhaupt ist hier alles so reinlich, die Menschen sind still und halten sich zurück. Abends in einer Dorfschenke: »Da wurde nicht gesungen und gejauchzt, oder gezankt und geflucht, wie es wohl an anderen Orten in Dorfschänken Abends geschieht; sondern sie saßen wie ächte holländische Bauern und tranken Kaffee. Die ganze Szene war vollkommen so, wie man sie so häufig auf den niederländischen Bildern findet« (RT, 22). Die Familie sitzt eine Weile herum, zieht sich dann in den Schlafraum zurück. Arthur kann nicht schlafen, er greift zur Flöte. »Wir waren kaum eine Stunde da gewesen als plötzlich acht Bauern in unsere Stube kamen, sich ohne weitere Umstände auszogen, in drey Betten stiegen die da waren und beym Ton meiner Flöte sanft einschliefen, auch aus Dankbarkeit mich nachher mit Schnarchen accompagnirten« (RT, 22). In Ammersfoort erfahren die Schopenhauers, daß der Krieg zwischen England und Frankreich wieder in vollem Gange ist. Wird man überhaupt nach England übersetzen können? Gerüchteweise ist zu hören, die Passage von Calais sei gesperrt. Am 11. Mai Ankunft in Amsterdam. »Amsterdam übertraf bei weitem meine Erwartung. Die Straßen sind sehr breit, und daher ist das Gewühl hier nicht so unangenehm, wie es sonst wohl in großen Handelsstädten zu sein pflegt... Die Häuser sehen nicht modern, aber neu aus, denn sie sind noch alle mit spitzen Giebeln nach der alten Bauart; sie scheinen aber beständig neu, weil sie immer gewaschen und häufig neu bekleidet und bemalt werden, so wie hier alles, was man sieht« (RT, 29). In einem Porzellanladen hat Arthur seine erste Begegnung mit seinem persönlichen Heiligen. In der Auslage entdeckt er Buddhafiguren, »über die man sogar in mißmutigen Augenblicken lachen muß, wenn sie einem so freundlich lächelnd zunicken« (RT, 25). Man besucht das alte Rathaus, für Arthur die erste Gelegenheit zur Reflexion über das Erhabene. In diesen Räumen wird der Mensch so unbedeutend winzig. Die Stimmen verhallen. Das Auge kann die ganze Pracht nicht erfassen. Ein Menschenwerk, das Menschenmaß übersteigt. Der Monumentalismus der steinernen Erinnerung und die Vergeblichkeit des wimmelnden Fleisches. Arthur steht vor dem Bildnis eines holländischen Admirals: »Neben dem Bilde liegen die Symbole seiner Lebensgeschichte: sein Schwert, sein Becher – die Ehrenkette die er trug und endlich – die Kugel die ihm alles unnütz machte« (RT, 27).

Dieser skeptische Lakonismus der Distanz, der sich in Bedeutungsrituale nicht verwickeln läßt und deshalb ein Auge für unfreiwillige Komik behält, kann sich vorzugsweise bei religiösen Gelegenheiten betätigen. Über einen jüdischen Gottesdienst in Amsterdam schreibt Arthur: »Indessen daß der Rabbi mit in die Höhe gerichtetem Kopf und ungeheuer weit aufgesperrtem Maule eine ewig lange Roulade machte, sprach die ganze Gemeinde wie auf der Kornbörse. Sowie der Priester fertig war, sangen sie alle aus hebräischen Büchern denselben Vers nach und beendigten ihn mit der Roulade, wobei besonders zwei neben mir stehende kleine Jungen mich fast aus der Contenance gebracht hätten, indem sie bei der maulsperrigen Roulade, den Kopf hebend, mich immer anzuschreien schienen, daß ich mich ein paarmal erschrak« (RT, 27). Das ist kein boshafter Antisemitismus, denn den protestantischen Gemeindegesang behandelt Arthur ebenso respektlos. Er berichtet vom Besuch einer protestantischen Kirche, »wo uns der gellende Gesang der Menge Ohrenweh macht, und das mit aufgesperrtem Maul blökende Individuum oft zum Lachen zwingt« (RT, 34). Das sind überscharfe Bemerkungen eines nicht teilnehmenden Beobachters. Die Kunst, die Augen offen zu halten und sich nicht verwickeln zu lassen, bewährt sich auch bei Begegnungen mit sogenannten Respektspersonen.

Es zählt zur erfolgreichen Bilanz solcher Reiseunternehmungen, daß man einigen Mächtigen der Welt nahegekommen ist; kleine Einblicke in die Werkstätten der Weltgeschichte gehören zum Besichtigungsprogramm. In London verschaffen sich die Schopenhauers Zutritt zum Drawing-Room des Königspalastes. Hier werden sie Zeuge des ›Antichambre‹. Die Hocharistokratie gibt sich ein Stelldichein. Arthur in seinem Tagebuch: »es schienen verkleidete Bauernmädchen zu seyn« (RT, 44). Im Garten von Windsor beobachtet er das Königspaar beim Spaziergang. Ihm kommen die beiden vor wie ganz gewöhnliche Philister: »Der König ist ein sehr hübscher alter Mann. Die Königin ist häßlich ohne allen Anstand« (RT, 58). In Wien sieht er das österreichische Kaiserpaar bei einer Ausfahrt von der Hofburg: »Der Kaiser trat heraus die Kaiserin führend und setzte sich neben ihr und kutschierte selbst. Beyde waren in einer höchst modesten Toilette. Er ist ein hagerer Mann, dessen ausgezeichnet dummes Gesicht eher auf einen Schneider als auf einen Kaiser rathen ließe. Sie ist nicht hübsch, sieht aber klüger aus« (RT, 258).

Napoleon in Paris ist denn doch etwas anderes. Hier kann auch Arthur nicht kühl bleiben. Einmal erlebt er ihn im »Théâtre des Français«. Die Leute klatschen frenetisch, Napoleon macht einige Verbeugungen und nimmt Platz. Arthur gönnt der Bühne jetzt keinen Blick mehr. Immerhin sitzt der dämonische Hauptdarsteller des gegenwärtigen Welttheaters im verschatteten Winkel einer Loge: »Er hatte eine ganz einfache Uniform an« (RT, 81). Später beobachtet er Napoleon noch einmal bei einer Truppenparade: »Es war ein herrlicher Anblick. Die Person des Konsuls konnte ich sehr gut unterscheiden, doch war ich zu weit ab, um seine Gesichtszüge zu erkennen. Er reitet einen prächtigen Schimmel, und neben ihm ist stets sein treuer Mameluk« (RT, 108).

Schopenhauer behält jedoch seine Skepsis gegen die Heroen des weltgeschichtlichen Handelns. Sein Blick hat etwas Ausziehendes. Er fragt sich: Was bleibt übrig von ihrer dröhnenden Gegenwart? Ein Trümmerfeld, und dann vermodert alles. Was bleibt, denkt er, stiften doch nur die großen Geister. Die Standbildergalerie in der Westminsterkirche veranlaßt ihn zu der Reflexion: »die Könige ließen Kron' und Szepter hier zurück, die Helden ihre Waffen ... doch die großen Geister unter ihnen allen, deren Glanz aus ihnen selbst floß, die ihn nicht von äußerlichen Dingen erhielten, die nehmen ihre Größe mit hinüber, *sie* nehmen alles mit, was sie hier hatten« (RT, 51).

Doch für den Augenblick richten die »Könige« und »Helden« doch beträchtliches Unheil an. Als die Schopenhauers am 24. Mai 1803 in Calais ankommen, hätte der neu entfachte Krieg ihnen fast die Überfahrt nach England unmöglich gemacht. Sie erreichen gerade noch das letzte Boot. Andere Reisende haben weniger Glück. Arthur berichtet: »Drey Böte ruderten aus Leibeskräften auf uns zu. Es waren die Passagiere vom französischen Paketboote, welches nicht hatte weg können, weil grade da wir weg waren, die Nachricht vom Kriege nach Calais gekommen war. Diese unglücklichen Passagiere hatten nicht ein Mal ihre Gepäcke mitnehmen können, die Frauenzimmer und Kinder mußten mit Angst und Noth an unserm stets schwankenden Schiffe hinauf klettern; ich sah wie jeder den Matrosen die sie hergerudert hatten, zwei Guineen geben mußte, überdem mußten sie noch die Passage auf unserm, und wie ich vermuthe auch die auf dem französischen Paketboot bezahlen« (RT, 35).

Nach der glücklichen Landung in England ist das nächste Reiseziel natürlich London. Der Kontinentaleuropäer, der abends in London ankommt, denkt unwillkürlich, es werde hier gerade ein großes Fest begangen. Denn die Stadt erscheint ihm in einem Lichtermeer. Auch Arthur muß zuerst begreifen, daß solche Illumination alltäglich ist. Und trotz der Straßenbeleuchtung muß man doch vor Ganoven auf der Hut sein. Im Gewühl wimmelt es von Taschendieben. In der City pulsiert ein hektisches Leben, man gewinnt den Eindruck, »ein allgemeiner gefährlicher Aufruhr setze die Einwohner alle in Bewegung«, schreibt Johanna Schopenhauer in ihrem Reisebericht. Arthur wagt sich sogar alleine in dieses Treiben. Die Eindrücke überflügeln die Erwartungen. Er wähnt sich auf einer Reise in die Zukunft.

Doch ehe man in diesem Chaos unterzugehen droht, flüchtet man aufs Festland bewährter Besuchs- und Besichtigungsprogramme. Das Angebot ist überreichlich: Da gibt es Fitz-James, den berühmtesten Bauchredner; eine Pantomimentruppe, die gerade aus St. Petersburg zurückgekehrt ist. Man besucht ein Hospital für Seeinvaliden, hier wimmelt es von Kriegshelden in Hausschuhen. Das größte Möbellager der Welt muß besucht werden. Jede Woche kann man einer Hinrichtung beiwohnen. Es gibt mehrere große Theater. Im Covent Garden torkelt der berühmte Cook auf die Bühne. Der Intendant tritt an die Rampe: »Mister Cook is taken ill«; das Parterre brüllt: »No, no, he is drunken!« Im Theater am Haymarket beginnt während der Vorstellung ein Zuschauer auf der Galerie zu singen. Großes Gejohle, dann läßt man ihn. Wenn er fertig ist, geht es auf der Bühne weiter. Englische Freiheiten. Shakespeare gibt man hier mit Hornpipe-Einlagen. Die Souffleure sind zu laut. Königsgeburtstag: Tausend Karossen tummeln sich vor der Schloßauffahrt. Vom Kanonengetöse bekommt man Ohrenschmerzen. Am Ende ist Arthur froh, ins stille Wimbledon, in die Schulpension des Reverend Lancester zu kommen. Dort soll er, während die Eltern nach Schottland weiterfahren, Englisch lernen. Die Eltern hatten die Schule ausgewählt, weil der Haudegen Nelson dort seinen Neffen hat erziehen lassen. Das ist eine unbedingte Empfehlung. Arthur muß es ausbaden. Die Schule wird mit

Gebet eröffnet und geschlossen. Die Andacht ist flächendekkend. Man betet für alle Mitglieder des Königshauses, für die Schwangeren und Säugenden, für die ungeborenen und jüngst verschiedenen erlauchten Häupter. Die Behandlung der Zöglinge ist mathematisch gerecht, das Strafritual von mechanischer Präzision. Prügel gibt es nach Tarif. Das Essen ist zum Abgewöhnen, frühmorgens treibt man die Knaben ins Badebassin. Handtücher sind knapp. Am Sonntag jagt ein Gottesdienst den anderen. Zuerst müssen die Schüler dem Reverend Gesellschaft leisten, wenn der seine Predigt übt. Dann dürfen sie diese Predigt noch einmal in der Kirche hören. Abends der dritte Gottesdienst, der überhaupt kein Ende nehmen will. Zum Schlafen ist es zu kalt.

Von Wimbledon schreibt Arthur an seinen Schulfreund Lorenz Meyer. Er muß ordentlich gepoltert haben, denn Meyer antwortet: »Daß du durch Deinen Aufenthalt in England dich bewogen findest die ganze *Nation* zu hassen, thut mir leid.«

Die Eltern, denen Arthur mit starken Worten über die »infame Bigotterie« hierzulande sein Leid klagt, reagieren nur begrenzt verständnisvoll. Arthur hatte seinen Brief nach Schottland mit dem Stoßseufzer geschlossen: »wenn doch die Wahrheit mit ihrer Fackel die ägyptische Finsterniß in England durchbrennte« (B, 1). Die Mutter antwortet zunächst mit milder Stilkritik: »Wie kannst du der Wahrheit so etwas zumuthen? eine Finsterniß kann ... erleuchtet werden, aber brennen ... kann sie wahrhaftig nicht« und fährt dann fort: »Vom lieben Kristenthum kriegst Du indessen Dein reichlich Theil ... aber ein wenig auslachen muß ich Dich denn doch, weist du noch wie manchen Krieg ich ... mit dir hatte, wenn Du des Sonntags und an Feiertagen durchaus nichts Ordentliches vornehmen wolltest, weil es dir ›Tage der Ruhe‹ waren? nun kriegst du der sonntäglichen Ruhe satt und genug.«

In Wimbledon hat sich Arthur mit niemandem angefreundet. Wenn es irgend möglich ist, zieht er sich zurück, flötet, zeichnet, liest, geht spazieren und fühlt sich erlöst, als er nach drei Monaten, Ende September 1803, nach London, wo die Eltern inzwischen wieder angekommen sind, zurückkehren darf.

In London bleiben die Schopenhauers noch einen guten

Monat. Am Ende wird es Arthur auch hier langweilig. Im November 1803 setzt die Familie aufs Festland über. Eine stürmische Seefahrt, Arthur wird krank.

Ende November kommen die Schopenhauers in Paris an. Arthur ist noch von London geblendet und fühlt sich hier durchaus nicht in der Hauptstadt des 19. Jahrhunderts. Alles, was er sieht und was ihm begegnet, die Promenaden, die Palais und Gärten, das Leben auf der Straße, vergleicht er mit London. Die englische Metropole kommt ihm großstädtischer vor. Verläßt man in Paris abends die großen Boulevards, wird es sogleich dunkel, schmutzig. Ungepflasterte Wege, trübe Häuserfassaden ohne Schmuck. Auch fehlt hier die Allgegenwart des Menschengewoges. Das kleine Quartier der Cité wird bereits von der Provinz umlagert. Die Schopenhauers lassen sich von Louis-Sébastien Mercier, dem berühmten Verfasser des TABLEAU DE PARIS herumführen: Es gibt keinen, der ortskundiger wäre. Merciers Passion ist die Archäologie der jüngsten Vergangenheit. Er leitet die Schopenhauers auf die Spuren der Revolution: Hier stand die Guillotine, hier die Bastille; hier tagte der Wohlfahrtsausschuß, hier schlief Robespierre; dieses Bordell bevorzugte Danton. Tagelang hält man sich im Louvre auf, der überquillt von Kunstschätzen, die Bonaparte überall in Europa zusammengeraubt hat. Ägypten ist im Augenblick in Mode: Es ist noch nicht lange her, daß Napoleon von den Pyramiden zurückkehrte. In der großen Oper gibt man die ZAUBERFLÖTE mit ägyptischem Dekor. Manche vornehmen Herren setzen sich neuerdings einen roten Fez auf. Der ›dernier cri‹ ist in Paris immer schon besonders gellend. Doch auch für die Ewigkeit wird hier eifrig gearbeitet. Das Pantheon steht kurz vor der Fertigstellung. Jean-Jacques Rousseau hat darin als erster schon seinen Platz gefunden.

Für eine Woche unternimmt Arthur alleine einen Abstecher nach Le Havre. Er besucht die Grégoires, seinen Jugendfreund Anthime. Das Reisetagebuch vermerkt weiter nichts darüber. Das Stelldichein mit Anthime ist eine Geschichte, die den Augen der Eltern entzogen bleiben soll.

Ende Januar 1804 verlassen die Schopenhauers Paris in Richtung Bordeaux. Eine Reise in die Vergangenheit. Man durchquert das alte Frankreich, wo die Revolution weniger

Spuren hinterlassen hat. Es regnet ununterbrochen. Die Wege sind aufgeweicht. Oft müssen Vater und Sohn helfen, Steine beiseitezuräumen. Einmal bricht ein Rad. Meilenweit muß man nach Hilfe gehen. Auf den Poststationen gibt es endlose Wartezeiten. Es fehlen die Pferde zum Auswechseln. In der Gegend von Tours wird man unterwegs immerzu belästigt von einer »unausstehlich zudringlichen Menge Weibern ... die mit Messern handeln« (RT, 116). Messer also gibt es reichlich, aber Nahrungsmittel sind knapp. Aus der Kutsche wird Reiseproviant gestohlen. Zwischen Poitier und Angoulême sollen marodierende Haufen ihr Unwesen treiben. Ortskundige raten von bestimmten Wegen ab, man weiß aber nicht, ob das nicht eine Falle ist. Man kommt an pittoresken Dörfern vorbei, Häuser sind an die Felsen gelehnt; »es sieht aus als wenn der Fels das Haus gebähren wollte« (RT, 117), schreibt Arthur. Am 5. Februar 1804 erreichen die Schopenhauers schließlich wohlbehalten Bordeaux, die »schönste Stadt Frankreichs« (RT, 122), wie Arthur in sein Tagebuch einträgt.

So hatte auch, zwei Jahre zuvor, ein anderer empfunden: Friedrich Hölderlin. Er war am 28. Januar 1802 in Bordeaux angekommen, um hier eine Hauslehrerstelle anzutreten beim Weinhändler und Hamburgischen Generalkonsul Daniel Christoph Meyer. Dieser Meyer war ein Onkel von Arthurs Schulfreund Lorenz Meyer. Die Schopenhauers steigen in einem Hause ab, das Hölderlin knapp zwei Jahre zuvor unter dunklen Umständen verlassen hatte. Die Forschung rätselt bis heute, weshalb Hölderlin nach nur dreimonatigem Aufenthalt so überstürzt vom Meyerschen Haus seinen Abschied genommen hatte, von einem Haus, in dem er sich – ebenso wie später die Schopenhauers – sehr wohl gefühlt hat. »Fast wohn ich zu herrlich«, schrieb Hölderlin an seine Mutter, und: »›Sie werden glücklich seyn‹, sagte beim Empfange mein Konsul. Ich glaube er hat Recht.« Ob eine kompromittierende Liebschaft am Ort oder eine Nachricht von der sterbenden Susette Gontard aus Frankfurt oder Ausbrüche einer Geistesverwirrung die Ursache für Hölderlins Verschwinden waren – wir wissen es nicht, aber die Schopenhauers haben es vielleicht von den Meyers, von denen sie ähnlich herzlich wie zuvor Hölderlin aufgenommen wurden, erfahren. Aber da Hölderlin damals noch längst keine literarische Notabilität darstellte, berichtet uns Arthur Schopenhauer nichts darüber.

Fast zwei Monate bleiben die Schopenhauers in Bordeaux. Sie erleben die letzten Tage des Karnevals, Maskengetümmel auf den Boulevards, das Gejohle, die Narrenschellen, das Pfeifen, die Trommeln – all das kommt auch nachts nicht zur Ruhe, südliche Lebensfreude, Enthemmung, Gewalt, Obszönität – davon quillt die Stadt jetzt über. Der Karneval ist der große Gleichmacher. Das einfache Volk überschwemmt die besseren Kreise, wo die Schopenhauers verkehren. Bei den abendlichen Bällen, so notiert Arthur, verbreitet sich Knoblauchdunst. Und sogar im Theater riecht es wie bei den Marktbuden. Und wenn es abends kühl wird, brennt in den Kaminen das würzige Rosmarinfeuer. Der Karneval ist zu Ende, da beginnt das dreißigtägige Jubiläum aus Anlaß der Wiederherstellung der Religion. Das katholische Südfrankreich atmet auf, man muß nicht mehr dem strengen, unansehnlichen Vernunftgott opfern. Die erste Prozession seit der Revolution wird zu einem berauschenden Fest. Die ganze Stadt ist auf den Beinen. Die Monstranzen werden herumgetragen wie Siegestrophäen. Weihrauchdunst erfüllt die Straßen, Dragoner, Zöglinge der Kadettenschule in vollem Putz, singende Domherren, ein Heer von Priestern, rot, weiß, schwarz, mit silbernen Kreuzen sind aufmarschiert. Vorneweg das Violett der hohen Würdenträger, von staunenden Kindern umringt; in den Bäumen Lampions, an den Fenstern und Türen Buschgrün und Zweige. Heilige Gesänge, das Geschrei des Marktes, das Getöse der Musikanten – der Karneval scheint sich hier in diesem frommen Fest fortzusetzen. Arthur verliert sich gerne in diesen ungewohnten Tumulten einer sinnlichen Metaphysik. Und dann der Anbruch des Frühlings. Milde Luft, warmer Wind, die Knospen öffnen sich, die Wolken am Himmel wie Zierat. Frühling in Bordeaux – in den Worten Hölderlins:

> An Feiertagen gehn
> Die braunen Frauen daselbst

Auf seidnen Boden,
Zur Märzenzeit,
Wenn gleich ist Nacht und Tag,
Und über langsamen Stegen,
Von goldenen Träumen schwer,
Einwiegende Lüfte ziehn.

Drei Tage nach den Freudenfeuern der Tag- und Nachtgleiche
verlassen Schopenhauers Bordeaux, »bei strahlendem Früh-
lingswetter« (RT, 129), schreibt Arthur.

Die Reise geht über Langon, Agen, Montauban nach Tou-
louse. Die »reizendste Gegend von der Welt« (RT, 130). Blühende Pflaumenbäume, verlassene Schlösser, geschleifte
Burgen, zerstörte Klöster am Wege. Die Spuren der jüngsten
Geschichte. Bei St. Feriol, am Bassin des Languedoc-Kanals,
erlebt Arthur das Öffnen der unterirdischen Schleuse. »Es
war als stürzte Vernichtung über Welten herab, ich weiß dieses entsetzliche Tosen und Brüllen, dieses gräßliche Geheul,
mit nichts zu vergleichen« (RT, 131). Die Eindrücke, die Arthur Schopenhauer hier empfängt, hat er später in seiner Äs-
thetik-Vorlesung zur Theorie des Erhabenen abgeklärt. »Von
diesem entsetzlichen Lerm«, so doziert er dort, »ist es nicht
möglich sich eine Vorstellung zu machen, es ist viel lauter als
der Rheinfall weil es im eingeschlossenen Raum ist: hier
durch irgend etwas einen noch hörbaren Laut zu verursa-
chen, wäre ganz unmöglich: man fühlt sich durch das ungeheure Getöse ganz und gar wie vernichtet: weil man aber
dennoch völlig sicher und unverletzt steht und die ganze Sache in der Perception vor sich geht; so stellt sich dann das
Gefühl des Erhabenen im höchsten Grade ein« (VMSch,
107).

Immer wieder fasziniert ihn dies: das Verschwinden des
einzelnen Menschen vor der Allgewalt der Natur – aber auch
vor der nicht minder überwältigenden Dimension der Zeit.
In Nimes besichtigt man die noch gut erhaltene antike Are-
na. Auf den Steinhaufen haben vor fast zweitausend Jahren
Besucher ihren Namen, vielleicht sogar Liebesgeständnisse
eingeritzt. »Diese Spuren«, schreibt Arthur im Tagebuch,
»führen bald den Gedanken an die Tausende längst verweste

Menschen herbey« (RT, 140). In Bordeaux war es das Gewimmel des Karnevals, am Languedoc-Kanal das Getöse
der Wassermassen, hier in Nimes ist es das steinerne Schweigen der Zeit, worin die Bedeutung des einzelnen Menschen
ausgelöscht erscheint.

In Marseille verweilen die Schopenhauers zehn Tage. Arthur streift im Hafen herum. Mehrere Male steht er vor dem
sogenannten »Sprechhaus«, das so heißt, weil von dessen
Balkon aus mit den Kurieren der angekommenen Schiffe
über eine vorsorgliche Quarantäne verhandelt wird. Eine
Regelung, die nach der letzten Pestepedemie vor hundert
Jahren getroffen worden ist. Die Räume dieses Hauses verströmen Essiggeruch: hier wird jeder Brief, der aus dem
Quarantäneteil des Hafens eintrifft, zur Desinfektion in heißen Essig getunkt. Die Angst vor dem großen Sterben geht
im sonnenhellen Marseille immer noch um – ein bedenkens-
werter Umstand für Arthurs Passion, »über das Elend der
Menschen zu grübeln«, wie die Mutter mißbilligend vermerkt.

Auf dem Wege nach Toulon besichtigt man jenes berüchtigte Fort, wo Ludwig XIV. über viele Jahre hin einen
Staatsgefangenen verwahrte: den geheimnisvollen Unbekannten mit der Eisenmaske. Für Arthur ist dies eine Ein-
stimmung auf die Eindrücke, die er im großen Arsenal von
Toulon, dem Quartier der Galeerensklaven, empfangen
wird. Besucher führt man dorthin wie in einen Zoo:
Die Sträflinge waren ja angekettet. Man konnte sie besichtigen.
Jeden mußte dabei das Entsetzen packen. Die Mutter malt
in ihrem Reisebericht aus, was wohl geschähe, wenn die
Sklaven einmal ausbrächen: eine »grauenvolle Nachbarschaft«. Anders Arthur. Seine Vorstellungskraft wird nicht
von der Angst um die heile Welt draußen, sondern vom Entsetzen über die jammervolle Welt drinnen angeregt. »Sie (die
Galeerensklaven, R. S.) werden in drei Klassen geteilt:«,
schreibt Arthur am 8. April 1804 in seinem Tagebuch, »die
erste machen diejenigen, die nur leichte Verbrechen begangen und kurze Zeit da sind, Deserteurs, Soldaten, die gegen
die Subordination gefehlt haben usw.: sie haben nur einen eisernen Ring am Fuß und gehn frei umher, d. h. im Arsenal,

denn in die Stadt darf kein Forçat kommen. Die zweite Klasse besteht aus größeren Verbrechern: sie arbeiten zwei und zwei mit schweren Ketten an den Füßen zusammengefesselt. Die dritte Klasse, die der schwersten Verbrecher, ist an die Bänke der Galeere geschmiedet, die sie gar nicht verläßt: diese beschäftigen sich mit solchen Arbeiten, die sie im Sitzen verrichten können. Das Los dieser Unglücklichen halte ich für bei weitem schrecklicher wie Todesstrafen. Die Galeeren, die ich von außen gesehen habe, scheinen der schmutzigste, ekelhafteste Aufenthalt, der sich denken läßt. Die Galeeren gehn nicht mehr zur See: es sind alte kondemnierte Schiffe. Das Lager der Forçats ist die Bank, an die sie gekettet sind. Ihre Nahrung bloß Wasser und Brot: und ich begreife nicht, wie sie, ohne eine kräftigere Nahrung und vom Kummer gezehrt, bei der starken Arbeit nicht eher unterliegen; denn während ihrer Sklaverei werden sie ganz wie Lasttiere behandelt: es ist schrecklich, wenn man es bedenkt, daß das Leben dieser elenden Galeerensklaven, was viel sagen will, ganz freudenlos ist: und bei denen, deren Leiden auch nach fünfundzwanzig Jahren kein Ziel gesetzt ist, auch ganz hoffnungslos: läßt sich eine schrecklichere Empfindung denken, wie die eines solchen Unglücklichen, während er an die Bank in der finstern Galeere geschmiedet wird, von der ihn nichts wie der Tod mehr trennen kann! – Manchem wird sein Leiden wohl noch durch die unzertrennliche Gesellschaft dessen erschwert, der mit ihm an eine Kette geschmiedet ist. Und wenn dann nun endlich der Zeitpunkt herangekommen ist, den er seit zehn oder zwölf Jahren täglich mit verzweifelnden Seufzern herbeiwünschte: das Ende der Sklaverei: was soll er werden? er kommt in eine Welt zurück, für die er seit zehn Jahren tot war: die Aussichten, die er vielleicht hatte, als er zehn Jahre jünger war, sind verschwunden: keiner will den zu sich nehmen, der von der Galeere kommt: und zehn Jahre Strafe haben ihn von dem Verbrechen des Augenblicks nicht reingewaschen. Er muß zum zweitenmal ein Verbrecher werden und endet am Hochgericht. – Ich erschrak, als ich hörte, daß hier sechstausend Galeerensklaven sind. Die Gesichter dieser Menschen können einen hinlänglichen Stoff zu physiognomischen Betrachtungen geben« (RT, 155).

Nicht nur physiognomische Betrachtungen hat Arthur Schopenhauer an diese Eindrücke geknüpft. Das Arsenal von Toulon läßt in ihm einen Vorrat greller Bilder zurück, auf den er später zurückgreifen wird, wenn er in seiner Metaphysik des Willens die Fesselung der individuellen Existenz und der Vernunft an den anonymen Lebenswillen erläutert: Wir alle sind die Galeerensklaven des Willens, der durch uns hindurchgeht. Wir sind noch vor aller Vernunft festgeschmiedet an einen blinden Drang zur Selbstbehauptung. Die Kette, an der wir zappeln, verbindet uns zugleich mit den Mitmenschen. Jede Bewegung, die wir vollführen, fügt dem anderen zuletzt doch nur Schmerz zu.

In Toulon erlebt Arthur diese Gefangenschaft von außen als eine Art Schauspiel, dem man sich beobachtend nähert. Wenn aber die Gefangenschaft universell ist, wo findet sich dann der Standpunkt der Betrachtung? Wo gibt es ein Außerhalb? Wie kann das Universelle zum Schauspiel werden? Darauf wird Arthur Schopenhauer später eine sehr heikle Antwort geben; eine Antwort, die in der Sprache der Subjektphilosophie, des Buddhismus, der pietistischen Mystik und des Platonismus formuliert ist: Es gibt eine transzendentale Immanenz, es gibt eine überirdische Höhe ohne Himmel, es gibt die göttliche Ekstase ohne Gott: die Ekstase der reinen Erkenntnis ist möglich; der Wille kann sich gegen sich selbst kehren; er verbrennt an sich selbst und wird ganz und gar zum Auge: Er *ist* nicht mehr, er *sieht* nur noch.

Ebenfalls noch während der Reise bieten sich dem jungen Arthur Schopenhauer Gelegenheiten zu ersten Erfahrungsmodellen solcher Höhenmetaphysik. Dabei handelt es sich in buchstäblichem Sinne um Höhenerfahrungen.

Dreimal hat Arthur während dieser Reise einen Berg bestiegen; zuerst den Chapeau bei Chamonix, dann den Pilatus und zuletzt die Schneekoppe im Riesengebirge. Jedesmal gibt er einen ausführlichen Bericht im Tagebuch. Die Eintragungen sind auch stilistisch Höhenflüge. Während er sonst manchmal recht pedantisch und pflichtgemäß seine Erlebnisse aufschreibt – in diesen Berichten über die Bergbesteigungen zittert eine überwältigende Erfahrung nach und gibt der Darstellung Kraft und Glanz.

Zuerst die Besteigung des Chapeau. Der Weg führt vorbei an einem ausgedehnten Gletschermassiv, das »Eismeer« genannt wird. Es ist von Schlünden und Spalten durchfurcht, darin reißende Bäche fließen, manchmal stürzen unter Getöse Eisschollen in die Tiefe. »Dieses Schauspiel, der Anblick der ungeheuren Eismassen, die schallenden Schläge, die brausenden Bäche, die Felsen ringsum mit den Wasserfällen, oben die schwebenden Spitzen und Schneeberge, alles trägt ein unbeschreiblich wunderbares Gepräge, man sieht das Ungeheure der Natur, sie ist hier nicht mehr alltäglich, sie ist aus ihren Schranken herausgegangen, man glaubt ihr näher zu sein« (RT, 186).

Eine auszeichnende, stolze Nähe ist dies, hier oben gesellt sich Gleiches zu Gleichem, unten das Alltägliche. Wer hinaufgestiegen ist, der sucht die Natur in ihren besten, aber auch gnadenlosen, alles Menschliche abweisenden Augenblicken. »Und auffallend kontrastiert gegen diesen erhabenen großen Anblick das lachende Tal in der Tiefe!« (RT, 186). Hier oben gibt es nichts zu lachen. Der Mensch ist verschwunden, die Natur kann aus ihren »Schranken« treten. Wer ihr standhält, bewährt sich in heroischer Einsamkeit.

Das alles ist natürlich noch halb gespielt, gefährlich ist diese Bergwanderung eigentlich nicht. Die Höhe, die man erklimmt, ist nur für Flachländer beträchtlich. Aber es geht hier auch nicht um Realismus, Arthur Schopenhauer erlebt den Berg als Bedeutung. Eine Szenerie gibt ihm eine Erfahrung, und seine Erfahrung sucht sich eine *bestimmte* Szenerie: die Szenerie der Höhe.

Drei Wochen später, am 3. Juni 1804, besteigt er zusammen mit einem Bergführer den Pilatus. »Mir schwindelte, als ich den ersten Blick auf den gefüllten Raum warf, den ich vor mir hatte ... Ich finde, daß eine solche Aussicht von einem hohen Berge außerordentlich viel zur Erweiterung der Begriffe beiträgt. Sie ist von jeder anderen so ganz verschieden, daß es unmöglich ist, ohne sie gesehen zu haben, sich einen deutlichen Begriff davon zu machen. Alle kleinen Gegenstände verschwinden, nur das Große behält seine Gestalt bei. Alles verläuft ineinander; man sieht nicht eine Menge kleiner, abgesonderter Gegenstände, sondern ein großes, buntes, glänzendes Bild, auf dem das Auge mit Wohlgefallen weilt« (RT, 219).

Arthur sieht, was ihm schmeichelt. Das Kleine verschwindet, verläuft ineinander, ein Gewimmel. Man gehört nicht mehr dazu. Das Große bewahrt Gestalt. Und wer das Große erblickt und dem Gewimmel entrückt ist, der ist auch groß. Nicht mehr ist man an die »abgesonderten Gegenstände« gebunden, sondern man ist nur noch »Auge«, das auf einem »bunten, glänzenden Bild« ruht. »Weltauge« wird Schopenhauer später diese fernsichtige Lust nennen.

Zuletzt, am 30. Juli 1804 – die Reise nähert sich dem Ende –, die Besteigung der Schneekoppe. Man ist zwei Tage unterwegs. Am Fuße der Bergspitze übernachtet Arthur mit seinem Führer in einer Hütte: »Wir traten in eine Stube voll zechender Knechte... Es war nicht auszuhalten; ihre animalische Wärme... gab eine glühende Hitze« (RT, 265). Die »animalische Wärme« der sich zusammenklumpenden Menschen – dafür wird Arthur Schopenhauer später das Bild der Stachelschweine finden, die sich gegen die Kälte und die Angst aneinanderdrängen.

Sich von der stacheligen Menschennähe losreißend, erreicht Arthur die Bergspitze mit Sonnenaufgang. »Wie ein transparenter Ball und viel strahlenloser, als wenn man sie von unten sieht, schwebte die Sonne empor und warf ihre ersten Strahlen auf uns, spiegelte sich zuerst in unseren entzückten Blicken, unter uns in ganz Deutschland war es noch Nacht; und wie sie höher stieg, sahen wir, wie nach und nach die Nacht immer tiefer zurückkroch und ihr endlich auch unten wich« (RT, 266).

Man ist schon im Licht, während unten noch Dunkelheit herrscht. »Man sieht die Welt im Chaos unter sich.« Oben aber ist alles voll schneidender Klarheit. Und wenn dann die Sonne ins Tal fällt, so deckt sie dort nicht lächelnde liebliche Niederungen auf, sondern bietet dem Blick »die ewige Wiederholung und den ewigen Wechsel von Bergen und Tälern, Wäldern und Wiesen und Städten und Dörfern« (RT, 266).

Warum jetzt noch die Mühen des Abstiegs auf sich nehmen? Schließlich aber wird es doch zu kalt da oben. In der

Hütte am Hang liegt ein Buch aus, worin die Wanderer sich verewigen können. Man hat Arthurs Eintragung darin gefunden:

> Wer kann steigen
> Und schweigen?

Arthur Schopenhauer aus Hamburg

Viertes Kapitel

Die Macht des Vaters über den Tod hinaus. Arthurs Melancholie
und seine Suche nach einem vaterlosen Jenseits. Das pubertäre
Theodizeeproblem. Über Matthias Claudius zur Romantik.
ERSTES PHILOSOPHISCHES SZENARIO: DIE NÄCHTLICHEN
HIMMELFAHRTEN DER ROMANTIK.
Arthurs Ängste vor dem Absturz: ›O Wollust, o Hölle‹.

Nach dem Rausch der Höhe die Mühen der Ebene. Das
Flachland ruft. Am Ende der Reise droht das Comptoir, wo
der Teufel auf die Seele des Weltenbummlers wartet, zunächst
in Gestalt des Großkaufmanns Kabrun in Danzig (September
1804 bis Dezember 1804), dann als Senator Jenisch in Hamburg.

Die letzten Wochen der Reise sind bereits von diesen düsteren Aussichten überschattet. Man merkt es am Stil der
Aufzeichnungen im Reisetagebuch. Mit Ausnahme der Schil-
derungen der Bergbesteigung im Riesengebirge sind die Eintragungen flüchtig, lustlos, routiniert. Die allerletzte Eintragung vom 25. August 1804 lautet: »In coelo quies. Tout fi-
nis ici bas – Im Himmel ist Ruhe. Alles endet hienieden.«

Von Berlin aus reist der Vater nach Hamburg zurück, Arthur und die Mutter fahren nach Danzig. Johanna will ihre
Verwandten besuchen, Arthur soll an seinem Geburtsort kon-
firmiert werden und bei Kabrun erste kaufmännische Kenntnisse erwerben.

Der Horizont der Welt schnurrt zusammen auf das Format
der Rechnungskladden und Wechselbriefe. Wohin mit den
Abenteuern des Kopfes und der Neugier der Augen in diesen
engen Räumen und in dieser staubtrockenen Luft? Hier, in
diesem Joch, kann man Haltungsschäden bekommen. Der
Vater aber, der ihn dort hineinzwingt, will keinen gekrümm-
ten Sohn. In schlechtem Deutsch tadelt er ihn: »so will ich
dann mir auch darauf verlassen, mit Bitte es ebenfalls dahin
zu bringen, wie andere Menschen aufrecht zu gehen, damit du
keinen runden Rücken bekommst, welches abscheulich aus-
sieht. Die schöne Stellung am Schreibpulte wie im gemeinen

Leben ist gleich nöthig; denn wenn man in den Speisesälen einen so darnieder gebückten gewahr wird, nimmt man ihn für einen verkleideten Schuster oder Schneider.« Und noch einmal, am 20. November 1804, in seinem letzten Brief, ermahnt der Vater den Sohn: »Und was dem Geradegehen und -sitzen betrift: so rathe ich dich Jedweden, der mit dir umgeht zu bitten, dir einen Schlag zu reichen, wenn du gedankenlos ob dieser großen Sache dich antreffen läßt. So haben Fürstenkinder verfahren und nicht den Schmertz gescheut für wenige Zeit, bloß nicht als Tölpel ihr Leben lang zu erscheinen.«

Der Vater, der wohl ahnt, daß die gebückte Haltung etwas mit dem Kummer zu tun hat, den er seinem Sohn mit der Verpflichtung auf die Kaufmannslehre bereitet, empfiehlt als Kompensation das Reiten und Tanzen. Arthur läßt sich das nicht zweimal sagen und tut des Guten zuviel, denn der Vater tadelt: »Vom Tantzen und reiten kann man nicht leben als Kaufmann, dessen Briefe gelesen werden sollen und folglich gut geschrieben sein müssen. Hin und wieder finde ich die großen Buchstaben deiner Schreiberey noch immer wahre Mißgeburten.«

Der Mißmut macht Arthur ungesellig. Auch das bemängelt der Vater: »Ich wollte, daß du lerntest, dir den Menschen angenehm zu machen; denn so würdest du auch gar leicht den Herrn Kabrun bei Tische zu mehreren Reden veranlassen.«

Der Vater kann von Hamburg aus das Betragen des Sohnes natürlich nur deshalb kritisieren, weil die Mutter in ihren (nicht erhaltenen) Briefen über Arthur geklagt hat. Überhaupt spart der Verwandtschaftsklüngel in Danzig nicht mit Kritik an Arthur. Tante ›Julchen‹, die Schwester der Mutter, ermahnt ihn mit fast denselben Worten: »So müßtest Du die Menschen hinnehmen, wie sie sind. Und nicht zu strenge sein. Du würdest dadurch gewinnen, Dich selbst bei andern angenehmer und für Dich selbst gewiß viel vergnügter sein.« Mitte Dezember 1804 wechselt Arthur die Galeere. Mutter und Sohn kehren nach Hamburg zurück, wo Arthur seine Lehrzeit bei Senator Jenisch fortsetzt.

Ironie der Geschichte: Während der Sohn sich in die Welt des Vaters hineinquält, beginnt der Vater selbst langsam daraus zu verschwinden. Es zeigen sich die ersten Symptome seines seelischen und körperlichen Zusammenbruchs. Die krittelnde und unwirsche Art der letzten Briefe an den Sohn sind wahrscheinlich schon diese Symptome.

Es gibt jetzt Augenblicke, in denen der Vater sein Gedächtnis verliert. Ein Freund der Familie, der dem Vater bei dessen Londoner Aufenthalt manche Gefälligkeit erwiesen hatte, besucht Heinrich Floris Schopenhauer Ende 1804 und wird von diesem mit den Worten empfangen: »Ich kenne Sie nicht! es kommen so viele, die sagen, ich bin der und der – ich will nichts von Ihnen wissen.« Ein Ladengehilfe eilt dem verblüfften Freund nach und entschuldigt den Prinzipal.

Im Winter 1804 bekommt Heinrich Floris die Gelbsucht. Matt verbringt er seine Tage im Lehnstuhl. Dazu quälen ihn Geschäftssorgen. Die Kontinentalsperre beeinträchtigt seine Handelsverbindungen. Auch die lange Abwesenheit während der Europareise war dem Geschäft nicht zuträglich. Mißtrauisch stöbert er in den Rechnungsbüchern und Bilanzen. Der alte kaufmännische Unternehmungsgeist, der ihm in Danzig zum Erfolg verholfen hatte, ist dahin. Die Bekannten in Hamburg sind darüber erschrocken, wie schnell dieser einst so stattliche Mann jetzt altert. Die Reise hat offenbar sehr an seinen Kraftreserven gezehrt. Er ist müde – was ihn doppelt belasten muß im erlebten Kontrast zur Unternehmungslust seiner Frau. Johanna hatte schon manches Mal während der Reise in Briefen über die Schwerfälligkeit ihres Mannes geklagt. Der Altersunterschied zwischen den beiden macht sich jetzt eben noch stärker bemerkbar – und es gibt kein Gefühl der Liebe, das diese Belastung abfedern könnte. »Du weist«, so hatte Johanna 1803 an Arthur nach Wimbledon geschrieben, »der Vater macht nicht gern Bekanntschaften, und so habe ich denn auch nicht viel Gesellschaft als meine eigene gehabt.« Und in einem anderen Brief: »Du weist wohl der Vater macht sich gern Sorgen wenn er keine hat... Ich bleibe fleißig zu Hause, weil ich nicht weiß, wo ich hingehen soll, dabei declamiere ich das beliebte Verbum, je m'ennuie, tu t'ennuies etc.« Dies schrieb Johanna aus Schottland; nach Hamburg zurückgekehrt, weiß sie dann, wo sie »hingehen« soll und wie sie die Langeweile bekämpfen kann. Arthur Schopenhauer wird ihr das fünfundvierzig Jahre später übel anrechnen. »Ich kenne die Weiber. Einzig als Versorgungsanstalt erachten sie die Ehe. Da mein eigener Vater siech und elend an seinen Krankenstuhl gebannt war, wäre er verlassen gewesen, hätte nicht ein alter Diener sogenannte Liebespflicht an ihm erfüllt. Meine Frau Mutter gab Gesellschaften, während er in Einsamkeit verging, und amüsierte sich, während er bittere Qualen litt. Das ist Weiberliebe« (G, 152).

Das ist aus der Perspektive der späteren Verfeindung mit der Mutter gesprochen und sicherlich ungerecht geurteilt. Denn was tat Johanna anderes, als sich zu weigern, die eigene Lebenslust als Opfer zu bringen? Sie will nicht hineingezogen werden in den depressiven Sog, in den ihr Mann zu versinken droht. Sie will Leben, Zerstreuung, Betriebsamkeit ins Haus bringen. Das tut sie sich zu Gefallen, aber auch ihrem Mann hofft sie damit Behagen und Halt zu verschaffen.

Wahrscheinlich beobachtet Arthur das Verhalten der Mutter auch deshalb so mißbilligend, weil er neidisch ist; bringt er doch seinerseits, anders als die Mutter, das eigene Leben den Wünschen des Vaters zum Opfer. Darauf könnte er stolz sein, doch solcher Stolz wird vom Selbstzweifel unterhöhlt: Verbirgt sich nicht auch Schwäche in dieser Willfährigkeit, mit der er den als falsch erkannten Lebensweg geht? Arthur, der gegen die Vaterwelt nicht rebelliert, behilft sich mit den Finten der Doppelexistenz. Er nimmt zu Heimlichkeiten seine Zuflucht. Im Handelskontor versteckt er Bücher, denen er sich in unbewachten Augenblicken widmet. Als der berühmte Phrenologe Gall in Hamburg Vorträge über Schädellehre hält, erfindet er eine Notlüge, um für die Stunden der Vorlesungen frei zu bekommen. »Nie ... hatte es einen schlechteren Handlungsbeflissenen gegeben als mich« (B, 651), resümiert er später; auch habe ihn das Doppelleben »unfügsam und für andere beschwerlich« werden lassen. Andere sind durch den frühen Zwang zur Doppelexistenz zu Spielern und Lebenskünstlern geworden, beispielsweise E. T. A. Hoffmann. Nicht aber Arthur Schopenhauer. Die wuchtige Autorität des Vaters hat er verinnerlicht. Jeden punktuellen Ausbruch aus dem »verkehrten Lebensweg« empfindet er als Verrat und Betrug am Vater. Zerknirschung begleitet die heimlichen Gedanken, Phantasien und Leseerlebnisse.

Am Morgen des 20. April 1805 findet man Heinrich Floris Schopenhauer tot im Fleet hinter den Speichern des Wohnhauses. Der kranke Mann hätte eigentlich keine Ursache gehabt, sich zu dieser Zeit auf dem Speicherboden aufzuhalten, von dem er herabstürzte. Vieles deutet auf einen Selbstmord hin. Doch das darf nicht sein. Die offizielle Traueranzeige der Witwe Johanna Schopenhauer begnügt sich mit den Worten: »Ich erfülle hierdurch die traurige Pflicht, meinen Verwandten und Freunden den Todesfall meines Mannes . . ., durch einen unglücklichen Zufall verursacht, anzuzeigen, unter Verbittung aller Beileidsbezeugungen, die meinen Kummer nur vermehren würden.« Und auch Arthur bleibt in seinem fünfzehn Jahre später verfaßten Lebenslauf ähnlich vage: »mein geliebter bester Vater wurde mir durch einen jähen, von Ungefähr eingetretenen blutigen Tod plötzlich entrissen« (B, 651). Auch zwischen Mutter und Sohn blieb das Thema der Todesursache lange Zeit tabu. Als aber 1819 die Bindung endgültig zerreißt, bricht dieses heikle Ereignis mit verletzender Gewalt zwischen den beiden hervor. In einem Brief beschuldigt Arthur offenbar die Mutter, am Selbstmord des Vaters schuld zu sein. Die Schwester Adele berichtet in ihrem Tagebuch: »Sie (die Mutter, R. S.) fand den Brief, las ihn unvorbereitet, und eine gräßliche Szene erfolgte. Sie sprach von meinem Vater – ich erfuhr die Schrecknisse, die ich geahndet, sie war so außer sich.« Adele ist so erschüttert, daß sie sich aus dem Fenster stürzen will, besinnt sich aber doch noch im letzten Moment.

Gegenüber Außenstehenden wird sich Arthur Schopenhauer sein Leben lang stets sehr unbestimmt über den Tod seines Vaters äußern. Nur seinem jungen Bewunderer Robert von Hornstein gegenüber scheint er sich 1855 unumwundener ausgedrückt zu haben. »Seiner Mutter gab er die Schuld an dem Selbstmorde seines Vaters«, vermerkt Hornstein in seinen Aufzeichnungen.

Der Tod des Vaters war – daran kann es keinen Zweifel geben – zuletzt doch eine Befreiung für Johanna, aber auch für Arthur, der sich dies jedoch nie eingesteht. Die Briefe an den Freund Anthime in Le Havre, der ein Jahr zuvor ebenfalls seinen Vater verloren hatte, fließen über von Bekundungen des Jammers. Anthime tröstet und empfiehlt behutsam, sich doch ein wenig zu mäßigen. Am 15. Mai 1805 schreibt er: »Man braucht Mut bei so grausamen Anlässen; aber man soll sein Unglück geduldig zu ertragen suchen, indem man daran denkt, daß es noch Unglücklichere gibt, als man selbst.« Vier Monate später hat sich Arthur offenbar immer noch nicht getröstet, denn Anthime schreibt: »Mein Wunsch ist, daß Dein Schmerz sich gemäßigt habe, nachdem Du der Natur den Tribut an Trauer geleistet hast, den jeder gute Sohn der Erinnerung an einen verehrungswürdigen Vater schuldig sein muß, und daß Du angefangen haben mögest, Deinem Schmerz mehr philosophisch ins Auge zu sehen.«

In Arthurs Trauer um den Vater verbirgt sich eine heikle Gefühlsmischung. Hat er den Vater geliebt? Auf jeden Fall ist er davon überzeugt, bekennt später aber auch: »Ich habe freilich schon viel in der Erziehung, durch die Härte meines Vaters, zu leiden gehabt« (G, 131). Die schlimmste Härte, die der Vater dem Sohn antun konnte, war die verhaßte Kaufmannslehre, in die er ihn zwang. Dafür hätte Arthur ihn hassen können. Hätte der Vater weitergelebt, würde Arthur wohl kaum eine philosophische Laufbahn beschritten haben. Sogar noch der *tote* Vater ist mächtig genug, ihn zunächst daran zu hindern. Arthur bleibt im Kontor bei Jenisch, verzweifelter denn je. Trauer über den Verlust des Vaters und Verzweiflung über das Fortwirken seiner Macht – beides geht ineinander über. Im 1819 verfaßten *Lebenslauf* hört sich das so an: »Obwohl ich sozusagen schon mein eigner Herr war, und meine Mutter mir in nichts im Wege stand, fuhr ich fort, meine Stelle bei dem Kaufherrn zu versehen, theils weil der übergroße Schmerz die Energie meines Geistes gebrochen hatte, theils weil ich mir ein Gewissen daraus machte, die Beschlüsse des Vaters alsbald nach seinem Tode wieder aufzuheben« (B, 651).

Die Mutter steht nicht nur »nicht im Wege«, indirekt ermuntert sie den Sohn sogar, sein Leben neu zu entwerfen, und zwar einfach dadurch, daß sie selbst ihr Leben einschneidend verändert. Sie beweist freieren Sinn als ihr Sohn: Vier Monate nach dem Tode Heinrich Floris Schopenhauers verkauft sie das stattliche Haus am Neuen Wandrahm und beginnt mit der Liquidierung des Handelsgeschäftes. Eine folgenschwere Entscheidung, die von Arthur eine schwere Last fortnimmt. Denn Arthurs Ausharren im ungeliebten Kaufmannsberuf hat doch nur dann rechten Sinn, wenn es sich in der Übernahme des väterlichen Geschäfts, in der Fortsetzung der Familientradition erfüllt. Gibt es aber das Geschäft nicht mehr, so könnte sich auch Arthur losgebunden fühlen. Die Mutter löst, indem sie sich selbst von ihrer Vergangenheit befreit, auch die Fesseln Arthurs, jedenfalls die äußeren; innerlich bleibt Arthur unter der Gewalt der Vaterwelt.

Johanna indes handelt, Zug um Zug, mit großer Lebhaftigkeit, wie neugeboren. Sie mietet eine neue Wohnung am anderen Ende der Stadt, ein Provisorium: Denn sie will, nach Abwicklung der Geschäftsauflösung, Hamburg verlassen. Im Mai 1806 reist sie nach Weimar, um dort nach einem neuen Wohnsitz Ausschau zu halten. Warum Weimar? Johanna will den erlauchten Häuptern der Kultur nahe sein. Sie möchte ihre geselligen Talente auf dem Olymp erproben. Ein Schwung ohnegleichen reißt sie fort, sie ist gerade zehn Tage am Ort, da schreibt sie ihrem traurigen Sohn in Hamburg: »Der Umgang hier scheint mir sehr angenehm und gar nicht kostspielig, mit wenig Mühe und noch weniger Unkosten wird es mir leichter werden, wenigstens einmal in der Woche die ersten Köpfe in Weimar, und vielleicht in Deutschland, um meinen Theetisch zu versammeln und im ganzen ein sehr angenehmes Leben zu führen.«

Johanna also ist dabei, sich eine neue Welt zu erobern, und Arthur steckt noch klaftertief in der alten, in die ihn der Vater gestoßen hat.

»Durch diesen Schmerz wuchs meine Traurigkeit so sehr, daß sie von wirklicher Melancholie kaum mehr entfernt war« (B, 651), schreibt Arthur Schopenhauer im Rückblick auf die Zeit nach dem Tode des Vaters.

Die Anatomie dieser Melancholie ist kompliziert. In ihrem Kern ist sie eine nicht zu versöhnende Zerrissenheit zwischen Innen und Außen. Draußen geht Arthur den ihm vom Vater auferlegten Pflichten nach. Er würde sein Inneres gut bewahren können, wenn er die Vaterwelt, in der er agieren muß, verachten dürfte. Dann aber müßte er sich über seinen Vater erheben können. Kant, den Arthur zu dieser Zeit noch nicht gelesen hat, urteilt einmal über die Melancholie: »Schwermüthige Entfernung von dem Geräusche der Welt aus einem rechtmäßigen Überdrusse ist edel.« Arthurs innere Entfernung von dem »Geräusch« der Vaterwelt ist vielleicht schwermütig, doch wird er sie nicht als »edel« empfunden haben, denn er darf es – zunächst jedenfalls – nicht zur Einsicht kommen lassen, daß der Überdruß »rechtmäßig« sei. Er darf das, was ihn von der äußeren Welt des Geschäftes trennt, nicht trotzig als eine Wirklichkeit höheren Ranges ins Spiel bringen. Es wäre eine Hoffart gegen den Vater, eine Pietätlosigkeit. In dieser Situation muß für ihn eine Geisteshaltung viel Anziehendes gehabt haben, die Verinnerlichung, Weltskepsis und vatertreue Demut verbindet: Arthur liest Matthias Claudius. Dessen Selbst- und Weltdeutung hat den Vorteil, daß sie den von Arthur jetzt so schmerzhaft empfundenen Dualismus zwischen Innen und Außen auf eine Weise reflektiert, die vom Vater ausdrücklich gebilligt worden ist. Denn Heinrich Floris Schopenhauer selbst hatte seinem Sohn jenes Büchlein geschenkt, das Arthur bis an sein Lebensende treu aufbewahren und worin er oft lesen wird; es handelt sich um die 1799 erschienene kurze Schrift AN MEINEN SOHN. Claudius hatte sich nicht gescheut, seinem Sohn die intimen Ermahnungen auf offenem Markt zuteil werden zu lassen. Seelenführung war unter den Empfindsamen damals eben eine öffentliche Angelegenheit. Heinrich Floris Schopenhauer ergreift dankbar die Gelegenheit, seinerseits nun mit geborgter Stimme auf den eigenen Sohn einzuwirken. Und der liest das Büchlein nach dem Tode des Vaters wie ein Vermächtnis. »Die Zeit kommt allgemach heran«, heißt es bei Claudius, »daß ich den Weg gehen muß, den man nicht wieder kömmt. Ich kann Dich nicht mitnehmen; und lasse Dich in einer Welt zurück, wo guter Rat nicht überflüssig ist.« Raten kann Claudius nur denen, die sich als Fremde in der sie äußerlich verpflichtenden Wirklichkeit empfinden. Arthur darf sich also angesprochen fühlen. »Der Mensch ist hier nicht zu Hause«, schreibt Claudius. Wenn man sich als Fremdling in der Welt erfährt, so nicht deshalb, weil es da einen inneren Reichtum gibt, mit dem man sich überheben könnte. Das Innere, das sich mit eigenem Recht dem Äußeren entgegensetzt, ist dünkelhaft. Wir sind allzumal Sünder, und solcher Dualismus ist Sünde der Eitelkeit. Fremd sind wir in dieser Welt, so Matthias Claudius, weil wir nicht von dieser Welt und zu Höherem berufen sind. Das aber ist nicht unser Verdienst, sondern ein Gnadengeschenk, das die Empfindung empfängt. Im frommen Herzen sind wir von den drückenden Lasten des irdischen Treibens entbunden. Solche Frömmigkeit aber bleibt im flachländischen Handgemenge. Es liegt nicht bei uns, herabzublicken auf diese Welt, vielmehr müssen wir ihr den notwendigen Tribut entrichten.

Die bisweilen verkrampfte und zerquälte Weltüberwindung des frühen Pietismus ist bei Matthias Claudius zur Haltung des gebremsten Mitmachens bei innerer Distanz gemildert: haben, als hätte man nicht; man darf der Welt nicht entfliehen wollen, aber auch nicht sein Herz an sie hängen. Dieser »Knabe der Unschuld«, wie Herder Matthias Claudius einmal genannt hat, redet manchmal fast so skeptisch wie die eleganten französischen Moralisten, von denen Schopenhauer später sich inspirieren lassen wird. »Sei rechtschaffen gegen jedermann, doch vertraue dich schwerlich«, heißt es da, oder »mißtraue der Gestikulation, und geberde dich schlecht und recht«, oder »sage nicht alles, was du weißt, aber wisse immer, was du sagst«, oder »hänge dich an keinen Großen«. Man muß mit der Wirklichkeit einen Kompromiß schließen, der einen vor ihren Zumutungen schützt. Mit großer Vorsicht tätigt man draußen die unumgänglichen Investitionen, bleibt aber im Inneren stiller Teilhaber einer anderen Welt, wo das »Geräusch auf den Gassen« verstummt. Dieses wohl verwahrte Innere wird so zur »bleibenden Wand, an der die Schatten vorübergehen«. Das läßt sich hören: Arthurs Mühsal im Handelskontor nur ein Schattenspiel? Diese Strategie der Entwirklichung der Lebenslasten nimmt dem Leiden am Dualismus alles Rebellische. Die innere Welttranszendenz, die Claudius anbietet, genießt göttlichen Segen, vor allem aber – was für Arthur im Augenblick viel wichtiger ist – den Segen des soeben verstorbenen Vaters.

Arthur muß an einer Deutung seiner Lebenswirklichkeit gelegen sein, die hilft, den erfahrenen Dualismus zwischen Innen und Außen, zwischen Pflicht und Neigung auszuhalten. Er wird jedenfalls so lange danach suchen, wie es ihm, aus welchen Gründen auch immer, nicht gelingt, ein Leben aus einem Guß zu entwerfen und zu verwirklichen. Jene Weltskepsis aus der Kraft religiös-empfindsamer Verinnerlichung, die Matthias Claudius anbietet, könnte eine solche Deutung sein. In ihr aber wird der Dualismus gänzlich von der Vaterwelt okkupiert: Nicht nur das Realitätsprinzip, auch das, was ihm widerstreitet, wird väterlich codiert. Der im Inneren empfundene, empfangene Gott, von dem Claudius spricht, ist der selbst noch väterliche Vorbehalt gegen die Vaterwelt. Das Mitmachen ist Pflicht gegen den Vater, und das Gebremste des Mitmachens durch religiös-verinnerlichten Vorbehalt ist die väterlich zugestandene Art des Distanzhaltens. Mit Matthias Claudius also bleibt Arthur in der väterlichen Gefangenschaft.

Zu dieser Zeit ohne die Kraft, sein Leben zu ändern (obwohl ihm die Mutter das vorlebt), ist er auf der Suche nach einer inneren Welttranszendenz. Bei Matthias Claudius findet er eine Methode zur Entwirklichung der Lebenslasten, aber sie führt nur zum Ziel, wenn man auch wirklich an den Gott der Väter glaubt. »Was Du sehen kannst«, schreibt Matthias Claudius, »das siehe, und brauche Deine Augen, und über das Unsichtbare und Ewige halte Dich an Gottes Wort.«

Arthur hatte – vor allem auch während der Reise – seine Augen gebraucht, und was er dabei sah, hatte ihn keineswegs von der Existenz eines ordnenden, gerechten, liebenden Gottes überzeugt. Auch die Bergeshöhn hatten ihn berauscht, nicht weil er dort Gott näher, sondern weil er dem Menschengetümmel ferner war. Nicht demütige Gottesliebe, sondern weltüberfliegende Souveränität suchte er.

Im Rückblick behauptet Arthur Schopenhauer, der Gottesglaube sei in ihm schon zu der Zeit, als er Matthias Claudius als väterliches Vermächtnis las, zerbrochen: »Ich war als Jüngling immer sehr melancholisch und einmal, ich mochte ungefähr 18 Jahre alt sein, dachte ich, noch so jung, bei mir: Diese Welt soll ein Gott gemacht haben? Nein, eher ein Teufel – ?« (G, 131).

Es ist das alte Theodizeeproblem, von dem Arthur Schopenhauer behauptet, es habe ihn als Achtzehnjährigen umgetrieben, das Problem, das Leibniz in aller Schärfe formuliert hatte und gelöst zu haben glaubte: Ist die Existenz des Bösen und der vielfältigen Übel in der Welt nicht ein Beweis gegen die Existenz eines allmächtigen guten Gottes?

Daß solche Fragen überhaupt gestellt werden, verrät bereits den Einfluß eines Denkens, das die Anerkennung eines göttlichen Seins von rationalen oder empirischen Begründungen abhängig macht. Leibniz bemüht deshalb auch zur ›Lösung‹ dieses Problems sein mathematisches Weltmodell: Jedes Element ist für sich unvollkommen, aber perfektibel, d. h., es wird im Rahmen einer klugen Kombination der Elemente zum vollkommenen Funktionszusammenhang. Das Übel in der Welt ist, was beim Uhrwerk die zurückhaltende und darum anspannende Feder bewirkt. Ohne Widerstand kein Fortschritt. Ohne Schatten kein Licht. Voltaire und andere konnten beispielsweise im Erdbeben von Lissabon, das viele tausend Menschenleben unter sich begrub, mit bestem Willen keinen ›Sinn‹ mehr erkennen. Sie radikalisierten den rationalen Diskurs und brachten strenge Methode in die empirische Erfahrung, wodurch der als Baumeister und Weltenlenker vorgestellte Gott in immer ärgere Bedrängnis geriet. Das Drama der Säkularisierung war nicht aufzuhalten. Hat es sich bei dem jungen Arthur Schopenhauer, der gerade Matthias Claudius liest, im Zeitraffertempo noch einmal vollzogen? Oder versucht Schopenhauer, rückblickend die Geschichte seiner Seele aufs Niveau der großen, epochalen Probleme des abendländischen Geistes zu heben?

Tatsächlich finden wir in sehr frühen Aufzeichnungen (um 1807) bereits subtile Erörterungen zum Theodizeeproblem. »Entweder ist alles vollkommen, das Größte wie das Kleinste ... dann müßte jedes Leiden, jeder Irrtum, jede Angst ... wirklich das unmittelbare, einzig rechte, beste Mittel [sein] ...; oder aber – und wer könnte denn angesichts dieser Welt bei jener Annahme stehnbleiben? – es sind nur zwei andere Fälle möglich: wir müssen – wenn nicht alles zum bösen Zweck annehmen – neben dem guten Willen einem bösen Willen Gewalt zugestehn, der jenen zu Umwegen zwingt, *oder* wir müssen diese Gewalt nur dem Zufall und also dem lenkenden

Willen Unvollkommenheit in der Anordnung oder in der Macht zuschreiben« (HN I, 9).

Ohne sich zu diesem Zeitpunkt schon mit Leibniz beschäftigt zu haben, verwirft Schopenhauer dessen Theorem von der »besten aller möglichen Welten«. Das ist nur möglich, weil der Zeitgeist den großen Leibniz bereits zum toten Hund stempelt und einem noch nicht volljährigen Kaufmannslehrling erlaubt, über ihn hinwegzugehen.

Schopenhauer verwirft aber auch jene Dämonologie, die gegen Leibniz aufgeboten worden war, den umgekehrten Gott, der alles zum Bösen eingerichtet habe. Es überrascht nicht, daß er, vom Dualismus seiner eigenen Lebenssituation geplagt, in der Theodizeereflexion die dualistische Lösung favorisiert: Es gibt den Widerstreit von gutem und bösem Weltwillen, das Gute siegt dabei nur auf Umwegen; oder es gibt den Widerstreit von gutem Willen und Zufall; eine Variante der ersten Möglichkeit, denn ›Zufall‹ ist das Böse ohne Gesicht und Gestalt, die Verneinung der Ordnung.

Schon in ihrem geschichtlichen Anfang waren die Theodizeereflexionen der Versuch, mit kühlen Gedanken den Schmerz über das Verschwinden eines heißen religiösen Gefühls zu kompensieren. Der affektive Untergrund der Theodizeediskurse war Angst. Die Vernunft sollte herbeischaffen, was man im Begriffe war zu verlieren. Manche hielten das damals schon für einen Irrweg, Pascal bespielsweise erspürt die eingeschüchterte Innenwelt hinter der Fassade der prunkenden Vernunft, die sich zumutet, Gott herbeizitieren oder aus der Welt hinauskomplimentieren zu können. Er behauptet, daß im rationalen Diskurs Gott nicht zu finden sei; er plädiert für eine radikale Entkoppelung von Glaube und Wissen: Sie seien verschiedenen Ursprungs und bezögen sich auf kein gemeinsames Territorium. Wer die beiden Welten vermengt, so Pascal, der pervertiert beide, der trübt das Wissen und verwirrt die »Ordnung des Herzens«, die eigentliche Bastion des Glaubens, oder anders: Das Wissen bläht sich auf, weil die Kraft zur religiösen Erfahrung schwindet.

Doch auch Pascal selbst trieb schon im Strome der Säkularisierung: Sein Glaube war ein Glaube an den Glauben, ein Wille zum Glauben, entsprungen aus dem Leiden an der existentiellen Obdachlosigkeit im Milieu von Rationalität und Empirie.

Die Deduktion eines Gottes aus der Konstruktion eines Weltmodells oder umgekehrt: die Leugnung seiner Existenz mit Hilfe solcher Modelle rührt nicht an den Kern des religiösen Lebensproblems. Das gilt auch für den jungen Arthur Schopenhauer. Seine in der Reflexion vorgenommene Entmachtung Gottes durch eine dualistische Konstruktion (Gott muß sich mit dem Bösen oder dem Zufall herumschlagen) entspricht nicht seinem eigentlichen Empfinden. Er möchte an einen Gott glauben, der einen mit seiner Aufmerksamkeit umgibt und trägt, weshalb der kindliche Glaube des Matthias Claudius nicht nur ein väterliches Gefängnis, sondern auch eine Verlockung darstellt.

Doch die Naivität des Väterglaubens ist dahin, auch Schopenhauer entdeckt im affektiven Untergrund des Theodizeediskurses, nicht mehr einen *Glauben,* sondern nur einen *Willen zum Glauben.* »Tief im Menschen liegt das Vertrauen«, so schreibt er, »daß etwas außer ihm sich seiner bewußt ist wie er selbst; das Gegentheil lebhaft vorgestellt, neben der Unermeßlichkeit, ist ein schrecklicher Gedanke« (HN I, 8). Das »Gegentheil« braucht er sich nicht vorstellen, er hat es erlebt, allerdings zunächst nicht als erhabene metaphysische Verlassenheit, sondern als die Verlassenheit eines nicht genügend geliebten Kindes. »Schon als sechsjähriges Kind«, so lesen wir in Schopenhauers späteren intimen Aufzeichnungen EIS EAUTON, »fanden mich die vom Spaziergange heimkehrenden Aeltern eines Abends in der vollsten Verzweiflung, weil ich mich plötzlich von ihnen für immer verlassen wähnte« (HN IV, 2, 121).

In einem Gedicht aus eben der Zeit, in der Schopenhauer seine Theodizeereflexionen anstellt, Matthias Claudius liest und über den Willen zum Glauben grübelt, klingt beides ineinander: die ›kleine‹ Angst des verlassenen Kindes und die ›große‹ Angst der metaphysischen Obdachlosigkeit.

> »Mitten in einer stürmischen Nacht,
> Bin ich mit großen Aengsten erwacht,
> Hört' es sausen und hört' es stürmen

Durch Höfe, Hallen und an den Thürmen;
…
Aber kein Schimmer, kein schwächster Strahl
Konnte die tiefe Nacht durchreichen.
Als könnte vor keiner Sonne sie weichen,
Fest und undurchdringlich sie lag,
Daß ich glaubt', es käme nimmer kein Tag:
Da that gar große Angst mich fassen,
Fühlt' mich so bang, so allein und verlassen«
(HN I, 5).

Dieses klappernde Poem schreibt Arthur Schopenhauer ungefähr in der Zeit, als die NACHWACHEN des Bonaventura erscheinen, jenes Werk, das, vorerst noch unbemerkt, die nihilistische Unterströmung der romantischen Bewegung hervorkehrt und zugleich parodiert. Die Ängste, aber auch die Verheißungen des Nächtlichen haben Konjunktur. Die Angstbilder der Nacht sind solche, in denen die Dunkelheit für die Abwesenheit von Sinn und Orientierung steht. Natürlich ist es auch in Jean Pauls Alptraumsequenz *Rede des Toten Christus vom Weltgebäude herab, daß kein Gott sei* Nacht, und um die »Götternacht« kreist das ganze poetische Werk Hölderlins.

»Die Nacht ist still und fast schrecklich«, heißt es bei Bonaventura, »und der kalte Tod steht in ihr, wie ein unsichtbarer Geist, der das überwundene Leben festhält. Dann und wann stürzt ein erfrorener Rabe von dem Kirchendache…«

Gegen die Nacht halfen bisher die Lichter des alten Glaubens oder der neuen Vernunft. Als Schopenhauer sein Nachtpoem verfaßt, sind erst zehn Jahre vergangen, seit der romantische Aufbruch damit begann, dem Nächtlichen nicht nur ängstlich, sondern auch schwärmerisch zu begegnen: Man hatte eine neue Lichtquelle entdeckt: die Musik und die Poesie, die mit der Nacht aussöhnten, weil aus ihnen selbst eine eigenartige Dunkelheit hervorleuchtete.

Die Kunde von dieser »Entdeckung« gelangt auch zu Arthur Schopenhauer. Der liest nämlich, um seine Misere ertragen zu können, nicht nur Matthias Claudius, sondern zum Beispiel auch die von Ludwig Tieck 1797 und 1799 herausgegebenen Schriften Wilhelm Heinrich Wackenroders.

Wackenroder war der Komet der romantischen Kunstreligion. Er verbreitete funkelnden Zauber, nächtliche Pracht und verlöschte bald. Als Tieck seine Schriften herausgab, war Wackenroder, sechsundzwanzigjährig, bereits verstorben. Wackenroder und mit ihm die romantische Bewegung hatten zum Ausgangspunkt ein ähnliches Problem wie zehn Jahre später der junge Arthur Schopenhauer: Die aus dem alten Glauben herausgefallene, von der Vernunft nicht befriedigte, durch die Zeitenwende der Französischen Revolution zu den kühnsten Aufschwüngen der Einbildungskraft ermunterte Generation empfand überdeutlich das Ungenügen an einer Normalität, das sie als lastendes Erbteil ihrer teils vernünftigen, teils frommen oder auch nur phantasielosen und unmutigen Väter empfanden. Diese jungen Leute auf der Flucht vor der klappernden Mühle des bürgerlichen Alltags suchten ein Asyl und fanden den kommenden Gott der Kunst. Auch Wackenroder war ein solcher Asylsuchender. Sein Vater, der geheime Kriegsrat und Justizbürgermeister in Berlin, war ein ehrenfester Beamter und wollte seinen Sohn zu einem ebensolchen machen. Der schwelgt mit seinem Freund Tieck in Phantasien über die Kunst, bleibt aber bei all dem doch im Dualismus stecken. Zum Taugenichts taugt er nicht. Ein Zeitgenosse berichtet von ihm: »Als wenn er dunkel gefühlt hätte, daß diese innere Welt eines äußern Gegengewichts bedürfe, wenn er nicht ganz in ihr verloren gehen wolle, klammerte er sich ängstlich an gewisse Ordnungen. Sobald sie ihm einmal zur Gewohnheit geworden waren, gab er sie nicht wieder auf. Wer ihn in solchen Augenblicken sah, konnte ihn für nüchtern ja pedantisch halten. Die bürgerliche Natur des Vaters schien dann die Oberhand zu gewinnen ... Vor allem schien die Musik sein ganzes Wesen zu durchdringen. Ein elektrischer Stoff hatte sich hier angesammelt, der nur auf die rechte Art der Berührung wartete, um durch seine sprühenden Funken zu blenden.«

Der junge Schopenhauer klammerte sich seinerseits auch ängstlich an »gewisse Ordnungen« und verweilt gerne unterm Funkenregen der romantischen Kunst- und Musikphantasien. Die berühmteste, schon sehr bald als ›klassische‹ Parabel der romantischen Erlösungssehnsucht geltende Phantasie ist

die Erzählung Ein wunderbares morgenländisches Märchen von einem nackten Heiligen. Noch bis in seine Spätzeit
zehrt Arthur Schopenhauer vom Bildervorrat dieses Textes.
Der Heilige des Märchens hört unaufhörlich »das Rad der
Zeit seinen sausenden Umschwung nehmen« und muß deshalb die heftigen Bewegungen eines Menschen vollführen,
»der bemüht ist, ein ungeheures Rad umzudrehen«. In einer
Sommernacht wird ihm die Erlösung zuteil durch den Gesang
eines Liebespaares: »Mit dem ersten Tone der Musik und des
Gesanges war dem nackten Heiligen das sausende Rad der
Zeit verschwunden.« Musik, Poesie und Liebe, die Himmels-
mächte der neuen Generation, erlösen vom »Räderwerk« des
prosaischen Alltags, vom »einförmigen, taktmäßigen Fort-
sausen« der leeren Zeit. In Schopenhauers Philosophie wird
es später das »Rad des Willens« geben, auf das wir geflochten
sind und von dem wir umgetrieben werden, und es gibt auch
den plötzlichen Stillstand dieses Umtriebs bei Versenkung in
die Werke der Kunst.

Der junge Arthur Schopenhauer trägt in der Zeit seiner Ro-
mantik-Lektüre in sein Tagebuch ein: »Nehmen wir aus dem
Leben die wenigen Augenblicke der Religion, der Kunst und
der reinen Liebe, was bleibt als eine Reihe trivialer Gedanken?« (HN I, 10).

Religion firmiert hier noch als Erlösungsmacht, doch in der
romantischen Zusammenstellung mit »Kunst« und »Liebe«
ist es eine andere Religion als die der Väter. Matthias Claudius zum Beispiel hat sich stets aufs heftigste dagegen verwahrt, wenn Kunst und Religion in einem Atemzug genannt
wurden. Deshalb hat er auch den romantischen Aufbruch als
modernen Götzendienst bekämpft. Und von seinem Standpunkt aus (»halte Dich an Gottes Wort«) hatte der wackere
Mann auch recht. Denn die romantische Religion war eine
Religion nicht der Demut und des Offenbarungsglaubens,
sondern der Selbstermächtigung, sie war eine der vielen Ge-
staltungen der entfesselten Einbildungskraft. Man muß die
innere Dynamik der romantischen Religiosität, die ganz aus
dem Stoffe des Kunstenthusiasmus gemacht ist, begreifen,
wenn man verstehen will, wie und warum Arthur sich auf sie
einläßt.

Wenn man schon, wie Schopenhauer, im väterlichen Diesseits steckt, so kommt alles darauf an, daß man wenigstens über das väterliche Jenseits (Matthias Claudius!) hinauskommt. Romantische Religion und Kunstreligion (besonders die Wackenrodersche Metaphysik der Musik) bahnen dem jungen Schopenhauer dabei den Weg. Indem er sich von dieser Strömung mitziehen läßt, emanzipiert er sich ein Stück weit von der Religion des Vaters. Er gleitet von der väterlich legitimen hinüber zur väterlich illegitimen Welttranszendenz. Damit vollzieht er individuell die Schicksale einer epochalen geistigen Bewegung nach, einer Bewegung, die hervorbringen wird, was ich, angerührt von ihrer Unwiederbringlichkeit, die ›wilden Jahre der Philosophie‹ nenne.

Begonnen hat dies mit der Kantischen Revolution, mit der Entzauberung der traditionellen Metaphysik, der Aushöhlung des traditionellen Glaubens, mit der pragmatischen Ermächtigung des Subjektes und mit der Umlenkung der Neugier von der ›Welt an sich‹ auf die Produktionsformen einer ›Welt für mich‹. Die alte »Ordnung der Dinge« (Foucault) zerfällt mit Kant und entbindet jene Modernität, deren Zauber wir zwar verloren haben, aus der wir aber immer noch nicht heraus sind.

An jene mit dem Namen Kants verbundene Zäsur wird Schopenhauer erst später vorstoßen, doch er ist schon ganz eingehüllt von der Atmosphäre dieses Umbruchs, bei der Begegnung mit der Romantik hat er es bereits mit einem Aspekt seiner epochalen Wirkung zu tun. Es wird gewissermaßen schon der zweite oder dritte Akt des großen Spiels gegeben, als Schopenhauer sich anschickt, daran teilzunehmen. Das ist nicht ohne Bedeutung: Im Krebsgang, über die Romantik, wird er zu Kant kommen, und dort angelangt, wird er eine Revision des Prozesses vornehmen, den die Nachfolger gegen Kant angestrengt hatten. Dabei wird er, mit der Schubkraft buddhistischer und mystischer Esoterik, über Fichte, Hegel und Marx hinausgetrieben, mitten hinein in eine Transzendenz ohne Himmel, in eine radikal zu Ende geführte »Analyse der Endlichkeit« (Foucault), die aber das Kunststück fertigbringt, Metaphysik nicht preiszugeben.

Zunächst aber, in seinen letzten beiden Hamburger Jahren,

pflegt Schopenhauer Umgang mit den unendlichen Aufschwüngen der Romantik. Dem Unendlichen der romantischen Kunst aber fehlt die Gediegenheit ›objektiver‹ Offenbarung, an die Matthias Claudius und der Vater glauben. Das romantische Unendliche ist durch und durch subjektiv. Ein Unendliches, dem man sich hingibt, indem man es macht oder wenigstens aufnimmt in dem Gefühl, man könnte es machen. Es gibt überhaupt nichts, das man nicht mit Hilfe der entfesselten Einbildungskraft machen könnte, denkt der romantische Zeitgeist.

Mit dem Blick ins eigene Geheimnis glauben die Romantiker ans Geheimnis der Welt zu rühren. Die Welt wird singen, wenn man in sich selbst das Zauberwort findet. Man kann nicht tief genug hinabsteigen. Solche Abstiege sind die wahren Aufschwünge. Die Versenkung führt ins Zentrum eines magnetischen Kraftfeldes. An diesem Punkt lernt die taumelnde Vernunft das Tanzen. Dort, wo in uns das Unsagbare beginnt, sind wir am intimsten mit der Welt. Hier setzt die romantische Skepsis gegen die Sprache ein. Für Wackenroder ist sie das »Grab der innern Herzenswut«. In der Sprache wird das Unsagbare leicht unsäglich. Dem Fluß der Empfindungen kann die Sprache nicht folgen. Sie muß den Reichtum des Zugleich am dünnen Faden des Nacheinander fortspinnen. Für Novalis gar beginnt der moderne Sündenfall mit Luthers Bibelübersetzung. Damit sei das Zeitalter der Tyrannei des Buchstabens angebrochen. Die Einbildungskraft und der innere Sinn seien unter Kuratel genommen worden und hätten das Fliegen verlernt. Wie Wackenroder preist Novalis die »heilige Musik«. In ihr kann sich noch alles rühren, mit ihr kann man die Metaphysik des Schwebens lernen. Wackenroder spekuliert noch kleinformatig auf individuelle Erlösung durch Musik, Novalis geht aufs Ganze und will mit der ›Heiligen Musik‹ Europa von seinen Verfeindungen und Plattheiten heilen. Das Selbstbewußtsein Beethovens, der im General Bonaparte seinesgleichen und im Kaiser Napoleon einen von ihm Abgefallenen sieht, bewegt sich durchaus auf der Höhe solcher Ambitionen. Nicht erst Wagner, schon Beethoven fühlte sich als eine Art Religionsstifter. Für ihn war Musik »Vermittlung des Göttlichen und eine höhere Offenbarung als alle Weisheit und Philosophie«. Wir werden uns später, bei Schopenhauers Musikphilosophie, noch einmal an diesen romantischen Höhenrausch der Musik erinnern.

Zugang zum Unsagbaren in uns und damit zum Geheimnis der Welt haben – so will es der romantische Geist – in erster Linie Musik und Religion. Sie sind gleich ursprünglich. Noch ein halbes Jahrhundert zuvor hätte das als eine blasphemische Behauptung gegolten. Doch die Säkularisierung und die Freisetzung des selbstmächtigen Subjekts zerbrechen den alten Himmel, zu dem die Musik aufschaute und von dem die Religion ihre Offenbarungen empfing. Jetzt sind beide – Musik und Religion – Erzeugnisse unserer Einbildungskraft, die, weil sie aus dem Unsagbaren kommen, eine göttliche Kraft darstellen. Eine Göttlichkeit von unten. Der philosophische Zeitgenosse Jacobi, dem die ganze Richtung nicht paßt, deckt sehr scharfsichtig die schlichte Alternative auf: »Gott ist außer mir, ein lebendiges, für sich bestehendes Wesen, oder Ich bin Gott.« Die Romantiker entscheiden sich für ihre eigene Göttlichkeit. Schleiermacher: »Nicht der hat Religion, der an eine heilige Schrift glaubt, sondern, welcher keiner bedarf und wohl selbst eine machen könnte.«

Diese schwelgerische, aus der empfindsamen Eigenmacht hervorströmende Religion fasziniert Schopenhauer, weil sie keinen väterlichen Korpus von Offenbarungen und sittlichen Normen, sondern einen Modus von Ich- und Welterfahrungen darstellt, der sich ästhetisch genießen läßt. Er überläßt sich in der Pension des Assekuranzmaklers Willinck, wo er nach der Übersiedlung der Mutter nach Weimar wohnt, den romantischen Himmelfahrtsstimmungen – allerdings zu einem Zeitpunkt, als deren Wortführer schon wieder zum »Salto mortale in den Abgrund der göttlichen Barmherzigkeit« (Friedrich Schlegel) ansetzen. Der Trend geht wieder zurück zum kirchlichen Glauben, aus dem Schopenhauer gerade heraus will. Bei Wackenroder liest er: »Aber man muß durch den Wust von Trümmern, worauf unser Leben zerbröckelt wird, mit mutigem Arm hindurchgreifen, und sich an der Kunst, der Großen, Beständigen, die über alles hinweg bis in die Ewigkeit hinausreicht, mächtiglich festhalten, – die uns vom Himmel herab die leuchtende Hand bietet, daß wir über dem wüsten Abgrunde in kühner Stellung schweben, zwischen Himmel und Erde!« An seine Mutter nach Weimar schreibt Schopenhauer: »Wie fand das himmlische Samenkorn Raum auf unserem harten Boden, auf welchem Nothwendigkeit und Mangel um jedes Plätzchen streiten? wir sind ja verbannt vom Urgeist und sollen nicht zu ihm empordringen... Und doch hat ein mitleidender Engel die himmlische Blume für uns erfleht und sie prangt hoch in voller Herrlichkeit, auf diesem Boden des Jammers gewurzelt – Die Pulsschläge der göttlichen Tonkunst haben nicht aufgehört zu schlagen durch die Jahrhunderte der Barbarei und ein unmittelbarer Widerhall des Ewigen ist uns in ihr geblieben, jedem Sinn verständlich und selbst über Laster und Tugend erhaben« (B, 2).

Die Symbiose von Kunst und Religion ist – zunächst – für beide von Vorteil. Die Religion als *Kunst* emanzipiert sich vom Dogma und wird zur Offenbarung des Herzens, und die Kunst als *Religion* gibt diesen ›Offenbarungen‹ überirdische Weihe. Die Kunstreligion erlaubt, »daß wir über dem wüsten Abgrund in kühner Stellung schweben, zwischen Himmel und Erde«. Und Schopenhauer, der vom Handelsgeschäft gebeutelte, verspricht sich von ihr Hilfe beim Versuch, »mit leichtem leisen Schritte/ Das wüste Erdenleben zu durchwandeln,/ Daß nirgends je der Fuß im Staube hafte...« (HN I,2).

Im väterlichen Glauben war die Welttranszendenz ein grundsolides, verläßliches Guthaben. Die romantische Kunstreligion gleicht demgegenüber, auch in ihrem Selbstverständnis, einem riskanten Unternehmen. Der junge Tieck schreibt in seinem Roman William Lovell, den der junge Schopenhauer mehrere Male gelesen hat: »Wenn ein solches Wesen einst fühlt, wie die Kraft seiner Fittige erlahmt... so läßt er sich blindlings herunterfallen, seine Flügel werden zerknickt, und er muß nachher in Ewigkeit *kriechen.*«

Die Vibrationen des romantischen Enthusiasmus kommen aus einer Unterströmung der Angst. Die Angst vor der Ernüchterung, vor dem Ende der traumwandlerischen Sicherheit. In ihren schonungslosesten Augenblicken weiß die Romantik, daß der Resonanzraum ihrer Himmelsmusik beängstigend leer ist: »Bald ist die Tonkunst mir ganz ein Bild unseres Lebens«, schreibt Wackenroder, »eine rührend-kurze

Freude, die aus dem Nichts entsteht und ins Nichts vergeht, – die anhebt und versinkt, man weiß nicht warum: – eine kleine fröhliche grüne Insel, mit Sonnenschein, mit Sang und Klang, – die auf dem dunkeln, unergründlichen Ozean schwimmt.«

Diejenigen, die nach der großen Götterdämmerung aus eigener Kraft ihre Götter hervorbringen wollen, stecken in folgendem Dilemma: Sie sollen an das glauben, was sie selbst gemacht haben, und sie sollen das Hergestellte als Empfangenes erleben. Sie wollen aus dem ›Machen‹ jene Unio mystica herausschlagen, die nur das Seinlassen gewährt. Sie wollen vor der Rampe das große Spiel bewundern, und stehen doch zugleich in der Kulisse. Sie sind Regisseure, die sich selbst verzaubern wollen. Der romantische Kunstglaube will das Unmögliche: Er will durch Raffinement Naivität hervorbringen mit dem Ergebnis, daß an die Stelle der alten Substanzen das Spiegelkabinett der Verdoppelungen tritt: das Gefühl des Gefühls, der Glaube an den Glauben, der Gedanke des Gedankens. Je nach Stimmung ergibt das dann den Genuß eines unendlich vielgestaltigen Etwas – oder die Qual des Nichts. Jean Paul: »Ach, wenn jedes Ich sein eigener Vater und Schöpfer ist, warum kann es nicht auch sein eigener Würgeengel sein.«

Es sind außerordentlich heikle Aufschwünge, von denen Schopenhauer sich emportragen läßt. Er bleibt mit den Ängsten vor dem Absturz vertraut. Welche Kräfte genau aber sind es, von denen er befürchtet, daß sie ihn zu Boden stürzen lassen könnten?

Es ist die im spät pubertierenden Jüngling hervorbrechende Sinnlichkeit, die ihn am schwerelosen Flug hindert. Das sexuelle Begehren, der Körper also, läßt ihn abstürzen. Das ist ein »Würgeengel«, ihm hat er zur Zeit seiner romantischen Aufschwünge ein vielsagendes Gedicht gewidmet: »O Wollust, o Hölle,/ O Sinne, o Liebe,/ Nicht zu befried'gen/ Aus Höhen des Himmels/ Hast du mich gezogen/ Und hin mich geworfen/ In Staub dieser Erde:/ Da lieg' ich in Fesseln« (HN I,1).

»Wollust« und »Liebe« – was hat es damit auf sich beim jungen Arthur Schopenhauer?

Zunächst einmal: Nach dem Tode des Vaters und der Abreise der Mutter lebt der noch nicht Zwanzigjährige ohne familiäre Aufsicht. Inzwischen ist auch Anthime, um seiner »Langeweile« in Le Havre ein Ende zu setzen und seine kaufmännische Lehre abzuschließen, nach Hamburg gekommen. Er wolle dem Freunde nahe sein, schreibt er. Man hat viel Aufhebens gemacht von den »Ausschweifungen«, denen sich die beiden jungen Männer angeblich hingegeben haben; es war das in den bürgerlichen Kreisen Übliche.

An den Wochenenden kommt Anthime von Aumühle, wo er untergebracht ist, nach Hamburg. Er will »etwas erleben«, Arthur soll den Führer spielen. Die beiden bändeln, sich wechselseitig ermutigend, mit Schauspielerinnen und Chorsängerinnen an, und wenn sie hier keinen Erfolg haben, so trösten sie sich in den »Umarmungen einer industriösen Dirne«, wie Anthime in einem Brief schreibt. Arthur geht das schwerenöterische Getue Anthimes manchmal auf die Nerven, er repliziert ironisch oder mürrisch, Anthime ist beleidigt. Dann versöhnen sich die beiden wieder. Arthur versorgt Anthime mit schlüpfrigem Lesestoff und trifft damit das Richtige, denn Anthime bedankt sich mit den Worten, daß er sich »dieser Tage zu amourösen Gedanken aufgelegt fühlt«.

Zu »amourösen Gedanken« fühlen sich beide aufgelegt, Arthur allerdings stets skeptisch gedämpft. Bei einem Sonntagsausflug ins holsteinische Trittau, die beiden lagern auf einer Sommerwiese im Baumschatten, verdirbt Arthur seinem Freund die erotische Unternehmungslust mit einem Räsonnement darüber, daß »das Leben so kurz, fragwürdig und vergänglich sei, daß es die Mühe großer Anstrengung nicht lohne.«

Allerdings hat sich für Arthur auch keine Liebschaft ergeben, die große Anstrengung gelohnt hätte. Sein Problem: Seine Körperwünsche demütigen seinen Kopf, sie triumphieren über ihn, doch nicht über die Frauen. Das kann er ihnen nicht verzeihen – den Körperwünschen nicht und nicht den Frauen. »Und was die Weiber betrifft«, so Arthur Schopenhauer viele Jahre später in einem Gespräch, »so war ich diesen sehr gewogen – hätten sie mich nur haben wollen« (G, 239). Da sie ihn nicht haben wollen, müssen sie für ihn zu obskuren Objekten der Begierde werden, und deshalb erlebt er auch die Verwicklungen ins Körperliche als Bedrohung. »Wollust, Hölle, Sinne, Liebe« – das alles ist für ihn eins, ein »Band der Schwäche«, das jegliches »Streben nach Oben« mißlingen läßt. Weil sie ihm Niederlagen oder nur allzu leichte Siege bereitet, erlebt er seine Sexualität als Entwürdigung, und weil Anthime ein Komplize ihrer Gehversuche ist, entfremdet er sich ihm bald. Anthime, der erotisch erfolgreichere, kann Arthurs Wunsch, »nicht so fest eingekörpert zu sein«, durchaus nicht nachvollziehen.

So sitzt Schopenhauer also tagsüber beim Senator Jenisch in der Schreibstube und abends bei seinem Assekuranzmakler in der Pension und geht bisweilen mit Anthime unlustig der Wollust nach. Für Arthur eine »Außenwelt« von der schlimmsten Sorte. Er verändert seine Situation nicht, dafür träumt er von »seligen Geisterschäferstunden«: »Warum müssen doch die wenigen hohen Menschen, die durch Zufall nicht so fest eingekörpert sind, als die Legion der andern, warum müssen diese einzelnen durch tausend Hindernisse so getrennt seyn, daß ihre Stimmen sich nicht erreichen können, sie sich nicht erkennen und die selige Geisterschäferstunde nicht schlagen kann? Warum muß ein solcher ... höchstens nur im Kunstwerk ... dann und wann das ähnliche Wesen spüren und dann Sehnsucht seine Qual vermehren, während er schmachtet in der Einöde, wo, wie Sand in der Sahara, unzählbar die Schar der schalen Halbtiere allein seinen Blick berührt?« Dieses Leben in der Sahara geht eine Weile hin, bis zum Sommer 1807. Dann kann Johanna in Weimar die Jeremiaden aus Hamburg nicht mehr ertragen. Sie ergreift die Initiative zu Arthurs Befreiung. Er hat sich aus eigener Kraft nicht befreien können. Die Mutter verhilft ihm zur zweiten Geburt, sie holt ihn aus der Vaterwelt heraus. Eigentlich hätte er ihr unendlich dankbar dafür sein müssen. Vielleicht aber hat er gerade dies ihr nie verzeihen können: in ihrer Schuld zu sein.

Fünftes Kapitel

Weimar. Politische Katastrophe und die gesellschaftliche
Karriere der Mutter. Goethe in Not. Die Mutter befreit Arthur
aus dem Hamburger Kontor. Arthur weint vor Glück.

Fast ein Jahr lebt Arthur alleine in Hamburg. Noch ist er im
bürgerlichen und erbrechtlichen Sinne nicht volljährig. Die
Mutter aber, seit ihrer Übersiedlung nach Weimar, behandelt
ihn so, als wäre er es. In ihren Briefen schlägt sie, sehr auffällig, einen neuen Ton an: Sie spricht mit ihm nicht wie eine
Mutter, sondern wie eine ältere Freundin oder ältere Schwester. Am Tage der Abreise will sie sich der Abschiedszere-
monie entziehen. Am Morgen des 21. September 1806 findet
Arthur nur noch einen Brief vor, den die Mutter nachts geschrieben hat: »Du bist eben fortgegangen; noch rieche ich
den Rauch von deiner Cigarre, und ich weiß, daß ich dich in
langer Zeit nicht wiedersehen werde. Wir haben den Abend
recht froh miteinander hingebracht; laß das den Abschied
seyn. Lebe wohl, mein guter, lieber Arthur, wenn du diese
Zeilen erhältst, bin ich vermuthlich nicht mehr hier; aber
wenn ich es auch wäre, komme nicht, ich kann das Abschied-
nehmen nicht aushalten. Wir können einander ja wiedersehen, wenn wir wollen; ich hoffe, es wird nicht gar zu lange
währen, so wird auch die Vernunft uns erlauben, es zu wollen,
Lebe wohl, ich täuschte dich zum erstenmale; ich hatte die
Pferde halb sieben bestellt, ich hoffe, es wird dir nicht zu weh
thun, daß ich dich täuschte; ich that es um meinetwillen; denn
ich weiß, wie schwach ich in solchen Augenblicken bin, und
wie sehr mich jede heftige Rührung angreift.«

Wichtig sind an diesem Brief die Nuancen, beispielsweise
die Erwähnung des Zigarrenrauchs beim letzten gemeinsam
verbrachten Abend. Sie will Arthur nicht als Sohn, sondern
als Mann in Erinnerung behalten. Listig umgeht sie die sentimentale Abschiedsszene: Ihr ist nicht danach. Sie ist von freu-
diger Erwartung auf das neue Leben erfüllt. »Ich that es um
meinetwillen« – mit dieser Logik befreit sich Johanna aus den
Konventionen der Mutterpflichten.

Daß sie mit ihrem neuen Lebensentwurf gegen das gutbürgerliche Herkommen verstößt, ist ihr sehr wohl bewußt. Es gibt ihr ein stolzes Selbstgefühl: Sie läßt sich durch ängstliche Rücksichten ihr Leben nicht herabmindern. Sie sei, so schreibt sie einmal an Arthur, »zu entschlossen, zu geneigt zwischen zwey Wegen vielleicht den anscheinend wunderbarsten zu wählen, wie ich selbst bey der Bestimmung meines Aufenthaltes that, indem ich statt nach meiner Vaterstadt zu Freunden und Verwandten zu ziehen, wie fast jede Frau an meiner Stelle gethan haben würde, das mir fast ganz fremde Weimar wählte« (28. April 1807).

Nach dem Tode ihres Mannes liegt ihr Pietät gegen den Verwandtschaftsklüngel fern; sie ist heilfroh, dem entronnen zu sein. Streit in der Danziger Verwandtschaft kommentiert sie Arthur gegenüber mit den Worten: »Gottlob, daß ich klug genug war, mich aus allen ähnlichen Familienverhältnissen zu ziehen, ich kann dem Unwesen von ferne zusehen, und ich fühle täglich mehr wie sehr alles dies kleinliche Thun und Treiben mein eigentlich besseres Seyn zerstören würde« (30. Januar 1807). Johanna ist so gänzlich in ihr neues, ihr »besseres Seyn« in Weimar vertieft, daß sie in ihren zahlreichen Briefen an Arthur aus dieser Zeit fast nur von sich und ihrem Lebensumfeld berichtet, ohne – zunächst jedenfalls – auf Arthurs ebenfalls zahlreiche, von ihr später vernichteten Briefe einzugehen. Ein briefliches Gespräch zwischen den beiden findet nicht statt. Johanna will, wie sie einige Male entschuldigend schreibt, Arthur teilhaben lassen an ihrer Welt und bemerkt, mit ihrer Mutterrolle nur noch kokettierend, dazu: »Doch will ich dir doch immer etwas erzählen, ich hatte ja immer die Gewohnheit, meinen Kindern ein wenig Bonbon aus den Gesellschaften mitzubringen« (8. Dezember 1806). Sonderliche Neugier auf Arthurs Leben in Hamburg zeigt sie nicht, macht sich aber den Umstand zunutze, daß Arthur dort lebt, denn sie gibt ihm kleinere Aufträge; Zulieferdienste für ihre Welt darf Arthur übernehmen: Da soll er einen Brief der Herzoginmutter nach Rostock bestellen; der Freundeskreis um Goethe braucht Stickmuster als Malvorlage und Malstifte; der Hausfreund Fernow wünscht ein Buch, das man in Weimar nicht bekommt, die Mutter einen Strohhut. Arthur soll alles gut einpacken, den Hut aber zuvor selbst aufsetzen, denn »nicht zu vergessen«, schreibt Johanna, »daß mein Kopf so dick als deiner ist, der Hut muß dir passen, sonst kann ich ihn nicht tragen« (10. März 1807). Nur bei dieser Gelegenheit erwies sich die gemeinsame Dickköpfigkeit als vorteilhaft. Wenn Arthur alles besorgt hat, wird er tüchtig gelobt: »Lieber Freund Arthur ... Ich habe Göthen, Fernow, Meyer jedem einen Kreidestift verehrt, und sie haben sich alle hübsch bedankt.« Arthur erhascht einen Zipfel des Prophetenmantels, Goethe läßt grüßen und bedankt sich für einen Posten Kreidestifte. Ein wenig wird auch Arthur vom Sonnengestirn erwärmt bei seinen kleinen Botengängen fürs fabulöse Weimar.

Jeder, der auch nur äußerst lockere Verbindungen zur Welt des Geistes unterhielt, mußte Weimar damals mit Ehrfurchtsschauern betreten. Die beiden Stockwerke der Kultur waren so glänzend wie sonst nirgendwo in Deutschland besetzt. Auf der Beletage residierten die Herder, Schiller, Wieland und natürlich Goethe; im Souterrain tummelten sich die populären August von Kotzebue, Stefan Schütze und Vulpius. Kein Wunder, daß ein auch sonst so respektloser Zeitgenosse wie Jean Paul bei seinem ersten Besuch in der kleinen thüringischen Residenzstadt ausruft: »Endlich ... hab' ich die Himmelstore aufgedrückt und stehe mitten in Weimar.« Nur wenige Wochen später allerdings klagt er in einem Brief an seinen Bruder: »Du hast keine Vorstellung wie hier um ein Ekgen Regenschirm vom Tronhimmel geschoben und gezankt und gestoßen wird.«

Wer vom belletristischen Glanz Weimars sich nicht blenden ließ, dem fiel bei der Anreise zunächst ärgerlich auf, daß er, aus welcher Richtung er auch kam, von der gut befahrbaren Hauptstraße abzweigen mußte. Alle wichtigen Verkehrsverbindungen führten an Weimar vorbei. Das galt für die West-Ost-Straße von Frankfurt/M. über Erfurt nach Leipzig wie auch für die Nord-Süd-Verbindung von Eisleben über Rudolstadt nach Nürnberg. Die heimliche Hauptstadt der deutschen Kultur lag verkehrstechnisch im toten Winkel. Das letzte Wegstück vor Weimar war in erbärmlichem Zustand. Goethe, seit 1779 Direktor des Landstraßen-Bauwesens, versuchte vergeblich, das zu ändern. Schließlich kapitulierte er und reiste nach Italien ab. Die Wege um Weimar bleiben gefährlich. Als Goethe im Sommer 1816 auf große Fahrt nach Frankfurt geht, stürzt seine Kutsche wenige Meilen hinter Weimar um. Der verschrammte Geheimrat krabbelt unter dem Wagen hervor und verzichtet fortan auf jede größere Reiseunternehmung.

Die Straßen der Stadt waren in besserem Zustand. Hier hatte Goethe, der zugleich auch das Amt des Kammerrates für das Stadtpflaster-Bauwesen bekleidete, segensreicher gewirkt. Die wichtigsten Straßen, Wege und Plätze waren gepflastert. Man war in Weimar darauf so stolz, daß die Reisenden und Fremden sogleich mit einer Pflastersteuer zur Kasse gebeten wurden. Man befahl schonenden Umgang mit diesem Prunkstück der Weimarer Stadtkultur: Es gab eine Geschwindigkeitsbegrenzung, man durfte nur Trab fahren; und das Tabakrauchen auf der Straße war verboten.

»Dem wallfahrtenden Kunstjünger, dem enthusiastischen Freunde der Musen geht bei seinem Eintritt in diese Stadt eine Zauberin voran«, heißt es in einem zeitgenössischen Reisebericht; »ihm erscheint Weimar herrlich, wie das schöne Heiligtum der Musen... Aber daran haben... Bauart, Häuser, Straßen und Verzierungen keinen Teil; dies ist das *körperliche*, jenes das *poetische* Weimar, das der Eintretende im Geist erschaut.«

Mit diesem »körperlichen Weimar«, das bezeugen viele Berichte aus jener Zeit, steht es nun allerdings nicht zum besten. Ein gewisser Wölfling, der Weimar 1796 besuchte, berichtet: »Sie übersehen die Stadt am besten von den Bergen jenseits der Anhöhen. Aber Sie mögen sie ansehen, wie Sie wollen, so bleibt sie ein mittelmäßiger Ort, dessen Gassen weder an Reinlichkeit und Anlage noch an Bauart der Häuser dem heitern und luftigen Gotha gleichkommen. Die Häuser sind meistens dürftig gebaut, und es hat mir alles so das armselige Ansehen einer nahrlosen Landstadt. Man darf sich nicht weit von den Hauptstraßen entfernen, um in Winkel und Löcher zu kommen, welche dieses Ansehen noch mehr gewinnen. Kein einziger Platz ist, der der Stadt eine residenzähnliche Ansicht gäbe.«

Um 1800 lag die Einwohnerzahl Weimars bei ungefähr siebentausendfünfhundert. Und trotz der kulturellen Prominenz der Stadt gab es kein nennenswertes Wachstum. Relativ zur Zunahme der Gesamtbevölkerung blieb Weimar sogar zurück. Im Zeitraum zwischen Goethes Ankunft (1775) und der Jahrhundertwende waren lediglich zwanzig Häuser neu gebaut worden. Der alte Stadtkern war verwinkelt, die Häuser – es waren um die Jahrhundertwende ungefähr siebenhundert – duckten sich um die Jakobskirche herum. Seit 1760 hatte man damit begonnen, die Befestigungswerke niederzulegen, dadurch bekam die Stadt an ihrer Peripherie Platz und Luft. Die alten Stadttore wurden eingerissen, die Torsteuer für den Warenverkehr aber blieb erhalten. Parkanlagen, Gärten und Alleen entstanden auf den neuen Freiflächen, auch neue Wohnquartiere für Ackerbürger. Den Charakter einer Landstadt hatte Weimar immer noch nicht verloren, wenngleich er auch nicht mehr so vorherrschend war wie noch zur Zeit von Goethes Ankunft. Damals trieben sich die Schweine auf den Straßen herum, und auf der Friedhofswiese grasten Kühe, und es waren herzogliche Sauberkeitsverordnungen wie die folgende üblich: »Der Kot in der Stadt wird durch die Mistfuhren veranlaßt. Wer keine Torfahrt hat, soll den Mist außerhalb der Markttage auf die Gassen herausschaffen, nicht über Sonn- und Feiertage auf den angewiesenen Plätzen liegen lassen.« Mitte des 18. Jahrhunderts bestand fast die Hälfte der Bevölkerung aus Bauern, um die Jahrhundertwende waren es noch ungefähr zehn Prozent. Doch die kleinen Handwerker, Fuhrunternehmer, Gastwirte und auch manche Hofbediensteten besaßen manchmal noch winzige Ackergrundstücke. Die zahlreichen Dunghaufen vor den Häusern gehörten deshalb auch weiterhin zum Stadtbild und zogen im Sommer die Mücken- und Fliegenschwärme an, weshalb dann auch die besseren Kreise in die umliegenden Bäder flüchteten.

Die ›besseren Kreise‹ gruppierten sich um die herzogliche Hofhaltung. Ein selbständiges Großbürgertum fehlte in Weimar. Das Gewerbe war zahlreich und vielfältig, doch kleinbürgerlich beschränkt. Von den 485 Handwerksbetrieben, die 1820 gezählt wurden, arbeiteten 280 ohne und 117 mit nur einem Gesellen. Die 62 Schuhmacher, 43 Schneider, 23 Fleischer, 22 Tischler, 20 Bäcker, 20 Leineweber, 12 Schmiede, 11

Schlosser, 10 Böttcher, 10 Sattler blieben fest in Zünfte und Innungen eingeschlossen und regulierten die Konkurrenz untereinander so, daß keiner sonderlich expandieren konnte. Das Zeitalter der Industrie hatte Weimar kaum gestreift. Wenigstens das wollte Goethe während seiner poetischen Dürreperiode ändern. Weil der Bau des neuen Schlosses nur sehr langsam vorankam, forderte er von der Schloßbaukommission 1797 die Errichtung einer »Haupttischerwerkstatt« mit den Worten: »... wenn nicht wenigstens ein Teil davon fabrikmäßig, und mit allen Vorteilen, welche Maschinen und mehrere zusammen arbeitende Menschen gewähren, gefertigt wird, sich das Ende derselben gar nicht absehen läßt.« Goethes Amtskollege Voigt hielt dagegen, daß »auf das Zunftwesen einiger Bedacht zu nehmen sei ... Bekanntlich ist das hiesige Tischlerhandwerk schon in die verdrießlichen Gesellenhändel verwickelt, wodurch seine Betriebsamkeit sehr beschränkt wird. Umsomehr würde queruliert werden, wenn eine nichtzünftige Tischerwarenfabrik angelegt werden sollte.« Man will in Weimar keine Proletarier haben.

Der einzige ›industrielle‹ Unternehmer größeren Stils in Weimar war Friedrich Johann Justin Bertuch, studierter Jurist, dilettierender Schöngeist, Kaufmann, Verleger und Schatullenverwalter des Herzogs. Bertuch begann – bezeichnend für das musische Städtchen – mit einer Fabrik für künstliche Blumen, in der Christiane Vulpius, Goethes Geliebte und spätere Frau, gearbeitet hat. Er gründete einen Verlag und gab mehrere Zeitschriften heraus, u. a. die berühmte »Jenaische Allgemeine Literatur-Zeitung« und das »Journal des Luxus und der Moden«. Alle seine verlegerischen und kunstgewerblichen Unternehmungen faßte er 1791 in einem »Landes-Industrie-Comptoir« zusammen. Als »Industrie« im modernen Sinne konnte das natürlich nicht gelten, selbst Zeitgenossen bemerkten den Etikettenschwindel: »Zwar hat das Industriecomptoir des Herrn Bertuch den Namen Industrie seit einiger Zeit in Weimar in Gang gebracht, aber dies ist auch das einzige, was hier von Industrie existiert.«

In der näheren Umgebung von Weimar allerdings war die neue Zeit, wenn auch zaghaft, schon angekommen. In Apolda gab es eine Manufaktur für Strumpfherstellung. An einem

Webstuhl wurden pro Woche ungefähr zehn Strümpfe hergestellt. Keine glänzende Bilanz, eine Wasserschlauchfabrik
verschaffte da schon ein besseres Renommee: Sie war nämlich
die erste in Deutschland.

Um 1820 waren sechsundzwanzig Prozent der erwerbsfähi-
gen Bevölkerung direkt oder indirekt vom herzoglichen Hof
abhängig: Die Verwaltungs- und Polizeibeamten, die Hofbediensteten, die Angehörigen der Hofkapelle und des Theaters,
die Geistlichen, Lehrer, die Ärzte, Apotheker, Advokaten – sie
alle fühlten sich als etwas besseres, grenzten sich auch ab von
den Handwerkern und Tagelöhnern, die ihrerseits auch in hohem Maße von den Aufträgen vom Hof abhängig waren. Wie
subtil auch immer die soziale Hackordnung hier gewesen sein
mag, für den Außenstehenden, der mit hohen Erwartungen
die berühmte Stadt betrat, schrumpft das alles zu einem einzigen Krähwinkel zusammen. Wölfling: »Unter den... Menschen, welche die Stadt bewohnen, ist bei weitem die größere
Zahl eine Rasse von kleinstädtischen Spießbürgern, welchen
man weder die Verfeinerung einer Hofstadt noch sonderlichen
Wohlstand anmerkt.« Ein Engländer, der da ganz andere Dinge gewohnt ist, berichtet: »Vergebens würde man in Weimar
das fröhliche Getümmel oder die geräuschvollen, sinnlichen
Freuden einer Hauptstadt suchen; es gibt ihrer hier zu wenig,
welche den Müßiggang lieben, auch zu wenig Wohlhabende,
um sich unnützen Zerstreuungen überlassen zu können.
Ohne daß es einer Polizei, am allerwenigsten einer geheimen,
bedürfte, stellt die Kleinheit der Stadt und die gewohnte
Lebensart einen jeden unter die besondere Aufsicht des Ho-
fes... Ein Mann, dem es bloß um das Vergnügen zu tun ist,
möchte leicht Weimar für einen traurigen Ort halten. Der
Vormittag ist den Geschäften gewidmet, und selbst die wenigen Abgesonderten, welche nichts zu tun haben, würden sich
schämen, für Müßiggänger gehalten zu werden... Um sechs
Uhr eilt jedermann in das Theater, welches man die Ver-
sammlung einer großen Familie nennen möchte... Ungefähr
um neun Uhr endet die Vorstellung, und man kann annehmen, daß gegen zehn Uhr jeder Hauswirt sich im tiefen Schlaf
befindet oder wenigstens ganz ruhig die Nacht hindurch in
seinen vier Pfählen weilt.«

Wer in Weimar abends andere Vergnügungsstätten als das Theater aufsuchen möchte, der wird enttäuscht. Wölfling: »Sie besuchen das Kaffeehaus, und da sehen Sie eine leere Tabagie, in welcher der Wirt vor Langeweile die Hände reibt und Sie mit Komplimenten beinahe in den äußersten Winkel jagt, weil Sie ihn so glücklich gemacht und besucht haben. Des Abends aber treffen Sie allenfalls einen Klub von Kanzelisten, Schreibern etc. an, der Sie in seinem Tabaksqualm beinahe erstickt.«

Das öffentliche Leben in Weimar belebt sich, wenn die Residenzstadt bei den periodischen Märkten hemmungslos zu ihrer ländlichen Herkunft zurückkehren darf. Ein wahres Volksfest war der herbstliche Zwiebelmarkt. Man schmückte die Häuser mit Baumgrün. Wein floß reichlich, und man tanzte auch auf den Straßen, Erntedankfeststimmung, überall roch es nach Lauch und Sellerie. Zweimal im Jahr wurde, ähnlich festlich, der große Holzmarkt begangen. Dann kamen sogar die reichen holländischen Herrn vom Schiffsbau. Vor der Jakobskirche fand, sehr zum Ärger des Oberkonsistorialrates Herder, der in der Nähe wohnte, jeden Monat ein Schweinemarkt statt.

Zwischen den periodischen Wiedergeburten der ländlichen Lustbarkeiten war Weimar, aus der Nähe betrachtet, eine »Schneckenhauswelt«, wie Schiller bei seiner Ankunft enttäuscht feststellen mußte. Der adlige Klüngel will standesstolz unter sich bleiben, die kleinbürgerlichen Kreise desgleichen. Im Weimarer Theater war noch bis 1848 der Balkon in einen bürgerlichen und adligen Teil getrennt. Die Arroganz des Adels bekam auch Goethe bisweilen zu spüren. Denn im Kreise der sechszehn erlauchtesten Familien, die sich für die Crême der Gesellschaft hielten, hatte man sich immer noch nicht abgefunden mit Goethes Liebesleben. Christiane Vulpius, die ehemalige Arbeiterin aus der Bertuchschen Blumenfabrik, galt einfach als ›unmöglich‹. Bei einer Redoute pöbelte ein adliger Oberforstmeister den Geheimrat Goethe an: »Schick dein Mensch (Christiane, R. S.) nach Hause! Ich hab sie besoffen gemacht!« Diesmal schickt er Christiane nach Hause, aber aufs Ganze gesehen läßt er sich doch nicht beirren. Die Schauspielerin, spätere Mätresse des Herzogs und

Intimfeindin Goethes, Karoline Jagemann, schreibt in ihren Lebenserinnerungen: »Als ich von Mannheim kam, war das Verhältnis öffentlich etabliert, und daß die Vulpius bei Goethe wohnte, für die kleine Stadt etwas Unerhörtes. Er war der erste und einzige, der es wagte, die öffentliche Meinung ohne Scheu zu verachten, und man fand das um so verletzender, als man darin einen Mißbrauch des Vorrechts erkannte, das ihm die fürstliche Freundschaft in mancherlei Hinsicht gewährte.« Goethe trieb den Affront auf die Spitze, indem er mit Christiane einen Sohn, August, zeugte und ihn gar noch legitimierte. Natürlich unterhält Goethe weiterhin Verbindungen zum Hof, seine amtlichen Obliegenheiten erfordern dies; und auch im engsten Adelskreis hat er seinen Horchposten: die Frau von Stein; doch wenn es irgend möglich ist, so meidet er die rein adligen Gesellschaften, im eigenen Haus am Frauenplan versucht er die soziale Durchmischung, allerdings nur im Korsett steifer Etikette. Gastgeber war doch eher der Geheimrat als der Dichter der Walpurgisnacht.

In den kleinbürgerlichen Kreisen fehlt es an Selbstbewußtsein: Man bleibt unter sich und hält viel auf Auszeichnungen, die vielleicht, bei Wohlverhalten und vorauseilendem Gehorsam, vom Himmel der Gesellschaft herabregnen. In Weimar grassiert, mehr als anderswo, die Titelsucht und das Rats-Unwesen. »Besonders fiel es mir auf«, berichtet ein Weimar-Tourist, »immer nur vom *Hofrat* Wieland, *Geheimen Rat* Goethe, *Vizepräsident* Herder sprechen zu hören. Man nannte sie gar nicht ohne Titel... In der ganzen Gesellschaft war wahrscheinlich, mich ausgenommen, kein einziger Unbetitelter, selbst unter den wenigen Kaufleuten.«

Johanna Schopenhauer hat sich dem angepaßt und eilig den polnischen Hofratstitel ihres Mannes (den dieser nie verwendete) hervorgekramt. In Weimar nannte man sie dann nur noch die »Hofrätin Schopenhauer«. Rückert, dem die Titelsucht auch sogleich aufgefallen war, gibt eine Erklärung dafür: »Der Bürgerliche wird hier, wie in jeder Residenzstadt, durch den Adel gedrückt und niedergehalten... Daraus entsteht in seinem Herzen eine Wertschätzung jener kleinen Ehren, die er erzeigen muß, ohne daß man sie erwidert... Seinem eifersüchtigen Auge erscheint etwas als wahre Ehre, was in der Tat bloß Zeremonie und bei Vernünftigen keiner Rede wert ist.«

Zwischen diese beiden Blöcke eingeklemmt lebt nun in Weimar die Welt des Geistes – auch wieder ein Schneckenhaus für sich. Rückert dazu: »Zwischen beiden (den Kleinbürgern und Adligen, R. S.) stehn der *Gelehrte* und *Künstler,* als der unschuldige Teil, der aber beiden nur wenig interessant ist, weil er nicht in ihre Kreise taugt, den einen meidet, den andern verachtet und, ihnen nah entfernt, gleichsam auf einer unzugänglichen Insel unter ihnen lebt.«

Doch auch diese Welt des Geistes ist noch einmal in sich zerklüftet. Überall sind Feldstandarten aufgepflanzt, um die sich die jeweiligen Getreuen scharen: Wieland und Goethe, die Fraktionshäupter, meiden sich; ebenso Herder und Goethe. Die alte Freundschaft zwischen den beiden war in die Brüche gegangen, als Herder zu Goethes Schauspiel DIE NATÜRLICHE TOCHTER einmal bissig bemerkte: »Dein natürlicher Sohn ist mir lieber als Deine natürliche Tochter.« Der ›Musenhof‹ bei der Herzoginmutter Amalia steht in Opposition zu den Kreisen um Goethe. Kotzebue, der von allen geliebt sein möchte, spinnt Intrigen und verdirbt es mit allen.

Schiller klagt in einem seiner letzten Briefe an Wilhelm von Humboldt über die »unselige Stockung« des hiesigen Lebens. Er wundert sich, daß Goethe es in Weimar überhaupt so lange aushält. »Wenn es nur irgendwo leidlich wäre, ich ginge fort«, schreibt Schiller, zwei Jahre bevor Johanna Schopenhauer mit hochgespannten Erwartungen am 28. September 1806 in Weimar ankommt.

Sie ist noch keine drei Wochen in der Stadt, da schreibt sie an Arthur: »Meine Existenz wird hier angenehm werden, man hat mich in 10 Tagen besser als sonst in 10 Jahren kennen gelernt.« Schon nach wenigen Tagen in Weimar fühlt sich Johanna Schopenhauer »einheimischer als je in Hamburg«.

Sie hat von Hamburg Empfehlungen nach Weimar mitbekommen: eine von dem Maler Wilhelm Tischbein, dem Reisebegleiter Goethes in Italien. Empfohlen war sie auch an den Kammerherrn Dr. Ridel, früherer Erzieher des Weimarer Erbprinzen. Ridel stammte aus Hamburg, wo Johanna ihn kennengelernt hatte; er war verheiratet mit einer geborenen

Buff, einer Schwester jener berühmten Charlotte Buff aus Wetzlar, dem Modell für die Lotte aus den LEIDEN DES JUNGEN WERTHER.

So hilfreich solche Empfehlungen auch sind, Wurzeln kann man mit ihrer Hilfe nicht schlagen. Das gilt auch für das allgemeine gesellschaftliche Prestige, das eine hanseatische Großkaufmannswitwe und polnische Hofrätin besitzt. Solches Prestige weckt Neugier, es öffnet alle möglichen Türen, doch heimisch werden kann man, nur aufs Prestige gestützt, nicht. Entscheidend war etwas anderes: Das Glück Johannas kam aus dem Unglück des Krieges, der wenige Tage vor Johannas Abreise aus Hamburg begonnen hatte und wenige Meilen von Weimar entfernt in den Schlachten von Jena und Auerstedt seinen dramatischen Höhepunkt fand. Weimar wurde in Mitleidenschaft gezogen. »Goethe sagte heute«, schreibt Johanna am 19. Oktober 1806 an Arthur, »ich wäre durch die Feuertaufe zur Weimaranerin geworden.« Was war geschehen?

Die Jahre seit der Französischen Revolution und besonders seit Beginn des Napoleonischen Regimes waren so angefüllt von kriegerischen Ereignissen, man hatte sich daran schon so gewöhnt, daß die krisenhafte Zuspitzung der Beziehung zwischen Preußen und Frankreich nicht unbedingt ein Hinderungsgrund für eine Umsiedlung von Hamburg nach Weimar darstellen mußte. Außerdem – warum sollte sich nicht auch das Herzogtum Sachsen-Weimar, wie bisher auch Hamburg, aus dem Kriegsgeschehen heraushalten können? Während der Reise durch Preußen wird Johanna bereits durch Militärtransporte aufgehalten. In Weimar angekommen, wird ihr sehr bald bewußt, daß man sich im Herzogtum nicht in Sicherheit fühlen kann. Doch sie läßt sich von der allgemeinen Zuversicht, daß es Weimar schon nicht treffen werde, anstecken. »Hier ist alles gutes Muths«, schreibt sie am 29. September 1806 an Arthur, »die Armee wird bald vorwärts gehen, wies dann wird liegt freylich noch im Dunkel, aber es läßt alles gut an, der Krieg ist aber unvermeidlich, indessen alles ist voll Muth und Leben.«

Preußen war es zehn Jahre lang gelungen, sich dem europäischen Kriegsgeschehen fernzuhalten; es wahrte seine ›Neutralität‹ – an der Seite Napoleons. Um sicherzustellen, daß Preußen sich nicht der Allianz Österreich-England-Rußland anschließen würde, drängte Napoleon Anfang 1806 Preußen in ein Bündnis gegen England. Der Preußenkönig Friedrich Wilhelm III. aber wollte sich absichern. Er schloß hinter dem Rücken seines neuen Verbündeten Napoleon einen Vertrag mit dem Zaren. Napoleon, der es eigentlich vorzog, Preußen zum Juniorpartner zu machen, statt es zu besiegen, antwortete, als er von diesem Seitensprung hörte, mit einem drohenden Truppenaufmarsch in Thüringen. Preußen machte daraufhin mobil und forderte ultimativ den Abzug der französischen Truppen. Diese Kühnheit ließ Napoleon nicht durchgehen, er setzte seine Truppen in Marsch, genau in dem Augenblick, als Johanna in Weimar ankommt. Preußen kann, obwohl denkbar schlecht vorbereitet, nicht mehr zurück. Noch vor drei Monaten eine mit Napoleon verbündete Macht, erklärt Preußen am 9. Oktober 1806 an Frankreich den Krieg. Zu den wenigen Fürsten, die sich diesem tollkühnen Unternehmen gegen Napoleon anschließen, gehört der Herzog Carl August von Sachsen-Weimar. Goethe hatte dringend abgeraten. »Zwar brannte die Welt an allen Ecken und Enden«, schreibt er, »Europa hatte eine andere Gestalt angenommen, zu Lande und zur See gingen Städte und Flotten zu Trümmern, aber das mittlere, das nördliche Deutschland genoß noch eines gewissen fieberhaften Friedens, in welchem wir uns einer problematischen Sicherheit hingaben.« Goethe möchte, daß das so bleibt, aber auf ihn hört ja keiner.

Am 18. Oktober und an den folgenden Tagen, nach den überstandenen Stürmen, verfaßt Johanna ein Briefungetüm – zwanzig Quartblätter –, worin sie sehr anschaulich und detailliert die Ereignisse der letzten Tage schildert. Der Brief ist eigentlich ein Zirkular: Arthur soll ihn an die Hamburger Bekannten und Danziger Verwandten weiterleiten. Später fordert sie ihn sogar von Arthur für die Arbeit an ihren Lebenserinnerungen zurück. Durch diesen Brief erhalten wir ein ziemlich genaues Bild davon, was in jenen Tagen in Weimar geschah. Während der ersten Oktoberwoche werden um Weimar herum die preußischen und sächsischen Truppen zusammengezogen. Zwischen Erfurt und Ettersberge, dicht vor Weimar, wird ein riesiges Lager aufgeschlagen, über hunderttausend Soldaten kampieren hier. Die Offiziere sind in Weimar einquartiert. Das preußische Königspaar und der Herzog von Braunschweig treffen ein. Man hört die Franzosen schon von fern kanonieren. »Jedes Herz klopfte vor Ungeduld über alles dies.« Unter den Generalen befindet sich auch der Feldmarschall von Kalckreuth, den Johanna von einer Hamburger Soiree her kennt. Da Johanna daran denkt, mit ihrer Tochter Adele aus dem bedrohten Weimar zu fliehen, erhofft sie sich Hilfe von dem greisen Offizier, der 1792 die Mainzer Republik zerschlagen hat und nun für Johanna zärtliche Gefühle hegt. Ehe er mit Pauken und Trompeten in die Schlacht abzieht, die nicht zuletzt auch infolge seiner Fehlentscheidungen verlorengeht, findet er noch Zeit für eine herzliche Umarmung, aber Pferde für die Flucht kann auch er nicht beschaffen. Er könnte Johanna und Adele mitnehmen, die Dienstboten aber müßten zu Hause bleiben. Johanna will ihr treues Personal nicht in der Gefahr zurücklassen. »Da ging die Trommel zum drittenmal und er riß sich los. Mir that das Herz weh, den schönen alten Mann so hingehen zu sehen.«

Es ist der 13. Oktober 1806. Immer noch Fluchtmöglichkeiten sondierend, sucht Johanna das Fräulein von Göchhausen auf, die Hofdame der Herzoginmutter. Bei der Schloßtreppe begegnet ihr die Herzoginmutter. Sie wird ihr vorgestellt, diese Bekanntschaft ist also auch gemacht. Johanna darf im allgemeinen Aufbruchslärm sogar eine halbe Stunde mit Anna Amalia plaudern; selbst fluchtbereit, will sie Johanna und Adele mitnehmen, aber Pferde könne sie ihr nicht stellen. Johanna bleibt in Weimar, sie wird es nicht bereuen, denn in den verlassenen Häusern wird die französische Soldateska besonders schlimm wüten.

Bis zur beginnenden Dunkelheit dauert an diesem Tag noch der Lärm der abziehenden Truppen. Dann wird es still. Eine beängstigende, erwartungsvolle Stille. Trotzdem oder gerade deshalb wird im Theater gespielt. Man gibt das heitere Singspiel FANCHON. Johanna schickt Adele mit dem Hausmädchen Sophie hin.

Am anderen Morgen hört man gegen neun Uhr näherkommenden Kanonendonner. Johanna näht ihren Schmuck ins Korsett ein, die feine Damastwäsche wird unter Holzstapeln versteckt, andere Wertgegenstände im Keller vergraben. Dem Hausmädchen Sophie bindet sie in einer Art Gürtel 100 Louisdor um den Leib. Wein wird aus dem Keller heraufgeholt, damit man ihn sogleich zur Hand habe, wenn es gilt, Plünderer zu besänftigen. Johanna trifft diese Vorbereitungen, weil sie den einlaufenden Siegesmeldungen nicht traut. Von den Preußen hat sie ja noch nie sonderlich viel gehalten.

Es wird Mittag, plötzlich auf den Straßen ein entsetzliches Geschrei: ›Die Franzosen kommen.‹ Zuerst aber stürmen in wilder Flucht preußische Soldaten, abgerissen, schmutzig und verwundet, durch die Straßen Weimars. »Jetzt ras'ten die Kanonen, der Fußboden bebte, die Fenster klirrten, o Gott, wie nahe war uns der Tod, wir hörten keinen einzelnen Knall mehr, aber das durchdringende Pfeifen und Zischen und Knattern der Kugeln und Haubitzen, die über unser Haus flogen und 50 Schritte davon in Häuser und in die Erde flogen, ohne Schaden zu thun. Gottes Engel schwebte über uns, in mein Herz kam plötzlich Ruhe und Freudigkeit, ich nahm meine Adele auf den Schooß und setzte mich mit ihr auf das Sopha, ich hoffte, eine Kugel sollte uns beyde tödten, wenigstens sollte keine der andern nachweinen. Nie war mir der Gedanke an den Tod gegenwärtiger, nie war er mir so wenig fürchterlich.«

Es donnert an die Tür. Französische Husaren fordern Einlaß. Sie betragen sich noch ganz manierlich, lassen sich mit kaltem Huhn und Wein abspeisen und sodann Schlafplätze anweisen. Nach den Husaren aber dringen die berüchtigten »Löffelgarden«, der Bodensatz der Napoleonischen Armee, in die Stadt. Napoleon hat, um Weimar wegen des Beistandes für Preußen zu strafen, das Plündern freigegeben. Zwei Frauen stürzen bei Johanna herein, gerade noch sind sie der Vergewaltigung durch Marodeure entkommen. Noch mehrere Mitglieder der Weimarer Gesellschaft, die es schlimm getroffen hat, suchen bei Johanna Zuflucht. Zitternd vor Angst und doch sich wechselseitig ermutigend sitzt man beisammen und schlürft eine heiße Bouillon und trinkt Wein. Eine einzige Kerze brennt im Zimmer, die Fenster sind verhängt, ein nach außen dringendes Licht könnte das Verderben anlocken. Das ist die Geburtsstunde der großen Gemeinschaft. »Die Noth vertilgt jedes kleinliche Interesse und lehrt uns erst, wie nahe wir alle einander verwandt sind«, schreibt Johanna. Unter der Fuchtel der Angst greift in dieser sonst steifen und förmlichen Gesellschaft ein eigentümliches Behagen um sich. Die sonst vielleicht gegeneinander konkurrieren, jetzt vereinen sie sich. Fremdheit und Distanz sind verschwunden wie ein Spuk. Die gemeinschaftliche Bedrohung erlaubt jedem, aus seiner hochgerüsteten und maskierten Existenz herauszutreten.

Spät in der Nacht donnert es nochmals an die Tür, es sind die Löffelgardisten. »Denk Dir dabei die gräßlichen Gesichter, die blutigen Säbel blank, die weißlichen mit Blut bespritzten Kittel, die sie bei solchen Gelegenheiten tragen, ihr wildes Gelächter und Gespräch, ihre Hände mit Blut gefärbt.« Die neunjährige Adele kommt herzu. Das kleine Mädchen, das »ganz niedlich mit ihnen (den Soldaten, R. S.) sprach und sie bat, zu gehen, weil sie sehr schlaflos wäre«, besänftigt die Soldaten, denn sie ziehen wieder ab, nachdem sie sich verpflegt haben. Johanna hat unwahrscheinliches Glück: Ihr Haus, eines der wenigen in Weimar, bleibt von Plünderung und Zerstörung verschont – auch am nächsten Tag.

In dieser Nacht, vom 14. auf den 15. Oktober, brennt die Weimarer Vorstadt. Die Franzosen erlauben keine Löscharbeiten. Nur die gänzliche Windstille verhindert die Einäscherung der Stadt. Die Nacht ist hell vom Feuer. Die Menschen flüchten in die umliegenden Wälder. Am nächsten Tag, das Schlimmste ist überstanden, laufen die wilden Geschichten um, wie es dem einen und dem anderen ergangen sei. Beim feinsinnigen ›Kunst-Meyer‹ stand die ganze Nacht ein Pulverwagen vor der Tür. Bei der Witwe Herder haben sie die nachgelassenen Manuskripte zerrissen. Die Ridels hocken auf ihrer Kommode – das einzige, was heil geblieben ist. Später entdecken sie noch eine silberne Teemaschine. Die Kühns haben sich in ein Loch im Garten eingebuddelt. Der städtische Schatullenverwalter, ein alter, hypochondrischer Mann, hatte bei seiner Kasse gewacht. Sie ward geplündert, und man hat die Kassenbücher, die Ordnung seines Lebens, zerrissen. Goethe erzählt Johanna, »er hätte nie ein größeres Bild des Jammers gesehen, als diesen Mann im leeren Zimmer, rund um ihn alle Papiere zerrissen und zerstreut, er selbst saß auf der Erde, kalt und wie versteinert... Er sah aus, wie ein König Lear, nur daß Lear toll war, und hier war die Welt toll.«

Ein Gespräch mit der allein zurückgebliebenen Herzogin und der Kniefall eines Weimarer Schusters veranlassen Napoleon schließlich, dem tollen Treiben ein Ende zu setzen.

Nun werden die Toten und Verletzten zusammengetragen. Im Kommödienhaus türmen sich die Leichen. Man richtet notdürftige Lazarette ein. »Ich könnte Dir Dinge erzählen«, schreibt Johanna an Arthur, »wofür Dir das Haar emporsträuben würde; aber ich will es nicht, denn ich kenne ohnehin, wie gerne du über das Elend der Menschen brütest, du kennst es noch nicht, mein Sohn, alles, was wir zusammen sahen, ist nichts gegen diesen Abgrund des Jammers.«

Johanna hilft, wo sie kann. Sie schickt Leinen zum Verbinden, besucht die Verletzten, schenkt Wein aus, Tee, Madeira, kocht Bouillon. Ihrem Beispiel, so berichtet sie stolz, folgen andere, auch Goethe, der seinen Weinkeller öffnet. Man kann die Verletzten nicht mehr unterbringen und ist deshalb froh, wenn diejenigen, die doch keine Überlebenschancen mehr haben, bald sterben. So wird Platz geschaffen, »der Tod hilft fürchterlich«. Es droht Seuchengefahr. Zum Glück werden die Lazarette rechtzeitig geräumt: »Ich freue mich jetzt, wenn ich höre, daß 4,500 mit ihren zerschmetterten Gebeinen weiter gefahren werden, ich, die noch vor wenig Wochen den Jungen, der vor unserm Hause den Arm brach, um keinen Preis ohne Hülfe fortgelassen hätte!« Lehrjahre des Herzens.

Der Sturm ist vorüber. Aber die Art und Weise, sich in Gefahr aneinander zu wärmen, will man nicht so schnell wieder verlieren. Goethe tritt auf Johanna zu, die durch ihr Glück und ihre Fürsorglichkeit plötzlichen Ruhm in Weimar erlangt hat, und sagt zu ihr, »jetzt, da der Winter trüber als sonst heranrücke, müssen wir auch zusammenrücken, um einander die trüben Tage wechselseitig zu erheitern.«

In diesem Augenblick wird die nachmals berühmte Teegesellschaft der Johanna Schopenhauer geboren.

Goethe hatte Johanna schon kurz vor den schlimmen Tagen einen ersten Besuch abgestattet. Das war am 12. Oktober. »Man meldete mir einen Unbekannten; ich trat ins Vorzimmer und sah einen hübschen ernsthaften Mann in schwarzem

Kleide, der sich tief mit vielem Anstand bückte und mir sagte: ›Erlauben Sie mir, Ihnen den Geheimen Rath Göthe vorzustellen.‹ Ich sah im Zimmer umher, wo der Göthe wäre, denn nach der steifen Beschreibung, die man mir von ihm gemacht hatte, konnte ich in diesem Manne ihn nicht erkennen.«

Nach der ›Feuertaufe‹ wird Goethe ein ständiger Gast der Abende bei Johanna Schopenhauer, und selbstverständlich wirkt er als Magnet.

Daß Goethe aber – in den ersten Jahren jedenfalls – den Salon der Schopenhauer so häufig aufsucht, hat noch einen besonderen Grund.

Auch für Goethe hatte in diesen schlimmen Tagen – zum ersten Mal – der Boden seiner Existenz gewankt. Bisher war es ihm immer gelungen, um sich einen homogenen Raum zu schaffen, eine Welt, die durch die Ausstrahlung seiner Persönlichkeit die seine war. Fremdes, Störendes, Irritierendes vermochte er entweder fernzuhalten oder in seine Welt einzuschmelzen. »Aber in dem sogenannten Genuß seines vollen Lebens darf ihn nichts stören«, schreibt Henriette von Knebel in einem Brief von 1802. Die Schlacht vor Weimar, die Plünderung, die Katastrophe des Weimarischen Staates – das ist eine ›Störung‹, die ihm ein anderer Prometheus, Napoleon, bereitet, eine Störung, gegen die sich der eigene Prometheismus – »Mußt mir meine Erde / Doch lassen stehn... Hier sitz’ ich, forme Menschen / Nach meinem Bilde...« – nicht mehr behaupten kann. »Man möchte draußen sein, aber es gibt kein Draußen«, äußert er während dieser Tage in einem Gespräch mit Stephan Schütze.

Dabei hatte Goethe noch Glück. Durch das mutige Auftreten Christianes war das Schlimmste abgewehrt worden. Es war zu grotesken Szenen gekommen. Die »Löffelgardisten« waren eingedrungen, tranken Wein, polterten und verlangten nach dem Hausherrn. Goethes Sekretär Riemer berichtet: »Obgleich schon ausgekleidet und nur im weiten Nachtrock – der sonst scherzhaft Prophetenmantel von ihm genannt wurde – schritt er die Treppe herab auf sie zu, fragte, was sie von ihm wollten... Seine würdige, Ehrfurcht gebietende Gestalt, seine geistvolle Miene schien auch ihnen Respekt einzuflößen.« Doch das hält nicht lange vor. Spät in der Nacht dringen sie mit gezückten Bajonetten ins Schlafzimmer ein. Goethe ist starr vor Schreck, Christiane erhebt ein großes Geschrei, läßt sich auch auf Handgreiflichkeiten ein, andere Leute, die sich in Goethes Haus geflüchtet hatten, kommen hinzu, so ziehen sich die Marodeure schließlich wieder zurück. Es ist Christiane, die die Verteidigung des Hauses am Frauenplan kommandiert und organisiert. Die Verschanzung von Küche und Keller gegen die plünderungswütige Soldateska war ihr Werk. Im Tagebuch notiert Goethe: »Brand, Plünderung, schreckliche Nacht... Erhaltung unseres Hauses durch Standhaftigkeit und Glück.« Glück hatte Goethe, Standhaftigkeit bewies Christiane. Heinrich Voß, Lehrer des Sohnes August, berichtet, Goethe sei ihm »in den traurigen Tagen ein Gegenstand des innigsten Mitleids« gewesen, »ich habe ihn Tränen vergießen sehen. Wer, rief er aus, nimmt mir Haus und Hof ab, damit ich in die Ferne gehen kann.« Tatsächlich – seine am Hofe befestigte Lebensstellung war in Gefahr, denn auch das Schicksal des ganzen Herzogtums hing an einem seidenen Faden; Napoleon erwog, es gänzlich zu zerschlagen und mit den Rheinbundstaaten zu verschmelzen. »Ich hab' mein Sach auf Nichts gestellt«, dichtete Goethe in diesen Tagen. Christiane, mit der er nun schon achtzehn Jahre zusammenlebt, gibt ihm Halt. So läßt er den Hofprediger rufen; in aller Stille, in der Sakristei der Hofkirche, findet die Trauung statt, der Sekretär Riemer und der Sohn August sind die Zeugen. Die Trauringe läßt Goethe auf den 14. Oktober datieren, den Tag der Schlacht von Jena. Zu Johanna Schopenhauer sagt er, »in Friedenszeiten könne man die Gesetze wohl vorbei gehen, in Zeiten wie die unsre müsse man sie ehren.«

Weimar ist pikiert, in den Journalen wird gespottet. In der Zeitung des Goethe-Verlegers Cotta kann man lesen: »Goethe ließ sich unter dem Kanonendonner der Schlacht mit seiner vieljährigen Haushälterin Demoiselle Vulpius trauen, und so zog sie allein einen Treffer, während viele tausend Nieten fielen.«

Goethe, der, wie eine Weimar-Besucherin erstaunt feststellte, »etwas darein setzte, seine Frau auch öffentlich zu ehren und seine Zuneigung zu ihr einzugestehen«, Goethe also hat es Johanna Schopenhauer hoch angerechnet, daß sie die erste und zunächst auch die einzige in der Weimarer Gesellschaft war, die das frisch vermählte ›Brautpaar‹ empfing. Sie selbst schreibt darüber an Arthur: »am selben Abend ließ er sich bei mir melden, und stellte mir seine Frau vor, ich empfieng sie, als ob ich nicht wüßte, wer sie vorher gewesen wäre, ich denke, wenn Göthe ihr seinen Namen gibt, können wir ihr wohl eine Tasse Thee geben. Ich sah deutlich, wie sehr mein Benehmen ihn freute, es waren noch einige Damen bei mir, die erst formell und steif waren und hernach meinem Beispiel folgten, Göthe blieb fast 2 Stunden und war so gesprächig und freundlich, wie man ihn seit Jahren nicht gesehen hat. Er hat sie noch zu niemand als zu mir in Person geführt, als Fremde und als Großstädterin traute er mir zu, daß ich die Frau so nehmen werde, als sie genommen werden muß. Sie war in der That sehr verlegen, aber ich half ihr bald durch, in meiner Lage und bei dem Ansehn und der Liebe, die ich mir hier in kurzer Zeit erworben habe, kann ich ihr das gesellschaftliche Leben sehr erleichtern, Göthe wünscht es und hat Vertrauen zu mir, und ich werde es gewiß verdienen, morgen will ich die Gegenvisite machen.«

Daß Johanna Schopenhauer die Vulpius akzeptierte, sollte sich segensreich für sie auswirken. Goethe dankte es ihr mit häufigen Besuchen, andere Prominenz strömte in Folge davon herzu, und so war der Erfolg Johannas gemacht. Am 28. November, zwei Monate nach ihrer Ankunft, schreibt sie an Arthur: »Der Zirkel, der sich Sonntags und Donnerstags um mich versammelt, hat wohl in Deutschland und nirgends seinesgleichen, könnte ich dich nur einmal herzaubern!«

Ist es ihr aber wirklich ernst mit dem ›Herzaubern‹? Johanna weiß sehr genau, daß ihr gegenwärtiges Wohlbefinden, ihr »zweiter Geistesfrühling«, wie Adele das später bezeichnen wird, sich der Befreiung von ihrer Vergangenheit, von der Ehe mit Heinrich Floris Schopenhauer verdankt. In dem neuen Lebensraum, den sie sich erobert hat, ist kein Platz für Arthur, diesen Vatersohn, der in Hamburg, wenn auch unter Klagen, in die Fußstapfen des Vaters tritt. Auch sonst erinnert sie der Sohn stets an den Vater, seine grüblerische Art, seine Schroffheit, sein Herumkritisieren an allem und jedem. Wenn Arthur Ende 1807 nach Weimar übersiedelt, wird Johanna geradezu ängstlich und doch auch selbstbewußt ihren Raum gegen die Übergriffe des Sohnes verteidigen.

Arthurs Klagen über das Unglück seiner Kaufmannsexistenz, seine einschwärzenden Reflexionen über das Leben im allgemeinen läßt sie zunächst nicht an sich herankommen. Als sie, im Frühjahr 1807, endlich darauf eingeht, schreibt sie: »Daß du mit deiner ganzen Situation unzufrieden warst, wußte ich längst, dies kümmerte mich aber nicht viel, du weißt, welchen Gründen ich dein Misvergnügen zuschrieb, dazu kam, daß ich nur zu gut weiß, wie wenig dir vom frohen Sinn der Jugend ward, wie viel Anlage zu schwermüthigen Grübeleien du von deinem Vater zum traurigen Erbtheil bekamst. Dies hat mich oft bekümmert, aber ändern konnte ichs nicht und so mußte ich eben mich zufriedenstellen und hoffen daß die Zeit die so viel ändert auch dich hierin vielleicht ändern möchte.«

Doch Johanna Schopenhauer ist beweglich genug, eine grundlegende Veränderung der Lebenssituation Arthurs wenigstens zu erwägen. Für sie ist die vom Vater dem Sohn vorgezeichnete Lebensbahn weniger tabuisiert als für Arthur selbst, der zwar klagt, aber keine Anstalten macht, die Situation zu verändern. In einem Brief vom 10. März 1807, zwischen das gutgelaunte Geplauder über ihren geselligen Umgang eingestreut, liest Arthur: »Ich wünsche dich oft zu mir, und wenn Fernow und St. Schütze mir erzählen, wie sehr spät sie zum Studieren gekommen sind, und ich doch sehe was beyde wurden, so fliegt mir so manches Projekt durch den Kopf, aber freylich, beyde brachten Schul- und mühsam selbst erworbene Kenntnisse auf die Akademie die dir bey der eleganten Erziehung die du erhieltst und in unserer Lage erhalten mußtest, mangeln. Beyde, in sehr beschränkter Mittelmäßigkeit an einem kleinen Ort geboren, konnten so manchen Genuß ohne ihn nur zu wünschen entbehren, der dir wenigstens für die Zukunft unentbehrlich seyn muß, also mußt du wohl in der Laufbahn bleiben zu der du dich einmal bestimmt hast. Hier, wo niemand reich ist sieht man alles anders, bey euch strebt man nach Geld, hier denkt niemand daran, nur leben will man.«

Die Erwägungen brechen ab: Arthur soll bei seinem Weg

bleiben. Für einen anderen ist er wohl nicht gemacht. Dort in Hamburg die elegante, mondäne Welt des Geldes, die Arthur gewählt hat, hier in Weimar ein bescheidenes, eingeschränktes äußeres Leben mit den Freuden des Geistes. Dort das Haben, hier das Sein. Arthurs Liebe zum Sein ist nicht stark genug, als daß er auf das Haben Verzicht leisten könnte. So sieht es die Mutter. Davon, daß Arthur das dem Vater gegebene Versprechen glaubt erfüllen zu müssen – eine Idee, auf die er sich fixiert –, ist bei der Mutter nicht die Rede. Diese Art Anhänglichkeit an den Verstorbenen kennt sie nicht. Im Gegenteil, sie spart nicht mit nachgetragener Kritik an den selbstherrlichen Entscheidungen ihres Mannes. »Wie noch alles für dich geschehen konnte galt meine Stimme nicht«, schreibt sie, immer noch gekränkt. Zwischen den Zeilen klingt durch: Die Misere hast du nicht mir, sondern deinem Vater zu verdanken, den du doch so sehr verehrst... Am Ende dieses Briefes vom 10. März 1807 schildert die Mutter eine Begegnung mit Wieland, was bei Arthur einiges auslöst: »Er sprach viel von sich, seiner Jugend, seinem Talent ›Niemand‹, sagte er, ›hat mich gekannt oder verstanden...‹, dann erzählte er..., wie er eigentlich nicht zum Dichter geboren wäre, nur Umstände... hätten ihn dazu gebracht, er habe seine Laufbahn verfehlt, er hätte Philosophie studieren sollen.«

Dieser Brief und besonders das Wielandsche Geständnis scheinen bei Arthur die ganze Verzweiflung über seinen als verkehrt empfundenen Lebensweg noch einmal aufgerührt zu haben, denn die Mutter erhält daraufhin einen »langen ernsthaften Brief, der eine ernste Antwort verdient, und der mir«, schreibt Johanna, »schon manches Nachdenken, manche Sorge wie und ob ich helfen kann gekostet hat.«

Johanna läßt sich zwei Wochen Zeit zur Überlegung, zeigt Arthurs Brief dem Altertumsforscher Fernow, mit dem sie sich inzwischen angefreundet hat und auf dessen Urteil sie viel hält; am 28. April schreibt sie einen sehr langen Brief, der zusammen mit dem Gutachten Fernows eine Wende in Arthurs Leben bewirken wird.

Man merkt diesem Brief an, welche Überwindung es Johanna gekostet hat, ihn zu schreiben. Denn sie leidet unter der »Unentschlossenheit« Arthurs, unter der damit verbundenen

Zumutung, für den mittlerweile erwachsenen Sohn Verantwortung übernehmen zu sollen. Diese Verantwortung kann ihm keiner abnehmen, so beteuert sie mehrfach; er soll in sich hineinhören. Dem künftigen Metaphysiker des Willens legt sie ans Herz, doch den eigenen Willen zu erforschen und ihm zu folgen, »mit Thränen in den Augen beschwöre ich dich betrüge dich selbst nicht, gehe ernstlich und ehrlich mit dir selbst um, es gilt das Wohl deines Lebens.« Johanna appelliert an den Mut zur Freiheit, an Arthurs Willen zum Glück. Kann eine Mutter das souveräne Lebensrecht ihres Sohnes besser respektieren?

Bei der Frage nach dem richtigen Lebensweg werden bei Johanna selbst bittere Gedanken und Erinnerungen aufgerührt. So deutlich wie noch nie spricht sie dem Sohn gegenüber von ihrer Ehe als einer Zeit des verfehlten Lebens: »Ich weiß was es sagen will ein Leben zu leben welches unserm innern widerstrebt, und wenn es möglich ist, will ich dir... diesen Jammer ersparen.«

Noch einmal stellt sie ihrem Sohn die Alternative vor Augen: einerseits ein Kaufmann, mit der »Hoffnung einst reich, und angesehen vielleicht, in einer großen Stadt zu leben«, andererseits ein Gelehrter, »ein mäßiges arbeitsvolles Leben, ohne Glanz im Stillen, ungenannt vielleicht, nur durch das Streben und Erringen des Bessern erheitert«. Johanna kann nicht wissen, wie genau sie mit diesen Worten das künftige Leben Arthurs trifft.

Sollte Arthur sich gegen den Kaufmann entscheiden, so legt sie ihm ein »Brotstudium« ans Herz, »damit du einen bestimmten Zweck habest worauf du hinarbeitest, denn nur diese feste Bestimmung macht glücklich.«

Wie dem auch sei, Johanna will ihrem Sohn auf jeden Fall beide Wege ebnen. »Bist du entschlossen so melde es mir«, schreibt sie, »aber du mußt dich allein entscheiden, raten will und werde ich nicht.«

Raten kann Fernow in seinem Gutachten auch nicht, aber er erklärt unumwunden, daß es, wenn Arthur nur den entschiedenen Willen hat, durchaus noch nicht zu spät dafür sei, in eine neue Bildungslaufbahn überzuwechseln. Fernow macht noch einige sehr kluge Bemerkungen über die grundsätzliche Problematik eines Lebensentwurfes, über die Schwierigkeit, sich selbst zu finden, Bemerkungen, die später fast wörtlich in Schopenhauers APHORISMEN ZUR LEBENSWEISHEIT wiederkehren. Fernow schreibt: »Aber einem solchen für das ganze Leben entscheidenden Entschlusse muß darum auch eine desto ernstlichere, strengere Prüfung seiner selbst vorhergehen, oder der Trieb müßte von jeher so stark und entschieden gewesen sein, daß man sich ihm, wie jedem wahren Naturinstincte unbedingt überlassen darf; dieses letztere ist freilich das sicherste und beste, denn es beweiset den innern Beruf. Ohne dies ist es allerdings sehr mißlich, aus bloßer Unzufriedenheit mit einer Bestimmung sich in eine andere zu werfen, die uns durch ihre äußern Reize anzieht, von der wir aber nicht wissen, ob sie uns nicht über kurz oder lang gleichfalls Ueberdruß und Unzufriedenheit erregt. Es geht dann nicht nur eine köstliche Zeit unwiederbringlich verloren, sondern man wird durch eine solche Täuschung auch mißtrauisch gegen sich selbst, und verliert Muth und Kraft, sich einen neuen Lebensplan zu schaffen und zu befolgen.«

Diese Ermunterung zu sich selbst gibt Arthur endlich die Kraft zur Entscheidung. »Als ich diesen Aufsatz gelesen hatte«, bekennt der alte Arthur Schopenhauer, »vergoß ich einen Strom von Tränen« (G, 382). Er kündigt sofort die Lehrstelle bei Jenisch, er wird studieren, er wirft die Vaterwelt von sich. Die Mutter aber war es, die ihm die Freiheit gegeben hat, die er sich selbst nicht genommen hat.

Sechstes Kapitel

Abschied von Hamburg und von Anthime. Anatomie einer
Freundschaft. Gotha: nochmals auf der Schulbank. Arthur
macht sich unbeliebt. Es rumort zwischen Mutter und Sohn.
Arthur in Weimar: ein Zaungast. Das Tao der Mutter. Der
unvermeidliche Goethe. Arthur verliebt. Beim Maskenzug.

Auf den erlösenden Brief der Mutter antwortet Arthur umgehend. Die Mutter überzeugt die prompte Entschlossenheit ihres sonst eher zögernden Sohnes. »Daß du so gegen deine Gewohnheit schnell dich entschlossest, würde bei jedem andern mich beunruhigen, ich würde Übereilung fürchten; bei dir beruhigt es mich, ich sehe darin die Macht des Naturinstincts, der dich treibt« (14. Mai 1807). Er soll aber nun Ausdauer beweisen, seine Kräfte konzentrieren, auf das glänzende Wohlleben eines künftigen Großkaufmanns Verzicht leisten; jede Reue komme jetzt zu spät. »Du kannst nur glücklich werden, wenn du jetzt nicht wankst«, schreibt Johanna. Er habe sich nun auch ihr verpflichtet, denn sie wolle sich später einmal nicht vorwerfen müssen, »daß ich nicht deinen Wünschen entgegenarbeitete«. Johanna bahnt, wie sie versprochen hat, ihrem Sohn den Weg; sie schreibt einen Brief an Arthurs Lehrherrn, an seinen Zimmervermieter, sie organisiert die Umsiedlung, sie bereitet dem Sohn das Quartier im nahen Gotha.

Das Gothaer »Gymnasium illustre« besitzt großes Renommee, gilt fast schon als Universität. Den dort lehrenden Altphilologen Friedrich Jacobs beispielsweise kennt man in der literarischen und wissenschaftlichen Szene. Hervorgetreten war er vor allem durch seine Übersetzungen der Demosthenes-Reden. Eine davon, DIE REDE GEGEN FREMDE UNTERDRÜCKER, kursierte in den freiheitlich gesinnten Kreisen; Jacobs hatte auch eine eigenwillige Deutung des Christentums versucht, das er eine »Religion der Freiheit und Gleichheit« nannte. Er war in Romantikerkreisen wohlgelitten, befreundet mit Arnim und Brentano. Mit Jean Paul wechselte er Briefe. Auch Johannas Hausfreund Fernow stand mit ihm in Verbindung. Und Fernow war es auch, der das Gothaer Gymnasium in Vorschlag brachte.

Im Hause des Gymnasialprofessors Karl Gotthold Lenz, einem Bruder des Weimarer Schuldirektors, mietet Johanna Schopenhauer eine Unterkunft mit Verpflegung; sie regelt Arthurs Aufnahme ins Gymnasium, bestellt Lehrer für den Privatunterricht. Das alles fädelt die Mutter im Handumdrehen ein, sie behält die Initiative. Arthur wird, was den Aufenthaltsort, die Schule, die Lehrer angeht, nach seinen Wünschen nicht gefragt. Die Möglichkeit, daß er seine Gymnasialzeit in Weimar nachholen könnte, wird von Johanna noch nicht einmal erwogen. Arthur, voller Freude über die Wende seines Lebens, scheint widerstandslos in die Unternehmungen seiner Mutter eingewilligt zu haben.

Der Abschied von Hamburg, Ende Mai 1807, fällt ihm nicht schwer. Es gibt in Hamburg niemanden, an dem er besonders hängt – außer Anthime Grégoire, der die letzten Monate mit ihm zusammen in der Pension Willink gewohnt hatte. Doch auch die Beziehung zu Anthime lebt eher von der Vergangenheit, von den Erinnerungen an die glücklichen Jugendjahre in Le Havre. Und solche Gemeinsamkeit läßt sich aus der Entfernung sogar noch besser pflegen, dann bleiben die Träume und die rückwärtsgewandten Verheißungen unangetastet, unverwertet, unverwirklicht und darum schön. Das gegenwärtige Zusammensein war – für Arthur jedenfalls – auf die Dauer enttäuschend. Anthime gab sich seiner kaufmännischen Bestimmung zwar auch nicht mit Leidenschaft hin, aber schöngeistige und philosophische Interessen lagen ihm ebenso fern. Er verspürte, anders als Arthur, keinerlei Anwandlungen, aus der vom Herkommen vorgezeichneten kaufmännischen Laufbahn auszubrechen. Stippvisiten in die Welt des Geistes unternimmt er dem Freunde zuliebe. Beflissen befolgt er das Lektüreprogramm (Goethe, Schiller, Jean Paul, Tieck), das ihm Arthur diktiert. Zehn Jahre später wird Anthime dann seinem Freund schreiben: »Ich lebe wie ein richtiger Geschäftsmann und wenn ich nicht früher etwas gelernt hätte, so wäre ich wohl das unwissendste Wesen dieser Welt.«

Als gleichberechtigt oder sogar als seinem Freund überlegen weiß sich Anthime nur im schwerenöterischen Fach. Und nur hier fühlt Arthur sich vom Freund herausgefordert. Noch in der Dresdener Zeit, zwischen 1814 und 1818, scheint Arthur Anthime gegenüber das Bedürfnis verspürt zu haben, mit seinen Liebesaffären zu renommieren, denn Anthime antwortet am 1. Juni 1817 auf einen Brief Arthurs: »Als alter Praktikus gestehe ich Dir, daß ich mich schwer davon überzeuge, daß die Treue Deiner Schönen von langer Dauer sei. Ziehe indessen Nutzen aus der Illusion.«

Nach der Abreise Arthurs verbleicht die Freundschaft zwischen den beiden ziemlich schnell. Auch Anthime verläßt Ende des Jahres 1807 Hamburg und kehrt nach Frankreich zurück. Unterwegs, in Erfurt, will man sich noch einmal treffen, doch nimmt Anthime im letzten Augenblick davon Abstand: Er will seine Geldbörse für Paris schonen – das ist ihm wichtiger, und Arthur empfindet wohl auch keine Trauer über das unterbliebene Wiedersehen. Bis 1817 werden noch spärliche Briefe gewechselt. Anthime betreibt sein Handelsgeschäft in Le Havre erfolgreich, allerdings »ohne viel Geschmack daran zu haben, aus Herablassung«, wie er einmal schreibt. Er genießt die »Freuden des Lebens... Pferde, Wagen, Gesinde...« Fast zwanzig Jahre später, am 17. September 1836, meldet sich Anthime noch einmal. Er hatte in einer Zeitung den Roman DIE TANTE von Johanna Schopenhauer angezeigt gefunden und sich seines alten Freundes erinnert. Über die Schwester Adele gelangte Anthimes Brief an Arthur, der mit einer ausführlichen Beschreibung seines Lebensganges antwortet. Der neu auflebende Briefwechsel hakt sich aber bald an Geldangelegenheiten fest, offenbar das einzige, was die beiden jetzt noch miteinander verbindet. Arthur erbittet einen Rat, ob er Geld bei einer Pariser Lebensversicherung anlegen solle. Als Anthime anbietet, einen Teil des Schopenhauerschen Vermögens in Verwaltung zu übernehmen, wird Arthur sofort mißtrauisch. Auf die Rückseite des Briefes von Anthime notiert er die Regel 144 des Gracián: »Mit der fremden Angelegenheit auftreten, um mit der Seinigen abzuziehen.«

Die Beziehung bricht wieder ab. 1845, fast vierzig Jahre nach dem Abschied von Hamburg, kommt es zu einem letzten Zusammentreffen. Anthime, inzwischen zweimal verwitwet, besucht Arthur Schopenhauer in Frankfurt, für Arthur ein enttäuschendes Wiedersehen. Dritten gegenüber nennt er den Freund der Jugend einen »alten unausstehlichen Mann« und zieht das Fazit: »Man divergiert immer mehr, je älter man wird. Zuletzt steht man ganz allein« (G, 264).

Arthur Schopenhauer entkommt seiner privaten Krise in dem Augenblick, als für die Stadt Hamburg die bisher größte wirtschaftliche und politische Krise beginnt. Vielleicht hätte dadurch seine Kaufmannsexistenz auch auf andere Weise ein Ende gefunden. Denn nach der französischen Besetzung der Stadt am 19. November 1806 und der Verschärfung der Kontinentalsperre gegen England wird Hamburgs Großhandel mit einem Schlag fast gänzlich vernichtet. Innerhalb weniger Wochen stellen über hundertachtzig Handelshäuser ihre Zahlung ein. Dreihundert Seeschiffe liegen abgetakelt im Hafen. Hohe Steuern, Zwangsanleihen und Requisitionen zerstören auch das Vermögen der Wohlhabenden. Diese schwere Krise ist es auch, die Anthimes vorzeitige Rückkehr nach Frankreich veranlaßt. Doch der wirtschaftliche Bankrott ist erst der Anfang der Leiden, die der Stadt noch bevorstehen. Während des Befreiungskrieges von 1813/14 wird Hamburg zum Schauplatz der erbittert geführten letzten Gefechte. Die Vorstädte gehen in Flammen auf, Hamburg selbst zittert unter der französischen Drohung, die Stadt eher einzuäschern als sie den russisch-preußischen Truppen zu übergeben. Seuchen breiten sich aus. Wer sich für die Belagerung nicht verproviantieren kann, wird vertrieben. Tod und Elend regieren die Stadt. Arthur Schopenhauer bleibt dies alles erspart. Er verläßt ein sinkendes Schiff, als er Ende Mai 1807 nach Gotha aufbricht.

Gotha ist, wie Weimar, eine kleine Residenzstadt. Sie liegt dem mächtigen Schloß Friedenstein zu Füßen, auch im übertragenen Sinne. Die Altstadt zählt 1297 Häuser. Das Leben des Städtchens spielt sich auf einem Raum ab, den man mit 1200 Schritten durchmessen kann. Alles drängt sich dicht zusammen: die Kirchen, eine Kaserne, ein Gefängnis, mehrere Klubs, in denen Billard gespielt und Zeitung gelesen wird, ein Waisenhaus, ein Theater, Bierschenken und Gasthäuser. Der angrenzende Schloßpark ist an bestimmten Tagen für das Publikum geöffnet. Dort herrscht die Anmut und Leichtigkeit des Rokoko. »Vive la joie – Es lebe die Freude!« prangt als Inschrift auf einem der Trianons. Das Gothaer Hofleben war berühmt für seinen lockeren Stil. Im 18. Jahrhundert waren die führenden Köpfe der hedonistisch-materialistischen Aufklärungsfraktion, d'Alembert und Helvetius, Mitglieder der Tafelrunde im Gothaer Schloß; wenige Jahre später zierte die Herzogin ihren Salon mit den Büsten der Pariser Revolutionäre, und das kleine Hoforchester intoniert den Marsch der Sansculotten.

Unten in der Stadt sah man in all dem nur Extravaganzen. Dort bevorzugte man den strengen Geist des Pietismus, und das bessere Bürgertum ließ sich in den Freimaurerlogen durch das Filtersystem sittlicher Veredelung schleusen. Die Stadt war stolz auf ihr Gymnasium. Die Schüler kamen von weither. Es gab gute Buchhandlungen am Ort, eine Leihbibliothek, die aber von unverheirateten Frauen nicht frequentiert werden durfte. Gotha war berühmt für seine Bratwürste. Arthur mußte der Mutter welche schicken. An Sommerabenden sang der Schulchor im Park. An Geburtstagen und Dienstjubiläen von Honoratioren veranstaltete man kleine Prozessionen in akademischer Tracht, schwarze Mäntel, dreieckige Hüte. Die Hauptmasse der Bevölkerung, die Handwerker, kleinen Kaufleute, Ackerbürger, Hofbediensteten, lebten ihr kleinstädtisches Leben wie allezeit und überall: in Ehrfurcht vor den kleinen und großen Göttern, eifersüchtig auf die manchmal nur winzigen sozialen Rangunterschiede untereinander bedacht, Geborgenheit vermittelnd, bösartig gegen alles, was aus dem Rahmen fällt. Wenige Wochen nach seiner Ankunft hält Arthur diese Kleinwelt, nicht ohne herablassendes Behagen, in einem Gedicht auf die »Gothaer Philister« fest:

> »Sie spähen, lauschen, geben acht
>   Auf alles was geschieht
>   Was jeder treibt, was jeder macht,
>   Was jeder redet laut und sacht,
>   Nichts ihnen sich entziehet.
> Durch Fenster ihre Blicke spähn,
>   Ihr Ohr lauscht an den Thüren,
>   Es darf nichts unbemerkt geschehn,

> Die Katz nicht auf dem Dache gehn,
>> Daß sie es nicht erführen.
> Des Menschen Geist, Gedanken, Werth,
>> Das spitzt nicht ihre Ohren;
>> Wie viel alljährlich er verzehret
>> Und ob mit Recht der Mann gehört
>> Zu den Honoratioren,
> Ob er zuerst zu grüßen ist,
>> Ob er ›Herr von‹ und gnädig,
>> Ob Rath nur oder Cancelist,
>> Luther'scher oder röm'scher Christ,
>> Verehelicht oder ledig,
> Sein Haus wie groß, sein Rock wie fein,
>> Wird gründlich wohl erwogen,
>> Doch: kann er uns von Nutzen sein?
>> Wird jeder Rücksicht groß und klein
>> Wie billig vorgezogen.
> Sonst frägt sich's, was hält er von uns,
>> Von uns wie denkt und spricht er?
>> Da frägt man nach bei Hinz und Kunz,
>> Wiegt seine Wort' mit Loth und Unz,
>> Erspähet die Gesichter.«   (HN I, 3)

Arthur läßt sich, von großbürgerlichem Stolz getragen und vom Schwung des Neuanfangs beflügelt, in diese Kleinwelt nicht hinabziehen. Mit Eifer stürzt er sich in seine Studien. Der Professor Jacobs lobt seine Deutschaufsätze. Der Gymnasialdirektor Doering rühmt seine Fortschritte in den alten Sprachen. In den Briefen an Anthime und an seine Mutter scheint Arthur mit Lobeshymnen auf sich selbst nicht gespart zu haben, denn Anthime antwortet: »Ueber deine ungeheure Vortschritte erstaune ich nicht, da ich deine auch *ungeheure* Fähigkeit kenne u. halte dich für fähig alles zu lernen was du willst« (4. September 1807). Die Mutter ist in ihren Reaktionen eher zurückhaltend: »Daß es mit Deinen Studien gut geht ist nicht mehr als ich erwartete«, schreibt sie am 29. Juli 1807. Auf das Lob Doerings solle er sich nicht zuviel einbilden, denn der habe, was man sogar in Weimar weiß, die »Schwachheit ... bey seinen Schülern gewaltig in die Trompete zu stoßen«. Auch solle er sich durch den Erfolg seiner Deutschaufsätze bloß nicht verleiten lassen, vorzeitig mit den »schönen Wissenschaften« anzubändeln, »der Beyfall den man damit erwirbt macht zu große Freude als daß man nicht gern sich ganz ihnen hingäbe, und doch, wenn man sich über den gemeinen Dilettantismus den jezt jeder Friseurjunge treibt erheben und selbst etwas Rechtes darinn leisten will, muß man ernst und gründlich Studien getrieben haben«.

Der Lernfortschritt ist nicht das einzige, dessen sich Arthur seinem Freund und seiner Mutter gegenüber rühmt. Stolz berichtet er von seinen Vergnügungen, die er in adligen Zirkeln sucht und findet. Bei Anthime kann er damit Eindruck machen. »Ich beneide dich«, schreibt der, »vorzüglich wegen deiner schönen Partie im Thüringischen Wald, u. wie deridirt war Monsieur mit Prinzessinnen zu tanzen« (4. September 1807). Die Mutter hingegen ist über die gesellschaftlichen Siegesnachrichten aus Gotha durchaus nicht erbaut. »Es gefällt mir nicht recht«, schreibt sie, »daß Du Dich an lauter *Comtessen* und *Barons* hängst, giebts denn in unserm Stande niemand der Dich interessieren könnte, die Ansichten und Aussichten jener Menschen, die nicht wie Du zum erwerben geboren sind und sich allso für besser düncken, sind von den unsern verschieden, auch verleitet ihr Umgang zu größeren Ausgaben, und verrückt unsern Gesichtspunckt, Du gehörst einmahl zur bürgerlichen Welt bleibe darinn, und bedencke, daß Du mir versichertest Du wolltest allem Glanz entsagen, wenn Du nur den Wissenschaften leben könntest, und daß dies Dir mehr Ehre macht, als die Jagd nach Flitter und Schein« (12. August 1807).

Gegen Arthurs adligen Umgang pocht Johanna nicht nur auf den Bürgerstolz, sondern hier klingt auch das leidige Thema ›Geld‹ an, das die Beziehung zwischen Mutter und Sohn später gänzlich verwüsten wird. Die Mutter hält Arthur zur Sparsamkeit an, nicht ohne Grund, denn Arthur betreibt tatsächlich beträchtlichen Aufwand. In fünf Wochen beispielsweise verbraucht er über 160 Reichstaler – das Monatseinkommen eines höheren Beamten. Bei einem Ausflug nach Liebenstein mit seinen adligen Bekannten gibt er an einem einzigen Tag 10 Reichstaler aus – das Monatseinkommen eines kleinen Handwerkers. Die Hofrätin Ludecus, so rechnet ihm die Mutter vor, habe am selben Ort für dasselbe Geld fast eine Woche gelebt. Arthur mietet Reitpferde, speist gerne vornehm, will sich, wie die Mutter vermutet, »als reicher Hamburger spendabel zeigen«. Arthur ist im erbrechtlichen Sinne noch nicht volljährig. Die Mutter verwaltet seinen Anteil. Es ist also das Arthur zustehende Geld, das sie ihm regelmäßig übersendet. Weshalb ihre Sparsamkeitsappelle, weshalb ihre für Arthur ärgerliche pekuniäre Beaufsichtigung?

Johanna hegt die nicht unberechtigte Befürchtung, daß die wissenschaftlichen Ambitionen Arthur zwar befriedigen, aber nicht ernähren werden, daß er also mit seinem Vermögensanteil wird haushalten müssen, wenn er seine Unabhängigkeit bewahren will. Sein Vermögen wird auch noch eine ganze Familie ernähren müssen, denn daß Arthur eine Familie gründen wird, daran zweifelt sie vorläufig noch nicht. Sie hofft auch, daß Arthur ihr Alter später »verschönen« werde, sie wünscht, wie sie schreibt, »meine letzten Tage in Deinem Hause mit Deinen Kindern wie es sich für eine alte Großmutter gehört« zu verbringen; sie erwartet auch, ihrem Sohn die jüngere Schwester Adele beruhigt überlassen zu können, »Wenn ich sterbe, ehe sie versorgt ist«. Zu allen diesen bürgerlichen Verpflichtungen wird Arthurs Vermögen nur hinreichen, wenn er jetzt, während seiner Schul- und Studienzeit, sparsam damit umgeht, wenn er zwar gut lebt, aber auf die Hamburger »Eleganz« Verzicht leistet.

Johanna fühlt sich ihrem Sohn gegenüber zur Aufsicht in Geldangelegenheiten um so mehr berechtigt, als Arthur seinerseits sich stets das Recht herausnimmt, an ihrer Ökonomie Kritik zu üben. Es ist auffällig, wie häufig Johanna von ihren »wohlfeilen« Vergnügungen, Anschaffungen, Reisen usw. spricht, wie sie das billige Leben in Weimar herausstreicht, wie sie betont, mit welch bescheidenen Mitteln sie ihren Salon unterhält: Nur Tee mit Butterbroten bietet sie ihren Gästen an, und die sind damit zufrieden. »Wenn du erst … das hiesige Leben siehst, wirst du alles dies (das Geldausgeben, R. S.) für Philisterei halten und dich darüber schämen«, schreibt sie. Immer schwingt bei solchen Bemerkungen ein Unterton mit, als müsse sie ihren Lebensstil dem Sohne gegenüber rechtfertigen. »Ich habe ... immer viel Besuch, der mir nichts kostet«, betont sie, oder: »Ich selber scheue jede unnötige Ausgabe.«

Arthurs Mißtrauen gegen die Ökonomie der Mutter kommt aus der Befürchtung, sie könnte durch aufwendige Haushaltung einen Teil des Vermögens noch vor der Aufteilung verbrauchen. Nach seiner Entscheidung für die Gelehrtenlaufbahn behält er das gemeinsame Vermögen ängstlich im Blick, weil auch er weiß, daß er später möglicherweise auf das Erbe wird angewiesen sein. Überhaupt ist ihm die Lebenslust der Mutter nach dem Tode des Vaters unheimlich. Er befürchtet, sie könnte sich aufs neue verheiraten. Johanna muß ihn beruhigen, der Hausfreund Fernow sei über vierzig Jahre alt, krank, kein schöner Mann, außerdem schon verheiratet. Ein andermal schreibt sie: »An Anbetern fehlt es mir auch nicht, aber laß dir nicht bange werden« (23. März 1807).

Das alles ist nicht nach dem Geschmack Arthurs, der sich bei seiner Mutter gerne als Statthalter des Vaters fühlen möchte und nichts dagegen einzuwenden hätte, wenn Johanna ein stilles, zurückgezogenes, pietätvoll dem Andenken an den Verblichenen hingegebenes und ausschließlich der Sorge für ihre Kinder verpflichtetes Leben führen würde.

Noch spricht die Mutter sehr fürsorglich mit ihrem Sohn, und dieser wirbt um ihre Anerkennung. Aber das Mißtrauen wächst. In Gelddingen äußert es sich zuerst. Als die räumliche Entfernung zwischen den beiden groß war, waren die Briefe der Mutter besonders herzlich, der Sohn fühlte sich ermuntert, der Mutter sein kummervolles Herz auszuschütten. Mit der Übersiedlung nach Gotha rückt man sich näher, die wechselnde Gereiztheit nimmt zu. Zur Stunde der Wahrheit kommt es zwischen den beiden, als Arthur nach nur fünf Monaten Gotha verlassen muß und sich anschickt, in Weimar ins Revier der Mutter einzubrechen.

Arthur war im Gymnasium sehr bald zu einer »Art Celebrität«, so ein Ausdruck der Mutter, geworden. Seine Lernfortschritte waren offenkundig, dem Gymnasium gehörte er nur in den deutsch vorgetragenen Fächern an, wo er, da er hier wenig nachzuholen hatte, besonders brillierte. Er war älter als seine Mitschüler, sein mondäner Umgang zeichnete ihn aus, er betrieb einen gänzlich unschülergemäßen Aufwand. Seine

Mitschüler bewunderten ihn, erlauschten seine Orakelsprüche, ließen sich von ihm freihalten, kopierten ihn, drängten sich an ihn, so beispielsweise Carl John, der spätere Sekretär Goethes und noch spätere preußische Zensurbeauftragte (den Varnhagen einen »Gedankenschlächter« nannte), oder Ernst Arnold Lewald, später ein berühmter Philologe in Heidelberg.

Das Gefühl der intellektuellen und gesellschaftlichen Überlegenheit – auch gegenüber einigen Lehrern – ermunterte Arthur zu »gefährlichen Scherzen«. In einem Gedicht, das er im Freundeskreis vortrug, verspottete er einen Gothaer Schulmeister, der die Tyrannisierung der jüngeren durch die älteren Schüler angeprangert hatte. Im übrigen aber war dieser Christian Ferdinand Schulze ein sanfter Mann mit den unvermeidlichen Eitelkeiten eines kleinstädtischen Honoratiorenbürgers. Das Gedicht lautet:

>»Der Kanzel Zierde, des Katheders Freude,
>Der Stadt Erzähler und der Loge Sprecher,
>Vollkommner Christ, vollkommner Jude, Heide,
>Der Morgens Bücher trägt und Abends Fächer,
>Der sieben freien Künste aller Meister,
>Der Mann, der alles kann und alles kennet,
>Die Blüth' und Krone aller schönen Geister,
>Der tausende von Freunden hat – und nennet.«
>(HN I, 4)

Tatsächlich – die »Freunde« dieser »Kanzelzierde« wurden Arthur zum Verhängnis. Das Lehrerkollegium bekam Wind von dem Spottvers. Dort verstand man keinen Spaß, und der Schulleiter Doering sagte aus Kollegensolidarität Arthur den Privatunterricht auf. Arthur hätte zwar, wie er in seinem *Lebenslauf* berichtet, am Gymnasium bleiben können, aber sein Stolz war durch die Doeringsche Maßregel verletzt. Der Verlust des Wohlwollens von seiten der Autoritätspersonen wirkte erkältend. Dem konnte er noch nicht, wie später dann, mit Trotz standhalten. Er schreibt seiner Mutter, daß er Gotha zu verlassen wünsche. Johanna ist alarmiert, denn Arthur hat durchblicken lassen, daß er wohl auch gerne nach Weimar käme.

Diese Situation birgt für Johanna eine Herausforderung. Es geht für den Fall, daß Arthur nach Weimar kommt, um die Balance ihres eigenen Glücks. Einer ganzen Reihe von Fragen muß sie sich stellen: Was empfindet sie für Arthur? Will sie ihn in der Nähe haben? Welches sind ihre Wünsche, was erwartet sie vom Leben? Welche moralischen Pflichten hat sie, in welchem Verhältnis stehen diese ›Pflichten‹ zu dem, was wirklich in ihr vorgeht?

Den unmittelbaren Anlaß – Arthurs Sottisen gegen den Schulmann – nimmt Johanna von der leichten Seite. Sie wirft Arthur jedoch vor, daß er es an der Souveränität, die Narren als Narren zu nehmen, habe fehlen lassen. So sei er nun ein Opfer der närrischen Wut geworden. Wer die Wut von Narren auf sich zieht, ist ein Tor. Zur Torheit aber habe er sich verleiten lassen durch seine »Superklugheit«, seine Selbstgerechtigkeit und seinen Überlegenheitsdünkel. Johanna entwirft, erregt und doch um Präzision bemüht, ein wenig schmeichelhaftes Porträt ihres Sohnes, das an Deutlichkeit nichts zu wünschen übrigläßt. Johanna schimpft nicht, aber ohne Sentimentalität hält sie Arthur einen gnadenlosen Spiegel vor: »Du bist kein böser Mensch, Du bist nicht ohne Geist und Bildung, Du hast alles was Dich zu einer Zierde der menschlichen Gesellschaft machen könnte, dabey kenne ich Dein Gemüthe und weiß daß wenige besser sind, aber dennoch bist Du überlästig und unerträglich, und ich halte es für höchst beschwerlich mit Dir zu leben, alle Deine guten Eigenschaften werden durch Deine Superklugheit verdunckelt und für die Welt unbrauchbar gemacht, blos weil Du die Wuth alles besser wissen zu wollen, überall Fehler zu finden außer in Dir selbst, überall bessern und meistern zu wollen, nicht beherrschen kannst. Damit erbitterst Du die Menschen um Dich her, niemand will sich auf eine so gewaltsame Weise bessern und erleuchten lassen, am wenigsten von einem so unbedeutenden Individuum wie Du doch noch bist, niemand kann es ertragen von Dir der doch auch so viele Blöße giebt sich tadlen zu lassen, am wenigsten in Deiner absprechenden Manier, die in einem Orakelton gerade heraus sagt, so und so ist es, ohne weiter eine Einwendung nur zu vermuthen. Wärest du weniger als Du bist, so wärst Du nur lächerlich, so aber bist Du höchst ärgerlich. Die Menschen im ganzen sind nicht böse wenn man sie nicht hezt, Du hättest wie tausend andre in Gotha ruhig leben und studiren können und alle persönliche Freyheit haben die das allgemeine Gesez erlaubt, wenn Du ruhig Deinen Gang gegangen wärst, und andre ruhig den ihrigen hättest gehen lassen, aber das wolltest Du nicht, und so wirst Du ausgestoßen... solch eine ambulirende Litteraturzeitung wie Du gerne seyn möchtest, ist ein langweiliges gehässiges Ding, weil man nicht Seiten überschlagen oder den ganzen Kram hinter den Ofen werfen kann, wie mit den gedruckten.«

Indirekt formuliert Johanna hier ihre skeptischen Lebensmaximen: Man lebt in der Gesellschaft, man kann nicht aus ihr heraus, man muß sich in ihr zurechtfinden, man kann sich in ihr zurechtfinden, wenn man jeden seinen Weg gehen läßt und darauf achtet, daß man am eigenen Weg nicht gehindert wird. Deshalb, und das klingt in diesen Passagen bereits an, ist sie fest entschlossen, sich auch von ihrem Sohn nicht daran hindern zu lassen, den eigenen Weg zu gehen. Das Gothaer Vorkommnis erregt sie, weil darin Arthurs Charakter zum Vorschein kommt, ein Charakter, von dem sie Übergriffe auf ihren Lebensraum befürchtet. Bei seinen wenigen Besuchen in Weimar hatte Arthur ja schon Kostproben seiner übellaunigen Kritiksucht gegeben. Vor einem dieser Besuche hatte die Mutter deshalb Arthur ermahnt: »bringe guten Humor mit und laß den Disputirgeist zu Hause damit ich mich nicht alle Abend über die schöne Litteratur und über des Kaysers Bart zu kazbalgen brauche.« Doch jetzt geht es nicht nur um einen Besuch, sondern um eine mögliche Umsiedlung des Sohnes nach Weimar. Zunächst einmal hält sie Arthur hin; sie braucht Bedenkzeit, es ist auch noch zu befürchten, daß der frische Unwille über Arthurs Torheiten in Gotha zu »heftigen Auftritten« führen könnte. Wenn dem Sohn der Aufenthalt in Gotha einstweilen zum »Fegefeuer« werden sollte, so kann das auch nichts schaden. Die Konsequenzen seines Handelns muß er schon selbst ausbaden.

Einen Monat später, Ende November 1807, hat sich Johanna entschieden: Sie empfiehlt Arthur das Gymnasium im benachbarten Altenburg, würde aber auch notfalls einer

Übersiedlung nach Weimar zustimmen. Doch in diesem Falle müßten bestimmte Regeln gelten, damit man sich nicht ins Gehege kommt und »beyder Freyheit kein Abbruch geschieht«.

So deutlich wie bisher noch nie spricht sich die Mutter über das Verhältnis zu ihrem Sohn aus: »Da dünckt mirs am besten ich sage Dir gleich ohne Umschweife was ich wünsche und wie es mir ums Herz ist, damit wir einander gleich verstehen. Daß ich Dich recht lieb habe daran zweifelst Du nicht, ich habe es Dir bewiesen und werde es Dir beweisen, so lange ich lebe. Es ist zu meinem Glücke nothwendig zu wissen daß Du glücklich bist, aber nicht ein Zeuge davon zu seyn. Ich habe Dir immer gesagt es wäre sehr schwer mit Dir zu leben, . . . ich verhehle es Dir nicht, solange Du bist wie Du bist, würde ich jedes Opfer eher bringen als mich dazu entschließen. Ich verkenne Dein Gutes nicht, auch liegt das, was mich von Dir zurückscheucht nicht in Deinem . . . Innern, aber in Deinem Wesen in Deinem Äußern, Deinen Ansichten, Deinen Urtheilen, Deinen Gewohnheiten, kurz ich kann mit Dir in nichts was die Außenwelt angeht übereinstimmen, auch Dein Mismuth ist mir drückend und verstimmt meinen heitern Humor, ohne daß es Dir etwas hilft. Sieh, lieber Arthur, du bist nur auf Tage bey mir zum Besuche gewesen, und jedesmahl gab es heftige Scenen, um nichts und wieder nichts, und jedesmahl atmete ich erst frey wenn Du weg warst, weil Deine Gegenwart, Deine Klagen über unvermeidliche Dinge, Deine finstern Gesichter, Deine bizarren Urtheile, die wie Orakel Sprüche von Dir ausgesprochen werden, ohne daß man etwas dagegen einwenden dürfte mich drückten, und mehr noch der ewige Kampf in meinem innern mit dem ich alles was ich dagegen einwenden möchte gewaltsam niederdrückte, um nur nicht zu neuem Streit Anlaß zu geben. Ich lebe jezt sehr ruhig, seit Jahr und Tag hab ich keinen unangenehmen Augenblick gehabt den ich Dir nicht zu dancken hätte, ich bin still für mich, niemand widerspricht mir, ich widerspreche niemand, kein lautes Wort hört man in meinem Haushalt, alles geht seinen einförmigen Gang, ich gehe den meinen, nirgends merckt man wer befiehlt und wer gehorcht, jeder thut das Seine in Ruhe, und das Leben gleitet hin ich weis nicht wie. Dies ist mein eigentlichstes

Daseyn, und so muß es bleiben, wenn Dir die Ruhe und das Glück meiner noch übrigen Jahre lieb ist. Wenn Du älter wirst, lieber Arthur, und manches heller siehst, werden wir auch besser zueinander stimmen.«

In Weimar hat sich die Mutter, ermuntert vom großen Vorbild Goethe, eine Gelassenheit erworben (»das Leben gleitet hin«), die sie von Arthur bedroht sieht und, wenig gelassen, jetzt verteidigen muß. Den Dingen ihren Lauf lassen, sich selbst und die anderen sein lassen, mit Urteilen, Eingriffen, Befehlen zurückhalten – das ist der Weimarer Taoismus, bei dem Johanna zur Zeit ihren Seelenfrieden gefunden hat. Und eigentlich ist es auch das, wonach Arthur sich sehnt, doch solche Gelassenheit kann er, der so gerne Berge besteigt, vorläufig nur finden an erhabenen Orten, von denen aus man »mit größter Ruhe ohne Theilnahme zusehen« könne, »wenn unser der Körperwelt gehörende Theil auch noch so sehr darin herumgerissen wird« (HN I, 8). Diese Erhabenheit findet er in der Musik, in der Literatur, auch schon bei seinen ersten Streifzügen in die Philosophie. Doch »theilnehmen« am Getümmel und gleichzeitig Ruhe bewahren, eine gelassene Teilnahme also, gelingt ihm nicht. In einem der wenigen erhaltenen Brieffragmente an die Mutter aus dieser Zeit schreibt er: »Es ist unbegreiflich wie bei der Bannung der ewigen Seele in den Körper solche aus ihrer vorherigen *erhabenen Apathie* konnte gerissen werden, hinabgezogen in die Kleinheit des Irdischen und so zerstreut durch Körper und Körperwelt, daß sie ihren bisherigen Zustand verlernte und an dem von ihrem vorigen Standpunkt so unendlich kleinen Irdischen theilnahm und sich so darin einbaute, daß sie ihr ganzes Dasein darauf beschränkte und damit ausfüllte« (B, 2).

Er läßt sich, mehr als ihm lieb ist, in die »Kleinheit« des »Irdischen« hinabziehen. Die Neugier, der Stolz, die Wünsche des jungen Körpers, Erfahrungshunger verwickeln ihn. Er versteht sich zwar schon auf Distanz, doch es ist eine kämpferische Distanz. Der Neunzehnjährige spürt sich nicht im Seinlassen, sondern in der aktiven Abgrenzung. Er muß kritisieren, urteilen, verurteilen – so nur kann er seinen Raum behaupten. Er ist zu alt und noch nicht alt genug, um sich gehen zu lassen, ein stets waches Mißtrauen hält ihn angespannt. Er kann nicht mitgehen, dazu fehlt es ihm an jenem Urvertrauen. Das Schweigen fällt ihm schwer, er muß mitreden, das Fremde, ihm Heterogene kann er nicht einfach gelten lassen. Wenn die Mutter ihn, seine gelegentlichen Besuche in Weimar resümierend, eine »ambulirende Litteraturzeitung« nennt und seine literarische Kampfeslust beklagt, so kann man sich leicht vorstellen, worum es dem Streithammel ging: Arthur hatte bekanntlich in Hamburg die Romantik entdeckt, Wackenroder, Tieck ... und deren ›Überspanntheiten‹ standen im Goetheschen Weimar und darum auch im Salon der Johanna Schopenhauer nicht sonderlich hoch im Kurs. Arthur aber wird für seine Sache, für die zarte Empirie der Romantik, gefochten haben gegen die schöngeistige Mutter, die er, als Sohn seines über die Frauen konventionell denkenden Vaters, intellektuell nicht ernst nahm und aus deren Meinungen er nur das Echo der Weimarer Maßhalte-Appelle herausgehört haben mochte. Aber die Mutter hatte in Weimar nicht nur neue Meinungen angenommen, sondern einen neuen Lebensrhythmus gefunden, ihr »eigentliches Daseyn«, wie sie schreibt. Hat Arthur das verstanden? Wir wissen es nicht; auch die Mutter weiß es nicht und verläßt sich deshalb, um ihren Lebensraum zu schützen, nicht auf Arthurs Verständnis, sondern sie begründet ein neues, sehr präzise definiertes Beziehungsritual, wodurch ein wechselseitiges Geltenlassen wenigstens äußerlich gewährleistet werden soll. »Höre also auf welchem Fuß ich mit Dir seyn will, Du bist in Deinem Logis zu Hause, in meinem bist Du ein Gast, wie ich es etwa nach meiner Verheurathung im Hause meiner Eltern war, ein willkommener lieber Gast der immer freundlich empfangen wird, sich aber in keine häusliche Einrichtung mischt; um diese, um Adelens Erziehung und Gesundheit, um meine Domestiken bekümmerst Du Dich gar nicht ich habe das bis jezt ohne Dich besorgt, ich werde es ferner, und dulde keine Einrede, weil es mich verdrüslich macht und nichts hilft. Alle Mittage um ein Uhr kommst Du und bleibst bis drey, dann sehe ich Dich den ganzen Tag nicht mehr, außer an meinen Gesellschaftstagen wozu Du kommen kannst wenn Du willst, auch an den beyden Tagen Abends bey mir essen kannst wenn Du Dich dabey des leidigen Disputirens etc das mich auch verdrüslich macht, wie auch allen Lamentirens über die dumme Welt und das menschliche Elend Dich enthalten willst, weil mir das immer eine schlechte Nacht und üble Träume macht, und ich gerne gut schlafe. In den Mittagsstunden kannst Du mir alles sagen was ich von Dir wissen muß, die übrige Zeit mußt Du Dir allein helfen, ich kann Deine Erheitrung nicht auf Kosten der meinen bewircken, auch wäre dies nicht, ich bin das Alleinseyn zu lange gewohnt, ich kann mich nicht davon gewöhnen und so bitte ich Dich sprich nicht dagegen, ich gehe von diesem Plan unter keiner Bedingung ab, Dein Abendessen schicke ich Dir alle Abende durch meine Köchinn, Deinen Thee sollst Du im Hause haben, das nöthige Geschirr dazu werde ich Dir geben, auch einen Theekasten wenn Du es willst... 3mahl die Woche ist Theater, zweymahl Gesellschaft, Du kannst Dir Erholung genug verschaffen, auch wirst Du wohl bald einige junge Bekannte finden, wie wäre es wenn ich nicht hier wäre? Genug, Du weist jezt meinen Wunsch, ich hoffe Du wirst Dich genau darnach richten, und mir nicht für meine mütterliche Sorge und Liebe, und für die schnelle Einwilligung in Deine Wünsche durch widerstreben welches Dir nicht helfen, sondern nur alles noch übler machen würde, betrüben wirst.«

Am 23. Dezember 1807 kommt Arthur Schopenhauer in Weimar an, er hat die Bedingungen der Mutter akzeptiert. Er bezieht eine kleine Wohnung im Hause eines Hutmachers. Im Selbststudium bereitet er sich auf die Universität vor, Privatstunden erhält er von dem nur wenige Jahre älteren Gymnasialprofessor Franz Ludwig Passow. Arthur vergräbt sich in die Arbeit. Am Ende seiner Weimarer Zeit, 1809, wird er die alten Sprachen perfekt beherrschen, mit den wichtigen Werken der antiken Literatur wird er sich vertraut gemacht haben. Er wird die Universität Göttingen beziehen in dem stolzen Bewußtsein der Überlegenheit: Seine Kommilitonen und auch manche der Professoren werden sich mit seinen Kenntnissen nicht messen können. Und doch wird Arthur in diesen beiden Jahren nicht glücklich sein. In Gotha stand er im Mittelpunkt, in Weimar ist er Zaungast. »Zu mir sagte Schopenhauer noch«, berichtet Julius Frauenstädt 1863, »er habe sich seiner Mutter und ihren Circeln gegenüber immer fremd und einsam gefühlt, und man sei deshalb auch in Weimar mit ihm unzufrieden gewesen« (G, 130).

Anders als die Mutter, die willens und auch fähig war, die Beziehung zu ihrem Sohn in eindeutigem Sinne zu regeln, steckt Arthur voller uneingestandener Ambivalenzen. Er bekundet der Mutter gegenüber den Willen zur Unabhängigkeit und Selbständigkeit, unterschwellig aber erwartet er doch auch, daß ihm die Mutter ein fürsorgliches Zuhause bereitet. Johanna hatte dieses Ansinnen herausgespürt und Arthur deshalb, noch vor seiner Ankunft, in aller Deutlichkeit geschrieben. »Von allen Gründen, die Dich bestimmten, Weimar zu wählen seh ich nur den einen daß Du gern hier seyn wolltest, Du bist in Weimar nicht mehr als anderswo bis jezt zu Hause, ob Du es mit der Zeit seyn wirst werden wir sehen, ich lasse Dich eben gewähren, wie ich immer gethan habe.« Arthur fühlt sich von der Freiheit, die ihm die Mutter läßt, offenbar überfordert. Sein Stolz aber verbietet es ihm, sich das einzugestehen. Er wird unmittelbarer Zeuge der gesellschaftlichen Erfolge der Mutter, ohne doch an ihnen wirklich teilzuhaben. Mißgunst ist die Folge davon. Noch ein Menschenalter später klingt sie in den Gesprächen Arthur Schopenhauers nach. Frauenstädt berichtet: »Mit geringerer Achtung ... sprach er von seiner Mutter, von der er mir erzählt, welch glänzendes Leben sie geführt und wie sie in Weimar von Schöngeistern umschwärmt gewesen« (G, 130). Wenn es nur die »Schöngeister« gewesen wären, aber auch Goethe ging bei Johanna ein und aus und hat in den zwei Jahren kein einziges Mal das Wort an Arthur gerichtet. Das kränkt, zumal sich Goethe, nach übereinstimmenden zeitgenössischen Berichten, bei Johanna so locker, so verbindlich, so persönlich wie nirgends sonst gab. Arthur muß froh sein, wenigstens als Zuschauer erleben zu dürfen, wenn das Naturereignis Goethe seine Auftritte hat.

Meist gegen 7 Uhr abends kommt er an, mit der Handlaterne. Für den Rückweg muß man ihm manchmal mit einem frischen Wachslicht aushelfen. Er plaudert gerne mit Sophie, Johannas Hausmädchen. Er geht auch ins Kinderzimmer der zehnjährigen Adele; die führt ihm ihre Spielsachen vor, er läßt die Puppen an Schnüren tanzen. Wenn Goethe den Raum betritt, so ist er, erzählt Johanna, »immer ein wenig stumm und auf eine Art verlegen ... bis er die Gesellschaft recht angesehen hat, um zu wissen wer da ist, er setzt sich dann immer dicht neben mir, etwas zurück, so daß er sich auf die Lehne von meinem Stuhl stützen kann, ich fange dann zuerst ein Gespräch mit ihm an, dann wird er lebendig und unbeschreiblich liebenswürdig, es ist das vollkommenste Wesen, das ich kenne, auch im Äußern, eine hohe schöne Gestalt, die sich sehr gerade hält, sehr sorgfältig gekleidet, immer schwarz oder ganz dunkelblau, die Haare recht geschmackvoll frisiert und gepudert, wie es seinem Alter ziemt, und ein gar prächtiges Gesicht mit zwei klaren braunen Augen, die mild und durchdringend zugleich sind, wenn er spricht, verschönert er sich unglaublich.«

Er »drückt« niemanden durch seine Größe, meint Johanna, man werde von seiner Gegenwart geradezu zur eigenen Natürlichkeit ermuntert. Das allerdings haben andere anders erlebt. Stephan Schütze berichtet: »Es konnte einem ganz ängstlich zu Mute werden, wenn er verstimmt in die Gesellschaft trat und aus einem Winkel in den anderen ging. Wenn er schwieg, wußte man nicht, wer nun reden sollte.« Für solche Fälle hatte Johanna ein Tischchen mit Malsachen bereitgestellt. Dort ließ sich dann der verstimmte Goethe nieder und pflegte mit Zeichnen und Aquarellieren seine Laune aufzuhellen. Hinterher riß man sich die Blätter aus den Händen, wenn Johanna sie nicht vorher in Sicherheit gebracht hatte. Doch auch der gutgelaunte Goethe konnte despotisch wirken. An einem Abend bei Johanna hatte Goethe schottische Balladen mitgebracht und erbot sich, so berichtet Schütze, »eine von ziemlicher Länge selbst vorzutragen, doch so, daß den wiederkehrenden Satz der bei jedem Vers vorkam, die Frauen immer im Chor dazu sprechen sollten. Der pathetische Vortrag begann, die Damen hielten sich bereit und fielen zur rechten Zeit ein, glücklich kam man über den ersten Vers hinaus, aber als dieselben Worte sich zum zweiten- und drittenmal wiederholten, überwältigte die Frau Professorin Reinbek ein unwillkürliches Lachen; Goethe hielt inne, ließ das Buch sinken und strahlte sie alle mit den feurigen Augen eines donnernden Jupiters an: ›Dann lese ich nicht!‹ sagte er ganz kurz.

Man war nicht wenig erschrocken; aber Johanna Schopenhauer bat vor, gelobte aufs neue Gehorsam und verbürgte sich für die übrigen. Nun ging es in Gottes Namen wieder vorwärts – und in der Tat! sämtliche Damen auf Kommando das Kinn taktmäßig zugleich bewegen zu sehen, hatte soviel von der Komik an sich, daß die volle Autorität eines Goethe dazu gehörte, die ganze Gesellschaft in dem angeordneten feierlichen Ernste zu erhalten.«

Goethe selbst allerdings entging die unfreiwillige Komik, die er angerichtet hatte. In seinen Tages- und Jahresheften kommentiert er das Ereignis mit den Worten: »Hilla, Lilla, eine schottische Ballade, war auch im Geschmack einer Litanei bei uns willkommen; man las den Text mit vernehmlicher Stimme, und die Gesellschaft wiederholte den Glockenklang des Refrains im Chor.«

Wenn Goethe erzählt oder etwas vorliest, dann geschieht ein Feuerwerk von Verwandlungen. In Mimik und Tonfall wird er zur Person, von der er erzählt, es hält ihn nicht auf dem Stuhl, er gestikuliert und wird so laut, daß die Hofrätin Ludecus, die über Johanna wohnt, auf den Boden pocht.

Gerne spricht Goethe über Alltägliches, er kann eine volle Stunde über eine Gänseleberpastete lamentieren, die für abendliche Gäste bestimmt gewesen war und die er in einem Anfall von Heißhunger mittags alleine verzehrt hat. Im geselligen Gespräch vermeidet er die harten Kontroversen, überhaupt ist ihm, wie er häufig anmerkt, das kritische Wesen der jungen Generation höchst zuwider. Wer von ihm feste Meinungen, Urteile hören wollte, mit dem pflegte er manches Mal seinen Spott zu treiben, indem er am Ende einer Eloge eine anfängliche Feststellung in ihr Gegenteil verkehrte. In Johannas Salon hörte man ihn oft seinen Spruch sagen: »Wenn die Leute glauben, ich wäre noch in Weimar, dann bin ich schon in Erfurt.« Arthur wäre mit seinen kritischen Ausfällen und seiner Lust am Urteilen bei Goethe übel aufgelaufen. Doch in dessen Gegenwart hält Arthur sich jetzt noch zurück – das wird sich bei seinem späteren Aufenthalt in Weimar ändern.

Wenn Goethe gut gelaunt ist, läßt er alles gelten, sogar die seichten Romane des Lafontaine und die Rührstücke von Kotzebue (die er am Weimarer Theater häufig zur Aufführung bringt). Den Damen in Johannas Salon schärft er ein, daß es einzig auf die Kunst des Genießens ankomme, und spart dabei nicht mit Anzüglichkeiten. Von Goethe lassen sich alle alles gefallen, auch Arthur, der keinen Abend bei seiner Mutter versäumt, zu dem Goethe sich angemeldet hat.

Arthur Schopenhauer war also häufig zugegen bei den Abendgesellschaften, wenn Johanna hinter der Teemaschine saß und auf ihre behutsame Weise das Gespräch in Fluß hielt. Manche der illustren Besucher, die Goethes Gegenwart ins Haus zog, haben in ihren Erinnerungen oder in ihren Briefen der Abende bei der Hofrätin Schopenhauer gedacht. Niemand aber hat dabei von Arthur Notiz genommen. Das gilt für Bettina und Clemens Brentano, für Achim von Arnim, für die Humboldts. Sie alle waren in diesen Jahren bei Johanna zu Besuch. Nur Zacharias Werner, damals ein Komet am Himmel der dramatischen Kunst, scheint während seines Weimarer Aufenthaltes auch mit Arthur Umgang gepflogen zu haben. In Werners Tagebüchern finden sich kurze Bemerkungen dazu, und Arthur Schopenhauer hat sich noch in späteren Jahren der Bekanntschaft mit diesem wunderlichen Menschen gerühmt.

Zacharias Werner stand im Zenit seines Ruhms, als ihn Goethe Weihnachten 1808 von Jena nach Weimar mitbrachte. Das Luther-Schauspiel WEIHE DER KRAFT war 1806 in Berlin ein großer Bühnenerfolg gewesen, Arthur hatte es in Hamburg gelesen, hingerissen vom Monströsen der Aktion und vom Pathos der Sprache.

Zacharias Werner stammte aus Königsberg, wo er im selben Haus heranwuchs wie der acht Jahre jüngere E. T. A. Hoffmann. Die hysterische Mutter sah im Knaben einen wiederverkörperten Christus. Zacharias ließ sich das gerne gefallen, später sattelte er um und wurde Dichtergott. Als Schiller starb, frohlockte er: »Welcher Posten ist jetzt vakant!« Auch andere, beispielsweise Iffland und Madame de Staël, trauten Werner die Schillernachfolge zu. Goethe hatte zunächst gespottet über die WEIHE DER KRAFT: »kräftiger Weihrauch«. Aber als dann Zacharias Werner so hübsche Sonettchen auf das Minnchen Herzlieb in Jena fabrizierte, war auch Goethe angetan und nahm den Minnesänger mit nach Weimar. Allerdings blieb sein Verhältnis zu ihm höchst ironisch. Nach der Weimarer Aufführung des Wernerschen Schauspiels WANDRA krönte Goethe den Dichter beim Festmahl mit einem Lorbeerkranz, der zuvor einen Schweinskopf geziert hatte. In Weimar wurde Werner bald zur skandalumwitterten Figur. Einmal hatte er sich zu einer Abendgesellschaft verspätet, man schickte eine Dienstbotin, die kam schreiend zurückgelaufen: Werner hatte sie zu vergewaltigen versucht. In späteren Jahren wurde Werner wieder fromm: 1814 zum katholischen Priester geweiht, etablierte er sich in Wien als Bußprediger, eine Art Flagellant für die besseren Stände.

Arthur hatte Werner schon in Gotha kennengelernt und sich durch die illustre Bekanntschaft geschmeichelt gefühlt. In Weimar nun läßt er sich von Werner für das Theater begeistern.

Häufige Theaterbesuche waren in Weimar, das sonst wenige Vergnügungen zu bieten hatte, durchaus üblich. Arthur machte da keine Ausnahme, aber ihm bedeutete das Theater doch mehr als nur abendlichen Zeitvertreib. Auffällig ist, wie sich frühe philosophische Reflexionen Arthurs gerade am Theater, insbesondere am Trauerspiel, entzünden. Bei Sophokles zum Beispiel kommt ihm die Idee zu einem Platonismus der Misere: Wie wäre es, so fragt er sich, wenn die wirkliche Misere gar nicht wirklich ist, sondern nur ein »Bild« des »in der Ewigkeit vorhandenen wirklichen Übels« (HN I, 9). Wir projizieren nicht die wirkliche Not in den Himmel, sondern umgekehrt das Übel des Himmels projizieren wir in unsere Wirklichkeit und machen dadurch alles noch viel schlimmer. Das unmittelbar wirkliche Übel eine Illusion? Der mutige Blick ins metaphysische Übel eine Entlastung vom gegenwärtigen Übel? Arthur, der Untermieter eines Hutmachers und Zaungast im Salon der Hofrätin Schopenhauer, erwägt, um Gelassenheit zu finden, die Strategie, das wirkliche Übel durch metaphysische Überbietung zu entwirklichen. An dieser Strategie wird Arthur weiter feilen, aber zum Vortrag bei den Abendgesellschaften Johannas eignet sie sich nicht.

Die gesellschaftlichen Erfolge Johannas rufen die Neider auf den Plan. Es scheint nicht Absicht, sondern eher Zufall zu sein, daß Arthur unter sie gerät. Da ist beispielsweise Passow.

Die Mutter hatte ihn als Privatlehrer verpflichtet. Dieser ehrgeizige junge Philologe, den Goethe im Sommer 1807 aus Halle ans Weimarer Gymnasium holte, versuchte übereifrig Goethes »Diatriben« gegen die moderne Literatur zu überbieten, indem er auch Schiller kritisierte. Goethe, in Treue zum verstorbenen Freund, ließ daraufhin durchblicken, daß er in Gesellschaften, die er besuche, die Anwesenheit Passows nicht wünsche. Johanna erwuchs die peinliche Aufgabe, den Lehrer ihres Sohnes auszuladen. Passow war natürlich tief gekränkt. An Goethe aber konnte er sich nicht reiben, so ließ er seinen Ingrimm an Johanna aus. Einem Bekannten schreibt er: »Sie wissen wohl, daß die bewegliche und geschwätzige Madame Schopenhauer alle Winter gewisse Repräsentationstees hält, die sehr langweilig sind, ... zu denen sich aber alles Gebildete und Bildung Vorgebende drängt, weil Goethe häufig dort zu sehen war.«

Man kann sich denken, was Arthur von Passow, den er fachlich schätzte und bei dem er zeitweilig sogar wohnte, über seine Mutter zu hören bekommt. Passow war ein Mensch des Ressentiments. Er verbarrikadierte sich in der Antike und schoß von dort aus seine Invektiven gegen die sogenannten ›Schöngeister‹. In Gesellschaft pflegte er stumm zu bleiben, doch sein Schweigen empfand man als arrogant, auch etwas Belauerndes lag darin. Sogar Goethe brachte das aus dem Konzept, so daß, wie Riemer berichtet, »das, was humoristisch und geistreich herausgekommen wäre, nur ernst trocken und einsilbig ablief«.

Die Leute, die bei Johanna verkehrten, pflegte Passow mit dem Ausdruck zu bezeichnen: »die gewöhnlichen Zweifüßler«. Neben philologischen Kenntnissen hat Arthur diesen Ausdruck von seinem übellaunigen Schulmeister übernommen. Arthur Schopenhauer wird allerdings seinen Geltungsbereich ins Monströse erweitern.

Eine andere Weimarer Zelebrität, mit der er Umgang pflegte und die ebenfalls in einem gespannten Verhältnis zu Johanna Schopenhauer stand, war Johannes Daniel Falk.

Falk war ein Schriftsteller, der nach 1806 zum Legationsrat avancierte (zuvor trat er als Gegner Napoleons in Erscheinung!). Er organisierte in Weimar ein Waisenhaus, wirkte hier, als Vorkämpfer der Inneren Mission, durchaus segensreich. Seine Leidenschaft und zugleich Schwäche aber war der übergroße gesellschaftliche Ehrgeiz. Die Urteile der Zeitgenossen über diesen Mann sind wenig schmeichelhaft. Riemer nennt ihn einen »unerträglichen Schwätzer«, dessen Suada nur stockte, wenn ein Höhergestellter am Horizont sichtbar wurde, zu dem er sogleich hinflatterte. Sonst aber galt: »Zwischen den Fluß seiner Rede war es nicht möglich eine Stecknadel einzuschieben« (Riemer). Auch Johanna mokierte sich über die Prätentionen dieses Mannes, mit dem sie, da er auch aus Danzig stammte, fast als erstem in Weimar eine Verbindung angeknüpft hatte. Sie schreibt über ihn in einem Brief an Arthur: »Seine Vornehmthuerey ist in der That so unerträglich als unklug, denn er wird aller Welt damit zur Last, und am Ende werden ihm alle bürgerlichen Thüren verschlossen werden, wofür er an den Höfen schwerlich Ersatz finden möchte.« Falk seinerseits nun war auch nicht gut auf Johanna zu sprechen, denn die Hofrätin aus Danzig brachte die Weimarer Hackordnung durcheinander. In seinem Buch GOETHE AUS NÄHERM PERSÖNLICHEN UMGANGE DARGESTELLT vermeidet er es geflissentlich, bei der Wiedergabe der zahlreichen Gespräche, die er mit Goethe bei Johanna geführt hatte, den Ort der Begegnung auch nur zu erwähnen.

Mit Falk also hat Arthur näheren Umgang, er reist mit ihm zusammen im September 1808 zum Fürstenkongreß nach Erfurt. Goethe war dorthin gerufen worden, Napoleon wollte ihn sehen und sprechen. Falk, Arthur und noch einige andere bildeten den Kometenschweif. Die alten und die neuen Dynastien, herbeizitiert von ihrem Protektor, gaben sich hier ein prunkvolles Stelldichein. Arthur jedoch zeigt sich wenig beeindruckt. Falk gegenüber »skandalisiert« er sich »über die Hofdamen..., die den Völkerunterdrücker vor der Komödie für ein Scheusal, *nach* derselben für den liebenswürdigsten Mann der Welt erklärten« (G, 21).

Arthurs Aufenthalt in Weimar neigt sich dem Ende zu. Passow bescheinigt ihm große Lernfortschritte: Im Herbst 1809 werde er die Universität beziehen können. Am 22. Februar 1809 feiert Arthur seinen 21. Geburtstag, er ist jetzt volljährig, die Mutter übergibt dem Sohn seinen Erbanteil, knapp 20 000 Reichstaler, das wirft einen Jahreszins von fast 1000 Talern ab. Davon kann man ganz gut leben. Doch das schönste Geburtstagsgeschenk ist die Teilnahme an der großen Redoute dieses Jahres. Was diesen festlichen, von Goethe und Falk arrangierten Maskenzug im Stadthaus für Arthur so anziehend macht, ist, daß auch Karoline Jagemann daran teilnimmt, der Schauspiel- und Opernstar Weimars, Geliebte des Herzogs und Kontrahentin Goethes. Arthur ist für diese Frau, von deren Schönheit ganz Deutschland schwärmt, entflammt. Beim Maskenzug wird er ihr nahe sein. Sie stellt Thekla vor, er einen Fischer. Thekla aber nimmt vom Fischer keine Notiz. Die Jagemann hat allen Schmuck angelegt, den ihr der Herzog geschenkt hat. Ihre ausschließliche Aufmerksamkeit richtet sich auf die Herzogin: Wie wird sie darauf reagieren? Die Herzogin übersieht den Schmuck der Jagemann, und die Jagemann übersieht Arthur Schopenhauer. Der verlegt sein Trachten aufs Dichten. Zum ersten und letzten Mal versucht er sich als Minnesänger. »Mein Leid würd' mir zu Freuden,/ Sähst du zum Fenster aus«, dichtet er, und: »Dein Fenster hüllt der Vorhang:/ Du träumst auf seid'nem Pfühl« und: »Die Sonne hüllt der Vorhang:/ Bewölkt ist mein Geschick« (HN I, 6). Das wird es in dieser Angelegenheit auch noch eine Weile bleiben, denn die gewinnende Macht solcher Liebeslyrik ist begrenzt. »Diese Frau würde ich heimführen, und wenn ich sie Steine klopfend an der Landstraße fände« (G, 17), gesteht er der Mutter. Karoline Jagemanns Weg führt aber leider nicht zu den Steineklopfern, der Herzog erhebt sie zur Gräfin von Heygendorff. Arthurs Chancen sinken ins Bodenlose.

In Sommer 1809 reisen Arthur und die Mutter noch einmal gemeinsam nach Jena. Sie besuchen Goethe. Dieser hält den Besuch Johannas im Tagebuch fest, Arthur erwähnt er nicht. Johanna bittet Goethe um ein Empfehlungsschreiben für Arthur, der sich für die Universität Göttingen entschieden hat. Ungewiß ist, ob Goethe es vergessen oder verweigert hat, auf jeden Fall wird Arthur am 7. Oktober 1809 sich unempfohlen nach Göttingen auf den Weg machen.

Siebtes Kapitel

*Göttingen. Naturwissenschaftliche Studien. Der Schatten des
Vaters: der Geschmack fürs Solide. Zwischen Platon und Kant,
zwischen Ekstasewunsch und Skepsis.*
ZWEITES PHILOSOPHISCHES SZENARIO:
VON DESCARTES ZU KANT. VON DER VERNUNFT DES GÖTT-
LICHEN ZUR GÖTTLICHEN VERNUNFT. VON DER METAPHYSIK
ZUR SITTLICHKEIT. DIE KARRIERE DES ›DINGS AN SICH‹.
Arthur im Höhlengleichnis.

Warum eigentlich Göttingen? Jena liegt näher, aber vielleicht
will Arthur nach zwei Jahren Weimar zwischen sich und die
Welt der Mutter wieder einen größeren Abstand legen. Auch
ist Jena nicht mehr jener glänzende Mittelpunkt der modernen Bildung wie am Ende des Jahrhunderts, als Fichte, Schelling, die Schlegels, Schiller dort lebten und lehrten.

In Jena hatte es ein Feuerwerk gegeben, Göttingen aber
war der Fixstern unter den deutschen Universitäten. 1734
vom englischen König Georg II. gegründet, erwarb sie sich
bald hohe wissenschaftliche Reputation. Hier hatte sich der
neuzeitliche Geist nicht erst aus theologischer Umklamme-
rung herauswinden müssen. Die Naturwissenschaften, eine
Art spekulativer Empirie, gaben deshalb von vornherein den
Ton an. Albrecht von Haller war um die Mitte des 18. Jahrhunderts der Präzeptor dieser Geistesrichtung in Göttingen.
Er lehrte Medizin, Botanik, Chirurgie, verfaßte lehrhafte politische Romane mit aristokratisch-republikanischer Tendenz;
er gründete das sogenannte »Anatomische Theater«, ein Pan-
optikum aufgeschnittener Körperteile. Auch die Einrichtung
des botanischen Gartens und einer Entbindungsanstalt gehen
auf diesen rührigen Aufklärer zurück. Um die Physiologie hat
er sich bleibende Verdienste erworben. Haller machte seinen
ganzen Einfluß geltend, um Göttingen zur Hochburg ›mo-
derner‹ Naturwissenschaft werden zu lassen. Der berühmte
Satiriker und Aphoristiker Georg Christoph Lichtenberg
lehrte an der Georgia Augusta die Fächer Physik und Mathematik; Carl Friedrich Gauß leitete die Göttinger Stern-

warte und lehrte Mathematik; eine Zelebrität der gelehrten Welt war auch der Anatom und Anthropologe Johann Friedrich Blumenbach; Arthur Schopenhauer hat bei diesem Patriarchen aus der guten alten Zeit noch Vorlesungen gehört. Das naturwissenschaftliche Renommee der Göttinger Universität war es denn auch, das A. W. Schlegel die Empfehlung aussprechen ließ, daß, wer sich schöngeistigen und spekulativen Materien hinzugeben beabsichtige, in Göttingen zunächst die soliden Fundamente der Empirie legen sollte. Schlegel nannte die Georgia Augusta einen »Mittelpunkt deutscher Gelehrsamkeit«, wo man »mit jedem wissenschaftlichen Zuwachs des Zeitalters gleichen Schritt halten« könne. Wissenschaftlich auf die Höhe der Zeit kommen – das wollte auch der spätberufene und deshalb um so ehrgeizigere Arthur. Göttingen war aber auch in einem anderen Betracht auf der Höhe der Zeit: Die Universität hatte etwas Mondän-Vornehmes. Adel und besseres Bürgertum schickten ihre Söhne gerne an diese Universität, an der neben den Naturwissenschaften auch die englisch inspirierten Staatswissenschaften gediehen. Wer von Ludwig Schlözer oder Johann Stephan Pütter sich examinieren ließ, dem stand die höhere Staatslaufbahn offen. Deshalb fand hier wohl auch der studentische Dünkel einen besonders günstigen Nährboden. Die Stadtverwaltung versuchte den Viehbestand einzuschränken, weil die Studenten sich vom Anblick der Kühe gestört fühlten. Die Handwerksburschen hinwieder vertrugen sich mit den Kühen, nicht aber mit den Studenten. Häufig kam es zu Krawallen. Immer wieder ging es dabei um das »Gossenrecht«, darum nämlich, wer wem auf der Straße Platz zu machen habe. Aus Rempeleien wurden Zusammenrottungen, wechselseitige Rachefeldzüge gegen Gesellenquartiere und landsmannschaftliche Verbindungshäuser. Wenn die jungen Herren trotz Degen gegen die Handwerksburschen (ein »Stück Fleisch ohne Sinn, Witz und Verstand« nennt sie ein Kommersbuch von damals) unterlagen, dann kam es manches Mal zu einem sogenannten »Auszug«. Die Studenten verließen die Stadt, und die Bürgerschaft, in Angst um eine lukrative Einnahmequelle, mußte die feinen Herrschaften um Rückkehr bitten. Die verlangten Genugtuung. So wurden die Handwerksburschen gemaßregelt, die talentiertesten unter ihnen verfaßten sogar Entschuldigungsverse. Zur Feier der Rückkehr gewährten Gastwirte Zechfreiheit. Es durfte die ganze Nacht hindurch gelärmt werden.

Daran, daß in Göttingen das Studentenvolk besonders über die Stränge schlägt, erinnert sich auch Heinrich Heine. »Einige behaupten sogar«, schreibt Heine in der HARZREISE, »die Stadt sei zur Zeit der Völkerwanderung erbaut worden, jeder deutsche Stamm habe damals ein ungebundenes Exemplar seiner Mitglieder darin zurückgelassen, und davon stammten all die Vandalen, Friesen, Schwaben, Teutonen, Sachsen, Thüringer usw., die noch heut zu Tage in Göttingen, hordenweis, und geschieden durch Farben der Mützen und der Pfeifenquäste, über die Weenderstraße einherziehen, auf den blutigen Walstätten der Rasenmühle, des Ritschenkrugs und Bovdens sich ewig unter einander herumschlagen, in Sitten und Gebräuchen noch immer wie zur Zeit der Völkerwanderung dahinleben.«

Arthur Schopenhauer fühlt sich zum edleren Teil dieser ortsansässigen Mischung aus Randale und Blasiertheit, Eleganz und Rauflust hingezogen. Von Lärm und Umtrieben hält er sich fern, die Pistole bleibt über dem Bett hängen. Seine Rauflust beschränkt sich aufs Debattieren, das er allerdings im kleinen Bekanntenkreis manchmal auch recht grobianisch betreibt. Der Studiengefährte Karl Josias von Bunsen, der spätere Vertreter Preußens beim Heiligen Stuhl, berichtet: »Sein Disputieren ist rauh und eckig und sein Ton trotzig wie seine einzige Stirn, sein Absprechen im Eifer und seine Paradoxie furchtbar.«

Als Stadt hat Göttingen wenig sonderlich Anziehendes; Heine findet sie am schönsten, wenn man sie »mit dem Rükken ansieht«. Er schreibt: »Die Stadt Göttingen, berühmt durch ihre Würste und Universität, gehört dem König von Hannover, und enthält 999 Feuerstellen, diverse Kirchen, eine Entbindungsanstalt, eine Sternwarte, einen Karzer, eine Bibliothek und einen Ratskeller, wo das Bier sehr gut ist.«

In dieser Stadt wird Arthur Schopenhauer zwei Jahre verbringen. Über die äußeren Umstände seines Lebens wissen wir wenig. Seit dem zweiten Semester wohnt er beim Professor

Schrader in dessen Dienstwohnung im botanischen Garten. Schopenhauers Lebensrhythmus, den er bis in sein hohes Alter beibehält, bildet sich hier heraus. Die frühen Morgenstunden werden für die anspruchsvolle geistige Arbeit genutzt, er entspannt sich beim Flötenspiel. Nachmittags unternimmt er größere Spaziergänge; abends besucht er das Theater oder gesellige Kreise. Umgang pflegte er mit Friedrich Osann, mit Lewald, beide kennt er noch aus der Gothaer Zeit; mit Carl Julius von Bunsen und William Backhouse Astor, dem Sohn des nach Amerika ausgewanderten steinreichen Pelzhändlers Johann Jakob Astor; den später berühmten Altphilologen Karl Lachmann lernt er kennen, ebenso Karl Witte, den Wunderknaben, der im zarten Alter von zehn Jahren die Universität bezieht. Herzensfreundschaften waren diese Beziehungen nicht, sie brechen deshalb auch ab, nachdem Arthur Göttingen verlassen hat. Später kommt es nur noch zu mehr oder weniger zufälligen Begegnungen.

In diesem Bekanntenkreis ist Arthur der unbestrittene Mittelpunkt; hier hört man, anders als im Hause der Mutter, auf seine »Orakelsprüche«; hier findet sein »Disputiergeist« keine Schranken, hier behält er recht. Doch vielleicht mißt er gerade deshalb diesem Umgang keinen großen Wert bei. In seinem 1819 verfaßten *Lebenslauf* schreibt er: »Während zweier in Göttingen verlebter Jahre lag ich mit dem anhaltenden Fleiße, an welchen ich bereits gewohnt war, den wissenschaftlichen Studien ob, von denen mich der Umgang mit den anderen Studenten durchaus nicht abzuhalten oder wegzulocken vermochte, weil mein reiferes Alter, meine reichere Erfahrung und mein grundverschiedenes Naturell mich jederzeit zur Absonderung und Einsamkeit führten« (B, 653).

Sein Studienfleiß konzentriert sich zunächst auf die Naturwissenschaften. Er hat sich im Fach Medizin immatrikuliert. Wollte er damit den Wünschen der Mutter, die ein »Brotstudium« empfohlen hatte, willfahren?

Schon aus den frühen Aufzeichnungen kennen wir Schopenhauers philosophische Neigungen. Das Studium der Medizin damals verlangt durchaus nicht eine Abkehr von diesen Neigungen. Kant selbst hatte die Medizin als eine der Philosophie benachbarte Disziplin angesehen: An der Empirie des Leibes möge der Spekulationsgeist lernen, was er besser unterlassen sollte. Die kosmischen Grundkräfte Repulsion und Attraktion ließen sich auch gut am Körper studieren; die Diätik des Geistes, die praktische Philosophie also, und die Diätik des Leibes seien aufs engste miteinander verwandt. Soweit Kant, der die Medizin zur philosophischen Würde erhob. Und der Naturwissenschaftler und Mediziner Blumenbach, bei dem Arthur Vorlesungen über Naturgeschichte, Mineralogie und vergleichende Anatomie hört, betreibt sein Metier im Glanze dieser Würde. Blumenbach, der sich als »Physikus« versteht, akzeptiert nicht die Machtsprüche der traditionellen Metaphysik. Er mutet seiner Wissenschaft die Kompetenz zu, Antwort auf die sogenannten ›letzten Fragen‹ geben zu können. Blumenbachs Physik will auch die metaphysische Neugier befriedigen: Den ›Keim des Lebens‹ führt er auf chemische Stoffverbindungen zurück; er bekämpft den Mittelpunktsdünkel des Menschen mit Betrachtungen über die fossile Vorwelt, zieht als erster aus den Versteinerungen Schlüsse auf die gigantischen Zeiträume der Erdgeschichte; er lehrt Bescheidenheit, nicht so sehr vor Gott, sondern vor der empirischen Natur; den Menschen nennt er respektlos »das vollkommenste aller Haustiere«. Arthur Schopenhauer studiert bei Blumenbach die Physiologie, später wird er diesen Wissenszweig den »Gipfelpunkt der gesamten Naturwissenschaft« nennen. In Blumenbachs Physiologie lernt Schopenhauer den Begriff des »Bildungstriebes« kennen.

Blumenbach verstand darunter eine Art ›organischer Lebenspotenz‹, die sich den Begriffen des Mechanismus entzieht. Kant hatte die Bildungstriebtheorie gelobt, Schelling sie einen »wagenden Schritt außerhalb der mechanischen Naturphilosophie« genannt, auch Goethe äußerte sich anerkennend: Das Rätsel der Sache sei in einem rätselhaften Begriff gut aufgehoben.

Bei Blumenbach also war der feste Boden der Tatsachen naturphilosophisch tüchtig unterpflügt. Schopenhauers philosophische Neigungen brauchten sich hier nicht zu verstekken. Zwischen den Kollegs bei Blumenbach und der häuslichen Lektüre von Schellings WELTSEELE lagen noch keine Welten wie später zwischen Naturphilosophie und exakten

Naturwissenschaften. Doch erst im dritten Semester wird Schopenhauer sich ausschließlich der Philosophie zuwenden. In seinem *Lebenslauf* schreibt er: »Nachdem ich aber mich selbst und zugleich die Philosophue ... einigermaßen kennengelernt hatte, änderte ich meinen Vorsatz, gab die Medicin auf und widmete mich ausschließlich der Philosophie.« Was ist es, das er an sich selbst »kennen gelernt hatte« und was ihn der Philosophie sich »ausschließlich« hingeben läßt?

In Hamburg hatte er seine philosophischen und schöngeistigen Neigungen als Eskapismus gegen die vom Vater vorgezeichnete Lebensbahn gepflegt. Mit dem Abbruch der Kaufmannslehre hatte er den ersten praktischen Schritt gegen den Vater getan. Jetzt ist die Welt des Geistes nicht mehr etwas, womit er die vom Vater oktroyierten Lebenspflichten ausbalancieren muß. Er hat die Seite gewechselt, er hat den Ausbruch aus der Welt des Vaters gewagt, aber noch verfolgt ihn der Schatten; er gibt dem Ausbruch etwas Väterliches: In der Welt des Geistes favorisiert er nun weniger den Eskapismus, er bevorzugt zunächst das Solide, Exakte. Deshalb die Hinwendung zur Naturwissenschaft, deshalb auch sein Eifer im Studium der alten Sprachen und der ›Klassiker‹; mit kaufmännischer Gewissenhaftigkeit will er zuerst das Grundkapital der Bildung zusammenbekommen, ehe er sich auf gewagte Unternehmungen einläßt. Erst nach drei Semestern erlaubt er sich den Ausbruch im Ausbruch. Erst mit der Entscheidung für die Philosophie wird die radikale Abkehr von bürgerlichen Zweck- und Nützlichkeitserwägungen vollzogen.

Schopenhauer gibt dieser Emanzipation seiner philosophischen Leidenschaft von den Zwecken bürgerlicher Lebenserhaltung einen prägnanten und zugleich schroffen Ausdruck in einem Gespräch, das er bei einem der gelegentlichen Besuche in Weimar mit dem alten Wieland führt. Dieser hatte vor einem solch »unpraktischen Studium« wie dem der Philosophie gewarnt. Arthur antwortet: »Das Leben ist eine mißliche Sache, ich habe mir vorgesetzt, es damit hinzubringen, über dasselbe nachzudenken« (G, 22).

Obwohl Wieland selbst eher einer Philosophie des Glücks zuneigt und der philosophischen Reflexion allenfalls skeptische Dämpfung des vitalen Überschusses erlaubt, ist er von einer solchen Entschiedenheit, wie sie Arthur Schopenhauer neuerdings an den Tag legt, doch sehr beeindruckt. »Ja es scheint mir jetzt«, antwortet der alte Herr, »Sie haben recht getan... junger Mann, ich verstehe jetzt ihre Natur; bleiben Sie bei der Philosophie« (G, 22). Das Leben ist eine mißliche Sache, er möchte darüber nachdenken, ungestört, unabgelenkt durch seine Verstrickungen – so lautet Arthurs Programm. Er strebt wieder und immer noch das Erlebnis der Bergeshöhe an. Am Ende seiner Göttinger Jahre, während einer Harzreise 1811, notiert er: »Die Philosophie ist eine hohe Alpenstraße, zu ihr führt nur ein steiler Pfad über spitze Steine und stechende Dornen: er ist einsam und wird immer öder, je höher man kommt, und wer ihn geht, darf kein Grausen kennen, sondern muß alles hinter sich lassen und sich getrost im kalten Schnee seinen Weg selbst bahnen. Oft steht er plötzlich am Abgrund und sieht unten das grüne Thal: dahin zieht ihn der Schwindel gewaltsam hinab; aber er muß sich halten und sollte er mit dem eigenen Blut die Sohlen an den Felsen kleben. Dafür sieht er bald die Welt unter sich, ihre Sandwüsten und Moräste verschwinden, ihre Unebenheiten gleichen sich aus, ihre Mißtöne dringen nicht hinauf, ihre Rundung offenbart sich. Er selbst steht immer in reiner kühler Alpenluft und sieht schon die Sonne, wenn unten noch schwarze Nacht liegt« (HN I, 14).

Welchem Licht strebt Schopenhauer entgegen, welche Sonne ist damals für ihn am philosophischen Himmel aufgegangen? Sein erster philosophischer Lehrer, der skeptische Kantianer Gottlob Ernst Schulze, hat ihm zwei Gestirne gewiesen: Platon und Kant. Schulze ist ein kenntnisreicher und listiger Mann, der es versteht, Gegensätze skeptisch auszubalancieren. Bei Platon findet man noch die alte, selbstsichere Metaphysik, bei Kant trifft man überall auf den Vorbehalt gegen metaphysische Grenzüberschreitungen.

Platon und Kant – zwischen diesen beiden Polen bewegt sich tatsächlich der philosophische Zeitgeist, der über Kant hinausgehend nach einer erneuerten Metaphysik strebt, die das Ganze – Gott und die Welt – nach Gesetzen konstruieren will, die man soeben mit Hilfe Kants im Subjekt entdeckt hatte.

Kant, diese Mischung aus Rokoko und Pietismus, hatte die ehrwürdigen philosophischen Wahrheiten – Unsterblichkeit der Seele, Freiheit, die Existenz Gottes, Anfang und Ende der Welt – auf einer frivolen Spitze balancieren lassen: Sie galten und sie galten doch auch nicht. Die Probleme der Metaphysik lassen sich nicht lösen, lehrt Kant, und wenn wir sie doch immer wieder aufwerfen müssen, so ist es das beste, die jeweilige Antwort nicht allzu ernst zu nehmen. Läßt sich mit einer Antwort leben, so kann man sie im Sinne des ›als ob‹ gelten lassen. Das ist der rokokohafte, augenzwinkernde Epikureismus Kants.

In dieser frivolen Balance des ›als ob‹ konnten sich die Wahrheiten nicht lange halten, sie mußten abstürzen und wieder ernsthaft werden. Fichte, Schelling, Hegel – sie werden das ›als ob‹ nicht dulden, sie werden wieder mit der erneuerten Selbstgewißheit des Absoluten philosophieren. Die neue Absolutheit aber – soweit reicht die Wirkung Kants immerhin – wird die Absolutheit des Subjektes sein.

Noch ehe Arthur Schopenhauer Kant richtig schätzen lernte, hatte er doch schon dessen Raffinement und Frivolität im Umgang mit den sogenannten letzten Fragen begriffen. »Epikur ist der Kant der praktischen Philosophie, wie Kant der Epikur der spekulativen« (HN I, 12), so lautet eine Randglosse Schopenhauers von 1810.

Epikur hatte bekanntlich die Existenz der Götter auf sich beruhen lassen, hatte die praktische Sittlichkeit von himmlischen Verpflichtungen und Versprechungen losgebunden und statt dessen das ganz diesseitige Glückstreben und die Vermeidung von Leid und Schmerz in den Mittelpunkt einer pragmatischen Lebensklugheit gerückt. Er hatte den absoluten Werten nur noch eine ›als-ob‹-Geltung zugebilligt. Wenn sie eine dem Glück dienliche Rolle spielen können, kann man sich ihrer bedienen; es handelt sich dann um lebensfreundliche Fiktionen, die Wirklichkeit nur gewinnen mit dem Beitrag, den sie zur Verkörperung des Glückes leisten.

Wenn Schopenhauer Kant als den Epikur der spekulativen Philosophie bezeichnet, so zeigt er damit, daß er von Kant schon einiges begriffen hat. Die Unerkennbarkeit des ›Dings an sich‹ spielt bei Kant tatsächlich eine ähnliche Rolle wie bei Epikur die Götter, die der antike Lebenskünstler auch gerne auf sich beruhen lassen wollte.

Kant war die große Zäsur am Ende des 18. Jahrhunderts. Nach seinem Auftreten war im abendländischen Denken nichts mehr wie zuvor, und das wußte er auch. »Bisher nahm man an«, schreibt er, »alle unsere Erkenntniß müsse sich nach den Gegenständen richten... Man versuche... einmal, ob wir nicht besser fortkommen, daß wir annehmen, die Gegenstände müssen sich nach unserer Erkenntniß richten... Es ist hiermit eben so, als mit den ersten Gedanken des Kopernikus bewandt, der, nachdem es mit der Erklärung der Himmelsbewegungen nicht gut fort wollte, wenn er annahm, das ganze Sternenheer drehe sich um den Zuschauer, versuchte, ob es nicht besser gelingen möchte, wenn er den Zuschauer sich drehen und dagegen die Sterne in Ruhe ließ.«

Kant hatte seine Untersuchungen im Stile der alten Metaphysik begonnen, indem er nach den Apriofitäten des Denkens fahndete, d. h. nach Gewißheiten, die dem Denken *vor* aller Erfahrung (Physis) gegeben sind und daher, herkömmlicherweise, eine Meta-physik begründen können. Kant findet solche *Gewißheiten vor aller Erfahrung,* aber, so zeigt er, sie gelten nur *für* die Erfahrung – sie können keine Metaphysik mehr begründen. Das war der Paukenschlag, das ›a priori‹ war vom Himmel heruntergestürzt; statt vertikaler Verankerung gewährte es jetzt nur noch horizontale Orientierung.

Man muß auf Descartes zurückblicken, um den neuerlichen Modernitäts- und Säkularisierungsschub, der sich mit Kant vollzieht, ermessen zu können.

Bei Descartes schon hatte die Vernunft ihr stolzes Haupt erhoben und der *offenbarte* Gott an Kraft verloren. Man mußte ihm beistehen. Descartes beweist aus der Selbstreflexion der Vernunft, weshalb es, ebenso wie eine Welt, auch einen Gott geben muß. Kant beweist aus der Selbstreflexion der Vernunft, weshalb es die Fiktion Gottes geben muß. Das ist der Abgrund, der die beiden trennt. Bei Descartes ist Gott immerhin schon zu einem vernunftbegründeten Wesen heruntergebracht, bei Kant ist er noch einmal dramatisch geschrumpft: bis zur »regulativen« Idee.

Womit Descartes schon vor Kant begonnen hat, ist: die Suche nach der letzten metaphysischen Gewißheit mit der Selbstreflexion der Vernunft beginnen und auch hier enden zu lassen. In Descartes wirkt schon der Geist der Moderne, denn natürlich ist ihm nicht – was er jedoch vorgibt – die Welt zweifelhaft geworden, sondern nur die Existenz Gottes. Deshalb zieht er aus seinem berühmten »Cogito ergo sum« nicht so sehr einen Weltbeweis (der gänzlich überflüssig ist) hervor, sondern einen Gottesbeweis. Descartes aber gerät mit seinem vernunftbewiesenen Gott in gefährliches Gelände, denn er setzt mit seinen Untersuchungen den selbstherrlichen Geist der Analyse frei, der schließlich auch die mächtigste Synthese, eben Gott, auflösen wird. Das jedoch wird nicht das Werk Descartes', sondern das seiner Nachfolger sein.

Descartes selbst, dieser Prometheus der Modernität, der ›zersetzenden‹ Analyse und der monströsen mathematischen Konstruktionen: er sitzt zwanzig Jahre in seinem holländischen Exil am Kamin, blickt aus dem Fenster, wo es Winter, Frühling, Sommer, Herbst und wieder Winter wird. Beobachtet die Genrebilder des Lebens draußen: die Menschen mit großen Hüten auf den verschneiten Straßen; die Möwen auf der Gartenmauer; spielende Kinder nach einem Sommerregen; in den Pfützen das Blau des Himmels; Markttage im Herbst; kichernde Mägde unter dem Fenster; abends das Prasseln des Feuers im Kamin. Es sind Meditationen, denen Descartes in diesem besänftigten Leben nachhängt. Meditationen der Stille, der Passivität, des Gewährenlassens. Meditationen, die, wie eigenartig, den Furor des Machens und der Herrschaft entbinden. Im Herzen des Orkans ist es still, auch diesmal wieder.

Der Cartesianismus, das Universum der Rationalität, entspringt an dem archimedischen Punkt des Rückzugs, der Stille. Die vernünftigen Selbstgewißheiten Descartes sind, auch wenn noch soviel von der »Mathesis« der Ordnung und den »Dedukationen« die Rede ist, eingebunden in die Endlosschleifen der Meditation. Deshalb ist es auch so töricht, das Descartessche ›Cogito‹ mit jenem abgemagerten Vernunftsbegriff der modernen Rationalität einfach zu identifizieren. Descartes' Meditationen sind wirklich ein Dialog mit Gott. Bei Descartes gilt: Die Vernunft, womit ich Gott erkennen kann, macht mich zu Gottes Eigentum. Nicht ich bemächtige mich Gottes mit meiner Vernunft, sondern umgekehrt: Gott bemächtigt sich meiner in meiner Vernunft. Das Verhältnis aber steht auf der Kippe: Nur eine winzige Bewegung, und alles wird sich verändert haben: Aus dem vernunftbegründeten Gott wird die göttliche Vernunft.

Die Descartessche »Mathesis universalis«, vom ebenfalls in meditativer Stille grübelnden Spinoza noch überboten, und die erfahrungshungrigen Streifzüge des englischen Empirismus (Locke, Hume) hatten die rationale Werk- und Welttätigkeit und die Selbstbehauptung der Sinnlichkeit auf die Bahn gebracht, ohne doch die stolze Vernunft vorerst in die metaphysische Obdachlosigkeit geraten zu lassen.

Die skeptischen oder spirituellen Bedenklichkeiten Montaignes und Pascals konnten den prunkenden Gang der Vernunft nicht hemmen. In Leibniz und dann in Christian Wolff wird das Ganze, Gott und die Welt, noch einmal grandios zusammengebracht. Unproblematisch, ob induktiv oder deduktiv, vollzieht sich der große Grenzverkehr zwischen dem Himmel und der besten aller Welten. Alles ist ein Kontinuum, die Natur macht keine Sprünge, für die Übergänge sind die »perceptions petites« (unbewußten Wahrnehmungen) und ist die Infinitesimalrechnung zuständig. Genau dies: Leibniz lehrt sein Jahrhundert, mit dem Unendlichen zu rechnen, unterstützt vom Genie des musikalischen Rechenmeisters Johann Sebastian Bach, der die »Mathesis universalis« zur klingenden Andacht vor Gott erhebt.

Kant sucht im Stil der herkömmlichen Metaphysik nach den Apriolitäten des Denkens, und er wird fündig wie keiner vor ihm. Einen ganzen Apparat von Apriolitäten führt er vor: die Anschauungsformen des Raumes und der Zeit, einen komplizierten Mechanismus von Kategorien des Verstandes, eine wahre Walkmühle der »Apperzeption«, die den Erfahrungsstoff zu dem kleinarbeitet, was wir schließlich wahrnehmen und begrifflich fassen können. Alles dies Apriolitäten, d. h. lauter Vorrichtungen, mit denen wir als Subjekte ausgestattet sind, noch ehe der Erfahrungsstoff in uns hineinkommt. Diese Apriolitäten aber, das weist Kant nach, verknüpfen uns nicht mehr mit dem Himmel. Sie existieren *vor* aller Erfahrung, also diesseits, nicht aber jenseits der Erfahrung; sie verweisen nicht auf *Transzendentes,* sie sind lediglich *transzendental.* Sie sind die Bedingungen, die reine Form jeder möglichen Erfahrung, metaphysisch sind sie uninteressant, sie sind nur von erkenntnistheoretischem Interesse. Wenn wir sie ins Auge fassen, transzendieren wir die Erfahrung in Richtung auf die Bedingung ihrer Möglichkeit, also horizontal, nicht vertikal. Das Kantsche ›Transzendentale‹ ist in gewissem Sinne das Gegenteil des ›Transzendenten‹, da die transzendentale Analyse gerade in dem Nachweis besteht, daß und warum wir keine Erkenntnis des Transzendenten haben können. Kein Weg führt vom Transzendentalen zur Transzendenz. Ein Beispiel: Unser Verstand ordnet den Erfahrungsstoff nach Kausalitätsprinzipien. Gegen den Sensualisten David Hume, der die Kausalität als Wahrscheinlichkeitsannahme aus der Erfahrung ableitet, also a posteriori setzt, weist Kant nach, daß wir die Kausalität nicht aus der Erfahrung gewonnen haben, sondern mit ihr an die Erfahrung herangehen, d. h. a priori den Gegenständen unserer Erfahrung beilegen. Kausalität ist also nicht, nach Kant, ein Schema der Welt draußen, sondern ein Schema unseres Kopfes, das wir über die Welt draußen legen. Dieses Kausalitäts-Apriori existiert – nur für den Bereich der Erfahrung. Mit dem Kausalitätsprinzip einen Gott als ersten Verursacher herauswickeln zu wollen heißt den Bereich jeder möglichen Erfahrung überschreiten, heißt einen falschen Gebrauch von einer Verstandeskategorie machen. Mit diesem Kantschen Nachweis zerreißen die über zwei Jahrhunderte hin prachtvoll geknüpften Argumentationsketten des vernünftigen Gottesbeweises. Kant hat die traditionelle Metaphysik zerstört und die moderne Erkenntnistheorie aus der Taufe gehoben. Er nimmt das Denken in die Disziplin und rechnet ihm scharfsinnig vor, bei welchen Gelegenheiten und von welchen Anreizen verlockt es über die Stränge schlägt und in den seligmachenden Gefilden herumwildert, wo es nichts zu suchen hat. Kant rückt die Lust an der Spekulation, der er in seinen Frühschriften über die Entstehung der Welt ebenfalls gefrönt hatte, in die Nachbarschaft windiger Geschäftemacher, die auch reüssieren wollen, indem sie ihr Konto überziehen. Wahrscheinlich haben ihn die phantastischen Streifzüge des schwedischen Theosophen Swedenborg (1688-1772) dazu stimuliert, Reviere abzustecken. Er will sich, schreibt Kant, gedulden, »bis die Herren ausgeträumt haben«, um sie dann an der Hand seiner knochentrockenen Erwägungen in die verborgene Werkstätte ihrer Trugbilder zu führen. In der Auseinandersetzung mit dem hochpopulären »Geisterseher« Swedenborg wird ihm die Dringlichkeit eines Unternehmens bewußt, das »sich nicht so wohl mit Gegenständen, sondern mit der Erkenntnisart von Gegenständen« beschäftigt. Gegen das Delirium der Einweihung ins Transzendente will er die Besonnenheit des Transzendentalen setzen. Eine andere Gelegenheitsschrift aus der Zeit der Arbeit an der großen KRITIK DER REINEN VERNUNFT trägt den vielsagenden Titel VERSUCH ÜBER DIE KRANKHEIT DES KOPFES. Sie beschäftigt sich mit einem anderen Metaphysikus, der auch aus dem Ruder läuft, dem sogenannten »Ziegenpropheten« Jan Komarnicki, der damals in Königsberg sein Wesen trieb. Barfüßig, in Tierfelle gehüllt, umgeben von vierzehn Kühen, zwanzig Schafen und sechsundvierzig Ziegen, erging er sich in Prophezeiungen über Gott und die Welt.

Kant scheut keinen Aufwand, um das Wunderbare zum Wunderlichen herabzustufen. Das große epochemachende Werk der KRITIK DER REINEN VERNUNFT wächst aus solchem Handgemenge heraus.

Arthur Schopenhauer, der in seiner Göttinger Zeit mit der Kant-Lektüre beginnt, sieht in dem Königsberger Philosophen zunächst nur den Spielverderber der Metaphysik, für deren Verheißungen er vorläufig noch empfänglich ist. In einer Randglosse Schopenhauers von 1810 heißt es: »Einer erzählt eine Lüge: ein andrer, der die Wahrheit weiß, sagt, dies ist Lug und Trug, und hier habt ihr die Wahrheit. Ein Dritter, der die Wahrheit *nicht* weiß, aber sehr scharfsinnig ist, zeigt Widersprüche und unmögliche Behauptungen in jener Lüge auf und sagt: darum ist es Lug und Trug. Die Lüge ist das Leben, der Scharfsinnige ist allein Kant, die Wahrheit hat mancher mitgebracht, z. B. Plato« (HN I, 13).

Nun hat Kant allerdings entschieden mehr getan, als nur Verbotstafeln aufzustellen, mehr, als nur den geregelten Geschäftsgang der Vernunft zu beaufsichtigen und Kompetenzanmaßungen (»Lug und Trug«) zu verhindern oder zu entlarven. Und dieses ›Mehr‹ hat bei den Zeitgenossen gezündet, nur Arthur Schopenhauer, zur Zeit vor allem in Platon vertieft, hat es noch nicht bemerkt oder nicht bemerken wollen.

Die ganze von Kant rokokohaft konstruierte Spieluhr unseres Wahrnehmungs- und Erkenntnisvermögens mit den vier verschiedenen Urteilsarten, an denen dann die Greifarme der jeweils drei Kategorien befestigt sind, am Qualitätsurteil beispielsweise die Kategorien ›Realität, Negation, Limitation‹ und so fort (Kant wollte sogar noch feinere Räderwerke installieren, jedenfalls hat er damit gedroht, als er sagte, daß er nach Belieben »den Stammbaum des reinen Verstandes völlig ausmalen« könne) – dieser ganze Apparat ist alles andere als ein »Baum«; damit er arbeiten und den Erfahrungsstoff zermahlen und neu zusammensetzen kann, bedarf er der lebendigen Energie. Die Bestimmung dieser Energie ist ein Herzstück der Kantschen Philosophie. Er nennt sie – und das muß heute jeden überraschen, der in Kant nur den Maschinisten des Verstandes sieht – die »produktive Einbildungskraft«. »Daß die Einbildungskraft«, schreibt er, »ein notwendiges Ingredienz der Wahrnehmung selbst sei, daran hat wohl noch kein Psychologe gedacht.«

Die Thronerhebung der Einbildungskraft ist nicht das Werk des Sturm und Drangs oder der Romantik allein. Kant selbst hatte sie besorgt, und bedenkt man sein öffentliches Ansehen, so war er wohl der wirkungsvollste Königsmacher. Allerdings hatte er einen heißen Tip bekommen; das war, als er Rousseaus EMILE las und darüber sogar einen seiner regelmäßigen Spaziergänge verabsäumte.

Unter dem Titel »Glaubensbekenntnis des Savoyischen Vikars« hatte Rousseau ins vierte Buch seines Erziehungsromans EMILE (1762) einen philosophischen Essay eingelegt, worin er die für ihn evidenten Haltepunkte im Ozean der Meinungen »feststellen« zu wollen vorgab. Rousseau wendet sich gegen das erkenntnistheoretische Konzept der englischen Sensualisten. Diese, so Rousseau, begreifen den erkennenden, wahrnehmenden Menschen nur als passives Medium, in dem sich die Sinneseindrücke irgendwie abbilden. Dagegen entwickelt Rousseau seine höchst folgenreichen Gedanken über die Spontaneität, d. h. über die aktive Seite des Erkennens und Wahrnehmens. In virtuoser Manier zieht Rousseau aus der Analyse des Urteilsvermögens die Leistung des Ichs hervor.

Ein rein sensitives Wesen könnte, so zeigt Rousseau, die Identität eines Gegenstandes, den man zugleich sieht und berührt, unmöglich erfassen. Ihm würde das Gesehene und das Berührte zu zwei verschiedenen ›Gegenständen‹ auseinanderfallen. Das ›Ich‹ erst bringt sie zusammen. Die Einheit des Ichs verbürgt also die Einheit der Gegenstände draußen.

Rousseau geht noch weiter: Er vergleicht das ›Ich-Gefühl‹ und die ›Empfindung‹ der Außenwelt und kommt zu dem Schluß, daß ich die Empfindung nur »haben« kann, wenn sie ins Ich-Gefühl eingeht; und da die Empfindungen mir das Sein draußen zutragen, die Empfindungen aber nur existieren im Medium des Ich-Gefühls, so gibt es ohne Ich-Gefühl kein Sein. Oder umgekehrt: das Ich-Gefühl bringt das Sein hervor. Das Ich-Gefühl ist aber nichts anderes als die Gewißheit: *Ich bin.* An dieser Stelle wendet sich Rousseau zugleich gegen Descartes, indem er dessen klassischen Satz ›Ich denke, also bin ich‹ umdreht. ›Ich bin, also denke ich‹, verkündet Rousseau. Gedanken denken sich nicht von selbst. Wenn auch die Logik zwischen zwei Vorstellungen einen noch so zwingenden Zusammenhang fordert, so muß ich, damit der Zusammenhang entstehe, ihn *herstellen wollen.* Zwischen zwei Punkten gibt es keine Linie, es sei denn, ich ziehe sie.

Für Descartes war der Wille die Quelle des Irrtums, das ›reine‹ Denken ist ein Denken, das sich ohne Willensimpuls selbst denkt. Rousseau zeigt, daß sich schon der elementarste Denkakt nur vollziehen kann kraft eines existierenden und darum wollenden Ichs.

Diesen von Rousseau entdeckten fundamentalen Aktivismus, der Wahrnehmung und Erkenntnis überhaupt erst in Gang setzt, nennt Kant nun die »Einbildungskraft«. Er hat auch noch weitaus schwierigere Begriffe für diese Grundleistung des Ichs gefunden. Er spricht, ohne Scheu vor Wortungetümen, von der »transzendentalen Synthesis der Apperzeption« oder einfacher vom »reinen Selbstbewußtsein« und nennt dies den »höchsten Punkt, an dem man allen Verstandesgebrauch, selbst die ganze Logik, und nach ihr, die Transzendentalphilosophie heften muß«.

Es mag uns heute wunderlich vorkommen, mit welchem Aufwand an Scharfsinn das scheinbar Selbstverständlichste, nämlich das ›Ich bin‹, aus heillosen Verwicklungen des Gedankens herausgezogen wird. Es *muß* uns dies zunächst wunderlich vorkommen, wenn wir wirklich nachvollziehen wollen, woraus das Selbstbewußtsein sich herausarbeiten mußte, als es philosophisch geboren wurde, und von welchen euphorischen Gefühlen diese Geburt begleitet war. Denn das vergißt man bei der gängigen Vernunftkritik: die Lust, die Intensität, den Vitalismus, die mit der Aufdeckung des weltsetzenden Ichs verbunden waren. Das Einfache war so schwierig, weite Wege mußte man zurücklegen, ehe man zu sich kam. Man kann die Euphorie der Ankunft nur verstehen, wenn man die Art der Selbstverborgenheit in der vorneuzeitlichen Epoche sich vergegenwärtigt. Denken, Glauben, Empfinden waren damals, das hat uns Foucault gelehrt, anders gepolt. Das Denken verschwand im Gedachten, die Empfindung im Empfundenen, der Wille im Gewollten und der Glaube im Geglaubten. Eine Furie des Verschwindens hat das Subjekt in seine Gebilde hineingezaubert und dort festgehalten. Und jetzt dreht sich die Bühne, jetzt zieht sich aus jenen Gebilden der Produzent heraus, stellt sich vor seine Gebilde und sagt: Seht her, das habe ich gemacht!

Im ersten Augenblick, als dies geschah – es ist die Epoche Rousseaus und Kants –, wurde dies als Sonnenaufgang erlebt, der zu den größten Hoffnungen berechtigte.

Der Mensch, der sich selbst entdeckt als Regisseur des Theaters, als dessen Zuschauer er sich bisher fühlte, bekommt plötzlich die an den Himmel verschleuderten Reichtümer zurück. Und was er in den Händen hält, sind lauter selbstgemachte Dinge. Das entzückt ihn eine Weile lang, dann aber wird es ihn enttäuschen. Indem er in den alten Reichtümern der Metaphysik das Selbstgemachte entdeckt, verlieren sie ihren Zauber, ihre Verheißung. Sie werden matt und trivial. Der Ausweg wird sein: Wenn man schon der Macher ist, dann muß man eben möglichst vieles machen; man wird seine Zukunft in hektischen Akkumulationen suchen. Wahrheiten werden nur noch dazu da sein, daß man sie ›verwirklicht‹. Daraus entsteht die säkularisierte Religion des Fortschritts und des Wachstums. Schließlich wird die Zeit kommen, in der man sich vom *Gemachten* umzingelt fühlt und sich nach dem *Gewordenen* sehnt, eine Zeit, in der dann die ›Aneignung‹ des ›Eigenen‹ zum Problem wird; dann wird plötzlich von ›Entfremdung‹ inmitten der selbstgemachten Welt die Rede sein, dann wächst das Gemachte den Menschen über den Kopf. Die Einbildungskraft wird eine neue Utopie entdecken: die Beherrschbarkeit des Gemachten. Wo diese Utopien an Kraft verlieren, wird eine ganz neuartige Angst um sich greifen: die Angst vor der selbstgemachten Geschichte.

Das alles hat man natürlich bei den Anfängen so nicht gedacht und vorhergesehen. Vorherrschend war vielmehr die Euphorie einer Landnahme. So jedenfalls feiert Kant den Vorgang der Selbstbegründung und Selbstvergewisserung in einem Meer von Verlorenheit und Ungewißheit. »Das Land des reinen Verstandes... ist eine Insel, und durch die Natur selbst in unveränderliche Grenzen eingeschlossen. Es ist das Land der Wahrheit... umgeben von einem weiten und stürmischen Ozeane.«

Kant befestigt, er schafft einen Stützpunkt, von dem aus sich einigermaßen beruhigt auf das riesenhaft Unbekannte umherblicken läßt.

Diesem ›Unbekannten‹ hat er einen eher drolligen Namen gegeben: das »Ding an sich«.

Das »Ding an sich« ist nun auf eine weitaus radikalere Weise unbekannt, als es etwas sein kann, das nur ›noch nicht‹ bekannt ist. Das »Ding an sich« ist der Name für jenes Unbekannte, das wir paradoxerweise erst erzeugen, indem wir uns etwas bekannt machen; es ist der Schatten, den wir werfen. Wir können alles nur in dem erfassen, was es *für* uns ist. Was die Dinge ›an sich‹ sind, unabhängig von den ›Organen‹, mit denen wir sie uns vorstellen, das muß uns immer entgleiten. Das Sein ist ›Vorgestellt-Sein‹. Mit dem »Ding an sich« war eine neuartige Transzendenz am Horizont erschienen; keine Transzendenz des alten Jenseits, sondern eine Transzendenz, die nicht mehr, aber auch nicht weniger ist als die immer unsichtbare Rückseite aller Vor-Stellungen.

Kant selbst hat mit großer Gelassenheit das erkenntnistheoretische »Ding an sich« außer uns auf sich beruhen lassen. Die Neugier darauf, was nun die Welt sei jenseits unserer Vorstellungen, hat ihn zunächst zwar auch geplagt, er hat sie aber mit einer scharfsinnigen Analyse der Widersprüche (»Antinomien«) unserer Vernunft gedämpft.

»Die menschliche Vernunft«, so beginnt Kant die Vorrede zu seiner Kritik der reinen Vernunft, »hat das besondere Schicksal . . .: daß sie durch Fragen belästigt wird, die sie nicht abweisen kann, denn sie sind ihr durch die Natur der Vernunft selbst aufgegeben, die sie aber auch nicht beantworten kann, denn sie übersteigen alles Vermögen der menschlichen Vernunft.« Dieser Widerspruch läßt sich nicht auflösen, man muß ihn aushalten; man kann das um so besser, als wir mit unserer Vernunft in einer zuletzt doch unbekannten Welt ganz gut zurechtkommen können. Wenn wir uns der Erfahrung und dem Wissen anvertrauen, so haben wir zwar keine absolute Wahrheit, wir wissen aber genug, um uns in der Welt behaupten zu können. Heute würden wir sagen: Unsere Erfahrungs- und Wissensformen liefern uns zwar keine absoluten Erkenntnisse, dafür aber Anpassungsrituale an die Lebenswelt.

Das Kantsche »Ding an sich« wird eine eigenartige Karriere machen.

Kant hinterließ ein wohleingerichtetes Gehäuse der Vernunfterkenntnis, doch das »Ding an sich« wirkte wie ein Loch, durch das beunruhigende Zugluft hereinkam.

Kants Nachfahren werden nicht mit derselben Gelassenheit wie der weise Junggeselle aus Königsberg dieses »Ding an sich« auf sich beruhen lassen können. Man wird es ergreifen wollen um jeden Preis. Eine tumultarische Neugier wird ins vermeintliche Herz der Dinge vorstoßen wollen – ob dies nun das Fichtesche ›Ich‹ oder das Schellingsche ›Natursubjekt‹ oder Hegels ›objektiver Geist‹ oder Feuerbachs ›Leib‹ oder Marxens ›Proletariat‹ ist; man wird an den Schlaf der Welt rühren wollen, und wenn es kein Zauberwort zu finden gibt, dann wird man es erfinden; und wenn es keine letzte Wahrheit zu entdecken gibt, dann wird man die Wahrheit ›machen‹ oder genauer: Man wird von der selbstgemachten Geschichte erwarten, daß sie die Wahrheit hervorbringe. Die Blutspur der jüngsten Geschichte ist der Schriftzug dieser Wahrheit. Man wird der Wahrheit nachstellen wie einem Feind. »Es fehlt uns etwas«, ruft Büchners Danton aus, »ich habe keinen Namen dafür – aber wir werden es einander nicht aus den Eingeweiden herauswühlen, was sollen wir uns drum die Leiber aufbrechen? Geht, wir sind elende Alchemisten!«

Auch der junge Arthur Schopenhauer will sich mit Kants skeptischer Gelassenheit nicht zufriedengeben. Auch er will ins Herz der Dinge. Er versucht den Kritizismus Kants auszubalancieren mit Platon, der, so glaubt er, nicht nur ein Türhüter, sondern ein Apostel der Wahrheit ist. Kant lehrt nur Tischsitten, kennt auch ein paar Rezepte; Platon aber bringt die Speise. Schopenhauer in einer Randglosse von 1810 über Kant: »Es ist vielleicht der beste Ausdruck für Kants Mängel, wenn man sagt: er hat die Kontemplation nicht gekannt« (HN I, 13).

Für Schopenhauer, wir kennen das schon aus seiner Hamburger Zeit, ist »Kontemplation« jener Typus des Wissens, der auf erhabenen Bergeshöhen möglich ist und Entrinnen vor den Zwängen der Nützlichkeit, des bürgerlichen Fortkommens, überhaupt vor dem Handgemenge der Selbstbehauptung verspricht. Die ›Wahrheit‹, die Schopenhauer sucht, ist ihm nicht zuerst ein Korpus von zutreffenden Urteilen, sondern eine Existenzweise. Man *hat* nicht Wahrheit, sondern steht *in* der Wahrheit. Nicht um den Nutzen, sondern um das Glück der Erkenntnis geht es. Eine säkularisierte Art pietistischer ›Bekehrung‹, die Wiedergeburt des Weltkindes zur Gotteskindschaft, sind bei Schopenhauer mitgedacht, wenn er von »Kontemplation« spricht und diese bei Kant vermißt. Er sucht nach einer, man kann es nicht anders sagen, seligmachenden Inspiration. Solches Bedürfnis kann Schopenhauer vorerst bei Kant nicht stillen. Als Maschinisten der Vernunft kann er diesen gelten lassen; Kant repräsentiert für ihn in der Philosophie das Solide, das Arthur im bürgerlichen Leben mit dem Verzicht auf die vom Vater gewünschte Kaufmannskarriere hinter sich gelassen hat. In der unväterlichen philosophischen Welt besitzt Kant als einziger sozusagen die väterliche Approbation, aber mehr auch nicht. Arthur Schopenhauer wird am Ende seiner Göttinger Studienzeit und vor allem in Berlin Kant noch einmal neu entdecken und dann jene Dimension des existentiell-inspirierten Philosophierens in ihm finden, die er jetzt noch vergeblich dort sucht. Er wird jenen Kant endlich verstehen, von dem bisher noch nicht die Rede war, nämlich den großen Theoretiker der menschlichen Freiheit.

Kant hatte sich diesem Mysterium der Freiheit auf eine Art genähert, die mindestens ebensosehr wie seine Erkenntnistheorie eine epochale Wirkung ausübte. Als Freiheitstheoretiker war Kant der Sartre des frühen 19. Jahrhunderts.

Nicht erst in seiner KRITIK DER PRAKTISCHEN VERNUNFT, sondern schon im erkenntnistheoretischen Hauptwerk, in den berühmten »Antinomien« – Kapiteln, die Arthur Schopenhauer als schlechthin »genial« bezeichnen wird, hatte sich Kant dem Geheimnis der Freiheit genähert.

Wir erinnern uns: Kant hatte das »Ding an sich« als die Rück-Seite aller unserer Vor-Stellungen begriffen. Das »Ding an sich« außer uns läßt Kant in der schon beschriebenen frivol-skeptischen Art auf sich beruhen. Aber: In einer beispiellos kühnen und doch auch konsequenten Weise verlegt Kant diese Rück-Seite auch in uns selbst.

Auch wir sind uns selbst eine Vorstellung, außerdem sind wir ein »Ding an sich«. Wir spiegeln, außerdem sind wir auch die Rückseite des Spiegels. Wir sind ein Auge, und darum ist die Welt augenhaft, das Auge kann sich aber selbst nicht sehen. So verwandelt sich die ehemals erhabene Transzendenz in den blinden Fleck unserer Existenz, in das »Dunkel des gelebten Augenblicks« (Bloch). Wir handeln jetzt, und wir werden hinterher immer eine Notwendigkeit, eine Kausalität für unser Handeln finden können, im Augenblick des Handelns aber sind wir ›unbestimmt‹, erfahren wir uns als ein Wesen, das nicht in eine Kette von Kausalitäten verknüpft ist, sondern mit dem gleichsam aus dem Nichts eine neue Kette von Kausalitäten beginnt. In jedem Augenblick zerreißt das Universum des notwendigen Seins. Kant erläutert das an einem trivialen Beispiel: »Wenn ich jetzt . . . völlig frei, und ohne den notwendig bestimmenden Einfluß der Naturursachen von einem Stuhle aufstehe, so fängt in dieser Begebenheit, samt deren natürlichen Folgen ins Unendliche, eine neue Reihe schlechthin an. Hernach, wenn ich dann aufgestanden sein werde, bin ich in bezug auf dieses Ereignis die Beute von Kausalitätserklärungen; dann wird Notwendigkeit sichtbar, aber nur deshalb, weil das Ereignis des Aufstehens vorbei ist. Jeder Augenblick stellt mich vor die Wahl, überantwortet mich der Freiheit.«

›Notwendigkeit‹, ›Kausalität‹ – das sind Kategorien unseres vorstellenden Verstandes, also der erscheinenden, uns erscheinenden Welt. Ich selbst bin mir auch Erscheinung, sofern ich mich betrachte, auf meine Handlungen reflektiere. Zugleich aber erfahre ich mich in Freiheit. Der Mensch lebt in zwei Welten. Einerseits ist er, in Kantscher Terminologie, ein »Phainomenon«, eine Zelle der sinnlichen Welt, die nach deren Gesetzen existiert; andererseits ist er ein »Noumenon«, ein »Ding an sich« – ohne Notwendigkeit, ohne Kausalität, ein Etwas, das immer schon ist, ehe ich es begreifen und erklären kann, und unendlich mehr und anderes ist, als ich begreifen kann.

Hier liegt das geheime Gravitationszentrum der ganzen Kantschen Philosophie. Kant selbst hat es in einem Brief eingeräumt, als er bekannte, daß gerade das Problem der Freiheit: »Der Mensch ist frei und dagegen: es gibt keine Freiheit, alles ist naturgesetzliche Notwendigkeit« ihn aus dem »dogmatischen Schlummer« geweckt und zur Kritik der Vernunft veranlaßt habe.

Wenn Kant das Ereignis der Freiheit als jeweils ›unbedingten‹ Anfang einer Kausalkette bestimmt, so klingt wieder einmal Rousseau hindurch. Rousseau hatte, mit der Frage beschäftigt, ob ein Anfang der Welt überhaupt denkbar sei, kühn geantwortet: Ein solcher Anfang ist denkbar, weil wir selbst jederzeit neu anfangen können: »Du wirst mich fragen«, heißt es im EMILE, »wieso ich denn weiß, daß es Bewegung aus eigenem Antrieb gibt; dazu sage ich dir, daß ich es weiß, weil ich es fühle. Ich will meinen Arm bewegen, und ich bewege ihn, ohne daß diese Bewegung eine andere unmittelbare Ursache hätte als mein Wille.«

Rousseau also hatte den ›Willen‹ als die Kraft der Freiheit geltend gemacht. Hier aber geht Kant bemerkenswert andere Wege. Ihm wird das ›Sollen‹ zum Inbegriff dieser Freiheit. Eine verschlungene Argumentation, aber ein zuletzt doch wieder einfacher Gedanke führt ihn dahin: ›Wille‹ – das ist die Natur in uns. Was die Natur in uns will, das ist eben Naturnotwendigkeit und keine Freiheit. Frei sind wir dann, wenn wir die Kraft beweisen, die Ketten, die uns als Naturwesen binden, zu zerreißen. Freiheit ist der Triumph über unsere Triebnatur. Als Naturwesen gehören wir dem Reich der Erscheinungen an, aber immer schon sind wir über die erscheinende Welt mit ihren Notwendigkeiten hinaus – wenn wir die Stimme des Gewissens vernehmen; wenn wir uns selbst als Naturwesen überschreiten; indem wir etwas tun, wozu uns keine Notwendigkeit, dafür aber die Stimme des Gewissens zwingt. Wir handeln ›unbedingt‹, wenn wir uns in einem grundlegenden Akt entschieden haben für ein bestimmtes ›Sollen‹. Und wenn dann dieses ›Sollen‹ die Kraft hat, ein ›Wollen‹ hervorzubringen, dann triumphiert in uns das »Ding an sich«, das wir selbst, als sittliches Wesen, immer schon sind.

Kant nennt solches Handeln »sittlich«. Sittlich ist also, was seine Gesetze nicht von der Welt der Erscheinungen empfängt; sittlich sind wir, wenn wir uns selbst als Naturwesen überschreiten. Unsere Sittlichkeit befördert uns ins verschwiegene Herz der Welt.

An diesem Punkt tritt das moralisierte »Ding an sich« das Erbe der alten Metaphysik an. »Ding an sich«, »Freiheit« und »Sittengesetz« werden zusammengezogen zur »praktischen Vernunft«, die den leeren Himmel draußen durch einen Himmel der Sittlichkeit im Kopf kompensiert. Theoretische und praktische Vernunft geraten in eine überraschende Konstellation: Die Kategorien der theoretischen Vernunft können, nach Kant, nur arbeiten, wenn sie als Bedingung möglicher Erfahrung verwendet werden. Bei der praktischen Vernunft ist es genau umgekehrt: Sie verschafft sich nur Geltung, wenn sie den praktisch-moralischen Erfahrungsregeln (Eigennutz, Selbstbehauptung, Glücksstreben usw.) widerstreitet. Wenn die praktische Vernunft nur geböte, was die Erfahrung lehrt und wozu die Natur zwingt, so könnte sie ja nicht aus der »Freiheit«, nicht aus dem erfahrungsjenseitigen »Ding an sich« kommen. Das soll sie aber. Und so ist endlich die Kraft der Freiheit bei Kant nicht der Rousseausche ›Wille‹

(der ist für Kant zu naturhaft), sondern das ›Sollen‹, das stark genug ist, autonom, d. h. von sich aus, ein Wollen hervorzubringen.

Die praktische Vernunft, die aus dem Mysterium des »Dings an sich« kommt, hat Kant zufolge die Kraft, Handlungen zu bewirken, die allein deshalb geschehen, weil sie vernünftig sind; diese Kraft braucht keine unterstützenden Impulse der Neigung, der Angst. Sie muß sogar solche Impulse zurückweisen: »es giebt«, schreibt Kant, »manche so theilnehmend gestimmte Seelen, daß sie ... ein inneres Vergnügen daran finden, Freude um sich zu verbreiten, und die sich an der Zufriedenheit anderer, so fern sie ihr Werk ist, ergötzen können. Aber ich behaupte, daß in solchem Falle dergleichen Handlung ... so liebenswürdig sie auch ist, dennoch keinen wahren sittlichen Werth habe.«

Das war sogar dem glühenden Kantianer Schiller zuviel. Er verfaßte das folgende Epigramm:

> »Gerne dien ich den Freunden,
> doch tue ich es leider mit Neigung,
> Und so wurmt es mir oft, daß ich nicht tugendhaft bin.
> Da ist kein anderer Rat, du mußt suchen sie zu verachten,
> Und mit Abscheu alsdann tun, wie die Pflicht dir gebeut«.

Die Imperative der praktischen Vernunft bei Kant versprechen keine Belohnung, ihre Befolgung läßt sich nicht als Mittel zur Verfolgung anderer Zwecke einsetzen. Es ist die reine Pflicht um ihrer selbst willen. Sie steht an der Spitze aller denkbaren Zweckreihen. Wir vernehmen die Pflicht im inneren Sittengesetz.

Es ist, als hätte die entthronte alte Metaphysik, aus den weiten Räumen des Kosmos vertrieben, alle verbleibende Kraft zusammengerafft und sei den säkularisierten Subjekten ins Gewissen gefahren, wo sie nun tüchtig zwickt und zwackt.

So muß uns die Kantsche Sittlichkeit erscheinen, wenn wir sie vom Standpunkt der Schicksale der Metaphysik aus betrachten. Andersherum, von der materiellen Lebenswelt aus gesehen, zeigt sie nicht weniger verwunderliche Züge. Denn eine solch rigorose Innensteuerung, wie sie Kant vorschwebt, ist dem damaligen Stand der Gewissenskultur, auch wenn sie an ihn anknüpft, hoffnungslos voraus.

Zweifellos, zu Kants Zeit hatte das Gewissen Konjunktur. Dafür gibt es eine Vorgeschichte. In mehreren Schüben hat der abendländische Zivilisationsprozeß die Gewalt, mit der eine gewisse Ordnung des Zusammenlebens aufrechterhalten wurde, als Gewissen in die Individuen hineingetrieben.

Vielgestaltig und allgegenwärtig war, vorneuzeitlich, die Gewalt auf eigene Faust. Die Staatsgewalt indes wurde ambulant betrieben, weshalb sie nicht überall gleichzeitig sein konnte. Meist war sie in einer abwesenden Art anwesend, so wie auch Himmel und Hölle. Deren Verheißungen und Drohungen aber schufen wichtige Verkehrsregeln. Man fühlte sich von ihnen umhüllt, sogar geborgen, doch sie blieben ›draußen‹, man konnte sich mit ihnen, vermittels der Institutionen Kirche und ihrer Rituale, ins Benehmen setzen. Die Geschäftsverbindungen des ›Ablaßhandels‹ z. B. waren außerordentlich entlastend, sie entstammen dem Geist eines Konkordates zwischen Gott und dem Teufel, d. h. »zwischen dem Geist und der Materie, wodurch die Alleinherrschaft des Geistes in der Theorie ausgesprochen wird, aber die Materie in den Stand gesetzt wird alle ihre annullierten Rechte in der Praxis auszuüben ... Du darfst den zärtlichen Neigungen des Herzens Gehör geben und ein schönes Mädchen umarmen, aber du mußt eingestehen, daß es eine schändliche Sünde war, und für diese Sünde mußt du Abbuße tun« (Heinrich Heine). Der mit Ablaßgeldern erbaute Petersdom kann deshalb auch, so Heine, als »Monument sinnlicher Lust« gelten, wie jene Pyramide, die ein ägyptisches Freudenmädchen für das Geld erbaute, das sie durch Prostitution erworben hatte.

Luther war der große Spielverderber; er konnte es aber nur sein, weil die Zeit nach einem neuen Gott, einem intimen, verinnerlichten Gott verlangte. Und das tat sie, weil die entstehende arbeitsteilig organisierte bürgerliche Gesellschaft Menschen braucht und hervorbringt, die sich beherrschen, die ›an sich halten‹ können, die nicht von außen gezwungen werden müssen, sondern sich selbst zwingen können. Die Handlungsketten, in die der einzelne verwoben ist, werden länger und unübersichtlicher. Das feingesponnene Gesellschaftsnetz verwandelt sich zum handlungshemmenden Raster im Kopf.

Kant ist von dieser Entwicklung getragen und überschätzt doch zugleich ihre Erfolge. Die gänzliche Machtergreifung des Gewissens wird im 18. Jahrhundert zwar als Perspektive denkbar, aber ereignet hat sie sich nicht. Kants kategorischer Imperativ, worin er das Gemurmel des Gewissens in einen schneidend apodiktischen Satz zusammenzieht: »Handle nur nach derjenigen Maxime, durch die du zugleich wollen kannst, daß sie ein allgemeines Gesetz werde« – dieser Imperativ ist ein Postulat in doppelter Potenz: Er drückt die Forderung aus, das Gewissen möge doch in dieser Art fordern. Er ist nicht unmittelbar evident, als geforderte Forderung wird er auch sogleich das Opfer der wild ins Kraut schießenden Kasuistik, die dem Königsberger Philosophen beispielsweise vorrechnet, daß jeder Dieb durch den kategorischen Imperativ sich gerechtfertigt sehen könnte: Ich stehle und meine Maxime ist: Man hebe das Eigentum auf; ich will, daß die anderen das auch tun, so gibt es kein Eigentum und am Ende auch keinen Dieb mehr. Ich als Dieb bewerkstellige die Beseitigung der Dieberei.

Man muß also zugeben: So weit war die Sozialgeschichte des Gewissens noch nicht vorangeschritten, als daß man zur Regelung der Gesellschaftsverhältnisse sich auf seine evidenten An- und Aussprüche hätte verlassen können. Die Menschen liefen, wenn auch vielleicht von Innensteuerung gebremst, nach wie vor aus dem Ruder. Es ist eine Utopie, die Kant entwirft. So wie bei Adam Smith sich die bürgerliche Gesellschaft durch den Markt und das marktgerechte Handeln der einzelnen selbst stabilisiert und fortschreitet, ohne einer eingreifenden staatlichen Macht zu bedürfen, so sollte die bürgerliche Gesellschaft sich auch moralisch in der Balance halten können ohne staatliche Bevormundung, ein Selbstversorgungssystem seelischer Wohlfahrt. Kant will mit seinem kategorischen Imperativ eine Art Formel geben für das Gedeihen des moralischen Biotops der bürgerlichen Gesellschaft.

Die weitere Geschichte der Allianz der bürgerlichen Gesellschaft mit der Welt der Moral ist bekannt, sie verläuft nach der Devise: Vertrauen ist gut, Kontrolle ist besser. Der Bedarf an Gewissensverinnerlichung hat vollends in unserem Jahrhundert dramatisch abgenommen: Es hat staatliche Ermunterung zur Gewissenlosigkeit größten Stils gegeben, gleichzeitig sind die Kontrollnetze von oben noch engmaschiger geworden, und aus dem neu entdeckten psychischen Untergrund quillt eine ganze Kultur der Ausrede, der Unbelangbarkeit – so daß dem Gewissen nur noch wenig zu tun bleibt, weshalb es auch wieder aufs vorneuzeitliche Niveau herunterkümmert und seinen Ablaßhandel mit Strafzetteln und Krankenscheinen betreibt.

Bei Kants moralischem Rigorismus dürfen wir nicht vergessen, daß er sich nicht zuletzt der Tatsache verdankt, jene unterschwellige Frivolität kompensieren zu müssen: die Frivolität des ›als ob‹. An die Stelle des Glaubens an Gott soll das Vertrauen auf die eigene sittliche Kraft treten. Und umgekehrt soll die sittliche Kraft so unbedingt wirken, ›als ob‹ Gott darüber wachte. »Weise ist«, schreibt Kant, »so zu handeln, als ob ein anderes Leben ... unabänderlich sei.« Dieser eingestandene Fiktionalismus hebt die im übrigen sehr ernsthaften Diskurse des Königsbergers in einen eigenartigen Schwebezustand. Da können sich dann auch Sätze wie die folgenden hervorwagen: »Es klingt zwar bedenklich, ist aber keineswegs verwerflich, zu sagen, daß ein jeder Mensch sich einen Gott mache.« Eine feine Ironie, der junge Schopenhauer hat sie als Epikureismus herausgespürt, legt sich bei Kant über alle Gedanken zu den sogenannten ›letzten‹ Fragen. »Hier muß auch der ernste Weise«, schreibt Kant, »seine Unwissenheit bekennen. Die Vernunft löscht hier ihre Fackel aus und wir bleiben im Dunkeln. Nur die Einbildungskraft kann in diesem Dunkel herumirren und Phantome schaffen.«

Arthur Schopenhauer will sich nicht auf die Einbildungskraft verlassen, jedenfalls nicht auf seine eigene. Platon zündet ihm die Fackel an, die ihm Kant verweigert. Immer wieder liest er das Höhlengleichnis aus der POLITEIA: Wir befinden uns in einem dunklen Verlies. Hinter uns brennt ein Feuer, noch weiter hinten befindet sich die Öffnung ins Freie. Wir sind angebunden, können den Kopf nicht wenden, blicken auf die gegenüberliegende Wand. Dort verfolgen wir das Schattenspiel der Gegenstände, die hinter uns vor dem Feuer vorbeigetragen werden. Könnten wir uns umdrehen, sähen wir die wirklichen Gegenstände und das Feuer, wären wir gar frei und stiegen aus dem Verlies heraus, kämen in die Sonne, dann erst wären wir in der Wahrheit. Das ist Platonismus: ein Erkennen, das zugleich ein anderes Sein bedeutet. Es geht nicht darum, die Gegenstände besser zu sehen, sondern in der Sonne zu sein. Es ist sogar denkbar, daß man dort vor lauter Glanz gar nichts mehr sieht. Das Ähnliche kommt zum Ähnlichen, oder: durch Erkennen werden wir dem Erkannten ähnlich. Die vollkommenste Art, die Sonne zu sehen, ist, selbst zur Sonne zu werden. Die platonische »Idee«, dieser Inbegriff des immergleichen, vollkommenen, jedem Werden enthobenen Seins, läßt sich nur erkennen durch Anverwandlung: Du mußt dein Leben ändern. Keine Kritik, keine Dialektik, keine Logik – eine Erotik der Wahrheit wird hier angeboten. »Phantome«? Doch wohl nicht, wenn sie dich verwandeln.

Arthur Schopenhauer jedenfalls sucht bei der Platon-Lektüre jene erhabene Gelassenheit, die ihm sonst nur das geliebte Bergerlebnis gewährte. Mit Platon fühlt er sich auf der Höhe, hier findet er, was er wenige Monate später, in seinen Berliner Aufzeichnungen, zum ersten Mal das »bessere Bewußtsein« nennen wird.

Ganz am Ende seines Göttinger Aufenthaltes, irgendwann im Sommer 1811, versucht er zum ersten Mal Platon, den er liebt, mit Kant, von dem er wider seinen Willen nicht loskommt, zu verbinden. Er bringt die Kantsche Sittlichkeit platonisch zum klingen. In seinem Tagebuch schreibt er: »Einen Trost gibt es, eine sichere Hoffnung, und diese erfahren wir vom *moralischen Gefühl*. Wenn es so deutlich zu uns redet, wenn wir im Innern einen so starken Beweggrund auch zur größten, unserem scheinbaren Wohl ganz widersprechenden Aufopferung fühlen: so sehn wir lebhaft ein, daß ein anderes Wohl unser ist, demgemäß wir so allen irdischen Gründen entgegenhandeln sollen; ... daß die Stimme, die wir im Dunkeln hören, aus einem hellen Orte kommt« (HN I, 14). Das ist eine noch sehr tastende, sehr suchende

Formulierung. Nicht die dürre moralische Pflicht fasziniert ihn, sondern jene von Kant beschworene Kraft der Freiheit, die die Ketten der Alltagsvernunft, der bloßen Selbstbehauptung und Selbsterhaltung zerreißt. Übersetzt ins Platonische Höhlengleichnis ist das der Weg ins Freie, in die Sonne, ist die Teilhabe am Sein.

Diesem Geschehen aus Freiheit wird Arthur Schopenhauer später einen anderen Namen geben: die Verneinung des Willens.

Achtes Kapitel

Berliner Leben. Akademische Tumulte.
Schleiermacher gegen Fichte.
DRITTES PHILOSOPHISCHES SZENARIO:
FICHTE, REVOLUTIONÄRE ROMANTIK UND DIE LUST, EIN ICH
ZU SEIN: ›BEI DEN MENSCHEN IST KEIN DING UNMÖGLICH‹.
DIE ENTDECKUNG DER INNEREN WILDNIS.
Arthur erwartet Fichtes ›Blitz‹.

Im Sommer 1811, nach vier Semestern in Göttingen, entschließt sich Arthur Schopenhauer, die 1809 neu gegründete
Berliner Universität zu beziehen.

»1811 siedelte ich nach Berlin über«, berichtet er später, »in
der Erwartung, einen echten Philosophen und großen Geist in
Fichte kennen zu lernen« (B, 654).

Außer Fichte gab es in Berlin noch andere Gelehrte, deren
glanzvolle Namen ihn lockten: Schleiermacher, der ihn weniger als Religionsphilosoph denn als Platonübersetzer und -exeget anzog; der Zoologe Martin Hinrich Lichtenstein, ein führender Wissenschaftler in seinem Fach, den Arthur im Salon
seiner Mutter kennengelernt hatte; Friedrich August Wolf,
der bedeutendste Gräzist jener Zeit. Selbst Goethe pflegte sich
an ihn zu wenden, wenn er fachlichen Rat brauchte. Schließlich entwickelte sich sogar eine Freundschaft zwischen den
beiden.

Von Johanna Schopenhauer bedrängt, verfaßt Goethe für
Arthur ein recht reserviertes Empfehlungsschreiben an Wolf:
»Da man eine Gelegenheit, die sich darbietet, ein langes
Schweigen zu unterbrechen, ja nicht aus der Hand lassen soll,
so will ich einem jungen Manne, der nach Berlin geht, ein
Empfehlungsschreiben an Sie, verehrter Freund, nicht versagen. Sein Name ist Schopenhauer, seine Mutter die Frau Hofrat Schopenhauer, welche sich schon mehrere Jahre bei uns
aufhält. Er hat eine Zeitlang in Göttingen studiert und, soviel
ich mehr durch andere als durch mich selbst weiß, hat er
sich's ernst sein lassen. In seinen Studien und Beschäftigungen scheint er einige Male variiert zu haben. In welchem Fach

und wie weit er es gebracht, werden Sie sehr leicht beurteilen, wenn Sie ihm, aus Freundschaft zu mir, einen Augenblick schenken und ihm, sofern er es verdient, die Erlaubnis erteilen wollen, Sie wiederzusehen.«

Goethe hatte sich zu dieser matten Freundlichkeit nur bereitgefunden, weil er, wie er Johanna später unverblümt bekannte, darauf gerechnet habe, daß Arthur Schopenhauer auf seiner Reise von Göttingen nach Berlin in Weimar einkehren werde und er ihm dann einige von Wolf entliehene Bücher mitgeben wollte. Arthur reist jedoch über den Harz. Die zweifelhafte Empfehlung hätte den Umweg über Weimar auch nicht gelohnt.

Arthur Schopenhauer kennt Berlin. Zweimal, 1800 und 1804, hat er die Stadt zusammen mit seinen Eltern besucht. Vom ersten Mal haben sich ihm nur die häufigen Militärparaden und die Theateraufführungen eingeprägt. Er hatte erlebt, wie der König von Preußen vom Pferde stürzte, als ein »unglücklicher verirrter Hase durch die gedrängten Haufen der Zuschauer« lief und es deshalb zu einem Gedränge kam, und er war Zeuge gewesen, wie der berühmte Iffland auf der Bühne ausgepfiffen wurde und daraufhin vor den Vorhang trat und erklärte, daß »es ihm unmöglich sey weiter zu spielen weil er an dergleichen Missbilligung nicht gewöhnt wäre«. Beim zweiten Mal war Berlin die letzte Station der großen Europareise, das Ende des Moratoriums, das ihm der Vater vor Antritt der Kaufmannslehre gewährt hatte. Seinem Reisetagebuch hatte er nichts Bemerkenswertes mehr über die Stadt anvertraut. »Diesen Mittag erreichten wir endlich Berlin«, schreibt er, und darunter: »Alles endet hienieden« (RT, 279).

Jetzt, im Spätsommer 1811, ist Berlin für Arthur Schopenhauer keine Falle mehr, die zuschnappt, sondern ein Tor, das sich verheißungsvoll öffnet, das Tor zur ganz großen Philosophie, wie er hofft. Von der preußischen Metropole verspricht er sich diesmal hoch gelegene geistige Aussichtspunkte. Doch zunächst einmal muß er von den wirklichen, sichtklaren Höhen des Harzes (dort dichtet er: »Er legt sich an des Berges Hang,/ Da ruht er still, da ruht er lang/ In tiefer, sel'ger Wonne« [V, 769]) hinunter ins platte Land und betritt ein Berlin, das an windigen, trockenen Tagen wirkt wie eine Kolonistenstadt, die in großer Eile aus dem märkischen Sandboden herausgestampft wurde. »Der feine Staub«, heißt es in einer zeitgenössischen Reisebeschreibung von 1806, »wirbelt sich dann durch alle Gassen in kleinen Wolken hin. Bei einem etwas starken Wind aber wird man hier gar in die Sandwüsten Afrikas versetzt. Eine Staubsäule von der Höhe eines Hauses fliegt dann über die großen Plätze weg. Auf der Schloßfreiheit kam mir einst ein solches Ungeheuer von dem Schloßplatz her entgegen. In der Entfernung verdunkelte es schon alle Gegenstände. Es wirbelte sich längs den Häusern fort, und ich übertreibe nicht, wenn ich versichere, daß ich auf drei Schritte keinen Menschen sehen konnte. Alle Budiken, die auf den öffentlichen Plätzen stehen, werden dann mit Sand verschüttet, und die Kleinkrämer und Obstverkäufer haben eine geraume Zeit zu tun, um ihre Kostbarkeiten unter dem Schutt, der sie in einem Augenblick verdeckt, wieder ans Tageslicht zu bringen.«

Die sandigen Winde machen auch Arthur zu schaffen, er hält die Fenster geschlossen, klagt über die trübe Luft, die ihn krank mache. In der Erinnerung hat sich ihm Berlin noch schlimmer eingetrübt. An Frauenstädt schreibt er vier Jahrzehnte später: »Viel Selbstmord in Berlin? Glaub's; ist physisch und moralisch ein vermaledeites Nest« (B, 338).

Die Sandstürme können bisweilen vergessen lassen, daß Berlin sich damals bereits anschickte, zu einer europäischen Metropole zu werden. Die Stadt zählte annähernd zweihunderttausend Einwohner und wuchs weiter. Auf den Straßen spaziert ein Gewimmel von Originalitäten, noch nicht mondän, aber schon nicht mehr provinziell. »In Berlin kann einer mit einer Schellenkappe auf der Straße umherreiten, und man wird keine Notiz von ihm nehmen«, schreibt ein Zeitgenosse. Auf den breiten Promenaden, die es nun auch in Berlin seit den neunziger Jahren gibt, kann man das »lebendige Modejournal eines ganzen Zeitalters« bestaunen.

Überhaupt macht in Berlin alles den Eindruck von hastiger Neuheit, wie am Reißbrett entworfen, ohne Geschichte. Überall wird gebaut, die »altfränkischen« Wohnquartiere verschwinden, an der Peripherie entstehen die ersten Mietskasernen, akkurat auf Linie gezogen und wie zum Manöver aufmarschiert. Es fehlt hier das Wuchern des Gewachsenen und Gewordenen, es dominiert das Machen, das Gemachte und auch die Mache. Man muß nur mit anderen großen Städten vertraut sein, um die eigenartige Modernität Berlins zu empfinden. Madame de Staël schreibt: »Berlin ist eine große Stadt mit breiten, geraden Straßen und von regelmäßiger Bauart. Da sie größtenteils neu gebaut ist, so finden sich wenig Spuren älterer Zeit... Berlin, diese ganz moderne Stadt..., bringt keine feierliche ernste Wirkung hervor, sie trägt das Gepräge weder der Geschichte des Landes noch des Charakters der Einwohner.«

Neu ist in Berlin auch die Universität, die Arthur Schopenhauer nun bezieht. Erst ein Jahr vor seiner Ankunft ist hier der Lehrbetrieb aufgenommen worden.

Die Universitätsgründung hat eine Vorgeschichte voller Ambitionen.

Nach der katastrophalen Niederlage Preußens gegen Napoleon von 1806 und dem damit verbundenen Verlust der alten Universität Halle hatten die preußischen Reformer, um das Staatswesen auch vom Haupte her zu erneuern, eine neue Bildung der Köpfe ins Auge gefaßt. Wilhelm von Humboldt war gewonnen worden für den Plan einer Berliner Universitätsgründung, die, so ein Wort des Königs, »durch geistige Kräfte dem Staat ersetzen sollte, was er an physischen verloren«. Man erlaubte Humboldt zunächst, seine hochfliegenden Ideen einer humanistischen Menschenbildung, die über die bloße Vorbereitung zum Berufsgeschäft hinausgehen sollte, in die Tat umzusetzen. Auf die »Humaniora«, also auf die philologische, philosophische und theologische Disziplin, ward besonderes Gewicht gelegt. Man wollte die auf diesem Gebiet führenden Köpfe in Berlin zusammenbringen. Mit Fichte, Schleiermacher und Wolf war dies auch gelungen. Fichte war wenige Wochen vor Arthurs Ankunft zum Rektor gewählt worden.

Fichte hatte sich nicht nach dem Amt gedrängt, weil er ahnte, daß er mit seinem hochgesinnten Neuerereifer sich nur schwer gegen die Mächte des Herkommens und der Gewohnheit im akademischen Leben werde behaupten können. Frisch im Amt, gerät er deshalb auch sogleich ins Handgemenge. Er hält die herkömmlichen Duellpraktiken, die Ehrenhändel, den Trinkzwang, die landsmannschaftliche Abschließung, das Prunken mit Orden- und Ehrenzeichen für unsittliche, würdelose Überbleibsel des Alten. Er beginnt sein Rektorat mit einer kräftigen Ermahnung an die Studenten. *Über die einzig mögliche Störung der akademischen Freiheit* betitelt er seine Brandrede. Es hilft nichts. So neu geht es an der neu gegründeten Universität doch nicht zu. Schon nach wenigen Wochen muß er sich mit dem ersten Krawall auseinandersetzen. Studenten der Medizin und Zöglinge der militärisch-sanitären Bildungsanstalt fallen übereinander her. Die Saalschlacht wird unter freiem Himmel fortgesetzt. Militär muß aufgeboten werden. Ein andermal schlägt ein Student seinen jüdischen Kommilitonen, den er vergebens zum Duell zu reizen versucht hatte, auf offenem Platz mit der Hetzpeitsche. Brogi, so heißt das Opfer, klagt beim Rektor. Der Fall kommt vor das Ehrengericht. Bestraft wird nicht nur der Schläger, sondern auch der Geschlagene. Fichte protestiert, er sieht darin eine Bestrafung für Brogis Weigerung, sich zu duellieren. Wenig später ist wieder Brogi das Opfer. Dieser ärmliche, ein wenig streberhafte jüdische Student scheint Gewalttaten förmlich anzuziehen. Diesmal hat der Sohn des Berliner Geheimen Kriegsrats Klaatsch zugeschlagen und sein Opfer höhnisch aufgefordert, sich doch beim Rektor zu beklagen. Brogi beklagt sich, und wieder wird er vom Ehrengericht dafür bestraft. Daraufhin sucht Fichte um seine Entlassung aus dem Amt des Rektors nach. Den Spruch des Ehrengerichts (ihm gehören Professoren und Studenten an) beurteilt er in seinem Entlassungsgesuch vom 14. Februar 1812 als »eine tätige Einführung des Grundsatzes, daß ein Studierender, der, statt sich zu duellieren, bei der akademischen Obrigkeit klage, als ein Ehrloser zu behandeln sei.«

In diesem Konflikt mit seinen Kollegen ist Schleiermacher der Wortführer der Gegenseite. Schleiermacher hatte nämlich gegen solche Handgreiflichkeiten wenig einzuwenden; das sei eben rauhes, naturkräftiges, jugendfrisches Studentenleben und -herkommen. Fichte konnte in dieser Differenz zuletzt nichts anderes erblicken als den »Gegensatz zwischen seiner Lehre und einem System, das, auf erdichtete Geschichte und

Naturphilosophie gegründet, dasjenige als bloßes Produkt der Natur und Geschichte ansehe, was nach sittlichen Gesetzen betrachtet werden müsse«. Die Aufregung um die studentischen Krawalle führt uns unversehens in die heiklen Verwicklungen des nachkantischen Geisteslebens: Fichte und die Romantik.

Es geht um die heißen Themen der Zeit: Natur contra Sittlichkeit, Seinlassen oder Umgestalten. Die Frage, ob man die Studenten sich prügeln lassen soll, wird von Fichte, aber auch von Schleiermacher aufs Hochplateau der ›großen‹ Wahrheiten gehoben. Nicht nur bei den streng ›wissenschaftlichen‹ Kollegs der Berliner Meisterdenker, sondern auch anläßlich dieser lausbubenhaften Turbulenzen kann Arthur Schopenhauer eine Anschauung gewinnen von den jüngsten Wendungen des Zeitgeistes.

Fichte, berichtet Schopenhauer rückblickend, habe ihn in das von ihm sonst wenig geliebte Berlin gezogen. Fichte hatte zwei Jahrzehnte zuvor seinen kometenhaften Aufstieg begonnen, war nach kurzer Zeit als legitimer Nachfolger Kants ausgerufen worden, hatte sich auch einen Namen gemacht als politischer Schriftsteller, der sogar den Jakobinismus der Französischen Revolution verfocht und dann als Propagandist einer republikanisch-nationalen Wiedergeburt Deutschlands wirkte (REDEN AN DIE DEUTSCHE NATION, 1807). Als Schulphilosoph hatte er zu der Zeit, als Schopenhauer seine Vorlesungen besuchte, den Zenit seines Ruhmes und seines Einflußes bereits überschritten.

Angefangen hatte die Karriere mit einem Paukenschlag.

Der 1762 ebenso wie Kant als Sohn eines Handwerkers geborene Johann Gottlieb Fichte hatte sich, nach einem Studium der Theologie und der Jurisprudenz, zunächst als Hauslehrer durchgeschlagen. Ein Schüler wünschte von ihm in die Kantsche Philosophie, von der alle Welt redete, eingeführt zu werden. Fichte nahm sich die *Kritiken* vor, die ihn bisher wegen ihrer Schwerverständlichkeit abgeschreckt hatten, und war davon so hingerissen, daß er sogleich, im Sommer 1791, nach Königsberg reiste, um den großen Philosophen aufzusuchen. Er trifft einen müden Greis, der sich ihm gegenüber gleichgültig verhält, kein Wunder, denn der Hochberühmte wird von einer wachsenden Zahl adorierender Jünglinge belagert. Auch Damen belästigen ihn und bitten den notorischen Junggesellen um sittlichen Rat in schiefen Liebeslagen. Fichte wird also wie die anderen Damen und Herren zunächst nach Hause geschickt. Dort geht er für fünfunddreißig Tage in Klausur und verfaßt in fieberhafter Arbeit eine Schrift, mit der er sich beim Meister empfehlen will: VERSUCH EINER KRITIK ALLER OFFENBARUNG. Kant ist von diesem Werk so beeindruckt, daß er den Verfasser nicht nur zum Mittagessen einlädt, sondern ihm auch einen Verleger besorgt. Im Frühjahr 1792 erscheint das Buch, gegen den Willen Fichtes anonym. Der Verleger ließ aus Zensurgründen Vorsicht walten, außerdem war geschäftliches Kalkül im Spiel, denn die Schrift war so sehr im Geiste der Kantschen Religionsphilosophie verfaßt, daß man darauf rechnen konnte, das Publikum werde sie dem Königsberger, von dem die Öffentlichkeit ja schon seit geraumer Zeit ein letztes Wort in Religionsdingen erwartete, zuschreiben und sich dementsprechend kauflustig zeigen. Und so geschah es denn auch. Die in Jena erscheinende »Allgemeine Literatur Zeitung« brachte die Mitteilung: »Man hat es für Pflicht gehalten, das Publikum von der Existenz eines in aller Rücksicht höchst wichtigen Werkes zu benachrichtigen, welches diese Ostermesse unter dem Titel erschienen ist: *Versuch einer Kritik aller Offenbarung, Königsberg bei Hartung.* Jeder der nur die kleinsten derjenigen Schriften gelesen, durch welche der Philosoph von Königsberg sich unsterbliche Verdienste um die Menschheit erworben hat, wird sogleich den erhabenen Verfasser jenes Werkes erkennen.« Daraufhin bedankt sich Kant in derselben Zeitung für die schmeichelhafte Zumutung, er sei aber nicht der »erhabene Verfasser«, diese Ehre gebühre dem bislang noch gänzlich unbekannten Fichte. Mit dieser Erklärung war Fichte über Nacht zu einem der berühmtesten philosophischen Schriftsteller Deutschlands geworden.

Fichte setzt in dieser Schrift den Kantschen Subjektivismus in Religionsdingen fort: Unsere Sittlichkeit, für die wir uns aus Freiheit ohne Strafdrohung und ohne das Versprechen eines künftigen Lohnes entscheiden können, ist von solcher Erhabenheit, so Fichte, daß sie das Verhalten in einer Weise anleitet, als gäbe es die Offenbarungen des Himmels. Wir bedürfen keines Glaubens, um sittlich zu sein, aber wenn wir es sind, dann werden wir in unserer Gesinnung des Göttlichen teilhaftig; nur auf der sittlichen Hochebene, zu der wir selbsttätig emporklimmen, bekommen die Offenbarungen der Religion Evidenz. Eine Religion post festum, eine Zierde unserer Autonomie. Nicht die Religion begründet die Sittlichkeit, sondern umgekehrt: Die Sittlichkeit, die Offenbarungen des Pflichtgefühls also, machen uns empfänglich für die Offenbarungen der Religion. Die Offenbarung der Religion setzt die Sittlichkeit nicht in Geltung (über Belohnung und Strafe etwa), sondern gibt ihr nur zusätzliche Würde.

Somit beantwortet Fichte eine Frage, die vielen, die sich zu Kants Philosophie bekannt hatten, auf den Nägeln brannte, nämlich ob sich nach Prinzipien der kritischen Philosophie überhaupt noch Offenbarung denken lasse. Diese Frage beantwortet Fichte mit einem klaren Ja, vorausgesetzt allerdings, daß nicht die Offenbarung die Sittlichkeit, sondern umgekehrt: die Sittlichkeit die Offenbarung begründet.

Diese erste Schrift zeigt sehr deutlich, in welche Richtung und von welchem Ausgangspunkt der Kantianer Fichte seinen Meister fortzusetzen gedachte: Es geht ihm um die Freiheitslehre, um die Autonomie des weltschaffenden Ichs. In Fichte verbindet sich der Kantsche Kritizismus mit den Inspirationen der Französischen Revolution. Kant lehrt ihn den transzendentalen Standpunkt, also die Methode, in allem Wahrgenommenen und Erkannten zunächst das wahrnehmende und erkennende Subjekt ins Auge zu fassen. Kant lehrt ihn auch, daß man die klassischen Fragen: »Was kann ich wissen – was soll ich tun – was darf ich hoffen?« am besten beantwortet, wenn man auf die vierte Frage: »Was ist der Mensch?« eine Antwort sucht. Fichte glaubt sie gefunden zu haben, indem er aus dem Kantschen Satz »das ›ich denke‹ muß alle meine Vorstellungen begleiten können« den Begriff eines allmächtigen Ichs herauszieht und von hier aus mit beispielloser Kühnheit einen komplementären Begriff der Welt als bloßes Produkt der »Tathandlungen« dieses Ichs entwickelt. Der Blick über den Rhein bestätigt ihn: Die Geschichte ist kein

Geschehen, sondern etwas Gemachtes – ein vernünftiges Subjekt steht dahinter und steuert im Ozean der geschichtlichen Fakten auf ein bestimmtes Ziel zu: die Welt so sittlich zu machen, wie die Vernunft immer schon ist, wenn sie sich im *Ich* ihrer selbst eingedenk wird. Wie ein Blitzschlag habe diese Entdeckung des *Ichs* als Herz der Welt auf ihn gewirkt, berichtet Fichte später, und er wird von seinen Schülern immer wieder fordern, sich von dieser Inspiration verwandeln zu lassen, da sonst das Ganze seiner verwickelten Philosophie unverständlich bleiben müßte.

Kant sei von dem ›Ich denke‹ als von etwas Gegebenem ausgegangen, das dürfe man aber nicht, lehrt Fichte, sondern man müsse einmal beobachten, was in uns vorgehe, wenn wir das ›Ich denke‹ denken. Das ›Ich‹ ist etwas, das wir im Denken erst hervorbringen und gleichzeitig ist die hervorbringende Kraft die unvordenkliche Ichheit in uns selbst. Das denkende und das gedachte Ich sind in den Zirkel eines Aktivismus eingeschlossen. Es gibt kein festes Sein, auf das wir uns beziehen könnten, sondern nur diese unvordenkliche Aktivität, die unter anderem auch uns denken läßt. Die Welt hebt an mit einem Tun, und mit einem Tun hebt auch an, was wir Ich nennen. Fichte würde sagen: Ich bringe mich als Ich hervor, darum bin ich.

Geradezu monströs erscheinen auf den ersten Blick die Folgerungen, die Fichte im weiteren zieht: »Aller Realität Quelle ist das Ich«, erklärt er, und folglich: »alle Realität des Nicht-Ich ist lediglich eine aus dem Ich übertragene«. Das Nicht-Ich, die gegenständliche Welt also, existiert nur, weil das Ich, um seiner selbst inne zu werden, sich selbst Grenzen schafft. Aktivität gibt es nur, wo Widerstand ist. Also schafft die Aktivität sich Widerstand. So ist die Aktivität im dreifachen Sinne Aktivität: Sie ist primäre Aktivität (1); sie ist Aktivität, die sich Widerstände schafft (2); und sie ist Aktivität, die sich als solche bemerkt, indem sie auf die (selbstgeschaffenen) Widerstände stößt (3). Dieses Begriffsdelirium will besagen: Einschränkung ist Selbstbeschränkung des unendlich aktiven Ichs. Monströs müssen diese Konstruktionen allerdings wirken, wenn sie so aufgefaßt werden, als sei hier von unserm empirischen, psychologisch faßbaren Ich die Rede. Dann läßt sich auch leicht darüber spotten. Jean Paul: »Ach, wenn jedes Ich sein eigener Vater und Schöpfer ist, warum kann es nicht auch sein eigener Würgeengel sein.« Schopenhauers Spott über die Fichteschen Kraftakte werden wir noch kennenlernen.

Fichte wurde nun indes nicht müde zu betonen, daß man sein Ich nicht als das seine, überhaupt nicht als ein empirisch einmaliges ›individuelles‹ auffassen dürfe, sondern verstehen müsse als ›Ichheit‹, die als aktive Kraft des Selbstgewahrwerdens noch unterhalb jedes individuellen Ich-Gefühls pulsiert. Fichtes Ich mußte so raumgreifend (manche sagten auch: aufgeblasen) werden, weil Fichte sich auf die Seite der Nach-Kantianer schlug, die das ominöse »Ding an sich« als irrelevant verwarfen und deshalb nur noch das vorstellende Ich zurückbehielten.

Fichte hatte, gestützt auf Schopenhauers Göttinger Philosophielehrer Gottlob Ernst Schulze (der seine Kantkritik unter dem Pseudonym »Aenesidemus« veröffentlichte) und Maimon, bei Kant eine fehlerhafte Ableitung des »Dings an sich« festgestellt. Die Argumentation: Die Annahme, die Welt, wie sie uns erscheine, verberge eine Welt, wie sie an sich sei, und diese An-sich-Welt sei als ›Material‹ zuletzt doch die *Ursache* für das, was wir mit Sinnen und Verstand zu der erscheinenden Welt umarbeiten – diese sozusagen ›realistische‹ Annahme werde ja selbst nur mit Hilfe des Kausalitätsprinzips gemacht, also mit Hilfe unseres Verstandes. Es werde also das Kausalitätsprinzip, das nur für die erscheinende Welt gelte, angewandt auf einen Bereich, der jenseits der Erscheinung liegt. Man erhalte das erfahrungs- und verstandesjenseitige »Ding an sich« nur mit Hilfe der Kausalität, die aber nur für die erscheinende Welt gelte.

Damit aber sei es kein »Ding an sich« mehr, sondern ein ›Ding für uns‹ (übrigens wird Schopenhauer später diese Argumentation gegen Kant übernehmen).

Nun hatte Kant dieses erscheinungsjenseitige »Ding an sich« auch in uns selbst verlegt, in das Rätsel unserer Freiheit, die, keiner Kausalität unterliegend (d. h. keiner Nötigung), selbst erst Kausalitäten hervorbringt; eine Freiheit, die aus dem Nichts anfängt und sich entwirft, indem sie sich verwirklicht. Kant hatte davon gesprochen, daß in seiner Freiheit der Mensch Anteil hat an dem, was jenseits aller Erscheinungen (Kausalitäten) existiert. Und genau in diesem Sinne nun knüpft Fichte an Kant an: An diesem nach innen gewendeten »Ding an sich«, an der Freiheit, mit der das Ich jeden Augenblick aus eigener Kraft *anfangen kann zu sein.*

Dabei will er nicht die weltstürzende Allmacht des empirischen, einzelnen Ichs behaupten – gegen solchen transzendentalen Napoleonismus hat er sich häufig verwahrt –, sondern er will deutlich machen, daß die Dynamik des Lebensprozesses von Geschichte und Natur nur zu begreifen sei, wenn man das Ganze *ichartig* denke. Die Kraft, die Natur und Geschichte bewegt, ist von derselben Art, wie wir sie im Aktivismus, in der Spontaneität unseres Ichs erfahren. Kühn wird hier der Rousseausche Gedanke zu Ende gebracht, daß ich vom Anfang und der Bewegung der Welt weiß, weil ich selbst jeden Augenblick anfangen und mich bewegen kann. *Die Selbsterfahrung führt uns in die Welt als in ein Universum der Spontaneität.* Ich bin das »Ding an sich« – das offenbare Geheimnis der Welt. Diese Einsicht war für Fichte jener grelle »Blitz«, der sein Philosophieren bis zum Ende erhitzte. Der »Blitz« kam aus der spannungsgeladenen geistigen Atmosphäre des Emanzipationsverlangens, einer Atmosphäre, die von der Französischen Revolution herüberdrang. Und Fichte wirkte nicht mit seinen schwierigen Deduktionen, die die wenigsten begriffen, sondern mit dem, woraus sogleich gängige Münze geschlagen werden konnte für den Wechselkurs der neuen Lust, ein ›Ich‹ zu sein. Natürlich hatte Rousseau dieser Lust vorgearbeitet. Von ihm lernte man eine gegen das gesellschaftliche Milieu und seine Konventionen sich trotzig auflehnende Art des Selbstbezugs. Rousseaus BEKENNTNISSE wurden damals sehr schnell zum Kultbuch. Daß das Studium von Himmel und Erde mit der Selbstbeobachtung zu beginnen habe, wie Rousseau schreibt, hörte man gern. Wie Fanfarenstöße klangen die ersten Sätze: »Ich alleine. Ich lese in meinem Herzen und kenne die Menschen. Ich bin nicht wie einer von denen geschaffen, die ich gesehen habe.«

So wollte man auch sein, so unverwechselbar und doch universell, so vertraut mit sich, mit dem Reichtum des eigenen

Herzens. Goethes *Werther* war so einer. »Ich kehre in mich selbst zurück und finde eine Welt«, hatte er ausgerufen, und viele riefen es ihm nach und versuchten, ihm nachzuleben.

Fichte hatte dieses Ich unter großem Getöse auf den philosophischen Olymp gehoben, dort stand es nun wie eine Figur Caspar David Friedrichs, die Welt zu seinen Füßen gebreitet: eine herrliche Aussicht. Durch Fichte, der es verstand, seine schwierige Philosophie in mitreißender Rhetorik zu popularisieren, durch ihn also bekam das Wort ›Ich‹ eine ganz besondere Färbung, nur vergleichbar mit jener Bedeutungsfülle, die später Nietzsche und Freud dem ›Es‹ zuteil werden ließen. Der popularisierte Fichte wurde zum Kronzeugen für den Geist des Subjektivismus und der grenzenlosen Machbarkeit. Die vermeintliche Macht des subjektiven Machens stimmte euphorisch. Da sitzen Hölderlin, Hegel und Schelling am Ende des Jahrhunderts bei einer Flasche Wein fröhlich beisammen und entwickeln die Umrisse einer neuen Mythologie, die man ›machen‹ müsse. Wo findet man solche Mythologie? Natürlich in sich selbst. So was traut man sich zu, man ›macht Sinn‹, stiftet eine neue gesellschaftsbildende Idee, um das verwahrloste gesellschaftliche Ganze wieder zu einem grandiosen Über-Ich zu verschmelzen. Später nannte man das Protokoll dieses beschwingten Zusammenseins *das älteste Systemprogramm des deutschen Idealismus,* ein jugendfrisches Dokument, das vom weltstürzenden Geist des Machens und des Ichs, vom Geist der wilden Jahre der Philosophie, bewegt ist.

Die da so emphatisch sich ihres Ichs vergewisserten, fühlten sich oft bedroht oder eingeschränkt von einer Welt, die dem Entfaltungswunsch des Ichs doch erheblichen Widerstand entgegensetzte. Das Ich tritt zumeist heraus aus einer Kulisse von Jammer und Schmerz. Der junge Hölderlin schreibt in einem Brief: »Wer vermag sein Herz in einer schönen Gränze zu halten, wenn die Welt auf ihn mit Fäusten einschlägt? Je angefochtener wir sind vom Nichts, das, wie ein Abgrund, um uns her uns angähnt, oder auch vom tausendfachen Etwas der Gesellschaft und der Thätigkeit der Menschen, das gestaltlos, seel- und lieblos uns verfolgt, zerstreut, um so leidenschaftlicher und heftiger und gewaltsamer muß der *Widerstand* von unserer Seite werden ... Die Not und Dürftigkeit von außen macht den Überfluß des Herzens Dir zur Dürftigkeit und Noth.«

Der »Überfluß des Herzens« verlangt das Verströmen, das An-sich-Halten wäre tödlich; am Ende der Verausgabung steht der Turm in Tübingen, wo Hölderlin, gleichviel ob als »edler Simulant« oder als Kranker, die letzten Jahrzehnte seines Lebens in Verborgenheit verbringt; ein Ich, das es aufgegeben hat, sich die Welt anzuverwandeln.

Wie bei Hölderlin, so tritt auch beim jungen Friedrich Schlegel das Ich-Gefühl aus dem Dunkel heraus. An den Freund Novalis schreibt er: »Ich Flüchtling habe kein Haus, ich ward ins Unendliche hinaus verstoßen (der Kain des Weltalls) und soll aus eigenem Herzen und Kopfe mir eins bauen.«

Friedrich Schlegel indes ist, anders als Hölderlin, fest entschlossen, den »Überfluß des Herzens« nicht an einer verneinenden Wirklichkeit zur »Dürftigkeit« verkommen zu lassen. Die Kräfte der Verneinung, die den von der Französischen Revolution ermunterten Überschuß hemmen, zieht er auf seine Seite und macht sie zur Gewalt der »Annihilation«. Man muß, was einen negiert, selbst negieren. Keine Zeit für Traurigkeit, die Hölderlinsche Elegie aufs Verlorene ist nichts für Friedrich Schlegel, der in seinem GESPRÄCH ÜBER DIE POESIE sich als jemand porträtiert, »der mit seiner revolutionären Philosophie das Vernichten gern im Großen trieb«. Als Schlegel dies schreibt, ist für ihn die »revolutionäre Philosophie« die Fichtes. In Jena, wo Fichte zwischen 1794 und 1799 lehrt, versammeln sich für kurze Zeit alle, die mit ihrem Ich ins Große gehen wollen: August Wilhelm Schlegel lehrt Literatur in Jena; sein Haus wird zum Mittelpunkt der jungen Bewegung. Fichte ist oft zu Gast. Friedrich Schlegel wohnt bei seinem Bruder. Tieck ist da. Der Assessor des Salinenwerkes in Weißenfels, Friedrich von Hardenberg, der sich Novalis nennt, kommt öfters herüber. Clemens Brentano studiert hier Medizin. Hölderlin kommt, um Fichte zu hören. Schelling wird an die Universität berufen. Henrik Steffens, der spätere Naturphilosoph, gehört zu diesem Kreis und berichtet im Rückblick auf diese Jahre: »(sie) hatten ein inniges Bündnis geschlossen, und sie gehörten in der Tat zusammen. Was die Revolution als äußeres Naturereignis, was die Fichtesche Philosophie als innere absolute Tat, das wollte dieses Bündnis als reine, wild spielende Phantasie entwickeln.«

Mit einem gewissen Wohlgefallen beobachtet Goethe, der sich häufig in Jena aufhält, das muntere Treiben; für ihn sind das alles genialische Leute, ein bißchen überspannt; sie stehen »auf der Kippe«, meint er, es kann mit ihnen schlimm enden, es würde ihm leid tun. Als Friedrich Schlegel aber jedem, der es hören will, erzählt, er könne bei Schillers Erhabenheit jedesmal vor Lachen vom Stuhl fallen, da muß der eine Olympier dem anderen schließlich doch die Stange halten. Friedrich Schlegel bekommt den Kopf gewaschen und geht nach Berlin, um dort sein ichverliebtes, ironisches, respektloses Treiben fortzusetzen. Die Zeitschrift »Athenäum«, die er dort gründet, sollte eigentlich »Herkules« heißen. Es sollte signalisiert werden, daß das Ich und seine »produktive Einbildungskraft« keine Angst vor den Augiasställen des Zeitalters haben brauchen.

Fichte hatte das Ich zur sittlichen Machtergreifung aufgerufen, der Jenaer Romantikerkreis allerdings strebte doch mehr den ästhetischen Selbstgenuß des schöpferischen, weltschaffenden Ichs an. Die »produktive Einbildungskraft«, die bei Kant das klappernde Räderwerk der Apperzeption in Gang hält und bei Fichte Hebammendienste bei der Geburt der sittlichen Welt verrichtet, wird bei den ›neuen Wilden‹ zum »Prinzip der göttlichen Imagination«. Schiller, der sich auf das Spiel der Kunst verstand, sie aber doch an der langen Leine der Sittlichkeit halten wollte, geht das alles entschieden zu weit: »Der Phantast verläßt die Natur aus bloßer Willkür«, schreibt er, »um dem Eigensinne der Begierden und den Launen der Einbildungskraft desto ungehinderter nachgeben zu können ... Weil die Phantasterei keine Ausschweifung der Natur, sondern Freiheit ist, also aus einer an sich achtungswürdigen Anlage entspringt, die ins Unendliche perfektibel ist, so führt sie auch zu einem unendlichen Fall in eine bodenlose Tiefe und kann nur in einer völligen Zerstörung sich endigen.«

Diese Unterweisung hatten die Romantiker nicht nötig. Ihre intellektuelle Virtuosität, mit der sie ironisch immer schon über sich hinaus sein wollten, hatte ihnen die Risiken ihrer

Flugunternehmungen vor Augen gerückt. Ludwig Tieck, Friedrich Schlegel, Clemens Brentano – sie haben eine scharfe Witterung für das Abgründige ihrer Bestrebungen, und sie ziehen auch noch aus dieser Sensibilität für den »Nihilismus« (dieser Ausdruck kommt damals auf) einen speziellen Genuß. Tieck läßt seine Romanfigur William Lovell ausrufen: »Fliege mit mir, Ikarus, durch die Wolken, brüderlich wollen wir in die Zerstörung jauchzen.« Wenn man ihnen vorwirft, sie gebärdeten sich »willkürlich«, so antworten sie: Ja wie denn anders, die Willkür ist unser bester Teil. Jean Paul, der weiß, wovon er spricht, weil er sich auch gerne der poetischen Selbsterhebung und Weltüberwindung hingibt, ergreift, um nicht unter die Zauberlehrlinge zu geraten, Schillers Partei. In seiner VORSCHULE DER ÄSTHETIK von 1804 schreibt er: »Es folgt aus der gesetzlosen Willkür des jetzigen Zeitgeistes – der lieber ichsüchtig die Welt und das All vernichtet, um sich nur freien Spielraum im Nichts auszuleeren ... daß er von der Nachahmung und dem Studium der Natur verächtlich sprechen muß.«

Man sprach im Fichtekreis, wenn man einmal vom Meister absieht, durchaus nicht verächtlich über das Studium der Natur. Ausgerüstet mit den Fichteschen Deduktionen, wonach das Ich als die Kraft des Werdens tief in den Grund des Seins hinabreicht, will man auch der Natur ins Innere blicken. Schelling versucht es mit seiner Naturphilosophie auf systematischem Weg. Novalis, der Bergbauingenieur, fließt über von rhapsodischen, abgerissenen, raunenden Bemerkungen: »Nach innen geht der geheimnisvolle Weg« oder »Das Äußere ist ein in Geheimniszustand erhobenes Innere« oder »Zur Welt suchen wir den Entwurf: dieser Entwurf sind wir selbst«. Novalis kontrastiert den »äußeren Blick« in die Natur, der überall Kausalität entdecken muß, mit dem »inneren Blick«, dem sich »Analogien« erschließen. Diese »innere« Denkweise (die »produktive Einbildungskraft« ist hier zuständig) läßt uns, erklärt er, »die Natur oder Außenwelt als ein menschliches Wesen ahnen, sie zeigt, daß wir alles nur so verstehen können und sollen, wie wir uns selbst und unsere Geliebten, uns und euch, verstehen«.

Gestützt auf dieses Analogieverfahren, entwirft Novalis

grandiose Bilder, etwa wenn er sagt, die Natur sei womöglich erst dann zu Fels erstarrt, als der forschende Blick der Menschen sie traf. Statt für eine herzlose Analytik der Natur plädiert Novalis für eine Erotik der Naturerkenntnis. Bei Novalis wird aus dem Fichteschen Ich, das auch der Natur zugrunde liegen soll, ein Du. Und wie zwischen Liebenden alles möglich ist, so auch hier: »Was ich will, das kann ich – Bei den Menschen ist kein Ding unmöglich.« Da unser Körper die uns nächste Natur ist, soll sich, so phantasiert Novalis, unsere liebende Macht auch über ihn erstrecken. Wenn man erst aus der Verfeindung mit dem Körper heraus ist, dann gibt es kein Halten mehr, »dann aber wird jeder sein eigener Arzt sein und sich ein vollständiges, sicheres und genaues Gefühl seines Körpers erwerben können, dann wird der Mensch... vielleicht sogar imstande sein, verlorene Glieder zu restaurieren, sich bloß durch seinen Willen zu töten und dadurch erst wahre Aufschlüsse über Körper, Seele, Welt, Leben, Tod und Geisterwelt zu erlangen. Es wird vielleicht nur von ihm dann abhängen, einen Toten zu beseelen. Er wird seine Sinne zwingen, ihm die Gestalt zu produzieren, die er verlangt, und im eigentlichsten Sinne in seiner Welt leben können.«

Wer sein Ich so tief ins Nicht-Ich der Natur versenkt, wie das Novalis tut, der macht am Ende die merkwürdige Erfahrung, daß ihm die Natur nicht mehr ichartig, sondern umgekehrt das Ich naturartig erscheint. Er versinkt mit dem, was er für sein Ich hält, in dem »dunklen lockenden Schoß der Natur«, es verzehrt ihm die »arme Persönlichkeit«, wie es in Novalis' DIE LEHRLINGE ZU SAIS heißt. Das Ich, das überall sich selbst wiederfinden und wiedersehen will, steht plötzlich im Dunkeln, gerät auf die Nachtseite der Natur. Ein Schattenreich tut sich in ihm selbst auf. Die Umrisse eines unbekannten Kontinents, des Unbewußten, werden sichtbar. Dieses wird zum Ausflugsziel einer neuen Neugier. Das kann auch nicht anders sein: Wer sich selbst so intensiv fühlen und begreifen will, der wird sehr bald die Entdeckung von Undefinierbarem und Vieldeutigem machen. Das innere ›Zwielicht‹ beginnt, wo die Neugierigen im Ich mehr entdecken als die gängigen Münzen des ›Gemeinsinns‹. Während Forschungsexpeditionen die Wildnis hinterm Stillen Ozean zu durchforsten beginnen, machen sich andere daran, die Wildnis in uns zu erforschen.

Manche von denen, die die Lust, ein Ich zu sein, besonders tief in die eigene Wildnis verstrickte, überanstrengen sich am Ende. Auf *Werthers* frohlockenden Ausruf »Ich kehre in mich selbst zurück und finde eine Welt« antwortet 1802 Clemens Brentano, inzwischen einigermaßen zerknirscht: »Wer mich zu mich selbst weist, tötet mich...«

Die überanstrengten Ichs halten Ausschau nach etwas Festem. Schließlich hat ja auch der Ich-Komet Bonaparte sich inzwischen in der steifen Kaiserwürde befestigt.

August Wilhelm Schlegel schlüpft bei der korpulenten und vermögenden Madame de Staël unter. Friedrich Schlegel bereitet seinen Übergang in den Schoß der katholischen Kirche vor. Tradition ist wieder gefragt, man sammelt Volkslieder und Märchen, gottlob muß man doch nicht alles selber machen. Man hält nach festen Stellen und festen Beziehungen Ausschau.

Nur Fichte – er bleibt was er war, seine Posaune verkündet immer noch den jüngsten Tag des Ichs. Die Spielschar der Ichlustigen hat sich davongetrollt, geblieben ist mit Fichte das sittliche Ich in seinem wuchtigen Ernst.

Diesen Mann nun will Arthur Schopenhauer in Berlin hören, einmal, weil man Fichte einfach gehört haben muß, wenn man philosophisch auf der Höhe der Zeit bleiben will, zum anderen aber auch, weil Arthur noch die Sprache sucht, in der sich die platonische Entrückung vom empirischen Bewußtsein zeitgemäß verstehen und formulieren läßt.

Was von Fichtes strengen Begriffen der Sittlichkeit oder von seinen subtilen Aufgipfelungen des Ich-Bewußtseins nach Göttingen herüberdrang, wirkte weniger vielversprechend als jene von Fichte fortwährend wiederholte Bekundung, daß die philosophische Wahrheit mit der »Evidenz« eines »Blitzes« ins alltägliche Bewußtsein einschlagen muß; daß die Wahrheit nur einen grellen Augenblick kennt, eine einzige Explosion, doch von unermeßlicher Kraft; daß eine wirkliche Philosophie eigentlich nur aus einem einzigen Gedanken bestehen kann, der dann, nur zum Behufe und unter der Bedingung der Mitteilung, zum Faden einer Argumentation ausgesponnen wird.

Arthur Schopenhauer, der von seinem Vater in die pietistische Weltdistanz eingewiesen worden war, der mit Wackenroder und Tieck die Entrückung durch Kunst versucht hat, der die Kantsche Skepsis mit Platonischen Aufschwüngen kompensiert, er fühlt sich, wie viele seiner Zeitgenossen, zerrissen zwischen den Zumutungen der Erde und der Lust des Himmels. Doch an einem entscheidenden Punkt geht Schopenhauer gänzlich andere Wege als sein Zeitalter. Dieses wird die erfahrene Zerrissenheit betäuben oder versöhnen wollen. Man wird nach jenem archimedischen Punkt fahnden, von dem aus das Leben wieder ein Ganzes werden kann. Raffinierte Konstruktionen wird man sich ausdenken, die Hegelsche und Marxsche Dialektik wird das Unversöhnte auf seine eigene Versöhnung hinarbeiten lassen. Man wird die alten metaphysischen Kräfte umschulen und sie für die Arbeit der Geschichte anstellen.

Anders Arthur Schopenhauer. Er ist nicht auf Versöhnung aus, er wirft seine ganze philosophische Leidenschaft auf das Projekt, die »Duplizität des Bewußtseins« zu begreifen; zu begreifen, weshalb und inwiefern wir zwischen zwei Welten zerrissen sind und sein müssen, und er wird die beiden Bewußtseine mit gnadenloser Schärfe voneinander abtrennen – das eine, das empirische Bewußtsein, wofür Kant bahnbrechende Entdeckungen gemacht hat, und das andere, ja, wie sollen wir es nennen, Arthur Schopenhauer hat selbst noch keinen Namen dafür, sucht, tastet, verwendet bisweilen religiöse Termini, entschließt sich in der Berliner Zeit endlich für den Namen: das »bessere Bewußtsein«.

Neuntes Kapitel

Arthurs Geheimphilosophie im Manuskriptbuch: das ›bessere
Bewußtsein‹. Die Ausgießung des Heiligen Geistes.
Ekstase ohne Apoll und ohne Dionysos.

»Ich aber sage«, notiert Schopenhauer Anfang 1813 in seinem
philosophischen Tagebuch, »in dieser Zeitlichen, Sinnlichen,
Verständlichen Welt giebt es wohl Persönlichkeit und Kausalität, ja sie sind sogar nothwendig. – Aber das bessre Bewußtseyn in mir erhebt mich in eine Welt wo es weder Persönlichkeit noch Kausalität noch Subjekt und Objekt mehr giebt«
(HN I, 42).

Unter dem Namen des »besseren Bewußtseins« zieht Schopenhauer jetzt alles zusammen, was er bisher als Akte oder
Wunschbilder des Überschreitens erfahren hatte: das »Der
Mensch ist hier nicht zu Hause« des Matthias Claudius; die
Entrückung in der Kunst, besonders in der Musik; das Bergerlebnis; jenes Transzendieren nach Innen, wodurch Sinnlichkeit und Selbsterhaltung nur noch als Spiel erscheinen; die
Selbstvergessenheit der versunkenen Betrachtung oder auch
umgekehrt die Erfahrung des Ichs als eines Spiegels, der die
vielgestaltig erscheinende Welt reflektiert, ohne doch selbst
ein Teil davon zu sein; die Platonische »Idee« und, wenn auch
erst zögernd ergriffen, das Kantsche »Sollen« – jenes Frei-
heitsrätsel, das die Welt des notwendigen Seins zerreißt.

Er sucht noch immer nach einer Sprache für diese Über-
schreitungen. Es soll die Sprache der Vernunft sein, doch sie
wird zum Äußersten herausgefordert, weil sie etwas ausdrük-
ken soll, das sie nicht gefunden hat. Das »bessere Bewußtsein«
ist ihm nicht etwas, das die Vernunft hervorbringt, sondern
etwas, das ihr widerfährt. Nichts Gemachtes, sondern etwas
Zugelassenes. Ein ›Einfall‹, durch keine Absicht herbeizuzi-
tieren, eine Inspiration, ein Pfingsterlebnis. Empirisches und
›besseres‹ Bewußtsein klaffen auseinander. Es gibt hier keinen
Übergang, sondern nur ein Über-setzen. Das Über-setzen
aber ist deshalb so schwierig, weil das »bessere Bewußtsein«
in die Sprache des Subjektes oder genauer: die des Subjekt-

Objekt-Verhältnisses hinübergenommen werden soll. Das jedoch ist eigentlich ein Ding der Unmöglichkeit. Denn jene Erfahrung des »besseren Bewußtseins« bezieht sich auf ein eigenartiges Verschwinden des Ichs und damit auch auf ein Verschwinden einer zum Handeln, zum Sich-Behaupten, Sich-Einmischen herausfordernden Welt. Es verschwindet die Welt als ›Gegen-ständlichkeit‹. Das »bessere Bewußtsein« ist nicht ein Bewußtsein *von etwas,* kein Denken, das sich einem Objekt annähert, mit der Absicht, es zu ergreifen oder hervorzubringen. Da wird nicht etwas bedacht, weil man von diesem etwas will. Das »bessere Bewußtsein« ist keine Geistesgegenwart im Handgemenge, es ist eine Art der Wachheit, die in sich ruht, nichts will, nichts befürchtet, nichts hofft. Ichlos und deshalb unbetreffbar, hat das »bessere Bewußtsein« die Welt vor sich, eine Welt allerdings, die, weil sie nicht mehr auf ein Ich ›wirkt‹, in einem bestimmten Sinn auch aufhört ›wirklich‹ zu sein. Die Welt wird zur »Arabeske«, schreibt Schopenhauer im philosophischen Tagebuch, das »Gesetz der Schwere« scheint aufgehoben, »alles übrige ist geblieben, aber dennoch ist ein ganz neuer Lauf der Dinge entstanden, bey jedem Schritt überrascht uns von neuem das sonst Unmögliche, das Schwierige ist leicht, das Leichte schwer geworden, aus dem was Nichts schien quillt eine Welt hervor und das Ungeheure verschwindet in Nichts« (HN I, 27).

Der schwere Lauf der Welt und die Ordnung der Dinge erscheinen als »Spiel«. »Der Mensch soll sich über das Leben erheben«, schreibt Schopenhauer, gegen den Selbstmord argumentierend, »soll erkennen, daß alle Vorgänge und Begebenheiten Freuden und Schmerzen sein bessres und Innres Selbst nicht berühren, daß also das Ganze ein Spiel ist« (HN I, 32).

Die Verwandlung der Welt und des in sie verstrickten Ichs in ein »Spiel« nennt Arthur Schopenhauer bisweilen auch eine »ästhetische« Erfahrung. Um Kants »interesseloses Wohlgefallen« handelt es sich dabei aber deshalb nicht, weil hier zwar von »Interesselosigkeit«, nicht aber von »Wohlgefallen« die Rede sein kann. Das »bessere Bewußtsein« ist ein Riß im Alltäglichen und Selbstverständlichen, eine staunende Wachheit, jenseits von Wohlgefallen und Schmerz.

Das »bessere Bewußtsein« ist ein Zustand des Draußen. Zur Welt gibt es keine Urteilsbeziehung mehr, deshalb weder ein Ja noch ein Nein. Schopenhauer wird später mit Genugtuung zur Kenntnis nehmen, daß die altdeutschen Mystiker (Jakob Böhme, Meister Eckhart, Tauler) und die indischen Weisheitslehren mit ähnlichen Worten jenes unnennbare, nicht begreifbare Nichts, das zugleich Alles ist, umkreisen.

Schopenhauer spricht von einem Bewußtsein »jenseits von Raum und Zeit« – auch wieder ein paradoxer Ausdruck, den unsere Sprache uns aufzwingt. Wenn ich in einem Augenblick ganz in die Aufmerksamkeit versunken bin, dann ist tatsächlich die Trennung von Ich und Welt plötzlich aufgehoben. Es wird gleichgültig, ob ich sage: ich bin draußen bei den Gegenständen oder die Gegenstände sind in mir, entscheidend ist vielmehr: Ich erlebe meine Aufmerksamkeit nicht mehr als eine Funktion meines verkörperten Ichs. Diese Aufmerksamkeit ist aus den Raum-Zeit-Koordinaten, deren Schnittpunkt unser verkörpertes Ich ist, herausgelöst: raum-, zeit- und selbstvergessen. Die Mystiker gaben dieser Erfahrung den Namen »Nunc stans«, stehendes Jetzt. Die Intensität dieser Gegenwart ist anfangs- und endlos, und sie kann nur verschwinden, weil *wir* aus ihr verschwinden. Die Aufmerksamkeit bricht ab, wenn ich wieder in mein Subjektsein zurückgetrieben werde, dann sind wieder alle Trennungen da: Ich und die anderen, *dieser* Raum, *diese* Zeit. Hat mich mein empirisches Ich wieder, so werde ich diesen ›Augenblick der Aufmerksamkeit‹ im Ankerwerk meiner Individualität, meiner Lebenszeit, meines Ortes fest vertäuen und werde daher das verloren haben, was diesem Augenblick das Unverwechselbare gegeben hat: sein Nirgendwo und Nirgendwann. Diese Art der Aufmerksamkeit muß aufgehört haben, wenn ich sie einem Ort und einer Zeit zurechnen kann. Ich bin wieder in die Individuation zurückgesunken oder zu ihr aufgetaucht, wie man will. Zweifellos ist das »bessere Bewußtsein« auch eine Art der Ekstase, eine kristalline Ekstase der Klarheit und Unbewegtheit, eine Euphorie des Auges, dem vor lauter Sehenkönnen die Gegenstände verschwinden. *Diese* Ekstase befindet sich genau am entgegengesetzten Pol zu jener anderen, für die von jeher der Name Dionysos steht: sich in die Flut des

Begehrens stürzen, vom Körper mitgerissen, Selbstauflösung in der orgiastischen Sinnlichkeit. Hier wird der Körper nicht verlassen, sondern zum Weltkörper gesteigert. Auch hier verschwindet ein Ich, indem es sich den nicht ichhaften Mächten des Triebes preisgibt: »Und ich mag mich nicht bewahren!/ Weit von euch treibt mich der Wind,/ Auf dem Strome will ich fahren,/ Von dem Glanze selig blind!/ ... / Fahre zu! ich mag nicht fragen,/ Wo die Fahrt zu Ende geht!« (Eichendorff).

Dionysos, der Schutzgott dieser Ausfahrten – er schützt das Lebendige vor dem Ich – wurde, so erzählt der Mythos, bei lebendigem Leib in Stücke gerissen und zu Suppe verkocht. So lebt er eine Weile in den zirkulierenden und abfließenden Säften des Lebendigen, im Sperma, im Fruchtwasser, im Schweiß, im Blut; schließlich wurde er wieder zur Gestalt verdickt, plastisch, aber mit Wahnsinn geschlagen, er taumelt herum, überallhin bringt er Fruchtbarkeit, wird darum geliebt; man liebt ihn gegen die Kamarilla der anderen Götter; er ist immer der kommende Gott, steigt nicht vom Himmel herab, sondern schmutzig, fettglänzend und geil quillt er aus der Erde; in tollem Spiel treibt er das Rad von Geburt und Tod; wer ihm begegnet, explodiert vor Glück, wobei er sich verliert. Dionysos – er ist der »taumelnde Gott« einer Metaphysik des Leibes. Metaphysik ist das sehr wohl, denn es geht um jenes atemberaubende Jenseits, in das uns die Genüsse des Körpers befördern. Die panische Stunde der sexuellen Vermischung ist auch eine Grenzüberschreitung, in der Raum und Zeit für uns verschwinden. Indem uns die Sinne kommen, verschwindet das Bewußtsein. Das Ich ist hier nur für den Interruptus zuständig, deshalb muß es verschwinden; bleibt es doch, so kann Dionysos, der »kommende Gott«, nicht kommen.

Die einigermaßen verklemmten Pastoren- und Beamtensöhne Hölderlin, Schelling, Hegel (und später Nietzsche) haben zu Schopenhauers Zeit dem kommenden Gott Dionysos Blumen gestreut. Aber eigentlich wollten sie ihn doch nur zur Arbeit anstellen, mit seinem Geist wollte man einen neuen Staat, neue Gesetze, eine neue Sprache ins Werk setzen. Das Dionysische, das für ein Glück zuständig ist, das man ungern überlebt, sollte zu Fäden ausgezogen werden, um ein neues

Netzwerk der kulturellen Geselligkeit daraus zu knüpfen. Sie alle wollen die unriskante Präsenz des »taumelnden Gottes«. Arthur Schopenhauer nun, zu solchem Versöhnungswerk nicht aufgelegt, will keinen Kompromiß: Dionysos entsetzt ihn. Nichts wie weg! Dionysos entsetzt ihn, weil er ihn nackt und geil sieht, nicht als einen, dem man das milde Alltagsmysterium von »Brot und Wein« (Hölderlin) anvertrauen könnte.

Man darf jetzt aber nicht denken, Arthur Schopenhauer hielte es mit Apoll, dem offiziellen Gegenspieler des Dionysos. Apoll steht für die geprägte Form, für die runde Individualität, die das alle Grenzen überflutende Nicht-Ich des Triebes staut, sammelt und auf ihre Mühlen lenkt. Arthur Schopenhauers Stil wird zwar mit seinem ruhigen, gemessenen Schreiten, in seiner Plastizität und Klarheit apollinisch sein; doch die Inspirationen des »besseren Bewußtseins«, aus denen zuletzt auch die geprägte Form seiner Philosophie entspringt, sind auch grenzüberschreitend, ichauflösend, nicht apollinisch also, sondern, um einen Ausdruck Hölderlins zu gebrauchen, »heilignüchtern«. Eine helle Ekstase, die sich auch nicht als »postorgiastische Nachdenklichkeit« (Sloterdijk), als Ausschwingen der Nachlust durch Einverleibung der Welt in die Theorie, verstehen läßt. Solches theoretische Vergnügen kann als Versuch gelten, auf den Alltag einen Abglanz der sonntäglichen dionysischen Lust fallen zu lassen. Arthur Schopenhauers »besseres Bewußtsein« dagegen ist kein Ersatz, keine Kompensation, sondern mit eigener Kraft begabt, ein Sonntag des Geistes, sogar ein Pfingstfest der Ausgießung des Heiligen Geistes. Von der Höhe dieser Entrückung schleudert Schopenhauer seine antidionysischen Blitze, Invektiven gegen die Verlockungen des Körpers, die um so bitterer sind, je illusionsloser die Macht des Körpers erfahren wird. Er schreibt: »Den Anfechtungen deiner Sinnlichkeit siehe lachend so zu wie der Ausführung eines gegen dich verabredeten dir aber gesteckten Schelmstreichs« (HN I, 24). Schön wäre es, wenn es derart gelänge, aus der »lächerlichen zur lachenden Person« (HN I, 24) zu werden, doch die Sinnlichkeit hat ihren eigenen Ernst, mit dem sich nicht spielen läßt: »In der That ist die Wollust sehr ernst. Denke dir das schön-

ste, liebreizendeste Paar, wie sie voll Grazie im schönen Lie-
besspiel sich anziehen und zurückstoßen, begehren und
fliehn, ein süßes Spiel, ein lieblicher Scherz – Nun sieh sie im
Augenblick des Genusses der Wollust – aller Schmerz, all jene
sanfte Grazie ist plötzlich fort, urplötzlich beym Anfang des
›actus‹ verschwunden, und hat einem tiefen Ernst Plaz gemacht. Was für ein Ernst ist das? – Der Ernst der Thierheit.
Die Thiere lachen nicht. Die Naturkraft wirkt überall ernst ...
Dieser Ernst ist der *entgegengesetzte* Pol des hohen Ernstes der
Begeisterung, der Entrückung in eine höhere Welt: da ist auch
kein Scherz: in der Thierheit auch nicht« (HN I, 42). Das Lie-
besspiel ist noch Kultur, die sich auf souveräne Distanzen versteht. Der »thierische Ernst« des Koitus aber reißt mich hinunter in die ichlose Natur und macht mich zu einem Objekt
ihres Treibens. Ich kann nicht mehr spielen, mir wird mitge-
spielt. »Ich bin passiv«, schreibt Schopenhauer. Die helle Ekstase des »besseren Bewußtseins« ist auch eine Art der Passivität, aber eine Passivität des Entronnenseins, hier handelt es
sich um eine Passivität des Getriebenseins. Das will er nicht,
er erfährt die Begierde als Attentat auf seine Souveränität.
Doch gerade in besonders hellen Augenblicken regt es sich
gewaltig in ihm, und er kann sich nicht verhehlen, daß die
sexuelle Ekstase in einem eigenartig komplizenhaften Verhältnis zum »besseren Bewußtsein« steht. Zunächst vergleicht er die beiden »Brennpunkte« der Ichauflösung, den
Kopf und die Genitalien, beide sind behaart. Er führt die Be-
obachtung an, »daß größte Saamenabsonderung und größte
Geistesthätigkeit zugleich eintreten, meist bei Voll- oder Neu-
Mond« (HN I, 42). Die Genitalien sind ihm die »Wurzel«, das
Gehirn die »Krone« des Baumes. Die Säfte müssen steigen,
damit es oben blüht. Gehirn und Genitalien, beide von gewaltiger Macht und sich wechselseitig zur Machtentfaltung auf-
stachelnd. »An den Tagen und Stunden wo der Trieb zur *Wol-*
lust am stärksten ist, nicht ein mattes Sehnen das aus Leerheit
und Dumpfheit des Bewußtseyns entspringt, sondern eine
brennende Gier, eine heftige Brunst: grade dann sind auch die
höchsten Kräfte des Geistes ja das bessre Bewußtseyn, zur
größten Thätigkeit *bereit*, obzwar in dem Augenblick wo das
Bewußtseyn sich der Begierde hingegeben hat und ganz da-

von voll ist, *latent:* aber es bedarf nur einer gewaltigen Anstrengung zur Umkehrung der Richtung, und statt jener quälenden, bedürftigen, verzweifelnden Begierde (dem Reich der Nacht) füllt die Thätigkeit der höchsten Geisteskräfte das Bewußtseyn, das Reich des Lichts« (HN I, 54).

Das sind überraschende Bemerkungen: ins »Licht« des »besseren Bewußtseins« oder in die »Nacht« der Sexualität befördert offenbar der gleiche Treibsatz; zwischen Unterleib und Kopf tobt ein Kampf um jene Energie, die uns, entweder nach unten oder nach oben, aus den Grenzen unseres Ichs hinausbersten läßt, ein Kampf um die eigentlich gar nicht so knappen Vitalitätsreserven, über deren Verteilung mit dem Verschwinden des alten Gottes als ökologischer Schlichtungsstelle niemand mehr mit absoluter Autorität verfügen kann.

Weshalb aber nun hat Schopenhauer Angst, sich an die Explosion des Körpers, dessen Macht er in sich doch so deutlich spürt, auszuliefern?

Wir erinnern uns, daß schon der spätpubertierende Arthur in Hamburg ungefähr 1805 gedichtet hatte: »O Wollust, o Hölle... Aus Höhen des Himmels/ Hast du mich gezogen/ Und hin mich geworfen/ In Staub dieser Erde: Da lieg' ich in Fesseln...« (HN I, 1).

Schopenhauer hatte Pech gehabt. Ihm widerfuhr bis zu dem Zeitpunkt, als er seine Blitze gegen die Sexualität schleuderte, kein Liebeserlebnis, bei dem er die Sexualität als etwas hätte erleben können, das in die ganze Person integriert ist, das die ganze Person schwungvoll mit auf Reisen nimmt. Dort, wo er Sexualität fand, liebte er nicht, und wo er liebte (z. B. die Caroline Jagemann in Weimar), blieb die Sexualität ausgegrenzt. Das hat einen doppelten Effekt: Entweder zerreißt die vollzogene Sexualität oder die fehlende Sexualität die Einheit der Person. Entweder schrumpft die Sexualität auf den unverspielten »thierischen Ernst« einer bloßen Verrichtung zusammen, oder sie irrealisiert als ungestilltes Begehren die nur zu verspielten Arabesken des erfolglosen Schmachtens. Auf jeden Fall ist sie Spielverderber: entweder, indem sie es gar nicht zum Spielen kommen läßt, oder indem sie, als ausgegrenzte, das Spiel sich in Nichtigkeit verflüchtigen läßt. Beidemal endet das, wenn nicht traurig, so auf jeden Fall lächerlich. Daher Schopenhauers grimmige Entschlossenheit, von der »lächerlichen zur lachenden Person« zu werden. Er will seiner Sexualität, als gehörte sie nicht zu ihm, zusehen wie einem »Schelmenstreich«, von dem man sich nicht hereinlegen läßt.

Was Schopenhauer widerfährt – das Zerwürfnis mit der eigenen Sexualität – ist Privatgeschichte, und doch spiegelt sich auch darin ein Stück Kulturgeschichte der Sexualität.

Das Zeitalter, das gerade lernte, genußvoll ›Ich‹ zu sagen, wollte sich, in Autonomie und Verinnerlichung befestigt, nicht von der eigenen ›Natur‹ überrumpeln lassen. Man denke nur daran, welche aberwitzigen Umstände Rousseau in seinem Liebesroman DIE NEUE HELOISE macht, um nur ja nicht an den weichen Körperkern der Liebesinnigkeit zu rühren. Und das libertinhaft-schwerenöterische Auftreten der jungen Romantiker blieb doch recht windig: heiße Luft, mehr Lust auf Lust als Lust.

Trotzdem, oder vielleicht gerade deshalb, beginnt sich um die Sexualität ein geheimnisschwangeres Murmeln auszubreiten. Eine gänzlich neue Neugier wendet sich ihr zu. Über viele Jahrhunderte hin hatte die Sexualität ihren nur zu bekannten, gar nicht geheimnisvollen Ort in der metaphysisch verankerten Ordnung des Lebens: In ihr rührt sich unser erlösungsbedürftiges Fleisch.

Als abgründig erscheint die Sexualität erst aus der Perspektive des sich autonom dünkenden Ichs. Dort erst wird Sexualität zu jener ›Natur‹ in uns, von der wir befürchten, sie könnte unser selbstherrliches Ich auflösen. Die Säkularisation nimmt der Sexualität das Sündige, dafür macht sie sie zur Trägerin eines gefährlichen Geheimnisses. »Der Sex«, schreibt Foucault, »ist allmählich zum Gegenstand des großen Verdachts geworden; zum allgemeinen und beunruhigenden Sinn, welcher uns zum Trotz unser Verhalten und unsere Existenz durchkreuzt; zum schwachen Punkt, von dem aus das Unheil droht; zum Stück Nacht, das jeder von uns in sich trägt.«

Man beginnt die Sexualität zu verdächtigen, die geheime Wahrheit über uns zu wissen. Man wird sie zum Geständnis zwingen wollen. Natürlich dauert es noch ein ganzes Jahrhundert, bis mit Sigmund Freud der Argwohn, es wüßte unsere

Sexualität und nur sie, was mit uns eigentlich los ist, zum System und sodann epidemisch wird.

Zu Schopenhauers Zeit beginnt dieser Argwohn. Deshalb wird auch Arthur Schopenhauer in einer doppelten Bewegung seine Inspirationen gegen die Geschlechtsorgane lenken, zugleich aber auch, in seinem Generalangriff gegen die Selbstüberschätzung des Geistes, vom »Brennpunkt« des Willens in der Geschlechtlichkeit aus eine grandiose Metaphysik des Leibes entwickeln. Wir haben in der Regel gegen unsere Sexualität keine Chance, lehrt er. Als die grellste Manifestation des »Willens« ist sie das »Ding an sich« in Aktion, blamiert das arme Ich und treibt es vor sich her. Die Sexualität als Blamage der Selbstherrlichkeit hat Arthur Schopenhauer sehr konkret erlebt in seinen unbefriedigenden Verhältnissen zu Frauen.

Er hat Pech gehabt. Nun gibt es, von den zeitgeschichtlichen Umständen einmal abgesehen, auch eine individuelle Dispositon dafür, Pech zu haben. Sartre hat am Beispiel Flauberts gezeigt, wie ein Kind, das man mit der Mutter zusammensperrt, die es nur pflichtgemäß liebt, unzureichend in seinen eigenen Körper hineingeboren wird und hineinwächst: Es bleibt eine heikle Selbstdistanz und Fremdheit; die innere Erwärmung, die das Ichgefühl, wenn es erwacht, mit dem Körperganzen verschmelzen läßt, kann unter diesen Umständen ausbleiben.

So ähnlich muß es sich auch bei dem jungen Arthur zugetragen haben. Das Lebendige an sich selbst, am eigenen Leibe, ist ihm das Andere, nicht das Eigene; eher ein Kältestrom, in dem man treibt, dem man sich aber nicht ausliefern möchte. Wenn dann der Körper sich doch erhitzt, fröstelt das Ich und sucht Zuflucht bei schützenden Instanzen der ichhaften Souveränität. Bei Arthur war der Vater, Heinrich Floris, eine solche Instanz. Er ragte aus dem trüben, reißenden Gewässer empor. Bei ihm ließ sich die Tugend der stolzen Selbstbeherrschung lernen, er ermunterte dazu, den Kopf auf jeden Fall oben zu behalten. Und da zu der Zeit, als Arthur heranwuchs, zwischen den Eltern keine erotische Spannung mehr bestand, mußte bei Arthur die Auskühlung weiter voranschreiten. Wenn sich dann die Sexualität unvermeidlich doch rührt, wird sie, wie wir es von Arthur wissen, als verlockende, zugleich aber fremde Gewalt erlebt. Mit einer Verdammung der »Wollust«, nicht mit Ergüssen schwärmerischen Verliebtseins beginnt Arthurs erotische Karriere. Es ist, als hätte sich beim jungen Arthur zwischen die ›nackte‹ Sexualität und die sehr früh ausgebildete Intellektualität nicht die sanft mildernde ›Seele‹ geschoben, die für einen lebbaren Friedensvertrag zwischen den beiden Vitalitätszentren sorgt. Schopenhauer hat es später selbst so gesehen, wenn er schreibt, daß gerade bei den Aufschwüngen eines kräftigen Geistes der »Trieb zur Wollust« ungemildert und kraß hervorbreche. Eine mittlere Ebene des domestizierenden Arrangements, wo Geist und Sexualität zu halbem Preis gehandelt werden und deshalb sich näherkommen, scheint es für ihn nicht zu geben. Was hier fehlt, ist die von Thomas Mann im DOKTOR-FAUSTUS-Roman so genannte »eigentlich sentimentale Lebensschicht«. Der Adrian Leverkühn des Romans hat sie nicht, und auch Arthur Schopenhauer zeigt wenig Sinn dafür. »Es ist eine Tatsache«, schreibt Thomas Mann, »daß die stolzeste Geistigkeit dem Tierischen, dem nackten Triebe am allerunvermitteltsten gegenübersteht, ihm am allerschnödesten preisgegeben ist.«

In dieser Art mit sich selbst verfallen, wird man in der Frau eine Komplizin jener Gewalt sehen, von der die Gefahr für die Selbstbehauptung ausgeht. Das Begehren zieht einen zur Frau hin, doch wird man sie, ob man will oder nicht, erkältend spüren lassen, daß man ihr die durch sie erlittene Kränkung der Selbstherrlichkeit nicht verzeihen kann. So wird man es schwer haben, zu einem Liebeserlebnis zu kommen, bei dem Geist und Sexualität gemeinsam, in einer Entfesselung des Glücks, alle Verfeindungen und Dualismen beiseite fegen. Solches Erleben hätte die Kraft der Verwandlung. Plötzlich gilt nichts mehr, wie es vorher gegolten hat. Bleibt solches Erleben aus, so wächst die Energie jenes fundamentalen Zerwürfnisses, und es wird immer unwahrscheinlicher, daß man aus ihm herausfindet, weil das Liebeserlebnis selbst immer unwahrscheinlicher wird.

Arthur Schopenhauer, zu unbescheiden, zu intensitätshungrig, um sich mit seinem empirischen Ich zu begnügen und sich darin zu befestigen, wird sich also auf die Grenzüberschreitung ins Über-Souveräne, in die ›helle‹ Ekstase des »besseren Bewußtseins«, einlassen; gegen die Grenzüberschreitung ins Unter-Souveräne, die Ekstasen des Dionysos, wehrt er sich. Seine philosophischen Betrachtungen allerdings werden diesen Untergrund mit der alt-metaphysischen Würde des Substanzbegriffs ausstatten. Dieser Untergrund wird, als »Wille«, sogar zur einzigen Substanz erklärt. Alles ist Fleisch vom Fleische des Willens. Der »Wille« ist so sehr ›Alles‹, daß er nur noch vom ›Nichts‹ her – also vom »besseren Bewußtsein« – ausbalanciert werden kann.

Indem das »bessere Bewußtsein« die Grenzen des empirischen Ichs überschreitet, ist es für Augenblicke nicht nur dem Treiben des Willens entronnen, es ist auch über den weltimmanenten Vernunftgebrauch hinaus (Kausalität, Personalität, Zeit- und Raum-Begriffe). Arthur Schopenhauer spricht bisweilen in religiösen Termini von der »Gnade« oder vom »Frieden Gottes, welcher höher ist denn alle Vernunft«. Es geht hier um eine jähe Befindlichkeit, die über alle denkbaren immanenten Zwecke hinausgehoben ist; sie kann nicht zum Mittel für irgend etwas herabgesetzt werden. Aus dieser Erfahrung zieht Schopenhauer eine ungemein folgenreiche Gewißheit: Die moderne Verbindung von Idee und Verwirklichung der Idee hat hier keine Gültigkeit; die Verwirklichung ist nicht mehr der Wahrheitsbeweis der Idee. Das »bessere Bewußtsein« läßt sich nicht verwirklichen, weil es selbst ›wirklich‹ ist in einer Weise, die das andere Wirkliche nichtig werden läßt. Aus dieser Erfahrung heraus hat sich Arthur Schopenhauer ein für allemal entschieden gegen alle Projekte der Versöhnung, die das Unbehagen an der Realität durch Arbeit an ihrer Verbesserung beheben wollen. Er hält an der unversöhnbaren »Duplizität« zwischen unserem empirischen Sein und Bewußtsein auf der einen und dem »besseren Bewußtsein« auf der anderen Seite fest. Er erläutert das am Beispiel des Verhältnisses zum Tod: »Eine Erfahrung an der sich die *Duplicität unsers Bewußtseins* deutlich macht ist unsre in verschiednen Zeiten verschiedne Gesinnung gegen den Tod. Es giebt Augenblicke wo, wenn wir den Tod lebhaft denken, er in so fürchterlicher Gestalt erscheint, daß wir nicht begreifen wie man mit solcher Aussicht eine ruhige Minute haben könne und nicht

Jeder sein Leben mit Klagen über die Notwendigkeit des To- des zubringe. – In andern Zeiten denken wir mit ruhiger Freu- de, ja mit Sehnsucht an den Tod. – In beiden haben wir Recht. In der ersten Stimmung sind wir ganz vom zeitlichen Bewußt- sein erfüllt, sind nichts als Erscheinung in der Zeit; als solcher ist uns der Tod Vernichtung, und als das größte Uebel mit Recht zu fürchten. In der andern Stimmung ist das bessre Bewußtsein lebendig und es freut sich mit Recht auf die Lö- sung des geheimnißvollen Bandes, durch welches es mit dem empirischen Bewußtsein, in die Identität *Eines* Ichs verknüpft ist« (HN I, 68).

Daß es die unversöhnbare Duplizität des Bewußtseins, die Möglichkeit einer doppelten Perspektive, einer doppelten Er- fahrung gibt, ist für Arthur Schopenhauer so evident, daß er, wie später Wittgenstein, die Philosophie geradezu mit einem negativen Auftrag versieht: Sie soll in diskursiver Sprache sa- gen, was sich sagen läßt, damit jener Bereich umgrenzt werde, an den die Sprache *nicht* herankommt; sie soll bis an die Gren- ze der möglichen Begriffsarbeit gehen, damit sie weiß, wovon es *keinen* Begriff geben kann. Es wird im Verständnis Schopen- hauers das Amt der Philosophie sein, davor zu schützen, von sich selbst, vom Schwung der eigenen Begrifflichkeit verführt zu werden. Das Unsagbare darf nicht zum Unsäglichen wer- den.

Zehntes Kapitel

Arthur hört Fichte. Berlin im Befreiungskrieg. Die Allmacht
des Politischen. Die Philosophie in Waffen. Arthur flieht.

Von Fichte, den zu hören Schopenhauer nach Berlin gekommen war, hatte er Inspirationen erwartet, die den seinen ähnlich waren. Denn schon in Göttingen hatte er davon gehört, wie Fichte stets forderte, die Philosophie habe nicht bei einem Gegenstandsbewußtsein zu beginnen, sondern bei der »absoluten Besonnenheit«, in der das Ich sich aus allen raum-zeitlichen Bezügen herausgenommen erfährt und sich selbst gleichsam zusehen kann bei der Hervorbringung aller dieser Bezüge.

Doch schon nach wenigen Wochen bemerkt er bei Fichte jene Selbstverführung der begrifflichen Philosophie, gegen die zu wappnen er sich entschlossen hatte. Fichte, so scheint ihm, will mit Begriffen konstruieren und finden, was sich in Begriffe allenfalls ›übersetzen‹ läßt: das »bessere Bewußtsein«.

Arthur Schopenhauer hört bei Fichte im Herbst 1811 zunächst die Vorlesung über die *Thatsachen des Bewußtseins*.

Solange Fichte davon spricht, daß die Philosophie aus dem Staunen komme, findet er Schopenhauers Zustimmung; auch noch, wenn die Rede ist vom »Bliz der Evidenz«, mit dem dieses Befremden beginnt. Doch als Fichte diese für Schopenhauer verlockende »Evidenz« aus der Spirale der empirischen Selbstreflexion entwickelt, beginnt Arthur sich zu sträuben. Er bezweifelt, daß mit der Reflexion auf die Reflexion oder mit der Wahrnehmung der Wahrnehmung tatsächlich eine neue Qualität – worauf Fichte abzielt – erreicht werde: Für Schopenhauer sind das fruchtlose Verdopplungen. Die reflektierende oder wahrnehmende Instanz wird, auch wenn sie versucht, sich selbst anzuschauen, immer reflektierende oder wahrnehmende Instanz bleiben. So kommt man, meint Schopenhauer, aus der Immanenz nicht heraus, das bleibt ein totes Rennen. Doch Fichte hat inzwischen erst richtig zum Flug angesetzt. Als er in der fünften Vorlesungsstunde behauptet, mit dem in der Selbstreflexion aufgehellten Bewußtsein verschwände das Sein, notiert Schopenhauer, in einer Mischung aus Ärger und Verunsicherung, am Rande der Mitschrift: »Ich muß gestehn daß Alles hier gesagte mir sehr dunkel ist, ich es auch unrecht verstanden haben mag« (HN II, 37).

Den nächsten Vorlesungsstunden bleibt er krankheitshalber fern. Der Wiedergenesene muß dann erleben, wie Fichte erklärt, inwiefern das »Wissen ein Schematisieren der Wahrnehmung« sei. Schopenhauer bemerkt: »Ich weiß nicht was das heißt…« (HN II, 41). Doch statt nun wieder krank zu werden, packt ihn die Wut: »In dieser Stunde hat er… Sachen gesagt die mir den Wunsch auspreßten, ihm eine Pistole auf die Brust sezzen zu dürfen und dann zu sagen: Sterben mußt du jezt ohne Gnade; aber um deiner armen Seele Willen, sage ob du dir bey dem Gallimathias etwas deutliches gedacht hast oder uns blos zu Narren gehabt hast?« (HN II, 41). Unverdrossen aber schraubt sich Fichte immer weiter hinauf. Zu dem Fichteschen Satz »Das absolute Band zwischen der Sehe und dem Sehn ist der Grund« fällt dem Studenten nur noch die Bürgersche Gedichtzeile ein: »Lisch aus mein Licht, lisch ewig aus,/ Fahr hin, fahr hin in Nacht und Graus!« (HN II, 44).

Schopenhauer ist vom Delirium der Begriffe nun nicht mehr eingeschüchtert, und der Ärger ist dem Spott gewichen. Ihm ist klargeworden, daß die Begriffe ins Taumeln kommen müssen, wenn ihnen die falsche Aufgabe zugewiesen wird, beispielsweise zum »besseren Bewußtsein« oder, wie Fichte sagt, zur »absoluten Besonnenheit« zu führen. Als Fichte in einer späteren Vorlesungsstunde sich unendlich mühevoll herumwindet, um dem Ich in den Rücken zu kommen, bemerkt Schopenhauer in lakonisch-souveräner Kürze: »Es giebt nur Ein Anschauendes, das Ich: und dies ist eben darum nie ein Angeschautes« (HN II, 68).

Die Randbemerkungen zur nächsten Fichtevorlesung über die *Wissenschaftslehre* vom Sommer 1812 sind noch bissiger: »Rasender Unsinn«; »wahnsinniges Geschwätz« (HN II, 123), heißt es da. Mit dem Shakespeareschen Satz »ist dies schon Tollheit, hat es doch Methode« überschreibt er das ganze Vorlesungsprotokoll. Schopenhauer beginnt sich über die »Tollheit« zu amüsieren. Wenn Fichte sagt: »Das Ich ist, weil es sich setzt«, malt er einen Stuhl an den Rand. Fichte lehrt:

»Das Ich erhellet nicht aus irgend einem Andern, sondern ist hell und die absolute Helligkeit selbst.« Schopenhauer dazu: »Da er heute nur das reine Licht, aber kein Talglicht aufsteckte, konnte das Protokoll nicht weiter geführt werden« (HN II, 193). Es bleibt auch während der nächsten Vorlesungsstunden – Fichte spricht über die reine Form der Sichtbarkeit – dunkel. Schopenhauer: »Da auch heute die Talglichte nicht in die Sichtbarkeit traten, mußte das Protokoll abgebrochen werden« (HN II, 195). Arthur hält es nicht mit der irischen Weisheit: »Sieht man lange ins Dunkel, ist immer etwas darin...«, er hat sich inzwischen von der Fichteschen Philosophie verabschiedet mit dem Orakelspruch: »da wird die Wissenschaftslehre lange im Dunkel sizzen.«

Hell wurde Fichtes Philosophie indes immer dann, wenn es um praktische, womöglich politische Sittlichkeit geht. Und deren große Stunde naht nun. Am Ende des Jahres 1812 kündigt sich der patriotische Rausch der antinapoleonischen Befreiungskriege an. Preußen, seit der Niederlage von Jena und Auerstädt im Jahre 1806 ein Vasall des französischen Kaiserreichs, hatte die Jahre über lavieren müssen zwischen Willfährigkeit gegenüber Napoleon und einer Politik, die darauf angelegt war, den preußischen Patriotismus nicht ins Kraut schießen zu lassen, ihn aber auch nicht allzusehr zu kränken. Auch die Ansätze demokratischer Reformen des Staatswesens (Stein, Hardenberg) hielten sich in heikler Balance: Die Untertanen sollten eingebunden, ein Stück weit auch an Verwaltung und politischer Herrschaft beteiligt werden, aber alles in Maßen: Eine demokratische Bewegung, die, bei Lage der Dinge, unweigerlich auch deutsch-patriotisch werden würde und, umgekehrt, ein Patriotismus, der sich zu demokratischen ›Frechheiten‹ auswächst, mußten vermieden werden – im klassenpolitischen Interesse der Herrschenden, aber auch aus Vorsicht gegenüber dem französischen Kaiser. Fichtes REDEN AN DIE DEUTSCHE NATION vom Winter 1807/08 durften zwar öffentlich gehalten werden, doch für die ersten beiden Vorträge verweigerte die preußische Zensur zunächst die Druckerlaubnis. Die mit patriotischen Hintergedanken geforderte neue Universität zu Berlin durfte zwar gegründet, aber es durfte dabei nicht ins patriotische Horn gestoßen werden. Aus den Gründungsstatuten wurde alles herausgestrichen, was Schleiermacher mit allzu ›deutscher‹ Gesinnung hineingeschrieben hatte, daß z. B. die Universität zur »Pflanzstätte deutscher Jugend« werden sollte. Die Schwierigkeiten, die der Patriotismus der Kleistschen »Berliner Abendblätter« mit preußischen Regierungsstellen bekam, sind bekannt.

Besondere Aufmerksamkeit wandte die Regierung dem Theater zu. Iffland, damals Direktor am Nationaltheater, muß französische Singspiele ins Programm aufnehmen; sogar deutsche Stücke läßt er bisweilen in französischer Sprache aufführen. Er bringt manche Nächte damit zu, seinem Schreiber Übersetzungen in die Feder zu diktieren. Das deutsche Stammpublikum ergreift bisweilen die Gelegenheit, patriotische Luft abzulassen. Man gibt die JUNGFRAU VON ORLEANS. Als bei der Krönungsszene der Ruf ertönen soll ›Es lebe der König, Karl der Gütige!‹, gehen die letzten drei Worte im Gejohle unter. Man hört nur: ›Es lebe der König!‹

Überhaupt ist das Theater in jenen Jahren einer der wenigen Schauplätze, wo sich Haltungen und Einstellungen kollektiv zeigen können. Die Regel aber ist Zersplitterung, Vereinzelung, Rückzug in den vertrauten Zirkel. Varnhagen von Ense berichtet: »Wohin man blickte, sah man Störung, Zerrissenheit, nach allen Richtungen nur ungewisse Zukunft; den politischen Kräften widerstrebten vergebens die geselligen und geistigen, sie mußten es fühlen, daß der bürgerliche Boden, der sie trug, erschüttert war...; jeder ging nach Zufall dem augenblicklichen Gewinne nach, wie der Tag ihn geben wollte.« Wer in dieser ungewissen Lage Boden unter den Füßen sucht, fühlt »sich gewaltsam auf das geistige Leben hingeworfen, man vereinte und ergötzte sich in Ideen und Empfindungen, welche das Gegenteil dieser Wirklichkeit sein wollten«.

Eine Weile lang ergötzte man sich also am »geistigen Leben«, und da es mit dem materiellen Leben nach der großen Hungersnot von 1807/08 auch wieder aufwärtsgeht, herrscht eine gewisse Ruhe – bis 1812. In diesem Jahr rüstet Napoleon zu seinem bisher gewaltigsten Unternehmen: dem Krieg gegen Rußland. Die dramatische Schlußphase des Napoleonischen Zeitalters beginnt. Napoleon, der mit der Kontinentalsperre England in die Knie zwingen will, marschiert gegen Rußland, weil dieses aus der Allianz gegen England ausgeschert war. Napoleon bringt das größte Heer zusammen, das Europa bis dahin gesehen hat: die ›Große Armee‹, zu der alle ›Verbündeten‹, auch und gerade Preußen, Kontingente beisteuern müssen. Doch da es an der Seite des sieggewohnten Napoleon in den Krieg geht, ist man in Berlin zunächst nicht sonderlich beunruhigt. »Hier ist politisch alles ruhig, während, wie ich höre, auswärts alles voll Kriegsaussichten ist. Man ist hier überzeugt, daß Preußen Frankreichs Alliierter ist, und daß uns also nichts droht«, schreibt der Berliner Theologe de Wette am 22. Februar, in den Tagen der Unterzeichnung der Kriegsallianz gegen Rußland, in einem Brief an Fries. Die Patrioten hegen sogar frohe Erwartungen: Gebietserweiterungen, Wiederaufrichtung von Preußens Gloria ... Der Berliner Professor Uhden in einem Brief vom 3. April 1812: »Unsere hiesigen Anstalten gedeihen herrlich; die gegenwärtigen politischen Verhältnisse werden noch größeren Segen für uns herbeiführen.«

Fünfhunderttausend Mann bringt Napoleon im Frühjahr 1812 für seinen Feldzug zusammen. Berlin erlebt den größten Truppendurchmarsch seiner Geschichte. Das waffenstarrende Europa überschwemmt die Stadt. Für eine Zeit muß sie diese Kriegsfurie ernähren und seufzt unter den schweren Lasten der Einquartierungen; auch werden hohe Steuern für die Kasernierung der Truppen auferlegt.

Der Zug nach Osten beginnt, eine verdächtige Stille breitet sich aus. Die Einbildungskraft arbeitet. Man hört vom brennenden Moskau, von einem unerhörten Winter schon zur Spätsommerzeit. Das alles klingt unheimlich. Manche versuchen sich abzulenken. Der Historiker Niebuhr vertieft sich in die »schuldlosen Studien« seiner RÖMISCHEN GESCHICHTE, um, wie er sagt, »dem Totengeruch«, der ihn anweht, zu entgehen.

Derweil marschieren die Truppen vor, ohne auf nennenswerten Widerstand zu stoßen. Dieser gespenstische Feldzug endet im Winter dieses Jahres mit einem katastrophalen Zusammenbruch: Die Weite des Raumes, der Winter, der Hunger, die demoralisierende Hinhaltetaktik der russischen Armee, die zermürbenden Partisanenkämpfe hinter der Front bewirken die Auflösung der Hauptarmee, die sich, auf wenige tausend Mann geschrumpft, im Dezember 1812 nach Westen zurückschleppt.

Nach den Monaten beunruhigender Stille breiten sich jetzt die Schreckensnachrichten wie ein Lauffeuer aus. Man erzählt von Krüppeln ohne Arme und Beine, von Soldaten, die sich um halbverweste Pferdekadaver totschlagen. Am 20. Januar 1813 treffen die ersten Flüchtlinge in Berlin ein. Die Lazarette füllen sich mit Verwundeten und Kranken. Es besteht Seuchengefahr. Der Berliner Professor der Schönen Künste, Solger, schreibt an seinen Freund Raumer: »Es ist ein schauerlicher Zeitpunkt, was als Erlösung erscheint, kann uns das letzte Ende herbeiführen... Ich habe keine Ruhe mehr, Tag und Nacht muß ich an die Weltbegebenheiten denken.«

Arthur Schopenhauer jedoch – er muß offenbar weder tags noch nachts an die »großen Weltbegebenheiten« denken – er schreibt in seine Kladde: »Der Mensch soll sich über das Leben erheben, soll erkennen daß alle Vorgänge und Begebenheiten Freuden und Schmerz sein bessres und Innres Selbst nicht berühren, daß also das Ganze ein Spiel ist« (HN I, 32).

Als im Frühjahr 1812 die Große Armee durch Berlin marschierte, grübelte Arthur über Fichtes *Wissenschaftslehre*. Als die Nachricht vom Brand Moskaus durchsickerte, ließ er sich nicht bei der ruhigen Betrachtung der Dresdener Gemäldegalerie stören; während nun die zerlumpten Reste der Armee in Berlin eintreffen, besucht er einen Wahnsinnigen in der Charité und schreibt ihm eine Widmung in die Bibel. Während eine todbringende Weltgeschichte ihr Strandgut nach Berlin spült, reflektiert Arthur Schopenhauer über den alltäglichen Tod: »Jeder Athemzug schiebt den beständig eindringenden Tod zurück, und so kämpfen wir in jeder Sekunde mit dem Tode: in weitern Zwischenräumen kämpfen wir durch jede Mahlzeit, jeden Schlaf, jede Erwärmung u.s.w. mit dem Tode. Denn wir sind durch die Geburt ihm unmittelbar anheim gefallen und unser ganzes Leben ist nichts als ein Aufschub des Todes« (HN I, 75).

Ihn schaudert schon vor den alltäglichen Aspekten des Lebens, er weigert sich, die Geschichte zu denken. Diejenigen aber, die das tun, schwanken zwischen Entsetzen und Hoffnung. Solger in einem Brief: »Die Überreste der Großen Armee strömen hier durch in dem elendsten Zustande. Es ist ein großes erstaunenswürdiges Strafgericht Gottes ergangen... es dürfte schwerlich ein ähnliches Beispiel eines so ungeheuren Elendes in der Geschichte vorhanden sein. Von der Art, wie dieser Zeitpunkt benutzt wird, muß das Schicksal Europas abhängen.«

Mit gebotener Vorsicht – zur Zeit werden ja die Briefe geöffnet – formuliert Solger hier eine Hoffnung, die von vielen geteilt wird: Man wünscht den preußischen Bündniswechsel; mit Rußland zusammen und unter tätiger Mithilfe des Volkes soll das französische Joch abgeschüttelt und – womöglich – eine nationalstaatliche, vielleicht sogar demokratische Wiedergeburt Deutschlands auf den Weg gebracht werden. Ein erster Schritt in diese Richtung war die am 31. Dezember 1812 eigenmächtig vom General Yorck mit der russischen Seite abgeschlossene Konvention von Tauroggen, die das preußische Heereskontingent neutralisierte.

Der König hatte den Schritt mißbilligt. Am Hofe schwankt man noch. Die antinapoleonische Volksstimmung – man kann sie benutzen, sie ist aber auch gefährlich, sie kann übers borussische Ziel hinausschießen. Am Hof hält man lieber zu den stärkeren Bataillonen, ob es die französischen oder die russischen sein werden – das muß sich erst noch herausstellen. So geschieht das Kuriosum, daß Ende Januar 1813 ein Aufruf erlassen wird zum freiwilligen Kriegsdienst der »wohlhabenden Klassen«, ohne daß bekanntgegeben wird, gegen wen die Zurüstung gerichtet sei. In Berlin kommt es im Januar zu Unruhen, Volksaufläufen, Emeuten. Bei der französischen Kommandantur gehen Scheiben zu Bruch, aber auch preußische Gardesoldaten werden mit Steinen beworfen. Das Gerücht weiß von einem geplanten Sturm auf das Potsdamer Schloß. Truppen marschieren auf, französische und preußische.

In diesen Tagen bricht auch in Preußen die große Leidenschaft der Epoche hervor: die Politik. Die Umwälzungen in der Sphäre des Politischen, die sich seit der Französischen Revolution vollzogen haben, sind jetzt auch mit voller Wucht in Berlin zu spüren.

Das Politische ist expansiv geworden, es okkupiert Leiden-schaften, Gesinnungen, Hoffnungen, Wünsche, die vormals in der politischen Öffentlichkeit noch nichts zu suchen hatten. Im Absolutismus war Politik ein Monopol des monarchischen Staates. Der *absolute* Machtanspruch aber war nicht *totalitär,* denn der Bereich des Politischen war begrenzt: Dynastische Selbstbehauptungs- und Machtpolitik nach außen, Friedens-sicherung und Ressourcenabschöpfung nach innen. Die mon-archische Spitze war absolut, da sie die ungeteilte politische Macht besaß. Frei von Politik war die Gesellschaft im doppel-ten Sinne: Weder suchte sie in der Regel nach politischen Aus-drucksformen, noch wurde sie zum Objekt der Politisierung von außen, vom Staat her.

Die Französische Revolution ist die Krisis der ›alten‹ Poli-tik: Die Gesellschaft zerbricht das absolutistische Monopol und nimmt die Politik in sich zurück. Damit wandelt sich der Bereich des Politischen. Politik wird zur Angelegenheit des *ganzen* Menschen und der *Massen.* Der abgemagerte Politikbe-griff des Spätabsolutismus gehört nun der Vergangenheit an, die Politik wird fortan von Affekten und Ambitionen überflu-tet, die sich zuvor im gesellschaftlichen Bereich und im indivi-duellen seelischen Innenraum aufgestaut haben: Freiheit, Gleichheit, Brüderlichkeit, Glück – das soll jetzt und hier poli-tisch herstellbar sein. Politik ist machbares Leben. Politik wird zu einem Unternehmen, in das sich alles, was man auf dem Herzen hat, investieren läßt.

Man muß sich die gewaltige Zäsur klarmachen, die am En-de des 18. Jahrhunderts mit dieser Explosion des Politischen verbunden ist. Die Sinnfragen, für die zuvor die Religion zu-ständig war, werden jetzt an die Politik gerichtet; ein Säkulari-sierungsschub, der die sogenannten ›letzten Fragen‹ in gesell-schaftlich-politische verwandelt: Robespierre inszeniert einen Gottesdienst der politischen Vernunft, und im Preußen der Befreiungskriege zirkulieren die Gebetbücher des Patriotis-mus; eines davon hat sogar Heinrich von Kleist verfaßt. Ar-thur Schopenhauer hat es nicht gelesen.

Die Entwicklung, die mit der Französischen Revolution durchbricht, ist unumkehrbar. Die Koalition der traditionel-len Mächte hatte gegen das revolutionäre Frankreich zu-

nächst noch mit den alten Methoden gekämpft (›Kabinetts-
kriege‹) und war dabei unterlegen gegen die Gesinnungstäter
aus Frankreich. Was sich kulturell lange schon vorbereitete
seit dem Sturm und Drang, nun bricht es auf: ein politisches
Nationalbewußtsein. Nation, Vaterland, Freiheit – das sind
jetzt Werte, für die Menschen zu sterben bereit sind. Dieser
Politisierungsschub läßt sich ermessen, wenn man die persönliche Bekanntmachung der Niederlage von 1806 vergleicht
mit dem königlichen Aufruf vom März 1813.

1806 hieß es: »Der König hat eine Bataille verloren. Jetzt ist
Ruhe die erste Bürgerpflicht.« Dagegen enthält der Aufruf
von 1813 eine umständliche Rechtfertigung der bisherigen königlichen Politik und fordert dann bedingungslosen Einsatz
für die nationale Sache: »Aber welche Opfer auch von einzelnen gefordert werden mögen, sie wiegen die heiligen Güter
nicht auf, für die wir sie hingeben, für die wir streiten und
siegen müssen, wenn wir nicht aufhören wollen, Preußen und
Deutsche zu sein.«

Das ist die Stimme der Neuen Politik. Ins Philosophische
hat sie, wie kein anderer, Fichte übersetzt.

»Das Ich ist, weil es sich setzt . . .«, das bedeutet ins Neupo-
litische übertragen: Die das Ich übergreifenden Satzungen
des Lebens müssen sich vor der substantiellen Freiheit des
Ichs rechtfertigen. Das Nicht-Ich des Staates ist eine vom Ich
selbst geschaffene, sich selbst auferlegte Beschränkung und
kann vom Ich auch wieder zurückgenommen werden. Das gilt
für Napoleon, der sich soeben anschickt, aus der Weltgeschichte abzutreten, und dem die mutigen Patrioten hinter-
herzetern, das gilt aber auch für den Staat überhaupt, beispielsweise den preußischen. Ermuntert er die Aktivität, die
Selbstbetätigung der Freiheit – auch durch Grenzen, die er
setzt – ist es gut; wirkt er lähmend, so muß er durch das Ich,
genauer: durch die vergesellschafteten Ich-Subjekte zurückgenommen werden. »Die Gesellschaft, der Inhaber der materiellen Kräfte«, so verkündet Fichte in den turbulenten Tagen
des März 1813, solle sich auf sich selbst besinnen und zur Tat
der Befreiung schreiten. Er selbst will Feldprediger im preußischen Hauptquartier werden, dort lächelt man darüber und
winkt ab. Der verhinderte Feldprediger hat sich allerdings ge-

gen mögliche Enttäuschungen gewappnet. Zum Staatsminister Nicolovius sagt er: »Gelingt der Versuch, so ist der Gewinn unabsehbar; mißlingt er, so ist er denn doch deutlich ausgesprochen ... Das Zurückziehen auf den Punkt, wo ich jetzt bin, in die Welt des reinen Begriffs, steht mir immer offen.« Nicht mehr lange. Am 29. Januar 1814 stirbt der wackre Mann am Nervenfieber, das die Blessierten des Befreiungskrieges eingeschleppt hatten.

Am 28. März 1813 wird mit einem Gottesdienst, wie sich das gehört, der Krieg gegen Napoleon offiziell eröffnet. Schleiermacher, gegen dessen Patriotismus die Zensur zuvor eingeschritten war, darf jetzt überfließen. Er auf der Kanzel, das Publikum in Uniform lauschend, zum Abzug bereit, die Büchsen lehnen draußen an der Kirchenwand, hinter der Sakristei grasen die Pferde. »In frommer Begeisterung, von Herzen redend, drang er in jedes Herz, und der volle, klare Strom seiner Rede riß alle mit sich fort«, berichtet ein Zeitgenosse. Schopenhauer hält sich abseits. Was Schleiermacher betrifft – ihm traut er sowieso nicht über den Weg, seit er bemerkt hat, daß der gelehrte Mann so vortrefflich über die mittelalterlichen Scholastiker zu reden weiß, ohne auch nur einen einzigen Originaltext wirklich gelesen zu haben.

Die Universität verödet. Fast zwei Drittel der Studenten sind eingerückt. Die Professoren spenden Geld und besorgen sich ein Gewehr. Niebuhr beginnt auf eigene Faust im Garten zu exerzieren, einige Fakultätskollegen machen mit. Er freut sich über die Schwielen, die sich ihm an den Händen bilden: »Denn solange ich eine zarte Gelehrtenhaut hatte«, schreibt er in einem Brief, »schnitt das Gewehr gewaltig ein.« Professor Solger irrt umher und befragt jeden, den er zu packen bekommt, ob er seine Hochzeit vor der Schlacht oder danach abhalten solle. Die Professoren, die weder im Garten exerzieren noch ins Feld marschieren wollen, greifen ersatzweise zu erhebender Lektüre. Böckh in einem Brief: »Lesen ... kann ich gar nichts als griechische Tragödien und Shakespeare, ... Goethe und Schiller sind jetzo nicht zu lesen, sie sind zu schwächlich für die Zeit.«

Ende April muß Berlin fürchten, von Napoleonischen Truppen berannt zu werden. Am 21. April wird mit der Organisation des Landsturms begonnen. Wer nicht waffenfähig ist, den schickt man zu Schanzarbeiten vor die Stadt. Dort kann man jetzt ganze Fakultäten am Werke sehen. Die Nachwuchswissenschaftler aber sind bewaffnet. Solger, inzwischen hat er sich für die Heirat entschieden, widmet sich vorsorglich der Organisation einer Witwenunterstützungskasse. Die Braut schickt er nach Schlesien; leider ist das die falsche Richtung, dort ist nämlich der Feind postiert. Die Nervosität ist eben sehr groß. Bettina von Arnim, die in dem zum Feldlager verwandelten Berlin ausharrt, gibt in einem Brief eine anschauliche Schilderung der Gelehrtenkohorte: »Während Landsturm und Landwehr in Berlin errichtet wurden, war ein seltsames Leben da. Da waren alle Tage auf offener Straße Männer und Kinder (von 15 Jahren) von allen Ständen versammelt, die dem König und Vaterland schwuren, in den Tod zu gehen... Auch war es seltsam anzusehen, wie bekannte Leute und Freunde mit allen Arten von Waffen zu jeder Stunde über die Straßen liefen, so manche, von denen man vorher sich's kaum denken konnte, daß sie Soldaten wären. Stelle Dir zum Beispiel in Gedanken Savigny vor, der mit dem Glockenschlag 3 wie besessen mit einem langen Spieß über die Straße rennt (eine sehr allgemeine Waffe bei dem Landsturm), der Philosoph Fichte mit einem eisernen Schild und langen Dolch, der Philolog Wolf mit seiner langen Nase hatte einen Tiroler Gürtel mit Pistolen, Messern aller Art und Streitäxten angefüllt... Pistor... trug einen Panzer Elendstierhaut... bei Arnims Kompagnie fand sich jedesmal ein Trupp junger Frauenzimmer, die fanden, daß das Militärwesen ihm von vorn und hinten gut anstand.«

Anfang Mai wird die Situation noch bedrohlicher. Man wähnt Napoleon ganz nahe. Das von regulären Truppen entblößte Berlin fürchtet die Rache. Arthur Schopenhauer hält es nicht mehr in der Stadt aus. Er flieht Richtung Weimar. Zuvor entrichtet er seinen Tribut an den Zeitgeist: Er gibt Geld für die Ausrüstung eines Soldaten (Pferd, Montur usw.). Aber schlagen will er sich nicht. Patriotismus ist ihm fremd; in die politischen Welthändel kann er keine Leidenschaft investieren, diese Art der Säkularisation ist an ihm vorbeigegangen. Seinem »besseren Bewußtsein« ist das Kriegsgeschehen

›Schall und Rauch‹, ein außerordentlich törichtes Spiel. Wenige Monate später schreibt er, auf diese Wochen zurückblikkend, in einem Brief an den Dekan der Philosophischen Fakultät Jena, wo er promovieren möchte: »Als zu Anfang dieses Sommers der Kriegslärm von Berlin, wo ich Philosophie studirte, die Musen verscheuchte... zog auch ich, da ich einzig zu ihren Fahnen geschworen hatte, in ihrem Gefolge von dannen (nicht sowohl deshalb, weil ich, durch besondere Verkettung der Umstände überall fremd, nirgends Bürgerpflichten zu erfüllen hatte, als vielmehr, weil ich aufs tiefste von der Ueberzeugung durchdrungen war, daß ich nicht dazu geboren sei, der Menschheit mit der Faust zu dienen, sondern mit dem Kopfe, und daß mein Vaterland größer als Deutschland sei)« (B, 643). Schopenhauer verläßt Berlin mit der Absicht, seine philosophische Dissertation abzufassen. Es geht ihm aber um viel mehr als den Erwerb eines akademischen Grades: Ihm haben sich die Gedankenumrisse eines großen Werkes gezeigt – er weiß: Es wird sein Lebenswerk sein.

Ein heißes Gefühl, eine mitreißende Inspiration, eine Schaffenslust ohnegleichen bemächtigt sich seiner inmitten der Kriegsturbulenzen und der aufgewühlten politischen Leidenschaften.

In einer euphorischen Stunde, Anfang 1813, schreibt er in seinem Tagebuch:

»Unter meinen Händen und vielmehr in meinem Geiste erwächst ein Werk, eine Philosophie, die Ethik und Metaphysik in *Einem* seyn soll, da man sie bisher trennte so fälschlich als den Menschen in Seele und Körper. Das Werk wächst, concrescirt allmählig und langsam wie das Kind im Mutterleibe: Ich weiß nicht was zuerst und was zuletzt entstanden ist, wie beim Kind im Mutterleibe: ich der ich hier sitze und den meine Freunde kennen, begreife das Entstehn des Werks nicht, wie die Mutter nicht das des Kindes in ihrem Leibe begreift. Ich seh' es an und spreche wie die Mutter: ›ich bin mit der Frucht gesegnet‹. Zufall, Beherrscher dieser Sinnenwelt! laß mich leben und Ruhe haben noch wenige Jahre! denn ich liebe mein Werk wie die Mutter ihr Kind: wann es reif und geboren seyn wird; dann übe dein Recht an mir und nimm Zinsen des Aufschubs« (HN I, 55).

Arthur Schopenhauer, der »mit Frucht gesegnete«, verabschiedet sich vom Schau- und Tummelplatz und vom Kampfboden der großen Zeittendenzen, um in einem ruhigen Winkel mit seinem Werk niederzukommen.

ZWEITES BUCH

Elftes Kapitel

*Der Denker auf keiner Bühne. Arthur in Rudolstadt. Das erste
Asyl der Philosophie. Die Dissertation:* ÜBER DIE VIERFACHE
WURZEL DES SATZES VOM ZUREICHENDEN GRUNDE.
*Vom Grund und den Gründen. Die Grenzen der Vernunft.
Arthur hält sich bedeckt.*

Arthur Schopenhauer ist auf dem Weg, über Weimar nach
Rudolstadt, in ein Dorfgasthaus, wo er mit seiner dort verfaßten Dissertation ÜBER DIE VIERFACHE WURZEL DES SATZES
VOM ZUREICHENDEN GRUNDE eine Lebensepoche beginnt, die
knapp fünf Jahre dauern wird und in der das Ganze seiner
Philosophie »wie aus dem Morgennebel eine schöne Gegend«
emporsteigt. In diesen fünf Jahren werden alle seine wesentlichen Lehrsätze ihre endgültige Formulierung finden; er wird
diese Lebensphase beenden mit dem Bewußtsein, seine eigentliche Lebensaufgabe erfüllt zu haben. Danach wird er vor
das Publikum treten und zu seinem Entsetzen feststellen, daß
keiner gekommen ist. Ohne einen Auftritt gehabt zu haben,
tritt er ab. Es bietet sich ihm keine Chance, zum ›Denker auf
der Bühne‹ zu werden. Da ihm sowieso keiner zuhört, wird er
darauf verzichten, die Aufmerksamkeit durch überraschende
Einfälle fesseln zu wollen. Er wird sich nicht fortwährend
überbieten müsen, er wird das Spiel von Selbstverhüllung und
Selbstentblößung nicht zu inszenieren brauchen; er wird
nicht unablässig Türen zuschlagen, um sie dann mit Getöse
einzurennen; er gerät nicht in die Gefahr, funkelnde Selbstinszenierung und Wahrheit miteinander zu verwechseln. Da seine Worte ungehört verhallen, wird er auch nicht in selbstzer-
störerischer Weise sich selbst beim Wort nehmen wollen.
Kurz: Ihm bleibt das Schicksal seines berühmtesten Schülers,
Nietzsche, erspart. Er verzehrt sich nicht im Verwandlungs-
theater, er gerät nicht in den Wirbel des philosophischen Mas-
kenspiels. Ihm genügen zwei Gesichter, das eine nach innen
gewendet, das andere nach außen; das eine ins Herz der Dinge
versenkt, das andere skeptisch auf den Weltlauf und das eigene Herumgerissensein darin hinblickend. Die Tatsache, daß

man ihm draußen keine Antwort gibt, wird er, nach anfänglicher Enttäuschung, schließlich dem Wahrheitswert seiner Lehre gutschreiben. Seine Philosophie wird dadurch, im Blick nach draußen, noch grimmiger, und in ihren Inspirationen noch unzugänglicher, trotz der kristallklaren Sprache, in der sie vorgetragen wird.

Und doch wird er, mehr als er sich selbst einzugestehen bereit ist, auf Antwort warten. Zu stolz, sich ein Publikum suchen oder gar es gewinnen zu wollen, hofft er doch insgeheim, das Publikum möge *ihn* suchen. Seine Selbstinszenierung, von keiner Bühne gefordert, geht nach innen: Er sieht sich als jemanden, den die anderen auffinden müssen. Was er vor sich selbst verkörpern will, ist: die Wahrheit, die sich entzieht. Wenn man ihn dann am Ende seines Lebens wirklich ›findet‹, wird er rückblickend sein langwährendes Inkognito als den langen Weg zur Wahrheit deuten.

Im Blick auf sich selbst hat Arthur Schopenhauer nur seinen Weg *zur* Philosophie, nicht aber den *in* der Philosophie als lang empfunden. Er hat aus einer Lebensbahn, die ihn woanders hinführen sollte, ausbrechen und deshalb Umwege in Kauf nehmen müssen. Sobald er aber in der Philosophie überhaupt Fuß gefaßt hat, ist alles – so seine Selbstwahrnehmung – sehr schnell gegangen. Die Inspirationen des »besseren Bewußtseins« suchen ihre Sprache in romantischen und platonischen Reminiszenzen, und in der Reflexion des empirischen Bewußtseins folgt er den Spuren Kants. Und als er dann, im Jahre 1815, den am eigenen Leibe erlebten »Willen« als das ominöse Kantsche »Ding an sich« identifiziert – da ist das Ganze seiner Philosophie in nuce beisammen. Es muß nur noch entfaltet werden. Die Dissertation ist der Beginn dieser Arbeit der Explikation. Diese erkenntnistheoretische Schrift hat einen geheimen Bezugspunkt, der nirgendwo ausdrücklich formuliert wird, der aber aus seinen gleichzeitigen privaten Aufzeichnungen und aus dem nachfolgenden Hauptwerk DIE WELT ALS WILLE UND VORSTELLUNG überdeutlich hervortritt: Er will dem »besseren Bewußtsein« – in der Dissertation mit keinem Wort erwähnt – seinen Ort anweisen, indem er, Kant radikalisierend, die Grenzen des empirischen Bewußtseins bestimmt. Worauf es ihm ankommt, ist genau das, wovon er nicht spricht. Er wird auf seine Weise Kantianer, um – wiederum auf seine Weise – Platoniker bleiben zu können.

In seinem Studienheft zu Fichte formuliert Arthur Schopenhauer 1812 diesen geheimen Bezugspunkt seines erkenntniskritischen Präludiums:

»So wird der wahre Kriticismus das beßre Bewußtseyn trennen von dem empirischen, wie das Gold aus dem Erz, wird es rein hinstellen ohne alle Beimengung von Sinnlichkeit oder Verstand, – wird es ganz hinstellen, Alles wodurch es sich im Bewußtseyn offenbart, sammeln, vereinen zu einer Einheit: dann wird er das empirische auch rein erhalten, nach seiner Verschiedenheit klassifiziren: solches Werk wird in Zukunft vervollkommnet, genauer und feiner ausgearbeitet, faßlicher und leichter gemacht, – nie aber umgestoßen werden können. Die Philosophie wird daseyn; die Geschichte der Philosophie wird geschlossen seyn. Kommt langer Friede unter die Menschen, schreitet die Kultur fort und giebt Vervollkommnung aller Mechanik Muße – so kann ein Mal alle Religion weggeworfen werden wie das Gängelband der Kindheit: die Menschheit wird dastehn, zum höchsten Selbstbewußtseyn gelangt, das goldne Zeitalter der Philosophie wird gekommen, das Gebot des Delphischen Tempels *gnothi sauton* (= erkenne dich selbst) erfüllt seyn« (HN II, 360).

Zum einzigen und zugleich letzten Mal begegnet uns hier eine Art geschichtsphilosophischer Überhöhung der Duplizität von empirischem und »besserem« Bewußtsein. Was vermag das empirische Bewußtsein, wenn es sich seines Vermögens inne wird? Es wird uns die »Vervollkommnung der Mechanik« an die Hand geben, Naturbeherrschung, vernünftige Einrichtung der äußeren Lebensumstände. Das alles aber ist nur eine Welt der Mittel, nicht der Zwecke. Der Zweck ruht in der »Muße«. Indem es sich mit Erfolg um die Belange der praktischen Lebensbewältigung kümmert, entbindet das empirische Bewußtsein jene Daseinsmöglichkeit, an die es selbst nicht heranreicht, für die es aber Platz schaffen kann: die Selbsterkenntnis im Medium des »besseren Bewußtseins«. Die lebenspraktischen Erfolge des empirischen Bewußtseins eröffnen die Chance für ein Leben in der Wahrheit, unabgelenkt von empirischen Interessen, in sich ruhend. »Die Philosophie wird daseyn«, schreibt Schopenhauer. »Die Geschichte der Philosophie wird geschlossen seyn« – das bedeutet: Die bisherige Geschichte der Philosophie, die zugleich eine Geschichte ihrer unseligen Verstrickung in den Lebenskampf darstellt, wird beendet sein, weil die ermächtigte Empirie mit den praktischen Problemen alleine fertig wird und die Philosophie ihre Freiheit zu den lebenspraktisch uninteressierten Wahrheiten zurückerhält. Es scheiden sich die Sphären. Beide Teile – die Empirie und das »bessere Bewußtsein« – haben ihren Vorteil davon. Diese Scheidung ist das Werk des Kritizismus, der die Empirie ermuntert und ermächtigt, zugleich aber fernhält von Gebieten, wo sie nichts zu suchen hat. Für Arthur Schopenhauer ist dieser Kritizismus ein Liebesdienst am »besseren Bewußtsein«, dem er Geltung verschaffen will, indem er jenen Bereich ausleuchtet, wo sich das empirische Bewußtsein tummeln darf.

Als Arthur Schopenhauer im Frühsommer 1812 diese frohgestimmten Sätze niederschreibt, rüstet Napoleon gerade zum gewaltigen Kriegszug gegen Rußland. »Kommt langer Friede unter die Menschen, schreitet die Kultur fort . . .« – dieser Optimismus kommt nicht aus den Ereignissen, die sich vor Schopenhauers Augen abspielen, sondern aus den Hochgefühlen seines Werkbewußtseins. Die Euphorie dessen, der »mit Frucht gesegnet ist«, vergoldet auch die Aussichten der Geschichte. Für kurze Augenblicke erstrahlt sie in einem Glanz, der allerdings erborgt ist. Sie spiegelt ihm jenes Licht zurück, das sich in Arthur entzündet hat.

Als dann aber die ›Geschichte‹ in unmittelbarer Nähe rabiat wird und auch sonst besonnene Leute plötzlich ihre Lust am Hauen und Stechen entdecken, sieht sich Arthur wiederum ausschließlich auf seine innere Welt zurückgeworfen, dieweil das empirische Bewußtsein draußen in die militante Tollheit taumelt. Während man sich in Berlin gegen Napoleons Rache rüstet, flieht Arthur über Dresden nach Weimar, wo er Zwischenstation macht. Er verläßt nach kurzer Zeit das Haus der Mutter und zieht sich in das nahegelegene idyllische Rudolstadt zurück. Von Juni bis November 1813 logiert er in einem Gasthaus, in äußerster Zurückgezogenheit verfaßt er seine Dissertation, berauscht vom Glück des Schaffens, manchmal aber auch geplagt vom Zweifel. Wer hat eigentlich recht, fragt er sich, er, wenn er sich zurückzieht, oder die ›Aufgeregten‹ draußen auf dem geschichtlichen Kampfboden jenseits des idyllischen Tales? Rückblickend schreibt er: »Übrigens war ich damals gemüthlich wiederum tief leidend und niedergeschlagen, hauptsächlich weil ich mein Leben in eine Zeit gefallen sah, die ganz andere Gaben erforderte, als zu welchen ich das Zeug in mir fühlte« (B, 654). Doch das bleiben Anwandlungen, die vorübergehen, denn, so fährt Schopenhauer in seinem Bericht fort, »in meiner Rudolstädter Zurückgezogenheit... fesselten mich die unaussprechlichen Reize der dortigen Gegend. Meiner ganzen Natur nach dem Militairwesen abhold, war ich glücklich, in dem nach allen Seiten hin von bewaldeten Bergen umhegten Thale jenen ganzen kriegerischen Sommer hindurch keinen Soldaten zu sehen und keine Trommel zu hören, und lag in tiefster Einsamkeit, durch nichts zerstreut oder abgezogen, ununterbrochen den abgelegensten Problemen und Untersuchungen ob« (B, 654).

Nicht nur vom Standpunkt der politischen Leidenschaften aus mußten die Probleme, mit denen sich Schopenhauer in seiner Dissertation herumschlug, als ›abgelegen‹ erscheinen. ›Abgelegen‹ von der Hauptrichtung des aktuellen philosophischen Geistes war auch sein Versuch einer erneuten erkenntnistheoretischen Grundlegung. Dem philosophischen Zeitgeist, der glaubte, Kant ›überwunden‹ zu haben, stellte sich Schopenhauer mit seinem ›Zurück zu Kant‹ vorläufig noch eher bescheiden als auftrumpfend entgegen.

Fichte, Schelling, Hegel hatten inzwischen nacheinander die Schranken, die Kant gegen den mataphysischen Gebrauch der Vernunft errichtet hatte, eingerissen. Sie hatten wieder Gott, Welt und Ich umfassende Systeme entwickelt, in denen für die Selbstbesinnung auf die Grenzen möglicher Erkenntnis kein Platz war. Der subjektive Geist ward von ihnen wieder ermächtigt, aus sich selbst heraus das Ganze begreifen zu können.

Hegel hatte die Kantsche Reflexion auf das Erkenntnisvermögen mit dem Spruch verworfen, Schwimmen lernen könne man nicht auf dem Trockenen; Arthur Schopenhauer läßt sich davon nicht beirren. Er begnügt sich aber nicht damit, an Kants erkenntnistheoretische Ergebnisse zu erinnern, sondern er *vereinfacht* und *radikalisiert* sie zugleich. Von Kants kompliziertem Räderwerk des Erkenntnisvermögens behält er nur ein einziges Prinzip zurück: den Satz vom zureichenden Grunde. Unsere gesamte vorstellende Tätigkeit (Wahrnehmen und Erkennen) arbeitet mit Hilfe eines Mechanismus, der sich in dem Satz ausdrücken läßt: »Nichts ist ohne Grund warum es sey.«

Die Schopenhauersche *Vereinfachung* gibt eine neue Übersichtlichkeit: Der Satz vom zureichenden Grunde drückt die Tatsache aus, daß bei allem, was in unsere Vorstellung gelangen kann, wir immer nach Gründen, nach einem Zusammenhang fragen müssen; wir müssen danach fragen, nicht weil uns die äußere Welt, sondern – insofern bleibt Schopenhauer in der Nachfolge Kants – weil unser Wahrnehmungs- und Erkenntnisvermögen uns dazu zwingt.

Entsprechend den verschiedenen ›Gegenständen‹ (Objekten), mit denen wir es zu tun bekommen können, unterscheidet Schopenhauer vier Arten, nach Gründen zu ›fragen‹, vier Arten, einen Zusammenhang herzustellen. Er spricht von der »vierfachen Wurzel des Satzes vom zureichenden Grunde« – so lautet denn auch der nicht sonderlich leserfreundliche Titel der Dissertation.

Diese vier Arten sind:

Bei allem, was in der Körperwelt geschieht, fragen wir nach einem Grund, warum es geschieht. Wir fragen also nach einem *Grund des Werdens*. Das ist die Frage nach der Kausalität im engeren Sinne.

Bei allen Urteilen (Erkenntnisse, Begriffe) fragen wir nach dem, worauf sich dieses Urteil stützt. Wir fragen hier also nicht, warum etwas so sei, sondern wir fragen, warum wir behaupten, daß es so sei. Wir fragen also nach dem *Erkenntnisgrund*.

Die dritte Art des Satzes vom zureichenden Grunde bezieht sich auf das Gebiet der reinen Geometrie und Arithmetik. Hier gilt weder ein Grund des Werdens noch ein Erkenntnisgrund. Warum auf die Zahl ›1‹ die Zahl ›2‹ folgt oder warum jedes über einem Kreisdurchmesser errichtete Dreieck, mit Eckpunkt auf der Kreislinie, einen rechten Winkel hat, läßt sich durch das So-Sein des anschaulichen Raumes (Geometrie) und der unmittelbar erfahrenen Zeit (Zählen, Arithmetik) demonstrieren. Es geht hier um eine nicht weiter hinterfragbare Evidenz. Für Schopenhauer ist das der »Satz vom zureichenden *Grunde des Seyns*«.

Die vierte Art des Satzes vom zureichenden Grunde bezieht sich auf das menschliche Handeln: Wir fragen bei allem, was getan wird, nach dem Motiv, weshalb es getan wird. In der zweiten, wesentlich erweiterten Auflage der Dissertation wird Schopenhauer dafür den ungemein erhellenden Ausdruck verwenden: »die Kausalität von innen«.

Dieser vierfachen Art, nach Gründen zu fragen, ist gemeinsam, daß es uns schlechterdings unmöglich ist, etwas »Einzelnes, Abgerissenes« in unserer Vorstellung zu haben; wenn und sofern etwas in unsere Vorstellung kommt (und damit für uns existiert), ist es immer schon ins Netz der Gründe verstrickt. Wenn Leibniz sagt: »Die Natur macht keine Sprünge«, so würde Schopenhauer sagen: Unsere Vorstellung erlaubt es nicht, daß irgend etwas ›Sprünge‹ macht. Das Mißverständnis liegt nahe, der ›Satz vom zureichenden Grunde‹ werde lediglich von unserer reflektierenden Vernunft, also mit Bewußtsein, angewendet. So hatte ja auch Kant das Prinzip der Kausalität verstanden. Doch hier ist Schopenhauer radikaler: Er behauptet, daß bereits die vorbewußte, rein physiologische Sinneswahrnehmung mit dem Grundsatz der Kausalität arbeitet: »Von der Veränderung im Auge, Ohr oder jedem andern Organ, wird auf eine Ursach geschlossen, und solche wird im Raum dahin, von wo ihre Wirkung ausgeht, als das Substrat dieser Kraft gesetzt... Die Kategorie der Kausalität ist also der eigentliche Übergangspunkt, folglich *Bedingung aller Erfahrung*... Durch die Kategorie der Kausalität allererst erkennen wir die Objekte als *wirklich*, d. i. auf uns *wirkend*. Daß wir jenes Schlusses uns nicht bewußt sind, macht keine Schwierigkeit« (D, 36). Wenn wir sehen, gibt es unmittelbar nur die Empfindungsdaten der Netzhauterregung, nichts anderes. Wir sehen, spüren, hören die Körper im Raum, weil wir die Empfindungsdaten am eigenen Leibe als

Wirkung deuten und dafür instinktiv eine Ursache suchen, die wir in den Raum projizieren. Diese elementare vorstellende Tätigkeit leistet, nach Schopenhauer, der *Verstand*. Erst durch diesen Verstandesakt kommt die ganze anschauliche, sinnlich wahrnehmbare Welt in unsere Vorstellung. In diesem Sinne haben auch die Tiere ›Verstand‹, weil und sofern sie eine Objektwelt außer sich wahrnehmen.

Schopenhauer wird später diesen Vorgang »intellektuale Anschauung« nennen, im präzisen Wortsinn: Die unmittelbare Anschauung ist bereits vom Prinzip des Verstandes durchwirkt. Ohne Verstand gäbe es zwar Erregungszustände am eigenen Körper, aber keine Körperwelt außer uns, denn der Verstand erst versteht die Erregung am Körper als *Wirkung* einer Ursache von außerhalb. Eigenkörperliche Zustände müssen als *Wirkung* begriffen werden, damit es für uns eine *Wirklichkeit* draußen gibt.

Diese Konzeption eines unbewußt arbeitenden Verstandes birgt weitreichende Konsequenzen in sich: Wenn der Verstand so innig mit der sinnlichen Anschauung verwoben ist, wenn er so tief hinunterreicht in die animalischen Wahrnehmungsakte, ohne darum bewußt zu sein – so kehrt sich die traditionelle Hierarchie der erkennenden Vermögen um: dann wird an der Basis der sinnlichen Anschauung nicht nur ›Stoff‹ ans begriffliche Vermögen, wo er dann Gestalt bekommt, weitergereicht, sondern dort unten an der Basis geschieht bereits das Entscheidende: Nicht erst die Begriffe, sondern die verstandesdurchwirkte sinnliche Anschauung baut die vielfältige Gestaltenwelt vor uns auf. »Ein wesentlicher Unterschied zwischen Kants Methode und der, welche ich befolge«, schreibt Schopenhauer, »liegt darin, daß er (Kant) von der mittelbaren, der reflektierten Erkenntnis ausgeht, ich dagegen von der unmittelbaren, der intuitiven ... Diese ganze uns umgebende, anschauliche, vielgestaltete, bedeutungsreiche Welt überspringt er und hält sich an die Formen des abstrakten Denkens« (I, 609).

In der Verknüpfung mit sinnlicher Anschauung erfährt bei Schopenhauer der Verstand eine Aufwertung, die zugleich – und darin liegt die Brisanz dieser These – eine gegen den philosophischen Zeitgeist gerichtete Relativierung der Vernunft nach sich zieht.

Die Vernunft leistet Schopenhauer zufolge nicht mehr und nicht weniger, als die anschaulichen Vorstellungen in Begriffe (›Vorstellungen von Vorstellungen‹) zusammenzufassen, aufzubewahren und mit diesen ›Begriffen‹ wie mit Kürzeln Kombinationen anzustellen. Die Vernunft buchstabiert mit dem Alphabet, das ihr die verständige Anschauung liefert. Ohne diese Basis müßte die Vernunft leer bleiben, sie bringt nichts hervor.

Dieser Satz hätte eigentlich als Provokation wirken müssen in einer Zeit, die von der ›Vernunft‹ alles erwartet: Naturmacht (Schelling), Geschichtsmacht (Hegel), Sittlichkeit (Fichte) und Glaubensmacht (Jacobi). Aber so wirkt diese Schrift durchaus nicht. Sie blieb fast unbemerkt. Es erschienen drei Rezensionen mit gönnerhaftem Lob. Kaum mehr als hundert Exemplare wurden verkauft, der Rest wurde makuliert und einige Jahre später eingestampft.

Die Schrift konnte in der ursprünglichen Fassung auch wenig Aufsehen erregen, weil sie noch nicht selbstbewußt, noch nicht energisch genug die weitreichenden Schlußfolgerungen zog, die sich aus den dargelegten Positionen ergaben, weil sie auch noch kaum den Umriß dessen erkennen ließ, worauf Schopenhauer abzielte und wofür diese Schrift nur das Vorspiel war.

Man liest die Dissertation heute zumeist in der zweiten, wesentlich erweiterten Auflage von 1847. Dort sind alle Linien ausgezogen, hinübergezogen ins Hauptwerk, dort wird die philosophische Tradition herausgefordert und dort wird auch nicht gespart mit Ausfällen gegen den philosophischen Zeitgeist.

In der ersten Fassung der Dissertation, geschrieben im Herbst 1813, hält sich Schopenhauer teils noch bedeckt, teils ist ihm zu diesem Zeitpunkt selbst noch nicht gänzlich klar, worauf das alles hinauslaufen soll.

Bedeckt hält sich Schopenhauer, wenn es beispielsweise darum geht, die brisanten Konsequenzen seiner Kritik an der Verwechslung von ›Erkenntnisgrund‹ und ›Grund des Werdens‹ (also Kausalität) darzutun.

Bei der Frage nach dem Erkenntnisgrund suchen wir nach einer »Anschauung«, auf die wir die Erkenntnis stützen können, auf der sie »beruht«; oder wir überprüfen die logische Stimmigkeit einer Aussage. Wenn Schlußfolgerungen regelrecht aus richtig angesetzten Prämissen gezogen werden, haben diese ihren »Grund«. Die Frage nach dem Erkenntnisgrund kommt derart auf jeden Fall mit dem Aufweis eines Grundes zur Ruhe, zum Abschluß. Anders bei der Frage nach den Gründen des Werdens. Hier gilt das Prinzip der Kausalität. Und dieses Prinzip duldet kein Innehalten: Jede gefundene Ursache läßt sich wieder als Wirkung einer anderen Ursache begreifen und so weiter bis ins Unendliche. Eine letzte Ursache kann es für den Verstand auf dem Gebiet der anschaulichen Objekte nicht geben. »Das Gesetz der Kausalität«, schreibt Schopenhauer in der zweiten Auflage der Dissertation, »ist also nicht so gefällig, sich brauchen zu lassen wie ein Fiaker, den man, angekommen, wo man hingewollt, nach Hause schickt. Vielmehr gleicht er dem von Goethes Zauberlehrling belebten Besen, der, einmal in Aktivität gesetzt, gar nicht wieder aufhört zu laufen und zu schöpfen« (III, 53).

Bei der altehrwürdigen Frage: Gibt es einen Anfang aller Dinge, gibt es eine letzte Ursache der Welt? lassen sich nun diese beiden Arten von ›Gründen‹ effektvoll miteinander vermischen. Man fragt nach dem Ursprung der Dinge, also nach einer ersten Ursache des Werdens, hat aber damit schon die Ebene gewechselt, weg vom Wirklichen hin zu den gedachten Objekten: Dort bildet man nun den Begriff des ›Unbedingten‹. Jetzt kann man logisch zwingend daraus folgern, daß dieses ›Unbedingte‹, ›Absolute‹ selbst nicht bedingt, nicht verursacht sein kann (das würde seinem Begriff widersprechen); also muß dieses Unbedingte dasjenige sein, was alles bedingt, ohne doch selbst bedingt zu sein; also muß das Unbedingte, weil nicht bewirkt, sondern nur bewirkend, die erste Ursache sein. Man muß diese ›erste Ursache‹ nur noch unter dem Namen ›Gott‹ auftreten lassen, dann hat man den Gottesbeweis. Was aber hat man tatsächlich mit dieser Argumentation bewiesen? Man hat nicht erwiesen, daß es einen Anfang der Welt des Werdens gibt, eine letzte Ursache, sondern nur, daß aus dem einen Gedankending, dem Begriff des ›Unbedingten‹, sich ein anderes Gedankending, der Begriff der ›ersten Ursache‹ schlüssig herauszuehen läßt; daß also der Begriff der ›ersten Ursache‹ seinen Erkenntnisgrund im Begriff des ›Unbedingten‹, ›Absoluten‹ hat.

Jetzt wechselt man erneut die Ebene, geht zurück in die Welt des Werdens, nimmt aber die Plausibilität dieser rein logischen Argumentation in die Empirie hinüber und kann nun behaupten: Es gibt einen absoluten Anfang der Welt, eine erste Ursache, Gott, absoluter Geist usw.

Die Kritik dieser Verfahrensweise ist in der ersten Auflage der Dissertation vorsichtig angedeutet, aber erst dreißig Jahre später, in der zweiten Auflage, wird sie in ihrer ganzen Tragweite und mit polemischer Zuspitzung formuliert. Dort wird dieses Verfahren dann als »Taschenspielertrick« bezeichnet, und dort erst wird Schopenhauer die Behauptung wagen, daß die ganze Schellingsche und Hegelsche Philosophie des Absoluten eine modernisierte Variante dieses Taschenspielertricks darstellt.

Im Herbst 1813, bei Abfassung der Dissertation, will Arthur Schopenhauer sich offenbar noch nicht anlegen mit den Koryphäen auf deutschen Lehrstühlen. An Professor Eichstädt, den Dekan der Philosophischen Fakultät Jena, wo Schopenhauer seine Schrift zur Promotion einreicht, schreibt er in einem Begleitbrief: »Auch bitte ich, mir nicht zu verschweigen, wenn Ihnen etwas darin (in der Dissertation, R. S.) irgendwie als gehässig erscheinen sollte« (B, 644). Überhaupt ist in diesem Brief Schopenhauers nichts von der auftrumpfenden Selbstgewißheit späterer Jahre zu spüren: »Unsere menschliche Schwachheit ist aber zu groß«, schreibt er, »daß wir nicht einmal dessen, was wir vor Augen haben, wenn es nicht durch fremde Zustimmung bekräftigt wird, vollkommen gewiß sein können; noch viel weniger also darf man sich auf sein eigenes Urteil in Sachen der Philosophie verlassen« (B, 644).

Von solcher Bescheidenheit sind die gleichzeitigen privaten Aufzeichnungen Schopenhauers durchaus nicht. In seinen Manuskriptbüchern aus dieser Zeit geht er mit der philosophischen Tradition, vor allem aber mit seinen philosophischen Zeitgenossen hart ins Gericht; hier plagen ihn keinerlei Selbstzweifel.

Es wird also tatsächlich wohl Vorsicht, nicht Unsicherheit sein, wenn er sich in der Dissertationsschrift bedeckt hält.

Dieselbe Vorsicht läßt er walten bei der Formulierung eines anderen, ebenso brisanten Aspektes seiner Erstlingsschrift, und zwar bei seiner Neubewertung der Vernunft. Bezogen auf die Vernunftphilosophien der philosophischen Zeitgenossen steckt in Schopenhauers Konzept der Vernunft eine deutlich entmystifizierende Tendenz: Vernunft ist das Vermögen, Begriffe zu bilden aus dem Stoffe der verständigen Anschauung; Vernunft bleibt an Erfahrung gebunden. Vernunft ist nicht das Vermögen zur ›höheren‹ Einsicht, ist kein Organ für transzendente Wahrheiten. »Ich weiß, daß diese Erklärung der Vernunft und der Begriffe von allen bisherigen sehr abweicht« (D, 50), schreibt er in der Erstfassung der Dissertation noch mit großer Behutsamkeit; genau diese »Abweichung« wird Arthur Schopenhauer in der zweiten Auflage, dreißig Jahre später, in einer furiosen Polemik gegen seine Widersacher grell beleuchten und rechtfertigen: »Die Philosophieprofessoren haben geraten gefunden, jenem den Menschen vom Tier unterscheidenden Vermögen des Denkens und Überlegens ... seinen bisherigen Namen zu entziehn und es nicht mehr *Vernunft,* sondern ... *Verstand* ... zu nennen ... Sie hatten nämlich die Stelle und den Namen der *Vernunft* nötig für ein erfundenes und erdichtetes, richtiger und aufrichtiger: ein völlig erlogenes Vermögen ... ein Vermögen unmittelbarer, metaphysischer, d. h. über alle Möglichkeit der Erfahrung hinausgehender, die Welt der Dinge an sich und ihre Verhältnisse erfassender Erkenntnisse, welches demnach vor allem ein ›Gottbewußtsein‹ ist, d. h. Gott den Herrn unmittelbar erkennt, auch die Art und Weise *a priori* konstruiert, wie er die Welt geschaffen, oder, wenn das zu trivial sein sollte, wie er sie, durch einen mehr oder minder notwendigen Lebensprozeß, aus sich herausgetrieben und gewissermaßen erzeugt, oder auch, was das Bequemste, wenn gleich hochkomisch ist, ... bloß ›entlassen‹ habe, da sie dann selbst sich auf die Beine machen und marschieren möge, wohin es ihr gefällt. Zu dem Letzteren war freilich nur die Stirn eines frechen Unsinnschmierers wie Hegel dreist genug. Dergleichen Narrenspossen also sind es, welche seit fünfzig Jahren, unter dem Namen von Vernunfterkenntnissen breit ausgesponnen Hunderte sich philosophisch nennender Bücher füllen... Die *Vernunft,* der man so frech alle solche Weisheit anlügt, wird erklärt als ein ›Vermögen des Uebersinnlichen‹, auch wohl ›der Ideen‹, kurz, als ein in uns liegendes, unmittelbar auf *Metaphysik* angelegtes, orakelartiges Vermögen. Über die Art ihrer Perzeption all jener Herrlichkeiten und übersinnlicher Wahrnehmungen herrscht jedoch, seit 50 Jahren, große Verschiedenheit der Ansichten unter den Adepten. Nach den Dreistesten hat sie eine unmittelbare Vernunftanschauung des Absoluten, oder auch ad libitum (nach Belieben) des Unendlichen, und seiner Evolution zum Endlichen. Nach anderen, etwas Bescheideneren verhält sie sich nicht sowohl sehend, als hörend, indem sie nicht gerade anschaut, sondern bloß *vernimmt* was in solchem Wolkenkuckucksheim... vorgeht, und dann dieses dem sogenannten Verstande treulich wiedererzählt, der danach philosophische Kompendien schreibt« (III, 135-137).

Alle hier gegeißelten Varianten der ›Vernunftsphilosophie‹ – Fichte, Schelling, Hegel, Jacobi – standen zum Zeitpunkt der Niederschrift der Dissertation bereits in Blüte und Kraft. Doch nicht sie bedenkt Schopenhauer in der Erstfassung mit einer ausdrücklichen Kritik, sondern ausgerechnet Kant, der von ihm hochgelobte, wird sanft getadelt: Er habe in seiner praktischen Philosophie der sittlichen Vernunft fälschlich eine eigentümliche Verbindung zum Übersinnlich-Transzendentalen zugestanden. Schopenhauer schreibt: »Was... die Vernunft betrifft, so ist sie nach meinem... Urteil nicht selbst die Quelle der Tugend, der Heiligkeit (wie es Kants Lehre... will); sondern sie ist, als das Vermögen der Begriffe und folglich des Handelns nach diesen, nur eine nothwendige Bedingung zu jenen. Aber auch sie ist nur Werkzeug, denn eben sie ist auch Bedingung zum vollendeten Bösewicht« (D, 91).

Warum hält sich Schopenhauer im Herbst 1813 noch so sehr zurück, warum diese Vorsicht?

Dafür gibt es drei Erklärungen.

Zum einen: Ihn hat der philosophische Zeitgeist noch nicht gekränkt; das Schicksal, ignoriert zu werden, steht ihm erst noch bevor. Seine philosophische Kritik braucht sich noch nicht zum persönlichen Ingrimm zu steigern.

Zum zweiten: Das ererbte Vermögen eröffnet ihm zwar die Aussicht, nicht *von* der Philosophie leben zu müssen, sondern *für* sie leben zu können – aber eine Universitätskarriere hat er trotzdem ins Auge gefaßt, schon allein deshalb, weil er auf die Würde einer akademischen Anerkennung seines philosophischen Weges, den er mit großem Selbstbewußtsein beschreitet, nicht ohne Not Verzicht leisten will. Er will sich nicht anpassen, aber er will, zu diesem Zeitpunkt, auch noch nicht die ganze Zunft herausfordern. Genaugenommen – und das ist die dritte Erklärung – ist er noch nicht soweit, um den Frontalangriff eröffnen zu können.

Anfang 1813 notiert er zwar in seinem Manuskriptbuch: »Unter meinen Händen und vielmehr in meinem Geiste erwächst ein Werk, eine Philosophie, die Ethik und Metaphysik in *Einem* seyn soll« (HN I, 55). Doch in Wirklichkeit – das zeigt ein Blick in die privaten Aufzeichnungen – ist zum Zeitpunkt der Niederschrift der Dissertation der entscheidende Durchbruch *noch nicht erfolgt,* wenngleich Schopenhauer ein starkes Vorgefühl davon erfüllt.

Dieser Durchbruch wird sich ereignen, wenn sich ihm das Geheimnis des Willens erschließt. Der am eigenen Leibe, von *innen* erlebte Wille wird ihn ins Herz der Welt führen, so, wie sie ist, jenseits aller objektivierenden Vorstellung... Noch ist Schopenhauer dabei, sich in diese Richtung vorzutasten. Er weiß, daß es einen Weg gibt heraus aus dem Philosophieren, das »eine bloße Anwendung des Satzes vom Grunde« (HN I, 126) ist. Darüber geben ihm Gewißheit die Inspirationen seines »besseren Bewußtseins«, die er aber noch nicht in diskursiver Sprache niederlegen kann. Noch steht der zündende Kurzschluß zwischen Platonischer Idee, Kantschem »Ding an sich« und dem von innen erlebten ›Willen‹ aus. Erst 1815, zwei Jahre nach der Dissertation, ist es soweit: Im Manuskriptbuch notiert er den lakonischen Satz: »Der *Wille* ist Kants *Ding an sich:* und die Platonische *Idee* ist die völlig adäquate und erschöpfende Erkenntniß des Dings an sich« (HN I, 291).

In der Dissertation bewegt sich Schopenhauer noch in dem von Kant eröffneten Feld der transzendentalen, d. h. den Bedingungen der Möglichkeit von Erfahrung nachfragenden

Untersuchung. Hier will er jene Grenze bestimmen, von der er spürt, daß sie ihn von den Einsichten, auf die es ihm eigentlich ankommt, absperrt. Er will zeigen, warum das so ist. Seine ›Wahrheit‹ wird er hier nicht finden. Er wird aber begreifen, weshalb er sie hier nicht findet. Keine Suchbewegung, es handelt sich eher um ein absicherndes, flankierendes Unternehmen, als gälte es, das Hinterland zu sichern, ehe man zu gewagten Exkursionen aufbricht. Das prägt auch den Stil des Ganzen: Er ist ruhig demonstrierend, rubrizierend, ordnend. Nirgendwo ist direkt die Erregung zu spüren, die in seinen gleichzeitigen privaten Aufzeichnungen flackert, wo er sich den heißen Zonen seines »besseren Bewußtseins« nähert. Wenn Schopenhauer mit pedantischer Sorgfalt die vierfache Wurzel des Satzes vom zureichenden Grund ausgräbt, dann geht es ihm zuletzt doch darum, genau jene Strukturen in ihrer empirischen Mächtigkeit zu fixieren, die wie ein Spuk verschwinden, wenn vor dem grellen »Blitz« des »besseren Bewußtseins« alles dies plötzlich nicht mehr gilt: Raum, Zeit, Kausalität. Der Satz vom Grunde verschwindet, der wirkliche Grund ist grundlos, ein Abgrund.

Mit der Entdeckung der Metaphysik des Willens findet er eine Sprache für diese Einsicht; sie wird ihm jene stolze Gewißheit geben, die es ihm erlaubt, sich schroff von der ganzen philosophischen Tradition und Zeitgenossenschaft abzusetzen. Bei der Dissertation fühlt er sich zwar schon auf dem richtigen Weg, wohin ihn aber dieser Weg führen wird, das weiß er noch nicht genau. Nur soviel weiß er: Es wird ein Erwachen kommen. Und *diese* Gewißheit scheut er sich nicht mit gebotener Zurückhaltung anklingen zu lassen. Im vorletzten Paragraphen kündigt er eine »größere Schrift« an, »deren Inhalt zu dem der gegenwärtigen sich verhalten würde wie Wachen zum Traum« (D, 91). Das ist ein alter Topos der Philosophie: das Leben ein Traum, dem bloßen Schein verfallen; das empirische Bewußtsein verbürgt noch längst nicht bewußtes Sein.

Aus dieser Perspektive geraten die nüchternen, strengen Zergliederungen unseres erkennenden, vorstellenden Vermögens, die Schopenhauer mit seiner Dissertation vorlegt, in eine eigenartige Beleuchtung: Sie zeigen, wie wir die Welt als

›Objekt‹ auffassen, wie wir, sofern wir ›vorstellen‹, sie in ein Netzwerk von Gründen einhüllen müssen. Das Gefühl läßt sich aber nicht beweisen, daß sich unter diesen ›Gründen‹, unter diesen endlosen ›Warums‹ eigentlich das *Was* verbirgt. Der Argwohn, daß das objektbezogene Erkennen (auch wenn wir uns selbst zum ›Objekt‹ werden) eine Trennung, eine Spaltung besiegelt, daß der Satz vom Grunde, wie Heidegger einmal formuliert, zu den Gründen führt, nicht aber zum Grund. Aus diesem Verdacht kommt die traditionelle philosophische Unterscheidung zwischen Wesen und Schein. Auch die großen Religionen kennen diese Unterscheidung und bauen darauf eine ganze Erlösungsmythologie.

Am Ende jeder Besinnung auf unsere Erkenntnisweise eines *Etwas,* das sich uns darbietet, bleibt jene Unruhe, die auf ein ganz *Anderes* gerichtet ist und die mit diesem *Etwas,* das ein Objekt für uns ist, noch eine ganz andere Art der Verbindung eingehen möchte. Gerade das überdeutliche Gewahrwerden der Verfahrensweise unserer Vorstellung verstärkt das Bewußtsein davon, daß das vorgestellte, d. h. objektivierte Sein uns eigentlich nur die Strukturen unseres Bewußtseins zurückspiegelt, ohne sich selbst zu zeigen. Das bezeichnet Schopenhauer als jenen »Traum«, aus dem er aufwachen möchte. In seinem Manuskriptbuch erzählt er ein später ins Hauptwerk eingegangenes Gleichnis für die traumartige Verstrickung ins Bekannte: »Es wäre ... als befände ich mich in einer Gesellschaft von lauter mir unbekannten Personen, davon jeder mir den andern als seinen Freund und Vetter präsentirte, ich aber indem ich mich jedesmal über den Präsentirten zu freuen versicherte dabei doch beständig die Frage auf den Lippen hätte: ›aber wie Teufel komme ich denn zu dieser ganzen Gesellschaft?‹« (HN I, 208). Das Unbekannte wird bekannt, indem es in seiner wechselseitigen Beziehung vorgestellt wird. Da stellt einer den anderen vor. Die Dissertation analysiert gleichsam das Vorstellungsritual. Wenige Wochen nach Fertigstellung der Arbeit schreibt Schopenhauer in seinem Manuskriptbuch: »In ihrem Nachziehn dem Satz vom Grunde (der sie wie ein Kobold unter 4 Gestalten neckt und bei der Nase herumzieht) hoffen sie (die Menschen, R. S.) im Wissen Befriedigung und im Leben Glück, und gehn getrost nur immer vorwärts; sie gleichen dabei Einem der auf der Fläche dem Horizont entgegenläuft in der Hoffnung endlich die Wolken zu berühren: zum Wesentlichen gelangen sie dabei so wenig als Einer der eine Kugel nach allen Seiten wendet und befühlt dadurch zum Mittelpunkt gelangt; ja sie gleichen ganz und gar dem Eichhörnchen, das im Rade läuft ... Erscheint uns diese Betrachtungsweise des Lebens überall ähnlich einer horizontal laufenden Linie; so werden wir die 2te Betrachtungsart einer senkrechten Linie vergleichen, die jene in jedem Punkt schneiden und verlassen kann« (HN I, 153). Dieses Hinüberwechseln zur senkrechten Linie ist das Erwachen aus dem kreisenden Traum. Die Senkrechte: sie bringt einen nicht ins alte Jenseits, sondern ins Zentrum des Hier und Jetzt. Die Eintragung von 1814 schließt mit Sätzen, die dann im Hauptwerk mächtig widerhallen werden: »Man suchte das Warum, statt das Was zu betrachten; man strebte nach der Ferne, statt das überall Nahe zu ergreifen; man gieng nach Außen in allen Richtungen, statt in sich zu gehn, wo jedes Räthsel zu lösen ist« (HN I, 154).

Zwölftes Kapitel

Zurück nach Weimar. Das Zerwürfnis mit der Mutter.
Adele zwischen den Fronten. Adeles verschwiegene Romanze.

Drei Monate, von Mitte Juni bis Mitte September 1813, benötigt Arthur Schopenhauer in der Abgeschiedenheit des Rudolstadter Gasthauses für die Niederschrift der Dissertation. Er findet dabei sogar noch Zeit, ausgedehnte Wanderungen zu unternehmen. Er bekommt wunde Füße und läßt sich sein Schuhwerk bequemer einrichten, dieweil blickt er zum Fenster hinaus auf die besonnte Landschaft. Die tumultarische Geschichte verschont den Geburtsort der »Vierfachen Wurzel«. Doch wenn Arthur die Schrift in die Welt hinausgehen lassen will, muß er sich mit den Händeln der Zeit wieder vertraut machen. Er zieht Erkundigungen ein und erfährt, daß nunmehr Sachsen zum Hauptkriegsschauplatz geworden ist: Der Weg von Rudolstadt nach Berlin ist blockiert. Als Privatperson kann man zwar reisen, ob aber auch ein Manuskript heil in Berlin ankommen würde, ist fraglich. So entschließt sich Schopenhauer, im nahegelegenen Jena die Promotion »in absentia« zu beantragen. Noch vor der Dissertationsschrift schickt er 10 Friedrichsdor, die Promotionsgebühr, an den Dekan der Philosophischen Fakultät in Jena. Zwei Tage später, am 24. September, übersendet er das Manuskript zusammen mit einem Begleitschreiben, das einen kurzen Lebenslauf enthält, eine Rechtfertigung des Themas der Arbeit und die höfliche und bescheidene Bitte um Belehrung und Kritik, falls die Schrift solche verdiene. Der Umstand, daß er statt gegen Napoleon bloß gegen die falschen Auffassungen des Satzes vom zureichenden Grunde zu Felde gezogen ist, kann in dieser patriotisch erregten Zeit nicht gänzlich mit Schweigen übergangen werden: »Als zu Anfang dieses Sommers der Kriegslärm von Berlin wo ich Philosophie studierte, die Musen verscheuchte ... zog auch ich, da ich einzig zu ihren Fahnen geschworen hatte, in ihrem Gefolge von dannen« (B, 644).

Arthur, als Sohn der auch in Jena wohlbekannten Goethe-Freundin Johanna Schopenhauer, erhält eine Vorzugsbehandlung. Sogleich nach Ankunft des Manuskriptes verfaßt der Dekan Heinrich Karl Eichstädt, Professor der alten Sprachen und der Eloquenz, ein Rundschreiben an seine Fakultätskollegen, die dann, wenige Tage später, am 2. Oktober, wahrscheinlich ohne die Schrift gelesen zu haben, der Promotion »in absentia« zustimmen mit dem Prädikat: »Magna cum laude«. Am 5. Oktober erhält Schopenhauer sein Doktordiplom. Die Drucklegung des Werkes ist bereits in die Wege geleitet.

Auf eigene Kosten – er bezahlt 69 Reichstaler – läßt er die »Hof-Buch- und Kunsthandlung« in Rudolstadt das Werk herausbringen. Zuvor mußte er bei Friedrich Bertuch, dem Besitzer des Rudolstädter Unternehmens, politische Bedenken zerstreuen. Die Schrift enthalte »keine direkte Beziehung auf die Religion und auch nicht die entfernteste auf den Staat oder Politik« (B, 3), schreibt er in einem Brief an den Verleger.

Die ersten der insgesamt fünfhundert Exemplare des Werkes hat er Ende Oktober in Händen. Goethe erhält eines, ein anderes der Verlagsbuchhändler Frommann in Jena, der ihm Quellenmaterial zur Verfügung gestellt hatte. Weitere Geschenkexemplare gehen an den Gräzisten Friedrich August Wolf und Friedrich Schleiermacher nach Berlin; an den Kantianer Carl Leopold Reinhold in Jena und an Arthurs Göttinger Philosophielehrer Gottlob Ernst Schulze. Auch der Freund des verstorbenen Vaters, Herr Kabrun in Danzig, bei dem Arthur zur Zeit seiner Konfirmation vorübergehend in die kaufmännische Lehre gegangen war, wird aus Pietätsgründen bedacht: Der frisch promovierte Doktor der Philosophie winkt versöhnlich hinüber zu einer Welt, der er glücklich entronnen ist.

Während er den Oktober über in Rudolstadt auf das Eintreffen der ersten druckfrischen Exemplare seines Werkes wartet, nimmt das Kriegsgeschehen eine entscheidende Wende. Napoleon stellt sich am 18. Oktober 1813 den vereinigten Streitkräften Preußens, Rußlands und Österreichs in der Schlacht bei Leipzig. Die Koalition siegt unter entsetzlichen Verlusten auf beiden Seiten: Über hunderttausend Soldaten bleiben tot oder schwerverletzt auf dem Schlachtfeld zurück. In seinem Manuskriptbuch hatte Arthur schon einige Monate zuvor sein philosophisches Vorhaben mit den Worten kom-

mentiert, es werde »alle von einer Leidenschaft wirklich Be-
herrschten ... tadeln«, auch diejenigen, »welche ihr Leben an
die Meinung Andrer oder irgendeinen andern Quark setzen
und es im Zweikampf oder andern gesuchten Gefahren einbü-
ßen.« Vom patriotischen Jubel, der auf Napoleons Niederlage
folgt, bleibt Arthur unberührt; vielmehr bekümmert ihn die
Frage, ob es denn in absehbarer Zeit überhaupt »wieder ein
philosophisches Publikum geben wird« (Brief an Böttiger,
6. Dezember 1813, B, 9).

Die versprengten Truppenteile der Napoleonischen Armee
ziehen sich nach Norden und Westen zurück. Jetzt lassen sich
auch Kosaken und Österreicher im stillen Tal von Rudolstadt
blicken. Es wird Zeit, das Asyl zu wechseln. Arthur hat sich
noch nicht entschieden, wo er sich für die nächsten Jahre nie-
derlassen soll; er will zunächst die Entwicklung der Ereignisse
abwarten und wählt deshalb ein Provisorium: Am 5. November 1813 verläßt er Rudolstadt und kehrt nach Weimar zurück. In das Fenster seiner Herberge in Rudolstadt ritzt er das
Horaz-Zitat: »Man lobt ein Haus, das auf weite Felder
schaut.« Vierzig Jahre später werden Schopenhauers Verehrer dorthin pilgern, um mit eigenen Augen jene Inschrift zu
lesen – als »heilige Reliquie« (G, 186), so der ironische Kom-
mentar des inzwischen hochberühmten Philosophen.

Nach Weimar kommt Arthur mit gemischten Gefühlen.
Ihm »mißfielen gewisse häusliche Verhältnisse« (B, 654), die
er nach seiner Flucht aus Berlin im Mai 1813 bei seiner Mutter angetroffen hatte und die ihn sogleich nach Rudolstadt
weiterziehen ließen. Unbehaglich ist ihm die Anwesenheit eines neuen Hausfreundes der Mutter.

Anfang des Jahres 1813 hatte der Geheime Archivrat Georg
Friedrich Conrad Ludwig Müller von Gerstenbergk einige
Zimmer im ersten Stock über der Wohnung Johanna Schopenhauers bezogen. Er nimmt seine Mahlzeiten bei Johanna
ein, macht mit ihr Besuche, ist häufig bei den abendlichen
Geselligkeiten zugegen. Die Mutter hatte den um zwölf Jahre
jüngeren Gerstenbergk drei Jahre zuvor in Ronneburg kennengelernt; gemeinsam waren sie dann nach Dresden gereist.
Das reichte aus, um dem Gerücht Nahrung zu geben, Johanna wolle sich wieder verheiraten. Goethe läßt sich von seiner

Frau auf dem laufenden halten, Christiane erstattet 1810 Bericht nach Karlsbad: »Die Schopenhauer ist jetzt mit Müllern (von Gerstenbergk, R. S.) in Dresden; sein Bruder besuchte uns... und aus diesen seinen Reden kann ich freilich nichts Anderes schließen, als daß sie ihn würklich heirathet. Sie hat schon in Ronneburg in seinem Haus logirt, und seine erste Geliebte hat sich das so zu Herzen genommen, daß sie wahnsinnig geworden ist.«

Goethe, der bei solchen Gelegenheiten gerne den Spielleiter macht, hat wahrscheinlich dabei mitgewirkt, den Stadtsyndikus von Ronneburg als Regierungsrat nach Weimar zu ziehen; jedenfalls hatte Gerstenbergk sich mit seinem Versetzungsbegehren an Goethe gewandt.

Gerstenbergk ist ein karrierebewußter Beamter, der, um in der adligen Gesellschaft Weimars etwas zu gelten, seinem Familiennamen (Müller) den Namen seines geadelten Onkels (von Gerstenbergk) hinzufügte; er schreibt nebenher Novellen und Gedichte und sucht die schöngeistigen Gespräche, bei denen er sich als empfindsame Natur zeigt. Der Dreiunddreißigjährige tritt noch sehr jünglingshaft auf; der Charme seiner sanften Melancholie wirkt bei manchen Frauen, andere wiederum sehen in ihm einen abgefeimten »Courmacher«. Besonders Ehemänner beklagen sich, beispielsweise der Schauspieler Pius Alexander Wolf: »Ich habe... die Augen zugedrückt, wenn er meiner Frau die Cour machte, und duld es... als ein sanfter Ehemann, daß er ihr regelmäßig die zärtlichsten Briefe schreibt.«

Gerstenbergk zählte zweifellos nicht zu den imponierenden Figuren der Weimarer Szene; aber immerhin konnte sich Johanna, ohne Ärgernis zu erregen, mit ihm sogar bei Goethe sehen lassen. Geliebt hat sie diesen Mann, der dem Alter nach zwischen ihr und Arthur stand, nicht, doch sie schätzte seine Anhänglichkeit. Ein wenig wird es ihr auch geschmeichelt haben, von einem Mann bewundert zu werden, der bei der jüngeren Damenwelt so offensichtlich Anklang fand. Nachdem der Altertumsforscher Fernow, den sie bis zu seinem Tode 1809 treu gepflegt hatte, gestorben war, suchte sie eine neue Seelenfreundschaft, die intimer sein sollte als der übliche gesellige Umgang, aber doch auch die Selbständigkeit nicht beschränken durfte. Heiratsabsichten, die ihr das Gerücht zuschrieb, hegte sie nicht mehr: Weshalb sollte sie ihre Unabhängigkeit, die sie jetzt so sehr genoß, aufgeben? Sie hatte in den vergangenen Jahren einige ›gute Partien‹ ausgeschlagen, ein reicher Kaufmann aus Frankfurt hatte sich um sie beworben und der Kammerherr Louis von Schardt, immerhin ein Bruder der Frau von Stein. 1807 schrieb sie Arthur: »An Anbetern fehlt es mir auch nicht, aber laß dir nicht bange werden.«

Bei Gerstenbergk findet sie die Seelenfreundschaft, die sie sucht, und sie ist selbstbewußt genug, trotz der herumschwirrenden Gerüchte an dieser Verbindung festzuhalten. Sie scheut auch den Anschein der Zweideutigkeit nicht. Sie kann es sich erlauben, denn ihr Ansehen in Weimar hatte sich nach den gesellschaftlichen Anfangserfolgen nicht nur gefestigt, sondern war womöglich noch gewachsen.

Denn inzwischen ist sie auch als Schriftstellerin aufgetreten. Schon ihre ausführlichen Briefschilderungen der Kriegsereignisse 1806/07 waren im Bekannten- und Verwandtenkreis wie literarische Dokumente herumgereicht worden. Sogar der wenig zu Komplimenten aufgelegte Sohn Arthur hatte sie dafür gelobt. Nach dem Tode Fernows verfaßte sie eine Lebensbeschreibung dieses von ihr bewunderten Mannes; sie tat das ohne literarischen Ehrgeiz, sie wollte mit dem Erlös des Buches die Schulden decken, die Fernow beim Verleger Cotta hinterlassen hatte. Als das Buch in der Öffentlichkeit ein gewisses Interesse fand und im engeren Weimarer Kreis eifrig gelobt wurde, fühlte sie sich zu weiteren schriftstellerischen Unternehmungen ermuntert. Die Besucher ihrer Teeabende rühmten ihr Erzähltalent, wenn sie von ihren ausgedehnten Reisen sprach. So lag es nahe, daß sie ihre Erlebnisse nun auch schriftstellerisch auswertete. 1813/14 erschienen ihre Erinnerungen von einer Reise in den Jahren 1803, 1804 und 1805. Nun ward ihr sogar mit dem Lob geschmeichelt, sie sei eine zweite Madame de Staël. 1817 brachte sie die Reise durch das südliche Frankreich heraus, 1818 wird sie im belletristischen Fach debütieren, ein bibliophil aufgemachter Novellenband erscheint, feines Papier, zarte Gefühle. Der Band verkauft sich gut, Johanna hat ihr Metier gefunden.

Danach folgte Roman auf Roman. Ende der zwanziger Jahre kann Brockhaus eine zwanzigbändige Werkausgabe herausbringen. Für ein Jahrzehnt wird Johanna Schopenhauer zur berühmtesten Schriftstellerin in Deutschland.

Soweit ist es noch nicht, als sie sich mit Gerstenbergk zusammentut, aber die ersten Schritte in diese Richtung hat sie schon unternommen. Gerstenbergk macht ebenfalls seine literarischen Gehversuche – auch dies eine Gemeinsamkeit zwischen den beiden. Man liest sich wechselseitig vor, gibt Ermunterungen, verbessert, läßt sich anregen. In ihrem wohl erfolgreichsten Roman, GABRIELE, nimmt Johanna Gedichte Gerstenbergks auf. Gerstenbergk seinerseits veröffentlicht Gedichte Adeles unter seinem Namen. Gerstenbergk gehört zur Schopenhauerschen Produktionsgemeinschaft.

Gerstenbergks literarisches Talent und seine intellektuellen Fähigkeiten waren begrenzt, er war darum aber nicht der schlechte Mensch, den man später aus ihm gemacht hat. Er strebt nach einem Platz an der Sonne. Johanna, bei der immerhin Goethe ein- und ausging, konnte ihm den bieten. Und Gerstenbergk war, wie sich noch zeigen sollte, auch seinerseits durchaus hilfsbereit: Als Johanna 1819 einen Großteil ihres Vermögens verlor, bot er ihr und Adele finanzielle Unterstützung an. Während einer längeren Abwesenheit übernahm er, ohne Vorteile davon zu haben, die Sorge für das Hauswesen.

Eine heikle Situation wird sich ergeben, nachdem Schopenhauer Weimar schon längst wieder verlassen hat. Als die Mutter versucht, Gerstenbergk und Adele, die bislang ohne Erfolg nach einem Ehemann Ausschau gehalten hat, miteinander zu verbinden, führt das zu großen Komplikationen und leitet ein schlimmes Kapitel in der Leidensgeschichte Adeles ein. Als Schopenhauer im Spätherbst 1813 nach Weimar kommt, ist von solchen Plänen noch nicht die Rede, noch handelt es sich ausschließlich um eine Freundschaft zwischen Gerstenbergk und der Mutter, eine Freundschaft, auf die Arthur Schopenhauer mit Ingrimm reagiert. Warum?

Er ist unduldsam, nicht nur in dieser Situation, sondern auch sonst. Wenn jemand vor seinem Urteil bestehen soll, so muß er in irgendeiner Hinsicht, intellektuell, moralisch, künstlerisch, überragende Qualitäten aufweisen. Kann er solche nicht entdecken, so gilt ihm dieser Mensch als »Fabrik-ware«, so sein stehender Ausdruck für Menschen von durchschnittlichem Habitus.

Nun traf er im Hause der Mutter auf einen solchen Durch-schnittstypus in einer Rolle, die er als anmaßend empfand: nämlich an der Seite der Mutter, wo vormals der inzwischen in der Erinnerung verklärte Vater seinen Platz hatte. Darin denkt Arthur gänzlich konventionell: Daß die Mutter ohne den Vater aufgelebt war, ja überhaupt erst ihr eigenes Leben gefunden hatte, das konnte er ihr nicht verzeihen. Er, der selbst seine philosophische Bestimmung nur verwirklichen konnte, indem er sich, mit Hilfe der Mutter, von der nachwir-kenden Macht des Vaters gelöst hatte, er verlangte von der Mutter den pietätvollen Lebensverzicht, den er selbst, zu sei-nem Glück, nicht auf sich nahm. Der Raum, den der Vater einmal neben der Mutter eingenommen hatte, sollte leer blei-ben, oder besser: Wenn überhaupt, dann sollte er, der Sohn, bei der Mutter den Vater ersetzen. Die Mutter hatte ihren Sohn sehr wohl verstanden. Deshalb hatte sie in den Jahren zuvor immer wieder Arthurs Argwohn zerstreut, sie könnte sich mit einem Mann aufs neue verbinden. Zugleich aber war sie nicht bereit, Arthurs wegen auf ihr Leben Verzicht zu lei-sten. Dafür war sie zu sehr in ihr eigenes Leben verliebt und davon überzeugt, daß ihre Selbständigkeit auch dem Sohne zugute käme, da diese auch ihm Freiheit gewähre. Aber der Sohn war nicht so selbständig, wie seine diesbezüglichen schroffen Bekundungen glauben machen konnten. Die Mut-ter hatte ihn seinen Weg gehen lassen, er aber besaß nicht die Souveränität, die Mutter sein zu lassen, er mußte sich in ihr Leben einmischen. Schon wenige Tage nach seiner Ankunft in Weimar kam es zum Streit. In seinem Tagebuch hatte er sich zur Toleranz aufgerufen, leider erfolglos.

Er schreibt: »Merke dir es, liebe Seele, ein für alle Mal, und sei klug. Die Menschen sind subjektiv; nicht objektiv, sondern durchaus subjektiv ... untersuche deine Liebe, deine Freund-schaft, sieh zu ob nicht deine objektiven Urtheile großentheils verkappte subjektive sind; sieh zu ob du die Vorzüge eines Menschen der dich nicht liebt gehörig anerkennst usw. – und dann sei tolerant, es ist verfluchte Schuldigkeit« (HN I, 71).

Arthur kann nicht tolerant bleiben. Er plustert sich zum Herrn im Hause auf.

Beim gemeinsamen Mittagsmahl ignoriert er Gerstenbergk, oder er legt sich mit ihm an. Man spricht beispielsweise über die jüngsten politischen Ereignisse. Gerstenbergk schwimmt mit dem Strom, er rühmt den Heldenmut der Patrioten; von Deutschlands Befreiung ist die Rede und davon, daß es hohe Zeit gewesen sei, Napoleon endlich aufs Haupt zu schlagen usw. Arthur hält dagegen und fertigt das Ganze als eine höhere Form der Tanzbodenschlägerei ab. Es kommt zu schlimmen Streitszenen. Stühle werden umgeworfen, Türen geschlagen, die Mutter gerät zwischen die Fronten.

Da die Verständigung zwischen Mutter und Sohn so schwierig geworden ist, wechseln die beiden, obwohl unter einem Dach lebend, Briefe. In einem schreibt Johanna: »Besonders aber verdrist es mich wenn Du auf die schimpfest die ergriffen von der großen Zeit in der wir leben, das Schwerd zur Hand nehmen selbst wenn die Natur sie nicht dazu bestimmte. Du solltest andern ihre Weise lassen wie man Dir die Deine läst denke ich.«

Schopenhauer läßt Anfang Januar 1814 aus Berlin einen Unversitätsfreund kommen, Josef Gans, einen mittellosen jüdischen Studenten, den er finanziell unterstützt und der ihm dafür bereitwillig, wenn auch nicht sonderlich inspiriert, bei den Debatten sekundiert. Darüber ärgert sich Johanna um so mehr, da sie ihrerseits von Arthur zu hören bekommt, sie umgebe sich mit mediokren Figuren, nur um sich bewundern zu lassen. Ihrer Kritik an Arthurs Ausfällen gegen die patriotischen Leidenschaften fügt sie deshalb die Bemerkung hinzu: »Gans ist ... froh seine angeborne Feigheit hinter Dir zu verbergen und pappelt Dir nach ohne deinen Geist zu haben.«

Gerstenbergk, der von Arthur einiges einstecken muß, doch von Johanna in der Regel daran gehindert wird, mit gleicher Münze zurückzugeben, läßt seinem Ärger in Briefen an Freunde freien Lauf. »Über mir«, schreibt er an Ferdinand Heinke, einen von Adele vergötterten Jägeroffizier, »treibt der Philosophus sein Universum-Wesen. Er hat sich ein Jüdlein aus Berlin verschrieben, der sein Freund ist, weil er täglich geduldig seine Dosis von der objektiven Laxanz, der vierfachen Wurzel nimmt. Von Ihnen hofft er, daß das Kleistsche Korps blos darum Paris eroberte, um mit solcher die Franzosen zu purgiren. Der Jude heißt Gans und mit diesem ominösen subjektiven Objekt ist uns zu unserm Thee ein wahres Nicht-Ich gesetzt.«

Um den Ärger in Grenzen zu halten, führt die Mutter eine neue Regelung ein. Gerstenbergk ißt nun alleine zu Mittag, und sie richtet es so ein, daß sie mit Gerstenbergk nur zusammentrifft, wenn Arthur nicht zugegen ist. Doch nach wie vor schätzt sie die Gesellschaft Gerstenbergks; wenn sie seine Anwesenheit einschränkt, handelt sie sich dafür lediglich die Beschwerlichkeit ein, mit einem stets nörgelnden, oft schlechtgelaunten, alles besserwissenden Sohn Umgang pflegen zu müssen. »Du scheinst mir zu absprechend, zu verachtend gegen die die nicht sind wie Du, zu aburtheilend ohne Noth und predigst mir zuweilen zu viel«, schreibt sie.

Drei Monate, bis Mitte April 1814, bleibt die Regelung in Kraft, dann ist Johanna Schopenhauer des Zusammenlebens mit ihrem Sohn und der Einschränkung ihres Umgangs mit Gerstenbergk überdrüssig. Zunächst schiebt sie finanzielle Gründe vor: Arthur bezahle zwar Kost und Logis für sich und seinen Studienfreund. Das Geld reiche aber nicht hin, andererseits wolle sie die Pension auch nicht erhöhen, viel lieber wäre es ihr, wenn sie nicht in der Situation wäre, überhaupt Verpflegungsgeld nehmen zu müssen. Also sei es das beste, Arthur mache sich unabhängig. Sie jedenfalls habe »triftige Gründe«, wieder allein leben zu wollen. Arthur müsse das doch eigentlich verstehen, denn gerade er habe sie doch schon oft wissen lassen, daß es für beide besser sei, getrennt zu leben. Arthur solle doch seinen verlautbarten Einsichten folgen. Aber wie so oft, lebt Arthur nicht auf der Höhe seiner Einsichten. Er fühlt sich gekränkt, ihm ist, als würde er aus dem Haus geworfen. Er erinnert die Mutter daran, daß sie es doch gewesen sei, die ihn während seines Weimarer Aufenthaltes »unter Thränen« gebeten habe, doch in ihrer Wohnung Quartier zu nehmen. Das trifft nun allerdings zu, doch weiß Arthur sehr genau, warum die Mutter darum gebeten hatte. Sie erinnert ihn daran: »ich wollte . . ., daß Du meine Lebensweise näher und länger ansehen solltest, damit Du keine falsche Idee davon mit Dir nähmest.« Arthur jedoch hat sich von seiner »falschen Idee« offenbar nicht abbringen lassen. Er quält die Mutter mit dem Verdacht, Gerstenbergk sei eigentlich ihr Beischläfer.

Johanna ist es müde, sich vor ihrem Sohn rechtfertigen zu müssen. Sie will, wie schon einige Jahre zuvor (1807–1809), eine Trennung der Lebensbereiche, nur so könne man gut miteinander auskommen, schreibt sie. Aber eines kommt für sie nicht in Frage: Sie wird Arthurs wegen die Freundschaft mit Gerstenbergk nicht abbrechen. »Wollte ich Dir meinen Freund opfern weil ihr euch nicht miteinander vertragt so thäte ich Unrecht an ihm und mir.«

Sie verlangt von Arthur nicht, daß er für Gerstenbergk Sympathie heucheln soll, sie verlangt aber, daß Arthur ihre Freundschaft zu Gerstenbergk akzeptiert. Schließlich mache sie Arthur auch keine Vorschriften, mit wem er Umgang pflegen solle. Sie habe sogar den schwer zu ertragenden Josef Gans in ihrem Haus aufgenommen.

Kurz, Arthur soll das Feld räumen; sie wird ihm, falls er in Weimar bleiben will, bei der Quartiersuche helfen. Die Hinterzimmer ihrer Wohnung, wo Arthur und Gans logieren, wird Gerstenbergk beziehen. »Antworte mir nicht, es ist unnöthig, wenn du Deine Abreise bestimmt hast so sag es mir, doch das eilt nicht ich brauchs nicht lange vorher zu wissen.« Mit diesen Worten schließt der Brief, den das Dienstmädchen am 10. April 1814 vom Salon der Mutter in Arthurs Hinterzimmer trägt.

In diese spannungsgeladenen Wochen des Zerwürfnisses zwischen Mutter und Sohn fällt wohl auch jener denkwürdige Wortwechsel, von dem Schopenhauer viele Jahre später einem Bekannten, Wilhelm Gwinner, berichtet:

Die Mutter, indem sie Arthurs Dissertation DIE VIERFACHE WURZEL zur Hand nimmt: »Das ist wohl etwas für Apotheker.«

Arthur: »man wird sie noch lesen, wenn von Deinen Schriften kaum mehr ein Exemplar in einer Rumpelkammer steckt.«

Die Mutter: »von den Deinigen wird die ganze Auflage noch zu haben sein« (G, 17).

Beide, Mutter und Sohn, werden am Ende mit ihren Prognosen recht behalten.

Nach dem Kündigungsbrief Johannas dauert es noch einen Monat, bis die Beziehung zwischen Mutter und Sohn endgültig zerbricht. Denn inzwischen kommen noch finanzielle Schwierigkeiten hinzu. Arthur wirft seiner Mutter vor, sie vergreife sich an seinem Anteil vom ererbten Vermögen. Geld, das er für die Unterstützung der Großmutter zur Verfügung gestellt habe, sei von Johanna aufgebraucht worden.

Es muß zu einer wüsten Szene gekommen sein. Einen Tag später, am 17. Mai 1814, schreibt Johanna, immer noch aufs äußerste erregt:

»Die Thüre die Du gestern nach dem Du Dich gegen Deine Mutter höchst ungeziemend betragen hattest so laut zuwarfst fiel auf immer zwischen mir und Dir. Ich bin es müde länger dein Betragen zu erdulden, ich gehe aufs Land und werde nicht eher wieder zu Hause kommen bis ich weis daß du fort bist, ich bin es meiner Gesundheit schuldig, denn ein zweiter Auftritt wie gestern würde mir einen Schlagfluß zuziehen der tödlich werden könnte, Du weist nicht was ein Mutterherz ist, je inniger es liebte je schmerzlicher fühlt es jeden Schlag von der einst geliebten Hand. Nicht Müller (von Gerstenbergk), das betheure ich hier vor Gott an den ich glaube, Du selbst hast Dich von mir losgerissen, Dein Mistrauen, Dein Tadeln meines Lebens, der Wahl meiner Freunde, Dein wegwerfendes Benehmen gegen mich, Deine Verachtung gegen mein Geschlecht Dein deutlich ausgesprochener Wiederwillen zu meiner Freude beizutragen, Deine Habsucht, Deine Launen denen du ohne Achtung gegen mich in meiner Gegenwart freien Lauf ließest, dies und noch vieles mehr das Dich mir durchaus bösartig erscheinen läßt, dies trennt uns... Lebte Dein Vater, der wenig Stunden ehe er zum Tode gieng Dich ermahnte mich zu ehren, mir nie Verdrus zu machen, was würde er sagen, wenn er Dein Benehmen sähe. Wäre ich tod und Du hättest mit dem Vater zu thun, würdest Du wagen ihn zu meistern? sein Leben, seine Freundschaft bestimmen zu wollen, bin ich weniger als er? Hat er mehr für Dich gethan als ich? mehr gelitten? Dich mehr geliebt als ich? ... Meine Pflicht gegen Dich ist vollendet ziehe hin... ich habe nichts mehr mit Dir zu schaffen... Laß deine Addresse hier, aber schreibe mir nicht, ich werde vor jetzt keinen Deiner Briefe lesen noch beantworten... So ist es denn vollendet... Du hast mir zu weh gethan. Lebe und sei so glücklich als Du kannst.«

Wenige Tage später verläßt Arthur Schopenhauer Weimar. Er wird die Mutter nie mehr wiedersehen, und es wird noch sehr böse Briefe geben.

Woher kommt dieser Ausbruch von Haß, Wut, Verachtung? Kommt er vielleicht doch aus der Verzweiflung? Er hat sich die ganzen Monate über schroff gezeigt, und die Mutter, die durchaus nicht um die Liebe ihres Sohnes kämpft, aber ein bequem-behagliches Auskommen mit ihm sucht, reagiert auf das Gesicht, das Arthur ihr zuwendet. Dieses Gesicht aber ist eine Maske. Arthur praktiziert ein ›double-bind‹. Sein äußeres Verhalten und seine geheimen Wünsche widersprechen sich. Doch nicht die Mutter, sondern er selbst wird zuletzt zum Opfer seiner Selbstinszenierung. Die Mutter fängt ihn in der Falle, die er selbst gebaut hat. Wenn sie ihren Trennungswunsch vorbringt, kann sie sich auf Arthurs Sprüche berufen: »Du hast mir oft bei andern Gelegenheiten mit Recht gesagt, wir beide sind zwei, und so muß es auch sein«, schreibt sie. Doch der Sohn, das zeigt sich in diesem Augenblick, will nicht beim Wort genommen werden. Er will im Haus bleiben und bietet einen höheren Betrag für Kost und Logis an. Man stelle sich vor: Zuerst ziert er sich, er will nicht zur Mutter ziehen, läßt sich ›unter Thränen‹ bitten. Dann nimmt er Quartier bei ihr, dann hält es die Mutter nicht mehr aus. Sie will den Sohn aus dem Haus haben, der aber will nun nicht gehen, bietet Geld an. Darin steckt beides: eine Beleidigung und die verzweifelte Bitte, bleiben zu dürfen. Die Mutter kann diese Bitte nicht heraushören, weil sich Arthur dieser Bitte schämt und sie im schroffen und beleidigenden Stolz eines geschäftsmäßigen Rituals verbirgt. Alles wird für ihn zum Kampf, in dem es nur Sieger und Besiegte gibt. Das Kampfgetöse muß das Wimmern des schlecht geliebten Kindes übertönen. Deshalb rückt er schließlich mit solch maßlos verletzender Energie gegen die Mutter vor. Gleichzeitig aber schreibt er in seinem Tagebuch: »wir folgen der Finsterniß, dem grimmigen Drange des Lebenwollens, gehn tiefer und tiefer in Laster und Sünde in Tod und Nichtigkeit – bis nach und nach der Grimm des Lebens sich gegen sich selbst kehrt, wir inne werden welches der Weg sei den wir gewählt, welche Welt es sey die wir gewollt, bis durch Quaal, Entsetzen und Grausen wir zu uns kommen, in uns gehn und aus dem Schmerz die bessre Erkenntniß geboren wird« (HN I, 158).

Die »bessere Erkenntnis« – das kennen wir: sein »besseres Bewußtsein«. Aber wo bleibt bei Arthur die Gelassenheit im Leben, die das »bessere Bewußtsein« doch auch gewähren soll, wo bleibt der Friede, der höher ist denn alle Vernunft der Selbstbehauptung? Warum kann er die Mutter nicht gewähren lassen, auch wenn ihm Gerstenbergk sowenig behagt? Wo bleiben seine Inspirationen, die ihn in jähen Momenten von allen Zwängen der Verfeindung befreien – reicht ihre Kraft nur aus, philosophische Werke aus dem Geiste der Kontemplation zu schreiben, reicht ihre Kraft nicht hin, um jene Lebensironie hervorzubringen, die alle Verzerrungen und Verkrampfungen in der Haltung des ›als ob‹ löst? In seinem Tagebuch schreibt Schopenhauer: »Der allein ist wahrhaft glücklich, der, *im Leben, nicht das Leben* will, d. h. nicht nach dessen Gütern strebt. Denn er macht sich die Last leicht. Man stelle sich eine Last vor, die auf Stützen lose ruht, und einen Menschen der gebückt unter ihr steht. Hebt er sich und drängt ihr entgegen, so trägt er sie ganz: zieht er sich zurück von ihr, in sich zusammen, so trägt er nichts und ihm ist leicht« (HN I, 102).

Nichts davon vermag Arthur in diesen schlimmen Wochen zu verkörpern: Er kämpft wie ein Berserker, schlägt um sich und geht so wenig in sich, daß er die tiefe Ambivalenz im Verhältnis zu seiner Mutter offenbar nicht bemerkt. Er bemerkt auch manches andere nicht. Beispielsweise das Leiden, das er mit seinen Auftritten seiner Schwester Adele bereitet.

Die neun Jahre jüngere Schwester ist ihm fremd. Über viele Jahre hin hat man sich nicht oder nur für kurze Zeit gesehen. Schon der Altersunterschied verhinderte einen gleichberechtigten Umgang. Aber inzwischen ist Adele zu einer jungen Frau von siebzehn Jahren herangewachsen, ist bei den Gesellschaftsabenden der Mutter zugegen, wird in die guten Häuser Weimars eingeladen; Goethe unterhält sich gerne mit ihr; sie ist die rührige Anstifterin eines weiblichen Musenvereins, wo die Töchter einiger adliger Familien sich zum Musizieren, Häkeln, Vorlesen und Malen versammeln. Die »geistreiche« Adele ist in Weimar schon fast eine Zelebrität. Fürst Pückler-Muskau lernt sie 1812 kennen und berichtet seiner Verlobten: »Adele ist eins von den weiblichen Wesen, die entweder ganz kalt lassen oder tiefes, unwandelbares Interesse erregen müssen ... ihr Äußeres gefällt mir, ihr Inneres ist eine schöne Schöpfung der Natur.«

Mit diesem Urteil steht Pückler-Muskau alleine. In der Regel bewundert man die Klugheit, den Anstand, den Feinsinn, das künstlerische Talent, die Gabe der lebendigen Rede, die Feinfühligkeit, die Phantasie – kurz: die Seele der jungen Frau und bedauert ihre äußere Erscheinung. Dem Fremden empfiehlt man, er solle sich davon nicht abschrecken lassen. In diesem Sinne schreibt sogar die Mutter an den Freund Karl von Holtei. Der Bildhauer Rauch, der Adele im Salon der Mutter kennenlernt, nennt sie »abschreckend häßlich«, und Levin Schücking entwirft von der inzwischen gealterten Frau ein geradezu monströses Bild: »Von der Wiege Adelens ... waren die Grazien in einer wahrhaft empörenden Entfernung geblieben; die große knochige Gestalt trug einen Kopf von ungewöhnlicher Häßlichkeit ...; er war rund wie ein Apfel, er wäre vom Typus der Tataren gewesen, wenn er in seiner eigensinnigen Originalität nicht jedes Typus gespottet hätte. Aber ein Paar ernste treue Frauenaugen leuchteten aus diesem Kopf, und niemand konnte sie kennen lernen, ohne sich bald von ihr angezogen zu fühlen, von einem Charakter von seltener anspruchsloser Tüchtigkeit und einer Bildung von ganz ungewöhnlicher Gründlichkeit und überraschendem Umfang.«

Manchen behagt auch Adeles Klugheit nicht. Der Calderon-Übersetzer Ernst von der Malsburg schildert in seinem Brief an Tieck Adele, wie sie »mit entsetzlichem Geistesgepolter rasselte und stolzierte« und nicht müde wurde, »alle Schellen und Orgelzüge ihres Genius« zu ziehen.

Der berühmte Jurist Anselm von Feuerbach, der die Damen Schopenhauer 1815 in Karlsbad kennenlernte, nennt die achtzehnjährige Adele kurzweg eine »Gans«, die entschieden zuviel schnattere.

Der Zwiespalt zwischen Innen und Außen, der vor allem auf die männliche Umwelt so dissonant wirkte, bildet notgedrungen auch den Kern der Selbsterfahrung Adeles. Sie hat an ihrer Häßlichkeit schwer gelitten; sie ist sehr empfindsam, liebebedürftig und fühlt sich durch den eigenen Körper abgeschnitten von der Welt der verkörperten Liebe. In ihren Tagebüchern, die nach Arthurs endgültigem Abgang aus Weimar einsetzten, führt sie beredte Klage darüber. Sie hat das Pech, mit der schönen Ottilie von Pogwisch, der späteren Ehefrau August von Goethes, befreundet zu sein. Ottilie ist wie Adele ins Verliebtsein verliebt. Die unzertrennlichen Freundinnen schwärmen gemeinsam für junge Männer, die ihnen den Hof machen, aber dabei – in erotischer Hinsicht jedenfalls – doch nur Ottilie meinen. Adele ist leider nur für die Seelenbekenntnisse zuständig; bei Adele können sich Liebhaber ausweinen, wenn Ottilie sich spröde zeigt, oder die Freude überschäumen lassen, wenn man von Ottilie erhört wurde. Daß sie ins Vertrauen gezogen wird, schmeichelt ihr eine Weile lang, kann ihr aber auf Dauer nicht genügen. Bei einer dieser für Adele immer unglücklichen Affären trägt sie in ihr Tagebuch ein: »Wer konnte glücklicher werden als ich, wer konnte besser lieben und, ohne Stolz sage ichs, liebend glücklicher machen? Und dennoch – das ist vorbei . . .«

Sie sei von Liebe umgeben, schreibt sie ein anderes Mal, aber keiner liebe sie so, wie sie geliebt sein wolle. Sie fühlt sich benutzt, aber nicht gebraucht. So ist es nicht verwunderlich, daß sich in die innige Freundschaft mit der erotisch so erfolgreichen Ottilie nach und nach auch eine gewisse Ranküne mischt: »Jeder leere Engländer nimmt (bei Ottilie, R. S.) den Theil der Gedanken ein, die sonst zu mir sich wandten«, schreibt sie vorwurfsvoll, wobei sie vergißt, daß sie kurz zuvor selbst sich Hoffnungen auf einen dieser »leeren Engländer« gemacht hat. Denn als der von Goethe spöttisch so genannte »dämonische Jüngling« Charles Sterling Weimar verläßt, klagt Adele in ihrem Tagebuch: »Wie der Ton eines Engels, der verhallt, aber uns Gott verkündet hat, so verhallt nun seine Gegenwart in meinem Leben . . . mit meinem Daseyn hängt er nur durch Ottilie noch zusammen.«

Was Adele an ihrer Freundin Ottilie rügt, nämlich, daß diese sich darauf beschränke, »nichts mehr zu suchen, nichts mehr zu denken, nichts zu athmen, als Liebe!« – das trifft auf sie selbst zu und macht ihre eigentliche Lebenstragik aus. Der Wunsch, von einem Manne mit Leib und Seele geliebt zu werden, ist das Zentrum aller Empfindungen, Gedanken und Reflexionen, die Adele ihrem Tagebuch anvertraut. Natürlich wird sie von der Mutter und den konventionellen Pflichten gedrängt, nach einer guten Partie Ausschau zu halten, aber bemerkenswert ist, wie dieses obsessive Verlangen, geliebt zu werden, alle sonst an ihr gerühmte Klugheit und Kunstfertigkeit zurückdrängt. Mit angespanntester Aufmerksamkeit sucht sie die Umgebung nach Signalen der Zuneigung ab, ihre Hoffnungen liegen fortwährend auf der Lauer, bereit, sich an jeden freundlichen Blick, jedes freundliche Wort zu heften. Ihre Melancholien und Depressionen entspringen fast immer solchen enttäuschten Erwartungen.

Sie dichtet ein wenig, fertigt Scherenschnitte, liest, singt, spielt Theater. Ihr gelingt einiges, sie wird dafür gelobt. Man bescheinigt ihr Talent. Doch alles bleibt artig-beiläufig, füllt sie nicht aus. Es sind Präliminarien, Ersatzhandlungen für ungelebtes Leben: »Meine Tage fließen in unbestimmter Dämmerung hin, Freude, Schmerz, Sorgen, Scherz; wie auf einer Reise streifen sie an mir vorbei, nirgends ein fester Halt, nirgends ein ruhiges Gefühl des Daseins und Wirkens.«

In solch depressiver Stimmung wird ihr die eigene empfindsame Art verdächtig: Sind das nicht Gefühle aus zweiter Hand, fragt sie sich, Nach-empfindungen, Mit-leiden, Mitfreuden, ohne jene starke Bewegung, die nur aus der eigenen Verwicklung ins Leben entspringen kann? Das Leben, wie sie es sich wünscht, geht an ihr vorbei, es ist draußen bei den anderen, bei der Mutter, bei Ottilie – oder auf dem Theater, wo es, verdichtet, dramatische Gestalt annimmt. Lebensenttäuschung ist die Quelle von Adeles Leidenschaft fürs Theater. Gerne spielt sie auf der Weimarer Laienbühne. Goethe lobt sie für ihre Darstellung der Iphigenie. In Gesellschaft hört man sie gerne deklamieren. Für die Verkörperung starker Gefühle gibt es hier die Sicherheit des Textbuches; dieser Rückhalt fehlt ihr im Leben; dort entzieht sich, was sie berührt, und da verliert sie sich, wenn sie sich hingibt. Adele spricht gut und schnell, fast atemlos. Die Sprache muß aufkommen für den Mangel an anderer Berührung, anderem Einverständnis. Adele atmet dünne Luft; deshalb ihre Vorliebe für jene zierlichen, filigran gearbeiteten Scherenschnitte, die man auch nur äußerst behutsam berühren darf, am besten kommen sie hinter Glas zur Geltung. Adeles Grundstimmung ist elegisch. Sie weicht aus in die imaginäre Gegenwart der Erinnerung. Ereignisse können sich kaum ausbreiten, schon sind sie Erinnerung; in der Erinnerung aber werden sie zu einem Leben erweckt, das ihnen als Gegenwart fehlte.

Wenige Wochen bevor der Bruder nach Weimar kommt, hat ein solches Ereignis stattgefunden, von dem Adele noch ein Jahrzehnt lang zehren wird.

Ottilie und Adele hatten im Frühjahr 1813 nach einem kleineren Rencontre zwischen Preußen und Franzosen einen folgenreichen Fund gemacht. Bei einem Spaziergang in dem an die Stadt angrenzenden Park finden sie im Gebüsch einen verwundeten Lützower Jägeroffizier. Weimar hält zu diesem Zeitpunkt noch zu Napoleon, also ist es eigentlich der malträtierte Feind, dessen die beiden jungen Damen an diesem Frühlingsmorgen ansichtig werden. Doch Ottilie und mit ihr Adele empfinden anders: Ottilie, von preußischem, wenn auch verarmten Adel, ist romantisch-schwärmerisch den wackeren Kämpfern für die Befreiung Preußens zugetan; Adele, der weibliche Musenverein und einige andere vaterländisch-modern denkende Weimarianer desgleichen. Ottilie und Adele stürzen sich in das Abenteuer einer kleinen Konspiration. Heimlich wird der Verletzte in ein Versteck geschafft, und heimlich wird er versorgt und gepflegt. Natürlich verlieben sich die beiden jungen Frauen in den blessierten Helden, den Sohn eines schlesischen Pelzhändlers, Ferdinand Heinke lautet sein prosaischer Name. Nach seiner Wiederherstellung macht Heinke zunächst Urlaub in Breslau und stößt dann wieder zu seiner Truppe. Noch zweimal nimmt er im Laufe des Jahres mit seinem Kontingent Quartier in Weimar, wo sich der wieder zu Kräften Gekommene als ziemlicher Salonlöwe entpuppt. Den Damen, die ihn adorieren, begegnet er jedoch mit gewisser Vorsicht: In Breslau wartet eine Braut auf ihn.

Als Arthur Schopenhauer im Spätherbst 1813 in Weimar anlangt, ist Adele noch ganz träumerisch in diese Romanze aus Pulverdampf und Liebeszauber eingesponnen – unbeirrt von den großen Kalamitäten, die Weimar jetzt wieder zu erdulden hat: Die alliierten Truppen lassen in der Stadt ihre Verletzten zurück. Ruhr und Nervenfieber grassieren. Im November 1813 hat Weimar bei sechstausend Einwohnern fünfhundert Typhuskranke. Es fehlt an Ärzten, man hat Angst vor Ansteckung. Zweimal täglich geht eine Räucherung von weißem Pech durch die Stadt; Nahrungssorgen kommen hinzu, zahlreiche Selbstmorde ereignen sich. Unbeirrt bleibt Adele aber auch – zunächst jedenfalls – von den Kalamitäten im Hause, von den Spannungen, vom Streit zwischen Mutter und Bruder.

Das Andenken an Heinke, der sich inzwischen endgültig von Weimar verabschiedet hat, wird für Adele, mehr noch als für Ottilie, zum seelischen Asyl. Die Fundsache Heinke wird zum Aufgang des wahren Lebens verklärt. Adele dichtet: »Wohl ist das *Finden* Leben in dem Leben,/ Das sonst so arm, voll langem Sehnen, schlich« und: »Nicht bloß, daß du voll Muth ein Sklavenleben/ Für Freiheit, Vaterland, dahingegeben,/ Wölbt' in der Fremde dir ein gastlich Dach,/ ... Zieh glücklich, Mann an adelichen Sitten!/ ... /Auf immer haben wir uns doch erkannt.« Die elegische Adele überläßt sich hemmungslos der verklärenden und mythogenen Kraft der Erinnerung: »Die Blumen, Eisesdecken still entsprossen/ ... /*Die* Blumen raubt mir keine Flucht der Horen./ Schließt sich der Kelch, ich habe nichts verloren./ Es hat sich in mein Daseyn eingeschlossen/ Was ich gelebt, umstrahlt' von blut'gen Sonnen.«

Adele, die Heinke, den späteren Polizeipräsidenten von Breslau, so andachtsvoll zum Leitstern ihres Lebens erhebt, hatte allerdings in den Wochen seiner irdischen Päsenz in Weimar wieder einmal hinter Ottilie zurücktreten müssen. Auf dem Höhepunkt der Romanze schreibt Adele an Ottilie: »Wir sind wirklich in einer traurigen Lage ..., daß wir beide ein und dieselbe Person lieben ...; ich ... schweige, weil ich fest beschlossen habe jeden Gedanken an ihn zu unterdrücken und mit seiner Achtung mich zu begnügen ... Ich werde alles thun um zu erforschen ob er Dich liebt ... Ich schmeichle mir, ihm seit gestern angenehm geworden zu seyn, mehr will ich nicht.«

So sehr wird Heinke für Adele zum Mythos, daß er noch Jahre später der Bezugspunkt ihrer Selbstprüfung bleibt. »Ferdinand«, schreibt Adele Silvester 1816 im Tagebuch, »hab ich wohl nach deinem Sinn gehandelt, gelebt, gedacht?« Fortan wird jeder Mann an Heinke gemessen: »aber wenn ich einen Mann so achte, daß er neben Heinke nicht zu einem hohlen Nichts versinkt, so bin ich entschlossen« (4. März 1817). Und noch zehn Jahre später, im August 1823, schreibt sie: »Ich denke nun an Ferdinand wie an mein Schicksal, wie an meine Hoffnung auf Jenseits, wie an Gott, ohne Wunsch, ohne Reue, ohne Thränen. Das war meines Geschicks Ruf, ich habe ihm gehorcht, und nun ist's zu Ende.«

Wenn Arthur an der mütterlichen Mittagstafel pietätlos und verachtungsvoll über die patriotischen Leidenschaften herzieht, die nach Napoleons Abzug auch in Weimar empor-lodern, und dabei mit Gerstenbergk, der mit dem Strom des Zeitgeistes schwimmt, zusammenstößt, dann gerät Adele in einen Loyalitätskonflikt. Denn einerseits erscheint ihr Ger-stenbergk, gemessen an Heinke, als Schwächling, als Maul-held; dessen Freundschaft mit der Mutter behagt ihr ebenfalls nicht; später wird sie sogar »zu Eis erstarren«, als sie argwöh-nen muß, die Mutter könnte sie mit ihm verbinden wollen. Kurz: Arthurs Abneigung gegen Gerstenbergk findet ihren Beifall. Andererseits aber fühlt sie sich von Arthurs abspre-chenden Äußerungen über die sogenannten Freiheitskämpfer tief verletzt, es ist ein Frevel an ihrem Idol. Was sie nicht ein-mal weiß: Heinke wird durch Gerstenbergk von Arthurs Auf-tritten sogar in Kenntnis gesetzt.

Adele leidet unter dem Loyalitätskonflikt, sie fühlt sich zwi-schen den Fronten. Mit Entsetzen und Angst reagiert sie, als die Auseinandersetzungen zwischen Mutter und Bruder sich verschärfen. Die Mutter ist ihr zuletzt doch näher als der Bru-der, und so teilt sie schließlich die Empörung Johannas. »Mein Bruder«, schreibt sie zum Zeitpunkt des großen Eklats an Ottilie, »hat sich schändlich gegen die Mutter benommen, für jetzt will sie ihn nicht sehen.«

Von einigen spärlichen Briefen abgesehen, zerreißt mit Arthurs Auszug zunächst auch die Verbindung zwischen den Geschwistern. Zwei Jahre später notiert Adele im Tagebuch: »Von meinem Bruder weiß ich nichts.«

Dreizehntes Kapitel

Die große Begegnung: Goethe und Schopenhauer. Zwei Farben-
theoretiker im Kampf gegen die Mächte der Finsternis.
Die Geschichte einer heiklen Beziehung. Goethe: ›doch ließ
sich zuletzt eine gewisse Scheidung nicht vermeiden‹.

Das halbe Jahr in Weimar, von November 1813 bis Mai 1814, war für Arthur Schopenhauer, was die familiären Umstände betrifft, unerquicklich. Jedoch von anderer Seite widerfuhr ihm ein Glück, das ihn noch in späteren Jahren euphorisch stimmte, wenn er sich dessen erinnerte: Johann Wolfgang Goethe, der vom jungen Schopenhauer bislang keinerlei Notiz genommen hatte, würdigte ihn zum ersten Mal seiner Aufmerksamkeit.

Schopenhauer hatte ihm ein Widmungsexemplar der Dissertation geschickt, und Goethe hatte, was er in solchen Fällen nicht häufig tat, sogar darin gelesen, wahrscheinlich zunächst nur, weil er dies seiner Freundin Johanna Schopenhauer schuldig zu sein glaubte. Doch er ließ sich von der Lektüre fesseln. Sympathisch war ihm, wie der junge Philosoph die primäre Rolle der verständigen *Anschauung* gegen die vom Zeitgeist favorisierte Vernunft*reflexion* betonte. Das mußte Goethe, der in seinen MAXIMEN lehrte, »die Sinne trügen nicht, das Urteil trügt«, als verwandte Geisteshaltung ansprechen.

Das Ereignis der ersten persönlichen Begegnung hat Arthur Schopenhauer später immer wieder stolz erzählt, z. B. David Asher, der davon den folgenden Bericht gibt. Es geschah an einem der Gesellschaftsabende Johanna Schopenhauers, bei denen Goethe zugegen war. »Eines Tages . . . erhob sich dieser (Goethe, R. S.) plötzlich beim Eintreten des jungen Doktors der Philosophie und, schweigend durch einen Haufen Umstehender sich Bahn brechend, ging er auf Arthur zu, und ihm die Hand drückend, äußerte er sich in Lobeserhebungen über jene Abhandlung (die Dissertation, R. S.), die er für ganz bedeutend ansah, und die ihm mit einem Male eine Zuneigung zu dem jungen Gelehrten einflößte« (G, 26). Die schmeichelhafte Begrüßung muß kurz nach Schopenhauers Ankunft in Weimar stattgefunden haben, denn bereits am 10. November 1813 trägt Goethe seinem Sekretär Riemer auf, den jungen Philosophen einzuladen. Nach dem ersten Besuch Schopenhauers bei Goethe berichtet dieser am 24. November an Knebel: »Der junge Schopenhauer hat sich mir als einen merkwürdigen und interessanten jungen Mann dargestellt«. Am selben Tag schreibt Schopenhauer, noch ganz unter dem Eindruck dieses Besuches, an den Altphilologen F. A. Wolf: »Ihr Freund, unser großer Göthe, befindet sich wohl, ist heiter, gesellig, günstig, freundlich: gepriesen sey sein Name in alle Ewigkeit!« (B, 7).

Gelegentlich lädt Goethe Schopenhauer zu größeren Gesellschaftsabenden ein, in der Regel aber wird er alleine ins Haus am Frauenplan gebeten, anfangs fast wöchentlich. Zwischen Februar und April 1814 werden die Einladungen spärlicher.

Goethe ist nicht an einem behaglich-geselligen Umgang mit Schopenhauer gelegen; »mit anderen«, so sagt er einmal, »unterhalte er sich, mit ihm, dem jungen Dr. Arthur, philosophiere er.« Nur wenn er in der »gehörigen ernsten Stimmung« sich befinde, wolle er mit Schopenhauer zusammentreffen, deshalb möge dieser, so Goethes Bitte, nur auf eine spezielle Einladung hin ihn besuchen. Goethe will mit Schopenhauer arbeiten. Er glaubt in ihm einen Gesprächspartner gefunden zu haben, mit dem sich über das philosophieren läßt, was ihn zur Zeit und schon eine ganze Weile lang vor allem am Herzen liegt: die Farbenlehre.

Am 16. Mai 1810 war Goethes umfangreiches Werk ZUR FARBENLEHRE in zwei Oktavbänden und einem Quartband mit Bildtafeln erschienen. Zwei Jahrzehnte hatte er an dem Buch gearbeitet; den Tag, an dem er es der Öffentlichkeit übergibt, nennt er im Rückblick der ANNALEN seinen »Befreiungstag«, ironisch darauf anspielend, daß der Sieg über Napoleon für ihn als ein solcher Tag der Befreiung nicht gelten konnte. Während die patriotischen Leidenschaften brodeln, brütet er über den »Urphänomenen« Licht, Finsternis und der Mischung von beidem: das Trübe, unseren Augen als Farben erscheinend. »Zur Rechten der Tag – zur Linken die

Nacht, aus der Verbindung Beyder sind alle Dinge geworden, unter Andern auch wir.« Als besonders trübe gelten ihm seine patriotischen Zeitgenossen. Er scheut sich nicht, sich mit ihnen anzulegen. Seinem Sohn August verbietet er, als Freiwilliger gegen Napoleon zu ziehen. Daß sein Großherzog am Ende des Krieges so eilig vom Kaiser abfällt, erfüllt ihn mit Groll. Auch nach Napoleons Niederlage trägt er stolz des Kreuz der französischen Ehrenlegion. Gerade als Verfasser der FARBEN-LEHRE vergleicht er sich gerne mit dem großen Korsen. So wie der von ihm als Lichtgestalt verehrte Kaiser das finstere Erbe der Französischen Revolution anzutreten und aufzuhellen hatte, so sei ihm eine nicht minder dunkle Erbschaft, nämlich die »Irrtümer der Newtonschen Farbenlehre«, zugefallen, die es aufzuklären gälte. Im polemischen Teil der FARBENLEHRE schwelgt Goethe in Bildern des militärischen Kampfes: »Es ist also hier die Rede nicht von einer langwierigen Belagerung oder einer zweifelhaften Fehde. Wir finden vielmehr jenes achte Wunder der Welt (Newtons Farbenlehre, R. S.) schon als ein verlassenes, Einsturz drohendes Altertum und beginnen sogleich von Giebel und Dach herab es ohne Umstände abzutragen, damit die Sonne doch endlich einmal in das alte Ratten- und Eulennest hineinscheine.« Und wie es bei Titanenkämpfen zuzugehen pflegte, am Ende haben sie eine ganze Welt von Zwergen gegen sich, denen sie unterliegen müssen. In den Wochen und Monaten, da Napoleon aufs Haupt geschlagen wird, wartet Goethe mit wachsendem Ingrimm und wachsender Enttäuschung immer noch auf die durchschlagende Wirkung seines Farben-Opus. Zwanzig Jahre hat der Berg gekreißt, und die Öffentlichkeit verhält sich nicht anders, als wäre eine Maus geboren worden. Die Freunde haben ihm Lob gespendet; einige Maler, unter ihnen besonders Runge, lassen sich anregen. Die wissenschaftliche Welt aber winkt ab, »Kenner werden nichts Neues finden«, bemerkt die »Gothaische Gelehrte Zeitung« lakonisch. Die literarische Öffentlichkeit bedauert die überflüssige Abschweifung ihres großen Mentors, und in der politischen Welt hat man andere Sorgen. Warum wendet sich Goethe nicht den brennenden Fragen der Zeit zu, fragt man dort leicht vorwurfsvoll.

Daß Napoleon nur der allgemeinen Verschwörung der Mittelmäßigkeit zum Opfer fiel, denkt Goethe, sagt es aber, in der Regel, nicht laut. Daß es aber ihm selbst, dem anderen Titanen, jetzt mit seiner FARBENLEHRE ebenso ergeht, das sagt er jedem, der es hören will: »Und wenn so viele Teufel in den Hörsälen und Buchläden sich gegen mich widersetzen ... so sollen sie mich doch nicht abhalten, laut zu bekennen, was ich einmal für wahr anerkannt ... Was ist denn Pressefreiheit, nach der jedermann so schreit und seufzt, wenn ich nicht sagen darf, daß Newton sich in seiner Jugend selbst betrog und sein ganzes Leben anwendete, diesen Selbstbetrug zu perpetuieren!«

Natürlich hat keiner versucht, ihm seine Publikation zu verbieten. Der Verleger ist äußerst entgegenkommend, obwohl er ahnt, daß er wohl auf der Auflage sitzenbleiben wird. Das Werk wird vom Äußeren her so repräsentativ eingerichtet, daß es wenigstens zum Bibliotheksschmuck taugt. Diese Rechnung geht auf.

Goethe fühlt sich, als er den jungen Schopenhauer zu sich heranzieht, verkannt in dem, was ihm die Hauptsache ist. Später wird er zu Eckermann sagen: »Auf alles, was ich als Poet geleistet habe, bilde ich mir gar nichts ein. Es haben treffliche Dichter mit mir gelebt, es lebten noch trefflichere vor mir, und es werden ihrer nach mir sein. Daß ich aber in meinem Jahrhundert in der schwierigen Wissenschaft der Farbenlehre der einzige bin, der das Rechte weiß, darauf tue ich mir etwas zu gute, und ich habe daher ein Bewußtsein der Superiorität über viele.«

Goethe, der das Spiel bedeutungsvoller Inszenierungen liebt, legt sich in dieser Situation des höflichen Schweigens ringsum die Rolle des Hüters einer verschwiegenen Geheimlehre zu. Er muß »Proselyten machen«, sagt er einmal. Mit Arthur Schopenhauer ist ihm ein solcher dankbarer »Proselyt« nach Weimar hereingeschneit.

Wenn man verstehen will, worin für Goethe die Bedeutung seiner FARBENLEHRE besteht, darf man nicht zuerst auf seine Forschungsergebnisse, sondern muß auf seine Motive blicken, die ihn jahrzehntelang an dieser Arbeit festhielten.

Während der Italienischen Reise (1786-1788) hatte Goethe

sich mit ungebremster Energie dem Malen gewidmet, er wollte aus der Höhle des Subjektiv-Empfindsamen ans Licht der objektiven ›Anschauung‹; statt nur mit dem Herzen, wollte er nun mit dem Auge dichten. Er muß aber feststellen, daß es ihm in der Malerei an jenem durchschlagenden Talent, das er bei sich vermutet hatte, durchaus fehlt. Die Kunst der »Entsagung«, auf die er sich sehr gut versteht, nimmt in diesem Fall die Gestalt jener Idee an, man müsse überhaupt erst einmal das Wesen der Farbe ergründen. Er kommt also in Italien zur Überzeugung, »daß man den Farben als psychischen Erscheinungen erst von der Seite der Natur beikommen müsse, wenn man in Absicht auf Kunst etwas über sie gewinnen wolle«. Die Idee zu ›wissenschaftlichen‹ Farbstudien war also ein Stück weit inspiriert vom Bedürfnis nach Kompensation. Doch es kommt noch Gewichtigeres hinzu.

Die Farben waren für Goethe der privilegierte Gegenstand seiner bis in die frühen Weimarer Jahre zurückreichenden Naturstudien. Die Tatsache für sich und die Art, wie er Naturstudien betreibt, führen ins Zentrum seines Selbst- und Weltverständnisses.

Noch in der Sturm- und Drangphase galt ihm ›Natur‹ als Inbegriff subjektiv-gefühlsstarker Eigenmacht. ›Natur‹ stand – ganz im Sinne Rousseaus – gegen Konvention, gesellschaftliche Regel. Im ungehemmten Ausströmen der subjektiven Natur sollte man zugleich auch in Übereinstimmung mit der objektiven Natur sich befinden. Innere und äußere Natur klingen zusammen, wenn man die eigene ›Natur‹ sich entfalten läßt. Wer sich der ›inneren‹ Natur überläßt, lebt nicht ohne Gefahr. Die Wogen der Spontaneität können sich an einer harten Wirklichkeit brechen. Im Genie-Treiben der ersten Weimarer Jahre, zusammen mit dem jungen Herzog, ließen sich mögliche Kollisionen noch ganz gut abfedern. Die Spontaneität fand einen machtgeschützten Raum, wo sie sich mit verminderten Risiken tummeln konnte. Das ging eine Weile lang gut, so lange, bis Goethe von dem, was ihn schützte, stärker in Anspruch genommen wurde: Die Pflichten des Ministeramtes und die Reputation seiner gesellschaftlichen Stellung nahmen ihn in die harte Schule des Realitätsprinzips. Der Konflikt verschärfte sich, die Spannung wuchs. Der tragischen Zuspitzung eines Konfliktes aber ging Goethe gerne aus dem Weg; der führte ihn für dieses Mal nach Italien. Hier übte er sich in der Kunst des Geltenlassens: Man soll das eine tun und das andere nicht lassen; beiden Göttern opfern, dem Gott der Poesie und dem Gott der Wirklichkeit; weder soll das äußere am inneren Leben noch das innere am äußeren Leben zuschanden werden. Später wird Goethe dafür eine Formel finden: Die Wahrheit ist ihm »eine aus dem Innern am Äußern sich entwickelnde Offenbarung... Es ist eine Synthese von Welt und Geist, welche von der ewigen Harmonie des Daseins die seligste Versicherung gibt.«

Diese »Harmonie« gibt es nur, wenn eine Souveränität oberhalb der konfligierenden Ansprüche von poetischer und realitätsgerechter Existenz erreicht ist. Die italienische Reise verhilft Goethe dazu. Das kann man am TORQUATO TASSO ablesen. Er hatte das Drama konzipiert, als er, vor der Reise, die »Mittelstimme« des Ausgleichs zwischen Welt und Poesie noch nicht gefunden hatte. Erst nach der Reise konnte er das Drama fertigstellen. *Tasso* ist jetzt zwar immer noch der an seiner Umwelt leidende Dichter, aber anders als in Goethes ersten Entwürfen werden dessen Leiden beinahe ausschließlich als Folge eines die Wirklichkeit verkennenden Talents gedeutet, das sich in seinem Dichten auf eine subjektiv-idealisierende Weise äußert. Goethe ist stolz, sich über Tasso erhoben zu haben, denn es wird nun zu seinem Lebensprogramm: Tasso, der Dichter, zu sein und doch auch zugleich Antonio, der Weltmann. Wie aber kann der Poet sich an die Welt halten, wenn die Welt mit jedem Tag unpoetischer wird? Und unpoetischer wird sie ihm nicht nur in den Obliegenheiten des gesellschaftlichen und politischen Alltags, sondern vor allem in den Zumutungen des modernen Wirklichkeitsverständnisses, das sich ihm paradigmatisch im Siegeszug der analytischen Naturwissenschaften zeigt. Goethe will in seiner Person noch einmal zusammenhalten und verbinden, was die mächtigen Tendenzen des Zeitalters auseinanderreißen: analytischen Verstand und schöpferische Phantasie, abstrakten Begriff und sinnliche Anschauung, künstliches Experiment und gelebte Erfahrung, mathematisches Kalkül und Intuition. Goethe ist von der Sorge umgetrieben, daß die Poesie ihr Heimatrecht im Reich der Wahrheit verlieren, daß die »zarte Empirie« von den robusten, herzlosen, aber pragmatisch erfolgreichen Verfahrensweisen der ›Wissenschaft‹ ausgebürgert werden könnte. Doch bei dem Abwehrkampf, den er glaubt ausfechten zu müssen, will er nicht zum Tasso werden, der gegen die Weltleute von vornherein auf verlorenem Posten steht. Er will nicht Grenzen gegen die Wissenschaft verteidigen, sondern er will poetischen Geist in die Wissenschaft hineintragen; *er will der Wissenschaft auf ihrem eigenen Terrain Machtansprüche streitig machen;* er will nicht verteidigen, sondern den Angriff ins Herz des Gegners tragen. Diesen Vorstoß unternimmt er und kann er nur unternehmen inspiriert vom Geiste seines Persönlichkeitsideals: Jedes Wissen, das nicht dem Einklang der vielfältigen Strebungen und Anlagen des Menschen einverleibt werden kann, jedes Wissen, in dem nicht »Sinnlichkeit und Vernunft, Einbildungskraft und Verstand« zu einer »entschiedenen Einheit« zusammenkommen, gilt ihm als »menschenunwürdiges« Wissen, eine Karikatur der Idee der Wahrheit. Für ihn steht Wahrheit unter dem Gesetz einer gleichsam existentiellen Umfangslogik. Menschlichen Wert hat Wahrheit nur, wenn sie an Leib und Leben, und das heißt: an die Reichweite unserer Sinne und unserer Sinnlichkeit gebunden bleibt. Nicht jede Neugier findet seinen Beifall. Es gibt eine Neugier, die uns von uns und unserer Welt wegführt, die uns dem zuwendet, das uns nichts angeht, die zum Ergebnis hat, daß der Mensch sich nur »immerfort abquält«, wobei er sich verliert. Goethe strebt nach einer Wahrheit, bei der uns Hören und Sehen nicht vergeht. Deshalb will er seine »Urphänomene«, d. h. jene Urformen, aus denen, seinem Verständnis nach, die Natur in unendlich zahlreichen Variationen ihre Gestaltenfülle hervortreibt, nicht als abstrakten Gattungsbegriff, als Typus verstanden wissen, der sich zum Behufe der Ordnung des empirischen Materials nur ›denken‹ läßt. Goethes »Urphänomen« soll anschaubar bleiben; die »Urpflanze« – das Modell aller pflanzlichen Varietät – soll es geben. In Süditalien glaubt Goethe sie sogar gefunden zu haben. Was die Natur ist, was sie uns zu »unserm Frommen« sein kann, das offenbart sich ganz in ihrer Erscheinung; sie hat keinen Hintersinn, den erst eine mathematisierte Physik oder ein künstliches Experiment herausfinden müßte. Was das letztere betrifft, so hat sich Goethe sehr drastisch geäußert: »Die Natur verstummt auf der Folter.« Gegen das »Unheil« der neueren Physik poltert er: Man müsse ihr die Beute abjagen, es gelte, »die Phänomene ein für allemal aus der düstern empirisch-mechanisch-dogmatischen Marterkammer« zu befreien.

Das gespannte Verhältnis zur Mathematik, besonders zur unanschaulichen Algebra, hatte er zeitweilig zu verbessern gesucht. Er nimmt in Jena Unterricht in Algebra. In der Art aber, wie er dieses Projekt fallenläßt, zeigt sich jene souveräne Lebenskunst, die ihn zu dem in sich gerundeten Olympier gemacht hat, den seine Mit- und Nachwelt so sehr bewunderte. Den Abbruch der algebraischen Studien begründete er nämlich mit dem Wort: »Ich werde es zu meinem Wesen nicht brauchen können.« Das ist jene glänzende Ignoranz im Dienste des Lebens, die Nietzsche an Goethe gerühmt hat und ohne die es die prometheische Gestaltungskraft Goethes nicht geben würde; eine Gestaltungskraft, die der Lebensformel entspringt: sich seine eigene Welt bilden, die disparaten Elemente in eine Balance, eine Balance des Glücks, zusammenführen; das »Unzukömmliche« ohne Skrupel draußen halten. Zum Tod beispielsweise konnte Goethe gar kein Verhältnis finden. Seine Umwelt respektierte das. Die Frau von Stein verfügte testamentarisch, daß ihr Leichenbegängnis das Haus am Frauenplan zu umgehen habe. Als Christiane stirbt, zieht sich Goethe ein wenig kränklich in seine Gemächer zurück. Mit dem Begriff der ›Verdrängung‹ kann man dieser souveränen Geste der Ausgrenzung des »Unzukömmlichen« schlecht beikommen. Denn es fehlt ihr das Enge, Verkrampfte und Verkrampfende. Diese Geste bleibt produktiv bezogen auf einen Lebensraum, dem sie eine vitale Homogenität gibt. Das aber kann sie nur, weil sie elastisch bleibt, weil sie die Begrenzung zugleich ironisch handhabt, weil die Ausgrenzung auch eine Art der »Entsagung« bedeutet, die ein scharfes Bewußtsein dessen impliziert, worauf unter der sanften Gewalt des für sich selbst erkannten Lebensgesetzes Verzicht zu leisten ist. Manchmal nimmt das allerdings auch komische Züge an, so etwa, wenn Goethe den Regenbogen, den es seiner Farbtheorie zufolge eigentlich gar nicht geben dürfte, als einen »Üblen Streich«, den ihm die Natur spielt, ansieht. Oder: Ein berühmter Physiker schenkt ihm einen kostbaren modernen Polarisationsapparat, der geeignet ist, den Newtonschen Hypothesen über die Entstehung der Farben recht zu geben, denn er zerlegt das Licht in die Spektralfarben. Goethe weigert sich beharrlich, den Apparat zu benützen, so wie zwei Jahrhunderte zuvor die Heilige Inquisition, die auch nicht durchs Fernrohr des Galilei blicken wollte. Goethe lehnt ganz einfach solche Auskünfte über die Natur ab, die man mittels einer Wahrnehmungsprothese und nicht mittels unserer gesunden Sinne erhält. In der Natur, so lehrt Goethe beispielsweise, gibt es nur Licht, aber keinen Lichtstrahl. Dieser wird nur gewonnen mit Hilfe eines künstlich-apparatemäßigen Arrangements, das dem Licht Gewalt antut. Was man nun allenfalls über den so erzeugten Lichtstrahl herausbekommen kann, trifft darum eben nicht das Wesen des Lichtes. Es war einer der Hauptvorwürfe Goethes gegen Newton, daß dieser seine Experimente nicht in der freien Natur mache und statt dessen das Licht durch ein Loch zwänge: »Freunde flieht die dunkle Kammer, / Wo man euch das Licht verzwickt.«

Wenn die aufs Menschenmaß zurückbezogenen Naturstudien für Goethe zur Balance des gelingenden Lebens überhaupt gehören, so gilt dies im besonderen für seine Farbstudien, denn die Farben sind ihm ein ausgezeichnetes Symbol des Lebens selbst. Es ist das Gesetz des Lebens, das auch die Farben hervorbringt: Polarisation und Steigerung. Polarisation: Da gibt es Licht und Finsternis. Das Licht – gegen Newton ist das gesagt – muß angesehen werden als das »einfachste, homogenste, unzerlegteste Wesen, das wir kennen«. Ein »Urphänomen« eben, hinter das nicht weiter zurückgegangen werden kann. Dem Licht steht entgegen die Finsternis. Licht und Finsternis haben nicht nur physische, sondern zugleich ›meta-physische‹ Wirklichkeit. Sie liegen im Kampf miteinander. Goethe, auch hier eher auf Ausgleich bedacht, spricht lieber vom »Wechselspiel«. Dieses erst bringt die Farben hervor. Die Farben sind wie das Leben, das »Trübe«, das

Gemischte, die produktive Balance der polaren Gegensätze. »Chromatische Betrachtung und Gleichnisse«, so Goethe in einer Tagebuchnotiz, »Lieben und Hassen, Hoffen und Fürchten sind auch nur differente Zustände unseres trüben Inneren, durch welches der Geist entweder nach der Licht- oder Schattenseite hinsieht.«

Die Farben sind für Goethe subjektiv und objektiv zugleich. In der Tätigkeit des Auges äußert sich jene Polarität, die das Leben insgesamt beherrscht. »Wir glauben hier abermals die große Regsamkeit der Netzhaut zu bemerken und den stillen Widerspruch, den jedes Lebendige zu äußern gedrungen ist, wenn ihm irgendein bestimmter Zustand dargeboten wird. So setzt das Einatmen schon das Ausatmen voraus und umgekehrt, so jede Systole ihre Diastole. Es ist die ewige Formel des Lebens, die sich auch hier äußert. Wie dem Auge das Dunkle geboten wird, so fordert es das Helle; es fordert Dunkel, wenn man ihm Hell entgegenbringt, und zeigt eben dadurch seine Lebendigkeit.«

Mit der Entdeckung des Einklangs zwischen Eigenbeschaffenheit des Auges und der Eigenbeschaffenheit von Licht, Finsternis und Trübe sollte man, so Goethe, sich zufriedengeben: »Denn es bleibt uns auch hier nichts übrig, als zu wiederholen, die Farbe sei die gesetzmäßige Natur in bezug auf den Sinn des Auges.«

Die »gesetzmäßige Natur in bezug auf den Sinn des Auges«, so also lautet Goethes Formel, mit der er die Kluft zwischen dem subjektiven und dem objektiven Aspekt der Farbe schließen will: Im ›Gesetz‹ des Auges, das die Farbe sehen kann, äußert sich das ›Gesetz‹ der Natur, das die Farbe hervorbringt.

Dem jungen Schopenhauer, der soeben in seiner Dissertation den Kantschen Transzendentalismus radikalisiert hatte, mußte eine solche Hypothese eigentlich als naiver Realismus erscheinen. Im Gespräch mit Goethe wird sich Schopenhauer wohl auch, einigermaßen respektlos, in diesem Sinne geäußert haben. Viele Jahre später erzählte er folgende Episode: »Aber dieser Goethe … war so ganz *Realist*, daß es ihm durchaus nicht zu Sinne wollte, daß die *Objekte* als solche nur da seien, insofern sie von dem erkennenden Subjekt *vorgestellt* werden.

Was, sagte er mir einst, mit seinen Jupitersaugen mich anblikkend, das Licht sollte nur da seyn, insofern Sie es sehen? Nein, *Sie* wären nicht da, wenn das Licht *Sie* nicht sähe« (G, 31).

In dieser Szene kommt tatsächlich der Kern der Differenz zwischen Goethe und Schopenhauer zur Sprache. Eine Differenz, die, berücksichtigt man die Ausgangspunkte, beide eigentlich nicht hätte überraschen dürfen, denn sie bestand schon, ehe die gemeinsame Arbeit aufgenommen wurde. Aber sie wurde zunächst überlagert von einem produktiven Mißverständnis: Goethe schätzte an Schopenhauer das Beharren auf dem Prinzip der Anschaulichkeit als der grundlegenden Voraussetzung allen Erkennens, übersah dabei aber, daß Schopenhauer den Wahrheitswert solcher Anschauung radikal auf die Grenzen unserer vorstellenden Tätigkeit beschränkte. Und Schopenhauer seinerseits war beeindruckt von der Universalität und der Kühnheit, mit der Goethe in allem, was er tat, diesem Prinzip der Anschaulichkeit folgte. Er war geradezu geblendet davon, wie Goethe dieses Prinzip nicht nur diskursiv gebrauchte, sondern es existentiell verkörperte (»Jupitersaugen«). Dies und der Umstand, daß Goethe seine Farbenlehre bei der detaillierten Beschreibung der Entstehung der Farben im Auge (Physiologie der Farben) einsetzen läßt – ein Ansatzpunkt, den Schopenhauer ohne Schwierigkeiten in seine geistige Welt übernehmen konnte – verminderte, im Verständnis des Philosophen, das Gewicht der zugrundeliegenden Differenz.

Nach einigen Wochen gemeinsamen Erörterns und Experimentierens auf dem Gebiet der Farben notiert sich Goethe, Anfang 1814, den später unter die XENIEN aufgenommenen Vers: »Trüge gern noch länger des Lehrers Bürden, wenn Schüler nur nicht gleich Lehrer würden.« In der Tat: Schopenhauer, dessen Stärke Bescheidenheit nicht war, ist dabei, sich zum Lehrer aufzuschwingen. Er will, von Goethes Physiologie der Farben ausgehend, eine komplette Theorie der Entstehung der Farben im Auge entwickeln und ist überzeugt davon, daß Goethe zwar erhellende Beobachtungen, aber noch keine solche Theorie geliefert habe.

Diese ›Theorie‹ wird Schopenhauer erst ein Jahr nach seinem Weggang aus Weimar in wenigen Wochen niederschreiben und dazu die Arbeit an seinem eigentlichen großen philosophischen Projekt unterbrechen. Die Ideen dazu aber entwickeln sich in diesen Monaten des persönlichen Umgangs mit Goethe. In Goethes Farbenlehre geht es um die »Taten und Leiden des Lichtes«; bei Schopenhauer wird zuletzt doch etwas ganz anderes daraus, nämlich die »Taten und Leiden des Auges«. Daß das Licht ein »Urphänomen« sei, gibt Schopenhauer seinem Meister zu, macht aber dann kein Aufhebens davon, sondern wendet sich dem zu, was ihn in erster Linie interessiert: die Art und Weise, wie das Auge auf das nicht weiter bestimmbare Phänomen des Lichtes reagiert. Schopenhauer argumentiert mit der Hypothese, daß die Farberscheinungen das Produkt einer durch modifizierten Lichteinfall bewirkten unterschiedlichen Aktivität der Retina (Netzhaut) darstellen. Die Retina habe den »natürlichen Trieb... ihre Tätigkeit *ganz* zu äußern« (III, 231). Da jeder modifizierte Lichteinfall das Tätigkeitspotential der Retina nur partiell beansprucht, so strebe die Retina, die zum Tätigkeitsoptimum fehlende Aktivität zu »ergänzen«: so komme es zu den Komplementärfarbeindrücken, vor allem aber auch zu dem eigenartigen Gefühl der Harmonie, das sich bei den Komplementen einstellt. Hier entwickelt Schopenhauer eine Analogie zu den Harmonieeindrücken in der Musik, die ebenfalls aus Komplementärverhältnissen erfolgen, in diesem Fall aus solchen der akustischen Schwingungen.

Pointiert und – wie bei Goethe – gegen Newton gerichtet, formuliert Schopenhauer: Farbe sei nicht die Erscheinung des »geteilten Lichtstrahls«, sondern die Erscheinung der »geteilten Thätigkeit der Retina« (III, 239).

In der ersten Auflage seiner Farbenlehre von 1816 formuliert Schopenhauer die Differenzpunkte zu Goethe noch sehr zurückhaltend. Der Sache nach sind sie zwar alle schon gegeben, pointierter aber wird er sie erst in der zweiten Auflage von 1854 vortragen. Dort schreibt er, gegen die Goetheschen »Urphänomene« Licht und Finsternis gewendet: »Eigentliches Urphänomen ist allein die organische Fähigkeit der Retina, ihre Nerventätigkeit in zwei qualitativ entgegengesetzte, bald gleiche, bald ungleiche Hälften auseinandergehen und sukzessiv hervortreten zu lassen« (III, 275).

Goethe hatte mit seiner Farbentheorie eigentlich ein lebens- und naturphilosophisches Kapitel seiner großen »Confession« vorgelegt, deshalb auch die zahlreichen ethischen, ästhetischen und metaphysischen Reflexionen. Schopenhauers Interesse an den Farben indes ist, in Fortsetzung seiner Dissertationsschrift, ein erkenntnistheoretisches; deshalb nennt er auch seine Abhandlung: Über das Sehen und die Farben. In dem Kapitel, das dem »Sehen« gewidmet ist, wiederholt und präzisiert er, was er schon in der Dissertation vorgetragen hatte: die Beschreibung der Arbeit des »reinen Verstandes«, der aus den Erregungsdaten am Leibe (hier: die Netzhaut) mit Hilfe des apriorischen Kausalitätsprinzips die sinnlich erscheinende Welt aufbaut.

Ohne die Begegnung mit Goethe hätte sich Schopenhauer sicherlich nicht mit dem Problem der Farben auseinandergesetzt. Für ihn war das lediglich ein Gebiet, auf das er seine erkenntnistheoretischen Hypothesen applizieren konnte. Da er doch schon auf dem Sprunge war, in den Kern seines philosophischen Projektes, die Metaphysik des Willens, vorzudringen, konnte ihn nur die Verehrung Goethes dazu bewegen, sich dieser Arbeit zu unterziehen. Er wollte dem verehrten Meister nahe sein, indem er ihm im Kampf gegen Newton assistierte, mit besseren Argumenten, wie er glaubte. Schopenhauer befindet sich in der Rolle des Werbenden, doch er redet nicht nach dem Munde, gibt sich nicht gefällig. Und Goethe zeigt sich, wie so oft, solchem Liebeswerben gegenüber spröde. Manche andere, denen dies auch widerfahren ist, Lenz und Kleist etwa, sind darüber fast zerbrochen. Nicht aber Schopenhauer. Zwischen den beiden spielt sich ein eigenartiger ›Kampf‹ ab, in dessen Verlauf Schopenhauer eine Art des Selbstbewußtseins beweist, das auch trotz einer schmerzlichen Zurückweisung nicht ins Ressentiment umzukippen braucht. Schopenhauer bleibt sich und dem Weg seines Philosophierens treu und bewahrt doch zugleich eine Verehrung für den sich entziehenden Meister. Er verliert sich nicht, weder in der Verehrung noch in den möglichen Verkrampfungen der Selbstbehauptung.

Die Geschichte dieses ›Kampfes‹ beginnt, als Schopenhauer im Juli 1815 von Dresden aus seine inzwischen fertiggestellte Abhandlung Über das Sehen und die Farben als Manuskript an Goethe schickt.

Es ist über ein Jahr her, daß Schopenhauer von Goethe mit dem Sinnspruch verabschiedet wurde: »Willst Du Dich Deines Wertes freuen,/ So mußt der Welt Du Wert verleihen.«

Dieser freundschaftlich-mahnende Abschied gibt Arthur das Gefühl der Berechtigung, an einer Verbindung, die zur Zeit des persönlichen Umgangs zwar schon hat Dissonanzen aufkommen lassen, trotzdem festhalten zu dürfen. Und so bittet Schopenhauer Goethe darum, er möge doch die Abhandlung in Erinnerung an die gemeinsame Arbeit mit seiner Herausgeberschaft würdigen.

Goethe ist zur Zeit unterwegs. Er besucht seine Heimatstadt Frankfurt, wohin ihm das Manuskript samt Begleitbrief nachgeschickt wird. Er verhandelt mit seinem Verleger Cotta über eine neue Gesamtausgabe. Er trifft den Freiherrn vom Stein, begleitet diesen den Rhein hinunter nach Köln, Ernst Moritz Arndt schließt sich an. In Bonn verbringt er einige Tage im Kreise von Ministern und Generälen der Rheinprovinzen. Er empfängt Besuche von der Zarenschwester Katharina, vom Großherzog von Mecklenburg, vom Herzog von Cumberland; in Wiesbaden überreicht man ihm einen hohen Orden, die Werther-Lotte, jetzt verwitwete Kestner, schickt ihren Sohn. Zwischenhinein dichtet Goethe am West-östlichen Divan und redigiert die Italienische Reise. Goethe also findet zunächst nicht die Zeit und die Stimmung, auf Schopenhauers Schreiben zu antworten. Der verfaßt am 3. September 1815 einen Mahnbrief. Er könne sich, schreibt er, schon denken, daß Goethes Umgang in der großen Welt das zugesandte Farben-Manuskript doch als recht unbedeutend erscheinen lassen müsse, doch ihm sei es eine Herzenssache: »Ich weiß von Ihnen selbst, daß Ihnen das literarische Treiben stets Nebensache, das wirkliche Leben Hauptsache gewesen ist. Bei mir aber ist es umgekehrt: was ich denke, was ich schreibe, das hat für mich Werth und ist mir wichtig: was ich persönlich erfahre und was sich mit mir zuträgt, ist mir Nebensache, ja ist mein Spott« (B, 16). Schopenhauer bittet in dringlichem Ton, Goethe möge doch wenigstens den Erhalt des Manuskriptes bestätigen; wenn er sich seiner nicht annehmen wolle, möge er es zurückschicken, »mit oder ohne Bescheid«. Dem quälenden Warten und der Ungewißheit, die Abhandlung könnte verloren oder in dritte Hände geraten sein, möge Goethe freundlicherweise ein Ende bereiten.

Offenbar also hat Schopenhauer schon nach einigen Wochen des Wartens die Hoffnung aufgegeben, Goethe könnte sich ernsthaft mit seiner Schrift auseinandersetzen oder gar ihre Herausgeberschaft antreten.

Nun aber trifft am 7. September 1915 Goethes Antwort ein. Sie ist freundlich gehalten. Goethe gibt vor, das Manuskript in »guter Stunde« erhalten, gelesen und überdacht zu haben. Goethe übertreibt: Tatsächlich hat er die Schrift wohl nur überflogen, denn später wird er Schopenhauer bitten, einen kurzen Auszug anzufertigen, damit er in eigenen Schriften auf Schopenhauer Bezug nehmen könne.

Schopenhauer jedenfalls schöpft neue Hoffnung, als er diesen Brief vom 7. September erhält, zumal Goethe verspricht, er werde, nach Weimar zurückgekehrt, »Bemerkungen wie sie der Tag bringt« diktieren. Von einer möglichen Herausgeberschaft ist nicht die Rede.

Schopenhauer dankt im Brief vom 16. September für die »vorläufige Beruhigung«, die ihm durch Goethes Versprechen, sich zu seinem Werk äußern zu wollen, zuteil geworden sei.

Es vergeht wieder ein guter Monat, bis Goethe am 23. Oktober antwortet. Dieses Schreiben aber enthält die versprochenen »Bemerkungen« zu Schopenhauers Abhandlung nicht. Zwar betont Goethe, er habe mit »großem Vergnügen« im Manuskript gelesen, er lobt auch die »Redlichkeit« des Vortrags; Schopenhauer sei ein »selbstdenkendes Individuum«. Nach den schmeichelhaften Präliminarien rückt Goethe mit der Hauptsache heraus: Er sei im Augenblick der Farbenlehre zu weit ferngerückt, als daß er Differenzen, denn um die handle es sich ja nun doch wohl, austragen könnte. Immerhin möge sich Schopenhauer inzwischen mit Professor Seebeck, auch ein Mitstreiter in gemeinsamer Farbensache, verständigen. Mit Schopenhauers Zustimmung wolle er diesem das Manuskript zur Begutachtung übergeben. »Mein größter Wunsch wäre«, schreibt Goethe, »daß Sie beide sich näherten und so lange gemeinschaftlich wirkten, bis ich von meinen wunderlichen Geistesreisen, auf denen ich jetzt hin- und hergezogen werde (der Arbeit am WEST-ÖSTLICHEN DIVAN, R. S.), wieder glücklich in die harmonisch farbigen Regionen zurückkehre.« Dieser Brief enttäuscht und empört Arthur. Er enttäuscht ihn, weil Goethe weder substantiell auf die Abhandlung eingeht noch sich zur Frage der Herausgeberschaft äußert. Er empört ihn, weil er sich durch den Vorschlag zur Zusammenarbeit mit Seebeck auf billige Weise abgespeist fühlt. In dem sehr ausführlichen Antwortbrief, den Arthur Schopenhauer am 11. November 1815 schreibt, dämpft er zwar die Empörung, läßt sie aber in scherzhaft vorgetragenen literarischen Reminiszenzen durchscheinen. Bei Goethes Vorschlag sei ihm die Tochter des Pfarrers von Taubenheyn (eine Balladen-Figur von G. A. Bürger) eingefallen, »welche Ansprüche auf die Hand des gnädigen Herrn macht, der ihr hingegen seinen wackern Jäger zudenkt: gleichfalls Jean-Jacques Rousseau, den in seiner Jugend eine vornehme Dame, die er besuchte, zum Essen zu bleiben einlud, der aber nachher erst merkte, daß man ihn mit der Dienerschaft speisen zu lassen gedachte« (B, 22).

Schopenhauer will nicht als Domestike am Tische des Herrn behandelt werden. Der Stolz, mit dem er Goethes Vorschlag zurückweist, beherrscht Diktion und Inhalt auch der übrigen Passagen dieses Riesenbriefes vom 11. November. Schopenhauer versucht Goethe geradezu in die Enge zu treiben: Da man in manchen Punkten differiere, müsse der Irrtum entweder bei ihm oder bei Goethe liegen. Liege er bei ihm, »warum sollten Ew. Exzellenz sich die Befriedigung und mir die Belehrung versagen, durch wenige Worte die Linie zu ziehn, die in meiner Schrift das Wahre vom Falschen sonderte?« (B, 19). Das klingt noch ehrerbietig bescheiden, doch dann fährt Schopenhauer fort: »Aber ich gestehe unverholen, daß ich nicht glaube daß eine solche Linie sich ziehen ließe. Meine Theorie ist die Entfaltung eines einzigen untheilbaren Gedankens, der ganz falsch oder ganz wahr seyn muß: sie gleicht einem Gewölbe, aus welchem man keinen Stein nehmen kann, ohne daß das ganze einstürzte« (B, 19). Ganz anders verhalte es sich dagegen mit Goethes Farbenlehre. Sie sei

die »systematische Zusammenstellung vieler ... und mannig-
faltiger Thatsachen: dabei konnte sehr leicht ein kleiner Irrtum mit unter laufen.«

Schopenhauer spart nicht mit Komplimenten, aber betreibt zugleich unverholen eine massive Abwertung der Goetheschen Farbenlehre. Goethe hatte geschrieben, »daß wir
schon bei jedem aufmerksamen Blick in die Welt theoreti-
sieren«. Sein Werk verstand er als einen neuen Typus von
Theoriebildung. Und nun soll er sich von Schopenhauer sagen lassen, daß erst mit dessen Abhandlung die eigenen
Untersuchungen auf die Höhe der Theorie gehoben worden
seien? Für Goethe wenig schmeichelhaft ist der Vergleich, den
Arthur heranzieht, um seine stolze Selbsteinschätzung zu illustrieren: »Vergleiche ich Ihre Farbenlehre einer Pyramide, so
ist meine Theorie die Spitze derselben, der untheilbare ma-
thematische Punct, von dem aus das ganze große Gebäude
sich ausbreitet, und der so wesentlich ist, daß es ohne ihn keine Pyramide mehr ist, während man von unten immer ab-
schneiden kann ohne daß es aufhört Pyramide zu seyn ...«
(B, 21). Schopenhauer weiß, daß auch Goethe seinen Aristoteles kennt und daß ihm deshalb bekannt ist, daß das Wesen
(Idee) einer Sache (Materie) in der Entelechie ihrer Form liegt.
Das Bild läuft daher auf den Vorschlag hinaus, Goethe möge
sein Werk doch als ›Materie‹ ansehen, die erst vom Geiste
Schopenhauers zum Leben erweckt wird.

Da Schopenhauer in Reaktion auf Goethes freundliche Zurückhaltung nun zum Höhenflug der Selbsteinschätzung angesetzt hat, fließt ihm denn auch der folgende Satz aus der
Feder: »Ich weiß mit vollkommener Gewißheit, daß ich die
erste wahre Theorie der Farbe geliefert habe, die erste, so weit
die Geschichte der Wissenschaft reicht« (B, 20).

Man erinnere sich: Für Goethe ist die FARBENLEHRE dasjenige Werk, mit dem er glaubt, weltgeschichtlichen Rang sich
erworben zu haben. In der FARBENLEHRE fühlte sich Goethe
als Napoleon im Reiche des Geistes. Und nun will ein noch
nicht dreißigjähriger, gänzlich unbekannter Philosoph dieses
Werk überhaupt erst auf die Höhe der Theorie gehoben haben. Und dieser junge Philosoph will – der Gipfel der Unver-
schämtheit – diesen Kraftakt als theoretische Nebenarbeit ge-

leistet haben. Der Meister hat ein halbes Leben in die FAR-
BENLEHRE gesteckt, und sein siebenundzwanzigjähriger ›Vollender‹ hat die Stirn zu schreiben: »ich habe es (die Abhandlung über die Farben, R. S.) immer, ein Paar Wochen ausgenommen, nur als Nebensache behandelt, und trage weit
andre Theorien als die der Farbe, beständig im Kopfe herum«
(B, 22).

Das Erstaunliche an Goethes Anwort auf einen solchen
Brief, in dem zurückgehaltene Empörung, Enttäuschung,
überbordender Stolz und aufrichtige Ehrerbietung so eigenartig gemischt sind, ist die freundliche Gelassenheit, die auch
nicht von Ferne ein Gekränktsein anklingen läßt, auch keinen
Ärger über die wenig schmeichelhafte Bewertung des eigenen
Lebenswerkes, der FARBENLEHRE, durch den jungen Philosophen. Zunächst einmal beruhigt Goethe Schopenhauer: Seebeck kennt das Manuskript noch nicht, und er wird es, gegen
den Wunsch des Autors, auch nicht erhalten. Und dann folgt,
mit souveräner Ironie vorgetragen, der Urteilsspruch über die
Differenz zu Schopenhauer. Die Ironie liegt darin, daß Goethe
mit dem transzendentalphilosophischen Standpunkt Schopenhauers spielt: Er zieht daraus das Lebensrecht des Irrtums
hervor und die Lebensklugheit, die Wege sich trennen zu lassen, wenn nur so »das Eigene« bewahrt werden kann. Goethe
schreibt: »Wer selbst geneigt ist die Welt aus dem Subject zu
erbauen, wird die Betrachtung nicht ablehnen, daß das Subject in der Erscheinung immer nur Individuum ist, und daher
eines gewissen Antheils von Wahrheit und Irrtum bedarf, um
seine Eigenthümlichkeit zu erhalten. Nichts aber trennt die
Menschen mehr, als daß die Positionen dieser beyden Ingre-
dienzien nach verschiedenen Proportionen gemischt sind.«

Schopenhauer will nicht wahrhaben, daß Goethe mit diesem Satz sein Urteil über die ganze Angelegenheit gefällt hat,
daß mehr nicht zu erwarten ist. Was aber erwartet er denn
nun eigentlich? Will er, daß Goethe ihm schreibt: ja, Sie haben
meine verstreuten Beobachtungen zur wahren Theorie erhoben. Erstaunlich, junger Mann, wie Sie in wenigen Wochen
meinem Lebenswerk die Krone aufgesetzt haben. Ich eile, Ihr
Werk, das das meine erst in die Sonne rückt, der Öffentlichkeit
bekanntzumachen?

So ist es: Der junge Philosoph will den Segen seines Ersatzvaters: Du bist mein lieber Sohn, an dem ich Wohlgefallen habe. Gehe hin... Auf solchen Segensspruch muß Arthur Schopenhauer nun vergeblich warten. Eine Weile lang bittet er noch darum, nicht etwa, indem er sich verkleinert, Demut vor dem Thron des Patriarchen zeigt, sondern indem er, bei aller ungeheuchelten Ehrerbietung, die Bekundungen seines Selbstbewußtseins steigert. Er will den Segen auf sein Haupt ziehen, indem er es mit hemmungslosem Selbstlob emporreckt.

Goethe aber antwortet nicht. Da beginnt Schopenhauer zu resignieren. Am 23. Dezember 1815 schreibt er: »Meine erste, stets ungewisse Hoffnung, daß Sie durch einige Theilnahme jener Arbeit zur Publicität verhelfen würden, ist allmählig zerstöhrt: die gewisse Erwartung welche ich hegte... schwindet, nachdem ich beinahe sieben Monate vergeblich... warte« (B, 23). Er erbittet das Manuskript zurück, aber noch einmal mit großer Gebärde. Der Sohn, dem der Segen vorenthalten ward, stellt sich nun vor den Vater und erklärt mit beispielloser Kühnheit: Was Dich von mir zurückhält, ist Deine Einsicht, daß in mir die Wahrheit und in Dir ein Irrtum steckt. Wenn Du mir Deine Gewogenheit verweigerst, so zeigst Du Deinen Mangel an Großmut. »Aufrichtig gesagt«, schreibt Schopenhauer, »ist es mir gar nicht möglich mir vorzustellen, daß Ew. Exzellenz die Richtigkeit meiner Theorie nicht erkennen sollten: denn ich weiß, daß durch mich die Wahrheit geredet hat – in dieser kleinen Sache, wie dereinst in größeren – und Ihr Geist ist zu regelrecht, zu richtig gestimmt, als daß er bei jenem Ton nicht anklingen sollte. Wohl aber kann ich mir denken, daß ein subjektiver Widerwill gegen gewisse Sätze, die mit einigen der von Ihnen vorgetragenen nicht ganz zusammenstimmen, Ihnen die Beschäftigung mit meiner Theorie verleidet, daher Sie solche stets zurücklegen und aufschieben, und, indem Sie ihre Beistimmung mir weder geben noch versagen können, ganz schweigen« (B, 23).

Das Schweigen Goethes – es wird für Schopenhauer, jedenfalls redet er sich das ein, zum Beweis der eigenen Superiorität, wenigstens in dieser Angelegenheit. Und die sicher unbeabsichtigte Kränkung Goethes, die darin liegt, die

Farb-Angelegenheit als »kleine Sache« zu bezeichnen, wiederholt er noch einmal. Warum?

Für ihn steht ja tatsächlich der Sachgehalt der Auseinandersetzung über das Farben-Thema eindeutig im Schatten des Wertes, den die persönliche Beziehung zu Goethe für ihn hat. Die Verhältnisse sind aber so, daß die persönliche Beziehung sich nur über das Sachthema herstellen und erhalten läßt. Die Balance der Beziehung fordert, daß der ›Sohn‹ die Chance erhält, die ›väterliche‹ Lebensübermacht durch das Überbieten des ›Vaters‹ wenigstens auf einem Felde zu kompensieren. Arthur will den Segen sich verdienen, indem er beweist, daß er dem ›Vater‹ etwas geben kann. Goethe aber geht auf die Anmutung solcher Vaterschaft nicht ein, wie sollte er auch, konnte er doch sogar seinen wirklichen Sohn nur in der Rolle des Sekretärs ertragen. Aber Achtung bringt er diesem »Schüler«, der als »Lehrer« auftritt, entgegen. Er hätte sonst die Schopenhauersche Ungebühr mit vernichtenden Bannsprüchen oder gänzlichem Ignorieren vergolten.

Am 28. Januar 1816 schickt er das Manuskript zurück. Im freundlichen Begleitbrief ergeht er sich in der für Arthur schmeichelhaften Träumerei, wie schön es doch wäre, an Winterabenden beisammenzusitzen und miteinander zu disputieren, die »Unterhaltung... braucht ja nicht immer einstimmig zu seyn«. Goethe, der von der Schopenhauerschen Selbstüberhebung einiges hat einstecken müssen, verabreicht diesem am Ende des Briefes doch noch eine Ohrfeige. Demjenigen, der als Vollender seiner FARBENLEHRE aufzutreten beliebt, gibt er den Bescheid, er möge doch seine »Ansichten so ins Kurze ziehen«, damit er sie gelegentlich zitieren könnte. Goethe begegnet dem Vollender mit gnädiger Beiläufigkeit. Damit rückt er die Größenverhältnisse zurecht.

Schopenhauer antwortet darauf: Man muß Goethe oder Kant sein, vor keinem anderen hätte er sich eine solche Behandlung, wie sie ihm widerfahren sei, gefallen lassen.

Er läßt sein Farbenbuch jetzt ohne Goethes Segen drucken. Er schickt es ihm am 4. Mai 1816 mit der Bemerkung: »Um Ihr Urtheil würde ich bitten, wenn ich nicht die Hoffnung aufgegeben hätte es jemals zu erfahren... (B, 28). Eine Woche später bedankt sich Goethe freundlich, »lassen Sie manchmal von sich hören«. Ein beiläufiger Abschied für Goethe, für Schopenhauer ein schmerzhafter.

In seinen ANNALEN erinnert sich Goethe später: »Dr. Schopenhauer trat als wohlwollender Freund an meine Seite. Wir verhandelten manches übereinstimmend; doch ließ sich zuletzt eine gewisse Scheidung nicht vermeiden, wie wenn zwei Freunde, die bisher miteinander gegangen, sich die Hand geben, der eine jedoch nach Norden, der andere nach Süden will, da sie denn sehr schnell einander aus dem Gesichte kommen.«

Vierzehntes Kapitel

Dresden. Arthur nicht unter Seinesgleichen. Die Zeit der ›genia-
len Konception‹. Die Hauswirtin: ›Sie blühen, Herr Doctor‹.
Das philosophische Selbstgespräch im Manuskriptbuch.
Arthur findet eine Sprache für das ›bessere Bewußtsein‹.
Die Entdeckung des Willens als ›Ding an sich‹.

Die weltgeschichtlichen Streitszenen mit ihrem Pulverdampf,
ihrem Lärm und Leichengeruch haben sich inzwischen nach
Westen verlagert, das häusliche Handgemenge mit der Mutter aber ist auf seinem Höhepunkt, als Arthur Schopenhauer
im Frühjahr 1814 nach einer neuen Bleibe Ausschau hält, wo
er sich seinem großen Werk widmen kann. Seine Wahl fällt auf
Dresden. Schon einige Male hatte er besuchsweise in dieser
damals als das »Florenz des Nordens« gerühmten Stadt ge-
weilt. Klima, Bauart, Landschaft, Atmosphäre, die hier ange-
sammelten Kunstschätze, die große Bibliothek, das gesellige
Leben – das alles hatte ihm zugesagt.

Dresden besitzt zwar keine Universität, doch für Schopenhauer, der davon überzeugt ist, daß er bei keinem lebenden
Philosophen noch etwas lernen könne, ist das nicht unbedingt
ein Umstand, der gegen die Stadt sprechen könnte. An Karl
August Böttiger, einen Teegesellschafter der Mutter und zu
jener Zeit Oberinspektor des Königlichen Antiken-Museums
in Dresden, schreibt er am 24. April 1814: »Mein beß'res und
eigentliches Leben ist mein philosophisches Studium, dem ist
alles übrige tief untergeordnet, ja es ist nur eine leichte Zugabe dazu. Da ich aber wählen kann, wünsche ich mir einen
Aufenthalt der mir schöne Natur, Gegenstände der Kunst und
wissenschaftliche Hülfsquellen darbietet und mich auch die
nöthige Ruhe finden läßt. Dies alles habe ich, soweit ich auch
gereist bin, nirgends so schön vereinigt gesehn als in Dresden,
und schon längst war es daher mein Wunsch dort ein Mal
einen dauernden Aufenthalt nehmen zu können. Ich habe daher große Lust nach Dresden zu gehn« (B, 10).

Von Böttiger erbittet Arthur die Auskunft, ob Dresden nach
der Katastrophe des Krieges immer noch jene Annehmlich-

keiten zu bieten habe. Man höre, Dresden sei vom jüngsten Kriege doch sehr in Mitleidenschaft gezogen. Böttiger zerstreut die Bedenken, und Schopenhauer siedelt im Mai 1814 für die nächsten vier Jahre nach Dresden um.

Die Stadt ist tatsächlich vom Krieg geschunden worden, überall zeigen sich noch Spuren davon. Dresden war im Vorjahr stets im Mittelpunkt des Kriegsgeschehens gestanden. Hier hatten sich im Frühjahr die französischen Truppen festgesetzt – der sächsische König blieb ein Vasall Napoleons bis fast zum Ende; Anfang Mai 1813 hatten sich die Franzosen von den anrückenden Koalitionstruppen zurückgezogen, wobei sie die August-Brücke, schon damals ein Baudenkmal, sprengten. Dresden wurde ›befreit‹: Die Bevölkerung stand Spalier, die Dichter dichteten artige Begrüßungsverse, die Schulchöre sangen. Die ›Befreier‹ aber konnten sich nur zwei Wochen halten. Mitte Mai kehrten die Franzosen zurück. Napoleon nahm zeitweilig Quartier in der Stadt. Die Bevölkerung stand Spalier, die Dichter dichteten, und die Schulchöre sangen. Ende August 1813 kam es zur großen Schlacht um Dresden. Französische Truppen verteidigten die Stadt gegen den Ansturm der Koalition. Dresden erlebt die bisher schlimmste Kanonade. Über zweihundert Häuser werden beschädigt oder zerstört. Auf dem Schlachtfeld vor der Stadt blieben einige zehntausend Tote zurück. Dieser Krieg habe bei den Dresdenern »alle gute Zucht und Sitte« untergraben, klagt ein Zeitgenosse und berichtet, wie die »sonst für ehrbar und züchtig gehaltene(n) Frauen und Jungfrauen, selbst aus den gebildeten Ständen, ... sich unter den weiblichen Scharen (befanden), welche zwischen den ausgestreckten und verstümmelten Schlachtopfern, gleich wie in einem Garten zwischen Blumenbeeten, umher wandelten und eine entsetzliche Lüsternheit verrieten.«

Die Franzosen hatten zwar die Schlacht gewonnen, waren aber dabei, den Krieg zu verlieren. Dresden blieb belagert.

Die Stadt, nun ohne Hinterland und mit den Lasten der Einquartierung beschwert, erlebte schlimme Wochen. Über die verhungerten Pferde auf den Straßen machten sich die halbverhungerten Menschen her. Vor den Bäckerläden gab es Messerstechereien. Nervenfieber und Typhus grassierten. In den Krankenhäusern starben täglich ungefähr hundert Menschen, ebenso viele auf offener Straße. Ludwig Richter, der Maler des Biedermeieridylls, erinnert sich dieser Tage des Grauens: »Wir hatten ein ... Haus, wo täglich die Gestorbenen ganz entkleidet aus den Fenstern des ersten und zweiten Stockes hinabgeworfen und große Leiterwagen bis oben herauf damit angefüllt wurden. Zum Entsetzen schrecklich sah eine solche Ladung aus, wo abgezehrte Arme, Beine, Köpfe und Körper herausstarrten, während die Fuhrleute auf diesem Knäuel herumtraten und mit aufgestreiften Hemdärmeln hantierten, als hätten sie Holzscheite unter sich.«

Im Frühjahr 1814, als Schopenhauer in Dresden eintrifft, hat die Stadt sich von diesen Drangsalen noch nicht erholt. Die Erntevorräte sind knapp, eine Teuerung ist die Folge. Dresden, das für seine Reinlichkeit und sein wohlhabendes Gepränge berühmt war, starrt vor Schmutz, die Parkanlagen sind verwahrlost, auf den Straßen vegetieren Arme und Invalide. Trümmer- und Bauschutt liegt umher. Es dauert noch über ein Jahr, bis die Stadt sich erholt. So lange dauert es auch, bis der König von seinem Napoleonischen Abenteuer zurückkehrt. Am 17. Juni 1815 zieht er wieder in Dresden ein, das sich für diesen Tag herausgeputzt hat. Und wieder steht das Volk Spalier, dichten die Dichter, und singen die Schulchöre. Die Dresdener machen offenbar einen sehr weitherzigen Gebrauch von ihren politischen Loyalitätsgefühlen. Politisch strenggläubige Zeitgenossen haben ihnen das verübelt. Der Freiherr vom Stein nennt die Dresdener »diese ihrem Eigentum anhängenden weichen Wortkrämer«, und es sei »widerwärtig zu sehen«, schreibt er, »daß der Zustand der Herabwürdigung, worin sich ihr Vaterland befindet, die Unglücksfälle, die es überwältigen, sie weniger berühren, als die Unbequemlichkeiten des Krieges ... und die Zerstörung der Dresdener Brücke.«

Auf Arthur Schopenhauer dürfte dieser Mangel an politischer Gesinnungsfestigkeit eher sympathisch gewirkt haben, denn ihm gilt, wie wir wissen, das Kriegsgeschehen als »mörderischer Karneval«, bei dem ein Parteiergreifen nur bedeutet, sich auf zumeist tödliche Weise lächerlich zu machen.

Schopenhauer nimmt seine Wohnung in der Großen Mei-ßenschen Gasse 35, in der Nähe des »Schwarzen Tores«, aus dem E. T. A. Hoffmann im GOLDNEN TOPF seinen Anselmus herausrennen und sich in sein Heil und Unheil stürzen läßt. Anders als Hoffmann, der noch ein halbes Jahr vor Schopenhauer in der Stadt weilte, begibt sich der junge Philosoph keineswegs in das gesellige Getümmel. Er besucht zwar fleißig das Theater und die Oper, aber dort kennt man ihn inzwischen als einen Menschen, der eilig und meist zu spät hereinstürmt, sich oft auch früher davonmacht und vor lauten Mißfallenskundgebungen nicht zurückscheut. Als Liebhaber der modernisierten Italienischen Oper, insbesondere als Bewunderer Rossinis, ist er nicht angetan von den Bemühungen des neuen Musikdirektors Carl Maria von Weber, der die deutsche Oper favorisiert – für Schopenhauer ist sie ambitioniert herausgeputztes Singspiel.

Ganz in seine Arbeit vertieft, findet er in Dresden keinen Freund, aber mit Leuten, die ihn bewundern oder auch nur als anregende, bizarre Figur schätzen, umgibt er sich gerne.

Solange ihn die Schaffenslust gepackt hält, kann er die Einsamkeit sehr·gut ertragen. In Augenblicken der Abspannung aber quält ihn bisweilen das Gefühl der Verlassenheit. Ihr will er entrinnen, doch auf eine Art, die nicht vom Gefühl des Selbstverlustes begleitet sein darf. Überhaupt ist es erstaunlich, wie dieser selbstbewußte junge Philosoph im geselligen Milieu um seine Identität bangt. »Jede *Gemeinschaft* mit *Andern*«, schreibt er 1814 im Manuskriptbuch, »jede *Unterhaltung*, hat nur Statt unter der Bedingung gegenseitiger Beschränkung, gegenseitiger *Selbstverläugnung;* daher muß man in Jedes Gespräch sich nur mit *Resignation* einlassen« (HN I, 95).

Diese »Resignation«, zu der er sich anhält, definiert er an anderer Stelle des Manuskriptbuches als die Kunst des gebremsten Mitmachens. Wenn man die Einsamkeit nicht aushält, dann soll man die Gesellschaft aufsuchen, aber so, daß man beides, Einsamkeit und Gesellschaft, miteinander verbindet, »d. h. man muß lernen auch in der Gesellschaft einsam seyn, nicht alles was man denkt Andern mittheilen, noch es genau nehmen mit dem was sie sagen, vielmehr sowohl moralisch als intellektuell sehr wenig von ihnen erwarten und hinsichtlich ihrer Meinungen die Gleichgültigkeit derselben festhalten, um keinesfalls den Gleichmuth zu verlieren. Man muß also, mitten unter ihnen, nie ganz in ihrer Gesellschaft seyn: dann hört man auf, viel von ihnen zu fordern... indem man nun auf solche Art sich nie in genaue Berührung mit den Menschen setzt, sondern stets ›a distant behaviour‹ beibehält wird man von ihnen nicht verwundet noch besudelt und kann sie ertragen. So betrachtet ist dann die Gesellschaft einem Feuer zu vergleichen an dem der Kluge sich in einiger Entfernung wärmt, nicht aber hineingreift, wie der Thor, der dann, nachdem er sich verbrannt, in die Kälte der Einsamkeit flieht und jammert daß das Feuer brennt«. (HN I, 113).

Bei wem die Befürchtung, er könnte in seinem Wert »verwundet« und »besudelt« werden, am Beginn jedes geselligen Verkehrs steht, der schließt keine schnellen Freundschaften. Daß Schopenhauer Freunde fehlen, davon läßt er sich nicht alarmieren. Im Gegenteil: Er dreht diesen Mangel so lange hin und her, bis ein Vorzug daraus wird: »Nichts verräth weniger Menschenkenntniß als wenn man als Beleg der Verdienste und des Werthes eines Menschen anführt, daß er viele Freunde hat: als ob die Menschen ihre Freundschaft nach dem Werth und Verdienst verschenkten! als ob sie nicht vielmehr ganz und gar wie Hunde wären, die den lieben der sie streichelt oder gar ihnen Brocken giebt und weiter sich um nichts bekümmern! – Wer es am Besten versteht sie zu streicheln, und seien es die garstigsten Thiere, der hat viele Freunde.«

Als Vorzug kann Schopenhauer diesen Mangel an Freundschaft aber nur so lange ansehen, wie er es unterläßt, eine bestimmte Einsicht, die er 1814 seinem Manuskriptbuch anvertraut, zur Selbsterforschung zu verwenden. Den Platonischen Satz »Gleiches kann nur von Gleichem erkannt werden« variierend schreibt Arthur: »*Jedes Gut will auf seinem eignen Gebiet errungen seyn*... Freundschaft, Liebe und Anhänglichkeit der Menschen erwirbt man nur durch Freundschaft, Liebe und Anhänglichkeit an sie... Um zu wissen wieviel Glück Einer im Leben empfangen kann, darf man nur wissen wieviel er geben kann« (HN I, 101).

Will Schopenhauer mit der stolzen Selbstvergewisserung:

›Ich habe keine Freunde, weil keiner meiner Freundschaft wert ist‹ vielleicht doch nur die Einsicht abwehren, daß er sich keine Freundschaft erwirbt, weil er keine *geben* kann? ›Wieviel kann ich geben?‹ – diese Frage würde hinter der Stärke des Einzelgängers eine Schwäche zum Vorschein bringen, nämlich seinen fehlenden Mut zum Vertrauen. Am Ende wird Schopenhauers Mißtrauen unbezwinglich, weil es in eine zirkelhafte Selbstbestätigung hineinführt: Das Mißtrauen schafft Distanz, und die Distanz schafft Verhältnisse, die wieder Mißtrauen hervorbringen müssen. Adele schreibt am 5. März 1820 in ihrem Tagebuch über ihren Bruder: »Wer nie liebte, kann ja nicht vertrauen.«

Arthur Schopenhauer spielt in Dresden die Rolle des wenig geliebten, meist respektierten, manchmal bewunderten, oft gefürchteten Sonderlings, der, wie man sagte, die »ganze Philosophie umwerfen wolle«. Was er denn nun positiv zu lehren beabsichtigte, wußte man nicht, wollte es auch nicht so genau wissen, war doch in Dresden mit Schellings WELTSEELE der philosophische Hunger vorerst gestillt. Schopenhauers inzwischen erschienene Dissertation wurde im Dresdener Bekanntenkreis von niemandem zur Kenntnis genommen. Man erwartete von ihm keine neue Botschaft, aber man fürchtete oder bewunderte, je nachdem, seinen lauten Scharfsinn bei kritischen Waffengängen. Der Theaterunternehmer und Schriftsteller Freiherr von Biedenfeld (1788-1862), der sich später bei Brockhaus für die Veröffentlichung des Schopenhauerschen Hauptwerkes einsetzen wird, schreibt über Schopenhauer, den er in den Dresdener Jahren kennengelernt hat, er sei »von offenherzigster Ehrlichkeit« gewesen, »gerade heraus, herb und derb, bei allen wissenschaftlichen und literarischen Fragen ungemein entschieden und fest, Freund und Feind gegenüber jedes Ding bei seinem rechten Namen nennend, dem Witze sehr hold, oft ein wahrhaft humoristischer Grobian, wobei nicht selten der Blondkopf mit den blaugrauen funkelnden Augen, der langen Wangenfalte auf jeder Seite der Nase, der etwas gellenden Stimme und den kurzen, heftigen Gestikulationen mit den Händen ein gar grimmiges Aussehen gewann.«

Schopenhauer, der ›Gesellschaft‹ haben will, als hätte er sie nicht, fühlt sich von den Orten geradezu angezogen, wo er seine Streitlust befriedigen kann. In dem italienischen Wirtshaus »Chiappone« versammelte sich damals unter einer verräucherten Decke, von der venezianische Salami, Trüffelwürste und Parmaschinken baumelten, der maßgebliche literarische Zirkel Dresdens: die Leute von der »Abendzeitung«, Unterhaltungsschriftsteller von nationalem Ruf: Friedrich Laun, Theodor Hell, Friedrich Kind (der FREISCHÜTZ-Librettist), Clauren. Diese Gruppe nannte sich auch »Liederkreis«, und ihre publizistische Großtat, die »Abendzeitung«, erfreute sich überregionaler, wachsender Beliebtheit bei jenen, die auf herkömmliche Bildung aus waren, die in Politik, Philosophie oder Literatur das Moderate, feierabendlich Genießbare bevorzugten. Der gesunde Menschenverstand war hier auf eine besonders ausschweifende Weise gesund. Die erste Nummer des Blattes zierte ein Gedicht des Herausgebers Theodor Hell: »Wenn ich von der Arbeit müde/ Abends pflege auszuruhn,/ Wünsch ich an der Dichtkunst Blüte/ Mir wohl gütlich oft zu tun/ Setzte gern mich hin und läse/ Unsrer Sänger neustes Buch,/ Daß ich so in Blumen säße,/ Atmend ihren Wohlgeruch.«

Schopenhauer suchte das »Chiappone« häufig auf, weil er italienische Würste liebte und weil er wußte, daß er von der dichtenden Stammkundschaft gefürchtet wurde. Regelmäßig legte er sich mit diesen Dresdener Lokalmatadoren an und fand dabei immer dankbare Zuhörer und Zuschauer, die gerne ihr eigenes Ressentiment gegenüber den Koryphäen des Tagesgeschmacks befriedigen wollten. Biedenfeld berichtet: »Obschon entschiedener Gegner jenes Abendzeitungs-, Almanachs- und Liederkranzwesens, der sämmtlichen Theilnehmer daran, die er nur die literarische Clique nannte... fand er sich doch sehr häufig an den öffentlichen Orten ein, wo diese Männer gewöhnlich sich vergnügten. In der Regel entspann sich alsdann bald ein Kampf, wobei er mit seinem unverblümten Geradeheraus sehr den Unangenehmen spielte, mit den beißendsten Sarkasmen oft den Kaffee versalzte, seinem kritischen Humor ungenirt den Zügel schießen ließ, die ärgsten Brocken von Shakespeare und Goethe den Leuten ins Gesicht warf und dabei immer mit übereinander geschlagenen Beinen an ihrem Whisttische saß, daß sie Bock über Bock schossen ... Alle fürchteten ihn, ohne daß einer jemals gewagt hätte, Gleiches mit Gleichem zu vergelten.«

In dem »Sängerkreis« also schleuderte Schopenhauer seine Blitze, mit einem seiner Mitglieder allerdings verbindet ihn ein fast freundschaftliches Verhältnis: mit Friedrich August Schulze, bekannt unter dem Pseudonym Friedrich Laun. Ihn nennt Schopenhauer noch in späteren Jahren »seinen guten, lieben, treuen, alten Schulze«. Den Beinamen »Jupiter tonans« für den jungen Philosophen hatte Schulze in Umlauf gebracht, und Schulze war es auch, der Schopenhauer aus einer »galanten Affäre« herausgeholfen haben soll. Im einzelnen ist darüber nichts weiter bekannt.

Im Dezember 1816 jedenfalls berichtet Schopenhauer in einem Brief an den Jugendfreund Anthime, vor dem er ja gerne amouröse Renommage betreibt, von einem Liebesverhältnis, denn Anthime anwortet am 1. Juni 1817: »Du bist sehr verliebt, wie es scheint, mein guter Freund, da sieht man alles für schön an. Als alter Praktikus gesteh ich Dir, daß ich mich schwer davon überzeuge, daß die Treue Deiner Schönen von langer Dauer sei. Ziehe indessen Nutzen aus der Illusion.« Vielleicht handelt es sich hier um jenes »Mädchen in Dresden«, von dem Adele Schopenhauer am 27. April 1819 in ihrem Tagebuch schreibt, daß es »guter Hoffnung« sei. Adele ist entsetzt, das Mädchen ist aus niederem Stande, an Heirat ist nicht zu denken. Aber Arthur, so bemerkt Adele, »nimmt sich indessen rechtlich und gut«.

Die Nachrichten der Dresdener Bekannten über Arthur Schopenhauer sind spärlich. Was in ihm vorgeht, was sich in ihm vorbereitet, davon haben sie wenig erfahren. Der Maler Ludwig Sigismund Ruhl (1794-1887), von ihm stammt ein Jugendbildnis des Philosophen, darf Arthur manches Mal bei Spaziergängen begleiten und wird bisweilen auch auf die Studierstube, ins Allerheiligste also, mitgenommen. »Wir saßen dann in deinem Zimmer«, erinnert sich Ruhl später, »du mir vordocirend von dem und jenem, von den Erwartungen auf den Erfolg deiner Philosophie.« Johann Gottlob Quandt (1787-1859), ein wohlhabender privatisierender Kunstkenner, ist vielleicht der einzige, dem Schopenhauer sich in diesen

Jahren ein wenig öffnet. Quandt hatte 1815 mit Johanna Bekanntschaft geschlossen und sich mit Adele befreundet. Von Quandt wird Schopenhauer immer wieder an den leidigen Familienzwist erinnert, doch hat er, der anderen gegenüber von Mutter und Schwester nur als von den »dummen Gänsen« sprach, im Umgang mit Quandt über das Familiäre nicht nur gepoltert, sondern auch seine Bekümmernisse und Verletztheiten anklingen lassen. Jedenfalls behauptet das Quandt: »Ich glaubte tief in seinem Herzen die Zuckungen eines ungeheuren Schmerzes gewahr zu werden, welcher die Erinnerung an eine furchtbare Epoche seines Lebens zu begleiten schien. So dunkel hierüber auch seine Mitteilungen waren, so sah ich doch sehr klar daraus, daß Achtung, ja selbst eine Zuneigung, deren er sich nicht vollkommen bewußt wurde, ... zu seiner Mutter überall durchleuchtete.«

Und doch: Schopenhauers geselliger Umgang, seine öffentliche Existenz verbergen mehr, als sie zum Vorschein bringen. In der Hauptsache lebte er, so berichtet Biedenfeld, »mit seinen Büchern und Studien ... fast gänzlich isolirt und ziemlich einförmig«. Hinter den Verschanzungen der Einförmigkeit und Isolation aber ereignet sich das große Abenteuer im Leben Arthur Schopenhauers: die »Wollust der Konzeption« und die schließliche Vollendung des großen Werkes.

Vielleicht ist es Arthurs Zimmerwirtin, die die prägnanteste Manifestation dieses manchmal geradezu ekstatischen inneren Lebens erlebte: Einmal kehrte Schopenhauer von der Orangerie des Zwingers heim, eine Blüte am Rock. Die Hauswirtin: »Sie blühen, Herr Doctor.« »Ja«, antwortete Schopenhauer, »wenn die Bäume nicht blühen, wie sollten sie Früchte tragen!«

Im Rückblick bezeichnet Arthur Schopenhauer die vier Dresdener Jahre als die produktivsten seines Lebens: »Wann ... durch günstige Umstände die Stunde herbeigeführt wurde, wo das Gehirn die höchste Spannung hatte; so mochte mein Auge treffen auf welchen Gegenstand es wollte, – er redete Offenbarungen zu mir.« Das ganze System sei, schreibt er in eine Brief der letzten Jahre, »gewissermaßen ohne mein Zuthun ... strahlenweise wie ein Krystall zu einem Centro konvergirend (zusammengeschossen), so wie ich es sofort im ersten Bande meines Hauptwerks niedergelegt habe«. Diesen ersten Band wird er dann, am 28. März 1818, seinem Verleger mit den Worten anbieten: »Mein Werk also ist ein neues philosophisches System: aber neu im ganzen Sinn des Worts: nicht neue Darstellung des schon Vorhandenen: sondern eine im höchsten Grade zusammenhangende Gedankenreihe, die bisher noch nie in irgend eines Menschen Kopf gekommen« (B, 29). Die Spuren davon, wie diese »Gedankenreihen« sich in seinem Kopf gebildet haben, finden wir in den sehr ausführlichen Manuskriptbüchern dieser Jahre. Hier ist Schopenhauers Denken in einem anderen Aggregatzustand greifbar: als suchende und existentiell engagierte Denkbewegung, die noch nicht im konstruktiven System geschlichtet und besänftigt ist. Das Werk will Probleme lösen, das Manuskriptbuch läßt den existentiellen Sinn der Probleme hervortreten. Das Manuskriptbuch enthält die in Leib und Leben verwickelten Fragen, auf die das Werk die Anwort sein will.

Schopenhauer hatte sich bekanntlich in die Kantsche Disziplin nehmen lassen, wobei ihn gewissermaßen der Geist des Vaters, dem er in die Philosophie entlaufen war, einholte. Der Vater hatte es in metaphysischen Dingen mit der kindlichen Demut eines Matthias Claudius gehalten und die eigenmächtigen philosophischen Himmelfahrten nur mit knurrendem Unbehagen zur Kenntnis genommen. In seiner von Kant inspirierten Kritik aller philosophischen Begriffskonstruktionen des Absoluten bleibt Arthur der Sohn seines Vaters.

Im Zeichen dieser Kritik steht auch Schopenhauers Auseinandersetzung mit dem jungen Schelling, den er schon in Berlin studiert hatte und sich jetzt noch einmal vornimmt. »Schelling«, notiert Schopenhauer, »thut mit seinem Absoluten was alle frommen und erleuchteten Theisten mit ihrem Gott thaten – sie sagten logische Unmöglichkeiten von ihm aus, welche nur ein bildlicher Ausdruck waren für den abstrakten Saz: der Verstand ist nur ein durch die Sinnenwelt bedingtes und nur für sie gültiges Vermögen, ich aber (der erleuchtete Theist) stehe auf einer höhern Stufe des Bewußtseyns« (HN II, 326).

Daß es eine Erfahrung gibt, die über den Verstand hinausgeht, das gesteht Schopenhauer zu, doch warnt er davor, ihr eine verständige Legitimation verschaffen zu wollen. Dann nämlich verliert man beides: Der Verstand redet Unsinn, und die Erfahrung verliert ihre Evidenz. Schopenhauer nennt, wie wir wissen, diese Erfahrung, die sich mit den Kategorien des Verstandes so schlecht verträgt: das »bessere Bewußtsein«. Nur behutsam läßt sich darüber reden, auf offenem Markt schon gar nicht. Schopenhauers Vorsicht kommt aus derselben Haltung, mit der Wittgenstein am Ende seines TRAC-TATUS im Blick auf das wirklich Ergreifende feststellt: »Wovon man nicht sprechen kann, darüber muß man schweigen.« Arthur Schopenhauer will genau wissen, wo das Schweigen beginnt und wo die Sprache, eine gewandelte Sprache vielleicht, noch möglich ist. Die Aufzeichnungen des Jahres 1814 bis Anfang 1815 umkreisen dieses Problem. Schopenhauer ist auf der Suche nach einer angemessenen Sprache für das »bessere Bewußtsein« und scheut nicht die Eigenbewegung des Metaphorischen. Er variiert das Bild der Kugel. Mit unserer »Erkenntnis nach dem Satz vom Grunde« gehen wir, so Schopenhauer, immer um die Oberfläche herum, kommen nie ins Zentrum. Unser Wissen mag noch so ausgedehnt sein, der Flächeninhalt wird nie zum Kubikinhalt. Das »bessere Bewußtsein« erst eröffnet die neue Dimension: Aus der Fläche wird ein Raum. Es ist, als käme man ins Innere der Kugel. Dem Bild lassen sich weitere Bedeutungen abgewinnen. Wie gelangt man von der Oberfläche in die Tiefe? Antwort: Man muß schwer sein, schwer von Leiden, nur dann überwindet man die Auftriebskräfte der Selbstbehauptung, die einen an der Oberfläche halten. »Damit der Mensch eine erhabene Gesinnung in sich erhalte ... damit das *bessre Bewußtseyn* in ihm rege sey; ist ihm Schmerz, Leiden und Mißlingen so nothwendig wie dem Schiffe der es beschwerende Ballast, ohne welchen es keine Tiefe ermißt« (HN I, 87). Nun soll das Schiff allerdings auch nicht untergehen, zu schwer darf es deshalb nicht sein, aber schwer genug, um die nötige Tiefe zu gewinnen, die davor bewahrt, von Wind und Wellen umgeworfen zu werden. In diesem Bild der gemäßigten Tiefe ist das »bessere Bewußtsein« durchaus noch an Selbsterhaltung gebunden.

Im Kontrast zum »besseren Bewußtsein« verändert sein

Pendant, das »empirische Bewußtsein«, allmählich die Bedeutung. Mit Kant hatte Schopenhauer das empirische Bewußtsein definiert als das Bewußtsein, das ausschließlich auf eine »erscheinende«, ihm »erscheinende« Welt bezogen ist. Dem »empirischen Bewußtsein« zeigt sich Sein als Vorgestellt-Sein. Das »empirische Bewußtsein« ist ein Wahrnehmungs- und Erkenntnismodus. Für Kant ist das notwendige Verhaftetsein in der »erscheinenden« Welt keinesfalls die Signatur eines falschen Lebens. Kant hat, besonders in der zweiten Auflage seiner KRITIK DER REINEN VERNUNFT, darauf bestanden, daß man die »erscheinende« Welt nicht als einen bloßen »Schein« im Sinne der Täuschung und des Truges aufzufassen habe. Wir leben in einer »*natürlichen* und unvermeidlichen *Illusion*«, die, gerade weil sie »unhintertreiblich« sei, zu unserer anthropologischen Grundausstattung gehört und uns somit funktional in unsere Lebenswelt einpaßt. Daß wir es also nur mit einer »erscheinenden« Welt zu tun haben, ist für Kant lebenspraktisch *kein Problem*. Anders Schopenhauer. Bei ihm bekommt das »empirische Bewußtsein« einen Doppelsinn. Zum einen bedeutet es auf gut Kantsche Art die transzendentalphilosophisch nachgewiesene Beschränkung unseres Wahrnehmungs- und Erkenntnisvermögens, aber zugleich bedeutet es auch: Gefesseltsein an ein dem Trug anheimgegebenes und darum falsches Leben. In diesem Sinne setzt Schopenhauer die »erscheinende« Welt zur »scheinenden« und also betrügenden Welt herab. Um dies zu illustrieren, spinnt Schopenhauer die Kugel-Metaphorik fort. Das »empirische« Bewußtsein gleiche, notiert er 1814, »dem Eichhörnchen, das im Rade läuft«. Galt das »empirische« Bewußtsein eben noch als ein Abtasten der Kugeloberfläche, so wird es jetzt gleichgesetzt mit der Bewegung unseres unstillbaren Begehrens, das uns in einem sinn- und ziellosen Umtrieb gefangenhält. Das »empirische« Bewußtsein, in Schopenhauers Dissertation noch ein rein erkenntnistheoretisches Thema, ist zum ethischen Problem geworden; es hat seine transzendentalphilosophische Unschuld verloren und wird zur existentiellen Torheit: »Man war im Theoretischen auf eben die Art thörigt, wie wir Alle es beständig im Praktischen sind, wo wir vom Wunsch zur Befriedigung und dann zum neuen Wunsch eilen und so das Glück endlich zu finden hoffen; statt nur ein einziges Mal in uns zu gehn, vom Wollen uns loszureißen und im bessern Bewußtseyn zu verharren« (HN I, 155).

In dieser Aufzeichnung von 1814 wird die entscheidende Antithese genannt: das »bessere Bewußtsein« soll vom »Wollen« erlösen. Daß das Empirische die Erscheinung des »Willens« ist – diese Erkenntnis ist zu diesem Zeitpunkt noch nicht ausdrücklich formuliert. Der ›Wille‹ ist noch nicht das Zauberwort für die Entschlüsselung der Welt, aber er ist schon der Name für alles Feindliche, das einem Leben in der Wahrheit entgegensteht. Noch ehe also Schopenhauer seine Metaphysik des Willens entfaltet, ist eine Konsequenz dieser Metaphysik, nämlich die »Verneinung des Willens« als Erlösungsfigur, bereits präsent. Zuerst *erlebte* Schopenhauer den »Willen« als dasjenige, woran er leidet und wovon er sich befreien will, und dann *erkennt* er den Willen als das »Ding an sich«, als jene universelle Wirklichkeit, die allen Erscheinungen zugrunde liegen soll. *In der Darstellung des Hauptwerkes kommt Schopenhauer von der Entdeckung des Willens als Wesen der Welt zu seiner Verneinung; existentiell aber kommt er von der Verneinung des Willens (»besseres Bewußtsein«) zu der Einsicht, daß es der Wille ist, der in allem Wirklichen erscheint.* Indem Schopenhauer also im Namen seines »besseren Bewußtseins« von diesem ›Willen‹ loskommen möchte, entdeckt er in ihm den Einheitspunkt des ganzen Seins. Mit dieser Bewegung, die das Feindliche in den Kern der Welt setzt, die den als quälend erlebten Willen mit dem »Ding an sich« identifiziert, ereignet sich die Geburt der Schopenhauerschen Metaphysik des Willens. Irgendwann Ende 1814 oder Anfang 1815 notiert Schopenhauer in seinem Manuskriptbuch jene Sätze, aus denen alles Weitere folgt: »*Die Welt* als *Ding an sich* ist ein großer Wille, der nicht weiß was er will; denn er *weiß* nicht sondern *will* bloß, eben weil er ein Wille ist und nichts Andres« (HN I, 169).

Nun war Schopenhauer aber nicht umsonst in die Kantsche Schule gegangen. Kant blieb sein theoretisches Gewissen, und das schärfte ihm ein, daß unser erkennendes, vorstellendes Vermögen niemals ein ›an sich‹, immer nur ein ›für uns‹ ergreifen kann. Das bedeutet: Der mit dem »Ding an sich« identifizierte ›Wille‹ kann keinesfalls jener vorgestellte, als

›Objekt‹ erkannte Wille sein; nicht jener ›Wille‹, den Arthur noch in seiner Dissertation unter eine der vier Klassen der Vorstellungsobjekte gesetzt hatte.

Wie konnte nun Schopenhauer das Kantsche Dogma von der Unerkennbarkeit des »Dings an sich« aufrechterhalten und gleichzeitig doch davon sprechen, er habe das »Rätsel« des »Dings an sich« gelöst? Diese Schwierigkeit überwindet er, indem er sich darüber klar wird, wie sich ihm der ›Wille‹ als »Ding an sich« gezeigt hat: Es ist eben nicht der vorgestellte, diskursiv erkannte Wille, den er mit dem »Ding an sich« identifiziert, sondern der in der »inneren Erfahrung«, am eigenen Leibe gespürte Wille.

Es wird für Schopenhauer alles darauf ankommen, die Art dieser »inneren Erfahrung« aufzuhellen und sie deutlich von der vorstellenden, wahrnehmenden Tätigkeit abzusetzen. Um dieses Problem kreisen jetzt seine Aufzeichnungen.

Die ganze Welt außer mir ist mir nur als Vorstellung gegeben. Es gibt, so Schopenhauer, nur einen einzigen Punkt, wo ich zur Welt noch einen anderen Zugang habe als den der Vorstellung. Und dieser Punkt liegt bei mir selbst: Wenn ich meinen Leib sehe, seine Aktionen beobachte und erkläre, so ist dies Wahrgenommene und Erkannte immer noch Vorstellung, aber hier am eigenen Leibe spüre ich doch zugleich auch jene Antriebe, jenes Begehren, jenen Schmerz, jene Lust, was alles sich auch gleichzeitig in Aktionen des Leibes meinen Vorstellungen und den Vorstellungen der anderen präsentiert. Nur in mir selbst *bin* ich zugleich das, was sich mir (und anderen) in der Vorstellung zeigt und worüber sich nachdenken läßt. Nur in mir selbst gibt es diese doppelte Welt, ihre Vorder- und Rückseite gleichsam. Nur in mir selbst erlebe ich, was die Welt noch ist, außer daß sie mir als Vorstellung gegeben ist. Die Welt ›draußen‹ hat für mich nur ein vorgestelltes ›Drinnen‹, nur in mir selbst bin ich selbst dieses ›Drinnen‹. Ich bin die Innenseite der Welt. Ich bin, was die Welt ist, außer daß sie Vorstellung ist. »Man gieng nach Außen in allen Richtungen, statt in sich zu gehn, wo jedes Räthsel zu lösen ist« (HN I, 154).

Mit dieser Einsicht erfüllt sich Schopenhauer einen alten Traum: »Erkenne die Wahrheit in dir . . . *dort berührt der Himmel die Erde*« (HN I, 17), hatte er sich 1812 notiert. Es handelt sich hier nicht um eine ›Selbsterkenntnis‹ im traditionell moralischen Sinne, auch nicht um die Selbsterkenntnis im Stil der Reflexionsphilosophie, die aus dem *Denken* des Subjektes das Ganze der objektiven Welt erkennt; Schopenhauer will die innere Erfahrung des Willens am eigenen Leibe zum Mittel des Verständnisses der ganzen Welt machen. Er vollzieht damit eine doppelte Bewegung: eine *kontraktive*, die sich ins eigene Erleben (nicht ins eigene Denken, wie bei der Reflexionsphilosophie) versenkt; und eine *expansive*, die das Ganze der Welt nach dem Modell dieses inneren Erlebens *deutet*.

Jetzt aber taucht wieder das Problem auf, das sich Schopenhauer schon beim »besseren Bewußtsein« gestellt hatte: Wie läßt sich, jenseits des analytisch-objektivierenden Denkens (nach dem Prinzip des Satzes vom Grunde), über diesen von innen erlebten Willen und seine Identität mit dem Ganzen der Welt reden? Bei den Identitätssystemen der Fichte, Schelling, Hegel kann Schopenhauer sich selbstverständlich keine Formulierungshilfe holen. Diese setzen ja den Einheitspunkt ins *denkende* Subjekt, nicht ins wollende. Hilfe und Inspiration erhält er, zur eigenen Überraschung, durch die fragmentarischen Nachrichten über einen gänzlich neu entdeckten geistigen Kontinent: die altindische Religion.

Die Entdeckung des geistigen Indien war vor allem ein Werk der Romantik. Herder hatte vorgearbeitet. Noch Kant hatte wenig Verständnis gezeigt. Über die Tibetaner hatte er gespottet, bei ihnen sei der Papismus auf die Spitze getrieben, die Gläubigen würden sogar den Kot des Lamas verzehren. Herder indes lobte den Tiefsinn des Brahmanismus. Er deutete ihn als Pantheismus; die Welt werde als Manifestation einer einzigen seelischen Wesenheit (das ›Brahma‹) betrachtet. Der Kirchenmann Herder lobte diese Art der Religiosität ohne Gott, ohne Jenseits, ohne kindergläubiges Belohnungs- und Bestrafungssystem. Den betriebsamen Mitteleuropäern empfahl er die Kunst der Versenkung, der Meditation. Allerdings habe die stille, sanfte Seele Indiens ihre europäischen Vergewaltiger geradezu angelockt. Zur Selbstbehauptung tauge diese Geisteshaltung nicht.

Die Romantiker, die Schlegel, Görres, Baader, Win-

dischmann, Novalis, die alles aufgriffen, was versprach, die
engen Grenzen der zergliedernden und trennenden Vernunft
zu sprengen, wurden von Herders Hinweisen auf die Spur
gesetzt. Inzwischen waren auch weitere Quellentexte erschienen, in Übersetzungen allerdings, die ihren Sinn oft verstümmelten. Am wichtigsten war vielleich die 1801 herausgekom-
mene Übertragung einiger schriftlicher Überlieferungen der
vorbuddhistischen, brahmanischen Geheimlehre, den UPANI-
SHADEN. Der Franzose Anquetil brachte diese Quellensamm-
lung unter dem Titel OUPNEKHAT (der Name ist aus dem
Sanskritwort »Upanishaden« entstellt) heraus. Die Texte sind
hier doppelt verstümmelt, denn es handelt sich um eine lateinische Übersetzung einer persischen Übersetzung aus dem
Sanskrit.

Den Hinweis auf dieses Werk hatte Schopenhauer im Winter 1813/14 in Weimar erhalten, wo er im Salon der Mutter den
Jenaer Privatgelehrten Friedrich Majer kennenlernte, einen
Herder-Schüler, der sich als Indologe einen Namen gemacht
hatte.

Überschwengliche Worte findet Arthur Schopenhauer
noch viele Jahre später für dieses Buch, das er im Sommer
1814 zum ersten Mal studiert. In seinem letzten Werk, den
PARERGA UND PARALIPOMENA (1851) bekennt Schopenhauer
rückblickend: »Denn wie atmet doch der ›Oupnek' hat‹
durchweg den heiligen Geist der Veden! Wie wird doch der,
dem durch fleißiges Lesen das Persisch-Latein dieses unver-
gleichlichen Buches geläufig geworden, von jenem Geist im
Innersten ergriffen! Wie ist doch jede Zeile so voll fester, bestimmter und durchgängiger zusammenstimmender Bedeutung! ... Alles atmet hier indische Luft und ursprüngliches,
naturverwandtes Dasein. Und, wie wird hier der Geist rein
gewaschen von allem ihm früh eingeimpften jüdischen Aber-
glauben und aller diesem frönenden Philosophie! Es ist die
belohnendeste und erhebendeste Lektüre, die (den Urtext
ausgenommen) auf der Welt möglich ist: sie ist der Trost meines Lebens gewesen und wird der meines Sterbens sein« (V,
469).

Schopenhauer, der frischgebackene Indien-Enthusiast, hatte über zwei Jahre hin, von 1815 bis 1817, in der Dresdener

Großen Meißenschen Gasse einen ebenfalls noch gänzlich unbekannten Philosophen zum Nachbarn, Karl Christian Friedrich Krause (1781-1832), der sich anschickte, sein vom Hauptstrom des zeitgenössischen Philosophierens abzweigendes Denken mit den indischen Weisheitslehren zu verbinden. Krause erging es noch schlimmer als Schopenhauer, denn er hat noch nicht einmal am Ende seines Lebens Anerkennung gefunden, allerdings drang seine Philosophie auf wunderliche Umwege nach Spanien und ins spanischsprechende Lateinamerika, wo die zur Solidaritätsethik abgeschwächte indische Mitleidsethik als »Crausismo« zum theoretischen Konzept des sozial-liberalen Progressismus wurde.

Krause beherrschte, anders als Schopenhauer, das Sanskrit und fertigte eigene Übersetzungen an. Von diesem indiengelehrten Nachbarn holte sich Schopenhauer fachlichen Rat, entlieh Bücher und pflegte auch sonst Umgang mit ihm. Von Krause konnte er auch einiges über Meditationstechniken erfahren. Krause selbst betrieb methodische Übungen und regte seine Schüler dazu an, durch »Inlebnisse, Ingeistnisse« zur »Wesenseinigung« zu gelangen. Krause war damals wahrscheinlich der einzige, der nicht nur, wie die Romantiker, indische Philosophie- und Religionsfragmente den eigenen kühnen Spekulationen einverleibte, sondern der versuchte, die indische Tradition einer existentiellen Praxis zuzuführen.

Seit 1814 also studiert Schopenhauer die UPANISHADEN, liest regelmäßig die indienbezüglichen Aufsätze im »Asiatischen Magazin« und besorgt sich alle Indien-Literatur, deren er habhaft werden kann. Seine intensive Auseinandersetzung mit dem Buddhismus beginnt jedoch erst nach Fertigstellung des Hauptwerkes.

Bei soviel Verehrung für die indischen Weisheitslehren erwartet man eigentlich, daß Schopenhauers Aufzeichnungen der Jahre 1814 bis 1818 zahlreiche Spuren der Beschäftigung mit indischer Philosophie und Religion zeigen. Immerhin hatte Schopenhauer 1816 seinem Manuskriptbuch anvertraut: »Ich gestehe übrigens daß ich nicht glaube daß meine Lehre je hätte entstehn können, ehe die Upanishaden, Plato und Kant ihre Strahlen zugleich in eines Menschen Geist werfen konnten« (HN I, 422).

Tatsächlich jedoch sind es nur einige wenige Bemerkungen in den Manuskriptbüchern, die sich direkt auf indische Religion und Philosophie beziehen. Diese wenigen Bemerkungen aber sind von außerordentlichem Gewicht, weil in ihnen bestimmte Elemente des indischen Denkens mit Hauptpunkten der sich herausbildenden eigenen Philosophie kurzgeschlossen werden.

Das Werden und Vergehen der Welt, die unendliche Mannigfaltigkeit ihrer Gestaltenreihe nennen die UPANISHADEN die »Maja«. Alles, was sich als Individuum erfährt und sich in dieser Einzelheit zu behaupten versucht, steht im Banne dieser »Maja«. Dazu notiert Schopenhauer 1814: »der Mensch... ist... dem *Wahn* (anheimgefallen), und dieser *Wahn* ist so real als das Leben, als die Sinnenwelt selbst, ja er ist mit diesen Eines (die Maja der Indier): auf ihn gründen sich alle unsre Wünsche und Suchten, die wieder nur der Ausdruck des Lebens sind wie das Leben nur der Ausdruck des Wahns ist« (HN I, 104). Zwei Jahre später bemerkt Arthur lakonisch: »Die ›Maja‹ der Vedas... die ›Erscheinung‹ Kants sind Eins und dasselbe...« (HN I, 380).

Für den ›Willen‹, der in uns und zugleich als »Ding an sich« hinter allen Erscheinungen steckt, glaubt Schopenhauer in den UPANISHADEN auch eine Entsprechung entdeckt zu haben: das ›Brahma‹, die Weltseele. In den UPANISHADEN liest Arthur: »Das, woraus alle Lebewesen geschaffen sind, das, wodurch sie, einmal geboren, leben, das, wohin sie streben, und das, wohin sie eilen, das suche Du, denn das ist Brahma.« Diese Passage kommentiert Arthur mit den Worten: »Der Wille zum Leben ist die Quelle und das Wesen der Dinge« (HN II, 396).

Die Welt als ›Maja‹ und als ›Brahma‹ – das scheint für Schopenhauer dasselbe zu sein, was die eigene Konzeption nennt: die Welt als ›Vorstellung‹ und die Welt als ›Wille‹. Auch die indische Erlösungsfigur: die Befreiung aus der Gestaltenreihe und das Zurücksinken ins ›Nichts‹ scheint mit dem in Übereinstimmung zu stehen, was Schopenhauer nennt: die Verneinung des Willens. Besonders anziehend auf Schopenhauer wirkte, daß die UPANISHADEN außer den genannten Aspekten der Welt (Maja, Brahma) nichts kennen, was dem abendländischen Schöpfergott, dem Jenseits, der Transzendenz usw. entspricht. Schopenhauer fand hier eine Religion ohne Gott, und das erschien ihm, der nach einer Metaphysik ohne Himmel suchte, eine Bestätigung dafür, auf dem richtigen Weg zu sein.

Mehr als solche Bestätigungen hat sich Arthur Schopenhauer in den Jahren der Herausbildung seines philosophischen Systems nicht geholt. Er will eine eigene Sprache finden. Er arbeitet sich daran ab, seine Philosophie im Horizont der abendländischen Philosophietradition zu entwickeln. Er will seine beiden Entdeckungen: die kontraktive Bewegung der »inneren Erfahrung« des Willens am eigenen Leibe und die expansive Bewegung der Deutung der Welt nach dem Modell dieser ›inneren Erfahrung‹ für die mit Begriffen arbeitende Erkenntnis einsichtig machen. Seine Philosophie, so betont er immer wieder, sei zwar nicht »aus Begriffen« konstruiert, aber ihre Einsichten seien »in Begriffen« niedergelegt. Deshalb also zieht er indische Philosopheme nur gleichsam illustrierend hinzu. Im Rückblick auf die Entstehungszeit des Systems schreibt Schopenhauer später: »Ich habe das Ding an sich, das innere Wesen der Welt genannt nach dem, was uns am genauesten bekannt ist: Wille. Freilich ist dies ein subjektiv, nämlich aus Rücksicht auf das Subjekt der Erkenntnis gewählter Ausdruck: aber diese Rücksicht ist, da wir Erkenntnis mitteilen, wesentlich. Also ist es unendlich besser, als hätt’ ich es genannt etwa Brahm oder Brahmâ oder Weltseele oder sonst was.«

Schopenhauer unternimmt es also, die Welt als ›Wille‹ zu *verstehen*. Der Nachdruck liegt auf dem ›Verstehen‹. Verstehen ist nicht Erklären. Diesen Unterschied muß Schopenhauer ins deutlichste Licht setzen. Erklärend verfahren wir, wenn wir nach Ursachen forschen. Unser Verstand muß so arbeiten. Schopenhauer hat es in seiner Dissertation gezeigt. ›Erklären‹ gehört zur vorstellenden Tätigkeit: Wir verbinden Objekte kausal miteinander. In dieser Weise lassen sich auch Aktionen des Willens ›erklären‹. Auch das hat Schopenhauer in seiner Dissertation demonstriert: wie der Wille durch Motive bewegt wird. So betrachtet ist der Wille aber nicht der von innen erlebte Wille, sondern ein Objekt unter Objekten. Im *Verstehen* jedoch geht es nicht darum, dieses ›Objekt Wille‹ mit anderen Objekten kausal zu verknüpfen; das Verstehen forscht nicht nach Ursache und Wirkung, nach dem *Warum,* sondern erfaßt die *Bedeutung,* fragt danach, *was* der Wille eigentlich sei. Was der Wille ist, können wir einzig und allein in uns selbst erfahren, wo wir dem Willen nicht nur als Objekt unserer Vorstellung begegnen, sondern wo wir ihn ›von innen‹ erleben, d. h., wo wir selbst Wille *sind.* Wir müssen uns selbst verstehen, wenn wir die Welt verstehen wollen. Schopenhauers Metaphysik des Willens ist keine etwa in Konkurrenz zur Naturwissenschaft stehende *Analytik* der empirischen Welt, sondern eine *Hermeneutik des Daseins.* Sie erklärt nicht die kausalen Verbindungen des *Seienden* untereinander, sondern sie fragt danach, was das *Sein* ist.

Die Umrisse dieser Hermeneutik entwirft Schopenhauer, in Abgrenzung zu den Naturwissenschaften, in einer Aufzeichnung von 1816: »Bisher nahm man, und es ist der richtige Weg der Naturwissenschaft, als das Bekannteste von dem man ausgehn und daraus das minder bekannte erklären wollte, die Kräfte der rohesten Materie an ... Durch diese wollte man zuletzt die Organisation und des Menschen Erkennen und Wollen erklären und würde dann die vollkommne Naturwissenschaft haben. Man fügte sich darin von lauter ›qualitates occultae‹ auszugehn, deren Aufhellung ganz aufgegeben wurde, da man nur über ihnen zu bauen nicht sie zu unterwühlen gedachte, da man nur betrachten wollte, was aus ihnen folgte, über sie selbst aber keinen weitern Aufschluß hoffte ... Ich habe zu allererst den ganz entgegengesetzten Weg eingeschlagen. Vom Bekanntesten will auch ich ausgehn, eben wie jene. Aber statt daß sie die Allgemeinste Erscheinung und die unvollkommenste und darum einfachste Erscheinung für die bekannteste hielten, obgleich sie sahen daß sie ihnen völlig unbekannt war; ist mir das Bekannteste die Erscheinung in der Natur welche meinem Erkennen am allernächsten liegt und die zugleich die vollkommenste, die höchste Potenz aller andern ist, daher am deutlichsten und vollständigsten das Wesen aller ausspricht: und diese ist *des Menschen Leib und seine Aktion:* jene wollten diese aus den Kräften der unorganischen Natur endlich als letztes erklären: ich dagegen lerne aus ihm jene verstehn: ich schreite dabei nicht nach dem Gesetz der Kausalität fort, das nie auf das Wesen der Dinge führt: sondern betrachte unmittelbar das Wesen der bedeutungsvollsten Erscheinung der Welt, den Menschen: ich finde daß, wenn ich davon absehe daß er meine Vorstellung ist, der Mensch durch und durch *Wille* ist: Wille bleibt als das Ansich seines Wesens übrig. Was dies sei ist Jedem unmittelbar gegeben, denn Jeder ist es selbst« (HN I, 365).

Schopenhauer weiß, daß er mit diesem Schritt den Begriff ›Wille‹ anders faßt, als er üblicherweise verstanden wird. Der Willensbegriff der philosophischen Tradition, aber auch der umgangssprachliche Gebrauch des Terminus verbinden ›Wille‹ mit ›Absicht‹, ›Zweck‹, ›Ziel‹. Ich will etwas. Dieses ›Etwas‹ habe ich mir vorgestellt, ausgedacht, gesehen usw. Auf jeden Fall ist das ›Gewollte‹ schon in meinem Geist, ehe ich zur *Aktion* des Wollens selbst komme. In solchem Verständnis ist der ›Wille‹ intellektualisiert. So aber versteht Schopenhauer ›Wille‹ gerade nicht. Er wird sich deshalb Mißverständnisse einhandeln, und weil man am gewohnten Begriff festhielt, hat man wahrscheinlich auch das Neue, das Schopenhauer mit dem gewandelten Begriff sichtbar machen wollte, nicht bemerkt und deshalb zunächst wenig Notiz von Schopenhauer genommen. Schopenhauer muß gegen den Strom der spontanen Assoziationen zum Begriff ›Wille‹ ankämpfen. Denn er will den intellektualisierten Willen nur als Grenzfall gelten lassen. Wille kann von Erkenntnis begleitet sein, aber das ist ihm nicht wesentlich. Wille ist eine primäre, vitale Strebung und Bewegung, die sich im Grenzfall auch noch ihrer selbst bewußt werden kann und *dann erst* das Bewußtsein eines Zieles, einer Absicht, eines Zweckes gewinnt. Es ist so ungemein wichtig, Schopenhauer an diesem Punkt richtig zu verstehen, weil man ihm sonst unterstellt, er würde im Stile der Bewußtseinsphilosophie den absichtsvollen Willen, also Geist, in die Natur projizieren. Es ist aber eher umgekehrt: Schopenhauer will nicht Natur vergeistigen, sondern den Geist *naturalisieren*.

Schopenhauer ahnt die Verständigungsschwierigkeiten, auf die er stoßen wird. In seinem Manuskriptbuch schreibt er 1816: »Ich habe die Ausdehnung des Begriffs ›Wille‹ sehr erweitert ... Man erkannte nur da Wille, wo ihn die Erkenntniß begleitet und also ein Motiv seine Aeußerung bestimmt. Ich aber sage, daß jede Bewegung, Gestaltung, Streben, Seyn, daß dies Alles Erscheinung, Objektivität, des Willens ist; indem er das *Ansich* aller Dinge ist, d. h. dasjenige was von der Welt noch übrig bleibt, nachdem man davon absieht, daß sie unsre Vorstellung ist« (HN I, 353).

In dieses ›An sich‹ der Welt also gelangen wir, wenn wir von unserem eigenen ›An sich‹, das ist der von innen erlebte Wille, ausgehen: »Nur aus der Vergleichung mit dem was in mir vorgeht, wenn ich eine Aktion ausübe, und wie diese auf ein Motiv erfolgt, kann ich nach Analogie verstehn, wie jene todten Körper sich auf Ursachen verändern, und was ihr innres Wesen sei... Dies kann ich darum, weil ich selbst, weil mein Leib, das einzige ist, davon ich auch die 2te Seite erkenne, welche ich *Wille* nenne« (HN I, 390). Und dann folgt die kühne Wendung: »Spinoza sagt daß der durch Stoß bewegte Stein, wenn er Bewußtseyn hätte, meinen würde sich aus seinem Willen zu bewegen. Ich setze hinzu daß der Stein Recht hätte.«

Wir sind verkörperter Wille, der sich außerdem noch seiner selbst bewußt wird. Nur das Bewußtsein, nicht aber das Wille-Sein unterscheidet uns beispielsweise vom Stein.

Zu welchen Weiterungen des Gedankens das führt, wird Schopenhauer im Hauptwerk dartun. In seinen Aufzeichnungen umkreist er zunächst noch vor allem das methodische Problem.

Er hatte sich, wie wir gesehen haben, als Hermeneutiker von der Analytik der Naturwissenschaften, der empirischen Wissenschaft überhaupt, abgesetzt. Größer noch ist der Aufwand an Selbstverständigung in Abgrenzung zur philosophischen Tradition und zu den philosophischen Zeitgenossen. »Ein Hauptfehler aller bisherigen *Philosophie*«, schreibt Schopenhauer 1814, »der damit zusammenhängt daß man sie als *Wissenschaft* suchte, ist der daß man *mittelbare* Erkenntniß, d. h. Erkenntniß aus *Gründen*, auch da suchte, wo *unmittelbare* gegeben ist. So ist z. B. Identität meines Leibes mit meinem Willen eine unmittelbare Erkenntniß« (HN I, 209).

Diese Unmittelbarkeit ist eine gänzlich andere als jene Unmittelbarkeit, von der die nachkantische Reflexionsphilosophie ihren Ausgang nimmt. Kant hatte in der ersten Auflage der KRITIK DER REINEN VERNUNFT die zaghafte Vermutung ausgesprochen, es »könnte doch wohl dasjenige Etwas, welches den äußern Erscheinungen zugrunde liegt... zugleich das Subjekt der Gedanken sein«.

Kant hatte dann selbst alles getan, um zu verhindern, daß der Gedanke, das Subjekt der Erkenntnis, aus sich selbst heraus das Inwendige (das »Ding an sich«) der äußeren Welt konstruiere. Gleichwohl hatte die nachkantische Philosophie, argwöhnend, daß die Furcht zu irren selbst der Irrtum sei, sich genau von dieser zaghaften Vermutung auf die Spur setzen lassen. Fichte, und nach ihm Schelling und Hegel, hatten sich vorgenommen, »das kleinste wie das größte, den Bau des geringfügigsten Grashalms wie die Bewegung der Himmelskörper aus dem Bewußtsein und seinen apriorischen Formen abzuleiten« (Fichte). Das ist die Unmittelbarkeit der Reflexionsphilosophie: Sie geht von der Bewegung der Gedanken aus. Man müsse dieser Bewegung nachspüren. Das Subjekt des Erkennens solle sich selbst bei der Arbeit zusehen, solle also gewissermaßen sich selbst in den Rücken kommen. Fichte und Schelling nennen das »intellektuelle Anschauung«. Die intime Bekanntschaft mit der Werkstatt der Gedanken öffnet uns die Pforte zum Geheimnis der Welt. Auch eine Art, die Lösung des Welträtsels in sich selbst zu suchen – was ja Schopenhauer ebenfalls prätendierte. Doch so verstand Schopenhauer seinen Weg nach innen nicht. Statt vom *Subjekt des Erkennens* nimmt er seinen Ausgangspunkt vom *Subjekt des Wollens*, vom Anderen der Vernunft also.

In seiner Dissertation bereits hatte er unmißverständlich erklärt: Das Subjekt des Erkennens kann sich selbst niemals erkennen. Denn jedesmal wenn das Erkennen sich selbst erkennen will, sich also zum Objekt macht, muß das erkennende Subjekt immer schon vorausgesetzt werden. Schließlich will man ja das Erkennen *erkennen*. Schopenhauer in der Dissertation: »Denn das vorstellende Ich, das Subjekt des Erkennens, kann, da es als nothwendiges Korrelat aller Vorstellungen Bedingung derselben ist, nie selbst Vorstellung oder Objekt werden. *Daher ist das Erkennen des Erkennens unmöglich*« (D, 68).

Schopenhauer hatte sich den naheliegenden Einwand vorgelegt, ob er selbst mit seiner Erkenntnistheorie nicht doch auch eine Erkenntnis der Erkenntnis versucht habe. Seine Antwort: Die Strukturen unseres wahrnehmenden und erkennenden Vermögens habe er nicht durch (objektlose) Selbstreflexion, sondern durch Abstraktion aus den verschiedenen Arten der Objekterkenntnis gewonnen, nicht also, indem er sich über das Subjekt der Erkenntnis, sondern, indem er sich über die möglichen Objekte der Erkenntnis gebeugt habe.

Mit der Einsicht, daß die Erkenntnis der Erkenntnis nur zu unfruchtbaren Verdoppelungen führe, hatte sich Schopenhauer schon in Berlin aus den Fichteschen Reflexionsschleifen herausgewunden. Daß er sich damit den Weg geöffnet hatte für einen neuen Zugang zur Unmittelbarkeit, eben die Unmittelbarkeit des Leibes als verkörperter Wille – das wird ihm erst jetzt bewußt.

Die Reflexionsphilosophie hatte das »Ding an sich« in das Denken gesetzt, Schopenhauer entdeckte es im Willen. Die Rück-Seite der Vor-Stellung ist nicht der Geist, der sich bei der Arbeit zuschaut, sondern die Natur. Doch nicht die Natur als äußeres Objekt, sondern als erlebte Natur in uns.

Der Ausstieg aus der Reflexionsphilosophie und die Wendung zur so verstandenen ›Natur‹ hat außerordentlich weitreichende Konsequenzen: Arthur Schopenhauer folgt nicht dem modernen Zug zur Geschichtsphilosophie.

Die Reflexionsphilosophie, die das Ganze des menschlichen und natürlichen Lebens aus Strukturen des Geistes hervorholt, hatte ja, von Fichte bis Hegel mit wachsender Intensität, dem Geschichtsprozeß die Aufgabe zugewiesen, den Geist zu sich selbst kommen zu lassen. Geschichte wurde als Wahrheitsgeschehen gedeutet: Der Gang des Geistes, der sich in der Gestaltenreihe seiner Verwirklichungen entfremdet, um dann, durch die Arbeit des Begriffs und die Arbeit der Geschichte, auf höherer Stufe zu sich zurückzukehren. Der Blick in die Geschichte wird dabei als progressives Moment des emphatisch verstandenen Geschichtsprozesses selbst gedeutet, als ein Moment der Selbstaneignung. Das alles liegt Schopenhauer so fern wie möglich: Der Wille, der allem zugrunde liegt, ist eben nicht Geist, der sich verwirklicht, sondern ein blindes, wucherndes, zielloses, sich selbst zerfleischendes Treiben, ohne Transparenz auf etwas Gemeintes, auf etwas Sinnvolles hin. Das Wirkliche wird nicht von Vernunft, sondern von solchem ›Willen‹ durchherrscht. Napoleon, der in dem von Schopenhauer geliebten Dresden solche Verwüstungen angerichtet hatte, ist für den Philosophen ein prägnantes Beispiel dafür: »Bonaparte ist wohl eigentlich nicht schlechter als viele Menschen, um nicht zu sagen die meisten. Er hat eben den ganz gewöhnlichen *Egoismus* sein Wohl auf Kosten Anderer zu suchen. Was ihn auszeichnet ist bloß die größere Kraft diesem Willen zu genügen... Dadurch daß ihm diese seltne Kraft beigegeben ist, hat er die ganze Bosheit des menschlichen Willens offenbart: und die Leiden seines Zeitalters, als die nothwendige andre Seite davon, offenbaren den Jammer der mit dem bösen Willen, dessen Erscheinung im Ganzen diese Welt ist, unzertrennlich verknüpft ist« (HN I, 202).

Grundlegende Änderung, und darum Hoffnung, kann es nicht geben. Was bleibt ist: Loskommen vom Willen, in der philosophischen Besonnenheit, in der Kunst und zuletzt im »besseren Bewußtsein«, später dann ›Verneinung des Willens‹ genannt. Das »bessere Bewußtsein« ist der lichterlohe Augenblick, in dem der Wille erlischt. Das ist keine Negation im Hegelschen Sinne, also ein Widerspruch, der auf eine Versöhnung auf höherer Ebene hinarbeitet. Die Gedankenfigur der ›Dialektik‹ bleibt Arthur Schopenhauer fremd, er hält fest an der unversöhnbaren »Duplizität« zwischen »besserem Bewußtsein« und empirischem, d. h. vom Willen bestimmtem Bewußtsein. Eine Vermittlung zwischen den beiden gibt es so wenig, »als wir eine Sommerstunde in den Winter hinübertragen, oder eine Schneeflocke in der heißen Stube bewahren, oder ein Stück eines schönen Traums in die Wirklichkeit bringen können oder so wenig die Töne einer Musik wenn sie ausgetönt hat eine Spur hinterlassen« (HN I, 79).

Der Ausdruck »besseres Bewußtsein« verschwindet aus den Aufzeichnungen, als Schopenhauer die Schlüsselbegriffe seiner Metaphysik des Willens findet.

Natürlich verschwindet nur der Ausdruck, nicht aber das, was er bezeichnet hat. Er hatte, das wird Schopenhauer jetzt bewußt, etwas allerdings nur graduell Verschiedenes bezeichnet: Er meinte zum einen jene innerweltliche Transzendenz, jene Ekstase, die Schopenhauer nun, auf die Metaphysik des Willens bezogen, ›Verneinung des Willens‹ nennt. Zum anderen aber bezeichnete der Ausdruck die Haltung der philosophischen Besonnenheit, das Staunen, wodurch das Selbstverständliche überhaupt fragwürdig wird. Das Staunen steht am Beginn der ganzen Metaphysik, die Verneinung an ihrem Ende.

So bleibt das »bessere Bewußtsein«, das Staunen und Verneinung zusammenzog, im Werk präsent – inkognito, aber von Anfang bis zum Ende.

Fünfzehntes Kapitel

DIE WELT ALS WILLE UND VORSTELLUNG. *Arthurs*
Metaphysik ohne Himmel. Von der Notwendigkeit des erkenntnis-
kritischen Umwegs. Nicht Welterklärung, sondern Welt-
verstehen. Hermeneutik des Daseins. Die Nähe der Wahrheit.
Alles ist eins. Die verfeindete Einheit. Wege hinaus. Die Kunst.
Vita contemplativa gegen den arbeitenden Weltgeist.

Schopenhauer beschließt die 1818 geschriebene Vorrede zur
ersten Auflage des Hauptwerkes mit dem Satz: »Und so...
gebe ich... das Buch hin..., gelassen darin ergeben, daß
auch ihm in vollem Maße das Schicksal werde, welches...
allezeit der Wahrheit zuteil ward, der nur ein kurzes Siegesfest
beschieden ist, zwischen den beiden langen Zeiträumen, wo
sie als paradox verdammt und als trivial geringgeschätzt
wird.«

In der Tat: Paradox mußte Schopenhauers Philosophie wirken in einer Zeit, die sich einer erneuerten Metaphysik des
Absoluten hingibt; für die das transzendentalphilosophisch
ausgegrenzte »Ding an sich« voller Verheißungen steckt, Verheißungen, die nicht ruhen lassen und die man durch die Arbeit der Selbstreflexion und die Arbeit der Geschichte einlö-
sen zu können glaubt. Schopenhauers Zeitgenossen kommen
von der transzendentalen Kritik zur Transzendenz: Sie entdecken am Grunde oder am Zielpunkt des Seins einen Sinn,
etwas Transparentes, das auf etwas Gemeintes hinweist. Das
»Ding an sich« will uns etwas sagen, es bedeutet. Philosophie
entziffert diesen Sinn; neu ist das Eingeständnis, diesen ›Sinn‹
zuletzt doch nur in sich selbst finden zu können. Schopenhauer, ebenfalls transzendentalphilosophisch beginnend, kommt
zu keiner transparenten Transzendenz: Das Sein ist nichts anderes als »blinder Wille«, etwas Vitales, aber auch Opakes,
das auf nichts Gemeintes, Bezwecktes hinweist. Seine Bedeutung liegt darin, daß es keine Bedeutung hat, sondern nur *ist*.
Das Wesen des Lebens ist Wille zum Leben, eingestandenermaßen ein tautologischer Satz, denn Wille ist nichts anderes
als Leben, ›Wille zum Leben‹ enthält somit nur eine sprachli-

che Verdoppelung. Der Weg zum »Ding an sich«, den auch Schopenhauer beschreitet, endet in der dunkelsten und dichtesten Immanenz: in dem am Leibe gespürten Willen. Paradox für alle, die sich ans Licht hinausdenken und -arbeiten wollen.

Trivial aber wird diese Einsicht, wenn sie nicht erst am Ende, sondern bereits am Beginn des Weges steht; wenn ein materialistisch ausgenüchterter Biologismus den Willen als Kraft definiert, die aus dem Stoff die Gestaltenfülle des Lebendigen hervortreibt; wenn mit der inflationär gehandhabten Formel ›nichts anders als‹ das Lebendige auf Chemie, Mechanik und Physik reduziert wird. Das ist dann jene selbstverständliche und deshalb triviale naturwissenschaftliche Immanenz, die aber mit der Immanenz Arthur Schopenhauers wenig zu tun hat. Schopenhauers Immanenz ist eine, die auf eine metaphysische Frage (Was ist das »Ding an sich«?) antwortet; die naturwissenschaftliche Immanenz ist eine, die von vornherein jede metaphysische Fragestellung abschneidet. Schopenhauers Denkweg führt bis zu jenem Punkt, wo traditionellerweise mit der Frage: Was verbirgt sich hinter der erscheinenden Welt? der Übergang zum Transzendenten erfolgte. Auch Schopenhauer stellt diese Frage. Er schlägt dieselbe Bühne auf, wo sonst nur Gott, das Absolute, der Geist usw. ihre Auftritte haben. Doch statt dieser erlauchten Gestalten der Sinngebung tritt der ›Wille‹, diese Immanenz schlechthin, aus den Kulissen. Aber auf *dieser* Bühne muß auch der Schopenhauersche ›Wille‹, der die alte Metaphysik aufzehrt, eine metaphysische Rolle spielen. Denn es ist die metaphysische Neugier, die das ganze Spiel inszeniert. Herausgerissen aus diesem Bedeutungsspiel einer letzten Metaphysik, kann es Schopenhauers Einsichten allerdings widerfahren, daß man sie für trivial hält, weil man sie mißversteht.

Schopenhauer beginnt also, an seiner Dissertation anknüpfend, transzendentalphilosophisch: Die Welt ist meine Vorstellung. Die vorstellende Tätigkeit umfaßt beide Pole: Subjekt und Objekt. Sie sind Wechselbegriffe: kein Subjekt ohne Objekt, kein Objekt ohne Subjekt. Im transzendentalphilosophischen Vorspiel bereitet Schopenhauer sehr sorgfältig den Übergang zum nächsten Akt vor. Er will einen Weg

zeigen heraus aus dieser geschlossenen Welt der Transzendentalphilosophie, er will zum »Ding an sich« kommen, doch die
zwei von der zeitgenössischen Philosophie am häufigsten frequentierten Ausgänge will er zunächst verriegeln. Weder über
das Subjekt noch über das Objekt führt ein Weg hinaus. Um
das zu zeigen, bedarf es einer nochmaligen gründlichen Besinnung auf das Subjekt-Objekt-Verhältnis. In diesem Verhältnis, das zeigt Schopenhauer, gibt es nämlich kein logi-
sches Prius: Weder läßt sich das Subjekt aus dem Objekt erklären, noch das Objekt aus dem Subjekt. Bei dem jeweils einen
ist das andere immer schon mitgedacht und vorausgesetzt:
Indem ich mich als erkennendes Subjekt vorfinde, habe ich
Objekte, und umgekehrt: Ich finde mich als Subjekt nur vor,
sofern ich Objekte habe. Die trügerischen Ausgänge sind nun
aber die fälschlichen Versuche, entweder die Welt der Objekte
aus dem Subjekt hervorgehen zu lassen (so vor allem der Fichtesche Subjektivismus), oder aber das Subjekt aus der Welt
der Objekte zu erklären (so der Materialismus eines Helvétius
und Holbach). Den Subjektivismus fertigt Schopenhauer mit
wenigen polemischen Worten ab, die Abgrenzung gegen den
materialistischen Objektivismus, von dem er ahnt, daß man
ihn mit seiner Willensmetaphysik verwechseln könnte, ist
demgegenüber sehr gewissenhaft durchgeführt: »Dieser (der
Materialismus, R.S.) setzt die Materie, und Zeit und Raum
mit ihr, als schlechthin bestehend, und überspringt die Beziehung auf das Subjekt, in welcher dies Alles doch allein daist.
Er ergreift ferner das Gesetz der Kausalität zum Leitfaden, an
dem er fortschreiten will, es nehmend als an sich bestehende
Ordnung der Dinge...; folglich den Verstand überspringend,
in welchem und für welchen allein Kausalität ist. Nun sucht er
den ersten, einfachsten Zustand der Materie zu finden, und
dann aus ihm alle andern zu entwickeln, aufsteigend vom bloßen Mechanismus zum Chemismus, zur Polarität, Vegeta-
tion, Animalität: und gesetzt, dieses gelänge, so wäre das letzte Glied der Kette die tierische Sensibilität, das Erkennen:
welches folglich jetzt als eine bloße Modifikation der Materie,
ein durch Kausalität herbeigeführter Zustand derselben auf-
träte. Wären wir nun dem Materialismus mit anschaulichen
Vorstellungen bis dahin gefolgt; so würden wir, auf seinem

Gipfel mit ihm angelangt, eine plötzliche Anwandlung des unauslöschlichen Lachens der Olympier spüren, indem wir, wie aus einem Traum erwachend, mit einem Male innewürden, daß sein letztes, so mühsam herbeigeführtes Resultat, das Erkennen, schon beim allerersten Ausgangspunkt, der bloßen Materie, als unumgängliche Bedingung vorausgesetzt war und wir mit ihm zwar die Materie zu denken uns eingebildet, in der Tat aber nichts Anderes als das die Materie vorstellende Subjekt, das sie sehende Auge, die sie fühlende Hand, den sie erkennenden Verstand gedacht hätten…: plötzlich zeigte sich das letzte Glied als den Anhaltspunkt, an welchem schon das erste hing, die Kette als Kreis; und der Materialist gliche dem Freiherrn von Münchhausen, der, zu Pferde im Wasser schwimmend, mit den Beinen das Pferd, sich selbst aber an seinem nach Vorne übergeschlagenen Zopf in die Höhe zieht.« In der dritten Auflage (1858) setzt Schopenhauer hinzu: »Demnach besteht die Grundabsurdität des Materialismus darin, daß er vom *Objektiven* ausgeht…, während in Wahrheit alles Objektive, schon als solches, durch das erkennende Subjekt, mit den Formen seines Erkennens, auf mannigfaltige Weise bedingt ist und sie zur Voraussetzung hat, mithin ganz verschwindet, wenn man das Subjekt wegdenkt« (I, 61).

Aus diesem Zirkel (wie auch aus dem Zirkel des Subjektivismus) kommt man, so Schopenhauer, nur heraus, wenn ein Punkt zu finden ist, wo wir Welt nicht nur als Vorstellung, nicht nur im Subjekt-Objekt-Verhältnis, haben. Die Erkenntnis des Zirkels soll gerade darauf leiten, »das innerste Wesen der Welt, das Ding an sich, nicht mehr in einem jener beiden Elemente der Vorstellung (Subjekt und Objekt, R. S.), sondern vielmehr in einem von der Vorstellung gänzlich Verschiedenen zu suchen« (I, 68).

Dieses Ausgehen vom Zirkel ist eine Argumentation für die philosophische Neugier, setzt also philosophische Besonnenheit schon voraus. In dieselbe Richtung aber weist eine ungleich elementarere Erfahrung, die, wohl gerade weil sie so elementar ist, bisher im blinden Fleck der philosophischen Reflexion verblieb. Schopenhauer, als Spätberufener großbürgerlicher Herkunft vom professionellen philosophischen Betrieb nur wenig sozialisiert, ist selbstbewußt und unbefangen genug, diese Erfahrung ins Licht zu rücken: Wenn nun die Welt meine Vorstellung ist, so lehrt mich mein alltäglicher Umgang mit ihr doch noch etwas anderes; die Welt zieht nicht nur als Vorstellung an uns, den erkennenden Subjekten, vorüber, sondern sie erregt in uns ein »Interesse«, »welches unser ganzes Wesen in Anspruch nimmt« (I, 151). Die Philosophietradition, die das Wesen des Menschen ins Denken und Erkennen setzte, hatte alles »Interesse« an der Welt aus dem Erkennen hervorgehen lassen müssen. Bei Spinoza etwa ist auch noch die Bearbeitung von Gegenständen oder der Liebesakt primär eine Art des ›Erkennens‹. In solcher Deutung ist Triebnatur verdunkelte Erkenntnis. Das Bild des Menschen ist vom Kopf her entworfen. In der Regel läßt der nachdenkende Kopf den Menschen, über den er nachdenkt, auch beim Denken beginnen. Anders Schopenhauer: Das »Interesse« entspringt nicht aus Erkenntnis, sondern geht dem Erkennen voraus und engagiert uns in einer ganz anderen als nur der Erkenntnisdimension. »Was ist diese anschauliche Welt noch außer dem, daß sie meine Vorstellung ist« (I, 51), fragt Schopenhauer und gibt die, uns schon inzwischen bekannte, Antwort: *Wille.*

Der Wille ist das Gewisseste. ›Wille‹ ist der Name für die Selbsterfahrung des eigenen Leibes. Nur der eigene Leib ist jene Realität, die ich nicht nur als Vorstellung habe, sondern die ich selber *bin.* Da ich mich aber auch zum eigenen Körper zugleich vorstellend verhalten kann, so ist mir also der eigene Leib »auf zwei ganz verschiedene Weisen gegeben: ein Mal als Vorstellung in verständiger Anschauung, als Objekt unter Objekten...; sodann aber auch zugleich auf eine ganz andere Weise, nämlich als jenes Jedem unmittelbar Bekannte, welches das Wort *Wille* bezeichnet« (I, 157). Ich kann Aktionen meines Leibes ›erklären‹, d. h., sie nach dem Satz vom Grunde als Objekt aus anderen Objekten kausal hervorgehen lassen. Doch nur am eigenen Leib bin und spüre ich zugleich das, was ich im Vorstellungsakt erklären kann. Ich kann mich selbst in die Welt der Objekte versetzen und bin doch zugleich das »Ding an sich«. Die Selbsterfahrung des eigenen Leibes ist der einzige Punkt, wo ich erfahren kann, was die Welt ist, außer daß sie meine Vorstellung ist.

Schopenhauer belegt den so definierten Willen deshalb auch gelegentlich mit einem Terminus, der in der scholastischen Philosophie Gott als das Allergewisseste bezeichnet hatte: Er nennt den am eigenen Leibe erlebten ›Willen‹ das »Realissimum«. So wie die scholastische Philosophie aus Gott alle anderen Gewißheiten ableitete, so verfährt Schopenhauer mit seinem neuen »Realissimum«. Daß die Welt außer mir mehr und noch anderes ist als bloße Vorstellung, zu dieser Gewißheit berechtigt mich die Selbsterfahrung des eigenen Leibes. »Wenn wir der Körperwelt, welche ... nur in unserer Vorstellung dasteht, die größte uns bekannte Realität beilegen wollen; so geben wir ihr die Realität, welche für jeden sein eigener Leib hat: denn der ist Jedem das Realste« (I, 164).

Bei diesem heiklen Übergang vom Realsten des am eigenen Leibe erlebten Willens zu der Außenwelt bedient sich Schopenhauer des Verfahrens der ›Analogie‹: »Wir werden ... die ... auf zwei völlig heterogene Weisen gegebene Erkenntnis, welche wir vom Wesen und Wirken unsers eigenen Leibes haben, ... als einen Schlüssel zum Wesen jeder Erscheinung in der Natur gebrauchen und alle Objekte, die nicht unser eigener Leib, daher nicht auf doppelte Weise, sondern allein als Vorstellung unserm Bewußtsein gegeben sind, eben nach Analogie jenes Leibes beurteilen und daher annehmen, daß, wie sie einerseits, ganz so wie er, Vorstellung und darin mit ihm gleichartig sind, auch andererseits, wenn man ihr Dasein als Vorstellung des Subjekts beiseite setzt, das dann noch Übrigbleibende seinem innern Wesen nach, das selbe sein muß, als was wir an uns *Wille* nennen. Denn welche andere Art von Dasein oder Realität sollten wir der übrigen Körperwelt beilegen? woher die Elemente nehmen, aus der wir eine solche zusammensetzen? Außer dem Willen und der Vorstellung ist uns gar nichts bekannt, noch denkbar« (I, 149).

Dieser Gedanke ist von suggestiver Schlichtheit. Der analogische Schluß besteht in der Annahme, daß man diese doppelte Seinsweise (eine vorgestellte Welt zu *haben* und Wille zu *sein*) auch der Natur insgesamt zubilligen muß, wenn man sie nicht nur auf die unserem Vorstellungsvermögen zugewandte Seite beschränken und damit zum Phantom machen will – eine Ansicht, die, wenn man nicht gerade hyperskeptischer Philosoph ist, geradewegs, so Schopenhauer, fürs »Tollhaus« prädisponiert.

Die suggestive Plausibilität dieses Gedankens verdankt sich dem konsequenten Festhalten an der Transzendentalphilosophie. Diese lehrt: Alle erkannte und wahrgenommene Welt ist unsere Vorstellung. Da aber unser Vorstellen nicht alles ist, muß das, was von keiner Vorstellung erreicht wird (bei Kant das »Ding an sich«), dort gesucht werden, wo wir selbst, und zunächst einmal *nur* wir selbst, noch etwas anderes als vorstellende Wesen sind.

Von Nietzsche bis in unsere Tage (z. B. von Gehlen) kann man den Vorwurf hören, Schopenhauers Willensphilosophie hätte sich den transzendentalphilosophischen Umweg sparen können. Tatsache ist aber: Nur der transzendentalphilosophische Weg verhindert, daß vom ›Willen‹ unversehens doch wieder wie von einem Objekt unter Objekten gesprochen wird. Das ist dann aber nicht mehr der ›Wille‹, den Schopenhauer meint (der Wille, der man selbst *ist*, noch ehe man sich ihn vorstellt). Der transzendentalphilosophische Weg umgrenzt (zunächst einmal nur negativ) am Sein dasjenige, was nicht in Vorstellung, Objektsein, Kausalität usw. aufgeht. In diesem *Sein ohne Vorgestelltsein* steckt für Schopenhauer der ›Wille‹. Nimmt man ihn aus diesem Bereich heraus, wird der Wille zu einem Vorstellungsobjekt unter Vorstellungsobjekten, und damit in der Kausalitätskette der Objekte zu einem Erklärungsglied.

Schopenhauer wird nicht müde, vor solchem Mißverständnis zu warnen. Der Bezug auf den ›Willen‹ erkläre nichts, sondern zeige nur, was die Welt ist noch außer dem, daß wir sie als eine (naturwissenschaftlich) erklärungsbedürftige und erklärbare Welt vorstellen und handhaben, betont er. »Man darf, statt eine physikalische Erklärung zu geben, sich so wenig auf die Objektivation des Willens berufen, als auf die Schöpferkraft Gottes. Denn die Physik verlangt Ursachen; der Wille aber ist nie Ursache: sein Verhältnis zur Erscheinung ist durchaus nicht nach dem Satz vom Grunde; sondern was an sich Wille ist, ist andererseits als Vorstellung da, d. h. ist Erscheinung: als solche befolgt es die Gesetze, welche die Form der Erscheinung ausmachen« (I, 208).

Schopenhauers Willensphilosophie steht nicht in Idealkonkurrenz zu den erklärenden Naturwissenschaften. Deshalb habe ich Schopenhauers Verfahren, die Welt aus dem von innen erlebten Willen zu verstehen, eine Daseins*hermeneutik* genannt. Durch und durch hermeneutisch ist Schopenhauers Fragestellung dort, wo er die entscheidende Wendung von der Vorstellung zum Willen vollzieht. Im folgenden Zitat sind die hermeneutischen Termini hervorgehoben: »Gänzlich also auf die anschauliche Vorstellung hingewiesen ... wird uns daran gelegen sein, über ihre eigentliche *Bedeutung* einen Aufschluß zu erhalten, über jene ihre sonst nur gefühlte *Bedeutung,* vermöge welcher diese Bilder nicht, wie es außerdem sein müßte, völlig fremd und *nichtssagend* an uns vorüberziehn, sondern unmittelbar uns *ansprechen, verstanden* werden und ein Interesse erhalten, welches unser ganzes Wesen in *Anspruch* nimmt« (I, 137).

Nimmt man nicht das Hermeneutische dieser Fragestellung ernst, so geht eine der wichtigsten Pointen der Schopenhauerschen Philosophie verloren – daß Schopenhauer nämlich mit bedeutungssuchender (nicht erklärungssuchender) Haltung an die Wirklichkeit herantritt, um dann bei der Lektüre im Buch des Lebens zu erfahren, daß die Welt auf nichts außer ihr liegendes deutet, sondern auf ihn, den Fragenden, selbst zurückdeutet: die vollkommene Immanenz.

Welches Aussehen nimmt die Welt unter diesem Blick an? Einige Beispiele für diese intuitive, hermeneutische Anschauung, die das eigene Innere im Außen wiederfindet:

»Wenn wir sie (die unorganische Welt, R. S.) nun mit forschendem Blicke betrachten, wenn wir den gewaltigen, unaufhaltsamen Drang sehn, mit dem die Gewässer der Tiefe zueilen, die Beharrlichkeit, mit welcher der Magnet sich immer wieder zum Nordpol wendet, die Sehnsucht, mit der das Eisen zu ihm fliegt, die Heftigkeit, mit welcher die Pole der Elektrizität zur Wiedervereinigung streben und welche, gerade wie die der menschlichen Wünsche, durch Hindernisse gesteigert wird; wenn wir den Kristall schnell und plötzlich anschießen sehn, mit soviel Regelmäßigkeit der Bildung, die offenbar nur eine von Erstarrung ergriffene und festgehaltene ganz entschiedene und genau bestimmte Strebung nach verschiedenen Richtungen ist; wenn wir die Auswahl bemerken, mit der die Körper, durch den Zustand der Flüssigkeit in Freiheit gesetzt und den Banden der Starrheit entzogen, sich suchen und fliehn, vereinigen und trennen; wenn wir endlich ganz unmittelbar fühlen, wie eine Last, deren Streben zur Erdmasse unser Leib hemmt, auf diesen unablässig drückt und drängt, ihre einzige Bestrebung verfolgend – so wird es uns keine große Anstrengung der Einbildungskraft kosten, selbst aus so großer Entfernung unser eigenes Wesen wiederzuerkennen, jenes Nämliche, das in uns beim Lichte der Erkenntnis seine Zwecke verfolgt, hier aber in den schwächsten Erscheinungen nur blind, dumpf, einseitig und unveränderlich strebt, jedoch, weil es überall eines und dasselbe ist, – so gut wie die erste Morgendämmerung mit den Strahlen des vollen Mittags den Namen des Sonnenlichts teilt, – auch hier wie dort den Namen *Willen* führen muß, welcher das bezeichnet, was das Sein an sich jedes Dinges in der Welt und der alleinige Kern jeder Erscheinung ist« (I, 180).

Man würde diese Passage gründlich mißverstehen, wenn man das Metaphorische nur als stilistischen Schmuck auffaßte und nicht als eine Sprache verstünde, die sich einer Erfahrung aufs genaueste anpaßt; der Erfahrung nämlich, daß in allem Dasein der identische Wille lebt.

Ein anderes Beispiel, es bezieht sich auf die Anschauung der organischen Natur:

»Das Tier ist um eben so viel naiver als der Mensch, wie die Pflanze naiver ist als das Tier. Im Tier sehn wir den Willen zum Leben gleichsam nackter, als im Menschen, wo er mit so vieler Erkenntnis überkleidet und zudem durch die Fähigkeit der Verstellung verhüllt ist, daß sein wahres Wesen fast nur zufällig und stellenweise zum Vorschein kommt. Ganz nackt, aber auch viel schwächer, zeigt er sich in der Pflanze, als bloßer blinder Drang zum Dasein ohne Zweck und Ziel. Denn diese offenbart ihr ganzes Wesen dem ersten Blick und mit vollkommener Unschuld, die nicht darunter leidet, daß sie die Genitalien, welche bei allen Tieren den verstecktesten Platz erhalten haben, auf ihrem Gipfel zur Schau trägt. Diese Unschuld der Pflanze beruht auf ihrer Erkenntnislosigkeit: nicht im Wollen, sondern im Wollen mit Erkenntnis liegt die Schuld. Jede Pflanze erzählt zunächst von ihrer Heimat, dem

Klima derselben und der Natur des Bodens, dem sie entsprossen ist... Außerdem aber spricht jede Pflanze noch den speziellen Willen ihrer Gattung aus und sagt etwas, das sich in keiner andern Sprache ausdrücken läßt« (I, 230).

An anderer Stelle seines Werkes geht Schopenhauer noch einige Schritte weiter: In sehr kühnen Formulierungen versucht er auszudrücken, was die Pflanzen dem in ihre Betrachtung Versunkenen möglicherweise zu »sagen« haben: »es ist so auffallend, wie besonders die Pflanzenwelt zur ästhetischen Betrachtung auffordert..., daß man sagen möchte, dieses Entgegenkommen stände damit in Verbindung, daß diese organischen Wesen... des fremden verständigen Inidviduums bedürfen, um aus der Welt des blinden Wollens in die der Vorstellung einzutreten, ... um wenigstens mittelbar zu erlangen, was ihnen unmittelbar versagt ist.« Schopenhauer möchte diesen »an Schwärmerei gränzenden Gedanken« dahingestellt sein lassen, zitiert aber immerhin in einer späteren Auflage des Hauptwerkes einen Satz des heiligen Augustin, der einen ähnlichen Gedanken anklingen läßt: »Die Pflanzen bieten ihre mannigfachen Formen, durch die der sichtbare Bau dieser Welt sich formschön gestaltet, den Sinnen zur Wahrnehmung dar; so daß sie, da sie nicht erkennen können, wie es scheint, gleichsam erkannt werden wollen« (I, 258).

Wie Schopenhauer sich auf Augustin, so wird später Marcel Proust sich auf Schopenhauer als Geistesverwandten in der Kunst des stummen Gesprächs mit den Pflanzen beziehen. Erinnert sei an die berühmte Stelle aus der RECHERCHE, wo der Erzähler, im Anblick der Weißdornhecke versunken, das unabweisbare Gefühl hat, daß diese Blume ihm etwas zu »sagen« habe. Der Erzähler verliert in diesem Anschauen und diesem ›Hinhören‹ das Bewußtsein des Hier und Jetzt und auch das Bewußtsein seiner Person. Der Großvater stöbert ihn auf und bringt ihn in die gewöhnliche Welt zurück.

Schopenhauer ist es einmal so ergangen, wie dem Erzähler in der RECHERCHE. Einem Besucher erzählte Schopenhauer folgende Anekdote aus der Dresdener Zeit: »einst im Treibhause zu Dresden umhergehend und ganz in Betrachtung über die Physiognomie der Pflanzen vertieft«, habe er sich gefragt, woher diese so verschiedenen Formen und Färbungen der Pflanzen? Was will mir hier dieses Gewächs in seiner so eigentümlichen Gestalt sagen? Er habe vielleicht laut mit sich gesprochen und sei dadurch so wie durch seine Gestikulationen dem Aufseher des Treibhauses aufgefallen. Dieser sei neugierig gewesen, wer denn dieser sonderbare Herr sei, und habe ihn beim Weggehen ausgefragt. Hierauf Schopenhauer: »Ja, wenn Sie mir sagen könnten, wer ich bin, dann wäre ich Ihnen viel Dank schuldig.«

Diese nicht erklärenden, sondern verstehenden Blicke in die Natur gehören zu einer kontemplativen Haltung. Zugleich aber soll doch diese Art der Anschauung, wir erinnern uns, aus einer analogischen Übertragung der Innenerfahrung des Willens auf die äußere Welt herrühren. Wille jedoch ist dunkles Treiben, blinder Drang, bewußtloses Sein. Der Wille kann von Erkenntnis »begleitet« sein, doch Erkenntnis gehört gerade nicht zu seiner Substanz. Sofern wir uns also als »Subjekt des Wollens« erfahren – und das müssen wir, wenn wir in uns selbst den Kern der erscheinenden Welt zu erfassen bestrebt sind –, dann sind wir doch von selbstvergessener, leidenschaftsloser Kontemplation am denkbar weitesten entfernt. Mit diesem erlebten Willen als »Realissimum« sollen wir, wie mit einem »Zauberwort«, das »innerste Wesen jedes Dinges in der Natur aufschließen« (I, 156) können – aber wie hat sich dieser »Wille« doch beim analogischen Übergang in die Außenwelt verändert! Dort draußen ›spricht‹ überall der Wille zu uns, aber diesen Anspruch vernehmen wir offenbar nur in der Haltung der Kontemplation. Die Erfahrung unseres Leibes setzt uns auf die Spur ins Geheimnis der Welt, aber die Verbindung mit unserem Leib müssen wir inzwischen verloren haben, wir müssen, so Schopenhauer, ganz »Weltauge« geworden sein, wenn wir das universelle Schauspiel des Willens erblicken möchten. Vom Willensdrang zum Willensschauspiel – ein alles andere als selbstverständlicher Übergang. Die Gedankenbewegungen, mit denen Schopenhauer hinüberbalanciert, lassen das Talent des Philosophen, sich einiges auszudenken, aber auch seine intimen Antriebe erkennen.

Schopenhauer geht es um eine Erfahrung, in der die Trennung von Ich und Welt aufgehoben ist: heraus aus den Vorstellungen, hinein ins Sein. Der Fluchtpunkt dieses Ekstase-wunsches trägt seit Kant den Namen »Ding an sich«. Das Erlebnis des Willens am eigenen Leibe hat sich ihm als dieses »Ding an sich« gezeigt, besser: schmerzhaft aufgedrängt. In der Tat: Die unmittelbare Selbsterfahrung des Willens läßt mich eintauchen in eine Dimension, die *unter* dem »principium individuationis« liegt. Doch an solcher Unterbietung des empirischen Bewußtseins, das immer auch ein individuelles ist, kann der Anti-Dionysiker Schopenhauer kein Gefallen finden. Man ist dem Drängen, dem Treiben, dem Begehren, den Schmerzen des Leibes ausgeliefert. So ist nun einmal das »Ding an sich«: Weil man es *ist*, kann man es nicht von außen *sehen*. Das Auge kann sich selbst nicht sehen. Um diese Schwierigkeit dreht sich Schopenhauers Willensmetaphysik: Von wo aus kann man den Willen, das »Ding an sich«, *sehen*, ohne selbst Wille zu *sein*. Es geht um einen Standort, der, wie der Wille selbst, ebenfalls die Grenzen des Individuums über-schreitet – denn aus dem Individuum muß man heraus, wenn man nicht im Gestrüpp der Erscheinungen hängen bleiben will. So kommt es zu Schopenhauers pfiffiger Wendung: Das Subjekt des Wollens, als das unter-individuelle »Ding an sich«, kann nur angeschaut werden vom Über-individuellen, nämlich vom reinen Subjekt der Erkenntnis; ›rein‹ heißt hier: gelöst vom Willen und damit von den empirischen Interessen des Individuums. Also: willenlose Anschauung des Willens. Zwischen dem Unterindividuellen und dem Überindividuel-len vollzieht sich eine heikle Transaktion: Der metaphysische Charme des Willens (seine Raum-Zeit-Grund-losigkeit) soll in den Anschauungsakt hinüberwandern, nicht aber die Sub-stanz dieses Willens, sein Begehren, Drängen, Treiben. Scho-penhauer jongliert mit Begriffen. Es wird nun alles darauf ankommen, ob es ihm gelingt, statt begriffliche Phantome auszuspinnen die Existenz einer solchen Anschauung aufzu-weisen. Es geht nicht darum, ob solches Anschauen denkbar ist, sondern ob es das gibt. Und um zu wissen, ob es das gibt, muß man es bei sich selbst kennengelernt haben. Schopen-hauer hat es kennengelernt, und er will in Begriffen davon reden. Seine ganze Philosophie redet davon.

Solches Anschauen hatte Schopenhauer in seinen Manuskripten »besseres Bewußtsein« genannt. Ein Zustand der Entrückung: raumverloren, zeitverloren, ichverloren, versunken in den Anblick. Man ist in Ruhe, und das Angeblickte läßt einen in Ruhe. So kann man nur in die Welt blicken, wenn man in ihr keine Selbstbehauptungsinteressen zu verfechten hat, wenn man für Augenblicke davon frei geworden ist, Zwecke verfolgen, Nutzen erwägen, Herrschaft ausüben zu wollen. Für jene Augenblicke sind wir, so Schopenhauer, »des schnöden Willensdranges entledigt, wir feiern den Sabbath der Zuchthausarbeit des Wollens, das Rad des Ixion steht still« (I, 280), für Augenblicke genießen wir die »Seligkeit des willenlosen Anschauens« (I, 283). Solches Anschauen ist jedem möglich, und jedem widerfährt es, der, durch welche Umstände auch immer, für Augenblicke aus der Tretmühle seines Lebensgeschäftes heraustritt, sich verwundert die Augen reibt und sich fragt, was das alles eigentlich soll. Das ist der Augenblick der eigentlichen metaphysischen Tätigkeit. Keine Arbeit des Begriffs, überhaupt keine Arbeit, führt an diesen Punkt, sondern ein Nachlassen, ein Aufhören, ein Bruch im Betrieb. Philosophie, so sagte Schopenhauer einmal, ist eigentlich nichts anderes, als in Begriffe umzusetzen, was jeder immer schon weiß, wenn er in dieser Weise innehält: »Die Philosophie kann nirgends mehr tun, als das Vorhandene deuten und erklären, das Wesen der Welt, welches *in concreto,* d. h. als Gefühl, jedem verständlich sich ausspricht, zur deutlichen, abstrakten Erkenntniß der Vernunft bringen« (I, 520).

Die vom Willen gelöste Erkenntnis, die eigentlich metaphysische Tätigkeit, ist nichts anderes als eine ästhetische Haltung: die Verwandlung der Welt in ein Schauspiel, das sich mit interessenlosem Wohlgefallen betrachten läßt. Die Kunst oder genauer: die Haltung, zu der die Kunst den Betrachter einlädt, ist das Paradigma dieser Art Wirklichkeitserfahrung: »Der Genuß alles Schönen, der Trost, den die Kunst gewährt, der Enthusiasmus des Künstlers, welcher ihn die Mühen des Lebens vergessen läßt... dieses Alles beruht darauf, daß... das Ansich des Lebens, der Wille, das Dasein selbst, ein stetes Leiden und teils jämmerlich, teils schrecklich ist; dasselbe hingegen als Vorstellung, rein angeschaut, oder durch die

Kunst wiederholt, frei von Qual, ein bedeutsames Schauspiel gewährt« (I, 372).

Nietzsche wird eine Generation später denselben Gedanken verkünden, mit dem Gestus allerdings, als würde er alle ihm vorangehenden Lehren überbieten. Sein Ausspruch: die Welt ist nur als ästhetische zu rechtfertigen, meint genau dies: Nur in ein ästhetisches Phänomen verwandelt, läßt sie sich ertragen. Wenn Nietzsche, gegen Schopenhauer, trotzdem zum Einverständnis mit dem Willen aufruft, so bezieht er sich auf einen Willen, den er zuvor schon in ein ästhetisches Spiel verwandelt hat. Nietzsches »Wille zur Macht« »blinzelt«: Er schaut sich selbst zu, von sich selbst genügend weit entfernt, um sich genießen zu können.

Bei Schopenhauer wird, wie noch in keiner Philosophie vor ihm, dem Ästhetischen höchster philosophischer Rang eingeräumt. Eine Philosophie, die die Welt nicht erklärt, sondern Auskunft darüber gibt, was die Welt eigentlich ist und bedeutet, eine solche Philosophie, so Schopenhauer, entstammt der ästhetischen Welterfahrung. In seinen Manuskriptbüchern hatte Schopenhauer das noch deutlicher ausgedrückt als im Hauptwerk. »Die Philosophie«, heißt es in einer Aufzeichnung von 1814, »ist so lange vergeblich versucht, weil man sie auf dem Wege der Wissenschaft, statt auf dem der Kunst suchte« (HN I, 154).

Ästhetisch ist der philosophische Blick in die Welt, weil er vom Willen losgebunden ist. Diese Willenlosigkeit der Anschauung verwandelt das Objekt der Anschauung nicht nur in ein Schauspiel, sondern läßt das hervortreten, was Schopenhauer die »reine Objektiviation des Willens« oder auch die »Idee« nennt. »Idee« ist dabei kein Gedankending, sondern Ideen sind Gestalten der anschaulichen Welt, gesehen aus der Perspektive der Kontemplation. »Während die Wissenschaft dem rast- und bestandlosen Strom vierfach gestalteter Gründe und Folgen nachgehend, bei jedem erreichten Ziel immer wieder weiter gewiesen wird und nie ein letztes Ziel, noch völlige Befriedigung finden kann, so wenig als man durch Laufen den Punkt erreicht, wo die Wolken den Horizont berühren; so ist dagegen die Kunst überall am Ziel. Denn sie reißt das Objekt ihrer Kontemplation heraus aus dem Strome des Weltlaufs und hat es isoliert vor sich: und dieses Einzelne, was in jenem Strom ein verschwindend kleiner Teil war, wird ihr ein Repräsentant des Ganzen, ein Aequivalent des in Raum und Zeit unendlich Vielen: sie bleibt daher bei diesem Einzelnen stehn: das Rad der Zeit hält sie an; die Relationen verschwinden ihr: nur das Wesentliche, die Idee, ist ihr Objekt – Wir können sie daher geradezu bezeichnen als *die Betrachtungsart der Dinge unabhängig vom Satze des Grundes,* im Gegensatz der gerade diesem nachgehenden Betrachtung, welche der Weg der Erfahrung und Wissenschaft ist. Diese letzte Art der Betrachtung ist einer unendlichen, horizontal laufenden Linie zu vergleichen; die erstere aber der sie in jedem beliebigen Punkte schneidenden senkrechten. Die dem Satz vom Grunde nachgehende ist die vernünftige Betrachtungsart, welche im praktischen Leben, wie in der Wissenschaft allein gilt und hilft: die vom Inhalt jenes Satzes wegsehende ist... die Betrachtungsart, welche in der Kunst allein gilt und hilft... Die erstere gleicht dem gewaltigen Sturm, der ohne Anfang und Ziel dahinfährt, alles beugt, bewegt, mit sich fortreißt; die zweite dem ruhigen Sonnenstrahl, der den Weg dieses Sturms durchschneidet, von ihm ganz unbewegt. Die erstere gleicht den unzähligen, gewaltsam bewegten Tropfen des Wasserfalls, die, stets wechselnd, keinen Augenblick rasten: die zweite dem auf diesem tobenden Gewühl still ruhenden Regenbogen« (I, 240).

Das alles ist von der Kunst gesagt, es gilt aber ohne Einschränkung auch für die Philosophie, wie Schopenhauer sie versteht. Philosophie »übersetzt« solches Anschauen lediglich in eine andere Sprache, die Sprache der Begriffe. Nur deshalb bezeichnet Schopenhauer die Philosophie schließlich als ein Mittleres zwischen Kunst und Wissenschaft: Vom Ästhetischen hat sie den Modus der Erfahrung, und von der Wissenschaft hat sie die Begriffe; sie hat also ihre Wahrheit nicht durch Begriffe gewonnen, sondern nur »in Begriffen niedergelegt«. Diese Auffassung trennt Schopenhauer von Hegel und von einer ganzen philosophischen Tradition vor ihm und nach ihm: Dort hat das Begriffliche, bei Schopenhauer die Anschauung den höchsten Rang. Dort ist die Kunst – und mag sie noch so sehr umschmeichelt werden – zuletzt doch nur ein uneigentlicher Ausdruck der Wahrheit. Bei Schopenhauer ist es umgekehrt: Die Begriffe sind ein uneigentlicher Ausdruck der Wahrheit; ihr steht die Kunst näher. Deshalb auch konnte Schopenhauer später als *der* Künstlerphilosoph wirken, bei Richard Wagner, Thomas Mann, bei Marcel Proust, Franz Kafka, Samuel Beckett bis hin zu Wolfgang Hildesheimer.

Kunst und Philosophie verdanken sich beide gleichermaßen der Fähigkeit, »sich rein anschauend zu verhalten, sich in die Anschauung zu verlieren und die Erkenntnis, welche ursprünglich nur zum Dienste des Willens daist, diesem Dienste zu entziehn, d. h. sein Interesse, sein Wollen, seine Zwecke ganz aus den Augen zu lassen, sonach seiner Persönlichkeit sich auf eine Zeit völlig zu entäußern, um als *rein erkennendes Subjekt,* klares Weltauge, übrigzubleiben« (I, 266).

Bei Schopenhauer also ist das Glück der Einsicht gebunden an den Ausstieg aus der Arbeit der praktischen Lebensbewältigung, der Geschichte und den Umtrieben der Sinnlichkeit. Man nannte das früher: Vita contemplativa.

Ein Lebensstil mit ehrwürdiger Tradition: der Rückzug als Chance der Wahrheit.

Hatte die unbeteiligte Wahrheit vormals hohes Prestige genossen, so war sie mit Beginn des 19. Jahrhunderts im Ansehen beträchtlich gesunken. Das mußte auch so sein in einer Zeit, für die die Politik zum Schicksal geworden war, die zu glauben begann, daß die Geschichte und damit auch das Glück ›gemacht‹ werden kann. Der Geist des Machens war auch in die Metaphysik eingedrungen.

Kant hatte das »interessenlose Wohlgefallen« der Kunst zwischen die theoretische und praktische Vernunft gesetzt: In der Kunst darf man sich warmlaufen für die höheren Aufgaben, welche die praktische Vernunft gebietet. Der kategorische Imperativ scheucht die genießerisch Untätigen oder auch die kontemplativ Zurückgezogenen auf.

Die romantische Kunstreligion demgegenüber setzte die Kunst zwar an die Spitze der menschlichen Geisteskräfte. Sie sollte von »keinem gemeinem Zweck und Nutzen« verschlungen werden (Wackenroder); insofern also sollte sie zwar »interesselos« bleiben, aber einen aktivistischen Zug bekam auch sie: Der Künstler ist ein mikrologischer Weltenbaumeister. In seinen Träumen träumt die Wirklichkeit. Die künstlerische Produktivität gilt als Paradigma der, wie man das später nannte, »unentfremdeten« Lebenstätigkeit. Das Imaginäre der Romantik war nicht nur ein Erlösungsraum und Erlösungstraum, sondern zugleich eine Versuchsanordnung für gelingendes Tun. Für die Romantiker ist Sein Poiesis. Romantik war keine Sezession von der Welt des Handelns, sie verstand sich als Avantgardeprojekt der aktivistischen Selbstverwirklichung.

Noch nie war die Metaphysik so tatendurstig wie Anfang dieses Jahrhunderts. Die von Kant ausgehende Reflexionsphilosophie ist Praxisphilosophie. Kant selbst hatte seine aufwendige Transzendentalphilosophie als zeitgemäße Ermöglichung einer praktischen Ethik verstanden. Seinen Nachfolgern war er trotzdem noch zu zaghaft. Sein und Sollen standen ihnen zu unvermittelt einander gegenüber. Es galt, den Dualismus zwischen Sollen und Sein wegzudenken. Der weggedachte Dualismus wurde zur Zauberformel: ›Dialektik‹: Das Sein sollte nicht nur *sollen,* sondern das Sollen sollte *sein. Sein* war fortan Tätigkeit des Ichs (Fichte) oder des vergeistigten Natursubjektes (Schelling) oder des Weltgeistes (Hegel). Das alles waren Szenarios, in denen das fleißige Sein aufgrund seiner Eigendynamik (Dialektik) auf das zulief, was Kants Imperativ nur gefordert hatte. Die versöhnte und darum glückliche Menschengemeinschaft war nun nicht mehr nur regulative Idee, der praktischen Sittlichkeit zur Verwirklichung aufgetragen, sondern sie war immanente Perspektive der geschichtlichen Entwicklung. Sie stand einfach auf der Tagesordnung. Der Himmel hatte die Erde wachgeküßt: so begann sie zu arbeiten. Die Geschichtsphilosophie verwahrt künftig den protestantischen Arbeitsbegriff in ihrem Allerheiligsten.

Aus Schopenhauers Willensbegriff indes ist der arbeitende Geist ausgetrieben. Der Wille hat kein Ziel, er kreist als blinder Drang. Er berechtigt zu keinen Hoffnungen. Man kann ihm das Projekt einer geschichtlichen Vernunft nicht anvertrauen. Der Wille hält einen in Bewegung, aber es sind Sklavendienste, die man dabei verrichtet. In der Werkstatt des Willens wird kein künftiges Glück geschmiedet, deshalb ist es besser, man sucht das Weite, wo man untätig bleiben kann. Von dort aus läßt sich dann das Willensschauspiel sogar genießen. Der Schopenhauersche ›Wille‹ ist noch weit aktivistischer konzipiert als alle die Geist-Subjekte von Fichte bis Hegel. Aber sein Aktivismus ist Qual ohne Zukunft, ohne Verheißung. Vor diesem Hintergrund muß die Vita contemplativa einen gänzlich anderen Stellenwert bekommen als bei den Philosophen des Tatendurstes.

Annähernd zur selben Zeit, da Schopenhauers Hauptwerk entsteht, beginnt Hegel seine erste Berliner Vorlesung mit einer Reflexion auf die doppelte Wahrheit: die Wahrheit des »Werktags« und die Wahrheit des »Sonntags«. Dem Werktag gehört das »Interesse der Not«; hier geht es um praktische Lebensbewältigung, hier muß man sich die Frage gefallen lassen: ›Was nützt mir diese Erkenntnis?‹ Am Sonntag aber ruht nicht nur der Herr der Schöpfung aus von seinen Werken. Das ist der Tag der Beschaulichkeit. Nun darf man anschauen, was man gewirkt hat. Die Philosophie des Sonntags ist, was die Tradition die »philosophia perennis« nennt. Hier *hat* man nicht nützliche Wahrheiten, sondern steht *in* der Wahrheit. Nicht der Nutzen, sondern das Glück der Erkenntnis ist die Signatur der sonntäglichen Philosophie. In geradezu schwärmerischen Worten spricht auch Hegel von dieser sonntäglich-selbstgenügsamen Theorie des Seins, die auf die Drangsale der Werktage, denen sie entronnen ist, hinblickt. Aber Hegel vergißt keinen Augenblick, daß diese theoretische Lust das »Bedürfnis« derer ist, die ihre sonstigen Bedürfnisse gestillt haben. In diesem Sinne spricht er von der »philosophia perennis« als einem »Bedürfnis der Bedürfnislosigkeit«.

»In der Tat«, so Hegel in seiner Berliner Vorlesung, »setzt das Bedürfnis, sich mit den reinen Gedanken zu beschäftigen einen weiten Gang voraus, den der Menschengeist durchgemacht haben muß, es ist, kann man sagen, das Bedürfnis des schon befriedigten Bedürfnisses der Notwendigkeit, der Bedürfnislosigkeit, zu dem er gekommen sein muß, der Abstraktion von dem Stoffe... der konkreten Interessen des Begehrens, der Triebe, des Willens.« Hegel, der nicht wie Schopenhauer das Glück hatte, durch eine Erbschaft materiell versorgt zu sein, und der deshalb auch nicht nur für die Philosophie, sondern zugleich auch von ihr leben mußte, Hegel also versucht, Sonntag und Werktag zusammenzudenken. Seine Geschichtsphilosophie ist eine Philosophie der ganzen Woche. Sein Trost: Die Werktage der Geschichte werden, da der Mensch ein »Werkmeister seines Glücks« ist, auf einen geschichtlichen Sonntag zulaufen. Am geschichtlichen Sonntag hat der Geist die »Arbeit der Umgestaltung« vollendet, er wird bei sich angekommen und dafür frei sein, sich selbst zu genießen (bei Marx wird er bekanntlich morgens fischen und jagen usw.). Einstweilen aber »arbeitet« der Weltgeist noch, nur in Hegels Kopf hat er schon sonntägliches Beisichsein erlangt, ein Umstand, der glücklich zusammenfällt damit, daß Hegel neuerdings in Berlin eine hochdotierte Philosophieprofessur innehat.

Für Hegel steht fest: Die Arbeit der Geschichte ist ein Wahrheitsgeschehen. Man begibt sich aller Wahrheitschancen, wenn man als einzelner aussteigt, sich also seinen privaten Sonntag vor der Zeit abzweigt. Für den Philosophen gilt: die geschichtliche Arbeit des Weltgeistes mitmachen, jenseits davon gibt es nur die hohlen Nüsse des »vermeintlichen Tiefsinns« zu holen.

Nach Hegel nimmt, wie man weiß, der arbeitende Weltgeist immer handfestere Formen an.

Feuerbach sieht ihn in der so praktischen »Feuer- und Lebensversicherung« am Werke, und David Friedrich Strauß bemerkt ihn bei der Eisenbahnfahrt. »Bedeutender Eindruck dieses modernen Wunderwerkes«, schreibt er, »träumerisches Bewußtsein während solchen zauberhaften Fliegens. Keinerlei Furcht, sondern Gefühl innigster Verwandtschaft des eigenen Prinzips mit dergleichen Erfindungen.« Für Marx schließlich ist die Industrie »das aufgeschlagene Buch der menschlichen Wesenskräfte«. Doch auch den Aktivisten wird es manches Mal unbehaglich. Strauß in einem Brief: »Täuschen wir uns nicht, die neue Zeit, welche angebrochen ist, kann für uns zunächst nicht erfreulich sein. Das Element hört auf, in dem wir uns bisher am liebsten bewegten. So mag es den Land- und Lufttieren gewesen sein, als zu den Zeiten Noah die Wasser hereinbrachen. Denn unser Element war doch . . . die Theorie, ich meine die freie, nicht auf Zweck und Bedürfnis gerichtete geistige Tätigkeit. Diese ist jetzt kaum mehr möglich und wird bald sogar geächtet sein.«

Sechzehntes Kapitel

DIE WELT ALS WILLE UND VORSTELLUNG. *Philosophie des Leibes: wo der Spaß aufhört. Selbstbehauptung und Selbstauflösung. Die Macht des Egoismus. Staat und Recht. Eigentum. Die Unio mystica des Mitleids. Das große Nein. Musik. Zaungastperspektive der Verneinung. Das Vorletzte und das Letzte.*

Die »freie, nicht auf Zweck und Bedürfnis gerichtete geistige Tätigkeit« (D. F. Strauß) ist tatsächlich das »Element« der Schopenhauerschen Philosophie. Dieser das Ganze der Welt und des Lebens über- und anschauende Rundblick bedarf eines rechten Ortes und einer rechten Zeit. Das Bergerlebnis hatte den jungen Arthur mit solcher Gelegenheit zum ersten Mal bekannt gemacht. Die Bergeshöhe der Philosophie beschreibt Schopenhauer im Hauptwerk mit den folgenden Worten: »wann aber äußerer Anlaß, oder innere Stimmung uns plötzlich aus dem endlosen Strome des Wollens heraushebt, die Erkenntnis dem Sklavendienst des Willens entreißt, die Aufmerksamkeit... die Dinge... auffaßt... ohne Interesse,... ihnen ganz hingegeben...: dann ist die auf jenem ersten Wege des Wollens immer gesuchte, aber immer entfliehende Ruhe mit einem Male von selbst eingetreten, und uns ist völlig wohl. Es ist der schmerzenslose Zustand, den Epikuros als das höchste Gut und als den Zustand der Götter pries: denn wir sind, für jenen Augenblick, des schnöden Willensdranges entledigt, wir feiern den Sabbath der Zuchthausarbeit des Wollens, das Rad des Ixion steht still« (I, 280).

Der des »schnöden Willensdranges« Entledigte ist frei dafür, in allem nur noch das Schauspiel des Willens zu erblicken. Der Hauptakteur dieses Schauspiels ist der Leib. Schopenhauers Philosophie des Leibes fegt den traditionellen Leib-Seele-Dualismus beiseite und unternimmt dabei etwas bisher Unerhörtes: Der Leib als verkörperter Wille wird zum grundlegenden Prinzip einer ganzen Metaphysik. »Jeder wahre Akt... (des) Willens ist sofort und unausbleiblich auch eine Bewegung seines Leibes... Der Willensakt und die Aktion des Leibes... sind eines und dasselbe, nur auf zwei gänzlich verschiedene Weisen gegeben: einmal ganz unmittelbar und einmal in der Anschauung für den Verstand« (I, 157).

Doch genau darauf, daß nämlich der Willensakt und die Aktion des Leibes *nicht* ein und dasselbe seien, hatte sich die traditionelle Auffassung des Leib-Seele-Dualismus gestützt. ›Wille‹ war seit Platon als ein geistig-seelischer Impuls definiert worden, der den Körper regiert. Für Platon ist Erkenntnis der Gewinn von leibfreier Souveränität. Solches Erkennen gebietet über den Körper und wird zur Quelle eines ›reinen‹ Wollens. Dieser Wille bricht die Macht des Körpers, der eine Macht des Todes, des Nicht-Seins ist. Platon nennt den Leib ein »Grab«. Die abendländische Tradition ist voller großartiger Versuche, den Körper wegzudenken. Immer mußte dabei eine geistig-seelische Befehlszentrale ausfindig gemacht werden, auf deren Kommando der Körper hört. Das ist auch nicht verwunderlich in Zeiten, die den Schicksalen des Körpers schutzlos preisgegeben waren. Zeiten, die die wirkliche Naturbeherrschung des eigenen Leibes noch nicht kennen, Zeiten ohne medizinische Intensivstation, Krankenkassen und Schluckimpfung, müssen sich wenigstens imaginär vor den Attacken des Körpers in Sicherheit bringen. Die Behauptung der Suprematie des Geistes kam prunkend daher, und doch entstammte sie der Defensive. Die Quelle dieses Idealismus war nicht Lustfeindlichkeit, wie man heute gerne argwöhnt, sondern Todesangst, Angst vor Schmerzen, Krankheiten, Seuchen, Siechtum. Man war mit dem Körper verfallen, weil man das Leben liebte. Die idealistischen Potenzphantasien versuchten Macht über einen Körper zu gewinnen, der als Einfallstor des Todes gilt. »Krieg und Aufstände und Kämpfe verursacht nichts anderes, als der Körper und seine Begierden«, schreibt Platon. Für Paulus ist das »Fleisch« dem »Gesetz des Todes« untertan. Seine Erlösungssehnsucht ist darum aber nicht körperfeindlich: Denen, die im Geiste Christi wandeln, verspricht er einen »neuen Leib«.

Gegen den Spiritualismus, der von der Macht des Körpers loskommen will, hat es natürlich immer auch den kynischen Protest gegeben. Der beruft sich in der Regel darauf, daß man sich doch in seinem Körper zu Hause fühlt, es sich darin bequem machen könne. Aber auch der Kynismus unterliegt dem Gesetz des Alterns, und wenn die körperlichen Plagen wachsen, wächst auch hier der Bedarf an leibfreier Souveränität. Die leibesfrohe Renaissance war vor allem eine Jugendkultur.

Das lärmende Einverständnis mit dem Leibe trat stets polemisch auf und gehört insofern als kritische Komplettierung zur Geschichte des jahrhundertealten Idealismus. Die umgestülpte Welt der karnevalistischen Lachkultur, deren befristete Explosionen zur feiertäglichen Befreiung des Leibes ermuntern, ist vielleicht der deutlichste Ausdruck dafür. Auf die Idee aber, im Einverständnis mit dem Leibe die Erlösung und das Heil zu suchen, war im Ernst noch keiner gekommen. Solches blieb erst unserem Jahrhundert und insbesondere dem letzten Jahrzehnt vorbehalten. Da hat eine ganze Generation auf der Suche nach heilsschwangeren Subjekten in der Geschichte, denen man messianische Hoffnungen anvertrauen kann, das mittlerweile abgedankte ›Proletariat‹ durch den Körper ersetzt. So wie mit jenem sollte man sich jetzt mit diesem verbinden und verbünden. Es werden Geschichten geschrieben über das goldene Zeitalter des Körpers und über seine womöglich goldene Zukunft, man predigt Solidarität mit dem geknechteten Körper. Man entdeckt einen Klassenkampf zwischen Kopf und Bauch. Der Körper wird zum Geheimnisträger, der, hört man ihm nur richtig zu, alles ausplaudert, worauf es ankommt. Seitdem lauscht man auf seine raunenden Orakelsprüche und umzingelt ihn, den krankenkassengeschützten, mit einer ganzen Deutungskultur. Das »Spüren« wird zum Königsweg zur Wahrheit. Der Körper ist die neueste Metamorphose in der Karriere des »Dings an sich«. Und wie immer schon steckt auch *dieses* »Ding an sich« voller Verheißungen.

Wenn Schopenhauer seinerseits nun den Leib so energisch ins Zentrum seiner Metaphysik rückt, so nicht deshalb, weil er gegen das idealistische Seelenjenseits eine neue Diesseitsreligion, die Religion des Leibes, begründen will, sondern weil er mit der Illusion aufräumen möchte, man könne sich der Übermacht des Leibes entziehen. Schopenhauer lag es fern, das, was einen beherrscht, eben den eigenen Körper, auch noch zu lieben. Die zerstörte Illusion der seelischen Himmelfahrt wollte er nicht mit der Illusion einer Himmelfahrt des Körpers kompensieren.

Die ganze traditionelle Konzeption eines (seelisch-geistigen) Willens, der den Körper kommandiert, wirft Schopenhauer beiseite mit der Unterscheidung zwischen Willensaktion und bloß intellektueller Willensabsicht. »Willensbeschlüsse, die sich auf die Zukunft beziehn, sind bloße Überlegungen der Vernunft über das, was man dereinst wollen wird, nicht eigentlich Willensakte« (I, 158). Ob der durch die Vernunft gefaßte Willensbeschluß verwirklicht wird, hängt nicht von der Kraft der Vernunft ab, sondern davon, ob diese Absicht meinen Willen, wie er sich in der Gesamtheit meiner leiblichen Existenz manifestiert, anregt. Die Vernunft hält dem Willen Motive vor, wie der Wille aber auf diese Motive reagiert, steht nicht in der Gewalt der Vernunft. Der Entschluß findet nicht vor der Aktion statt, im Sinne einer Kausalität zwischen Entschluß und Aktion, sondern der Entschluß fällt zusammen mit der Aktion selbst. Zuvor gibt es eine Absicht, sich in bestimmter Weise zu entschließen. Entschlossenheit aber ist erst in und durch die Aktion. »Nur die Ausführung stempelt den Entschluß«, schreibt Schopenhauer. Wer ich bin, das darf ich nicht aus meinen Absichten, sondern nur aus der verwirklichten und das heißt immer auch zugleich: aus der verkörperten Gestalt meines Lebens ablesen. Es gibt kein Entkommen in eine geistige Hinterwelt, die meinem praktischen Leben ›tieferen‹ Sinn oder gar Absolution erteilt. Die Taten meines Lebens sind das aufgeschlagene Buch meiner Identität. Was ich bin, das habe ich gewollt. Der Wille in mir ist nichts, was ich ›machen‹ könnte, der Wille, der ich bin, geschieht. Gegen die traditionelle Theorie der Willensfreiheit argumentiert Schopenhauer:

»Sie besteht also eigentlich darin, daß der Mensch sein eigenes Werk ist, am Lichte der Erkenntnis. Ich hingegen sage: er ist sein eigenes Werk vor aller Erkenntnis, und diese kommt bloß hinzu, es zu beleuchten. Darum kann er nicht beschließen, ein solcher oder solcher zu sein, noch auch kann er ein anderer werden; sondern er *ist,* ein für allemal, und erkennt successive *was er* ist. Bei Jenen *will* er was er erkennt; bei mir *erkennt* er was er will« (I, 403).

Bei Schopenhauer ist auch der Kopf im genauen Sinne ein

Körperteil. Das Denken des Kopfes ist deshalb zuletzt doch auch nur eine Aktion des Willens. Doch der Wille, der wir insgesamt sind, manifestiert sich in unterschiedlicher Stärke und Wahrnehmbarkeit in unserem Körper. Schon das vegetative Leben unseres Körpers ist Wille, egal ob wir ihn bemerken, und wir bemerken ihn hier in der Regel nur bei Funktionsstörungen als Schmerz, Unbehagen usw. Für Schopenhauer reißt die Erkenntnisfähigkeit des Menschen diesen nicht los von dem Geschehen des Willens am eigenen Leibe, sondern das Erkennen definiert Schopenhauer als ein Organ des Willens, wodurch sonstige Mängel der körperlichen Ausstattung kompensiert werden. Im Blick auf die Stellung des Menschen zur übrigen Natur schreibt Schopenhauer: »Der Wille, der bis hierher (in der nichtmenschlichen Natur, R. S.) im Dunkeln höchst sicher und unfehlbar seinen Trieb verfolgte, hat sich auf dieser Stufe (der menschlichen, R. S.) ein Licht angezündet« (I, 223). Das war nötig, damit das »komplizierte, vielseitige, bildsame, höchst bedürftige und unzähligen Verletzungen ausgesetzte Wesen, der Mensch« (I, 224) überhaupt bestehen konnte. In unserem erkennenden Vermögen bleiben wir also in der Hauptsache an den Willen gebunden: »Die Erkenntnis überhaupt, vernünftige sowohl als bloß anschauliche, ... ursprünglich also zum Dienste des Willens, zur Vollbringung seiner Zwecke bestimmt, bleibt sie ihm auch fast durchgängig gänzlich dienstbar« (I, 225).

»Gegen die mächtige Stimme der Natur« schreibt Schopenhauer, »vermag die Reflexion wenig« (I, 389). Schopenhauer läßt seinem nicht unbeträchtlichen satirischen Talent alle Freiheit bei der Schilderung der Blamagen des Geistes, wenn dieser mit den Umtrieben des Körpers in Kollision gerät. Die mächtigste Stimme der Natur und damit auch die günstigste Gelegenheit für den Geist, sich zu blamieren, ist, wie kann es anders sein, die Sexualität. Die Genitalien nennt Schopenhauer den »eigentlichen *Brennpunkt* des Willens« (I, 452). Unserem Bewußtsein und Empfinden stellt sich die Natur in uns, die ihren Gattungszweck, die Fortpflanzung, unerbittlich verfolgt, zumeist als Gefühl der Verliebtheit dar. Die Genitalien suchen sich, und die Seelen glauben sich zu finden. Die Menschen erfahren sich als Individuen, und deshalb müssen sie zu ihrem Gattungszweck überlistet werden. Die Lust des Körpers und die Verliebtheit der Seelen bringen das zustande. Es vollzieht sich eine lustvolle Überschreitung der Grenzen der Individualität. Die postkoitale Depression ist oft die ernüchternde Rückkehr aus dieser Vermischung. Der Mohr hat seine Schuldigkeit getan, der Mohr kann gehen. Im Tierreich, so Schopenhauer, geht die Natur noch »naiver« zu Werke: Da wird auch schon mal das Männchen nach der Begattung getötet oder tötet sich gar selbst. In der Menschenwelt weiß der Mythos von der faszinierenden Verbindung von Liebe und Tod, die alltägliche Gestalt dieser Verbindung ist dann doch eher die »Plage des Hausstandes«. »Die Natur ... treibt mit aller ihrer Kraft den Menschen, wie das Tier, zur Fortpflanzung. Danach hat sie mit dem Individuum ihren Zweck erreicht und ist ganz gleichgültig gegen dessen Untergang, da ihr als dem Willen zum Leben, nur an der Erhaltung der Gattung gelegen, das Individuum ihr nichts ist« (I, 452).

Daß die »Erkenntnis im Dienste des Willens« steht, gilt also besonders auch für die Sexualität, die als überindividuelle Macht das Individuum zappeln läßt. Gerade weil hier der »Brennpunkt des Willens« liegt, ist Schopenhauer darauf gefaßt, die geheimen sexuellen Antriebe auch in entlegeneren Lebensbereichen, wo man sie nicht vermuten würde, aufzufinden. Solche ›psychologischen‹ Beobachtungen, mit denen er Freud und Nietzsche tüchtig vorarbeitet, finden sich zahlreich im später verfaßten zweiten Band des Hauptwerkes und in den PARERGA. Im ersten Band, in dem die Umrisse seiner ganzen Philosophie in einem Zuge gezeichnet werden, nimmt sich Schopenhauer noch nicht die Zeit und hat auch noch nicht das genügende Material beisammen, um solche Untersuchungen en detail durchführen zu können. Von zentraler Bedeutung aber ist die Sexualität, auch wenn er sich mit ihr zunächst nur auf wenigen Seiten beschäftigt, bereits in diesem ersten Band. Denn die Sexualität, so wie er sie erlebt, wird ihm zum Modell des als quälend empfundenen Willensgeschehens überhaupt. Von hier beziehen Schopenhauers Urteile über den Willen ihr affektives Unterfutter. Ein Beispiel: Eben noch spricht Schopenhauer von den Steinen und ihrer Schwere, die sie unaufhörlich in einen Mittelpunkt ziehen, da findet er sogleich beim Stichwort »endloses Streben« den Übergang zum endlosen Fortzeugungsgeschäft: »Ebenso ist der Lebenslauf des Tieres: die Zeugung ist der Gipfel desselben, nach dessen Erreichung das Leben des ersten Individuums schnell oder langsam sinkt, während ein neues der Natur die Erhaltung der Species verbürgt und dieselbe Erscheinung wiederholt« (I, 240). Das Generationsgeschehen geht über das einzelne Lebewesen mit Gleichgültigkeit hinweg. Der Mensch aber, der sich als Individuum erfährt, hat dazu noch das Pech, sich dieser Gleichgültigkeit der Natur in ihm selbst bewußt zu werden. Das erfährt er gerade in der Sexualität, die ihn unversehens ins Tierreich wirft. Bei der Begattung wird er zum Gattungswesen. Diese Kränkung ›von unten‹ konnte Schopenhauer, der sonst gerne – allerdings ›von oben‹, vom »besseren Bewußtsein« her – über das ängstliche Festhalten am Prinzip der Individuation spottet, schlecht ertragen. Wie hatte doch Schopenhauer in seinem intimeren Manuskriptbuch geschrieben: »Denke dir das schönste, liebreizendeste Paar ... Nun sieh sie im Augenblick des Genusses der Wollust – aller Scherz, all jene sanfte Grazie ist plötzlich fort, urplötzlich beym Anfang des ›actus‹ verschwunden, und hat einem tiefen Ernst Platz gemacht. Was für ein Ernst ist das? – der Ernst der Thierheit« (HN I, 42). Bei diesem »Ernst« hört für Schopenhauer der Spaß auf – der Spaß an der Erotik und der Spaß an der sich quasi erotisch in die Natur einfühlenden Naturphilosophie seiner Zeit. In seinem Manuskriptbuch nennt er die Naturphilosophen – gemeint sind Schelling, Steffen, Troxler und andere – eine »besondre Klasse Narren«, die das nicht kennen, wovon sie reden. Sie haben die Natur zu ihrer platonischen Geliebten gemacht; schwärmen können sie nur über die Natur in ihrer unriskanten Präsenz. »Aber versuch es ein Mal ganz Natur zu seyn: es ist entsetzlich zu denken: du kannst nicht Geistesruhe haben wenn du nicht entschlossen bist nöthigenfalls dich und d. h. alle Natur für dich zu zerstöhren« (HN I, 27). Solches Entsetzen hat Schopenhauer dann im Hauptwerk in einem grandiosen Bild festgehalten: »Denn, wie auf dem tobenden Meere, das, nach allen Seiten unbegrenzt, heulende Wasserberge erhebt und senkt, auf einem Kahn ein Schiffer sitzt, dem schwachen Fahrzeug vertrauend; so sitzt, mitten in einer Welt voll Qualen, ruhig der einzelne Mensch, gestützt und vertrauend auf das principium individuationis ... Die unbegrenzte Welt, voll Leiden überall, in unendlicher Vergangenheit, in unendlicher Zukunft, ist ihm fremd, ja ist ihm ein Märchen: seine verschwindende Person, seine ausdehnungslose Gegenwart, sein augenblickliches Behagen, dies allein hat Wirklichkeit für ihn ... Bis dahin lebt bloß in der innersten Tiefe seines Bewußtseins die ganz dunkle Ahndung, daß ihm jenes alles doch wohl eigentlich so fremd nicht ist, sondern einen Zusammenhang mit ihm hat, vor welchem das principium individuationis ihn nicht schützen kann. Aus dieser Ahndung stammt jenes so unvertilgbare und alle Menschen ... gemeinsame *Grausen,* das sie plötzlich ergreift, wenn sie, durch irgend einen Zufall, irre werden am *principio individuationis*« (I, 482).

Was bei Schopenhauer ein »Grausen« ist, das wird für die romantische Naturphilosophie, in deren Nähe man Schopenhauer gerne rückt, zum Entzücken. Novalis beispielsweise verwendet dasselbe Bild des Meeres, aber das später von Freud so genannte »ozeanische Gefühl« der Selbstauflösung ist ihm etwas Verlockendes: »Wem regt sich nicht ... das Herz in hüpfender Lust, wenn ihm das innerste Leben der Natur in seiner ganzen Fülle in das Gemüth kommt! wenn dann jenes mächtige Gefühl, wofür die Sprache keine anderen Namen als Liebe und Wollust hat, sich in ihm ausdehnt ... und er bebend in süßer Angst in den dunkeln lockenden Schoß der Natur versinkt, die arme Persönlichkeit in den überschlagenden Wogen der Lust sich verzehrt, und nichts als ein Brennpunkt der unermeßlichen Zeugungskraft, ein verschluckender Wirbel im großen Ozean übrig bleibt.«

Bei Novalis wie auch bei Schopenhauer wird das Individuum vor dem Anprall der überindividuellen Mächte der Natur zur »armen Persönlichkeit«. Der romantische Geist indes experimentiert mit der Lust der Selbstpreisgabe (»und ich mag mich nicht bewahren ...«, Eichendorff). Schopenhauer hat an diesen Zaungästen des Dionysos kritisiert, daß sie nicht die Kraft zum illusionslosen Blick auf jenes verlockende Element der Selbstauflösung besitzen. Denn auf der Spur unserer inneren Natur gelangen wir in kein bergendes »Reich der Mütter«

(Goethe). Keine Besänftigung erfahren wir von dort, sondern Aufruhr. »Unsere Erde aber schmiegt sich an uns, ihr Leben und Weben ist uns innerlich befreundet«, schreibt der Romantiker Steffens. Nein, sagt Schopenhauer, wir können nicht mit einer Erde befreundet sein, die es gar nicht auf uns abgesehen hat, die mit unserem Tod das Leben unserer Gattung erhält. Wir sind zwar durch und durch Natur – darin gibt er den Romantikern recht –, aber gerade deshalb sind wir ihrer Gnadenlosigkeit, ihrem dschungelhaften Kampfgetümmel, ihren Entzweiungen ausgeliefert. »So sehn wir in der Natur überall Streit, Kampf und Wechsel des Sieges und werden ebendarin weiterhin die dem Willen wesentliche Entzweiung mit sich selbst deutlicher erkennen ... Die deutlichste Sichtbarkeit erreicht dieser allgemeine Kampf in der Tierwelt, welche die Pflanzenwelt zu ihrer Nahrung hat, und in welcher selbst wieder jedes Tier die Beute und Nahrung eines andern wird ..., indem jedes Tier sein Dasein nur durch die beständige Aufhebung eines fremden erhalten kann; so daß der Wille zum Leben durchgängig an sich selber zehrt und in verschiedenen Gestalten seine eigene Nahrung ist, bis zuletzt das Menschengeschlecht, weil es alle andern überwältigt, die Natur für ein Fabrikat zu seinem Gebrauch ansieht, das selbe Geschlecht jedoch auch ... in sich selbst jenen Kampf, jene Selbstentzweiung des Willens zur furchtbarsten Deutlichkeit offenbart und ›homo homini lupus‹ (der Mensch dem Menschen ein Wolf, R. S.) wird« (I, 218).

Das vom Willen beherrschte Individuum kann nicht anders als egoistisch sein, und Gesellschaft ist demnach, ganz im Sinne von Hobbes, der auch das ›homo homini lupus‹ zur anthropologischen Grundlage seiner Staatstheorie macht, der latente Kriegszustand der Egoismen untereinander. Mit einer überraschenden, aber in sich plausiblen Wendung verknüpft Schopenhauer den Begriff des individuellen Egoismus mit seinen transzendentalphilosophischen Grundüberlegungen: Alles ist zwar ›an sich‹ Wille, aber das Individuum, in dem Subjekt des Wollens und Subjekt des Erkennens zusammenfallen, sieht in allem anderen als es selbst den Willen nur als ›Vorstellung‹, und nur an sich selbst erlebt es diesen Willen zugleich als innere Realität. Das heißt: Das, was aller Erscheinung zugrunde liegt, Wille, »also das wirklich Reale, findet (das Individuum) unmittelbar nur in seinem Innern« (I, 454). Daraus erklärt sich, so Schopenhauer weiter, »daß jedes in der grenzenlosen Welt gänzlich verschwindende und zu Nichts verkleinerte Individuum dennoch sich zum Mittelpunkt der Welt macht, seine eigene Existenz und Wohlsein vor allem andern berücksichtigt, ja auf dem natürlichen Standpunkte alles andere dieser aufzuopfern bereit ist, bereit ist die Welt zu vernichten, um nur sein eigenes Selbst, diesen Tropfen im Meer, etwas länger zu erhalten. Diese Gesinnung ist der *Egoismus,* der jedem Dinge in der Natur wesentlich ist. Eben er aber ist es, wodurch der innere Widerstreit des Willens mit sich selbst zur fürchterlichen Offenbarung gelangt... Während also jedes sich selber als der ganze Wille und das ganze Vorstellende unmittelbar gegeben ist, sind die übrigen ihm zunächst nur als seine Vorstellung gegeben; daher geht ihm sein eigenes Wesen und dessen Erhaltung allen andern zusammen vor. Auf seinen eigenen Tod blickt jeder als auf der Welt Ende, während er den seiner Bekannten als eine ziemlich gleichgültige Sache vernimmt... In dem auf den höchsten Grad gesteigerten Bewußtsein, dem menschlichen, muß, wie die Erkenntnis, der Schmerz, die Freude, so auch der Egoismus den höchsten Grad erreicht haben und der durch ihn bedingte Widerstreit· der Individuen auf das entsetzlichste hervortreten. Dies sehn wir denn auch überall vor Augen, im Kleinen wie im Großen, sehn es bald von der schrecklichen Seite, im Leben großer Tyrannen und Bösewichter und in weltverheerenden Kriegen, bald von der lächerlichen Seite... Aber am deutlichsten tritt es hervor, sobald irgend ein Haufen Menschen von allem Gesetz und Ordnung entbunden ist: da zeigt sich sogleich aufs deutlichste das bellum omnium contra omnes (der Krieg aller gegen alle, R. S.), welches Hobbes ... trefflich geschildert hat« (I, 455).

Vor diesem Hintergrund entwickelt Schopenhauer seine nun in der Tat auch an Hobbes angelehnte Staatstheorie: Der Staat hängt den »Raubtieren« einen »Maulkorb« um, so werden sie zwar moralisch nicht besser, aber »unschädlich wie ein grasfressendes Tier« (I, 473). Der Staat ist eine insgesamt defensive Zwangseinrichtung. Jeder will Unrecht tun, keiner will Unrecht erleiden. Da die grundlegende anthropologische Kategorie Schopenhauers nicht Moral, sondern Wille ist, so gibt es für ihn auch nicht primär ein Rechtsgefühl, sondern nur den Schmerz beim Unrechterleiden. Dieser Schmerz besteht in einer Beeinträchtigung, Kränkung, Verletzung der eigenen, vom Individuum ausgehenden Willenssphäre. Das Individuum, selbst jederzeit bereit, auf fremde Willenssphären überzugreifen, muß zugleich ein Interesse daran haben, in der eigenen Willenssphäre vor solchen Übergriffen geschützt zu werden. Es muß also von den eigenen Übergriffen abgeschreckt werden; durch diese Abschreckung wird es zugleich vor den Übergriffen Fremder auf die eigene Sphäre geschützt.

Ausdrücklich widerspricht Schopenhauer allen in der Nachfolge Kants entwickelten Theorien, die vom Staat eine Verbesserung, Versittlichung des Menschen erwarten (Schiller, Hegel) oder im Staat eine Art höheren Menschenorganismus sehen (Novalis, Schleiermacher u.a.). Der Staat, so Schopenhauer, schützt den Menschen vor sich selbst, verbessern kann er ihn nicht. Der Staat ist eine soziale Maschine, die, im besten Fall, den kollektiven Egoismus mit dem kollektiven Überlebensinteresse verkoppelt. »Der Staat ist... so wenig gegen den Egoismus überhaupt und als solchen gerichtet, daß er umgekehrt gerade aus dem sich wohlverstehenden, methodisch verfahrenden, vom einseitigen auf den allgemeinen Standpunkt tretenden und so durch Aufsummierung gemeinschaftlichen Egoismus aller entsprungen und diesem zu dienen allein da ist, errichtet unter der richtigen Voraussetzung, daß reine Moralität, d. h. Rechthandeln aus moralischen Gründen, nicht zu erwarten ist; außerdem er selbst ja überflüssig wäre. Keineswegs also gegen den Egoismus, sondern allein gegen die nachteiligen Folgen des Egoismus, welche aus der Vielheit egoistischer Individuen ihnen allen wechselseitig hervorgehn und ihr Wohlsein stören, ist, dieses Wohlsein bezweckend, der Staat gerichtet« (I, 472).

Schopenhauer wünscht sich einen für diese Zwecke mit starken Machtmitteln ausgestatteten Staat, aber er soll eine Macht des Äußeren bleiben. Gerade weil er dem Staat keine moralische Kompetenz zubilligt, so hat dieser auch im Inneren seiner Bürger nichts zu suchen und nichts anzuordnen:

»den Staat kümmern Wille und Gesinnung, bloß als solche ganz und gar nicht, sondern allein die *Tat*..., ihm ist die Tat, die Begebenheit, das allein Reale: die Gesinnung, die Absicht wird bloß erforscht, sofern aus ihr die Bedeutung der Tat kenntlich wird. Daher wird der Staat niemandem verbieten, Mord und Gift gegen einen andern beständig in Gedanken zu tragen, sobald er nur gewiß weiß, daß die Furcht vor Schwert und Rad die Wirkungen jenes Wollens beständig hemmen wird. Der Staat hat auch keineswegs den törichten Plan, die Neigung zum Unrechttun, die böse Gesinnung zu vertilgen; sondern bloß jedem möglichen Motiv zur Ausübung eines Unrechts immer ein überwiegendes Motiv zur Unterlassung desselben in der unausbleiblichen Strafe an die Seite zu stellen« (I, 470).

Schopenhauer will eine funktionierende Staatsmaschine· und nicht, wie etwa die Romantiker, einen Staat als Lebenssinn-Einrichtung. Schopenhauers Lehrer Schleiermacher hatte geschrieben: »Wer so das schönste Kunstwerk des Menschen (den Staat, R. S.) ... nur als notwendiges Übel betrachtet..., der muß ja das nur als Beschränkung fühlen, was ihm den höchsten Grad des Lebens zu gewähren bestimmt ist.«

Für Schopenhauer ist tatsächlich der Staat ein »notwendiges Übel«.

Ganz im Sinne der Hölderlinschen Warnung: »Das hat den Staat zur Hölle gemacht, daß man ihn zu seinem Himmel machen wollte« wünscht Schopenhauer keinen Staat mit Seele, der dann womöglich nach der Seele seiner Bürger greift. Kompromißlos verteidigt Schopenhauer die Freiheit des Denkens. Hier darf es das Kriterium des Staatserhaltenden nicht geben. Seinen ganzen Spott hat er deshalb über Hegel ausgegossen, den er bezichtigt, aus den Stichworten und Winken des preußischen Staatsministeriums seine ganze Philosophie verfertigt zu haben.

Im Zusammenhang seiner Staatstheorie entwickelt Schopenhauer auch sehr kühne Thesen zur Frage des Eigentums. Inwiefern und inwieweit soll der Staat das Eigentum schützen, fragt Schopenhauer. In seine Terminologie übersetzt lautet die Frage: Inwiefern gehört das jeweilige Eigentum zur Willenssphäre des Individuums, das es beansprucht? Schopenhauer antwortet, indem er konsequent von der Ebene des leibgebundenen Willens ausgeht. »Denn *Eigentum* ... kann ... nur dasjenige sein, welches durch seine (des Menschen, R. S.) Kräfte bearbeitet ist, durch Entziehung dessen man daher die Kräfte seines Leibes dem in diesem objektivierten Willen entzieht, um sie dem in einem andern Leibe objektivierten Willen dienen zu lassen« (I, 459).

Kurz: Eigentum, das wie die körperliche Unversehrtheit geschützt zu werden verdient, gibt es nur als »Frucht der Arbeit«. Das »moralische Eigentumsrecht« gründet sich »einzig und allein auf Bearbeitung« (I, 460). Eigentum also, das sich ohne solche Arbeit angehäuft hat, wäre demnach Diebstahl.

Doch Schopenhauer, der immerhin von der Erbschaft seines Vaters lebt, bietet uns nun das Schauspiel jener Kollision, bei der der Geist sich immer blamiert, wenn er mit dem Interesse zusammenstößt. Die eigene Eigentumstheorie setzt den Sinekureverzehrer Schopenhauer ins Unrecht, er muß also die Theorie so modifizieren, daß er selbst in ihr Platz findet. Das gelingt ihm mit einem einzigen Satz – auch die Ausrede ist bei Schopenhauer nicht geschwätzig –, der aber der soeben entwickelten Eigentumstheorie alle Schärfe und Radikalität nimmt: »Das moralisch begründete Eigentumsrecht, wie es oben abgeleitet ist, gibt seiner Natur nach dem Besitzer eine ebenso uneingeschränkte Macht über die Sache, wie die ist, welche er über seinen eigenen Leib hat; woraus folgt, daß er sein Eigentum durch Tausch oder Schenkung andern übertragen kann, welche alsdann, mit demselben moralischen Rechte wie er die Sache besitzen« (I, 461).

Nun also: Er hat das Erbe seines Vaters »übertragen« bekommen, und somit ist er in die Rechte der Willenssphäre seines Vaters eingesetzt worden, ist auch eigentumsmäßig Fleisch vom Fleische, und somit kann er seine »uneingeschränkte Macht« über das ihm eingekörperte Eigentum geltend machen, und somit wird er später die 48er Revolution ansehen als die Emeute einer Kanaille, die hinter seinem rechtmäßigen Besitz her ist.

Schopenhauer betont in seinen einschlägigen Analysen von Recht/Unrecht und Staat stets, daß er keine Vorschriften, keine moralischen Maximen entwickeln wolle, sondern sich nur rein beschreibend verhalte, nur beobachte, was der Fall sei. Der Wille regiert die Welt, es gibt keine Moral, die ihm wirkungsvoll in den Arm fallen könnte. So ist es auch konsequent, daß Schopenhauers Ausgangspunkt der Argumentation kein Rechtsgefühl ist, sondern die Evidenz des Schmerzes beim Unrechterleiden, das ja als Verletzung der leibeigenen Willenssphäre interpretiert wird. Eine vergleichbare innere Evidenz, die einen zum Recht-Tun veranlassen könnte, gibt es für ihn nicht. Nur die Angst vor dem Schmerz des Unrechterleidens vermag der potentiell hemmungslosen Gefräßigkeit des eigenen Willens, der keinen Respekt vor der fremden Willenssphäre kennt, ein gewisses Gegengewicht zu halten. Solche immer wieder behauptete innere Evidenz (›Gewissen‹, ›kategorischer Imperativ‹) ist für Schopenhauer nichts anderes als das spekulative Phantasma eines Wunschdenkens, das sich mit der Wirklichkeit verwechselt.

Schopenhauer weiß natürlich, daß – besonders seit der Französischen Revolution – die Versuche, nicht nur das menschliche Zusammenleben, sondern den Menschen selbst zu verbessern, wiederkehrende Konjunkturen haben. Mit unverhüllter Häme pflegt Schopenhauer in diesem Zusammenhang darauf hinzuweisen, daß jeder sogenannte ›Fortschritt‹ den Patienten Menschheit nur gequält, nicht aber geheilt hat. »Ruchlos« nennt er deshalb den Optimismus, auch »albern« bisweilen, wenn er jene Selbstgefälligkeit ins Visier nimmt, mit der behauptet wird, daß die Menschengeschichte jahrtausendelang habe arbeiten müssen, um ausgerechnet der jeweils gegenwärtigen Generation einen Platz an der Sonne zu verschaffen. Angesichts der grausigen Dimension der jüngsten Geschichte scheint tatsächlich nur Schopenhauer mit seinem Pessimismus auf der Höhe der Zeit zu sein. Geschichte ist für Schopenhauer kein finales Unternehmen, sondern – aus gehöriger Distanz betrachtet – ein großer Karneval des Immergleichen. Wer auf dem Standpunkt der Metaphysik des Willens steht, der wird finden, so Schopenhauer, »daß es in der Welt ist, wie in den Dramen des Gozzi, in welchen allen immer dieselben Personen auftreten, mit gleicher Absicht und gleichem Schicksal: die Motive und Begebenheiten freilich sind in jedem Stücke andere; aber der Geist der Begebenheit ist derselbe: die Personen des einen Stücks wissen auch nichts von den Vorgängen im andern, in welchem doch sie selbst agierten: daher ist, nach allen Erfahrungen der früheren Stücke, doch Pantalone nicht behender oder freigebiger, Tartaglia nicht gewissenhafter, Brighella nicht beherzter und Kolombine nicht sittsamer geworden« (I, 263).

Nichts Neues unter der Sonne, der Wille führt überall und immer zuletzt doch dasselbe Schauspiel auf; Selbsterhaltungsklugheit gebietet, sich wenigstens nicht allzu schmerzhaft zum Narren halten zu lassen. Politik, Staat, Recht – das sind bei Schopenhauer Bereiche, in denen es darauf ankommt, mit der Übermacht des Willens gewitzt umzugehen. Aufgabe der Politik kann nur sein: die Vermeidung des jeweils größeren Übels.

Zu einer Zeit, die Politik zum »Schicksal« (Napoleon) ausruft, zu einer Zeit, in der der *ganze* Mensch sich durch Politik verwirklichen will und in der umgekehrt die Politik nach dem ganzen Menschen greift, plädiert Schopenhauer für einen höchst abgemagerten Politikbegriff.

Schopenhauers Urteile über Geschichte, Recht, Politik usw. verdanken sich, eingestandenermaßen, der Perspektive eines nicht teilnehmenden Beobachters. Nur für diesen wird alles zum Karneval. Der Philosoph will zuletzt lachen, damit nicht über ihn gelacht werde. Er schützt sich vor dem Aschermittwoch, indem er dem Karneval aus dem Weg geht. Das ist Schopenhauers Strategie des Glücks.

Alle Analysen des alltäglichen und geschichtlichen Menschenlebens, die die vorausgegangenen drei Bücher des Hauptwerkes versammeln, sind, wie es nicht anders sein kann, inspiriert von jenem großen *Nein*, dem Schopenhauer das vierte, abschließende Buch des Hauptwerkes widmet.

Bisher hat uns Schopenhauer bekanntgemacht mit dem Willen als der nicht überschreitbaren Macht des Wirklichen. Und jetzt die Verneinung des Willens. Woher soll sie kommen, wohin soll sie führen?

Was sie ist, diese Verneinung des Willens, davon haben wir einen Vorgeschmack bekommen bei Schopenhauers Erörterung der Kunst, die, seinem Verständnis nach, beim Künstler und bei dem, der die Kunst auf sich wirken läßt, einen Augenblick der Willenslosigkeit heraufbringt. Und das heißt: Bei der Entstehung der Kunst und bei ihrer Anschauung ist immer schon ein Effekt der Verneinung des Willens im Spiel. Aber noch einmal: Wie ist in Schopenhauers Metaphysik des Willens die Willensverneinung überhaupt als Möglichkeit denkbar?

Der Wille, dieses »Ding an sich« in uns, steht doch nicht zu unserer Disposition; der Wille – das hat uns Schopenhauer gelehrt – ist doch unser Sein, das wir nicht überschreiten können. Man darf nun nicht vergessen: Schopenhauer kennt solche Ekstase der Willenslosigkeit noch vor allem Begreifenkönnen. Daher wird er nicht müde, immer wieder zu betonen: »Wie die Erkenntnis, aus welcher die Verneinung des Willens hervorgeht, eine intuitive ist und keine abstrakte; so findet sie ihren vollkommenen Ausdruck auch nicht in abstrakten Begriffen, sondern allein in der Tat« (I, 521).

Er möchte die Verneinung des Willens als mögliche Haltung nicht begrifflich hervorzaubern, und doch möchte er sie begreiflich machen – im begrifflichen Rahmen seiner Metaphysik des Willens.

Schopenhauer wird, wenn er in diesem Rahmen bleibt, die Verneinung des Willens als ein *Geschehen des Willens* selbst und nicht etwa als Effekt einer vom Willen unabhängigen, ihn gar dominierenden Erkenntnis deuten müssen. Die radikale Immanenz seiner Willensmetaphysik verbietet jedes transzendente Eingreifen höherer Mächte – worüber Schopenhauer ja, wenn er es bei anderen bemerkte, zu spotten pflegte. Schopenhauer wird also eigentlich nicht davon sprechen dürfen – was er aber bisweilen tut –, daß der Wille von Erkenntnis »gebrochen« wird, sondern er wird davon sprechen müssen, daß er »erlischt«, daß er »sich wendet«, sich »gegen sich selbst kehrt« – ein Vorgang, der dann von der ekstatischen Welterkenntnis der Verneinung als Epiphänomen begleitet sein mag. Kurz: Schopenhauer wird die Verneinung des Willens primär nicht als *Erkenntnisgeschehen*, sondern als *Seinsgeschehen* begreiflich machen müssen. Weil Wille alles ist, wird der Wille nicht von etwas anderem als er selbst verneint werden können. Für den Metaphysiker des Willens kann die Verneinung des Willens nur als *Selbstaufhebung des Willens* denkbar sein.

Den Übergang zur begriffenen Mystik der Willensverneinung bereitet Schopenhauer vor mit seiner Theorie des Mitleids.

Mitleid ist für Schopenhauer keine moralische Forderung, sondern der Name für eine von starker Empfindung begleitete Erfahrung, die gelegentlich aufblitzt; die Erfahrung nämlich, daß alles außer mir ebenso Wille ist und alle Schmerzen und alle Qual ebenso leidet wie ich selbst. Wer Mitleid empfindet, dem ist »der Schleier der Maja durchsichtig geworden, und die Täuschung des principii individuationis hat ihn verlassen. Sich, sein Selbst, seinen Willen erkennt er in jedem Wesen, folglich auch in dem Leidenden« (I, 508). *Mitleid ist eine individuelle Selbsterfahrung des Willens ohne individuelle Selbstbehauptung des Willens.* Mitleid ist die Fähigkeit, in bestimmten Augenblicken die Intensität eigenleiblicher Willenserfahrung über die eigene Körpergrenze auszudehnen. Der Wille in mir behält alle Kraft, aber agiert nicht mehr an der Selbstbehauptungsfront; er befindet sich im Zustand einer eigenartigen Dispersion: Er ist nicht mehr nur auf den eigenen Körper konzentriert, sondern schwärmt aus und vermag das Eigene und das Fremde nicht mehr zu unterscheiden: »Tat twam asi!« (Das alles bist du!).

Von der, mit jener altindischen Formel bezeichneten Identitätserfahrung des Mitleids aus leitet Schopenhauer über zur Mystik der Verneinung, die höher ist denn alle Vernunft und eine Torheit den Klugen.

»Wenn nämlich vor den Augen eines Menschen jener Schleier der Maja, das principium individuationis, so sehr gelüftet ist, daß derselbe nicht mehr den egoistischen Unterschied zwischen seiner Person und der fremden macht..., dann folgt von selbst, daß ein solcher Mensch, der in allen Wesen sich, sein innerstes und wahres Selbst erkennt, auch die endlosen Leiden alles Lebenden als die seinen betrachten und so den Schmerz der ganzen Welt sich zueignen muß. Ihm ist kein Leiden mehr fremd... Er erkennt das Ganze, faßt das Wesen desselben auf und findet es in einem steten Vergehn, nichtigem Streben, innerm Widerstreit und beständigem Leiden begriffen, sieht, wohin er auch blickt, die leidende Menschheit und die leidende Thierheit, und eine hinschwindende Welt. Dies alles aber liegt ihm jetzt so nahe wie dem Egoisten nur seine eigene Person. Wie sollte er nun bei solcher Erkenntniß der Welt ebendieses Leben durch stete Willensakte bejahen und ebendadurch sich ihm immer fester verknüpfen, es immer fester an sich drücken? Wenn also der, welcher noch im principio individuationis, im Egoismus befangen ist, nur einzelne Dinge und ihr Verhältnis zu seiner Person erkennt und jene dann zu immer erneuerten *Motiven* seines Wollens werden; so wird hingegen jene beschriebene Erkenntnis des Ganzen, des Wesens der Dinge an sich, zum *Quietiv* alles und jedes Wollens. Der Wille wendet sich nunmehr vom Leben ab: ihm schaudert jetzt vor dessen Genüssen, in denen er die Bejahung desselben erkennt. Der Mensch gelangt zum Zustande der freiwilligen Entsagung, der Resignation, der wahren Gelassenheit und gänzlichen Willenslosigkeit« (I, 514).

Diese zentrale Stelle des Übergangs ist unzureichend formuliert, weil dem Mißverständnis preisgegeben.

Wie sollte man, schreibt Schopenhauer, bei »solcher Erkenntnis der Welt« dies Leben »durch stete Willensakte bejahen«? Als könnte irgendeine Erkenntnis von sich aus die Kraft haben, das Band, das uns an den Willen fesselt, zu zerschneiden. Schopenhauer formuliert hier so, als sei die Verneinung des Willens zuletzt doch eine Frage der intellektuellen Konsequenz. Das ist fast schon wieder Kantianismus: die zur weltverneinenden Askese radikalisierte »Tugend« aus der Kraft der sittlichen Vernunft. Die »vollendete Erkenntnis seines eigenen Wesens« soll »zum Quietiv alles Wollens« werden, schreibt Schopenhauer. Gegen den Rückfall in vernunftfrommen Kantianismus verwahrt sich Schopenhauer, indem er an die Unterscheidung zwischen »abstrakter« und »intuitiver Erkenntnis« erinnert. Zwischen diesen liegt ein Abgrund. »Intuitive« Erkenntnis hat mehr mit Inspiration als mit diskursiver Einsicht zu tun, mehr mit Bekehrung als mit Überzeugung. Der alte Matthias Claudius mit seiner pietistischen »Wiedergeburt« wird illustrierend herangezogen. Schopenhauer verweist auf die Heiligen und Asketen, die an Leib und Leben diese große Verneinung verwirklichen. Das ist es: Verneinung muß sich überhaupt nicht in einer besonderen intellektuellen Erkenntnis ausdrücken, sie verkörpert sich im Tun und Lebenswandel. Jede Mitteilung darüber ist eine unvollkommene Übersetzung, sie nimmt die Sprache der Zeit an: »gemäß den Dogmen«, die jemand in seine Vernunft aufgenommen hat, wird die verneinende Haltung sich höchst verschieden auslegen, je nachdem, ob es nun ein Christ, ein Atheist, ein Buddhist usw. ist, der spricht. Die dogmatische Selbstauslegung geschieht zur »Befriedigung der Vernunft« (I, 520). Die Verneinung selbst aber ist nicht das Werk der vernünftigen Einsicht. Schopenhauer greift auf die christliche Terminologie der »Gnadenwahl« zurück, um deutlich zu machen, daß das Mysterium der Verneinung keine Frucht der Entschiedenheit, sondern eine Widerfahrnis ist, daß man nicht dazu kommt, sondern daß es über einen kommt. Gleichwohl, Schopenhauers Kennzeichnung der Rolle der Erkenntnis im Akt der Verneinung bleibt schwankend, sogar widersprüchlich. Eben noch schreibt er: »Denn wenn Wille zum Leben da ist, so kann ihn, als das allein Metaphysische oder das Ding an sich, keine Gewalt brechen... Er selbst kann durch nichts aufgehoben werden, als durch *Erkenntnis*« (I, 544). Wenige Zeilen später aber wird, wie es konsequent ist, die Macht solcher Erkenntnis als Naturmacht des gewendeten Willens gedeutet: »Die Natur führt eben den Willen zum Lichte, weil er nur am Lichte seine Erlösung finden kann« (I, 544). Die Verneinung des Willens ist also selbst noch ein Akt – ein letzter Akt? – der Naturgeschichte dieses Willens. So gesehen ist die Verneinung des Willens kein Triumph über den Lebenswillen, sondern das Mysterium seiner Selbstaufhebung. »So ist auch«, schreibt Schopenhauer ganz am Ende, nach manchem Hin und Her in dieser Frage, »die Wirkung des Quietivs doch zuletzt ein Freiheitsakt des Willens« (I, 549).

Jene »Seligkeit« der Verneinung, wenn alles zur Ruhe kommt, wenn sich im unbeteiligten Blick die Welt wie in einer unbewegten, ungetrübten Wasseroberfläche spiegelt, wenn der Leib mich nicht mehr verzehrt und nur noch ein »glimmender Funke« (I, 530) ist – dann, so Schopenhauers raunende Bemerkung, mag das Verschwinden doch auch wieder eine gloriose Ankunft in sich bergen: »Hinter unserm Dasein nämlich steckt etwas anderes, welches uns erst dadurch zugänglich wird, daß wir die Welt abschütteln« (I, 549).

Schopenhauers Werk schließt mit den Sätzen: »Wir bekennen es ... frei: was nach gänzlicher Aufhebung des Willens übrig bleibt, ist für alle die, welche noch des Willens voll sind, allerdings nichts. Aber auch umgekehrt ist denen, in welchen der Wille sich gewendet und verneint hat, diese unsere so sehr reale Welt mit allen ihren Sonnen und Milchstraßen – nichts« (I, 558).

Kennt Schopenhauer das, wovon er redet? Ein Heiliger war er nicht, auch kein Asket. Er wurde auch später nicht zum Buddha von Frankfurt. Der eigene Körper, weit entfernt davon, zum »glimmenden Funken« herunterzukümmern, ihn hat er fast schon hypochondrisch gehegt und gepflegt; keusch war er auch nicht, selbst die fürchterliche Angst vor der Geschlechtskrankheit konnte ihn nicht hemmen. Auf Verneinung verstand er sich glänzend, wenn es nur nicht den eigenen Willen betraf. Dem aber hat er bisweilen geradezu berserkerhaft Geltung zu verschaffen gewußt. Und doch hat dieser Poltergeist seine Augenblicke des »besseren Bewußtseins«. Er hat über den Zaun der Selbstbehauptung geblickt. Aber er blieb ein Zaungast jener Verneinungsekstase, die das Finale seines Werkes beschwört. Und weil er ein Zaungast bleibt, so liegt ihm besonders der Augenblick des Grenzübertritts, und das ist für ihn die Kunst, am Herzen. Die ergreifendsten Passagen seines Werkes sind diejenigen, die der Musik, dem Grenzphänomen schlechthin, gewidmet werden. In der Musik ist das »Ding an sich«, der Wille, als reines Spiel gegenwärtig, ohne Verkörperung. Alles ist noch einmal da, wie zum Abschied, aber die erscheinende Welt ist schon verschwunden: »Die Musik (ist) ... von der erscheinenden Welt ganz unabhängig, ignoriert sie schlechthin, könnte gewissermaßen, auch wenn die Welt gar nicht wäre, doch bestehn« (I, 359). Musik ist die ganze Welt noch einmal, aber ohne Körper. Sie gibt das »Herz der Dinge« (I, 367) preis, in ihr ist »das tiefste Innere unsers Wesens zur Sprache gebracht« (I, 357). Das »Ding an sich« – in der Musik hebt es tatsächlich zu singen an.

Das alles aber sind, wie gesagt, Zaungastperspektiven. Der Wille ist nicht verneint, nur hat er, in der Kunst, für Augenblicke seine überwältigende Macht verloren. Er gewährt, angeschaut in der Kunst, ein »bedeutsames Schauspiel« – »frei von Qual« (I, 372).

Man muß nicht in der Verneinung verschwinden, man kann hier bleiben, wenn sich, in der Kunst, die Möglichkeit bietet, die Welt so zu sehen, als hätte man sie schon verlassen.

Leben ›als ob‹ und Verneinen ›als ob‹: In dieser Balance hält sich der ganz unasketische, ganz unheilige Schopenhauer. Bevor der gefräßige Arthur sein opulentes Mittagsmahl im Gasthaus verzehrt, spielt er eine Stunde lang auf der Flöte: die »Himmelsmusik« Rossinis. Das »bessere Bewußtsein« Schopenhauers kennt nur die befristete Ekstase. Die Heiligkeit oder andere Dauerekstasen hält er sich vom Leibe. Das hat Nietzsche leider nicht von ihm gelernt. Weil Schopenhauer beim Letzten, der Verneinung, dabeisein will, wird für ihn das Vorletzte, die Kunst, zum Letzten. Und dann will er ja außerdem als Philosoph von all dem reden. Das sind Gründe genug, hier zu bleiben. Schließlich muß man auch noch darauf warten, wie das in die Welt entlassene Werk beim Publikum ankommt, ob nicht vielleicht doch die Verneinungsbotschaft bejaht wird.

Siebzehntes Kapitel

Zerwürfnis mit Brockhaus. Erste Italienreise. Liebelei.
Streit im Café Greco: ›Laßt uns den Kerl hinauswerfen!‹
Zurück nach Deutschland. Finanzkrise und Familienstreit.
Arthur und Adele.

Im Frühjahr 1818, die Arbeit am Manuskript ist noch nicht abgeschlossen, nimmt Schopenhauer durch die Vermittlung des Freiherrn von Biedenfeld Kontakt zum Verleger Brockhaus auf. Bei Brockhaus hatte die Mutter im Jahr zuvor ihr mittlerweile nun schon viertes Buch, die AUSFLUCHT AN DEN RHEIN, erscheinen lassen. Doch das familiäre Zerwürfnis hindert Schopenhauer, die geschäftlichen Verbindungen der Mutter zu nutzen; die Reputation ihres Namens allerdings öffnet dem noch unbekannten philosophierenden Sohn die Tür. Seine von Selbstbewußtsein strotzende Offerte hätte das alleine wohl nicht vermocht. Schopenhauer an Brockhaus: »Mein Werk also ist ein neues philosophisches System: aber neu im ganzen Sinn des Worts: nicht neue Darstellung des schon Vorhandenen: sondern eine im höchsten Grad zusammenhängende Gedankenreihe, die bisher noch nie in irgend eines Menschen Kopf gekommen« (B, 29). In starken Worten wird die philosophische Vor- und Mitwelt abgefertigt. Das Buch sei gleich fern von dem »sinnlosen Wortschwall der neuen philosophischen Schule und vom breiten platten Geschwätz der Periode vor Kant« (B, 29). Eigentlich sei das Werk nicht zu bezahlen, denn das eigene ganze Leben stecke darin. So verlange er vom Verleger vor allem eine würdige Präsentation des Werkes: guter Druck, sorgfältige Korrektur, schönes Papier. Das Honorar, das er fordere, sei nicht »nennenswert«: 1 Dukaten für den Bogen, 40 Dukaten also für das ganze Buch. Der Verleger werde, auf lange Sicht gesehen, kein Risiko eingehen, denn »das Buch ... wird ... eines von denen seyn, welche nachher die Quelle und der Anlaß von hundert anderen Büchern werden« (B, 29).

Schopenhauer gibt keine Kostprobe, Brockhaus soll die Katze im Sack kaufen. Und Brockhaus kauft.

Friedrich Arnold Brockhaus ist ein kühner Kaufmann, der in wenigen Jahren seinen Verlag zu wirtschaftlichem Erfolg geführt hat. Als Goldgrube erwies sich das KONVERSATIONS-LEXIKON, das Brockhaus dem bankrotten Verleger Leupold für ein Spottgeld abgekauft und in eigener Regie 1811 abgeschlossen hatte. Brockhaus war ein geschäftstüchtiger Aufklärer, der auch Konflikte mit der Zensur riskierte. Zur Zeit der Napoleonischen Besetzung unterhielt er Kontakte zur patriotischen Opposition. Bei Brockhaus erscheinen die »Deutschen Blätter«, zwischen 1813 und 1814 das halboffizielle Organ der antinapoleonischen Koalition. Als es nicht mehr gefährlich war, gab er 1814 die Schrift DEUTSCHLAND IN SEINER TIEFSTEN ERNIEDRIGUNG neu heraus. Einige Jahre zuvor war der Buchhändler Palm ihretwegen auf Befehl Napoleons erschossen worden. Für Brockhaus mußten die Risiken kalkulierbar bleiben. Er war kein Gesinnungstäter. Brockhaus wollte in allen Literatursparten präsent sein. Er verlegte Frauentaschenbücher, Reiseliteratur, Schöne Literatur und wissenschaftliche Werke. Das Prestige der Philosophie zog ihn an. Philosophische Titel waren in seinem Angebot noch rar. Der philosophierende Sohn einer Hausautorin paßte deshalb gut ins Konzept. Am 31. März 1818 schreibt Brockhaus an Schopenhauer: »EW. Wohlgeb. Antrag ist mir ... schmeichelhaft« (Bw, 14, 224). Schopenhauer bedankt sich und bittet um einen förmlichen Kontrakt. Er warnt den Verleger, es könnte Schwierigkeiten mit der Zensur geben, denn sein Werk stehe mit den »Dogmen der Jüdisch-Christlichen Glaubenslehre« (B, 31) in Widerspruch. Im schlimmsten Falle müsse das Buch an anderem Ort gedruckt und herausgebracht werden, vielleicht in Merseburg, wo es offenbar liberaler zugeht. Der Verleger jedenfalls werde davon keinen Nachteil haben: »Übrigens ist bekanntlich ein Verbot für ein Buch gar kein Unglück« (B, 32).

Schopenhauer drängt auf Eile. Das Buch soll bis zur Herbstmesse erscheinen, danach will er auf Reisen gehen nach Italien. Im Sommer liefert Schopenhauer das Manuskript termingerecht ab und wartet ungeduldig auf die ersten Druckfahnen. Noch kennt Arthur die Verlagsverhältnisse nicht, denn schon nach zwei Wochen glaubt er Brockhaus ermahnen zu müssen. Als eine Woche später immer noch keine Fahnen eingetroffen sind, wird Schopenhauer zum ersten Mal ausfällig. Brockhaus solle es sich nicht einfallen lassen, ihn zu behandeln wie die »Konversations-Lexikons-Autoren und ähnliche schlechte(n) Skribler«. Mit denen habe er nichts gemein »als den zufälligen Gebrauch von Tinte und Feder« (B 38). Der Konversationslexikon-Verleger reagiert auf diese Beleidigung nicht. Kommentarlos schickt er den ersten Aushängebogen. Das ist für Schopenhauer zuwenig. Bei diesem Tempo wird das Buch zur Messe nicht fertig. Zornig beruft er sich auf die Terminvereinbarung. »Es ist nichts schrecklicher für mich, als mit Leuten zu thun zu haben, deren Worte keinen Glauben verdienen« (B 40). Er will, zum Beweis, daß es dem Verleger überhaupt ernst ist, sofort das Honorar haben, und dann folgt der Satz, mit dem Schopenhauer das Vertrauensverhältnis zwischen sich und dem Verleger endgültig zerstört: »zudem höre ich von mehreren Seiten«, schreibt er an Brockhaus, »daß Sie mit Bezahlen des Honorars meistens warten ließen, auch wohl überhaupt Anstand nähmen« (B 41). Daraufhin Brockhaus: »Wenn Sie anführen, daß Sie ... hörten, ich lasse auf das Honorar ... warten, so werden Sie mir erlauben, daß so lange Sie mir nicht wenigstens *einen* einzigen Autor namentlich aufführen, den ich darüber zur Rede stellen kann, ich *Sie* für *keinen* Ehren Mann halte« (Bw 14, 243). Schopenhauer geht darauf nicht ein; in einem weiteren Brief hat er wieder etwas anzumahnen. Brockhaus bricht den Kontakt ab. Er läßt kontraktgemäß drucken, will aber mit diesem »Kettenhund«, wie er Schopenhauer Dritten gegenüber nennt, fortan nichts mehr zu tun haben. In seinem letzten Brief vom 24. September 1818 schreibt er: »Ich hatte ... einen Beweis für Ihre injuriösen Behauptungen in Ihrem früheren Brief oder einen Widerruf derselben erwartet, und da sich weder das eine noch das andere darin befindet, und ich Sie nach meiner Erklärung also fortan für keinen Ehrenmann halte, so kann deshalb auch künftig kein Briefwechsel weiter zwischen uns statt finden und werde ich daher Ihre etwaigen Briefe, die ohnehin in ihrer göttlichen Grobheit und Rusticität eher auf einen Vetturino (Kutscher, R. S.), als einen Philosophen schließen lassen möchten, gar nicht annehmen ... Ich hoffe nur, daß meine Befürchtungen an Ihrem Werke blos Maculatur zu drucken, nicht in Erfüllung gehen werden« (Bw 14, 244).

Als abzusehen ist, daß das Buch zur Herbstmesse nicht fertig wird, gibt Schopenhauer das Warten auf und tritt, im Oktober 1818, die lange geplante Italienreise an. Anfang des Jahres 1819 wird er dann in Rom sein druckfrisches Werk in Händen halten.

Zerbrochen ist das Einvernehmen mit Brockhaus einfach deshalb, weil Schopenhauer voll Ungeduld und Angst diesen Augenblick, da er die Bühne der Öffentlichkeit betritt, nicht erwarten konnte.

Doch ehe Schopenhauer nach Italien aufbricht, schreibt er noch einmal an Goethe, dessen ITALIENISCHE REISE ein Jahr zuvor erschienen war. Er habe, so Schopenhauer, sein »Tagewerk« vollbracht, etwas »Besseres und Gehaltvolleres« werde er wohl nicht mehr zustande bringen, er begebe sich nun in das Land, »wo die Citronen blühen« und »wo mich das Nein, Nein aller Litteraturzeitungen nicht erreichen soll« (B, 34). Schopenhauer erbittet von Goethe »Rath« oder »Weisung« hinsichtlich der bevorstehenden Italienreise. Wie in der *Farbenlehre,* so will Schopenhauer auch als Tourist den Spuren seines Ersatzvaters folgen. Goethe mußte ein solches Motiv eigentlich vertraut vorkommen, war er doch selbst auch dem Vater nachgefolgt, als er gen Süden fuhr.

Goethe antwortet kurz und freundlich, aber ohne »Rath« und »Weisung«. Er werde das Werk des »werthen Zeitgenossen« (B, 501) lesen. Goethe legt ein Empfehlungsschreiben bei – an Lord Byron.

Lord Byron hält sich zur Zeit in Venedig auf, wo Arthur Anfang November 1818 eintrifft.

Lord Byron arbeitet an einer armenisch-englischen Grammatik, ist in eine Liebesaffäre mit der Gräfin Guiccioli verstrickt und galoppiert in den Morgenstunden täglich am Lido entlang. Dort hat ihn Arthur Schopenhauer gesehen. Schopenhauer ist in Begleitung einer Frau, die beim Anblick des reitenden Don Juan spitze Entzückensschreie ausstößt. Schopenhauer wird eifersüchtig und unterläßt es, mit Hilfe des Goetheschen Empfehlungsschreibens Verbindung mit dem

Lord aufzunehmen. Später wird er sich darüber ärgern, die »Weiber« haben ihn wieder einmal von Wichtigem abgehalten. Während der ersten Wochen in Venedig allerdings setzt er, wie man sieht, andere Prioritäten. Er habe in Italien, so wird er einem Gesprächspartner berichten, »nicht bloß *das* Schöne, sondern auch *die* Schönen genossen« (G, 133). Ein wenig wird dies wohl eine schwerenöterische Übertreibung sein, denn in einem anderen Gespräch, ringt Schopenhauer sich, im Rückblick auf die Italienreise, zu dem Eingeständnis durch: »Denken Sie, in einem Alter von 30 Jahren, wo das Leben mich anlachte! Und was die Weiber betrifft, so war ich diesen sehr gewogen – hätten sie mich nur haben wollen« (G, 239).

Ob seine Begleiterin vom Lido ihn ›gewollt‹ hat, wissen wir nicht; Schopenhauer selbst hat es vielleicht auch nicht gewußt, zumindest aber mußte er die Konkurrenz des Lords fürchten. Trotz solcher Beunruhigung fühlt sich Arthur wohl. Eine »wunderbar weiche Stimmung« (Bw, 14, 249) sei in Venedig über ihn gekommen, schreibt er an die Schwester Adele.

Venedig im Herbst – Goethe hat den »Frohblick« beschrieben, den es dem gewährt, der den »nebligen Norden« hinter sich läßt: »Als ich bei hohem Sonnenschein durch die Lagunen fuhr und auf den Gondelrändern die Gondoliere, leicht schwebend, buntgekleidet, rudernd, betrachtete, wie sie auf der hellgrünen Fläche sich in der blauen Luft zeichneten, so sah ich das beste, frischeste Bild der venezianischen Schule.«

Die Republik Venedig gab es nicht mehr. Die geflügelten Löwen von Sankt Markus bewachten nicht mehr den Dogen, sondern den Statthalter des Fürsten Metternich, einen österreichischen Gouverneur. Da man karbonarische Verschwörung argwöhnte – Lord Byron verdächtigte man, darin verwickelt zu sein –, so wimmelte es hier von österreichischen Spitzeln. Trotzdem bewahrte die Stadt Sinnlichkeit und Heiterkeit. Die Cafés auf dem Markusplatz waren dicht besetzt. Venedig besaß acht Theater, mehr als London und Paris. Mit patrizischem Selbstbewußtsein und mit der Goetheschen Empfehlung in der Tasche besuchte Schopenhauer die glänzenden venezianischen Gesellschaften. Aus der Höhle seiner Dresdener Studierstube soeben hervorgetreten, muß er sich erst wieder an diese neue Welt gewöhnen. Da ihm alles auffällt, so schreibt er in seinem Reisebuch, fürchtet er, allen aufzufallen. Doch bald hat er sich »assimilirt«; er hört auf, »sich mit seiner Person beschäftigen zu müssen und wendet seine Aufmerksamkeit rein auf die Umgebung«, der er, »eben durch die objektive, antheilslose Betrachtung jetzt sich überlegen fühlt, statt vorhin von ihr gedrückt zu werden« (HN III, 2).

Arthur ist jetzt offen für Eindrücke, aber er bleibt bei sich; so sehr bleibt er bei sich, daß er auch inmitten der herbstbunten venezianischen Welt über seiner dunklen Verneinungsmystik fortgrübelt. Venedig, in dem die Karnevalsaison gerade beginnt, bietet das Bild farbenprächtiger und übermütiger Bejahung des Lebenswillens. Die Welt der Vorstellung rückt ihm auf den Leib. Die Verneinung ist »keineswegs vorstellbar«, notiert er im Reisebuch. Nicht anders als in »Finsterniß und Schweigen« (HN III, 2) läßt sie sich ausdrücken. Dafür aber ist es hier in Venedig einfach zu hell und zu laut. Mit gebremster Euphorie nimmt er am Treiben Anteil und ist doch stets darauf bedacht, die »Überlegenheit« nicht zu verlieren. Ende November verläßt er Venedig. In Bologna bereits plagt ihn das Gefühl, beim Glück, das sich ihm in Venedig bot, nicht tüchtig genug zugelangt zu haben. Im Reisebuch rationalisiert er dieses Gefühl zu einem Gedanken über allgemeines Menschenlos: »Eben weil *alles Glück negativ* ist, kommt es, daß, wenn uns endlich einmal vollkommen wohl wird, wir es gar nicht recht gewahr werden, sondern Alles eben nur so leicht und sanft an uns vorüberzieht, bis es vorbei ist und nun der positiv gefühlte Mangel das verschwundene Glück ausdrückt: dann merken wir, daß wir es festzuhalten versäumt haben, und zur Entbehrung gesellt sich die Reue« (HN III, 3).

Anfang Dezember kommt Schopenhauer in Rom an und bleibt hier bis Ende Februar 1819. Seine Zeit verbringt er in dieser von Goethe so genannten »Hauptstadt der Welt« mit dem Üblichen: Die Baudenkmäler aus der Antike und die Kunst der Renaissance müssen besichtigt werden. Für Goethe war der Tag, an dem er Rom zum ersten Mal betrat, ein »zweiter Geburtstag, eine wahre Wiedergeburt«. Schopenhauer schaut sich beflissen um, aber von Wiedergeburt verspürt er nichts. Sein Reisebuch vermerkt einige Reflexionen über Malerei und antike Architektur, Kritisches zur »Halbheit und Falschheit« der zeitgenössischen Kunst. Einen »zweiten Geburtstag« allerdings feiert auch Schopenhauer hier. Denn in Rom erreicht ihn endlich, wie wir wissen, das erste Exemplar seines Buches. Im Februar erfährt er durch einen Brief Adeles, daß Goethe sein Buch erhalten hat und »augenblicklich« darin zu lesen angefangen habe. Ottilie, so schreibt Adele, berichte, »der Vater sitze über dem Buche und lese es mit einem Eifer, wie sie noch *nie* an ihm gesehen«. Goethe hätte gesagt, »auf ein ganzes Jahr habe er nun eine Freude; denn nun lese er es von Anfang zu Ende und denke wohl soviel Zeit dazu zu bedürfen« (Bw 14, 250).

Das war nun freilich zu viel versprochen. Goethe rückte auch im Falle Schopenhauers durchaus nicht von seiner Gepflogenheit ab, zeitgenössische Bücher lediglich anzulesen. Die ersten Blicke in die WELT ALS WILLE UND VORSTELLUNG hatten ihn aber tatsächlich angeregt. Er übergibt Adele einen Zettel, worauf er einige Stellen vermerkt hatte, die ihm »große Freude« gemacht hätten. Die erste dieser beifällig aufgenommenen Stellen spricht von der »Antizipation«, der Vorwegnahme des Schönen in der Seele des Künstlers. Der Künstler lasse die Natur sprechen, wo diese nur stammele, hatte Schopenhauer geschrieben. Diesen für den Künstler schmeichelhaften Gedanken der Antizipation greift Goethe dann auch sofort auf. In dem wenige Tage später niedergeschriebenen ersten Stück der ANNALEN heißt es: »Da der Dichter durch Antizipation die Welt vorwegnimmt«.

Schopenhauer, der nun ein Prachtexemplar seines Werkes und einen Brief Adeles in Händen hält, in dem der Satz steht: »Wenigstens bist Du der einzige Autor, den Goethe auf diese Weise mit diesem Ernste liest« (Bw 14, 151) – Schopenhauer also fühlt sich emporgehoben in jene Beletage des Geistes, wo die Genies einander zunicken und über Jahrhunderte hinweg ein Gespräch miteinander führen. Solches Gefühl verlangt nach lyrischem Ausdruck. Nach vielen Jahren versucht sich der Denker wieder einmal am Dichten: »Aus langgehegten tiefgefühlten Schmerzen/Wand sich's empor aus meinem innern Herzen./Es festzuhalten, hab ich lang gerungen:/Doch weiß ich, daß zuletzt es mir gelungen./Mögt euch drum immer wie ihr wollt geberden:/Des Werkes Leben könnt ihr nicht gefährden./Aufhalten könnt ihr's, nimmermehr vernichten:/Ein Denkmal wird die Nachwelt mir errichten« (HN III, 9).

Auch in Prosa schwelgt Schopenhauer während dieser Wochen: Es häufen sich im Reisebuch die Notizen zum Thema ›Genie‹. Beispielsweise schreibt er:»Ein Gelehrter ist, wer viel gelernt hat; ein Genie, von dem die Menschheit etwas zu lernen hat, was sie bis dahin nicht gewußt« (HN III, 5). Schopenhauer hat aber nun das Problem, daß die deutsche Künstlerkolonie in Rom, in der er häufig verkehrt, wenig Neigung zeigt, ihn als Genie anzuerkennen. Man kennt ihn im Café Greco, dem Sammelpunkt dieser Szene, eigentlich nur als Sohn seiner mittlerweile berühmten Mutter. Sogar die Kunde vom familiären Zerwürfnis ist bis hierher gedrungen. Einer der Café-Greco-Stammgäste schreibt an seine Angehörigen nach Hause:»Mit Schopenhauer bin ich viel umgegangen ... Hier bestehen viele Vorurteile gegen ihn, namentlich in Bezug auf das Verhältniß zu seiner Mutter ... Wie die Deutschen hier nun einmal sind, hat er sie sich fast Alle durch seine Paradoxien zu Feinden gemacht, und ich bin wiederholt vor dem Umgang mit ihm gewarnt worden.«

Dieser Brief stammt von Karl Witte, einem Bekannten Schopenhauers aus Göttinger Tagen. Witte, 1800 geboren, war in Göttingen das vielbestaunte Wunderkind. Mit zehn Jahren bezog Witte die Universität, studierte Mathematik, dann Jura, promovierte mit sechzehn Jahren; ein Jahr später, 1817, scheiterte seine Habilitation in Berlin: Die Studenten ließen den Knaben, der sie unterrichten sollte, nicht zu Wort kommen. Das Ministerium bewilligte ein Stipendium, das Witte nun in Italien verzehrte. Eine recht enge Bindung muß sich zunächst zwischen Witte und Schopenhauer ergeben haben, denn es hat sich ein kurzes Benachrichtigungsschreiben Arthurs an Witte erhalten, das mit den Worten beginnt: »Mein Schatz! Die Landparthie ist vereitelt. Halb fünf hole ich Sie ins Hermelin (eine römische Kneipe, R. S.)« (B, 42). Dort also, in der ›Trattoria dell' Armellino‹ und im Café Greco, saß Schopenhauer und brachte die Leute gegen sich auf. Das Künstlervölkchen, das sich hier tummelte, sowie die Lokalität selbst hat Felix Mendelssohn zehn Jahre später in einem Brief an seinen Vater so geschildert: »Es sind furchtbare Leute, wenn man sie in ihrem ›Caffé Greco‹ sitzen sieht…. Das ist ein kleines finsteres Zimmer, etwa acht Schritt breit, und auf der einen Seite der Stube darf man Tabak rauchen, auf der anderen aber nicht. Da sitzen sie denn auf den Bänken umher, mit den breiten Hüten auf, große Schlächterhunde neben sich, Hals, Backen das ganze Gesicht mit Haaren zugedeckt, machen einen entsetzlichen Qualm…, sagen einander Grobheiten; die Hunde sorgen für Verbreitung von Ungeziefer; eine Halsbinde, ein Frack wäre Neuerungen – was der Bart vom Gesicht frei läßt, das versteckt die Brille, und so trinken sie Kaffee und sprechen von Tizian und Pordenone, als säßen die neben ihnen und trügen auch Bärte und Sturmhüte! Dazu machen sie so kranke Madonnen, schwächliche Heilige, Milchbärte von Helden, daß man mitunter Lust bekommt dreinzuschlagen.«

In dieser nazarenisch-deutschtümelnden Gemeinschaft der Liebhaber von Madonnen und Milchbärten mußte Arthur Schopenhauer anecken. Eines Abends rühmt er den griechischen Polytheismus: Ein Olymp voller Götter gebe doch dem Künstler eine reiche Auswahl von Individualitäten. Solches Lob aufs Heidentum findet man im Café Greco empörend. Einer aus der Runde setzt dagegen: »Aber wir haben doch die zwölf Apostel!« Darauf Schopenhauer: »Gehn Sie mir doch mit Ihren zwölf Philistern aus Jerusalem!« (G, 46).

Ein andermal verkündet Arthur, die deutsche Nation sei von allen die dümmste. Das ist für das gesinnungstüchtige Publikum des Cafés zu stark. Man ruft sich zu: ›Laßt uns den Kerl hinauswerfen!‹ Schopenhauer wird wohl zuvor das Weite gesucht haben. Zu Hause trägt er in sein Reisebuch ein: »Wenn ich doch nur die Illusion los werden könnte, das Kröten- und Ottern-Gezücht für meines Gleichen anzusehen: da wäre mir viel geholfen« (HN III, 8).·

Die deutsche Kolonie in Rom ist von dieser Illusion nicht angekränkelt: Man hält diesen Schopenhauer durchaus nicht für seinesgleichen. In der Nähe fürchtet man ihn, etwas weiter weg spottet man. Einer aus der Café-Greco-Klientel schreibt nach Hause: »Unter den deutschen Reisenden, welche seitdem hier aufgetreten sind, bemerke ich Schopenhauer, Sohn der gelehrten und Bücher schreibenden ... Johanna Schopenhauer in Weimar. Er ist wirklich ein ziemlich völliger Narr...« Nach all dem Ärger meidet Schopenhauer seine Volksgenossen und sucht vor allem Anschluß bei den reichen englischen Touristen. Die reisen bequem, mit mehreren Gepäckwagen, führen gute Weine mit sich, Betten und Nachttöpfe. Mit einer solchen Reisegesellschaft fährt Arthur im März 1819 gen Süden, nach Neapel, wo, so Goethe in seiner ITALIENISCHEN REISE, man nicht nur, wie in Rom, lernen, sondern auch leben und lieben könne. Viel Zeit hat sich Schopenhauer dafür nicht gelassen, schon im April ist er wieder in Rom, bleibt noch ein paar Tage und zieht dann weiter nach Florenz, wo er sich einen Monat aufhält. Hier erst, und nicht in Neapel, haben ihn wieder die »Zauberarme der Liebe« gestreift.

Der Oberregierungsrat Eduard Crüger, ein Gesprächspartner des Philosophen während der letzten Frankfurter Jahre, berichtet, daß »Schopenhauer in Florenz mit einer Dame aus vornehmem Stande verlobt gewesen ist, die Verlobung aber aufgelöst hat, als er vernahm, daß jene lungenkrank sei« (G, 197). Von solchen Heiratsabsichten hat Schopenhauer später auch zu dem Lustspieldichter Georg Römer gesprochen; »theils aus Neigung, theils aus Pflichtgefühl« würde er, so erzählt Schopenhauer dem Gesprächspartner, »geheirathet haben..., wenn nicht ein unübersteigliches Hinderniß eingetreten wäre, welches er, allem Schmerze zum Trotz, den es ihm bereitet habe, dennoch jetzt für ein Glück ansehen müsse, ›da eine Frau für einen Philosophen sich nicht schicke‹« (G, 71).

Es bestehen allerdings Zweifel, ob diese Affäre wirklich in Florenz stattgefunden hat. Gegenüber Adele jedenfalls muß Schopenhauer in einem (nicht erhaltenen) Brief ähnliche Ambitionen im Zusammenhang der Schilderung seines venezianischen Abenteuers vom November 1818 geäußert haben. Denn Adele schreibt im Mai 1819 an ihren Bruder: »Deine Geschichte daselbst (gemeint ist Venedig, R. S.) fängt an mich zu interessieren, möge sie glücklich enden – die Geliebte ist reich, ist von Stande gar, und doch meinst Du, sie werde Dir folgen wollen?« (Jb. 77, 160).

Heiratsabsichten mit einer reichen Italienerin »von Stande« – das kann nun aber auch wieder nicht jene Venezianerin Teresa Fuga sein, mit der Schopenhauer bei seinem ersten Aufenthalt in Venedig angebändelt hatte, der er im Mai 1819 seine Rückkehr nach Venedig ankündigt und die ihm daraufhin einen Brief schreibt, der an einen Arthur *Scharrenhans* gerichtet ist und ein verlockendes Angebot enthält: »Lieber Freund! Mit viel Freude erhielt ich deinen Brief u. vernahm, daß du mich nicht vergessen hast u. daß du mir große Aufmerksamkeit schenkst; aber glaube mir, mein Lieber, auch ich habe dich nicht vergessen . . .; ich liebe dich und wünsche dich zu sehen, komm nur, ich erwarte dich, um dich zu umarmen und um ein paar Tage gemeinsam zu verbringen; ich habe schon einen Freund, der geht aber immer weg von Venedig und besucht mich nur ab und zu – auf alle Fälle fährt er Sonntag aufs Land, wo er 15 bis 20 Tage bleiben wird; du kannst also unbekümmert kommen, ich erwarte dich mit ganzem Herzen; ein Verhältnis mit dem ›impresario‹ habe ich nicht mehr, seit langem habe ich diesen anderen Freund; und Engländer, die aus England geflohen und nach Venedig aus Verzweiflung gekommen sind, solche habe ich auch nicht mehr für Liebeleien.«

Zwischen allen diesen Liebeleien, Engländern, Impresarios und sonstigen Freunden will Teresa ihrem Arthur, dessen Familiennamen sie sich nicht merken kann, eine kleine Lücke offenhalten, in die er hineinstoßen darf – für ein paar Tage. Wenn Schopenhauer *diese* Geschichte Adele gegenüber als ernste Heiratsangelegenheit präsentiert haben sollte, dann hat er tüchtig renommiert – oder sich beträchtliche Illusionen gemacht.

Adele, die in ihrem Tagebuch einmal schreibt, »wie ich liebe, wird mich vielleicht niemand lieben«, hält sich für besonders kompetent, bei amourösen Gefühlen zwischen ›oberflächlich‹ und ›tief‹ unterscheiden zu können. Außerdem traut sie den Männern nicht über den Weg, ihr Bruder Arthur macht da keine Ausnahme. Dessen Abenteuergeschichten kommentiert sie mit den Worten: »Möchtest Du doch nicht ganz die Fähigkeit verlieren, eine Frau zu schätzen wenn Du mit dem Gewöhnlichen und Gemeinem in unserm Geschlecht

Dich abgiebst und führte Dir der Himmel einmal eine Frau zu, für die Du etwas tieferes empfinden köntest, als diese Wallungen...« Ihr tut es »innerlich recht weh«, schreibt sie an Arthur am 22. Mai 1819, »daß in Deinem einem Briefe 2 Liebesgeschichten sind ohne Liebe, und das alles dies doch nicht ist was ich Dir gewünscht hätte«. Adele schreibt hier wie eine Schwester, die vom Bruder zur Herzensvertrauten gemacht worden ist. Das überrascht, denn bei Arthurs Bruch mit der Mutter und seinem Wegzug aus Weimar am 22. Mai 1814 war auch die geschwisterliche Beziehung zunächst sehr in Mitleidenschaft gezogen worden. Adele hatte damals an ihre Freundin Ottilie von Goethe geschrieben: »Mein Bruder hat sich schändlich gegen die Mutter benommen.« Schopenhauer wollte allerdings die Schwester nicht in den Bruch hineinreißen, er nahm bald wieder brieflichen Kontakt auf, doch nicht etwa, um sich selbst der Schwester gegenüber zu öffnen – Adele notiert 1816 im Tagebuch: »Von meinem Bruder weiß ich nichts«–, sondern um die Schwester aus dem Machtbereich der Mutter herauszulösen. Er scheint Adele dringend zur Heirat geraten zu haben, damit sie aus dem Hause komme. Adele ist über solche Ratschläge nicht sonderlich erbaut, ihrer Freundin Ottilie klagt sie im Sommer 1814: »Arthur hat mir geschrieben... heirathen kann ich nicht, noch lange nicht, vielleicht, nein, wahrscheinlich *nie*. Arthur quält mich...« Adele schaut sich ja um nach einem Mann, aber der rechte will sich nicht einfinden. Kein Wunder, daß sie die Antwort auf die brüderlichen Ermahnungen zunächst hinausschiebt. »Längst sollte ich... die liegenden Briefe beantworten... Besonders der an Arthur will nicht gelingen«, gesteht sie im Sommer 1815 ihrer Freundin Ottilie.

Ein Jahr später faßt Adele einen eigenen Plan: Sie will für einige Zeit zum Bruder nach Dresden ziehen; nicht, damit ihr geholfen werde – Adele ist sehr stolz –, sondern damit sie helfe: Sie hat das Gefühl, man müsse Arthur aus seiner, wie sie vermutet, grimmigen Abgeschlossenheit herausholen, auch will sie sich um eine Versöhnung zwischen ihm und der Mutter bemühen. Sicherlich aber wird sie auch nach Gelegenheit gesucht haben, dem mütterlichen Hausfreund Gerstenbergk für eine Zeitlang aus dem Weg zu gehen. Schopenhauer hält von diesem Plan nichts; er will Adele zwar von der Mutter lösen, sie aber nicht in der Nähe haben. Er muß einen sehr rauhen Brief geschrieben haben, denn Adele notiert verzweifelt in ihrem Tagebuch: »empörende Antwort. Ich war so außer mir, daß ich gleich zu Ottilien lief ... Ach, ich hatte so viel von dem Plan, nach Dresden zu gehen, gehofft; alles, was ich mühsam erbaut, ist niedergerissen.«

Nach dieser Enttäuschung ruht der briefliche Verkehr zwischen den Geschwistern für einige Monate. Im Oktober 1816, während einer Reise, hört Adele in Mannheim von der Theaterbühne herab den Satz: »Du kannst alles verlieren, jeden Freund – dir bleibt der Bruder.« Das versetzt sie in die richtige Stimmung. »Den Brief an Arthur habe ich milde und sanft geschrieben«, vermerkt sie im Tagebuch.

Schopenhauer antwortet nun auch wieder und kündigt die baldige Fertigstellung seines Werkes an. Er muß Adele einiges davon berichtet haben, genug jedenfalls, um in Adele die Angst wachzurufen, Arthur könnte sich in seiner schroffen Art nicht nur mit der Familie, sondern nun auch mit dem Zeitgeist und den religiösen und sittlichen Üblichkeiten anlegen. Im Sommer 1818 schreibt Adele an Ottilie: »Früh einen Brief meines Bruders: im August geht er in die Welt und läßt das Buch erscheinen, was ich wie den Tod fürchte ... Arthur liegt mir gewaltig in den Gedanken.«

Jetzt also, während der Italienreise, ist der von seinem Werk entbundene und in ein milderes Lebensklima eingetauchte Schopenhauer seiner Schwester gegenüber so mitteilsam wie noch nie zuvor. Allerdings gibt es dafür auch noch einen sehr handfesten Grund: Da die Affäre mit einer Dresdener Kammerzofe Folgen gehabt hat – die Frau ist schwanger und bringt, während Schopenhauer in Italien weilt, eine Tochter zur Welt –, kommt ihm die Hilfsbereitschaft der Schwester sehr gelegen. Und weil sie in dieser Angelegenheit, wie er annimmt, tatsächlich etwas für ihn tun kann, zieht er sie ins Vertrauen. Das muß im Frühjahr 1819 gewesen sein, denn Adele vermerkt am 27. April 1819 im Tagebuch: »Sein Mädchen in Dresden ist guter Hoffnung; es ist mir entsetzlich – er nimmt sich indessen rechtlich und gut.« Schopenhauer wird sich also als Vater bekannt und finanzielle Unterstützung zugesagt haben. Adele aber bleibt trotzdem skeptisch, sie ermahnt ihren Bruder: »nimm Deine Pflicht nicht im gewöhnlichen engen Sinn in den Eure Schlechtigkeit sie gern reduziert – ich wollte, das Kind wäre nie ins Leben getreten, ists aber da, so sorge für dasselbe.«

Schopenhauer hatte wohl durchblicken lassen, er wünsche, Adele möge sich doch ein wenig um das Kind und auch um die junge Mutter kümmern. »Kan ich ... für das Mädchen irgendetwas thun, so sage es unverhohlen«, antwortet Adele und bietet sogleich Hilfe an; sie könne der Mutter Geld zukommen lassen, aber ein Besuch bei ihr, nein, das geht nun wirklich nicht. Wie man hört, lebt die Frau ja inzwischen mit einem anderen Mann zusammen. Arthur habe »wunderliche Einfälle«, falls er ihr zumute, dort vorzusprechen.

Im Spätsommer 1819 stirbt das Kind. Adele an Arthur: »Daß Deine Tochter todt ist, thut mir leid, denn wenn das Kind älter geworden wäre, hätte es Dir Freude gemacht.«

Adele schreibt dies am 8. September 1819. Zu diesem Zeitpunkt ist Schopenhauer wieder nach Deutschland zurückgekehrt und hält sich in Dresden auf. Inzwischen aber hat sich für die Familie Schopenhauer eine Katastrophe ereignet. Der Bankier Muhl in Danzig, bei dem die Mutter und Adele ihr gesamtes Vermögen und Arthur ein Drittel davon stehen hatten, stellt im Mai 1819 seine Zahlungen ein, bittet seine Gläubiger stillzuhalten, auf einen Vergleich zu setzen, andernfalls völliger Bankrott drohe. Durch Adele erfährt dies Schopenhauer Ende Mai in Venedig. Adele ist aufs höchste alarmiert, sie spricht von »Umwälzung« ihres »ganzen Erdengeschicks«. Adele, in der Tat, hat allen Grund, sich zu ängstigen. Denn der Mutter Vermögensanteil war infolge des aufwendigen Weimarer Lebensstils schon sehr geschrumpft. Der Vermögensanteil Adeles war für Mutter und Tochter inzwischen zur gemeinsamen Lebensbasis geworden – auch für die Zukunft. Es sieht nicht so aus, als könnte sich Adele durch Heirat salvieren. Gerstenbergk hat Hilfe angeboten, die Schopenhauers wollen sie aber nicht in Anspruch nehmen. Es werden Sofortmaßnahmen ergriffen. Man kündigt der Kammerjungfer, der Köchin und dem Hausknecht. Man leiht sich einen größeren Geldbetrag, um nach Danzig reisen zu können.

Beim Vergleich ist es am besten, vor Ort zu sein. Von Danzig aus schreibt Adele an Arthur: »Es schmerzt mich hier in der großen Welt, in allen Gesellschaften sein zu müssen... denn ich denke immer an den Thorschluß! Eine neue Bahn, ein neues Leben!... Wir werden sehr einfach leben von dem was bleibt, ich will meine eignen Bedürfnisse soviel mein Kranksein zuläßt verdienen... In der höchsten Noth, aber auch nur in der *höchsten*, verlasse ich mein Vaterland und gehe als Gouvernante nach *Rußland*... Heiraten kann, *will* ich nicht ohne Neigung, ein jeder kennt seine Kraft, was tausende drückt ist mir nichts, was tausende tragen würde mich zerdrücken.« Adele hält Arthur auf dem laufenden, so gut sie kann. Unter dem Siegel der Verschwiegenheit deutet sie an, daß Muhl der Mutter und ihr unter der Hand besondere Konditionen angeboten habe. »Meine Pläne gehen darauf«, schreibt sie am 8. September, »einst in der *Zukunft* wenn Muhl sich erhohlen sollte einen Theil des Geldes das ich jetzt verliere, wieder zu erhalten.« Arthur möge sich als Gläubiger ruhig verhalten, bittet sie, und möge, falls der offizielle Vergleich angeboten werde, einwilligen. Denn nur, wenn keiner der Gläubiger sich gegen den Vergleich stelle, könne dieser zustande kommen. »Nimm... die gewisse Versicherung daß... Dein *Vortheil* mir so nah als der meine stehn soll. Daß ich wenn ich nichts mehr für Dich thuen *kan*, versuche mir einen Vorzug zu schaffen wirst Du begreiflich finden, ich gebe Dir aber mein Wort eher *meinen* Nutzen aus den Augen zu setzen ehe ich Dir irgend einen Abbruch thuen lasse. Vertraue mir ruhig fort.«

Aber gerade dazu ist Schopenhauer nicht bereit. Die Andeutungen über Sonderkonditionen haben ihn mißtrauisch gemacht.

Zunächst hatte er, der vom drohenden Bankrott ja nur teilweise in Mitleidenschaft gezogen worden wäre, spontan Hilfe angeboten. Er würde, »was ihm geblieben«, mit Mutter und Schwester teilen, schreibt er. Diesem Brief an die Schwester hatte Schopenhauer einen zweiten an die Mutter beigelegt, der das gleiche Angebot, jedoch mit den verletzenden Worten offeriert: »obgleich Sie das Andenken des Ehrenmannes, meines Vaters weder in seinem Sohn, noch in seiner Tochter geehrt haben« (Jb 77, 140).

Adele versucht, diesen eingelegten Brief vor der Mutter zu verbergen, aber diese liest ihn doch, und »eine gräßliche Szene erfolgte«, so Adele in ihrem Tagebuch. Ottilie berichtet sie: »Sie (die Mutter, R. S.) sprach vom Vater auf eine Weise, die mir das Herz fast brach, äußerte sich schrecklich gegen Arthur und sprach aus, ›daß er eigentlich von ihr hätte *abhängen* müssen‹.«

Adele will heraus aus diesem Hexenkessel der Verfeindung; im ersten Augenblick möchte sie sich zum Fenster hinausstürzen. Adele im Tagebuch: »Sterben war ein Spiel gegen die Riesenlast des Lebens – aber als ich den entsetzlichen Drang in mir fühlte, gab mir Gott Besinnung und Kraft.«

Unter solchen Umständen wird Schopenhauers Angebot natürlich nicht angenommen. Er kommt auch nicht mehr darauf zurück, im Gegenteil: Jetzt wächst sein Mißtrauen. Es richtet sich gegen Muhl, von dem er mit Recht vermutet, er wolle sich durch einen Vergleich salvieren. Es richtet sich aber auch gegen die Mutter und die Schwester, denen er zutraut, sie könnten ihn durch Sonderkonditionen bei Muhl übervorteilen wollen. Tatsächlich hat es Sondervereinbarungen gegeben. Johanna wird über den dreißigprozentigen Vergleich hinaus eine Leibrente von 300 Reichstalern erhalten, »zu einigem Ersatz«, wie es in einer diesbezüglichen Urkunde, ausgestellt am 8. Juli 1820, heißt. Außerdem erhält Johanna einen echten Paolo Veronese, den sie allerdings erfolglos zum Verkauf anbietet.

Im Verständnis Adeles richten sich diese Absprachen aber nicht gegen Arthur. Für Arthur, so sieht sie es, ist eben einfach nicht mehr zu holen. Sie hatte ihm ja geschrieben, »daß ich wenn ich nichts mehr für Dich thuen *kan,* versuche mir einen Vorzug zu schaffen«.

Adele, gänzlich ohne Unrechtsbewußtsein, fühlt sich von Arthurs Mißtrauen tief verletzt. Die herzlichen Briefe aus Italien sind ihr noch in zu frischer Erinnerung. Sie schreibt: »Ich will nicht in einem fort im Himmel erhoben und dann verdammt werden, fasse endlich eine klare Idee meines Wesens, – wo nicht, gieb mich auf.«

Bei Adele aber bleibt unglückseligerweise die Aufgabe hängen, den mißtrauischen Arthur für den Vergleich zu gewinnen. Er weigert sich hartnäckig. Adele fleht ihn an: Der Vergleich könne scheitern, alles sei dann verloren, ob er denn alle zugrunde richten wolle, auch die Schwester und die Mutter? Schopenhauer wird darüber noch grimmiger, denn was Adele nicht weiß, ist ihm als ehemaligen Kaufmann wohl bekannt: Hier wird gepokert, hier muß man Nerven behalten. Wer vergleichen will, muß, was Muhl ja auch tut, mit dem Scheitern des Vergleichs drohen. Aber der Vergleich wird stattfinden, auch wenn er, Schopenhauer, nicht daran teilnimmt – das Muhlsche Interesse wird es gebieten. Deshalb hat sich Schopenhauer eine andere Strategie zurechtgelegt. Er ignoriert die Zahlungsschwierigkeiten Muhls, läßt seine Wechsel einfach stehen, wartet ab, und wenn Muhl sich dann durch den Vergleich salviert haben wird, wird er seine Forderungen eintreiben. Er wird einstweilen dem Vergleich nicht entgegentreten. Im Gegenteil: Er muß sogar ein Interesse daran haben, daß er zustande kommt, weil auf diese Weise Muhl wieder zahlungsfähig wird.

Eine heikle Konstellation: Muhl salviert sich auf dem Rükken von Johanna und Adele, und Schopenhauer salviert sich auf dem Rücken des Muhlschen Manövers. Nur *weil* Mutter und Schwester drei Viertel ihres Vermögens verlieren, wird Schopenhauer seinen Anteil zu 100 Prozent retten. Er riskiert allerdings dabei, alles zu verlieren, falls Muhl trotzdem zahlungsunfähig bleiben würde, und er riskiert natürlich auch, daß der Vergleich durch seine Weigerung, ihm beizutreten, zuletzt doch nicht zustande kommt. Und in dieses Risiko reißt er Mutter und Schwester hinein. Schopenhauer will den beiden nicht schaden, aber mehr noch will er vermeiden, selbst zum Betrogenen zu werden, und die Furcht davor ist weitaus größer als jedes familiäre Solidaritätsgefühl.

Ihm bereitet es eine grimmige Genugtuung, als die Dinge sich tatsächlich so entwickeln, wie er es vermutet hatte. Muhl wird wieder zahlungsfähig, und mit den folgenden Worten präsentiert Arthur ein Jahr später, am 1. Mai 1821, seine Wechsel: »Sollten Sie also doch noch Zahlungsunfähigkeit vorschützen wollen; so werde ich Ihnen das Gegentheil beweisen durch die famöse Schlußart, welche der große Kant in die Philosophie einführte, um damit die moralische Freiheit des

Menschen zu beweisen, nehmlich den Schluß vom Sollen aufs Können. Das heißt: zahlen Sie nicht gutwillig, so wird der Wechsel eingeklagt. Sie sehn, daß man wohl ein Philosoph seyn kann, ohne deshalb ein Narr zu seyn« (B, 69).

Nein, Schopenhauer ist kein Narr, außer aufs »bessere Bewußtsein« versteht er sich auch sehr gut aufs »empirische Bewußtsein«.

Er geht als Gewinner aus dieser Affäre hervor. Die zeitweilig herzliche Verbundenheit mit Adele aber hat er dabei verloren. Am 9. Februar notiert Adele in ihrem Tagebuch: »Endlich Arthurs Brief, der mich vernichtend berührte. Ich kann noch nicht antworten, indeß schrieb ich ihm einige Abschiedszeilen. Denn meine Seele ist von ihm geschieden.«

Achtzehntes Kapitel

Als Dozent in Berlin. Der ›Rächer‹, den keiner hören will.
VIERTES PHILOSOPHISCHES SZENARIO:
DER SIEGESZUG HEGELS
UND DER GEIST DES BIEDERMEIER.
Warum Arthur nicht durchdringt.

Später wird Arthur Schopenhauer behaupten, er habe sich um eine Universitätslaufbahn nur bemüht, weil er glaubte, die infolge der Muhlschen Katastrophe drohenden Vermögenseinbußen durch Einnahmen aus einer Lehrtätigkeit kompensieren zu müssen. Eine vorübergehende Notlage – die sich dann allerdings als weit harmloser herausstellte als zunächst von ihm angenommen – habe ihn also für eine kurze Zeit bewogen, statt nur *für* die Philosophie nun auch *von* der Philosophie leben zu wollen.

Tatsächlich aber waren noch andere Motive im Spiel: Er will, wie er im Dezember 1819 an Professor Lichtenstein in Berlin schreibt, »endlich doch ins praktische Leben... kommen« (B, 44).

Diplomatischer und darum zurückhaltend formuliert er ein anderes Motiv: Er will nun auch als akademischer Lehrer den philosophischen Zeitgeist herausfordern und zugleich in die Schranken weisen. Noch hat sich Schopenhauer nicht damit abgefunden, nur für die Nachwelt zu wirken. Er will seine Mitwelt erreichen, und das heißt: Er fühlt sich als Herkules, dem es obliegt, die philosophischen Augiasställe der Zeit auszumisten. Der Brief an Professor Blumenbach in Göttingen kleidet dieses Vorhaben in die vorsichtigen Worte: »Nachdem nun... die Lehrjahre und auch die Wanderjahre vorüber sind, glaube ich..., daß jetzt wohl Einer und der Andre Manches von mir möchte lernen können« (B, 43). Mit den Briefen an Lichtenstein in Berlin und Blumenbach in Göttingen versucht Schopenhauer im Dezember 1819, von Dresden aus, die Lage an den betreffenden Universitäten zu sondieren. Diese beiden Universitäten, die ihm vom Studium her noch vertraut sind, hat er für seine künftige Laufbahn in die nähere Wahl gezogen. Im Herbst 1819 hatte er für kurze Zeit auch an Heidelberg gedacht. Dort war er, von Italien kommend, im Juli 1819 eingetroffen.

Nach Heidelberg zog ihn die landschaftliche Schönheit der Umgebung, auch gab es hier eine Lehrstuhlvakanz: Hegel war vor einem guten Jahr von Heidelberg aus nach Berlin berufen worden. Außerdem bot sich ihm hier ein Ankerplatz: Ernst Anton Lewald, Schopenhauers Schulkamerad in Gotha und Kommilitone in Göttingen, war inzwischen Professor für klassische Philologie an der Heidelberger Universität. Die übrigen Umstände in Heidelberg konnten indes für Schopenhauer wenig Anziehendes haben: Denn in Heidelberg, der Hochburg der Deutschromantik, waren, nach der Ermordung Kotzebues durch den Burschenschaftler Sand am 23. März 1819 im benachbarten Mannheim, die Wogen der patriotischen Erregung besonders hoch geschlagen. Die vaterländischen Gesinnungen in der Stadt und unter den Studenten betätigten sich zuerst einmal in wüsten antisemitischen Exzessen. Die Verehrung, die man Sand besonders in Heidelberg entgegenbrachte, war hier noch viele Jahre später zu spüren. Aus den Brettern und Balken des Schafotts, auf dem Sand hingerichtet worden war, erbaute sich der Scharfrichter Braun – der über dem Gedanken, daß er einen so frommen und edlen Menschen habe hinrichten müssen, schwermütig geworden war – ein Häuschen in seinem Weinberg bei Heidelberg. Dort pflegten dann die Burschenschaftler heimlich zusammenzukommen. In Heidelberg war es auch, wo der Reliquienhandel in Blüte stand: Man riß sich um die mit dem Blut des Märtyrers bespritzten Hobelspäne. Hier konnte man auch mit dem Bildnis Sands geschmückte Pfeifen und Kaffeetassen kaufen.

Das alles ist nicht nach dem Geschmack Schopenhauers, der einen Monat in der Stadt bleibt, um dann in Richtung Dresden weiterzureisen. Unterwegs macht er, am 19. und 20. August 1819, Station in Weimar. Er besucht Goethe. Er tritt bei ihm ein, ohne Anmeldung. Goethe, im Gespräch mit einem anderen Gast, begrüßt ihn mit der kühlen Frage, »wie er, den er noch in Italien vermuthet, so plötzlich aus dem Stegreif hier erscheine«, und bittet ihn, nach einer Stunde wiederzukommen. Mit einem solchen Empfang hat Schopenhauer nicht gerechnet. In frischer Erinnerung ist ihm noch Adeles Bericht darüber, mit welcher Anteilnahme Goethe sich seinem Buch zugewendet hatte. Als Schopenhauer eine Stunde später wieder bei Goethe erscheint, macht er aus seiner Enttäuschung keinen Hehl. Goethe muß ihn dann aber doch warm und versöhnlich gestimmt haben, denn Adele notiert in ihrem Tagebuch: »(ich) empfing ... einen Brief meines Bruders mit der Beschreibung seines Aufenthalts in Weimar, mit dessen Entzücken über seine Aufnahme bei Göthens, eine Ahndung dessen, was ihm Liebe geben könnte, was aus ihm zu machen gewesen wäre.«

Einen Abend und einen Vormittag bringen Goethe und Schopenhauer miteinander zu. Schopenhauer erzählt von seinen Reisen und Plänen. Schnell ist man auch wieder beim alten Thema, bei der Farbenlehre. Goethe führt einige Experimente vor. In seinen TAG- UND JAHRESHEFTEN erinnert sich Goethe mit milden Worten dieser Begegnung, die die letzte sein wird: »Ein Besuch Dr. Schopenhauers, eines meist verkannten, aber auch schwer zu kennenden, verdienstvollen jungen Mannes, regte mich auf und gedieh zur wechselseitigen Belehrung.«

Von Ende August 1819 an ist Schopenhauer wieder in Dresden, das ihm die noch frische Erinnerung an die produktive Schaffensphase, die er hier verbracht hat, vergoldet. Kurz nach seiner Ankunft stirbt die erst wenige Monate alte Tochter, für Arthur kein erschütterndes Ereignis. Seine Sorgen beziehen sich auf die eigene akademische Zukunft. Wo ergeben sich für ihn die besten Chancen? Lewald schreibt aus Heidelberg, man werde ihm keine Steine in den Weg legen, allerdings sei sein philosophisches Werk hier noch gänzlich unbekannt. Der schöne Herbst verspreche eine gute Weinernte, und sonst sei es inzwischen auch wieder ruhig – von den Exzessen gegen die Juden abgesehen.

Schopenhauer neigt jetzt doch mehr Göttingen und Berlin zu. Göttingen sei, so schreibt er an Blumenbach, »die würdigste, vielleicht die erste Universität in der Welt« (B, 43), ausgezeichnet vor allem durch die Erfolge der empirischen Wissenschaften, aber wie steht es mit dem Bedürfnis nach philosophischer Spekulation? Könne er auf ein Publikum hoffen, fragt er Blumenbach. Und Schopenhauers Göttinger Mentor in den Naturwissenschaften antwortet: Schopenhauer würde von den Kollegen sicherlich günstig aufgenommen werden, aber ob er auch ein Publikum finden werde, sei doch höchst ungewiß, man höre durchaus nicht, »daß man etwa einen andern Vortrag der Philosophie vermisse«. Kurz: kein Bedarf an philosophischer Erneuerung in Göttingen. Lichtensteins Antwort aus Berlin ist ermunternder. Zwar schreibt auch Lichtenstein: »Bestimmt ausgesprochene Urtheile über Ihre Schriften sind mir nicht gegenwärtig«, aber er fährt fort: »doch können Sie darauf rechnen, daß man sie hier nach ihrem Werth schätzt.«

In seinem Brief an Lichtenstein hatte Arthur die Gründe, die in seinen Augen für und gegen Berlin sprechen, genannt. Die »höhere Geisteskultur« einer großen Stadt erleichtere es, ein nicht nur studentisches Publikum zu finden. Der Umzug von Dresden nach Berlin sei einfacher zu bewerkstelligen als etwa der nach Göttingen oder Heidelberg. Gegen Berlin spricht die »Theuerheit des Aufenthalts« und die »fatale Lage in der Sandwüste« (B, 45). Schopenhauer entscheidet sich für Berlin, denn Lichtenstein macht in seinem Antwortschreiben eine verlockende Bemerkung: »Seit Hegel hier ist, scheinen die philosophischen Studien mehr Freunde zu finden.«

Schopenhauer zieht es in die Höhle des Löwen. Er will dem großen Kontrahenten, der seinerseits von ihm bisher noch keinerlei Notiz genommen hat, die Stirn bieten. Noch von Dresden aus und noch vor Abschluß der Habilitation ersucht er den Dekan der Berliner Fakultät, seine Lehrveranstaltung im Vorlesungskatalog doch schon anzukündigen. Er wolle dozieren über die »gesammte Philosophie, d.i. die Lehre vom Wesen der Welt und dem menschlichen Geiste«, und was die Stunden angehe, zu denen er lesen wolle, da seien wohl am »passendesten ... die, wo Herr Prof. Hegel sein Hauptkollegium liest« (B, 55).

Geradezu tollkühn unterschätzt Schopenhauer die Macht des Hegelschen Geistes. Während sich in Hegels Vorlesungsstunden weit über zweihundert Studenten drängen, sind es nicht mehr als fünf Beflissene, die sich in diesem ersten Berliner Semester von Schopenhauer in der »Lehre vom Wesen der Welt« unterweisen lassen wollen. Es nützt Schopenhauer auch wenig, daß er in der ersten Vorlesungsstunde sich als ein »Rächer« ankündigt, der gekommen sei, die in »Paradoxe« festgefahrene und durch »unkultivierte dunkle Sprache« (VTE, 57) verdorbene nachkantische Philosophie aus dem Würgegriff ihrer Peiniger zu befreien. Man hörte die Botschaft wohl, allein es fehlte der Glaube. Den schenkte man Hegel, gegen den vor allem das ganze proklamierte Rächertum Schopenhauers gemünzt war.

Der Rächer Schopenhauer mußte in dieser Situation wirken wie ein Sektenprediger wider die mächtig aufgetürmte Kirche des Hegelianismus. Geringer Trost war es da, daß er sich im Anschluß an den Habilitationsvortrag in einer belanglosen, winzigen Kontroverse über den Begriff des ›Motivs‹ – der einzigen persönlich ausgetragenen Kontroverse – als der in den Naturwissenschaften Kenntnisreichere erwies.

Hegel war im Frühjahr 1818 auf den seit vier Jahren vakanten Lehrstuhl des verstorbenen Fichte berufen worden.

Der preußische Unterrichtsminister Altenstein, ein vergleichsweise eher liberaler Politiker, zählte zu den Bewunderern des Philosophen und setzte sich für dessen Berufung nach Berlin ein. Altenstein schätzte an Hegel, was auch sonst Aufsehen erregte und faszinierend wirkte bei einem Publikum, das sich von den Turbulenzen der letzten Jahre hatte enthusiasmieren lassen und jetzt ein wenig ausruhen will: die bezeichnende Art, in der Hegel die Modernisierungsimpulse seit der Französischen Revolution verarbeitete und zugleich verband mit einer konservativen, staatsfrommen Haltung. Als 1820 Hegels PHILOSOPHIE DES RECHTS mit jenem berühmten Vorredesatz »Was vernünftig ist, das ist wirklich; und was wirklich ist, das ist vernünftig« erschien, da gratulierte der Minister Altenstein dem Autor mit den Worten: »(Sie) geben... der Philosophie, wie mir scheint, die einzig richtige Stellung zur Wirklichkeit, und so wird es Ihnen am sichersten gelingen, Ihre Zuhörer vor dem verderblichen Dünkel zu bewahren, welcher das Bestehende, ohne es erkannt zu haben, verwirft und sich besonders in Bezug auf den Staat in dem willkürlichen Aufstellen inhaltsleerer Ideale gefällt.«

Die Hegelsche Philosophie hatte sich dem Projekt der Moderne, also dem Denken in den Dimensionen geschichtlichen Fortschritts und gesellschaftlicher Vernunft, verschrieben, aber stand zugleich gegen jede »Willkür anmaßlicher Subjekte«.

So bezeichnet Hegel beispielsweise den von den Staatsbehörden verfolgten Philosophen und Burschenschaftler Fries als einen »Heerführer dieser Seichtigkeit, die sich Philosophie nennt« und die sich anmaßt, den Staat, diesen durch jahrhundetelange »Arbeit der Vernunft« gebildeten Bau, in den »Brei des Herzens, der Freundschaft und Begeisterung zusammenfließen zu lassen«.

Bei Hegel vertrug sich solche machtgeschützte Polemik mit einer Gesinnung, die ihn noch bis ans Ende seiner Tage jedesmal am 14. Juli ein Glas Rotwein auf das Gedächtnis der Französischen Revolution trinken ließ. Die Revolution bleibt für Hegel ein »herrlicher Sonnenaufgang«, die »ungeheure Entdeckung über das Innerste der Freiheit«. Noch 1822, zur selben Zeit, als Hegel die preußischen Behörden auffordert, doch etwas gegen ein Literaturblatt zu unternehmen, in dem seine Philosophie kritisiert worden war, zur selben Zeit also sagt Hegel von der Französischen Revolution: »So lange die Sonne am Firmamente steht und die Planeten um sie herum kreisen, war das nicht gesehen worden, daß der Mensch sich auf den Kopf, das ist auf den Gedanken stellt, und die Wirklichkeit nach diesem erbaut.« Ein andermal bekennt Hegel, daß es nur die Revolution war, welche die moderne Philosophie, vor allem also seine eigene, hervorgebracht habe.

Revolutionäres Handeln von einzelnen oder sozialen Gruppen wird von Hegel verworfen, dafür aber nimmt er den revolutionären Impuls hinein ins pochende Herz des Weltgeistes, der seine Arbeit verrichtet, ohne daß der Philosoph sich einmischen müßte. Er muß nur und kann nur in Begriffen entfalten, was ohnehin geschieht; und was ohnehin geschieht, ist der notwendig fortschrittliche historische Prozeß, eine Geschichte des Zu-sich-selbst-Kommens des Geistes in der materiellen Wirklichkeit des gesellschaftlichen Lebens. Das Ganze ist das Wahre, weil das Ganze das Wahre *wird*. Hegel präsentiert seine PHILOSOPHIE DES RECHTS in der Vorrede als eine

Philosophie der vergangenen Zukunft: »Um noch über das *Belehren,* wie die Welt seyn soll, ein Wort zu sagen, so kommt dazu ohnehin die Philosophie immer zu spät. Als der *Gedanke* der Welt erscheint sie erst in der Zeit, nachdem die Wirklichkeit ihren Bildungsprozeß vollendet und sich fertig gemacht hat … Wenn die Philosophie ihr Grau in Grau mahlt, dann ist eine Gestalt des Lebens alt geworden, und mit Grau in Grau läßt sie sich nicht verjüngen, sondern nur erkennen; die Eule der Minerva beginnt erst mit der einbrechenden Dämmerung ihren Flug.« Für Hegel ist die Geschichte tatsächlich das Weltgericht. Die Geschichte wird allem Überlebten, allem, was dem Selbstverwirklichungsdrang des Geistes widerstrebt, den Prozeß machen. Dazu braucht es keine wilden Rebellen, Aufrührer, Demagogen, dazu braucht es überhaupt keiner »Willkür des Subjektes«, das sich auf seine bornierten, bloß individuellen Freiheitsinteressen versteift. Das richtet sich nur selbst zugrunde, und es ist nicht schade darum, wenn man dem noch etwas nachhilft. Daher Hegels Loyalitätsadresse an einen Staat, der soeben dabei ist, die ›Demagogen‹ aus dem Verkehr zu ziehen. Hegel bemerkt dazu in einem Brief an Niethammer: »Ich halte mich daran, daß der Weltgeist der Zeit das Kommandowort zu avancieren gegeben; solchem Kommando wird pariert; dies Wesen schreitet wie eine gepanzerte, festgeschlossene Phalanx unwiderstehlich und mit so unmerklicher Bewegung, als die Sonne schreitet, vorwärts, durch dick und dünne; unzählbare leichte Truppen gegen und für dasselbe flankieren drum herum, die meisten wissen gar von nichts, um was (es) sich handelt, und kriegen nur Stöße durch den Kopf wie von einer unsichtbaren Hand.«

Hegel konspiriert mit dem Weltgeist und braucht sich deshalb nicht, wie vormals der wackere Fichte, in die Tathandlungen des Tages einzumischen. Hegel hat den Fichteschen existentiellen Aktivismus auf napoleonisches Niveau gehoben. Es verzettelt sich nicht mehr in den ›petits batailles‹, er sitzt auf dem Feldherrnhügel. Nicht zufällig ist auch Napoleon gerade in der Nähe, als Hegel mit seiner PHÄNOMENOLOGIE DES GEISTES, jenem Werk, das seinen Ruhm begründen wird, niederkommt.

Hegel, wir schreiben das Jahr 1806, sitzt in Jena und arbeitet fieberhaft an der Fertigstellung des Werkes. Napoleon zieht mit seinen Truppen gegen Preußen, in Jena befürchtet man das Schlimmste. Es geschieht: Napoleon rückt in Jena ein. Hegel schreibt an den Schlußpassagen des Werkes. Aus seinem Fenster blickt er auf die Soldaten, die auf dem Markt biwakieren und aus den Balken und Brettern der Marktbuden und Fleischbänke ein großes Feuer unterhalten. Rauchschwaden ziehen durch die Ritzen des Fensters herein. In dieser Nacht vollendet er sein Werk, er schreibt jene berühmten Sätze, mit denen die PHÄNOMENOLOGIE DES GEISTES ausklingt: »Das *Ziel*, das absolute Wissen, oder der sich als Geist wissende Geist hat zu seinem Wege die Erinnerung der Geister... Ihre Aufbewahrung nach der Seite ihres... erscheinenden Daseins, ist die Geschichte, nach der Seite ihrer begriffenen Organisation« aber die *Wissenschaft* des *erscheinenden Wissens;* beide zusammen, die begriffene Geschichte, bilden die Erinnerung und die Schädelstätte des absoluten Geistes, die Wirklichkeit, Wahrheit und Gewißheit seines Throns, ohne den er das leblose Einsame wäre; nur –

aus dem Kelche dieses Geisterreiches
schäumt ihm seine Unendlichkeit.«

In dieser Nacht aber brennt Jena. Die Franzosen haben den Musensitz angezündet, und es wird geplündert. Hegel stopft die PHÄNOMENOLOGIE in die Tasche und läuft davon. Als er wieder zurückkehrt, findet er seine Wohnung verwüstet, weder Wäsche noch ein Fetzen unbeschriebenen Papiers sind vorhanden. Und doch, was ist dies alles dagegen, Napoleon, der ihm das angetan hat, gesehen zu haben: »Den Kaiser – diese Weltseele – sah ich durch die Stadt zum Rekognoszieren hinausreiten. – Es ist in der Tat eine wunderbare Empfindung, ein solches Individuum zu sehen, das hier auf einen Punkt konzentriert, auf einem Pferde sitzend, über die Welt übergreift und sie beherrscht.«

Das erinnert doch sehr an den Heinrich Mannschen Untertan *Diedrich Heßling*, der, von einem strammen Leutnant aufs schmerzlichste gekränkt, stolz bemerkt: »den macht uns niemand nach«. So auch Hegel: Vom Weltgeist arg gezaust, läßt er doch nicht ab, ihn zu bewundern.

Gerade für den Weltgeist gilt: Wo gehobelt wird, fallen Späne. In Jena gehört Hegel noch zu den Spänen. In Berlin ist er dann denen, die hobeln, bedeutend näher gerückt.

Hegel ist in die Geschichte verliebt: »Das Wahre ist der bacchantische Taumel, an dem kein Glied nicht trunken ist.« Angefangen hatte das im Tübinger Stift, als, auf die Nachricht des Bastillesturms hin, Hegel und seine Stubenkameraden Schelling und Hölderlin auf der Neckarwiese einen Freiheitsbaum aufpflanzten. Die Euphorie über eine machbare Fortschrittsgeschichte durchschlug auch die Kantsche Barriere wider die Metaphysik: Es ist nicht einzusehen, warum unser *Bewußtsein* so getrennt vom *Sein* gedacht bleiben sollte, wie es Kant lehrte. Die auf der Neckarwiese imaginierte Geschichtsmächtigkeit legte eine andere Definition des Seins nahe: Das ›Sein‹ ist dem Geist das ›Seine‹; wie Christus, so kommt für die revolutionär gesinnten Theologiestudenten auch der ›Geist‹ in sein ›Eigentum‹. Hegel nimmt sich vor, selbst dabei Hand anzulegen, daß die ›Seinen‹ ihn, den Geist, aufnehmen. Die Zeit des Kreuzigungsopfers ist vorbei. Hölderlin steuert im Freundeskreis die Idee bei, daß der Gedanke die Ur-Teilung im Urteil, d. i. die Trennung vom Sein, aufzuheben habe. Der große Versöhnungsimpetus will eine Vernunft, die sich in ihrem Anderen, der Natur, der Geschichte, wiedererkennt. In der PHÄNOMENOLOGIE DES GEISTES wird Hegel diese Vernunft als eine charakterisieren, die »alle Eingeweide der Dinge durchwühlt« und »ihnen alle Adern öffnet«, auf daß sie sich »daraus entgegenspringen möge«.

Da nun aber die Geschichte in dem Vierteljahrhundert nach der Revolution ihren Enthusiasten manche Enttäuschung bereitet, so kommt für Hegel alles darauf an, den Glauben an die geschichtliche Vernunft auf eine Art festzustellen, daß er fortan nicht enttäuschbar ist. Der betrogene Liebhaber tröstet sich mit der Mitwisserschaft bei den »Listen der Vernunft«. Hegels ganze Energie richtet sich darauf, ein System der geschichtlichen Vernunft zu entwerfen, das *enttäuschungsfest* ist. In einer politischen Denkschrift, verfaßt 1802, also kurz nach der Umwandlung der Revolution in Napoleonismus, schreibt Hegel: »Die Gedanken, welche diese Schrift enthält, können... keinen andern Zweck noch Wirkung haben, als das Verstehen dessen, *was ist,* und damit die ruhigere

Ansicht, so wie ein in der wirklichen Berührung und in Worten gemäßigtes Ertragen derselben zu befördern. Denn nicht das, was ist, macht uns ungestüm und leidend, sondern daß es *nicht ist*, wie *es sein soll*. Erkennen wir aber, daß *es ist, wie es sein muß*, d. h. nicht nach Willkür und Zufall, so erkennen wir auch, daß es so sein soll.«

Hiermit ist Hegel bei sich selbst angekommen: Man braucht an die Wirklichkeit keine Forderungen zu stellen, weil das, was vernünftig ist, ohnehin geschieht. Das Sollen wird vom Sein verzehrt. Jede Enttäuschung bringt uns der Wahrheit näher, löst das bloße »Meinen« auf und macht uns reif für die Komplizenschaft mit der objektiven Vernunft. In Berlin schließlich hat Hegel, für sich persönlich, diese »Reife« bis zur Behaglichkeit gesteigert.

Auf Hegels letztes Berliner Jahrzehnt zurückblickend, schreibt ein unmittelbarer Zeuge dieser Jahre, Rudolf Haym: »Diese Zeit muß man sich zurückrufen, um zu wissen, was es mit der wirklichen Herrschaft und Geltung eines philosophischen Systems auf sich hat. Jenes Pathos und jene Überzeugtheit der Hegelianer ... muß man sich vergegenwärtigen, welche im vollen, bitteren Ernste die Frage ventilierten, was wohl den ferneren Inhalt der Weltgeschichte bilden werde, nachdem doch in der Hegelschen Philosophie der Weltgeist an sein Ziel, an das Wissen seiner selbst hindurchgedrungen sei.«

In dieser behaglichen Stimmung der Weltgeistankunft verfaßt Hegel, während der Berliner Jahre, seine großen Werke: die PHILOSOPHIE DES RECHTS, die GESCHICHTE DER PHILOSOPHIE und die PHILOSOPHIE DER GESCHICHTE, überarbeitet die LOGIK und die ENZYKLOPÄDIE – und lebt dabei das Leben eines Biedermanns. Die Philosophie solle »auf dem Katheder bleiben«, pflegte er zu sagen, und diejenigen, die seine persönliche Bekanntschaft machten, wunderten sich zunächst über die flache, gewöhnliche, sogar geistlose Unterhaltung, der er sich offenbar gerne hingab. Heinrich Hotho lernte Hegel in den zwanziger Jahren kennen und beschreibt ihn so: »Die frühgealterte Figur war gebeugt ... nachlässig bequem fiel ein gelbgrauer Schlafrock von den Schultern über den eingezogenen Leib bis zur Erde herab; weder von imponierender Hoheit noch von fesselnder Anmuth zeigte sich eine äußerliche Spur, ein Zug altbürgerlich ehrbarer Gradheit war das Nächste, was sich im ganzen Behaben bemerkbar machte.«

Kein sprühender Kopf, keine Eloquenz, ein Mann, der schwer mit den Worten ringt, und was er herausbringt, ist manchmal wegen des unverkennbar schwäbischen Dialektes kaum verständlich. Man rätselte, was wohl das ›eppes‹ wäre, bis man dahinterkam, daß die schwergewichtige philosophische Kategorie ›Etwas‹ damit gemeint sei. Den Weltgeist hatte man sich so nun auch wieder nicht vorgestellt. Wenn es allerdings gegen die Katholiken ging, dann konnte dieser schwäbische Protestant, der er immer blieb, durchaus scharfzüngig werden. In einer seiner Vorlesungen hatte sich Hegel einen Witz erlaubt. Wenn eine Maus, so sagte er, eine geweihte Hostie fresse, dann nehme sie, nach katholischer Transsubstantionslehre, den Leib des Herrn auf und müsse daher angebetet werden.

Nach dieser Sottise verlangt man nun kirchlicherseits, daß der Staat hier nach dem Rechten sehen müsse. Hegel verteidigte sich damit, daß er als Lutheraner den papistischen Götzendienst entlarven müsse. Das erklärt er auch vor seinen Studenten. Ein im Auditorium sitzender Kaplan starrt drohend auf den Professor. Hegel, dem Blick standhaltend, bemerkt: »Daß Sie mich so ansehen, imponiert mir nicht.«

Als Philosoph tritt Hegel mit geradezu offiziellem Habitus auf. Die »Jahrbücher für wissenschaftliche Kritik«, die er 1826 begründet, sollten ursprünglich einen Staatsvertreter als Mitarbeiter haben. Dazu kam es nicht, trotzdem wurde das Rezensionsunternehmen wie ein Regierungsorgan geführt. Deshalb polemisiert Börne dagegen und spricht von der drohenden Verstaatlichung des Geistes.

Die seit 1819 einsetzende »Demagogenverfolgung«, in deren Verlauf etliche oppositionelle Geister verhaftet, andere, wie der Berliner Theologe De Wette, aus dem Amt gejagt wurden, hatten im Berlin der 20er Jahre eine politische Windstille geschaffen. Die Burschenschaften blieben verboten. Es wurde gezecht, aber nicht politisiert, es wurde gearbeitet, aber nicht räsoniert. Der Student Ludwig Feuerbach schreibt 1824 aus Berlin an seinen Vater: »auf keiner anderen Universität herrscht wohl solch allgemeiner Fleiß, solcher Sinn für etwas Höheres als bloße Studentengeschichten, solches Streben nach Wissenschaft, solche Ruhe und Stille, wie hier. Wahre Kneipen sind andere Universitäten gegen das hiesige Arbeitshaus.«

Hegels Philosophie, die den Weltgeist ja auch als einen arbeitenden vorführt, paßt sehr gut in diese Stimmungslage. Auf die Arbeit folgt die Erholung. Um die Kunst, die mehr sein will als Erholung von der Arbeit, steht es schlecht.

Von der Rückbildung der politischen Kultur profitiert besonders das Theater und die Oper. Diese Künste, immerhin gesellschaftliche Sammelpunkte großen Stils, wirken als Ventil. Rahel Varnhagen schreibt: »Eine Stadt ohne Theater ist für mich wie ein Mensch mit zugedrückten Augen, ein Ort ohne Luftzug, ohne Kurs. In unseren Zeiten und Städten ist dies ja das einzige Allgemeine, wo der Kreis der Freude, des Geistes, des Anteils und Zusammenkommens aller Klassen gezogen ist.« Und der Minister Bernstorff bemerkt lakonisch: »Na, einen Knochen muß man den bissigen Hunden doch lassen!«

Die Theaterleidenschaft erlebt einen neuen Höhepunkt. Hier gab es auch die große Debatte, die anderswo nicht stattfinden konnte. »Der Freimütige«, ein vielgelesenes Unterhaltungsblatt, hängt in den Berliner Straßen Briefkästen auf, in die Theaterkritiken, die dann auch abgedruckt werden, eingeworfen werden können. Auch Hegel hat Theaterrezensionen verfaßt.

Der Geschmack hatte sich geändert: So schlecht stand es noch nie um das Erhabene. Das Leichte hatte Hochkonjunktur. Zwischen 1815 und 1834 kommen am Berliner Nationaltheater 56 Trauerspiele und 292 Lustspiele heraus. Als Napoleon die Welt in Atem hielt, tauchte in Deutschland die Schicksalstragödie auf. Als Napoleon fiel, hörte mit den großen Taten und dem großen Verhängnis auch das Spiel mit solchen Gewichtigkeiten auf. Auf der Bühne wurde das Leichte immer leichter. Schauspieler feierten Triumphe in Affenrollen. Die Kulissen aber wurden immer prächtiger. E. T. A. Hoffmanns UNDINE profitierte von dieser Zeittendenz. Schinkel entwarf das Bühnenbild. Überboten wurde diese Pracht dann von der Aufführung des Weberschen FREISCHÜTZ (1821). Am allergewaltigsten aber ging es bei Spontini zu. Hier betraten auch Elefanten die Bühne, und es wurden Kanonen abgefeuert.

Der Sinn für das Leichte machte auch empfänglich für das Leichtfüßige. Von der Balletteuse Fanny Elßler sagten die Berliner: »Sie tanzt Weltgeschichte.«

Auf diese Weise konnte einem Weltgeist, der es sich in Hegels Kolleg bequem gemacht hatte, offenbar auch auf die Beine geholfen werden.

Schopenhauer kommt in ein Berlin, das sich von den Anstrengungen der letzten drei Jahrzehnte erholen will. Wie im Foyer des Theaters während der Pause gibt es ein Stimmengewirr, in dem die jüngsten Erregungen abebben, in dem die Eindrücke des Gewaltigen, dessen Zeuge man war, sich im alltäglichen Belanglosen abdämpfen. Hegels große Philosophie muß hier wirken wie eine breit-behagliche Rezension von Ereignissen, die einmal alle in Atem gehalten haben und jetzt vorbei sind. Zeit der Ernte, man überblickt und bewahrt seine Bestände. Biedermeierzeit.

Aber der Zeitgeist ist doch raffinierter, als es zunächst den Anschein hat. Die Politik der Restauration nach 1815 will das Leben, so, als wäre nichts geschehen, in die überlebte Ordnung des 18. Jahrhunderts hineinzwängen. Es ist aber zuviel geschehen. Das Vertrauen in die Haltbarkeit und Verläßlichkeit des Überkommenen hat etwas Forciertes, Absichtsvolles. Man läßt sich aufs Gegebene ein mit dem leisen Gefühl der Doppelbödigkeit. Überzeugungen beginnen zu blinzeln, die Moral schielt. Man duckt sich, zieht den Kopf ein, macht es sich auch bequem und blickt doch »aus heimlichem Stübchen« (Eichendorff) gerne ins Freie hinaus, dorthin, wo es abgründig zugeht, wo »Zwielicht« herrscht. In diesen Jahren haben Hoffmanns Erzählungen Konjunktur, und der Professor Wolfart führt seine Somnambulen öffentlich vor. Auch Schopenhauer eilt herzu.

Ein Rezensent des »Literaturblatts« beklagt den Verlust der »Naivität«, der »Innigkeit«, des »Heroismus«. »Heroisch« erscheint aus der Perspektive der 20er Jahre sogar noch das Spiel der romantischen Ironie, denn dort ging es ja immerhin ums Ganze, nämlich um die Himmelfahrt des selbstmächtigen Ichs. Das alles sei jetzt, so die Klage, von bloßem Raffinement, von Effekthascherei und »Aberwitz« abgelöst worden.

Raffiniert waren sogar die Versuche zur angestrengten Solidität. Die ehemals romantische Lust am Orientierungsverlust schlägt um in die Lust an der Verwurzelung. Friedrich Schlegel und Clemens Brentano werden katholisch, Hoffmann wird Kammergerichtsrat, und Hegel wird staatsfromm. Es wird viel Pedal gegeben, nicht nur am Klavier, das jetzt überall in die bürgerlichen Wohnstuben vordringt.

Auf schwankendem Boden, bei dem man so tut, als sei es ein fester, beginnt ein großes Palaver. Noch nie hat es soviel gemütliche Geselligkeit gegeben, und noch nie ist soviel geschrieben und gelesen worden. In Berlin schießen die Klubs, Vereine, Tafelrunden, Kränzchen aus dem Boden. Es gibt die »gesetzlose Gesellschaft«, die, so Hoffmann, keine andere Tendenz hat, »als auf eine gute deutsche Art Mittag zu essen«. Eine »Gesellschaft für Deutsche Sprache« versammelt sich um die Gebrüder Gerlach. Hoffmann trifft sich mit seinen »Serapionsbrüdern«, Clemens Brentano gründet die »Gesellschaft der Maikäfer«, die sich aufs »Dichten und Trachten« versteifen. Es gibt den Bund der »Philarten«. Die wollen, so sagen sie, »die Seele vom Schlafe erwecken«. In der Friedrichstraße trifft sich der »Disputierverein zur Behandlung schwebender Fragen«.

Das sind zum Teil politisch hintersinnige Geselligkeitsformen, in denen die Strangulierung der öffentlichen Meinung kompensiert wird. Aber mehr noch geht es um ein Behagen, bei dem dann die Literatur für das wohlig Gruselnde oder anrührend Unsolide sorgt.

In Berlin rinnt trübes Literaturgewässer. Im Café Royal trifft sich eine Handvoll Studenten, um gemeinsam Goethes Faust zu Ende zu dichten. Bei Abendunterhaltungen tun sich Matadore hervor, die auf Zuruf und Stichwort Gedichte verfertigen. Ein gewisser Otto Jacobi, Kammergerichtsreferendar, droht damit, die ganze deutsche Kaisergeschichte von Karl dem Großen an in mehreren Dutzend Schauspielen abzuhandeln. Ihm kommt Ernst Raupach zuvor, der für die Berliner Bühne binnen zehn Jahren fünfzig Stücke schreibt, die sich mit der Geschichte der Hohenstaufer beschäftigen. Alle werden aufgeführt. Verleger von Frauentaschenbüchern und Almanachen schreiben Autorenwettbewerbe aus: Die Lesernachfrage übersteigt sogar noch die hohe Zahl der schreibwütigen Autoren. Die Universität, so hatte der junge Feuerbach an seinen Vater geschrieben, sei ein »Arbeitshaus«. Tatsächlich: Anders als es sich der Gründer der Berliner Universität, Wilhelm von Humboldt, vorgestellt hatte, steht an der Universität die praktische Berufsausbildung im Mittelpunkt. Doch auch dieser Fleiß und diese Strebsamkeit bewegen sich noch auf ungewissem Grund. Der maulwurfshafte, biedere Eifer will doch auch noch Vergewisserung über das Große und Ganze, darüber, wie alles kam, wie es jetzt ist. Diejenigen, die sich anschicken, zum Rädchen und Schräubchen zu werden, bleiben neugierig und unruhig genug, um wissen zu wollen, wie die Maschinerie funktioniert und was das Ganze soll. Aber man treibt die Neugier nicht bis zur Bereitschaft, sich beunruhigen zu lassen. Solche risikoscheue Neugier läßt sich in Hegels Kolleg gut befriedigen. Deshalb strömen auch Veterinärmediziner, Assekuranzmakler, Verwaltungsbeamte, Operntenöre und Handelskontoristen in seine Vorlesungen. Man wird Hegel nicht sonderlich gut begriffen haben, aber es reichte ja aus zu begreifen, daß da einer ist, der alles begreift und es für gut befindet. So also war die Stimmung, die Bedürfnislage – kein Wunder, daß Schopenhauer mit seinen Botschaften hier schlecht ankommt.

Da ist zunächst einmal Schopenhauers Zurückgehen auf Kant. Kants transzendentalistische Erkenntniskritik galt schlicht als überwunden. Was die Welt in Wirklichkeit sei, das glaubte man inzwischen wieder genau zu wissen. Das Bedürfnis nach Behagen wollte es so; außerdem hatte sich die sinnenverwirrende Geschichte beruhigt. Der Respekt vor der Unerkennbarkeit des »Dings an sich« war ebenso verschwunden wie die Faszination vor dem Dämonischen, das Napoleon ja so überzeugend repräsentiert hatte. Dazu kam, daß die empirische Naturerkenntnis, theoretisch ziemlich unbekümmert, auf dem Vormarsch war. Deren Triumphe ließen die Skrupel der Vernunft zunehmend überflüssig erscheinen. Die geistige

Gemengelage aus empirisch-pragmatischer Nüchternheit und hegelianischem Spekulationseifer, der mit protestantisch-christlicher Orthodoxie vereinbar blieb, gab einer Willensmetaphysik, die auf einer radikalisierten Kantschen Erkenntniskritik aufbaute und durchaus atheistisch war, keine Chance.

Entweder man verstand die Willensmetaphysik und lehnte sie ab, *weil* man sie verstand. Oder man überging sie, weil man sie mißverstand und sie deshalb in ihrer Originalität verkannte. Um beim letzteren zu beginnen: Die wenigen Rezensionen, die Schopenhauers Werk zunächst fand, erblickten in der Willensmetaphysik einen neuen Aufguß von Fichte; d. h., man verstand den ›Willen‹ als eine Kraft des Geistes, der Vernunft. Ein fatales Mißverständnis, gegen das sich Schopenhauer in seinem Werk ausdrücklich verwahrt hatte. Man verstand den ›Willen‹ nicht so, wie er gemeint war: als das andere der Vernunft. Da mochte Schopenhauer noch soviel reden vom Trieb, vom Willen in der Natur, von der Natur in uns, bestenfalls war man bereit, die Schellingsche ›Natur‹ herauszuhören. Aber auch in Schellings ›Natur‹ verbarg sich ja immer noch das Geist-Subjekt, verbarg sich jenes Begehren, jenes Treiben, das im Geist, im Bewußtsein seine höchste, zu sich gekommene Gestalt gewinnt. Wenn man nun aber Schopenhauers Willensmetaphysik richtig verstand, dann mußte sie in einer Zeit, die philosophisch im Banne des Hegelschen Panlogismus steht, aufs äußerste befremden. Daß die Vernunft, wie bei Schopenhauer, bloß ein Epiphänomen sei, daß nicht sie es sei, welche Natur und Geschichte bewegt, daß das Wirkliche im Kern, als »Ding an sich«, etwas Nicht-Vernünftiges sei, das wollte man nicht akzeptieren.

Entweder verkannte man die Originalität des Schopenhauerschen Ansatzes, oder man erkannte sie, dann aber als eine nicht diskutierenswerte Abwegigkeit.

Schopenhauers Stellung gegen den Panlogismus ließ ihn unzeitgemäß erscheinen in Hinsicht auf die von Hegel mächtig entfachte Leidenschaft des historischen Denkens. Anders als die Mehrzahl seiner philosophischen Zeitgenossen weigert sich Schopenhauer und muß sich weigern, die Geschichte als ein progressives Wahrheitsgeschehen zu deuten. Hier wirkte er, mit seinen hämisch-polternden Bannsprüchen gegen die

Geschichte als Karneval und Kostümfest der immergleichen Leidenschaften und Gesinnungen, wie ein philosophisches Fossil aus vormoderner Zeit.

Und dann der Schopenhauersche Pessimismus und die mystisch oder allzu indisch klingende Weltverneinung. Sie mußten, wenn nicht als unerhört, so doch als bizarr zurückgewiesen werden. Schon allein wegen des unverhohlenen Atheismus, der aus solchen Auffassungen sprach.

Daß man Schopenhauer zu dieser Zeit philosophisch noch nicht ernst nahm, war in diesem Zusammenhang sogar von Vorteil für ihn. Denn hätte man ihn ernst genommen, so wäre dieser Affront gegen die Religion, den sich in der Restaurationszeit ein Philosoph gerade nicht leisten durfte, nicht ungestraft geblieben. Die Staats- und Universitätsbehörden pflegten schon bei weit harmloseren Fällen einzuschreiten, freilich nur dann, wenn die Stimme, die sich da gegen die Landesreligion frevelnd erhoben hatte, auch gehört wurde. Schon Kant hatte das erfahren müssen, dann Fichte; während Schopenhauers Berliner Jahren wurde Eduard Beneke gemaßregelt – übrigens ein von Arthur übel beschimpfter Rezensent der WELT ALS WILLE UND VORSTELLUNG.

Später erhielt fast die ganze jung- bzw. linkshegelianische Schule akademisches Berufsverbot – auf der Grundlage des Atheismusvorwurfs.

Hegel, der mit seiner Historisierung der Religion den Zündstoff für die späteren religionskritischen Explosionen geliefert hatte, trat unter diesen Umständen, den Atheismusvorwurf fürchtend, sehr behutsam auf. In seinen Berliner Vorlesungen zur *Philosophie und Religion* bemerkt er: »Der Philosophie ist der Vorwurf gemacht worden, sie stelle sich *über* die *Religion:* Dies ist aber schon dem Faktum nach falsch... sie stellt sich so nur *über* die *Form des Glaubens*, der Inhalt ist derselbe.« Trotzdem traute die Betonfraktion der lutherischen Orthodoxie in Berlin sogar dem loyalen Staatsphilosophen nicht über den Weg. Die Leute um den Bischof Eylert und um die Hengstenbergsche »Kirchenzeitung« gifteten bei Hofe, zunächst einmal erfolglos. Indes drang Schopenhauers Willensmetaphysik – als Lehre, die den Willen ohne Schöpfergott und Weltziel zur einzigen Substanz erklärt, der reinste Atheismus – bis in diese Kreise gar nicht durch, und die Lehre von der Willensverneinung wirkte so indisch-abstrus, daß noch nicht einmal der Bischof Eylert, der seine großen Ohren überall hatte, davon aufgescheucht wurde. Eylert hatte in einer Denkschrift von 1819, die den Universitätspolitikern auf dem Haupte lag, gewettert gegen die »exzentrische Willkür« der modernen Philosophie, »welche in anmaßender Neuerungssucht Systeme baut und zerstört und in diesem steten luftigen Wechsel die Sprache und Begriffe verwirret«. Schopenhauers »exzentrische Willkür« lief zur Zeit offenbar noch außer Konkurrenz und zog keine Maßregelung auf sich, zumal Schopenhauers Lehre nicht zu jenen »Systemen« gehörte, von denen, wie Eylert schreibt, zu befürchten war, daß sie ihre »Sphäre überschreiten« und zur »revolutionären Politik« werden könnten.

Auch Schopenhauers Kunstphilosophie mußte befremdlich wirken. Nach 1815 war die Zeit der romantischen Kunstreligion vorbei. Die Euphorie der Artisten war einer realitätstüchtigen Nüchternheit gewichen. Die »Wilden« der Jahrhundertwende waren tot oder saßen auf Planstellen. Man setzte jetzt bescheidener auf den Unterhaltungswert der Kunst; man schätzte das Angenehme und nicht das Abenteuer. Man wollte ankommen, ohne abzufahren. Bei Hegel konnte man lernen, daß Kunst doch eine unterentwickeltere Stufe des Geistes repräsentiere und von Religion und Philosophie weit überboten werde und – nicht zu vergessen – auf die Kommandoworte des objektiven Geistes, das ist zuletzt doch der Staat, zu hören habe. Auch die Kunst wird, wie die Religion, in den Sog des relativierenden geschichtlichen Denkens gezogen, nach ihrer innerweltlichen Nützlichkeit und versittlichenden Kraft befragt. Auch die Musen sollten in und für das bürgerliche Leben arbeiten. Kurz: Man hatte ganz einfach nicht mehr den Schwung und die Unbekümmertheit, die Kunst an die Spitze der möglichen Zweckreihen zu setzen. Man wollte sie dienend haben, dekorativ, nützlich.

Ganz anders Schopenhauer: Weder geht er historisch mit der Kunst um, noch erwägt er ihre Nützlichkeit im Sinne des Realitätsprinzips. Schopenhauer hat bekanntlich in einer beispiellos radikalen Weise Kants Bestimmung des Kunstgenusses als »interesseloses Wohlgefallen« ernst genommen. Schopenhauer liebt die Kunst nicht als Schmuck, als Erholung fürs Leben, sondern er liebt sie gegen das Leben, als ein Vorschein der Erlösung von der Mühsal und Qual des Lebenswillens. Bei Schopenhauer kehrt die ganze Gewalt der Kunstreligion zurück, jetzt aber als gänzlich atheistische Kunstmetaphysik. Spätere Künstlergenerationen – von Richard Wagner bis Proust und Samuel Beckett – werden sich von solcher Philosophie emporgehoben fühlen. Jetzt aber ist vorerst die Zeit künstlerischer Bescheidenheit angebrochen. Man geht nicht aufs Ganze, und man will auch nicht im ganz Anderen verschwinden. Hiergeblieben, lautet die Parole.

Auch der Stil seines Philosophierens stempelt Schopenhauer zum Außenseiter. Allzu offensiv wird darin die Haltung des Selbstdenkertums hervorgekehrt. In der ersten Auflage des Hauptwerkes sind die polemischen Ausfälle gegen die zeitgenössische philosophische Zunft noch recht zahm. Das Schroffe und schon fast Feindselige aber liegt im Gestus des stolzen Ignorierens: Schopenhauer zitiert die Klassiker der Antike, des Mittelalters und der Neuzeit bis Kant. Er schaltet sich in ein Gespräch über Jahrtausende hin ein und gibt dabei zu verstehen: Die philosophische Gegenwart kann man vergessen. Schopenhauer tritt in seinen Schriften als jemand auf, der, abseits des Gemurmels und der Handgemenge des Tages, alles von Grund auf und selbständig noch einmal durchdacht hat: eine große Philosophie im Eigenbau und – da abseits des akademischen Betriebs – in Heimarbeit hergestellt. Dieser Philosophie fehlt, so gelehrt sie sich auch darbietet, der akademische Stallgeruch. Das Unvergrübelte, die Klarheit und Schönheit der Schopenhauerschen Sprache fallen deutlich aus dem Rahmen des professoralen Diskurses. Sogar etwas Naives, Unbekümmertes, fast Treuherziges haftet dieser Philosophie an. Man denke nur daran, wie Schopenhauer seine ersten Berliner Vorlesungen ankündigen läßt: »Arthur Schopenhauer wird die gesamte Philosophie, d.i. die Lehre vom Wesen der Welt und dem menschlichen Geiste vortragen.«

Noch auffälliger ist das, was man als den »existentiellen« Zug des Schopenhauerschen Denkens bezeichnen könnte. In Schopenhauers ›Ethik‹, in der Lehre der Willensverneinung kommt er vielleicht noch am wenigsten zum Ausdruck. Er selbst betont gerade hier, daß weder »der Heilige ein Philosoph« noch der »Philosoph ein Heiliger« sei, daß vielmehr die Philosophie – wie ein »Bildhauer«, der »schöne Menschen« darstellt, ohne darum selbst schön sein zu müssen – vom »Wesen der Welt« und dem richtigen Leben darin nur ein »reflektiertes Abbild« (I, 521) zu geben habe. Später wird Kierkegaard dazu kritisch anmerken, Schopenhauer habe nicht das gelebt, was er lehrte.

Gleichwohl – Schopenhauers Ausgangspunkt ist, anders als bei seinen philosophischen Zeitgenossen, durch und durch existentiell; einfach deshalb, weil er die philosophische Deutung der Welt knüpft an die nicht hintergehbare und unverwechselbar einmalige Erfahrung des eigenen Leibes. Mag in der Folge auch ein weltübergreifendes Bild des Willens entworfen werden, was der Wille eigentlich sei, das kann nur vom je Einzelnen in seiner leib-geistigen Identität – Schopenhauer spricht von der Identität des Subjekts des Wollens und Erkennens im Individuum – *erfahren* werden. Daß die Welt Vorstellung *und* Wille ist, mag ich wissen, aber *erfahren* kann ich es nur an einem einzigen Punkt in der Welt: und das bin ich selbst. Ich kann die Gedanken der anderen denken, die Welt als Vorstellung geht in mich ein und ich bin selbst den anderen eine Vorstellung – insofern bin ich immer auch draußen bei den anderen, bei der Geschichte usw. Aber meinen Leib kann ich nicht verlassen, und ich kann in keines anderen Leib hinein. In dieser leiblichen Identität konzentriert sich die ganze Dichte des Seins, im Glück und im Leiden.

Um Schopenhauer herum aber wird anders philosophiert. Dort ist das Sein *draußen:* bei den Sachen und Dingen, bei dem historischen Prozeß, beim Gang des Geistes; das Nächste, der eigene Leib, wird entweder zum fremden Ding, das der forschend-distanzierte Blick zerlegt, oder zu jenem Ferneren, das aus den Kategorien des Geistes erst herausdeduziert wird. Der Geist ist dann das Notwendige – daß er gerade in meinem Körper Platz genommen hat, ist das Zufällige. Auch Schopenhauer kann in seinem Willenskosmos das Individuum wegdenken; aber er vergißt keinen Augenblick, daß es dann doch wiederum dieses existierende Individuum ist, das sich selbst wegdenkt. Auf der Spitze der individuellen Existenz balanciert die ganze Welt, die die meine ist. Deshalb auch hat Schopenhauer diese Identität des Subjektes des Wollens und des Subjektes des Erkennens in einem Individuum das tiefste, das staunenswerteste Rätsel genannt, *das* philosophische Problem »kat' exochän« (schlechterdings) (I, 161).

Das also will Schopenhauer im Sommer 1820 an der Berliner Universität einer Handvoll von Studenten darlegen. Nebenan liest Hegel vor vollem Auditorium. Im nächsten Wintersemester kann Schopenhauer einpacken: Mangels Interesse kommt keine Vorlesung zustande: eine existentielle Katastrophe für Schopenhauer. Wird ihm seine Philosophie dabei helfen, sie zu bewältigen? Schopenhauer hat eine Philosophie gemacht. Was macht jetzt diese Philosophie aus dem Philosophen?

Neunzehntes Kapitel

Philosophische Strategien gegen die Enttäuschung. Nach-
besserungen im Manuskriptbuch. Die Geliebte Caroline Medon.
Die Marquet-Affäre. Zweite Italienreise. Krankheit. Irrfahrten.
Zurück nach Berlin. Burleske am Ende.

Um 1823 notiert Arthur Schopenhauer in seiner Geheimkladde, dem EIS EAUTON.

»Wenn ich zu Zeiten mich unglücklich gefühlt, so ist dies
mehr nur vermöge einer ›méprise‹, eines Irrtums in der Person
geschehen, ich habe mich dann für einen Andern gehalten, als
ich bin, und nun dessen Jammer beklagt: z. B. für einen Pri-
vatdocenten, der nicht Professor wird und keine Zuhörer hat,
oder für Einen, von dem dieser Philister schlecht redet und
jene Kaffeeschwester klatscht, oder für den Beklagten in jenem Injurienprozesse, oder für den Liebhaber, den jenes
Mädchen, auf das er capricirt ist, nicht erhören will, oder für
den Patienten, den seine Krankheit zu Hause hält . . . Das Alles bin ich nicht gewesen, das Alles ist fremder Stoff, aus dem
höchstens der Rock gemacht gewesen ist, den ich eine Weile
getragen und dann gegen einen andern abgelegt habe. Wer
aber bin ich denn? Der, welcher die Welt als Wille und Vorstellung geschrieben und vom großen Problem des Daseins eine
Lösung gegeben . . . Der bin ich, und was könnte den anfech-
ten in den Jahren, die er noch zu athmen hat?« (HN IV, 2,
109).

Wir haben hier ein Verzeichnis der größeren und kleineren
existentiellen Katastrophen dieser Jahre: das Scheitern der
Universitätslaufbahn; die Anklage und den Schadensersatz-
prozeß wegen Körperverletzung, begangen an der Näherin
Marquet; die unerfreulich verlaufende Liebesaffäre mit der
Chorsängerin und Tänzerin Caroline Richter, genannt Medon; die Nervenkrankheit und das Ohrenleiden, das ihn während eines Jahres ans Zimmer fesselt. Wir haben hier aber
auch, und zwar sehr pointiert formuliert, Schopenhauers
Strategie, mit all dem fertig zu werden. Was mir da widerfährt, sagt Schopenhauer, das widerfährt nicht eigentlich mir,

denn *ich bin ein Anderer*. Ich bin der Verfasser eines großen philosophischen Werkes. Draußen das soziale Maskenspiel, die Rollen, die Komödie. Wenn Schopenhauer darin eine schlechte Figur macht und es ihm übel ergeht, dann zieht er sich auf dieses Werk-Ich zurück. Mit diesem Werk-Ich hat es aber eine eigentümliche Bewandtnis: Das ist gar kein ›Ich‹ mehr. Zuerst sagt Schopenhauer: Ich bin nicht dort draußen, ich bin mein Werk. Dann sagt er: Mein Werk – das ist etwas anderes als bloß mein Ich. In seinem Manuskriptbuch schreibt er (um 1825): »Was mir die Aechtheit und daher die Unvergänglichkeit meiner Philosopheme verbürgt, ist, daß ich sie gar nicht gemacht habe; sondern sie haben sich selbst gemacht. Sie sind in mir entstanden ganz ohne mein Zutun, in Momenten, wo alles Wollen in mir gleichsam tief eingeschlafen war ... Nur was in solchen Momenten ganz willensreiner Erkenntniß in mir sich darstellte, habe ich als bloßer Zuschauer und Zeuge aufgeschrieben und zu meinem Werke benutzt. Das verbürgt dessen Aechtheit und läßt mich nicht irre werden beim Mangel alles Anteils und aller Anerkennung« (HN III, 209).

Das hat Hegel von sich selbst auch gesagt: daß der absolute Geist in ihm Platz genommen habe. Der Unterschied ist: Hegel glaubt man das, Schopenhauer hingegen bleibt alleine – auch und gerade bei *diesem* kühnen Selbstvergewisserungsmanöver. Arthur wird beträchtliche Gedankenmassen aufbieten müssen, um solche Selbstvergewisserungen enttäuschungsfest zu machen. Zu seinem Glück mangelt es ihm hierbei nicht an Einfällen: Not macht erfinderisch; außerdem bietet ihm die eigene Philosophie Argumente genug, um ihre aktuelle Nichtbeachtung erklären, man könnte auch sagen: rationalisieren zu können.

»Mein Zeitalter«, notiert Schopenhauer 1820 im Manuskriptbuch, »ist nicht mein Wirkungskreis; sondern nur der Boden auf dem meine physische Person steht, welche aber nur ein sehr unbedeutender Theil meiner ganzen Person ist« (HN III, 14). Diese »ganze« Person überragt die Zeit. Man kann sie sowenig sehen, wie man von der bewölkten Ebene aus einen Berggipfel erblickt. Es läuft bei Schopenhauer stets auf eine Abwertung der Gegenwart und der Zeitgenossenschaft hinaus. Nicht, daß es nicht auch gegenwärtig bedeutende Per-

sönlichkeiten geben könnte, aber deren Stimmen werden von den ephemeren Geräuschen des Tages, die in einer Zeit wachsender Schreib- und Lesewut zu einem beständigen Dröhnen anschwellen, zugedeckt. Ein Jahrhundert vor Ortega y Gasset diagnostiziert Schopenhauer einen ›Aufstand der Masse‹ in der Welt der Diskurse. Für die Masse, die sich immer mehr Ausdrucksmöglichkeiten und Gehör verschafft, kann, so Schopenhauer, doch nur das zählen, was den Selbsterhaltungsinteressen, den lebensbejahenden Illusionen nützt. Der gewöhnliche Mensch, Schopenhauer spricht von der »Fabrikwaare« oder von den »Zweifüßlern« (HN II, 73), hat Angst; er will in den sicheren Hafen einer Weltanschauung einlaufen, die ihm schmeichelt und ihn beruhigt. Deshalb der unter verschiedener Hülle fortlebende Glaube an einen Gott, der für einen sorgt und – womöglich durch den Menschen hindurch – alles zum Besten lenkt, egal ob dieser Gott nun ›Geschichte‹, ›absoluter Geist‹, ›Natur‹, ›Wissenschaft‹ oder später ›Proletariat‹ heißt. Der wahre Philosoph indes lebt »gefährlich, aber frei«: Die alten oder neu kostümierten Gewißheiten gewähren keinen Schutz. Es gilt, die sinnverlassene Obdachlosigkeit auszuhalten. Das ist natürlich nichts für die »öffentliche Meinung«, der es um sehr handfeste Positivitäten geht. Deshalb darf man das »hüpfende Irrlicht der öffentlichen Meinung« nicht zu seinem »Leitstern« (HN III, 71) machen.

Eine Philosophie, deren Einsichten gewonnen werden im An-denken gegen den Lebenswillen, hat denen – und das sind natürlicherweise die meisten – nichts zu sagen, die Erkenntnisse im Dienste des Lebens verlangen. Dieser Gedanke liegt allen Argumentationsvarianten zugrunde, mit denen Schopenhauer das Ärgernis der Resonanzlosigkeit seiner Philosophie wegschaffen möchte. Es ist ein Gedanke, der gut verankert ist im Inneren der Schopenhauerschen Philosophie selbst. Daraus ergibt sich auch Schopenhauers positives Verhältnis zur Esoterik, denn Esoterik erlaubt eine stolze Umdeutung: Ich habe gar nicht zu denen geredet, die mich ignorieren. Meine Wahrheit, über die der Markt hinweggeht, ist nicht für den Markt. Über den verschwiegenen Kultus der griechischen Mysterien räsoniert Schopenhauer im Manuskriptbuch: »Die *Mysterien* bei den Alten sind eine vortreffliche

Erfindung, sofern sie auf dem Gedanken beruhen, aus dem großen Haufen der Menschen, welchen die ganze Wahrheit schlechterdings unzugänglich ist, Einige auszuwählen, denen man die Wahrheit bis zu gewissen Grenzen mitteilt, aus diesen aber wieder Einige, denen man viel mehr offenbart, weil sie mehr fassen können u. s. f.« (HN III, 211).

Die esoterische Attitüde kann mit einer besonders raffinierten oder sich raffiniert vorkommenden Wirkungsabsicht verknüpft sein – man kennt das aus der Geschichte der Geheimbünde des späten 18. Jahrhunderts; sie kann aber auch aus einem andersartigen, einem vorneuzeitlichen Wahrheitsbegriff entspringen. In einer Zeit, die sich zunehmend daran gewöhnt, Wahrheit mit ›Wirksamkeit‹ (bei einem Publikum, in der Geschichte, als Naturbeherrschung usw.) und damit mit ›Nützlichkeit‹ zusammenzudenken, werden die Weigerung, das empirische Erfolgskriterium oder den Mehrheitsbeschluß als Wahrheitskriterium anzuerkennen, und das Bestreben, statt auf den Nutzen der Wahrheit auf das Glück der Erkenntnis zu setzen, fast zwangsläufig zu einem Aristokratismus des Geistes. Das läßt sich bei Schopenhauer beobachten. Nietzsche hat ihn darum bewundert und ist ihm darin gefolgt, mit dem Augurenlächeln des Allzuschlauen.

Demgegenüber hat Schopenhauer, trotz esoterischer und aristokratischer Attitüde, vergleichsweise naiv daran festgehalten, daß er mit seiner Philosophie der »Menschheit« gedient habe: »Der Natur und dem Rechte des Menschen entgegen habe ich meine Kräfte dem Dienste meiner Person und der Förderung meines Wohlseins entziehen müssen, um sie dem Dienste der Menschheit zu schenken. Mein Intellect hat nicht mir, sondern der Welt angehört« (HN IV, 2, 107).

Doch so hoch diese Gedanken über den »Dienst der Menschheit« auch hinauswollen, sie dienen zugleich sehr beschränkten, sehr privaten Zwecken. Beispielsweise zieht Schopenhauer aus diesen erhabenen Gedanken 1822 eine Rechtfertigung für sein egoistisches, das Zerwürfnis mit den Angehörigen besiegelndes Verhalten in der Erbschaftsangelegenheit: »Aus diesem Grunde bin ich auch berechtigt gewesen, sorgfältig darauf zu wachen, daß mir die Stütze meines väterlichen Erbteils, die mich so lange hat tragen müssen und ohne welche die Welt nichts von mir gehabt hätte, auch im Alter bleibe« (HN IV, 2, 107).

Schopenhauer hat in seinen Reflexionen der zwanziger Jahre nicht nur den mangelnden Erfolg beim Publikum zu rationalisieren, er sucht nicht nur nach Enttäuschungsschutz in der eigenen Philosophie. Er betreibt nicht nur Publikumsbeschimpfung und Selbstvergewisserung, sondern auch Selbstklärung. Er hat zwar das Gefühl, den großen Wurf getan zu haben, aber es gibt noch zahlreiche Probleme, die ihn nicht loslassen und die er einer Klärung zuführen möchte. Diese Reflexionen wird er seinen späteren Publikationen, besonders dem zweiten Band des Hauptwerkes, einverleiben.

Die im Hauptwerk vorgenommene Gleichsetzung von »Wille« und »Ding an sich« – wahrlich ein Herzstück seiner Philosophie – läßt ihm keine Ruhe. »Wille« sei nur »gewissermaßen« das Ding an sich. In der BRIEFTASCHE schreibt er 1824: » Das *Ding an sich erkennen* – ist ein Widerspruch, weil alle Erkenntniß *Vorstellung* ist, Ding an sich aber bedeutet das Ding, sofern es *nicht* Vorstellung ist« (HN III, 778).

Und doch: »Ding an sich« sei der »Wille« insofern, als für die Erfahrung das »Hervortreten des Willensaktes aus der Tiefe unseres Innern« (HN III, 36) jener Punkt ist, an dem die Vorstellung das An-sich-Sein der Wirklichkeit am deutlichsten, weil in erlebter Unmittelbarkeit, erfassen könne. Das Wesen der Welt, das »Ding an sich«, wird nach seinem für uns gerade noch erfahrbaren Aspekt verstanden: »aber eben weil der Wille die unmittelbarste Erscheinung des Dinges an sich ist; so folgt offenbar, daß wenn die übrigen Erscheinungen des Dinges an sich uns eben so nahe gebracht würden, also ihre Erkenntniß zu demselben Grade von Deutlichkeit und Unmittelbarkeit erhoben würde als unser Wille, *sie sich eben so darstellen würden als der Wille in uns*. Daher bin ich berechtigt zu sagen, das innre Wesen in jedem Dinge ist *Wille*, oder *Wille* ist das Ding an sich« (HN III, 36).

Schopenhauer bohrt weiter: »woher nun aber endlich dieser Wille?« (HN III, 68). Er fällt sich ins Wort: Das ist eine unsinnige Frage. Hinter die Existenz des Willens läßt sich nicht zurückfragen. *Was* etwas bedeutet, können wir erfragen – *daß* es überhaupt ist, bleibt indes unhinterfragbar. Hat die Philosophie bisher den Geist oder Gott, die Essenz also, vor die Existenz gesetzt, so dreht Schopenhauer das Verhältnis um: Die *Existenz* ist vor der *Essenz*. In seinem Manuskriptbuch notiert Schopenhauer dazu den kühnen Satz: »das innere Wesen der Welt ist kein Erkennendes« (HN III, 70). Die *Existenz* des Willens ist gleichsam das schwarze Loch, das das Licht der Erkenntnis verschluckt. Die eigene Philosophie muß deshalb, so Schopenhauer, ein »Heer von Fragen« übriglassen, »aber«, so fährt er fort, »für die Antworten welche dergleichen Fragen heischten, hat unser Denken gar keine Formen« (HN III, 70). Erst wieder der späte Schelling wird über derselben Aporie, über dem Rätsel des »Daß« brüten.

· Soll man »klagen« über die »Dunkelheit, in der wir dahin leben« müssen, fragt sich Schopenhauer und gibt die Antwort: »Diese Klage ist ungerecht und entsteht aus der Illusion der falschen Ansicht, daß das Ganze der Dinge von einem *Intellekt* ausgegangen wäre, als *Vorstellung* dagewesen wäre, ehe es wirklich ward, also aus *Vorstellungen* entsprungen auch der Vorstellung ganz offen liegen und durch sie erschöpflich seyn müsse. In Wahrheit aber ist alles das, was wir nicht zu wissen uns beschweren, auch wohl an sich nicht *wißbar*. Die Vorstellung überhaupt nämlich, in der alles Wissen liegt, ist nur die äußere Seite des Daseyns, etwas hinzugekommenes, etwas das nicht zur Erhaltung des Daseyns der Dinge überhaupt, des Weltganzen nötig war, sondern bloß zur Erhaltung jedes belebten Individui« (HN III, 183). Kurz: Dem Sein ist das Erkanntwerden und das Erkennen äußerlich.

Für das Erkennen gibt es die Unterschiede, die Trennungen, die Individuationen. Aber sind das auch noch Unterschiede im Sein selbst, so lautet die nächste Frage. Nehmen wir unser eigenes Sein. »Was erkennt jeder von sich selbst? Den Leib, anschaulich durch die Sinne; sodann innerlich sein Wollen als eine fortlaufende Reihe von Willensakten, welche entstehn auf Anlaß von Vorstellungen: das ist Alles. Hingegen das Substrat von allen diesem, das Wollende und Erkennende, ist uns gar nicht zugänglich: wir sehn bloß nach Außen, Innen ist alles finster ... Dem Teil nach nun, der in unsre Erkenntniß fällt, ist freilich Jeder vom Andern gänzlich verschieden: aber ist es daraus gewiß, daß es auch eben so sei hinsichtlich desjenigen Teils, der eigentlich das Wesentliche ist, und der Jedem selbst ganz unbekannt bleibt? Warum könnte nicht, diesem völlig unbekannten Teil nach, das Wesen Aller Eins und Identisch seyn, wenn es gleich dem erkennbaren Teil nach sich als getrennt darstellt?« (HN III, 283).

In der erkenntnisabgewandten Seite unseres Seins sind wir alle gleich, weil wir alle ›Wille‹ sind – wie unbehaglich Schopenhauer dieser Gedanke eigentlich ist, vertraut er 1823 seinem Manuskriptbuch an: »Ein Optimist heißt mich die Augen öffnen und sehn wie schön die Welt ist an Bergen, Pflanzen, Luft, Tieren – u. s. f. – Diese Dinge sind freilich schön zu *sehn;* aber sie zu *seyn* ist ganz etwas andres« (HN III, 172).

Das ist Schopenhauers philosophische Leidenschaft: Dem *Sein* ins *Sehen* entrinnen.

Wenn das Subjekt aufhört, Wille zu *sein,* hat es die Chance, das offenbare Geheimnis der Welt, die Allgegenwart des Willens zu *sehen.* Hier befindet sich nun auch der heikle Übergang in Schopenhauers Willensmetaphysik: Sie nimmt ja von der ›heißen Zone‹ des von innen erlebten Willens ihren Ausgang und kommt dann zu einem abgekühlten Willenskosmos, der sich nur einer besonnenen, d. h. für Augenblicke wenigstens vom Willen gelösten Erkenntnis darbietet. Das Über-Individuelle (das »bessere Bewußtsein«) erblickt das Unter-Individuelle (den Willen in der Natur). Fast rechnerisch fixiert der gelernte Handelskontorist diese Konstellation: Der Wille verschwindet im Subjekt, um am Objekt um so deutlicher hervortreten zu können: Das Minus auf der einen Seite wird zum Plus auf der anderen.

Das willenlose Subjekt aber – muß man es nicht beklagen wegen seines Mangels an Sein? Schopenhauer: »Das wahre Wesen des Menschen ist der Wille: die Vorstellung ist ein Sekundäres, Hinzugekommenes, gleichsam Äußeres: und doch findet der Mensch sein wahres Heil erst dann, wann der Wille aus dem Bewußtsein verschwunden und die Vorstellung allein übrig ist. Also das Wesentliche soll aufgehoben werden und die Erscheinung desselben (die Vorstellung), seine Zugabe, bleibt. Dem ist viel nachzudenken« (HN III, 236).

Nietzsche wird »dem nachdenken« und zu der Schlußfolgerung kommen, daß das Leben nur als ästhetisches Phänomen zu rechtfertigen sei. Schopenhauer selbst wird bei diesem Nachdenken aufs neue vor den innigen Zusammenhang zwischen seiner Metaphysik und seiner Ethik geführt: Wenn schon das *Erkennen* der Wahrheit eine vom Willensdrang befreite Besonnenheit erfordert, dann wird das *Sein* in der Wahrheit noch eine weit vollständigere und nachhaltigere Befreiung von der Mühsal des Wollens verwirklichen müssen. Die Verwirklichung der Wahrheit ist zugleich die Entwirklichung der Lebensmacht des Willens. Schopenhauer konzipiert eine Wahrheit, die im Gegensatz zum Leben steht. Daran wird Nietzsche anknüpfen, aber mit der bezeichnenden Umdrehung: Da die Wahrheit nicht lebbar ist, muß die philosophische Rehabilitierung des Willens zur Täuschung betrieben werden; und zuletzt geht es dann gar nicht mehr um Wahrheit, sondern um Macht, Lebensmacht.

Wenn Schopenhauer dem »wahren Heil« des reinen, vom Willen befreiten »Sehens« nachspürt, dann weiß er sehr genau, wem er entrinnen will: Dionysos.

Kein Wunder, daß Nietzsche, dieser umgekehrte Schopenhauer, sich diesem Gott der erotischen Erlösung in die Arme werfen wird.

Das »Ding an sich« erfährt man am deutlichsten im Willen, und wo erfährt man den Willen am deutlichsten? Im Geschlechtsakt, antwortet Schopenhauer, so unverblümt wie bisher noch nie, in seinem Manuskriptbuch: »Wenn man mich frägt, wo denn die *intimste Erkenntniß* jenes innern Wesens der Welt, jenes Dinges an sich, das ich den *Willen zum Leben* genannt habe, zu erlangen sei?, oder wo jenes Wesen am deutlichsten ins Bewußtseyn tritt?, oder wo es die reinste Offenbarung seines Selbst erlangt? – so muß ich hinweisen auf die *Wollust im Akt der Kopulation.* Das ist es! Das ist das wahre Wesen und der Kern aller Dinge, das Ziel und Zweck alles Daseyns« (HN III, 240).

Solches schreibt Schopenhauer im Jahre 1826. Die Liebesgeschichte mit der Chorsängerin, Schauspielerin und Tänzerin Caroline Richter, genannt Medon, dauert nun schon fünf Jahre.

Schopenhauer hatte im Jahre 1821 die damals neunzehnjährige junge Frau kennengelernt. Das war zu der Zeit, als er in seine Geheimkladde Eis Eauton die Bemerkung eintrug: »Da die eigentliche Zeit der genialen Conception für mich vorbei und mein Leben von nun an zum Lehrberuf am tauglichsten ist, muß dasselbe vor aller Augen offen liegen und einen Halt in der Gesellschaft haben, den ich als Junggeselle nicht gewinnen kann« (HN IV, 2, 106).

Caroline Richter allerdings war nicht die Frau, mit der zusammen er jenen »Halt in der Gesellschaft« hätte finden können. Dafür, daß sie an den Berliner Vorstadtbühnen das Fach der zweiten Liebhaberinnen betreute, entschädigte sie sich, indem sie in ihrem Leben den Spieß umdrehte und Beziehungen zu mehreren Liebhabern gleichzeitig unterhielt. Ihre Schönheit und das lockere Theatermilieu erlaubten ihr das. Schopenhauer, ein eifriger Theaterbesucher, hatte unter solchen Umständen Feuer gefangen, mußte sich dann aber stets mit Eifersuchtsgefühlen abplagen. Zehn Monate nachdem er im Mai 1822 zu seiner zweiten Italienreise aufgebrochen war, brachte Caroline ein Kind zur Welt. Arthur, der Caroline bis an sein Lebensende Anhänglichkeit bewahrte – er bedachte sie sogar in seinem Testament –, blieb diesem Kind des »Treuebruchs« zeitlebens gram. Die testamentarische Verfügung nimmt Carl Ludwig Gustav Medon, so heißt der im März 1823 geborene Sohn Carolines, ausdrücklich aus. Und als Schopenhauer 1831 zusammen mit Caroline Berlin verlassen möchte, scheitert das Vorhaben an seiner Weigerung, dem Wunsch Carolines, die ihren Sohn mitnehmen möchte, zu entsprechen. Schopenhauer zieht alleine nach Frankfurt um, enttäuscht und gekränkt.

Caroline Richter war 1819, mit siebzehn Jahren, nach Berlin gekommen und, wohl auf Fürsprache irgendeiner höher gestellten Person hin, beim Nationaltheater als Chorsängerin angestellt worden. Ein Geheimsekretär Louis Medon schwängerte sie, und sie gebar ihren ersten Sohn im Frühsommer 1820. Das Kind starb, bevor Schopenhauer Caroline kennenlernte.

Sie nennt sich fortan nach ihrem Geheimsekretär »Medon«.

Es sind keine Briefe Arthurs an Caroline erhalten geblieben, auch sonst gibt es fast keine dokumentarischen Zeugnisse dieser immerhin zehn Jahre andauernden Verbindung; nur einige wenige Briefe Carolines an Schopenhauer vom Anfang der dreißiger Jahre, er lebt bereits in Frankfurt, hat man entdeckt. In diesen Briefen klagt Caroline über Schopenhauers schroffe Weigerung, ihren Sohn zu akzeptieren; sie gibt zu erkennen, daß sie gerne mit Schopenhauer umgesiedelt wäre, und zeigt sich verletzt von seinem Mißtrauen. Er, der Caroline finanziell unterstützt hatte, wird ihr vorgehalten haben, sie lasse sich von anderen Herren aushalten, denn sie antwortet: »daß ich nicht Leichtsinnig war dafür bürgen Dich wohl am besten meine Schulden.«

Caroline leidet bisweilen an heftigen Brustschmerzen, weshalb sie Mitte der zwanziger Jahre ihre Stellung am Nationaltheater aufgibt und nur noch unregelmäßig in den Vorstadttheatern auftritt, hier allerdings manchmal sogar in Hauptrollen.

Auch Carolines rätselhafte Krankheit schreckt Schopenhauer ab, der ja, glaubt man seinen Berichten, schon einmal in Italien vor einer lungenkranken Frau die Flucht ergriffen hat.

Seinen den Gesundheitszustand der Geliebten betreffenden Argwohn sucht Caroline mit einem Hinweis zu zerstreuen, der nun wiederum die Eifersucht anstacheln muß: »daß ich nicht krank bin«, schreibt sie 1832, »daß beweist Dir der heiratslustige Mann.«

So geht das hin und her: Angst vor einer möglichen Krankheit der Geliebten; Eifersucht; Angst, bei Gründung eines Hausstandes die Unabhängigkeit zu verlieren; Zweifel, ob Caroline für solche Pläne überhaupt die geeignete Frau ist.

Die Manuskriptbücher dokumentieren nicht nur die philosophischen Reflexionen dieser Jahre, sondern zeigen auch, wie es bei dieser Liebesangelegenheit in Schopenhauer arbeitet. Aber wie es nicht anders sein kann: Liebesleid und Liebesfreude werden in die philosophische Gedankenmaterie verknetet. Beispielsweise so: »Die allererste Erscheinung eines neuen Individuums ist eigentlich der Moment, wo seine Eltern anfangen, sich zu *lieben,* d. h. sich mit ganz individueller Neigung zu begehren: in diesem Augenblick, im Begegnen der Blicke der Liebe formirt sich eigentlich schon das neue Individuum: es ist gleichsam eine neue Idee; und wie alle Ideen mit der größten Heftigkeit zum Hervortreten in der Erscheinung streben und mit Gier die Materie hierzu ergreifen, die das Gesetz der Kausalität an sie vertheilt, so strebt eben auch diese besondre Idee eines menschlichen Individuums mit der größten Heftigkeit zur Erscheinung und diese Heftigkeit eben ist die Leidenschaft der beiden künftigen Eltern zu einander« (HN III, 138).

Als Schopenhauer diese Bemerkungen – die später in seiner METAPHYSIK DER GESCHLECHTERLIEBE wiederkehren – 1822 notiert, strebt eine »besondre Idee eines menschlichen Individuums« in Caroline gerade »zur Erscheinung«. Doch ist diese »Idee«, wie er dann gekränkt feststellen muß, nicht von ihm.

Während der zweiten italienischen Reise, von 1822 bis 1823, plagen ihn Selbstvorwürfe: Hätte er Caroline nicht doch fester an sich binden sollen? Solche Sorgen werden sogar Gedichte: »Aber tausendmal härter ist es zu sehn,/ Wenn was das Glück uns legte zur Hand/ Tölpisch zerschlug unser Unverstand« (HN III, 159).

Unter südlichem Himmel erlaubt er sich aber auch lockere Gedanken: Die Monogamie ist für eine Frau wohl doch eine Zumutung, erwägt er, der sich seiner Caroline nicht sicher sein kann: »Dem Weibe ist die Beschränktheit auf *einen* Mann, die kurze Zeit ihrer Blüthe und Tauglichkeit hindurch, ein unnatürlicher Zustand. Sie soll für Einen bewahren was er nicht brauchen kann und was viele Andre von ihr begehren: und sie soll selbst bei diesem Versagen entbehren. Man ermesse es!« (HN III, 163).

Die Frau soll also, so Schopenhauers Projekt, mehrere Männer zugleich, und dafür soll der Mann mehrere Frauen nacheinander haben dürfen. »In der Monogamie hat der Mann auf ein Mal zu viel und auf die Dauer zu wenig; und das Weib umgekehrt« (HN III, 162). Weil das so ist, »sind die Männer die Hälfte ihres Lebens Hurer und die andre Hälfte Hahnreie«.

Bei Caroline mußte sich Schopenhauer vorzugsweise mit der Rolle des »Hahnrei« anfreunden.

Daß es dem Liebhaber sehr oft an Besonnenheit fehlt, konnte Schopenhauer lebhaft beklagen. Ihn selbst hat fehlende Besonnenheit in ein bizarres Malheur schlittern lassen – in eine Frauengeschichte ganz eigener Art:

Am 12. August 1821 erwartet Schopenhauer den Besuch Carolines. Die Wohnungsnachbarin, die siebenundvierzigjährige Näherin Caroline Marquet, hat sich mit ihren Freundinnen in einem Vorraum niedergelassen. Schopenhauer will keine neugierigen Zeugen seines Rendezvous dulden. Außerdem hat die Wohnungsnachbarin kein Aufenthaltsrecht für den Vorraum, der zur Schopenhauerschen Wohnung gehört: Da greift doch jemand Fremdes in die eigene Willenssphäre ein, was zurückgewiesen werden muß. Schopenhauer befiehlt den drei Frauen, den Raum zu verlassen. Die Marquet weigert sich. Was dann geschah, gibt Schopenhauer in dem von der Näherin anhängig gemachten Gerichtsverfahren folgendermaßen zu Protokoll:

»Endlich drohte ich, sie herauszuwerfen, und da sie mir Trotz bot, geschah dieses, jedoch nicht so, daß ich sie mit beiden Händen an den Hals gefaßt, was sich nicht einmal denken läßt, sondern ich faßte sie, wie es zweckmäßig war, um den ganzen Leib und schleppte sie hinaus, obgleich sie sich aus Leibeskräften wehrte. Draußen schrie sie, daß sie mich verklagen wolle und schrie auch nach ihren Sachen, die ich ihr dann schleunigst nachwarf: aber da ein Stückchen Zeug liegen geblieben, das ich nicht gesehn, so mußte dieses als Vorwand dienen, daß sie die Verwegenheit hatte, schnell wieder abermals in die Entrée zu kommen: nun warf ich sie nochmals hinaus obgleich sie sich auf das Heftigste wehrte und aus allen Kräften kreischte, um wo möglich das ganze Haus in Alarm zu bringen. Wie ich sie also zum zweiten Male aus der Türe warf, fiel sie hin, wie ich glaube absichtlich. Denn es ist die Art solcher Leute, daß wenn sie sehn, daß sie mit dem *aktiven* Widerstand nicht durchkommen, sie sich nun auf die *passive* Seite werfen, um so viel als möglich zu *leiden* und nun recht viel zu klagen haben, und ihr schon vorher erhobenes Geschrei, sie wolle mich verklagen, deutet ganz dahin. Nun aber erkläre ich für gänzlich falsch und erlogen die Angaben, daß ich der Klägerin die Haube abgerissen, daß sie ohnmächtig geworden und vollends, daß ich sie mit Füßen getreten und mit der

Faust geschlagen. Davon ist kein Wort wahr und wer mich nur in Etwas kennt, wird *a priori* einsehn, daß eine solche brutale Rohheit bei meinem Karakter, Stande und Erziehung sich gar nicht denken läßt« (B, 75).

Weder a priori noch a posteriori mochte das Kammergericht, bei dem die Marquet ihre Schadensersatzansprüche verfocht, einsehen, daß sich bei dem beklagten Philosophen eine solche »Roheit«, deren ihn die Näherin bezichtigte, »gar nicht denken läßt«.

Wegen »geringer, ohne merkliche Beschädigung abgelaufener Realinjurie« verurteilt das Kammergericht Schopenhauer zu einer Geldbuße von 20 Talern. Caroline Marquet aber ist damit nicht zufrieden. Weil sie angeblich »an der ganzen rechten Seite gelähmt sei und den Arm nur wenige Zeit mühevoll gebrauchen könne«, strengt sie beim Instruktionssenat eine neue Klage an, nachdem sie erfahren hat, daß Schopenhauer Vermögen besitzt. Sie fordert eine jährliche Alimentation und die Bezahlung der Kurkosten. Außerdem beantragt sie, Schopenhauer in Arrest zu nehmen. Der Prozeß beginnt jetzt monströse Formen anzunehmen und wird sich über Jahre hinziehen. Der Instruktionssenat gibt der Klägerin Recht. Während Schopenhauer sich noch auf Reisen befindet, wird sein bei einer Berliner Bank deponiertes Vermögen beschlagnahmt. Das geschieht 1825, der Prozeß dauert nun schon drei Jahre. Um das Vermögen freizubekommen und um Einspruch gegen das Urteil zu erheben, kehrt Schopenhauer eilends nach Berlin zurück. Er hat Erfolg: Der Appellationssenat weist die Alimentationsansprüche ab. Die Marquet legt Berufung beim Obertribunal ein, das nun wiederum ihre Ansprüche bestätigt. Schopenhauer richtet noch eine Eingabe an den Justizminister, ohne Erfolg. Nach fünf Jahren Prozeßdauer ergeht am 4. Mai 1827 das endgültige Urteil, demzufolge Schopenhauer der Marquet vierteljährlich 15 Taler zu bezahlen habe, solange wie die körperliche Beeinträchtigung, die sich die Näherin durch die Schläge und den Sturz zugezogen haben will, anhalte. Caroline Marquet lebt noch zwanzig Jahre und ist, wie Schopenhauer einmal grimmig bemerkte, »klug genug«, das »Zittern des Armes nicht einzustellen«.

Schopenhauer war 1820 nach Berlin gekommen. Bereits

nach zwei Jahren, die ihm zwar eine Geliebte, aber auch das Scheitern als Philosophiedozent und einen ärgerlichen Prozeß eintragen, ist er der Stadt überdrüssig. Er erwägt, wie er in einem Brief an Adele vom 15. Januar 1822 schreibt, eine Umsiedlung nach Dresden: »da nun für meine mäßigen Bedürfnisse mein Vermögen ausreicht, werde ich denn wohl den Rest meiner Tage, deren größte Hälfte schon vorüber ist, in Dresden leben, wie immer bloß mit meinen Studien und Gedanken beschäftigt, bis man etwa mich zu einem Lehrstuhl beruft« (B, 79). Und doch scheut er sich noch, eine endgültige Entscheidung über seinen weiteren Lebensweg zu treffen. Er will die akademische Position in Berlin, die einstweilen auf die Ankündigung seiner Vorlesung im Vorlesungsverzeichnis zusammengeschrumpft ist, nicht gänzlich aufgeben. Er gewährt sich ein Moratorium: Noch einmal unternimmt er eine Reise nach Italien. »Wenn man in Italien mich nicht kennt noch zu schätzen weiß«, schreibt er an Friedrich Osann, den Freund aus Weimarer Tagen, »so weiß ich doch warum; wenn selbiges in Teutschland der Fall ist, so muß ich mir's erst deduziren, aus Gründen die mir Teutschland nicht lieb machen« (B, 82).

Am 27. Mai 1822 bricht Schopenhauer auf. Friedrich Osann bestellt er zum Horchposten. Der soll, während der Philosoph unter südlicher Sonne weilt und die ›Jenaische Literaturzeitung‹ nicht liest, als »Treufreund in Teutschland« ein bißchen aufpassen, »wo etwa in Büchern, Journälen, Litteraturzeitungen und dgl. meiner Erwähnung geschieht« (B, 83). Osann wird diesbezüglich wenig zu tun bekommen. Es bleibt still.

Anders als bei seinem ersten Italienbesuch will Schopenhauer sich nicht als »eilender Reisender stets herumtummeln«, sondern nach einer ausführlichen »Besichtigung« der Schweiz über Mailand nach Florenz gehen, um dort »ganz ruhig« eine Weile zu leben (B, 84). So geschieht es auch: Den Juni und Juli 1822 verbringt er in der Schweiz, kommt am 17. August in Mailand an, verläßt die Stadt zwei Wochen später und lebt dann vom 11. September 1822 bis zum Mai 1823 in Florenz – mit beträchtlichem Behagen. In einer für seine Verhältnisse fast heiteren Stimmung schreibt er am 29. Oktober 1822 an Friedrich Osann: »Wieder steht jetzt der große

Bär niedrig am Horizont, – wieder steht in unbewegter Luft dunkelgrünes Laub, scharf abgeschnitten auf dem dunkelblauen Himmel, ernst und melancholisch, – wieder machen Oliven, Reben, Pinien und Cypressen die Landschaft, in der zahllose kleine Villen zu schwimmen scheinen, – wieder bin ich in der Stadt, deren Pflaster eine Art Musaik ist; ... und wieder gehe ich täglich über den wunderlichen, von Statuen bevölkerten Platz.« Diese Schilderung endet mit den Worten: »wieder lebe ich unter der verrufenen Nation.« Doch wie er diese Invektive verstanden wissen will, erklärt er noch in demselben Brief: »Mit Italien lebt man wie mit einer Geliebten, heute im heftigen Zank, Morgen in Anbetung: – mit Teutschland wie mit einer Hausfrau, ohne großen Zorn und ohne große Liebe« (B, 87).

Wie Schopenhauer diese Zeit im einzelnen verbracht hat, wissen wir nicht. Er gibt wenig Auskunft. Ein späterer Gesprächspartner, Carl Bähr, weiß nur mitzuteilen: »Er verkehrte fast nur mit Lords und tat nichts weiter als Homer lesen« (B, 512). In den Briefen an Osann ist von einem Dominikaner die Rede, mit dem Schopenhauer im Boboli spazierengeht und dem er den »Verfall der Klöster beseufzen« hilft, von dem »kerzenhellen Urvätersaal einer Villa einer Englischen Dame«, der er die »cour« (B, 88) gemacht habe. Er habe in Florenz eifrig das Theater, die Oper und Museen besucht – »Musendienst« nennt er das. Er sei »so gesellig wie lange nicht« gewesen. Die »Vornehmen« und ihre marternde »Langeweile« habe er aus der Nähe beobachten können; ihm sei ein »Zuwachs von Erfahrung und Menschenkenntniß« (B, 92) zuteil geworden.

»Es war eine schöne Zeit, an die ich stets mit Freuden zurückdenken werde«, schreibt er am 21. Mai 1824 aus München an Osann. Seit seiner Rückkehr aus Italien ist nun schon ein Jahr vergangen, ein sehr schlimmes Jahr. Osann berichtet er darüber: »Vor einem Jahre kam ich hierher (nach München, R. S.), und etwa 6 Wochen darauf, als ich weiter wollte, fieng eine Verkettung von Krankheiten an, die mich den ganzen Winter hier fest gehalten hat. Hämorrhoiden mit Fistel, Gicht, Nervenübel succedirten sich: ich habe den ganzen Winter in der Stube zugebracht und sehr gelitten« (B, 92).

Hinter dieser kurzen Mitteilung verbirgt sich eine schwere Lebenskrise, vielleicht die schwerste seines bisherigen Lebens. In Italien hatte er unter einem natürlichen Inkognito leben können; nach Deutschland zurückgekehrt, trifft ihn wieder mit voller Wucht das aufgezwungene Inkognito. Nichts hat sich inzwischen gerührt: Für die Öffentlichkeit existiert er als Philosoph einfach nicht. Für ihn selbst aber existiert diese Philosophie, die er in den Jahren der »genialen Konception« hervorgebracht hat, bisweilen fast schon in bedrückender Weise. Das eigene Werk, das man draußen gar nicht zur Kenntnis nimmt, wirft seinen Schatten auf ihn, schüchtert ihn sogar ein: Solches bringe ich nicht mehr zustande, gesteht er sich manches Mal kleinlaut ein. Es kommt ihm dann vor, als habe er sich selbst überlebt.

In seiner BRIEFTASCHE finden sich aus diesen Wochen schwerer Depression Aufzeichnungen wie die folgenden: »Wenn man sagte, daß das Leben von einem Ende zum andern nichts seyn soll als eine fortgesetzte Lektion, deren Resultate noch dazu meist negativ ausfallen; der könnte antworten: so wollte ich schon dieserhalb daß man mich in der Ruhe des allgenugsamen Nichts gelassen hätte, wo ich weder Lektionen noch sonst etwas nötig hatte.« Oder: »Ueber die Uebel des Lebens tröstet man sich mit dem Tode, und über den Tod mit den Uebeln des Lebens. Eine angenehme Stellung« (HN III, 170).

Nach dem schlimmen Winter in München kommt ein Frühjahr ohne Verheißungen. Immer noch zittern ihm die Hände, kaum wird er unter Tags richtig munter. Das rechte Ohr ist ihm »ganz taub«. Ende Mai 1824 rafft er sich zu einer Kur in Bad Gastein auf, bleibt dort einen Monat. Danach kehrt er nicht mehr nach München zurück – er fürchtet das dortige »Höllenklima« ebensosehr wie die »Sandwüste« von Berlin, zu der ihn im Augenblick nichts hinzieht, nicht einmal seine Caroline, die ja inzwischen ein Kind von einem anderen bekommen hat.

Er will den Sommer in Mannheim verbringen, fragt aber bei Osann vorsichtshalber an, ob nicht etwa die »Damen«, er meint Mutter und Schwester, auch dorthin reisen. Ein »rencontre« möchte er unter allen Umständen vermeiden. Osann wird ihm mitgeteilt haben, daß die Luft rein sei, denn den Juli und August 1824 hält er sich in Mannheim auf. Und von dort reist er, immer noch Berlin, den Schauplatz seiner Niederlage meidend, im September 1824 nach Dresden, wo er den Winter über bleibt.

Er läßt auch in diesem Winter in Berlin eine Vorlesung ankündigen – pro forma, denn er rechnet schon damit, daß sich keine oder zu wenige Interessenten melden werden. Was auch der Fall ist.

Er tastet sich zu einer neuen Tätigkeit vor: Er schlägt Brockhaus eine neue Übersetzung von Sternes TRISTRAM SHANDY vor. Brockhaus winkt ab. Ebensowenig findet sein Projekt Anklang, die populärphilosophischen Schriften Humes zur Religionskritik zu übertragen. Während der Dresdener Monate entwirft er bereits einige Sätze des Vorwortes zu dieser Übersetzung, die nie zustande kommen wird; Sätze, die erkennen lassen, wie Schopenhauer mit Hume seiner eigenen Sache zu nützen gedenkt: »Eine spätere Zeit wird einsehn, warum ich die gegenwärtige durch eine neue Uebersetzung auf die vorliegende Schrift des vortrefflichen David Hume aufmerksam zu machen suche. Wenn die Zeitgenossen mein Bestreben schätzen könnten wäre es überflüssig« (HN III, 177). In einem zweiten Vorwortentwurf aber, kurze Zeit später verfaßt, kokettiert er unverhohlen mit seiner Resignation in eigener Sache: »Was nun endlich meinen Beruf zu dieser kleinen Arbeit betrifft, so liegt er bloß darin, daß ich eben gar viele Muße übrig habe, indem ich der Bearbeitung meiner eignen Gedanken für die Mitteilung mich überhoben achte, da nun die Erfahrung bestätigt hat, was ich früher voraussah und voraussagte, daß solche unter Zeitgenossen keine Leser finden« (HN III, 182). Obwohl Schopenhauer mit seinen Übersetzungsvorhaben nicht durchdringt, läßt er sich vorerst nicht abschrecken. Ende der zwanziger Jahre wird er eine Übertragung der Lebensmaximen des spanischen Skeptikers Gracián aus dem frühen 17. Jahrhundert vornehmen. Erst zwei Jahre nach Schopenhauers Tod wird seine Gracián-Übersetzung erscheinen.

Ein anderes Übersetzungsprojekt – für Schopenhauer sicherlich das wichtigste und ehrgeizigste – scheitert ebenfalls in diesen Jahren: 1829 erscheint in der »Foreign Review« der Aufsatz eines Ungenannten, in dem das Verlangen nach einer englischen Übersetzung der Hauptwerke Kants ausgesprochen wird. Schopenhauer reagiert prompt, bittet den Verlag, eine Verbindung mit dem Anonymos herzustellen, und bietet sich diesem als Übersetzer an. Der – er gibt sich als Francis Haywood zu erkennen – antwortet mit einem Gegenvorschlag: Er selbst, Haywood, wolle eine Übersetzung anfertigen, Schopenhauer könne die Arbeit dann durchsehen. Gekränkt wendet sich Schopenhauer mit seinem Anliegen direkt an den Verleger der »Foreign Review«, ohne Erfolg.

Natürlich nicht wegen des Geldes, sondern um wenigstens ein Minimum an öffentlicher schriftstellerischer Wirksamkeit zu erreichen, versucht sich Schopenhauer als Übersetzer. Den einzigen Erfolg auf diesem Gebiet verzeichnet er als Übersetzer seines eigenen Werkes. Für die Sammlung SCRIPTORES OPHTHALMOLOGICI MINORES nimmt er eine Übertragung seiner Schrift ÜBER DAS SEHEN UND DIE FARBEN ins Lateinische vor. Sie erscheint 1830. Einer der wenigen Anlässe, die geeignet sind, Arthurs Stolz von außen Nahrung zu geben. Ein anderer Anlaß ist die kurze Bemerkung Jean Pauls in der 1824 veröffentlichten KLEINEN NACHSCHULE ZUR ÄSTHETISCHEN VORSCHULE. Dort heißt es: »»Schopenhauers Welt als Vorstellung und Wille‹, ein genialphilosophisches, kühnes, vielseitiges Werk, voll Scharfsinn und Tiefsinn, aber mit einer oft trost- und bodenlosen Tiefe – vergleichbar dem melancholischen See in Norwegen, aus dem man in seiner finsteren Ringmauer von steilen Felsen nie die Sonne, sondern – in der Tiefe nur den gestirnten Taghimmel erblickt und über welchen kein Vogel und keine Wolke zieht. Zum Glück kann ich das Buch nur loben, nicht unterschreiben.«

So urteilt der eine Mentor der romantischen Bewegung, die jetzt schon Geschichte ist. Den anderen, Ludwig Tieck, trifft Schopenhauer während dieser Wintermonate 1824/25 in Dresden persönlich und legt sich mit ihm an. Karl von Holtei, auch ein Hausfreund der Mutter, war dabei und berichtet davon später in seinen Erinnerungen: »Ich hütete mich sorgfältig, ihr (Johanna Schopenhauer, R. S.) zu sagen, daß ich mit besagtem Sonderlinge (Schopenhauer, R. S.) in Dresden, bei

Tieck, vor einigen Jahren zusammengetroffen war, und weshalb ich mich vor ihm entsetzt hatte. Zwischen ihm und Tieck hatten sich Discussionen erhoben, über unterschiedliche philosophische Systeme; dies hatte, über Jacobi hinweg, den Tieck liebte, nach und nach auf religiöse Streitigkeiten geführt; und als Tieck in diesen von Gott gesprochen, war Schopenhauer, wie von der Tarantel gestochen, aufgesprungen, sich gleich einem Brummkreisel umherdrehend und mit höhnischem Gelächter wiederholend: ›Was? Sie brauchen einen Gott?‹ Ein Ausruf, den Ludwig Tieck bis an's Ende seiner Tage nicht vergessen konnte« (G, 53).

Im Frühjahr 1825 kehrt Schopenhauer nach dreijähriger Abwesenheit nach Berlin zurück. Der leidige Marquet-Prozeß verlangt seine Anwesenheit, wahrscheinlich aber zieht ihn auch Caroline Medon zurück, denn sogleich nimmt er wieder Verbindung zu ihr auf. Einer Mitteilung des Schopenhauerschen Nachlaßverwalters Wilhelm Gwinner zufolge soll Arthur sogar noch einmal eine Ehe mit ihr erwogen haben.

In Berlin hat sich für Schopenhauer die Lage kaum verändert. Hegel steht nach wie vor hoch im Kurs. Daran kann einstweilen auch die triumphale Rückkehr des Naturforschers und Weltreisenden Alexander von Humboldt nach Berlin im Jahre 1827 nichts ändern. Sogar dieser Gegner aller Spekulation, dieser Abgott des bildungsbeflissenen weiblichen Mittelstandes (auch Hegels Frau eilt sehr zum Ärger ihres Mannes in Humboldts Vorträge) und des botanisierenden Adels erweist dem schwäbelnden Philosophenkönig von Berlin seine Reverenz. Zwar stichelt Humboldt gegen eine »Metaphysik ohne Kenntnis und Erfahrung«, doch als Hegel davon Wind bekommt und über Varnhagen von Ense bei Humboldt anfragen läßt, wie denn solche Bemerkungen zu verstehen seien, schickt Humboldt dem dräuenden Philosophen sein Vortragsmanuskript, in welchem Hegel dann nichts Anstößiges findet. Was er nicht wissen kann: Der listige Humboldt hatte ihm das falsche Manuskript geschickt. Gegen Hegel also ist kein Ankommen – schon gar nicht für Schopenhauer. Der schaut sich nach zwei Jahren schon wieder nach einer neuen Bleibe um. Die Universitätslaufbahn hat er für sich noch nicht gänzlich abgeschrieben – trotz aller niederschmetternden Erfahrungen: Neuerdings verhält sich sogar der Universitätspedell gegen den Philosophen unverschämt. Der Pedell, so Schopenhauers Klage bei der Fakultät, benimmt sich »mit einer so auffallenden Insolenz«, daß man sogar »am frühen Morgen an seiner Nüchternheit zweifeln« (B, 102) müsse.

Im September 1827 fragt Schopenhauer bei Friedrich Wilhelm Thiersch an, einem ihm von der Münchener Zeit her bekannten hohen Beamten des bayrischen Unterrichtswesens, ob nicht vielleicht doch an einer Universität »Süd-Teutschlands« für ihn ein Platz vorhanden wäre oder geschaffen werden könnte, »um doch einige Wirksamkeit nach Außen zu haben«. Er denke da an Würzburg, dessen »schöne Umgebung« und dessen »heiteres und mildes Klima« (B, 105) er schätze.

Thiersch setzt sich für Schopenhauer ein, ermuntert ihn zu einem förmlichen Gesuch, auf das hin das Bayrische Unterrichtsministerium Erkundigungen einzieht. Der bayrische Gesandte in Berlin meldet, Schopenhauer habe »keinen Ruf irgendeiner Art weder als Schrift-Steller noch als Lehrer... (so daß) an besagtem Schopenhauer, dessen Aeußeres mir als wenig anziehendes wohl bekannt ist, für die Universität zu Würzburg kein großer Gewinn entstehen dürfte« (B, 516). Auch bei Savigny fragt man an, und dessen Auskunft fällt ebenfalls ungünstig aus: »Sie fragen endlich noch nach dem Privatdozenten Dr. Schopenhauer. Über seine Schriften kann ich nicht urteilen, da ich sie gar nicht kenne; was aber seine Person betrifft, so ist er mir stets sehr anmaßend vorgekommen, und ich habe auch außerdem mehr wider als für ihn gehört« (B, 516).

Aus dem Würzburg-Projekt wird nichts. Schopenhauer versucht sein Glück bei der Heidelberger Universität. Er schreibt an Georg Friedrich Creuzer, den berühmten Altertums- und Mythenforscher. Er wolle, so Schopenhauer, doch auch »eine Stelle in der bürgerlichen Gesellschaft haben« (B, 106); ob das nicht in Heidelberg möglich sei? Creuzer rät ab: In Heidelberg sinke das Interesse an Philosophie. Creuzer läßt seine Zweifel durchblicken, ob Schopenhauer der rechte Mann sei, dem abzuhelfen.

Es war in diesen Monaten der erfolglosen Bewerbungen, da

der verbitterte Schopenhauer sich von Adelbert von Chamisso, mit dem er Bekanntschaft geschlossen hatte, den Rat geben lassen mußte, er solle den Teufel nicht allzu schwarz malen, ein gutes Grau sei ausreichend. Schopenhauer aber bleibt dabei: Es sind pechschwarze Teufel, die sich gegen ihn verschworen haben.

Natürlich hat er die ganzen Jahre über nicht die Hoffnung aufgegeben, daß sein Werk doch noch in gebührender Weise aufgenommen werde. Doch er zwingt sich zu skeptischen Erwartungen, die sich aber immer noch als zu optimistisch herausstellen. 1821 verfaßt er den ersten Entwurf einer Vorrede für die erhoffte zweite Auflage seines Werkes. Er datiert den Zeitpunkt, zu dem diese Auflage erforderlich sein würde, auf das Jahr 1828. Zu früh – wie sich herausstellt. In diesem Jahr teilt ihm Brockhaus auf Anfrage mit, es seien von den achthundert Exemplaren der ersten Auflage noch hundertfünfzig vorrätig; wie viele Bücher tatsächlich verkauft worden seien, könne man nicht mehr feststellen, da vor mehreren Jahren eine bedeutende Anzahl zu Makulatur gemacht worden sei.

Auf diese Nachricht hin verfaßt Arthur einen neuen Vorredeentwurf für die zweite Auflage, die er nun auf das Jahr 1836 datiert. In diesem Entwurf beschimpft er das Publikum als »stumpfe Zeitgenossen« und gibt sich die stolze Miene, als sei das Ignoriertwerden für ihn sogar von Vorteil gewesen: »Denn wer die Wahrheit liebt und ihren Genuß kennt, bedarf keiner Aufmunterung: aber fremde Theilnahme sie trete bei oder entgegen, führt sehr leicht irre« (HN III, 524). Die zweite Auflage sei für die Nachwelt bestimmt, nicht für den »Haufen... der Affen«. Wer sich zu diesen »Affen« zu rechnen habe, erklärt ein weiterer, vielleicht der grimmigste Vorredeentwurf, 1830 verfaßt: Es sind die Leute, die auf den »Windbeutel Fichte« und auf die »plumpe Scharlatanerie Hegels« (HN IV, 1, 13) hereingefallen seien. Bei denen nicht Gehör gefunden zu haben, gelte ihm, so behauptet er, als Auszeichnung.

Das alles klingt nach souveränem Grimm, aber zeigt in seiner forcierten Art doch auch den Jammer und die tiefe Kränkung eines Verkannten. Auf einen anderen Ton ist die Dedikation DEN MANEN MEINES VATERS gestimmt. Schopenhauer wollte einen solchen Widmungstext in der zweiten Auflage vorsetzen lassen. Den ersten Entwurf dafür verfaßt er 1828, zu einem Zeitpunkt, als die letzten Versuche, akademisch Fuß zu fassen, gescheitert sind und er erfahren muß, daß der Absatz seines Werkes gänzlich zum Erliegen gekommen ist, zu einem Zeitpunkt, als er auch in der Rolle des Übersetzers nur Zurückweisungen erfahren hat, und somit zu einem Zeitpunkt also, als für ihn klar wird: Durch eigene Leistung, durch eigene Arbeit wird er sich auf absehbare Zeit keine bürgerliche Stellung erwerben können. Was er im bürgerlichen Leben ist, das ist er durch den Vater, und dem Vater hat er es zu danken, daß er für die Philosophie leben kann, ohne sich nach dem Brotkorb strecken zu müssen. Nach den Maßstäben des bürgerlichen Lebens ist er ein Gescheiterter, er kann nur existieren unter dem Schutz des vom Vater ererbten Vermögens. Und so schreibt er die folgenden Sätze nieder: »Edler, vortrefflicher Geist! dem ich alles danke, was ich bin und was ich leiste. Deine waltende Vorsorge hat mich geschirmt und getragen, nicht bloß durch die hülflose Kindheit und die unbedachtsame Jugend, sondern auch ins Mannesalter und bis auf den heutigen Tag. Denn indem Du einen Sohn wie ich bin in die Welt setztest, sorgtest Du zugleich dafür daß er auch als ein solcher in einer Welt wie diese bestehn und sich entwickeln konnte. Du warst auf den Fall bedacht, daß er nicht eben geeignet seyn möchte die Erde zu ackern... und scheinst vorhergesehn zu haben, daß Dein Sohn, Du stolzer Republikaner, nicht das Talent würde haben können... vor Ministern und Räthen zu kriechen um ein sauer abzuverdienendes Stück Brot erst niederträchtig zu erbetteln oder der sich blähenden Mittelmäßigkeit zu schmeicheln und demüthig sich dem lobpreisenden Gefolge scharlatanischer Pfuscher anzuschließen... Daher weihe ich Dir mein Werk, das nur unter dem Schatten Deines Schutzes entstehn konnte und insofern auch *Dein* Werk ist... Und Jeder der an meinem Werk irgend eine Freude, Trost oder Belehrung findet, soll Deinen Namen vernehmen und wissen daß wenn H. F. S. nicht der Mann gewesen wäre, der er war; A. S. hundert Mal zu Grunde gegangen wäre...« (HN III, 380). Auch an dieser Dedikation wird Arthur noch mehrere Jahre herumfeilen. Die Bemerkung, daß

»A. S. hundert Mal zu Grunde gegangen wäre« wird er weglassen und schließlich auf diese Dedikation ganz verzichten. Wer und was es ihm möglich gemacht hat, statt von der Philosophie für die Philosophie leben zu können, wird dann in den veröffentlichten Vorreden zur zweiten und dritten Auflage (1844 und 1859) im dunkeln bleiben.

Schopenhauers Berliner Jahre enden mit einer Burleske: Bevor er, vor der Cholera fliehend, im August 1831 die Stadt verläßt, macht er einem siebzehnjährigen Mädchen, das er kaum kennt, einen Heiratsantrag. Bei einer Kahnpartie schenkt er Flora Weiß, so heißt das Mädchen, Trauben. Flora erzählt: »Ich wollt' sie aber nicht haben. Mir war's eklig, weil der olle Schopenhauer sie angefaßt hat, und da ließ ich sie so ganz sachte hinter mir ins Wasser gleiten« (G, 58).

Arthur spricht beim Vater vor, der aus allen Wolken fällt: »Aber sie ist doch noch ein Kind!« Er überläßt die Entscheidung seiner minderjährigen Tochter. Immerhin hat Arthur verlockende Bemerkungen über sein Vermögen fallen gelassen. Die Tochter aber, so weiß die Familienüberlieferung zu berichten, »empfand eine so lebhafte Abneigung gegen S., die durch verschiedene, ihr von diesem erwiesene kleine Aufmerksamkeiten nur vermehrt wurde, daß der Mißerfolg der Werbung nicht zweifelhaft sein konnte« (G, 59).

Es sind jetzt schon fast zwanzig Jahre her, daß Arthur in seinem Manuskriptbuch geschrieben hatte: »Was uns fast unumgänglich zu lächerlichen Personen macht, ist der Ernst mit dem wir die jedesmalige Gegenwart behandeln, die einen nothwendigen Schein von Wichtigkeit an sich trägt. Wohl nur wenige große Geister sind darüber hinweggekommen, und aus lächerlichen zu lachenden Personen geworden« (HN I, 24).

Zwanzigstes Kapitel

Flucht aus Berlin. Schopenhauer schlägt auf die Möbel.
Frankfurt. Rituale gegen die Angst. Lebensstil und Sprachstil.
Tod der Mutter und Adeles trauriges Geschick.

In seinem letzten Berliner Jahr hatte Schopenhauer einen Traum. »Und um der Wahrheit in jeder Gestalt und bis an den Tod zu dienen, schreibe ich auf«, so Schopenhauer in seinem Manuskriptbuch, »daß ich in der Neujahrsnacht zwischen 1830 und 1831 folgenden *Traum* gehabt, der auf meinen Tod in gegenwärtigem Jahre deutete. Von meinem 6ten bis zu meinem 10ten Jahr hatte ich einen Busenfreund und steten Spielkameraden ganz gleichen Alters, der hieß Gottfried Jänisch, und starb, als ich, in meinem 10ten Jahr, in Frankreich war. In den letzten 30 Jahren habe ich wohl höchst selten seiner gedacht. – Aber in besagter Nacht kam ich in ein mir unbekanntes Land, eine Gruppe Männer stand auf dem Felde und unter ihnen ein erwachsener schlanker, langer Mann, der mir, ich weiß nicht wie, als eben jener Gottfried Jänisch bekannt gemacht worden war, der bewillkommnete mich« (HN IV, 1, 46).

Die Cholera wütet in Berlin, Schopenhauer nimmt den Traum als Warnung: Er wird sterben, wenn er nicht flieht. Das Hin und Her mit Caroline Medon, die er doch, wie er gerade beim Abschiede bemerkt, auf seine Weise liebt und deshalb gerne mitnehmen möchte, verzögert die Abreise. Und wohin soll er fliehen? Er wählt Frankfurt, zunächst aus keinem anderen Grunde als dem, daß diese Stadt, wie man ihm gesagt hat, »cholerafest« sei.

Kurz nach seiner Ankunft in Frankfurt, im September 1831, hat Arthur einen zweiten Traum: »es waren, wie ich glaube meine Eltern; und deutete an, daß ich jetzt die noch lebende Mutter überleben würde; der schon todte Vater trug ein Licht in der Hand« (HN IV, 1, 47).

Wenige Wochen später liegt er krank darnieder, verbringt einen schlimmen Winter. Gänzlich isoliert lebt er in der fremden Stadt in einer möblierten Wohnung am Untermainquai.

Er verläßt das Haus nicht, und keiner kommt zu ihm. Todesfurcht packt ihn und eine Einsamkeit ohne Behagen. Caroline geht ihm im Kopf herum. Den Kumpan von Lowtzow in Berlin bestürmt er mit Fragen: Wie verbringt die Frau ihre Tage, von wem läßt sie sich aushalten? Er bittet Lowtzow, die Frau im Auge zu behalten. Lowtzow versucht, Schopenhauers Mißtrauen zu zerstreuen, und spart nicht mit Belehrungen: Man mache sich das Leben unnötig schwer, wenn man sich nicht zum Vertrauen durchringe; mangelndes Vertrauen habe die Beziehung zu Caroline zerstört.

Schopenhauer überkommen Zweifel, ob Frankfurt die richtige Wahl sei. An Mannheim knüpfen sich gute Erinnerungen. Dort hatte er sich 1824 von schwerer Krankheit und Depression erholt. Dort hatte er auch schon Bekanntschaften geknüpft, wenn auch oberflächliche. Also entschließt er sich zu einer neuerlichen Umsiedlung: Im Juli 1832 zieht er nach Mannheim.

Ein Jahr hält er dort aus. Er tritt der »Harmoniegesellschaft« bei, einem Honoratiorenverein mit eigener Lokalität und Bibliothek. Aber die geselligen Abende dort dämpfen nicht die ohnmächtige Wut auf alles und jeden, die ihn manches Mal überkommt. Wenn er abends spät ins Haus des Schuhmachers Michael Reuß, bei dem er wohnt, zurückkehrt, weckt er bisweilen die Anwohner: Er schlägt mit dem Spazierstock auf die Möbel. Zur Rede gestellt, weshalb denn solcher Tumult, antwortet Schopenhauer: »Ich citiere meine Geister« (G, 64).

1833 bilanziert er auf dem Deckel seines Rechnungsbuches die Gründe, die für ein Verbleiben in Mannheim und für eine Rückkehr nach Frankfurt sprechen. Er entscheidet sich für Frankfurt. Den Ausschlag geben Gründe wie die folgenden: »Du bist uneingeschränkter und weniger mit Gesellschaft behelligt, die der Zufall, nicht deine Wahl dir gibt, und hast die Freiheit, dir mißliebigen Umgang abzuschneiden und zu meiden«; »bessere Kaffeehäuser«; »mehr Engländer«; »keine Überschwemmungen«; »ein geschickter Zahnarzt und weniger schlechte Ärzte«; »Gesundes Klima«; »weniger beobachtet«.

Nach dem einjährigen Intermezzo in Mannheim trifft

Schopenhauer am 6. Juli 1833 wieder in Frankfurt ein, das er, von kurzen, meist nur eintägigen Ausflügen abgesehen, bis zu seinem Tode 1860 nicht mehr verlassen wird.

Die frühere freie Reichsstadt war nach dem Wiener Kongreß zur »freien Stadt« erklärt worden. Eine vergleichsweise demokratische Verfassung wurde etabliert: Dem immer noch in der Hauptsache patrizischen Senat standen gegenüber: das »Bürgerkolleg«, eine Art zweite Kammer, und ein »gesetzgebender Körper«, der zur Hälfte immerhin in freier Wahl von der Bürgerschaft beschickt wurde.

In der Stadt residierte der Deutsche Bundestag, eine Delegiertenversammlung jener Fürsten, deren Territorien sich ganz oder auch nur teilweise auf deutschem Boden befanden. So war die republikanische Stadt Ort des großen Palavers, das unter der Regie Metternichs gerade die Unterdrückung republikanischer und freiheitlicher Bestrebungen zum Thema hatte. Die zahlreichen fürstlichen Gesandten, die die vornehmen Quartiere und die Tables d'hôte frequentierten – Bismarck, der preußische Gesandte, verkehrte im »Englischen Hof«, wo auch Schopenhauer sein mittägliches Hauptquartier aufschlug –, gaben dem gutbürgerlichen Milieu eine mondäne Note. Frankfurt hatte damals ungefähr fünfzigtausend Einwohner, wovon die Hälfte zur wählbaren und wählenden Stadtbürgerschaft rechnete. Die Stadtarmut vegetierte in den verwinkelten, lichtlosen Gassen der Altstadt, die wohlhabenden Einwohner zogen in die neuen Wohngebiete an der Peripherie der Stadt, wo auf dem Grunde der jüngst niedergerissenen alten Stadtbefestigungen großzügige Parkanlagen, Gärten und Alleen entstanden waren.

Frankfurt war nicht nur die politische Hauptstadt des Deutschen Bundes, sondern auch die Hauptstadt des mitteleuropäischen Kapitalmarktes: Hier residierten die Rothschilds. »Das Geld ist der Gott unserer Zeit, und Rothschild ist sein Prophet«, schreibt Heine über jenen Amschel Mayer von Rothschild, der jeden Montag im Frack und auf einer mitgebrachten Strohmatte stehend an der Börse die Kurse diktierte. Er wohnte in einem prächtigen Stadtpalais in der Zeil, während die Mutter bis an ihr Lebensende in der Budike in der Judengasse blieb.

Frankfurt sei der Mittelpunkt von Europa, äußerte Schopenhauer einmal in einem Gespräch, »hierher nach Frankfurt kommt Alles. Da sieht und hört man, was in der Welt vorgeht« (Jb 68, 112). Arthur Schopenhauer, der nun die stationäre Lebensweise gewählt hat, braucht die große Welt nicht mehr aufzusuchen – im »Englischen Hof« kann er sie an sich vorbeiziehen lassen. Die Messestadt wimmelt von Ausländern, ein glücklicher Umstand für Schopenhauer, der vom Frankfurter Menschenschlag wenig hält: »Es ist eine kleine, steife, innerlich rohe, Municipal-aufgeblasene, bauernstolze Abderiten-Nation, der ich mich nicht gerne nähere« (Jb 68, 112).

Frankfurt besitzt noch keine Universität, aber die Wissenschaften, besonders die modernen Naturwissenschaften, finden hier Zuspruch und Förderung. Man favorisiert den tüchtigen Realitätssinn. Es gibt einen »Physikalischen Verein«, einen »Geographischen Verein«, ein »Historisches Museum« und vor allem die »Senckenbergische Naturforschende Gesellschaft«, bei der auch Schopenhauer Mitglied ist. Diese Gesellschaft hat eine große naturwissenschaftliche Bibliothek aufgebaut – Schopenhauer wird sie für seine Schrift DER WILLE IN DER NATUR (1835) ausgiebig benutzen – und unterhält das damals in Deutschland vielleicht bedeutendste Naturalienkabinett. Darauf bezieht sich Schopenhauers Bemerkung, »seltene Naturerscheinungen« würden »übrigens in Frankfurt a. M. immer zuerst gezeigt« (Jb 68, 112).

Die Stadt ist dem Modernen, dem Neuen durchaus aufgeschlossen. Die ersten Straßen werden asphaltiert. Dem Stadtbaumeister, diesem »vielerfahrenen, unentbehrlichen« Beamten, bringt man deshalb ein Ständchen dar. Neue Wasserleitungen werden angelegt, sie steigen jetzt bis in die oberen Stockwerke. Im selben Jahr, 1828, beginnt man mit der Gasbeleuchtung. Zum Verfassungstag 1845 ist es dann soweit: Die inneren Straßen und die Schaufenster der feinen Läden sind erleuchtet. Doch es bleiben die Kontraste. Innerhalb der Stadtgrenzen gibt es Bauern, bei denen noch nicht einmal die Methode der Stallfütterung angekommen ist. Hornvieh und Schweine werden durch die Straßen hinaus auf die Weiden getrieben. An der Nikolaikirche prangen noch immer die aufgespießten, ausgetrockneten Ochsenköpfe vom letzten

Zunftfest der Metzger. Noch immer führen offene, stinkende Kanäle durch die Straßen, noch immer hört man das plärrende Singen des Nachtwächters. Bei Regengüssen muß der Deutsche Bundestag durch überschwemmte Straßen zum Tagungsort waten. Die Exzellenzen bedrängen den Senat, er möge das ändern. Dieser empfiehlt, um wenigstens beim schlimmsten Straßenschmutz Abhilfe zu schaffen, daß die »transportablen Badeetablissements«, die das Badewasser in die Häuser bringen, auf dem Rückwege mit dem gebrauchten Wasser die Straßen besprengen sollten.

Rund um Frankfurt entstehen Fabriken, in der Stadt aber regieren noch die Zünfte, die die Zahl der Handwerksbetriebe begrenzt halten und über die Bewahrung der herkömmlichen Fertigungstechniken wachen. Gesellen, die kein Unterkommen finden, verbreiten Unmut. In politischen Klubs werden die saint-simonistischen Ideen diskutiert, die von Frankreich herüberdringen. Beim Deutschen Bundestag klagt man über den »verdorbenen Geist«, der neuerdings in der gastgebenden Stadt seinen Einzug gehalten hätte. In den Wochen nach der Julirevolution von 1830 in Frankreich geht es auch in der Stadt laut zu. Beim traditionellen »Auszug« zur Weinlese, der mit Schützenfest und Feuerwerk begangen wird, kommt es zum Tumult, bei dem mehrere Soldaten verwundet und einige Gesandtenresidenzen mit Kot beworfen werden. 1833 besetzt eine Handvoll Studenten die Frankfurter Hauptwache, um dort »Deutschlands Freiheit« auszurufen. Ihr Aufruf verhallt ungehört, man überwältigt sie und setzt sie gefangen.

Solche Nachrichten von den Umtrieben der »Canaille« registriert Schopenhauer mit Angst: Er fürchtet um seinen Besitz, der ihm sein äußerlich ruhiges, unabhängiges, nur der Philosophie hingegebenes Leben gewährt. Und doch will er der Gefahr ins Auge sehen. Im Lesekabinett der »Casino-Gesellschaft« liest er jeden Tag, nach dem Mittagessen, die »Frankfurter Oberpostamts-Zeitung« und die »Times«. Hier erfährt er, was sich in nächster Umgebung und in der weiten Welt zusammenbraut. Er will sich vorsehen, sein Sicherheitsbedürfnis ist groß. Wenn im »Englischen Hof« ein Offizier sich blicken läßt, dann kann dieser sonst eher mürrische Mann sehr zuvorkommend und freundlich sein.

Schopenhauer bleibt preußischer Untertan, das Frankfurter Bürgerrecht hat er nie angestrebt. Als »nicht verbürgerter Einwohner« besitzt er kein Wahlrecht, was er duchaus nicht als Mangel empfindet. Der »Permissionist« begnügt sich mit dem ihm gewährten Wohnrecht und freut sich der geringeren Abgaben, die er zu entrichten hat. Seine Wohnung hat er in den ersten Jahren öfters gewechselt. Er wohnt in der Alten Schlesinger Gasse, am Schneidwall (Untermainquai), in der Neuen Mainzerstraße, im Haus zur »Hangenden Hand« in der Saalgasse, einer schmalen Gasse, die vom Fahrtor zum Weckmarkt hinter dem Dom führt. 1843 bezieht er das Haus Nr. 17 an der »Schönen Aussicht«, nahe der Mainbrücke und der Ecke zur Fahrgasse. Hier wohnt er viele Jahre, bis er 1859, nach Streitigkeiten mit dem Hauswirt seines Pudels wegen, in das Nachbarhaus umzieht, ein »viel größeres und schöneres Logis«. Ein Jahr später wird er dort sterben. Die ganzen Jahre über läßt er sich den Haushalt von Wirtschafterinnen führen. Seit 1849 versieht Margarethe Schnepp diesen Dienst, zu seiner »ausgezeichneten Zufriedenheit«. Margarethe wird in seinem Testament bedacht. Bereits in den ersten Frankfurter Jahren etabliert sich jene strenge Lebensordnung, an der Schopenhauer festhalten wird bis zu seinem Tode. Die ersten drei Morgenstunden gehören dem Schreiben. Wenn dem Gehirn mehr abverlangt werde, so begründet er seine Tageseinteilung, würden die Gedanken matt, entbehrten der Originalität, und der Stil verkomme. Man merke es beispielsweise dem »Unsinnsschmierer« Hegel an, daß dieser oft mehr als zehn Stunden über seinen Pandekten gebrütet habe.

Nach dem dreistündigen Exerzitium des Schreibens greift Schopenhauer zur Flöte. Er spielt eine Stunde »con amore«, in den späteren Jahren fast nur Rossini, dessen gesamtes Werk er in einem für die Flöte spielbaren Auszug besitzt. Das Mittagessen nimmt er außer Haus ein, zuerst im Gasthof »Zum Schwan« und im »Russischen Hof«, später regelmäßig in dem von Salin de Montfort erbauten »Englischen Hof« an der Südseite des Roßmarktes. Dies Etablissement ist das vornehmste der ganzen Stadt. Aus den hohen Fenstern des Speisesaals blickt man auf den Platz, einen Mittelpunkt des Frankfurter Lebens. In den »Englischen Hof« wallfahren in späteren

Jahren die Verehrer und die Neugierigen, die Schopenhauers Bekanntschaft suchen oder auch nur den mittlerweile berühmten Philosophen anstaunen wollen.

Der hat einen gewaltigen Appetit, die Tischnachbarn staunen. Die fetten Saucen ißt er mit dem Löffel. Manchmal bestellt er sich zwei Portionen. Während des Essens will er nicht gestört werden. Beim Kaffee dann ist er zu Tischgesprächen aufgelegt, bleibt bisweilen bis nachmittags fünf Uhr sitzen. Zufallsbekanntschaften, wie sie sich bei Tisch ergeben, schätzt er. Der Schriftsteller Hermann Rollet, eine dieser Zufallsbekanntschaften, hat den Philosophen 1846 kennengelernt und schildert ihn so: »Es war ein feingebauter und – nur nach etwas veraltetem Schnitt – stets feingekleideter, mittelgroßer Mann mit kurzem Silberhaar, mit fast militärisch zugespitztem Backenbart, im übrigen immer sauber rasiert, mit rosiger Gesichtsfarbe und mit lichtem, meist vergnügt vor sich hinschauendem, ungemein verständigem, blaugesterntem Auge. Sein nicht gerade schönes, aber geistvolles Angesicht hatte öfter einen ironisch-lächelnden Ausdruck. Er zeigte aber gewöhnlich ein in sich gekehrtes und, wenn er sich äußerte, manchmal fast barockes Wesen, wodurch er der wohlfeilen Satire eines übermütigen Teiles der sonst sehr anständigen, aber betreffs der geistigen Qualitäten sehr gemischten Tischgesellschaft täglich nicht geringen Stoff gab. Und so bildete dieser oft komisch-mürrische, aber eigentlich harmlose, gutmütig-unwirsche Tischgenosse das Stichblatt des Witzes unbedeutender Lebemänner, die ihn regelmäßig – allerdings in nicht arg gemeinter Weise – zum Besten hielten« (G, 88).

Über Schopenhauers Tischgespräche aus den frühen Frankfurter Jahren, als die Ungeduld noch die Gelassenheit überwog, gibt es einen wenig wohlmeinenden Bericht aus der Feder des Musikschriftstellers Xaver Schnyder von Wartensee: Schopenhauer habe sich häufig seiner guten und zahlreichen Zähne gerühmt als eines äußeren Insigniums dafür, dem »gewöhnlichen Zweifüßler« überhoben zu sein. Er habe die Naturwissenschaft gepriesen, der man eine »herrliche Erfindung« gegen Geschlechtskrankheiten verdanke: Man müsse in einem Glas Wasser eine Portion Chlorkalk auflösen und nach dem Koitus den Penis darin baden. So bleibe man vor

Ansteckung geschützt, habe er lauthals am Tische allen erklärt, die es hören und die es nicht hören wollten. Seinen Pudel habe Schopenhauer, wenn er mit ihm schimpfen wollte, »du Mensch« genannt und dabei böse Seitenblicke auf seine Nachbarn geworfen. Schnyder erzählt auch die Episode des Zerwürfnisses zwischen ihm und dem Philosophen: »Wir waren miteinander in einer Streitigkeit über einen musikalischen Gegenstand begriffen, als der servirende Kellner schon eine Weile neben Schopenhauer mit einer Schüssel stand, ihm Rindfleisch anbietend, ohne daß dieser es in der Hitze des Polemisirens merkte. Da sagte ich zu ihm: Nun so nehmen Sie doch einmal ›a priori‹, daß ich dann ›a posteriori‹ auch nehmen kann. Mit einem Blick von unsäglicher Wuth und Verachtung schrie mich Schopenhauer an: das sind heilige Ausdrücke, die Sie jetzt gebrauchten, die man nicht so profaniren darf, und deren Wichtigkeit Sie nicht begreifen« (G, 62). Von da an meidet Schopenhauer jede Unterhaltung mit Schnyder und läßt sein Gedeck am anderen Ende der Tafel auftragen, um vor solchen »Ignoranten« geschützt zu bleiben.

Nach dem ausgedehnten Mittagsmahl begibt er sich ins ebenfalls am Roßmarkt gelegene Lesekabinett der »Casino-Gesellschaft«. Danach unternimmt er regelmäßig einen längeren Spaziergang, im Eilschritt, bei jeder Witterung, bisweilen im Selbstgespräch vor sich hin murmelnd, von Passanten keine Notiz nehmend, begleitet vom Pudel. An Aussichtspunkten vor der Stadt kann er lange verweilen. Spielende Kinder wundern sich über ihn und werfen manchmal mit Bällen nach ihm.

Die Abende verbringt er zu Hause und liest. Gesellschaften meidet er, Besucher empfängt er nicht zu dieser Stunde. In den ersten Jahren besucht er häufig das Theater, die Oper und Konzertveranstaltungen. Als aufmerksamer Zuhörer bittet er den damaligen Kapellmeister und Theaterdirektor Guhr, dieser möge doch Vorkehrungen treffen gegen das namentlich die Ouvertüre störende Geräusch, welches die Zuspätgekommenen durch das rücksichtslose Zuwerfen der Logentüren und Fallenlassen der Stuhlklappen verursachten. Wenn sich schon der Wille der Säumigen nicht regieren lasse, so möge man doch wenigstens die Türen und Stühle mit Polstern versehen.

»Die Musen und das Publikum werden Ihnen für eine Verbesserung Dank wissen« (B, 218), schreibt er an den Direktor.

Gegen den Lärm der Alltäglichkeit bleibt Schopenhauer störanfällig. Er selbst sieht das als ein Zeichen seiner Intelligenz. Der Lärm zerstreut; wer ihn macht oder ihn aufsucht, zeigt, daß sein Kopf nicht für die stille Anspannung des Denkens geschaffen ist. Im zweiten Band des Hauptwerkes wird er dann seine Philosophie der Lärmbelästigung entwickeln: »Ich hege wirklich längst die Meinung, daß die Quantität Lärm, die jeder unbeschwert vertragen kann, in umgekehrtem Verhältnis zu seinen Geisteskräften steht und daher als das ungefähre Maß derselben betrachtet werden kann. Wenn ich daher auf dem Hofe eines Hauses die Hunde stundenlang unbeschwichtigt bellen höre; so weiß ich schon, was ich von den Geisteskräften der Bewohner zu halten habe. Wer habituell die Stubentüren, statt sie mit der Hand zu schließen, zuwirft oder es in seinem Hause gestattet, ist nicht bloß ein ungezogener, sondern auch ein roher und bornierter Mensch ... Ganz zivilisiert werden wir erst sein, wann auch die Ohren nicht mehr vogelfrei sein werden und nicht mehr jedem das Recht zustehn wird, das Bewußtsein jedes denkenden Wesens auf tausend Schritte in die Runde zu durchschneiden mittelst Pfeifen, Heulen, Brüllen, Hämmern, Peitschenklatschen, Bellenlassen u. dgl.« (II, 45). Schopenhauers Störanfälligkeit geht tief; sie durchherrscht seine ganze Existenz.

In seinem Werk glaubt er das Ganze – soweit dies überhaupt möglich sei – aufgehellt zu haben. Wo die Einsicht nicht hinreicht, beginnt eine Nacht, die für ihn nichts verlockendes, sondern nur Beängstigung birgt. Doch, zu seinem Trost, ist der Kosmos des Werkes geräumig. Indem er sich lebenspraktisch um dieses Werk herum zusammenzieht, verwandelt sich der ausgegrenzte Alltag zum nächtlichen Dschungel, wo tausend Gefahren lauern. »Um einsam zu leben, muß man entweder viel von einem Gott oder viel von einem Tier in sich haben«, sagt Montaigne. Ein Gott ist Schopenhauer in seinem Werk. Doch er muß seine ganze Kraft aufbieten, um nicht zugleich zum geängstigten Tier zu werden. Seiner Geheimkladde EIS EAUTON vertraut er an: »Die Natur hat ein übriges getan, mein Herz zu isolieren, indem sie es mit Argwohn, Reizbarkeit, Heftigkeit und Stolz in einem mit der ›mens aequa‹ des Philosophen fast unvereinbaren Maaße bedachte. Vom Vater angeerbt ist mir die von mir selbst verwünschte und... mit dem ganzen Aufwande meiner Willenskraft bekämpfte Angst, die mich zuweilen bei den geringfügigsten Anlässen mit solcher Gewalt überfällt, daß ich blos mögliches, ja kaum denkbares Unglück leibhaftig vor mir sehe. Eine furchtbare Phantasie steigert diese Anlage manchmal ins Unglaubliche. Schon als sechsjähriges Kind fanden mich die vom Spaziergange heimkehrenden Aeltern eines Abends in der vollsten Verzweiflung, weil ich mich plötzlich von ihnen für immer verlassen wähnte. Als Jüngling quälten mich eingebildete Krankheiten und Streithändel. Während ich in Berlin studirte, hielt ich mich eine Zeit lang für auszehrend. Beim Ausbruch des Krieges 1813 verfolgte mich die Furcht zum Kriegsdienst gepreßt zu werden. Aus Neapel vertrieb mich die Angst vor den Blattern, aus Berlin die Cholera. In Verona ergriff mich die fixe Idee vergifteten Schnupftabak genommen zu haben. Als ich (im Juli 1833, R. S.) im Begriffe war, Mannheim zu verlassen, überkam mich ohne alle äußere Veranlassung ein unsägliches Angstgefühl. Jahrelang verfolgte mich die Furcht vor einem Criminalprocesse wegen der... Berliner Affaire, vor dem Verlust meines Vermögens und vor der Anfechtung der Erbteilung meiner Mutter gegenüber. Entstand in der Nacht Lärm, so fuhr ich aus dem Bette auf und griff nach Degen und Pistole, die ich beständig geladen hatte. Auch wenn keine besondere Erregung eintritt, trage ich eine fortwährende innere Sorglichkeit in mir, die mich Gefahren sehen und suchen läßt, wo keine sind. Sie vergrößert mir die kleinste Widerwärtigkeit ins Unendliche und erschwert mir vollends den Verkehr mit den Menschen« (HN IV, 2, 120).

Aus Schopenhauers Angstbereitschaft entspringt der Bedarf an Ritualen, die den Alltag domestizieren. Bei seiner Bank bittet er sich aus, daß es immer derselbe Geschäftsmann sein soll, der ihm die fälligen Zinsen ins Haus bringt. Der Schuhmacher muß streng nach seinen Direktiven arbeiten. Auf dem Schreibtisch herrscht peinliche Ordnung. Wehe, wenn die Haushälterin sich anheischig macht, diese Weltordnung umzustürzen. Unter dem Tintenfaß versteckt er Goldstücke, als Notpfennig im Augenblick der Gefahr. Die Bücher seiner Bibliothek läßt er im Format Hochoktav binden. Für wichtige Gegenstände hat er kleine Verstecke ausfindig gemacht. Zinsabschnitte verwahrt er in alten Briefen und Notenheften. Persönliche Aufzeichnungen versieht er mit falschen Aufschriften, um neugierige Blicke in die Irre zu führen. Unangemeldeter Besuch wird häufig abgewiesen. Der Gang zum Barbier kostet ihn Selbstüberwindung. Weiß er denn, ob man ihm nicht die Kehle durchschneiden wird? Seine Buddhastatue hütet er wie seinen Augapfel. Die Wirtschafterin hätte er fast aus dem Hause gejagt, als sie sich einmal unterstand, die Figur abzustauben. Wein trinkt er in Maßen. Nie läßt er es dazu kommen, daß er ins Schwanken gerät.

So ist auch sein Denkstil und seine Sprache. Hegel hatte einmal gesagt: »Das Wahre ist so der bacchantische Taumel, an dem kein Glied nicht trunken ist.« Freilich, so würde Schopenhauer geantwortet haben, wenn denn die Wahrheit ein Delirium der Begriffe ist. Seinen ganzen Stolz setzt er darein, eine Metaphysik entworfen zu haben, die den festen Boden der *Anschauung* nicht verläßt. Man darf sich nur solchen Begriffen anvertrauen, denen man noch die anschauliche Abkunft, den festen Grund, von dem sie abstrahiert wurden, anmerkt. Begriffe, die diesen Boden verlassen, wie etwa der Begriff des »Absoluten«, des »zeitlosen Seins« usw., gleichen einem Papiergeld, dessen Deckung höchst ungewiß ist. »Bei Begriffen dieser Art«, schreibt Schopenhauer im zweiten Band des Hauptwerkes, »wankt gleichsam der feste Boden, der unser sämtliches Erkennen trägt: das Anschauliche. Daher darf zwar bisweilen und im Notfall das Philosophieren in solche Erkenntnisse auslaufen, nie aber mit ihnen anheben« (II, 114).

Schopenhauer versteht sich auf den Bedeutungsreichtum der Sprache. Er ist der größte Stilist unter den Philosophen des 19. Jahrhunderts. Aber er will diesen Reichtum beherrschen, kontrollieren. Sich der Dynamik der Sprache zu überlassen, wie das Nietzsche getan hat, ist nicht seine Art. Er hört auf die Sprache, spürt ihre Eigenbewegung; ihre Energie aber will er im elastischen Gitterwerk seines Periodenbaus einfangen. Die Gewalt der Sprache soll *seine* Mühle treiben. Die Welt ist der Tumult des Willens, und weil es keine überwölbende metaphysische Ordnung oder eine auf Erlösung und Fortschritt hintreibende Zeitdynamik gibt, deshalb bleibt für ihn die Magie der ordnungstifenden Sprache und deshalb gilt für ihn: Was sich überhaupt erkennen läßt, läßt sich deutlich erkennen, und was sich überhaupt sagen läßt, läßt sich klar sagen.

Nur in dieser Klarheit schärft sich der Sinn für die Ränder, wo das Erkennbare ins Dunkle und das Sagbare ins Unsagbare übergeht: »Welche Fackel wir auch anzünden und welchen Raum sie auch erleuchten mag; stets wird unser Horizont von tiefer Nacht umgrenzt bleiben« (II, 240).

Zu Schopenhauers Bemühung, die Ordnung seines Lebens zu befestigen und zu umgrenzen, gehört auch, daß er nach seiner Flucht aus Berlin in dem Gefühl, ein Überlebender zu sein, wieder Verbindung zu Mutter und Schwester aufnimmt. Der Briefverkehr mit der Schwester ist nie gänzlich abgerissen, mit der Mutter allerdings hat es seit 1819 keinerlei Austausch mehr gegeben. Der äußere Anlaß eines Briefes, den Schopenhauer Ende 1831 an die Mutter schreibt, ist eine Vermögensangelegenheit. Aber er wird auch einige Bemerkungen über sein persönliches Befinden eingeflochten haben, denn die Mutter antwortet ihm mit wohlmeinenden Ratschlägen: »Ordentlich leben, vor Erkältung sich hüten und bei der kleinsten Anwandlung von Unwohlsein sich ins Bett legen, Kamillentee trinken . . ., hilft am besten« (25. Januar 1832; Jb. 76, 112). Oder: »Zwei Monat auf der Stube, und keinen Menschen gesehen, das ist nicht gut mein Sohn, und betrübt mich, der Mensch darf und soll sich nicht auf diese Weise isoliren« (1. März 1832; Jb. 76, 114).

Schopenhauers Umgangston gegenüber der Mutter bleibt sachlich, distanziert; in geschäftlicher Angelegenheit mischt sich immer noch ein ironisch-verletzender Unterton hinein. Schopenhauer läßt durchblicken, daß es zuletzt doch nur die gemeinsamen Beutezüge in Erbschaftsdingen sind, wodurch das familiäre Rudel zusammengehalten wird. In dem einzigen erhaltenen Brief Schopenhauers an die Mutter aus den dreißiger Jahren heißt es: »Sie werden zweifelsohne bereits die erquickliche u. erkleckliche Nachricht erhalten haben von einem in Danzig für uns, daß ich mich so ausdrücken darf, gefundenen Fressen: (hier allgemeine Familiengratulation, mit Verbeugungen). Jedoch bin ich der unmaaßgeblichen Meinung, daß wir nicht zu gierig darüber herfallen, sondern uns erst *nach mehr* umsehn« (22. Juli 1835; B, 142).

Die Mutter und Adele haben inzwischen den Wohnsitz in Weimar aufgegeben. Die Geldmittel reichen nicht mehr aus, um ein großes Haus zu führen. Der Weimarer Gesellschaft gegenüber schiebt man gesundheitliche Gründe vor: Man verträgt das Klima nicht. Die Schopenhauer-Damen ziehen 1829 an den Rhein. Die Sommermonate leben sie in einem Landhaus in Unkel, winters in Bonn. Adeles wohlhabende Freundin, die Bankiersgattin, dilettierende Archäologin und Kunstsammlerin Sybille Mertens-Schaaffhausen hatte für das wechselnde Domizil gesorgt.

Johanna Schopenhauer steht auf dem Höhepunkt ihrer schriftstellerischen Laufbahn. Im Jahre 1831 erscheinen bei Brockhaus ihre sämtlichen Werke in vierundzwanzig Bänden. Das Schreiben ist ihr zum Broterwerb geworden. Denn der aufwendige Lebensstil und der Vermögensverlust infolge der Schwierigkeiten des Bankhauses Muhl haben nicht nur ihr Erbteil, sondern auch das von ihr verwaltete Erbe der Tochter bis auf einen geringen Rest aufgezehrt. Die finanzielle Zukunft der unverheirateten Adele ist ungesichert, und Johanna hat inzwischen die Übersicht über ihre Einkünfte, über ihre Vermögensverhältnisse und ihre Schulden verloren. Daß sie in der Schuld der Tochter steht, deren Erbanteil sie nicht hätte antasten dürfen, weiß sie, und deshalb enterbt sie Arthur, damit das Geringe, was sie zurückläßt, ungeschmälert Adele zukomme.

Mitte der dreißiger Jahre beginnt die Schriftstellerin Johanna Schopenhauer bereits wieder in Vergessenheit zu geraten. Die finanziellen Sorgen nehmen zu. Das erfährt Schopenhauer nicht von der Mutter, sondern von der Schwester. Die Mutter wird krank, Adele pflegt sie. Ganz hat man die Schopenhauers in Weimar doch nicht aus den Augen verloren. Der Großherzog bewilligt Johanna eine kleine Pension. Im Herbst 1837 siedeln Mutter und Tochter nach Jena um. Johanna beginnt mit der Niederschrift ihrer Lebenserinnerungen. Sie rückt bis in die Zeit von Arthurs Geburt vor, dann stirbt sie, am 16. April 1838.

Adele durchlebt in diesen Jahren eine jammervolle Zeit. Sie hat unter der Fuchtel der Mutter gestanden, und als dann Johanna krank wird, pflegt sie die Mutter.

Annette von Droste-Hülshoff, eine Freundin Sybilles, hatte in den dreißiger Jahren Gelegenheit, die beiden Schopenhauerschen Damen aus der Nähe zu beobachten. Das Porträt, das Annette in einem Brief an Sophie von Haxthausen 1837 von den beiden zeichnet, ist für die Mutter wenig schmeichelhaft: »Hör, Sophie, Du hast ein Gedächtnis wie ein Sieb, sonst hättest Du Dich erinnert, was ich Dir über Adele gesagt: daß jedermann die Mutter lieber hat, Adele vielmehr ganz widerlich gefunden wird, auch widerlich ist, und ich sie sehr lange nicht habe ausstehn können, daß aber, wenn man sie *lange und genau* beide kennt, der Charakter der Mutter ebenso der Achtung unwert ist als jener der Tochter wirklich ehrwürdig erscheint. Adele ist allerdings eitel und mitunter wirklich lächerlich, aber sie ist nicht imstande, einem Kinde weh zu tun, hat keinen gemeinen Funken und ist der größten Opfer fähig, die sie auch täglich bringt, und zwar ganz ohne Prahlerei. Sie versagt sich ohne Bedenken jedes Vergnügen, worauf sie sich lange gefreut, gibt Geld her, was sie sich lange gespart für einen Lieblingswunsch, sobald sie einem Dürftigen oder einem Freunde damit helfen kann. Sie trägt mit der rührendsten Geduld, ohne ihren besten Freunden zu klagen, die Unvernunft einer Mutter, die zwar höchst angenehm sein kann, aber... wenn sie allein ist, vor Langeweile und übler Laune fast stirbt, trotz allem Aufheben mit ihrer Tochter nicht einen Pfifferling drum gibt, wie es ihr zumute ist, sie den ganzen Tag extert und, wovon ich selbst mehrmal Zeuge gewesen bin, oft, wenn die Langeweile überhand nahm, sie zwang, im Fieber aufzustehn und mit ihr in Gesellschaft zu gehn; – die ihrer Tochter Vermögen (es gehört alles Adelen) rein veräßt in Lekkerbißchen und sonst zu ihrem Vergnügen verwendet, mit einer empörenden Gleichgültigkeit, da sie, wenn man ihr vor Augen stellt, daß sie Adelen an den Bettelstab bringt, ganz kalt antwortet, Adele sei beliebt, es würden sich schon Leute finden, die sie zu sich nehmen. Wie gefällt Dir das? Und Adele muckt auch nicht, sucht das häusliche Elend auf alle Weise zu verbergen und benimmt sich überhaupt dabei wie unter tausend keiner. Das sind doch Eigenschaften, um die man wohl ein bißchen armselige Empfindsamkeit und Eitelkeit übersehen kann, da Adele zudem so honett und anständig ist und gar nicht verliebter Natur, sondern bloß für interessant passieren will bei Damen so gut wie Herren. Glaube nicht, daß sie mich durch Liebeserklärungen bestochen.«

Schopenhauer hatte, wie wir wissen, keinen Grund, sich über die Mutter zu beklagen: Ihr Lebenswille hat den seinen nicht gehemmt, er hat nur verhindert, daß der Sohn sich nach dem Tode des Vaters als Nachwuchspatriarch aufspielen konnte. Adele indes wurde von der starken Mutter erdrückt und am eigenen Leben gehindert. Und vom Ingrimm des Bruders gegen die Mutter hatte die Schwester keinen Vorteil. Der Bruder springt Adele nicht bei, hilft ihr nicht, sich gegen die Mutter zu behaupten.

Adele ist immer noch auf der Suche nach dem Mann ihres Lebens. Das Bild des Helden von 1813, des ehemaligen Husaren und jetzigen Breslauer Polizeiaktuarius Heinke, ist inzwischen verblaßt. Ein Medizinstudent, Stromeyer, macht ihr ein wenig den Hof. Sogleich verehrt sie ihm ihr kostbarstes Besitztum, einen von Goethe verehrten Separatdruck der IPHIGENIE. Mit diesem Geschenk im Gepäck zieht der nachmals berühmte Chirurg von dannen und heiratet eine andere Frau. Eine mehrjährige Beziehung zu dem aufstrebenden jungen Naturwissenschaftler Gottfried Osann – Arthur war mit dem Bruder Friedrich Osann befreundet – findet 1826 ein trübseliges Ende. Halb ist man schon verlobt. In der Familie des Mannes wird diese Verbindung ungern gesehen, aber vielleicht sind das auch nur Befürchtungen Adeles. Jedenfalls trennen sich die beiden wieder. Osann heiratet, mag sein aus Trotz, ein Dienstmädchen. Im Jahr der Trennung stürzt Adele bei einer Fahrt von Jena nach Weimar aus dem Wagen. Es geht das Gerücht, Adele habe Selbstmord begehen wollen.

Als Schopenhauer nach einer längeren Zeit des Schweigens 1831 wieder einmal an Adele schreibt, antwortet diese sogleich, kündigt einen ausführlichen Brief an, in dem sie ihr Leben vor dem Bruder ausbreiten werde. Diesen Brief schreibt sie am 27. Oktober 1831. Darin erzählt sie die Geschichte der letzten Jahre: unglückliche Liebe, Geldnot, Abschied von Weimar, das Leben in Unkel und in Bonn; ihre Seele habe zwischen »Wahnsinn und Tod« geschwankt. Jetzt sei es still in ihr geworden, »keine einzige leidenschaftliche Empfindung bewegt mich, keine Hoffnung, kein Plan – kaum ein Wunsch; denn meine Wünsche streifen an das Unmögliche: so habe ich ihrem Flug und Zug nachsehen lernen, wie dem der Vögel in der blauen Luft. Ich lebe ungern, scheue das *Alter*, scheue die mir gewiß bestimmte *Lebenseinsamkeit*, ich mag nicht heirathen, weil ich schwerlich einen Mann fände der zu mir paßte... Ich bin stark genug um diese Öde zu ertragen, aber ich wäre der Cholera herzlich dankbar, wenn sie mich ohne heftige Schmerzen der ganzen Historie enthöbe.« Mit einer sehr intimen Wendung zieht sie ihren Bruder in den Todeswunsch mit hinein. Sie wundere sich, schreibt sie, warum Arthur so am Leben hänge und so voller Angst vor der Cholera geflohen sei...

»Mich kennt fast niemand«, schreibt sie weiter, »denn meine Seele hat ein Gesellschaftskleid wie die Venezianischen Schleier und Masken, von mir selbst sieht man nicht viel. Warum die Leute langweilen? Sie wollen meistens blos oberflächliche Worte, und wenn ich denn in Gesellschaft muß, gebe ich diese.«

Sie deutet den Wunsch an, Arthur möge doch nach ihr suchen, hinter ihr »Gesellschaftskleid« blicken. Aber sie will den Bruder nicht behelligen, sie wird ihm näherkommen, wenn er seinerseits bereit ist, sich zu öffnen. Sie will ihn nicht drängen: »Fürchte kein Spioniren, was Du von Deinen Verhältnissen verschweigst, werde ich nie zu errathen suchen.«

Doch für Schopenhauer ist das alles schon wieder zudringlich über das Maß hinaus. Das ganze Elend der Schwester – er will davon nichts wissen. Er wehrt sich dagegen, in ihre jammervolle Existenz hineingezogen zu werden. Das ist keine Hartherzigkeit, sondern Angst vor dem Mitleidenmüssen, das ihn, weil es an eine eigene Depression rührt, lähmt, weshalb er sich dagegen wehrt. Solches schon fast zwanghaftes Mitleiden kommt zum Vorschein dort, wo Adele es nicht so sehr braucht: bei ihren Zahnschmerzen, von denen sie ihm berichtet hat. »Daß Du Dich so abquälst meiner Zahnweh wegen«, antwortet Adele verwundert, aber auch enttäuscht, weil Arthur von ihrer anderen Not nichts wissen will.

Schopenhauer hat panische Angst davor, von Adele beansprucht zu werden. Er will für seine Schwester keine Verantwortung übernehmen. Immer wieder muß Adele die diesbezüglichen Befürchtungen bei ihrem Bruder zerstreuen: »Ich werde meine Mutter gewiß überleben, aber keineswegs wirst Du mich unsicher u. unklar mich an Dich klammern finden! Ich weiß ich werde viel, viel ärmer seyn als Du, aber sey ganz ruhig, ich werde mir selbst helfen, und sterbe ich einst ganz einsam, so wirst Du was dann noch da ist, von mir geordnet u. wohlbehalten erben.«

Adele hatte damit begonnen, dem Bruder ihr Herz aufzuschließen; Schopenhauer hatte sich das ängstlich verbeten und selbst auch keinen Blick in sein Inneres gestattet – so bleibt es schließlich beim Geschäftlichen. Schopenhauer berät Adele in Vermögensangelegenheiten. Immerhin überläßt er der Schwester eine versiegelte Abschrift seines Testamentes. Adele kann es fast nicht glauben und schickt das Dokument bei Gelegenheit zurück. Und wieder übersendet Schopenhauer es ihr.

1840 besucht Adele auf der Durchreise ihren Bruder. Das Zusammentreffen ist freundlich, aber doch von der Art, daß man es nicht zu wiederholen wünscht. Obwohl vereinbart, kommt es auf der Rückreise nicht zu einer neuerlichen Begegnung.

Ihr letztes Lebensjahrzehnt verbringt Adele in Bonn, unter der Obhut ihrer treusorgenden Freundin Sybille, und, mit dieser zusammen, in Italien, wo sich Adele in literarischen Arbeiten versucht. In den Straßen von Florenz spotten die Halbwüchsigen über die erschreckend häßliche alte Frau, die sich wie ein junges Mädchen aufführt. Auch in Gesellschaft rümpft man über sie die Nase, aber läßt sie dann doch gelten, weil sie »Geist« habe und weil sie doch ein »Liebling« des alten Goethe gewesen sei . . .

Adeles trauriges Leben endet 1849. Den Bruder hat sie ein letztes Mal in Frankfurt noch wenige Wochen vor ihrem Tode getroffen. Am Tage ihres Sterbens, am 20. August 1849, schreibt sie Arthur einen Brief. Er ist auf ergreifende Weise geschäftsmäßig: »Erlaube mir, daß auf den Fall meines plötzlichen Todes meine Freundin Sybille Mertens diese Dir unnützen Dinge nach meinem ihr bekannten Willen unter meine Jugendfreunde verteilt. Du würdest sehr wenig durch den Verkauf zu Deiner Gunst gewinnen.«

Nach dem 20. August 1849 gibt es nun niemanden mehr, von dem Arthur befürchten müßte, in die Pflicht des Herzens genommen zu werden.

Einundzwanzigstes Kapitel

ÜBER DEN WILLEN IN DER NATUR.
Seinsvergewisserung und Seinsvergessenheit.
FÜNFTES PHILOSOPHISCHES SZENARIO:
PRAXISPHILOSOPHIE. PHILOSOPHIE DES MACHENS UND DER
WIRKLICHEN WIRKLICHKEIT. DER GEIST DES VORMÄRZ: VON
HEGEL ZU MARX. ENTLARVUNGSWETTKÄMPFE.

Am 30. April 1835 fragt Schopenhauer wieder einmal bei Brockhaus an, wie es denn mit dem Verkauf der ersten Auflage der WELT ALS WILLE UND VORSTELLUNG stünde und ob endlich an eine zweite Auflage zu denken sei. »Ja, so wenig Sie es mit mir glauben mögen, gebe ich die Hoffnung nicht auf, die 2te Ausgabe noch selbst zu erleben und sie durch die vielen Gedanken bereichern zu können, welche ich seit 1819 aufgeschrieben habe« (B, 141).

Brockhaus antwortet: In neuerer Zeit sei leider gar keine Nachfrage nach dem Werk gewesen, deshalb habe man die Vorräte großenteils zu Makulatur gemacht.

Also ist an eine Neuauflage durchaus nicht zu denken. In diesem Sommer entscheidet sich Schopenhauer deshalb, die »vielen Gedanken«, die sich in seinen Manuskriptbüchern angesammelt haben, in einem selbständigen Werk vors Publikum zu bringen. Brockhaus bietet er das Werk gar nicht erst an. Ein Frankfurter Buchhändler übernimmt den Verlag. Schopenhauer muß Druckkosten zuschießen und natürlich auf Honorar verzichten. Die Schrift erscheint 1836 in einer Auflage von fünfhundert Exemplaren. Ihr Titel: ÜBER DEN WILLEN IN DER NATUR. Der Untertitel lautet: »Eine Erörterung der Bestätigungen, welche die Philosophie des Verfassers seit ihrem Auftreten durch die empirischen Wissenschaften erhalten hat«.

Schopenhauer hatte stets hervorgehoben, daß seine Metaphysik mit den Naturwissenschaften nicht in Konkurrenz liege. Mit dem Begriff des ›Willens‹ dürften nicht schadhafte empirische Erklärungsketten geflickt werden: »Man darf, statt eine physikalische Erklärung zu geben, sich so wenig auf die Objektivation des Willens berufen als auf die Schöpferkraft

Gottes. Denn die Physik verlangt Ursachen; der Wille aber ist nie Ursache« (I, 208). Er ist die Innenansicht aller Verursachungsprozesse; er ist die Deutung der Materialien, die durch die Erklärungen miteinander verknüpft werden. »Die Aitiologie (Ursachenerklärung, R. S.) der Natur und die Philosophie der Natur tun einander nie Abbruch; sondern gehn nebeneinander, den selben Gegenstand aus verschiedenem Gesichtspunkte betrachtend« (I, 209).

Schopenhauer hatte die neueren naturwissenschaftlichen Forschungen vor allem auf dem Gebiet der Physiologie und vergleichenden Anatomie gewissenhaft verfolgt und war zu der Überzeugung gekommen, daß insbesondere die Beobachtungen beim Instinktverhalten der Tiere und die Analyse der Funktionszusammenhänge der Organismen seinen Deutungen entgegenkommen.

Mit Genugtuung registriert er, daß manche Forscher zur Kennzeichnung etwa der vitalen vegetativen Prozesse den Begriff des »unbewußten Willens« verwenden. Später entdeckt er, daß der Physiologe Brandis bei ihm sogar Anleihen genommen hat, ohne es der Öffentlichkeit bekanntzumachen. Das ärgert ihn, nicht nur, weil er sich bestohlen fühlt, sondern weil es ihm vor allem darauf ankommt, daß die empirische Forschung von sich aus bis zu jener Grenze vorrückt, wo die Willensmetaphysik sich mit den Naturwissenschaften berührt. »Meine Metaphysik«, so schreibt Schopenhauer in der Einleitung zu Über den Willen in der Natur, »bewährt sich dadurch als die einzige, welche wirklich einen gemeinschaftlichen Grenzpunkt mit den physischen Wissenschaften hat, einen Punkt, bis zu welchem diese aus eigenen Mitteln ihr entgegenkommen, so daß sie wirklich sich an sie schließen und mit ihr übereinstimmen« (III, 320).

Noch braucht Schopenhauer seiner Schrift nicht die Stoßrichtung gegen den sogenannten Vulgärmaterialismus zu geben, der erst in den fünfziger Jahren – am Ende der wilden Jahre der Philosophie – seine Triumphe feiern wird mit jenen berüchtigten Welterklärungen aus »Druck« und »Stoß« und mit seinen Weisheiten nach dem Muster »Der Mensch ist, was er ißt.« Der zweiten Auflage seines Natur-Buches (1854) wird Schopenhauer dann allerdings eine Vorrede beigeben,

die jenen Modematerialismus als »rechte Berbiergesellen-
und Apothekerlehrlings-Philosophie« geißelt.

1836 – die Hegelsche Eule der Minerva ist noch unterwegs,
obschon ein neuer Tag graut – schlägt Schopenhauer sich vor
allem mit der Geist-Philosophie herum. Dabei greift er nicht
nur auf Argumentationshilfen aus dem Bereich empirischer
Wissenschaften zurück, sondern er will noch einmal, »nach
siebzehnjährigem Schweigen«, den eigenen philosophischen
Grundansatz in knappen Zügen vorführen. In dem Kapitel
»Physische Astronomie« gelingt ihm das mit einer Prägnanz,
von der er selbst später sagen wird, sie sei schlechterdings
nicht mehr zu überbieten. Es geht um die beiden Perspektiven
der Welterfahrung: Die gegenständliche Erkenntnis, die nach
Kausalitäten fragt, und die innere Erfahrung, die sich des eigenen Seins als Wille bewußt wird und mit diesem ›Selbstbewußtsein‹ ins Innere der äußeren Welt hineinleuchtet. Die
Kausalitätserklärung, so Schopenhauer, gelingt uns beim an-
organischen und vegetativen Leben noch ganz gut. Unser
Verstand muß auch bei den anderen, ›höheren‹ Lebenser-
scheinungen Kausalität voraussetzen (a priori), aber es wird
immer schwieriger, sie beim animalischen Leben und gar bei
uns selbst durchzuführen. »Nun aber, wo das nach außen gerichtete Licht des Verstandes mit seiner Form der Kausalität,
nachdem es immer mehr vom Dunkel überwältigt wurde, zuletzt nur noch einen schwachen und ungewissen Schimmer
verbreitete; eben da kommt eine Aufklärung völlig anderer
Art, von einer ganz andern Seite, aus unserm eigenen Innern
ihm entgegen durch den zufälligen Umstand, daß wir, die Ur-
teilenden, gerade hier die zu beurteilenden Objekte selbst
sind ... Aus dem eigenen Selbst des Beobachters (kommt) die
unmittelbahre Belehrung, daß in jenen Aktionen der Wille
das Agens ist, der Wille, der ihm bekannter und vertrauter ist
als alles, was die äußere Anschauung jemals liefern kann. Diese Erkenntnis ganz allein muß dem Philosophen der Schlüssel
werden zur Einsicht in das Innere aller jener Vorgänge der
erkenntnislosen Natur, bei denen zwar die Kausalerklärung
genügender war als bei den zuletzt betrachteten und um so
klärer, je weiter sie von diesen weg lagen, jedoch auch dort
noch immer ein unbekanntes x zurückließ und nie das Innere

des Vorgangs ganz aufhellen konnte, selbst nicht bei dem durch Stoß bewegten oder durch Schwere herabgezogenen Körper ... Die *Identität dieses x* auch auf den niedrigen Stufen, wo es nur schwach hervortrat, dann auf den höheren, wo es seine Dunkelheit mehr und mehr verbreitete, endlich auf den höchsten, wo es alles beschattete, und zuletzt auf dem Punkt, wo es in unserer eigenen Erscheinung sich dem Selbstbewußtsein als Wille kundgibt, anzuerkennen ist infolge der hier durchgeführten Betrachtung wohl unumgänglich. Die zwei urverschiedenen Quellen unserer Erkenntnis, die äußere und die innere, müssen an diesem Punkte durch Reflexion in Verbindung gesetzt werden. Ganz allein aus dieser Verbindung entspringt das Verständnis der Natur und des eigenen Selbst: dann aber ist das Innere der Natur unserm Intellekt, dem für sich allein stets nur das Äußere zugänglich ist, erschlossen, und das Geheimnis, dem die Philosophie so lange nachforscht, liegt offen ... Demzufolge sagen wir alsdann: auch dort wo die palpabelste Ursache die Wirkung herbeiführt, ist jenes dabei noch vorhandene Geheimnisvolle, jenes x oder das eigentlich Innere des Vorgangs, das wahre Agens, das An-sich dieser Erscheinung ... wesentlich dasselbe mit dem, was bei den Aktionen unsers ebenso als Anschauung und Vorstellung uns gegebenen Leibes uns intim und unmittelbar bekannt ist als *Wille* ... Was die Erkenntnis, daß es allerdings so sei, erschwert, ist der Umstand, daß Kausalität und Wille auf zwei grundverschiedene Weisen erkannt werden: Kausalität ganz von außen, ganz mittelbar, ganz durch den Verstand; Wille ganz von innen, ganz unmittelbar; und daß daher, je klärer in jedem gegebenen Fall die Erkenntnis des einen, desto dunkler die des andern ist. Daher erkennen wir, wo die Kausalität am faßlichsten ist, am wenigsten das Wesen des Willens; und wo der Wille unleugbar sich kundgibt, wird die Kausalität so verdunkelt, daß der rohe Verstand es wagen konnte, sie wegzuleugnen ...; je mehr uns ein Ding bloß als Erscheinung, d. h. als Vorstellung, gegeben ist, desto deutlicher zeigt sich die apriorische Form der Vorstellung, d. i. die Kausalität; so bei der leblosen Natur – umgekehrt aber, je unmittelbarer uns der Wille bewußt ist, desto mehr tritt die Form der Vorstellung, die Kausalität, zurück; so an uns selbst. Also je näher eine

Seite der Welt herantritt, desto mehr verlieren wir die andre aus dem Gesicht« (III, 414-418).

Was Schopenhauer »jenes x oder das eigentliche Innere« nennt, das bei aller gegenständlich-erklärenden Erkenntnis als unauflösbarer Rest übrig bleibt und dessen wir am deutlichsten inne werden im unmittelbaren Selbstbewußtsein willensdurchpulster Lebendigkeit – das ist jener archimedische Punkt der *Seinsvergewisserung,* nach der eine ganze abendländische philosophische Tradition unter den verschiedensten Titeln gesucht hat. Der religiöse Glaube war eine Art dieser Seinsvergewisserung. Darum auch mußte ›Erkenntnis‹ sich mit der ›Magd‹-Rolle begnügen. Glaube war mehr als Erkenntnis, war Teilhabe am Sein. In solcher Teilhabe wird Sein erfahren als Kraft des Seinlassens und Seinkönnens. *Sein* steht gegen *Machen,* es ist etwas, das man empfängt. Eine Gnade, die uns frei macht.

In der Neuzeit beginnt diese Erfahrung zu zerbrechen. Das Denken sieht sich vor die Aufgabe gestellt, die Seinsvergewisserung aus sich selbst hervorzubringen. Seit Kant gibt es keine Ontologie mehr, die nicht ihren Ausgangspunkt nimmt beim Subjekt, das solche Ontologie ›denkt‹. Das ›Erkanntsein‹ wird zur Leitkategorie des Seins. Was sonst zu unserer Lebendigkeit gehört, aber im Dunkeln bleibt, erkenntnislos wirkt, erscheint in dieser Perspektive als minderes Sein – nicht als etwas Fundierendes. Weil man alles aus sich machen will, hat man Angst vor dem, was einen *sein* läßt. Die Ontologie wird zum Spiegelkabinett: Wer nach dem Sein fragt, stößt überall auf seinesgleichen, oder anders gesagt: Der Fragende bemerkt, daß das, was in ihm fragt, auch antwortet. Natürlich sind solche Antworten dann ohne Geheimnis und bleiben in jenem Bezirk, den Schopenhauer das »Vorstellen« nennt.

In Schopenhauer aber lebt noch eine Erinnerung daran, was Seinsvergewisserung eigentlich meint: Es geht nicht um jenes Sein, das sich erkennen läßt und insofern nur Sein ist – sondern um ein Sein, das *ist* noch vor aller Erkenntnis: die Rückseite des Spiegels in uns selbst. Und das sind Schopenhauers Wendungen, mit denen er dem erkennenden und erkannten Sein in den Rücken kommen will: Wir erkennen etwas, aber außerdem und vor allem *sind* wir. Die Welt um uns, Natur und Menschen, wirken auf uns; ohne Zweifel sind sie wirklich. Aber wir können uns drehen, wie wir wollen, sie sind immer schon Wirklichkeit für uns, auf uns wirkende Wirklichkeit; sie sind, wie Kant sagt, »Erscheinungen« oder, wie Schopenhauer sagt, »Vorstellungen«. Das ändert nichts daran, daß wir ihnen natürlicherweise eine selbständige Wirklichkeit zusprechen; wir gehen davon aus, daß sie genauso wirklich sind wie wir selbst – aber: wir gehen nur davon aus. So wirklich wie wir für uns selbst sind, kann das andere nie für uns werden. Das an uns selbst erfahrene Sein – Schopenhauer nennt es das »Realissimum« – übertragen wir auf alles, was wir selbst nicht sind. Wenn Schopenhauer fragt, was ist die Welt, außer daß sie unsere Vorstellung ist, und darauf die Antwort gibt: sie ist, so wie wir selbst es sind, *Wille,* dann geht es bei dieser Frage nicht primär um eine zusätzliche Erkenntnisdimension (Erkenntnis ist immer Vorstellung), sondern um etwas anderes als Erkenntnis, eben um *Seinsvergewisserung.* Schopenhauer sprengt den transzendentalphilosophischen Rahmen, weil es ein Rahmen für nur erkennende Tätigkeit ist, und er muß den Rahmen der erkennenden Tätigkeit sprengen, weil es ihm darum geht, begreiflich zu machen, in welcher Art wir Seinserfahrung immer schon haben und wie wir an der bloß erkannten (vorgestellten) Welt ihr Sein, das wir selbst auch sind, verstehen können.

Es gab einmal das Staunen darüber, daß überhaupt etwas ist und nicht nichts ist; in solchem Staunen verbirgt sich die Seinsfrage. Was ist das – Sein? Was ist das – daß ich bin? Solange solche Fragen sich noch hervorwagen konnten, gab es die Mystik und jene prachtvollen Kathedralen der Metaphysik.

Die neuzeitlich angewachsene gegenständliche Erkenntnis hat es zu imposanter Trennschärfe gebracht: Das Existierende kann zerlegt werden in seine winzigsten Bestandteile, aus denen das Lebendige sich aufbaut. Jenes »unbekannte x«, von dem Schopenhauer spricht, scheint verschwunden, weil unsere Fähigkeit gewachsen ist, auch die eigene Lebendigkeit, die Schopenhauer »Wille« nennt, scheinbar restlos zu vergegenständlichen. Seit einiger Zeit ist beispielsweise die der Hydraulik entlehnte Sprache der Psychoanalyse die Sprache des Intimen geworden.

Die vergegenständlichende Erkenntnis wendet sich auf das Subjekt der Erkenntnis zurück und macht es zu einem »Ding unter Dingen« (Foucault). Gleichzeitig wächst die Macht des Machens. Die alte Seinsfrage ist zur Frage der Machbarkeit geworden. Warum ist etwas und nicht nichts – in dieser Frage steckt neuerdings kein anrührendes Staunen, sondern sie hat pragmatischen Sinn bekommen in einer Zivilisation, deren Vernichtungskapazität gigantisch ist.

So ist es nicht verwunderlich, daß fast keiner mehr versteht, was das eigentlich ist: Sein, wonach da in der Seinsfrage gefragt wurde und woraus das große Erstaunen kam. Kein Wunder auch, daß eine ganze verwickelte, schwergängige Philosophie – die Heideggersche – entstehen mußte, die über nichts anderem brütet als über dieser »Seinsvergessenheit«, die nichts anderes versucht, als überhaupt erst wieder den Sinn der Seinsfrage verständlich zu machen.

Das »unbekannte x«, das »hinter« allem steckt und das wir selbst *sind,* nennt Schopenhauer »Wille«.

Nach Schopenhauer wird man ohne dieses »x« auskommen. Zu Schopenhauers Zeit indes war die Frage nach dem Sein noch lebendig, allerdings war sie dabei, ihre Lebenskraft selbst zu untergraben. Denn die nachkantische Philosophie hatte dieses »x« mit dem Geist identifiziert. Nicht mehr ward das Denken als Attribut des Seins, sondern umgekehrt wurde das Sein als Attribut des Denkens gefaßt. Wir können das Sein im Denken ergreifen, weil das Sein selbst von der Art des Denkens ist. Das Denken, das sich auf das Sein bezieht, kommt in sein Eigentum. Aus diesem Geiste heraus waren noch die großen neumetaphysischen Weltentwürfe Fichtes und Hegels möglich. Aber da der Einheitspunkt dabei im Denken und nicht im Sein lag, war das Ganze schon der erste Akt des Verschwindens des Seins im Gemachten. Diese Metaphysik geht dem arbeitenden Geist nach, den sie bei der Hervorbringung von Natur und Kultur beobachtet. In Hegels Philosophie wird die Frage nach dem Sein – im Kern – bereits produktionstechnisch gestellt: Wie hat der Geist (der wir doch selbst sind) das geschafft? Und die Frage nach dem »Geist« weist auf den produzierenden Menschen zurück. Es kann sich aber keine Metaphysik halten, die zugleich als eine ›produzierte‹

durchschaut wird. So mußte es kommen, wie es denn auch kam.

Im Oktober 1829 war Hegel in Berlin zum Rektor der Universität gewählt worden. Das Vertrauen der Regierung in ihn war so groß, daß man dem Philosophen zugleich auch das Amt des staatlichen Bevollmächtigten für die Kontrolle der Universität übertrug (das Amt war nach den Karlsbader Beschlüssen eingerichtet worden). Durch diese Personalunion verkörperte Hegel die leibhaftige Synthese: Er repräsentierte die Autonomie des universitären Geistes, und er repräsentierte zugleich die Macht, die diese Autonomie zerbricht.

In Hegels Rektoratszeit fällt die französische Julirevolution von 1830, eine Zäsur auch für die geistige und politische Kultur in Deutschland. Zunächst jedoch bleibt es ruhig. Am 3. August 1830 feiert man Königsgeburtstag. Hegel hält eine Rede. Zwar erregen die französischen Ereignisse lebhafte Teilnahme, doch noch nirgends zeigt sich eine gegen die eigene Regierung gerichtete Tendenz. Varnhagen berichtet: »Der 3. August ... wurde bis tief in die Nacht mit großem Jubel von allen Seiten gefeiert, und unser Publikum, durch alle Klassen für die französische Volkssache mit heftigem Anteil beseelt, schien gerade um deswillen seine preußische Fürstenneigung um so heller zeigen zu wollen.«

Während Hegels Rektorat – es dauert bis Ende 1830 – war nur ein einziger Student von der Polizei eingekerkert worden, weil er eine französische Kokarde getragen hatte. Die übrigen Verletzungen der Disziplin gaben zu keinen ernsthaften Befürchtungen Anlaß: Da rauchten zwölf Studenten, wo es nicht gestattet war, drei duellierten sich, fünfzehn wollten sich schlagen, dreißig hatten sich in Kneipen rüpelhaft betragen – alles aber war ohne politische Motive geschehen. So sah es vorerst an der Oberfläche aus, aber die Ereignisse von 1830, die zweite große Revolution jenseits des Rheins, wirkten in die Tiefe. Unter anderem werden sie zu den von nun an nicht mehr abreißenden Versuchen führen, Hegel vom Kopf auf die Füße zu stellen, sie werden dazu führen, daß eine neue Generation, ein neuer Enthusiasmus das Erbe der letzten Metaphysik in ein zukunftsschwangeres Diesseits investiert.

Das kündigt sich an im Anwachsen der politischen Debatten, worüber Hegel in einem seiner letzten Briefe klagt. »Doch hat gegenwärtig«, so schreibt er am 13. Dezember 1830 an seinen Schüler Goeschel, »das ungeheure politische Interesse alle anderen verschlungen – eine Krise, in der alles, was sonst gegolten, problematisch gemacht zu werden scheint.« In der Tat, so war es: Was bisher gegolten hatte, wurde jetzt problematisch. Doch die Methode des Problematisierens bezog man von Hegel, der im Herbst 1831 an der Cholera stirbt.

Im Sommer 1830 begrüßt Heine, zur Zeit auf Helgoland, die französischen Ereignisse mit den Sätzen: »Ich kann gar nicht mehr schlafen, und durch den überreizten Geist jagen die bizarrsten Nachtgesichte. Wachende Träume ... zum Verrücktwerden ... Vorige Nacht lief ich solchermaßen durch alle deutsche Länder und Ländchen, und klopfte an die Türen meiner Freunde, und störte die Leute aus dem Schlafe ... Manche dicke Philister, die allzu widerwärtig schnarchten, stieß ich bedeutungsvoll in die Rippen, und gähnend frugen sie: ›Wieviel Uhr ist es denn?‹ In Paris, liebe Freunde, hat der Hahn gekräht; das ist alles, was ich weiß.« Für die nächsten anderthalb Jahrzehnte wird der Hahn nicht mehr aufhören zu krähen – auch in der Philosophie. 1844 wird Karl Marx die Einleitung seiner KRITIK DER HEGELSCHEN RECHTSPHILOSOPHIE mit den Worten beschließen: »Die Philosophie kann sich nicht verwirklichen, ohne die Aufhebung des Proletariats, das Proletariat kann sich nicht aufheben ohne die Verwirklichung der Philosophie. Wenn alle innern Bedingungen erfüllt sind, wird der *deutsche Auferstehungstag* verkündet werden durch das *Schmettern des gallischen Hahns.*«

Es geht bei Marx wie auch sonst in der kulturellen Szene nach 1830 um ›*Verwirklichung*‹. Die neue Generation der Literaten, die Gutzkow, Wienbarg, Heine, Börne, Mundt reißen sich los vom »Luftreich der Träume«. Die Romantik habe die Wirklichkeit poetisiert, sagen sie, es kommt nun darauf an, die Poesie zu verwirklichen. Bei den Philosophen heißt das dann, bisher habe man die Welt nur interpretiert, es komme nun darauf an, sie zu verändern. Gutzkow, ein Lautsprecher jener Bewegung, die sich »Junges Deutschland« nennt, reimt in seinem Schauspiel NERO: »Daß endlich statt der leeren Phantasie/ Aus falschem Geisterscheine/ Sophistisch traumverwirrte Zeit/ Sich auferbaue eine wahre, reine/ Und bessere Wirklichkeit.«

Die Grundfigur der Kritik ist diese: In Philosophie und Poesie haben wir schon den Traum einer Wahrheit, die wir nur noch auf die Erde herabziehen müssen. Wovon wir geträumt haben, das müssen wir nun tun. Die an den Himmel verschleuderten Schätze müssen wir zurückholen und zu unserem Eigentum machen. Das geht aber nur, so weiß es die Bewegung, wenn wir drei Dinge begreifen. Wenn wir erstens begreifen, daß wir uns selbst unterdrücken. Dagegen wird die Losung ausgegeben: Emanzipation des Fleisches. »Ich habe große Ehrfurcht vor dem menschlichen Körper, denn die Seele ist darin«, schreibt Theodor Mundt in seiner NACKTEN VENUS. Zweitens müssen wir begreifen, daß die Herstellung des richtigen Lebens ein Unternehmen ist, das sich nicht vor einer Tradition zu verantworten braucht und sich auf keine Zukunft vertrösten lassen darf. Alles muß sich hier und jetzt entscheiden. »Modern« zu sein, das ist das Panier dieser Bewegung. »Das Alte ist gestorben, und was wahr ist, ist modern«, heißt es bei Glassbrenner. Die »Zustände der Gegenwart begeistern uns«, der »Augenblick übt seine Rechte«, schreiben andere. Goethe, der 1832 stirbt, gilt in diesen Kreisen deshalb wenig. Man hat genug von den Maßhalteappellen des »Stabilitätsnarren« und »Fürstenknechts«. Die Humanitätsforderung, man solle sich doch zur »Persönlichkeit« ausbilden, genügt nicht, denn das Dritte, was man zu begreifen hat, ist dieses: Befreiung ist nicht auf eigene Faust zu haben, sondern ist ein kollektives Unternehmen. Und so begegnet man nun ständig dem Schlagwort von der »Literatur der Bewegung«. »Wir, die Männer der Bewegung«, schreibt, leicht ironisch, Heine in der ROMANTISCHEN SCHULE. In den vierziger Jahren verdichtet sich das Bewegungsgefühl zum Parteibewußtsein. Man fragt sich wechselseitig die »Standpunkte« ab, gibt die Losung aus: »Partei ergreifen«, der Kopf soll das Herz der Bewegung suchen – zunächst einfach das »Volk«, bei Marx dann das »Proletariat«. In der Zwischenzeit hat sich allerdings tatsächlich eine soziale Bewegung gezeigt, beim Hambacher Fest 1832, beim Weberaufstand 1844. Doch andererseits tragen die

Bauern Büchners Hessischen Landboten, der sie zum Aufstand aufruft, zum nächsten Polizeiposten...

Die Aktivisten der vierziger Jahre blicken verächtlich auf die Feuilletonisten der dreißiger Jahre zurück: Das waren doch Stürme im Wasserglas, Eitelkeiten, Selbstüberschätzungen. Freiligrath, der Feuilletonist, hatte noch verkündet: »Der Dichter steht auf einer höhern Warte/ Als auf den Zinnen der Partei.« Ihm antwortet Herwegh, der Aktivist, mit seinem Gedicht *Die Partei*, darin es heißt: »Partei! Partei! Wer sollte sie nicht nehmen,/ Die noch die Mutter aller Siege war!/ Wie mag ein Dichter solch ein Wort verfemen,/ Ein Wort, das alles Herrliche gebar?/ .../ Selbst Götter stiegen vom Olymp hernieder/ Und kämpften auf den Zinnen der Partei!«

Man vermeidet jetzt eher die »persönliche Note«, man kreidet sie beispielsweise Heine übel an, dem man Selbstgefälligkeit und Schielen nach brillanten Effekten vorwirft. In dieser polemikfrohen Zeit antwortet Heine darauf: »Weil ich so ganz vorzüglich blitze,/ Glaubt Ihr, daß ich nicht donnern könnt!/ Ihr irrt Euch sehr, denn ich besitze/ Gleichfalls fürs Donnern ein Talent.«

In den vierziger Jahren kommt es zu einem Wettstreit der Radikalismen. Da gibt es die notorischen Verdopplungen: die kritische Kritik und dann noch einmal, bei Marx, die Kritik der kritischen Kritik. Die wirkliche Wirklichkeit. Der wahre Sozialismus. Der Wettstreit wird mit außerordentlicher Gereiztheit ausgetragen: Die »Parteien« fallen übereinander her. Herwegh verurteilt Freiligrath. Engels zieht gegen Heine zu Felde. Heine gegen Börne und umgekehrt. Feuerbach kritisiert Strauß, Bauer kritisiert Feuerbach. Stirner will sie alle überbieten, doch dann kommt Marx, der sie alle in den Sack steckt: Deutsche Ideologie. Im Jahr 1835, Schopenhauer legt letzte Hand an den Willen in der Natur, wird nicht nur die erste Eisenbahnlinie in Deutschland zwischen Nürnberg und Fürth eröffnet, auch in der Welt des Geistes gibt es zwei Ereignisse von durchschlagender Modernität. Es sind, wie sollte es anders sein, Entblößungsereignisse. Verhüllungen werden beiseite gerissen, man stößt zur wirklichen Wirklichkeit vor.

Das eine Mal handelt es sich um Gutzkows Roman Wally,

DIE ZWEIFLERIN. Hier geht es um die »Emanzipation des Fleisches«. Wallys Liebhaber zu der Geliebten: »Zeige mir, daß du kein Geheimnis vor mir hast, keines, und wir waren eins, und ich habe die Weihe für mein ganzes Leben!« Wally und der Autor sträuben sich. Dann geben beide nach. Und so läßt der Autor seine Heldin Wally vor der versammelten Lesergemeinde einige Zeilen lang »entblößt« an einem Fenster stehen. Solche Obszönität indes verzeiht der Deutsche Bund dem Autor nicht. Der Roman wird verboten, und bei dieser günstigen Gelegenheit werden auch gleich alle übrigen Schriften des sogenannten »Jungen Deutschland« auf den Index gesetzt.

Das Verbot war nicht nur mit dem Hinweis auf solche unstatthaften Entblößungen begründet worden, auch Wallys Zweiflertum wirkte anstößig. Wally hatte sich ja nicht nur in der Fensterszene als Parteigängerin der Natürlichkeit gezeigt, sondern auch in Religionsdingen. Sie ist für die Religion des Herzens und gegen die überkommenen Dogmen des kirchlichen Glaubens. »Wir werden keinen neuen Himmel und keine neue Erde haben; aber die Brücke zwischen beiden, scheint es, muß von neuem gebaut werden«, so läßt der Autor Wally in ihr Tagebuch schreiben.

Das zweite große Entblößungsereignis bezieht sich nun ausschließlich auf dieses, eben das religiöse Thema: 1835 erscheint DAS LEBEN JESU von David Friedrich Strauß. Kaum ein anderes Buch im 19. Jahrhundert hat eine vergleichbare Wirkung hervorgerufen.

Strauß, ein Schüler Hegels (er hatte den Meister noch kurz vor dessen Tod besucht), zog aus der Hegelschen Religionsphilosophie eine radikale Konsequenz. Hegel hatte gelehrt: Die Philosophie »stellt sich nur über die Form des Glaubens, der Inhalt ist derselbe«. Das bedeutet: Die philosophische Reflexion identifiziert die Religion als eine bestimmte Gestalt der Selbstoffenbarung des Geistes in der Geschichte. Erst in der Philosophie aber ist dieser Geist, der religiösen Form entkleidet, »rein« zu sich selbst gekommen. Strauß nun nimmt diese *Historisierung* der Religion so ernst, zieht solche Konsequenzen daraus, wie dies Hegel, der auf Ausgleich mit den Mächten des Bestehenden bedacht ist, nicht getan hat. Mit den avancierten Methoden der seit der Romantik entwickelten Textkritik schält Strauß aus der biblischen Überlieferung das Bild des ›wirklichen‹ Jesus heraus und unterscheidet diese historisch genau fixierbare Person von dem Christus der Überlieferung. Dieser ›Christus‹ gilt ihm als Mythos, und dieser Mythos wiederum enthält Wahrheit. Und diese ›Wahrheit‹ wird in Hegels Sinn gefaßt: Der Mythos erzählt von der Idee des wahren Menschentums, von einer Idee, die sich um einen wirklichen Menschen herum während größerer Zeiträume kristallisiert hat. Näherhin deutet Strauß den Mythos so: In Christus spricht sich die Idee der Gattung Mensch aus. Der »menschgewordene Gott, der zur Herrlichkeit entäußerte unendliche... Geist«. Der Gottmensch, geboren von einer wirklichen Frau, aber gezeugt von einem unsichtbaren Vater, ist die Synthese von Geist und Natur. Die Wunder, die Christus tut, sind mythischer Ausdruck davon, daß »der Geist sich immer vollständiger der Natur bemächtigt, diese ihm gegenüber zum machtlosen Material seiner Tätigkeit heruntergesetzt wird«. Die Sündlosigkeit Christi bedeutet, daß der »Gang ihrer (der Menschheit, R. S.) Entwicklung ein tadelloser ist, die Verunreinigung immer nur am Individuum klebt, in der Gattung aber und ihrer Geschichte aufgehoben ist«. Folglich ist auch die Himmelfahrt Christi nichts anderes als das mythische Versprechen einer gloriosen Zukunft des Menschheitsfortschritts.

Das LEBEN JESU wurde über Nacht zum Hausbuch des gebildeten Bürgertums, das erstarkt war im Glauben an seine sehr diesseitige Zukunft. Die epochale Wirkung des Buches (schon nach wenigen Jahren waren weit über hunderttausend Exemplare verkauft) beruht auf einer zeittypischen Verbindung zweier Komponenten: Da ist zum einen die Geste des Entblößens: Durch Verhüllung wird zu einem ›wirklichen‹ Kern vorgestoßen, also Entmystifikation betrieben. Zum anderen aber wird etwas als ›Wirklichkeit‹ entdeckt, was zu zukunftsfrohem Optimismus Anlaß gibt: die Idee einer progredierenden Menschheit. Von Strauß geht jene Ermunterung aus, die Feuerbach wenig später in die Worte kleidet: Die »Kandidaten des Jenseits« sollten endlich zu »Studenten des Diesseits« werden.

Strauß selbst hat im Laufe der Jahre die seiner Kritik der Religion zugrundeliegende ›Religion‹ des diesseitigen Fortschritts mit zunehmendem Behagen hervortreten lassen. Das wird dann Nietzsche ein Menschenalter später zum Anlaß einer vernichtenden Kritik nehmen: Das sei die »systematische und zur Herrschaft gebrachte Philisterei«. Nietzsche will bekanntlich am Ereignis der Säkularisierung das tragische Lebensgefühl auskosten. Von solchem Pathos allerdings ist Strauß weit entfernt. Der haust sich mit seiner »schleichenden Filzsocken-Begeisterung« in einer Welt ein, von der er nicht aufhört zu glauben, daß sie ihm zuliebe da sei. Hohn und Spott gießt Nietzsche aus über ein Diktum des alten Strauß, das aber auch schon der junge geprägt haben könnte: »Wir fordern für unser Universum dieselbe Pietät, wie der Fromme alten Stils für seinen Gott.«

Veranlaßt durch Straußens Religionskritik, spaltet sich in der Folgezeit die Hegelsche Schule: Den Konservativen oder Alt-Hegelianern treten die Linken oder Junghegelianer entgegen. Letztere verschreiben sich hemmungslos dem Projekt der Moderne: Sie radikalisieren die Kritik der Religion und kommen dann von einer Kritik des Himmels zu einer Kritik der Erde.

1840 gibt es den nächsten Paukenschlag. Es erscheint Ludwig Feuerbachs DAS WESEN DES CHRISTENTUMS.

Feuerbach geht insofern über Strauß hinaus, als er den von Strauß in der Religion entdeckten Vorgang der Mythologisierung als eine Art der Entfremdung des Menschen von sich selbst deutet. Das Beste, was im Menschen steckt, seine Wünsche, die Selbsterfahrung seiner Möglichkeiten, den potentiellen Reichtum seiner Wesenskräfte »projiziert« er in einen Himmel. Die Menschheit hat sich aus dem, was sie sein kann, ihre Götter gemacht, von denen sie sich fortan beherrschen läßt. Das Können ward zum Sollen pervertiert. Die Götter sind Produkte der Menschen, und die Produkte haben über ihre Produzenten Macht gewonnen. Aufgabe der Kritik sei: Aufdecken des projektiven Charakters der Religion. Wiederherstellung des Selbstbewußtseins. Wiederaneignung der an den Himmel verschleuderten Schätze. Die Theologie muß auf ihren Kern zurückgebracht werden: auf die Anthropologie.

An der Kritik der Religion erprobt Feuerbach seine Methode der Umkehrung: Der Mensch wird Schöpfer und Gott das Geschöpf. Mit dieser Methode macht sich Feuerbach im folgenden dann über Hegel her. Er betreibt, was man heute »Dekonstruktion« nennt. Er arbeitet sich aus den Abgründen der Hegelschen Philosophie zu einer Art Oberfläche empor – zu einer Oberfläche, bei der auch schon Rousseau war, als er das Descartessche ›Ich denke, also bin ich‹ umdrehte zum ›Ich bin, also denke ich‹. Nur bekommt bei Feuerbach das ›ich bin‹ die Bedeutung von: Ich bin mein Leib.

Aber Feuerbach redet anders vom Leib als Schopenhauer. Bei diesem sind Leib und Wille Wechselbegriffe. Die von innen erfahrene Leiblichkeit ist, als Selbsterfahrung des Willens, das »Realissimum«, das uns zugleich in die Tumulte des ganzen Willenskosmos wirft, wo es kein Glück, keine Befriedigung, sondern nur end- und zielloses Treiben und Begehren gibt. Da wir Leib sind, befinden wir uns immer schon im Brennpunkt der Tragödie des Seins.

Wenn Feuerbach, dem Zeitgeist folgend, Hegel vom Kopf auf die Füße stellt und sich aus den Denkspiralen herausarbeitet zur Wahrnehmung des leiblichen Seins, dann wird diese Anstrengung – ebenfalls dem Zug der Zeit folgend – als Erlösung fürs Diesseitige präsentiert. Bei Feuerbach steckt im Leibe ein Erlösungsversprechen. Er nennt ihn »das oberste principium metaphysicum, das Geheimnis der Schöpfung ... Grund der Welt«. Feuerbach kritisiert, wie auch Schopenhauer, die Verabsolutierung des »denkenden Ich«. Er betont demgegenüber das Körper-Ich als Basis auch für jede Erkenntnis. Mit dem Denken erfassen wir, was möglicherweise ist. Das Denken hat es mit dem Sein-Können zu tun. Was aber ist, das erleben wir nur mit unseren Sinnen. Die Sinne allein sind mit dem Gegenwärtigen im Bunde, abhold allen Ausflüchten ins Imaginäre. Die Sinnlichkeit verleiht uns Wirklichkeit, mit ihr empfangen wir Wirkliches, und mit ihr bringen wir Wirkliches hervor: »in den Empfindungen, ja in den alltäglichen Empfindungen, sind die tiefsten und höchsten Wahrheiten verborgen. So ist die Liebe der wahre *ontologische* Beweis vom Dasein eines Gegenstandes außer unserm Kopfe – und es gibt keinen andern Beweis vom Sein, als die Liebe, die Empfindung überhaupt. Das, dessen *Sein* dir *Freude*, dessen *Nichtsein* dir Schmerz bereitet, das nur ist.«

Die mit dem ganzen Körper erlebte Liebe verbürgt uns die Wirklichkeit jenseits unserer Körpergrenze. Feuerbach kritisiert an Hegel: Dessen Geist-Wirklichkeit sei eigentlich doch nur ein riesiger Monolog eines einsam denkenden Ichs. Eine bestimmte, alltägliche existentielle Provokation sei bei ihm noch nicht ins philosophische System durchgeschlagen: Das Ich ist gerade dort, wo es mit seinesgleichen, mit anderen Ichs, umgeht, zugleich mit dem ganz Anderen konfrontiert: mit dem »Du« nämlich. »Der einzelne Mensch für sich hat das Wesen des Menschen nicht in sich, *weder in sich als moralischem, noch in sich als denkendem Wesen*. Das Wesen des Menschen ist nur in der Gemeinschaft, in der Einheit des Menschen mit dem Menschen enthalten – eine Einheit, die sich aber nur auf die Realität des Unterschiedes von Ich und Du stützt.«

Feuerbach hat eine zählebige Mystifikation im Visier: Die Rede vom »Subjekt« unterstellt, schon allein durch die Suggestion der Sprache, die Identität von allem, was »Subjekt« ist. Demgegenüber entwickelt Feuerbach den sehr einfachen, aber grundlegenden Gedanken, daß das ganz Andere des Ichs noch in die Welt der vielen Ichs hineingehört, daß dieses Andere, dieser »große Unterschied«, der ist zwischen Ich und Du.

Dieser alltäglich erfahrene Unterschied ist – wie der Leib – das schlechthin Unvordenkliche. Es kommt allem Denken zuvor.

Wie die Leibphilosophie, so mündet auch die Philosophie des Du bei Feuerbach in das Pathos der Befreiung: Durch Mystifikationen, ›Projektionen‹, ›Entfremdungen‹ hindurch gilt es, das ›Wirkliche‹ zu entdecken. Eine Entdeckung, die hilft, das Wirkliche gegen Hemmungen der Selbsttäuschungen zu entfalten. Feuerbachs philosophische Anthropologie will keine Postulate aufstellen, sondern jene Dogmen und Postulate kritisieren, in denen das anthropologisch Wirkliche daran gehindert wird, zu seinem wahren Selbstausdruck zu kommen.

Feuerbach sagt von sich: »Gott war mein erster Gedanke, die Vernunft mein zweiter, der Mensch mein dritter und letzter Gedanke.« Bei Feuerbach sind das keine Stufen der Desillusionierung. Wir selbst, so lehrt er, sind uns noch verborgen, deshalb haben wir uns einen Gott, eine absolute Vernunft usw. gemacht und uns ihnen unterworfen. Wir müssen uns erst noch entdecken. Das wird unsere Befreiung sein. Wir haben Angst vor unserem Leib, weil wir ihn uns fremd gemacht haben. Eignen wir uns unseren Leib an! Wir haben Angst vor dem Anderen, weil wir die anderen nicht als »Du«, sondern als Abweichung von unserem »Ich« erleben. Begreifen wir doch, daß das »Du« uns die Chance eines Abenteuers eröffnet, das Mysterium der Liebe, das Mysterium der Gemeinschaft.

Nein, für Feuerbach ist der Weg von Gott über die Vernunft zum Menschen ein Weg ins Licht. Mit geradezu sakralem Pathos spricht er von seinem Allerheiligsten: Leib, Du, Gemeinschaft, und er zeigt damit, daß er in gewissem Sinne diesen Weg von Gott zum Menschen doch auch wieder zurück gegangen ist: vom Menschen zum Göttlichen, genauer: zum vergöttlichten Menschen. Die körperlichen Sinne beispielsweise nennt er das »Organ des Absoluten«, und über das »Du« und die »Gemeinschaft« schreibt er: »Einsamkeit ist Endlichkeit und Beschränktheit, Gemeinschaftlichkeit ist Freiheit und Unendlichkeit. Der Mensch für sich ist Mensch (im gewöhnlichen Sinn); der Mensch mit Mensch – die Einheit von Ich und Du ist Gott.«

Und dann Karl Marx. Auch er gehört in die Geschichte jener Bewegung des »Vormärz«, einer Bewegung, die auf der Suche nach Wirklichkeit die Hegelsche Metaphysik umstülpt und glaubt, damit zu einer »wirklichen Wirklichkeit« vorgestoßen zu sein.

Wie Feuerbach den Leib, das Du und die Gemeinschaft ›entdeckt‹, so ›entdeckt‹ Marx den Gesellschaftskörper und seinen Brennpunkt: das Proletariat. In einer politisch erregten Zeit gibt es den politischen Impuls: Die Freiheitsrechte der Französischen Revolution stehen in Deutschland immer noch aus. Dazu kommt die soziale Erfahrung: das frühkapitalistische Elend in den Städten; auch einem Studenten der Jurisprudenz und Philosophie in Berlin bleibt es nicht verborgen, zumal wenn es sich in Hungerrevolten und maschinenstürmerischen Aktionen zeigt. Dennoch: Marx kommt nicht vom wirklichen Elend zur Philosophie, sondern umgekehrt:

Von der Kritik des philosophischen Elends kommt er zum wirklichen Elend. Es ist eine philosophische Leidenschaft, die sich dem sozialen Leiden zuwendet. Es ist der *Gedanke,* der zur Wirklichkeit drängt. Vom Proletariat ist der Bürgersohn angezogen, weil er ihm eine philosophische Rolle zugedacht hat. Sowenig man bei Feuerbach das Gefühl hat, daß er vom wirklichen Leib spricht, sondern man stets den Leib in einer philosophischen Rolle vorgeführt bekommt, sowenig handelt es sich bei Marx um das wirkliche Proletariat, sondern um eine Kategorie mit zahllosen Beinen. Marx' gegen Feuerbach und die ganze philosophische Tradition gerichteter Satz: »Die Philosophen haben die Welt nur verschieden *interpretiert,* es kommt drauf an, sie zu *verändern*« bedeutet im Kern: Veränderung ist Fortsetzung der Philosophie mit anderen Mitteln. Verändern ist die avancierteste Art des Interpretierens. »Praxis« ist Philosophie in Aktion – ist und bleibt aber Philosophie. Wäre Marx als Sozialpolitiker bezeichnet worden, hätte er das nur als Beleidigung verstehen können.

Der Marx der vierziger Jahre ist vollauf damit beschäftigt, sich von Hegel zu befreien. In seiner Dissertation über Epikur und Demokrit skizziert er ein philosophisches Szenario, bei dem er den Eindruck vermittelt, daß es zur Zeit wieder aufgeführt werde und daß er selbst dabei eine Rolle spiele. Damals waren nach den »platonischen und aristotelischen, zur Totalität sich ausdehnenden Philosophen« andere, Demokrit und Epikur beispielsweise, aufgetreten, die dem geistigen Kosmos wieder mit sehr einfachen, elementaren Fragen zu Leibe rückten und ihn dadurch sprengten. Diese Aufgabe, so deutet der ehrgeizige junge Philosoph an, sei, angesichts der Hegelschen Totalität, nunmehr ihm zugefallen: Man müsse zum Einfachen zurückfinden, was jedoch äußerst schwierig sei: Das Sein bestimmt das Bewußtsein.

Was aber ist das Sein? Bei Marx ist es der Mensch im Stoffwechsel mit der Natur, der arbeitende Mensch also und der in der Arbeit vergesellschaftete Mensch. In der Arbeit äußert der Mensch seine Wesenskräfte, durch Arbeit bringt er sich selbst und die Gesellschaft hervor – aber die Arbeit vollzieht sich in »entfremdeter« Form, »naturwüchsig«. Der Mensch steckt noch im Reich der Notwendigkeit, hat sich noch nicht zur Freiheit durchgearbeitet. Die Produkte, die der Mensch herstellt, und die gesellschaftlichen Beziehungen, die er eingeht, haben Gewalt über ihn. Die Feuerbachsche Kritik der Religion kehrt hier wieder und muß, wie Marx sagt, von der Kritik der heiligen Entfremdung zur Kritik der unheiligen Entfremdung durchstoßen: »Es ist also die *Aufgabe der Geschichte,* nachdem das *Jenseits der Wahrheit* verschwunden ist, die *Wahrheit des Diesseits* zu etablieren. Es ist zunächst die *Aufgabe der Philosophie,* die im Dienste der Geschichte steht, nachdem die *Heiligengestalt* der menschlichen Selbstentfremdung entlarvt ist, die Selbstentfremdung in ihren *unheiligen Gestalten* zu entlarven. Die Kritik des Himmels verwandelt sich damit in die Kritik der Erde, die *Kritik der Religion* in die *Kritik des Rechts, die Kritik der Theologie* in die *Kritik der Politik.*«

Ein philosophischer Furor arbeitet in dieser Kritik – es ist noch einmal die ganze Leidenschaft der wilden Jahre der Philosophie – aber es ist auch eine Kritik, die sich für die letzte hält. Zum letzten Mal Philosophie, und dann kann Philosophie im verwirklichten Glück verschwinden. Bei Hegel hatte die Eule der Minerva zum Fluge angesetzt, nachdem die Wirklichkeit sich fertig gemacht hat; bei Marx soll die Eule der Minerva der Morgendämmerung entgegenfliegen. »Die Kritik«, so Marx, »hat die imaginären Blumen an der Kette zerpflückt, nicht damit der Mensch die phantasielose, trostlose Kette trage, sondern damit er die Kette abwerfe und die lebendige Blume breche.«

Die »lebendige Blume« – Novalis hatte sie im Traum gesucht. Und Marx, die Romantik überbietend, verkündet: »Die Reform des Bewußtseins besteht *nur* darin, daß man die Welt... aus dem Traum über sich selbst aufweckt, daß man ihre eignen Aktionen ihr *erklärt*... Es wird sich dann zeigen, daß die Welt längst den Traum von einer Sache besitzt, von der sie nur das Bewußtsein besitzen muß, um sie wirklich zu besitzen.«

Noch jeder Traum wird vom wirklichen Besitz überboten werden, das ist das große Versprechen der Marxschen Philosophie. Es ist die Apotheose der gloriosen Zukunft der menschlichen Freiheit. Diese Posaune dringt auch an Schopenhauers Ohr. Doch ihm gilt solcher Optimismus als »ruchlose« Denkart. »Eine Philosophie«, so Schopenhauer 1858 im Gespräch mit dem französischen Philosophen Morin, »in der man zwischen den Seiten nicht die Tränen, das Heulen und Zähneklappern und das furchtbare Getöse des gegenseitigen allgemeinen Mordes hört, ist keine Philosophie« (G, 325).

Zweiundzwanzigstes Kapitel

Sechstes philosophisches Szenario:
Das Mysterium der Freiheit und seine Geschichte
Die beiden Grundprobleme der Ethik: *Vom Schmerz
und von der Schuld der Individuation. Schopenhauer während der
48er Revolution: von den Schicksalen eines Couponschneiders.*

Hegel hatte von der Philosophie gesagt, sie sei ihre Zeit in Gedanken gefaßt. Er hatte damit nicht nur die Geschichte philosophisch geadelt, sondern auch die aktuelle Zeitdiagnose mit philosophischer Würde ausgestattet und dazu ermuntert, im und fürs politische Handgemenge zu philosophieren. So hat denn auch sein berühmter Satz: »Was vernünftig ist, das ist wirklich; und was wirklich ist, das ist vernünftig« durchaus politisch gewirkt – in konträre Richtungen. Die einen faßten die Aussage als Rechtfertigung des Bestehenden auf; die anderen, die Ruge, Bauer, Engels und Marx, verstanden sie als Aufforderung, das bloß Bestehende dadurch zur ›Wirklichkeit‹ zu machen, daß man es mit der ›Vernunft‹ in Übereinstimmung brachte. Für die einen formuliert der Satz ein Ist-Zustand, für die anderen ein Sollen. Allen gemeinsam ist auf jeden Fall die Überzeugung, daß Gesellschaft und Geschichte eine entscheidende Dimension des Wahrheitsgeschehens darstellen. So verbleibt die Überwindung und Überbietung Hegels doch in dessen Spur.

Seit Hegel also gibt es einen neuen Typ des Philosophierens. Vor Hegel dominiert die unmittelbare Gegenüberstellung des Einzelnen und des Ganzen: Gott und der Mensch oder Mensch und Natur oder Mensch und Sein.

Die Menschen – das war keine besondere Kategorie, sondern nur eine Aufsummierung all der Attribute, die sich immer schon am Einzelnen aufweisen ließen. Der Begriff ›Menschheit‹ bezeichnete weniger ein plurales, historisch-dynamisches Subjekt, sondern wurde verwendet im Sinne von: ›das Menschliche‹. Deshalb konnte man noch im 18. Jahrhundert sagen, jedermann habe die Schuldigkeit, die »Menschheit« in sich zu achten.

Spätestens seit Hegel schiebt sich zwischen dieses Doppel ›der Einzelne und das Ganze‹ eine neue Welt, eine Zwischenwelt: *Gesellschaft* und *Gesellschaft in Aktion,* das heißt: Geschichte. Diese Zwischenwelt zehrt an der Substanz der bisherigen Antipoden: Die alte Metaphysik des Ganzen, des Seins, verschwindet in einer Metaphysik der Gesellschaft und der Geschichte, und die Rede vom Einzelnen wird sinn- und gegenstandslos, weil der Einzelne immer schon als gesellschaftlich-geschichtlich bedingt erscheint. Die Zwischenwelt des Gesellschaftlich-Geschichtlichen läßt nur ein einziges Darüberhinaus zu: die auf den Menschen bezogene ›Natur‹, die Anthropologie. Als Gattungswesen der Natur aber ist der Mensch selbstverständlich noch viel weniger ein Einzelwesen; außerdem ist, bei Marx etwa, der Begriff des Gesellschaftlich-Geschichtlichen so dominierend, daß sogar die ›Natur‹ darin verwickelt erscheint.

Aus dieser Zwischenwelt des Gesellschaftlich-Geschichtlichen einerseits und der ›Natur‹ andererseits gibt es fortan kein Entrinnen. Man zappelt am Gängelband der Naturnotwendigkeit und der geschichtlichen Gesellschaftsnotwendigkeit. Der Streit geht darum, welche dieser Notwendigkeiten die dominierende sei. Hegel und dann Marx glauben an den Sieg der Gesellschaftsnotwendigkeit über die Naturnotwendigkeit. Hegel spricht vom »Geist, der zu sich selbst kommt«, und Marx von der »Aufhebung der Naturwüchsigkeit«. Beiden ist das ein Weg in die Freiheit. Bei beiden wird ›Freiheit‹ verstanden als ein gesellschaftliches Produkt der Geschichte.

Die Materialisten glauben demgegenüber an die Übermacht der Naturnotwendigkeit. Doch auch sie säkularisieren in der Regel das alte metaphysische Erlösungsversprechen: Die Evolutionsgeschichte der Natur deuten sie als Höherentwicklung.

Für das philosophische Denken am Anfang des Maschinenzeitalters beginnen also die verbleibenden Dimensionen des Seins, Natur und Gesellschaft, sich in eine Art ›Maschine‹ zu verwandeln. Diesen ›Maschinen‹ kann man die Herstellung des gelingenden Lebens anvertrauen, unter der Voraussetzung allerdings, daß man sich funktionsgerecht verhält. Bei Hegel heißt das: »Freiheit ist Einsicht in die Notwendigkeit«

und im KOMMUNISTISCHEN MANIFEST hört sich das so an: »Sie (die Bourgeoisie, R. S.) produziert vor allem ihren eigenen Totengräber. Ihr Untergang und der Sieg des Proletariats sind gleich unvermeidlich.« Dieser Sieg wird »unvermeidlich« sein, wenn man die ›Maschine‹ der historischen Gesetzmäßigkeit ungestört arbeiten läßt. Störende Faktoren müssen ausgeschaltet werden, und nur deshalb muß es eine ›Partei‹ geben, die solche »Manifeste« unters Volk bringt.

Es gab damals gegen die politische Repression und gegen das soziale Elend eine ganze Menge ›Freiheiten‹ zu erkämpfen: Freiheit von halbfeudalen Abgabelasten bei den Bauern; Freiheit von Zunftzwängen für Handwerksgesellen und Manufakturisten; Freiheit von Binnenzöllen, die den Markt strangulierten; Freiheit der Meinungsäußerung; Freiheit von staatlicher Willkür; Freiheit, den politischen Willen zu organisieren und durchzusetzen; Freiheit für die Wissenschaften; Freiheit zur Selbstbestimmung auch im moralischen Leben und so fort.

Man beginnt für die Durchsetzung dieser Forderungen mit längeren Fristen zu rechnen. Langfristig angelegte Kämpfe bringen den Bedarf an Handlungsstrategien hervor. Man plant Handlungsabläufe, kalkuliert Bündnisse, entwickelt Prognosen der Entwicklung. Alles dies verwickelt in vermeintliche Sachzwänge und erzwingt bei den Beteiligten Loyalitäten gegenüber ›großen‹ Zielen, die man durch Spontaneität nicht leichtfertig aufs Spiel setzen darf. Die Freiheitsbewegungen, die die Gesellschafts-›Maschine‹ für sich arbeiten lassen wollen, müssen sich gewisse Handlungshemmungen auferlegen; deshalb die Polemik gegen ›unzuverlässige‹ Elemente wie Heinrich Heine; deshalb die Verurteilung der Maschinenstürmerei; deshalb auch die Ausfälle von Marx und Engels gegen die Theoretiker der Sofort-Freiheit wie Max Stirner und später Michail Bakunin. Gleichwohl, wer die Freiheit als Ziel vor Augen hat, dem öffnen sich die Räume.

Aber wie eigenartig: Das Bewußtsein, das vorn der Freiheit eine Gasse bahnen will, betreibt hintenherum eine Art Freiheitsberaubung im großen Stil. Das Bewußtsein, das Freiheit will, scheint so genau wie nie zuvor darüber Bescheid zu wissen, von welchen gesellschaftlichen oder natürlichen Bestimmungsgründen das vermeintlich freie, spontane Handeln umzingelt ist. Das ist Modernität: Freiheitsverlangen und zugleich das Wissen um ein notwendiges Sein, wie es die Wissenschaften uns vorhalten; eine eigenartige Melange aus naiver Spontaneität und illusionslosem Zynismus. Die Zangenbewegung von Soziologie und Psychoanalyse beispielsweise läßt eigentlich keinen Raum mehr für Freiheit, in der Selbstinterpretation erscheinen wir als ökonomische Charaktermaske, als soziale Rolle und als Triebnatur – eine unaufhörliche Blamage für jedes Freiheitsbewußtsein. Trotzdem bleibt das Freiheitsverlangen lebendig, gerade auch bei denen, die sich gut darauf verstehen, ihre Spontaneität soziologisch und psychoanalytisch zu »hinterfragen«. Vielleicht hängt das damit zusammen, daß das Freiheitsverlangen den Mut und die Fähigkeit, Verantwortung zu übernehmen, übersteigt. Man will die Freiheit, alles mögliche zu tun, freie Bahn für die Bedürfnisbefriedigung, aber wenn es schlecht läuft, wenn es gilt, Folgelasten zu tragen, dann hat die diskursive Freiheitsberaubung ihre große Stunde: Man kann erklären, daß es so hat kommen müssen, und ist die Verantwortung los. Die entwickelte Kultur des Erklären-Könnens operiert in einer bedenklichen Grauzone: Die Übergänge vom Erklären zum Entschuldigen sind fließend. Man kann das nachträgliche Erklären-Können sogar schon an den Beginn einer Handlung setzen im Sinne einer präventiven Absolution für den schlechten Fall. Man antizipiert ihn und bereitet sich schon darauf vor, »es nicht gewesen zu sein«.

Diese zu neuer philosophischer Würde erhobene ›Zwischenwelt‹ des Gesellschaftlich-Geschichtlichen ist also einerseits der Ort eines Wahrheitsgeschehens, bei dem es um wachsende Freiheit geht, andererseits gibt es hier auch die Entlastungen und Entschuldigungen für die Katastrophen der Freiheit. Bei der Existenz des radikal Bösen etwa kann man heute nicht einfach stehenbleiben. (Das Phänomen Hitler zum Beispiel muß erklärt werden: üble Kindheit, Nekrophilie, Kleinbürgerangst, Kapitalinteresse, Modernisierungsschock usw. Das alles sind zuletzt vielleicht doch auch Beruhigungen angesichts des Grauens ...)

Neu ist die Kultur der entlastenden Erklärung indes nicht.

Schon in früheren Jahrhunderten hatte das metaphysische Bedürfnis das Seiende gerne zu einem notwendigen Sein, zu einem Kosmos zusammengefaßt. Lange bevor man die wirkliche Ordnung und ihre Gesetze und Notwendigkeiten begriff, gab es eine *Ordnungsvermutung*. Das Sein und das Chaos ließen sich einfach nicht zusammendenken. Noch Newton bringt ein halbes Leben damit zu, gegen die neuerdings wieder von Velikowsky belebte These von den vagabundierenden Planeten zu argumentieren. Dabei verläßt er sich nicht so sehr auf die von ihm selbst entdeckten Gravitationsgesetze, sondern, wenn es hart auf hart kommt, doch lieber auf Gott. Und noch Diderot hat die wütendsten Angriffe erdulden müssen, weil er wagte, den Zufall ins Herz der Welt zu setzen. Lieber hätte man da schon einen Teufel gesehen, denn der ist auf seine Weise berechenbar, notwendig, konsequent (Marquis de Sade hatte eine solche ›negative‹ Theologie sehr eindrucksvoll demonstriert).

Der metaphysische Begriff des notwendigen Seins, das religiöse Verständnis von Gott – beides sind Antizipationen des wissenschaftlichen Begriffs der Notwendigkeit. Wie damals wird auch heute mit einer vorgängigen Ordnungsvermutung operiert, auch und gerade dann, wenn man die Funktionsweise der Ordnung im einzelnen noch nicht begreift. Der Glaube hat sich zur Erklärbarkeitshypothese säkularisiert.

Die Macht der Ordnungsvermutung in vormoderner Zeit hat es mit sich gebracht, daß ›Freiheit‹ auch damals schon zum heikelsten Problem wurde. Einerseits brauchte man den freien Willen der Menschenkreatur, damit das Böse in der Welt nicht auf Kosten des guten Schöpfers ging. Andererseits konnte sich die Kreatur jedoch nicht gegen den Schöpfer stellen, denn der hätte dann seine Allmacht eingebüßt. Also konnte es keinen freien Willen geben, und also mußte es doch irgendwie notwendig und geplant sein von Gott, wenn ihm die Menschen so hartnäckig aus dem Ruder liefen. Von Augustin bis zu Leibniz ward über dieses Problem gestritten, oft unter Zuhilfenahme von Scheiterhaufen und Folterwerkzeugen.

Paulus lehrte: »Christus hat euch frei gemacht von dem Gesetz der Sünde und des Todes.« Diese Deutung übernahm Luther. Man ist der Erbsünde untertan, man ist unfrei dem Bösen verfallen, doch seit es das Gnadenangebot Christi gibt, kann man wählen: Man ist frei dafür, sich durch und im Glauben befreien zu lassen. Man ist von der Sünde des Fleisches gefesselt, aber der Geist ist frei für die Befreiung. Es gibt keine Freiheit, die man sich nehmen könnte, nur eine, die man empfängt. Freiheit ist nicht unsere Tat, sondern ein Geschehenlassen. Da man aber das Freiheitsgeschenk der Gnade ausschlagen kann, so ist man für seine erbsündige Unfreiheit verantwortlich. Eine sehr kühne Art, Unfreiheit und Verantwortlichkeit zusammenzudenken, und ein erheblicher Kontrast zu heute, wo wir eher gewohnt sind, Freiheit mit Nichtverantwortlichkeit zu verbinden. Es ist der lange Weg von der Metaphysik der Selbstverantwortlichkeit zur Empirie der Unzurechnungsfähigkeit.

Das Problem der Freiheit war *die* Herausforderung, nicht nur für Theologen, sondern natürlich auch für die Philosophen. Gerade weil die Freiheit im Verdacht stand, Gott in Schwierigkeiten zu bringen, mußten sich die Philosophen darüber hermachen. Ein heimliches Ressentiment ließ sich hier befriedigen. Die Philosophie, sonst zu Ministrantendiensten herabgewürdigt, konnte dem gefährdeten Gott zu Hilfe eilen oder ihn noch mehr in Bedrängnis bringen, je nachdem.

Spinoza analysiert das Freiheitsbewußtsein als Illusion der Unmittelbarkeit: Man fühlt sich frei in seinen Entscheidungen und Handlungen nur deshalb und so lange, wie man in solcher Unmittelbarkeit verharrt. Die Freiheit also besteht nur darin, »daß die Menschen sich ... ihres Wollens bewußt sind, aber die Ursache, durch welche sie bestimmt werden, nicht kennen«. Das ist die Freiheit als Selbsttäuschung. Die Entdeckung von Ursachen ist aber auch Freiheit, und zwar wirkliche Freiheit, denn sie ist, so Spinoza, die Freiheit von der Selbsttäuschung. Frei sind wir, wenn wir uns freimachen von der Illusion der Freiheit. Und in dieser Freiheit zur Freiheitskritik werden wir teilhaftig jener erhabenen Notwendigkeit, die das Ganze ist.

Auch Descartes denkt um tausend Ecken herum, wenn es um die Freiheit geht. Er unterscheidet das freie Handeln vom Willkürhandeln. ›Willkür‹ ist eine menschliche Regung, die von Vernunft nicht gelenkt ist, der die Vernunft keine ›Gründe‹ gegeben hat. Insofern ist ›Willkür‹ das Grundlose in uns.

Das Grundlose ist dasjenige, was nicht ›notwendig‹ ist. Im ›Notwendigen‹ aber ist unser Verstand zu Hause, deshalb ist die ›Willkür‹ das Fremde, das unserem Verstand Gewalt antut. Und da der Verstand das Menschlichste (weil Göttliche) an uns ist, so muß diese ›Willkür‹ das Menschliche selbst gefährden. In der ›Willkür‹ verliert man die Autonomie und wird Opfer eines Geschehens, das man nicht hervorgebracht hat, sondern das mit einem Schlitten fährt. Also ist Willkür Unfreiheit, also ist Notwendigkeit Freiheit.

So und ähnlich dreht und wendet sich die Philosophie jahrhundertelang um ein Problem herum, das in der Tat ein Mysterium ist: das Problem der Freiheit. In dieser heißen und dunklen Zone geraten die philosophischen Diskurse ins Rotieren.

Kant hat dieses Problem der Freiheit nicht gelöst, das Mysterium nicht aufgelöst, sondern umgekehrt: Sein Verdienst ist es, die prinzipielle Unlösbarkeit oder Unauflösbarkeit des Freiheitsproblems dargetan zu haben.

Es gibt und muß geben, so Kant, die doppelte Perspektive: Erfahren wir uns als Wesen *in der Zeit,* so ist jedes Jetzt verknüpft mit der Zeitreihe, mit dem also, was *vorhergeht.* Da ich aber immer nur Jetzt bin und das jeweils Vergangene nicht mehr »in meiner Gewalt« ist, kann ich jetzt auch niemals das in meiner Gewalt haben, was als Vergangenes mein Jetzt determiniert. Das gilt, wie gesagt, für die Selbsterfahrung als zeitliches Wesen. Doch ›Zeit‹ gehört Kant zufolge bekanntlich nicht zur Welt ›an sich‹, sondern ist nur eine Anschauungsform unseres (inneren) Sinns. Das ›An sich‹ der Welt und unseres Selbst ist ohne Zeit. Solche ›Zeitlosigkeit‹ können wir uns nun allerdings nicht vorstellen, wie sollten wir auch, ist doch die ›Zeit‹ eine nicht hintergehbare Anschauungsform unserer Vorstellung. Doch in uns gibt es, so Kant, einen einzigen Punkt, eine einzige Erfahrung, die uns aus der bedingenden Zeitreihe, sofern sie hinter uns liegt, herausreißt und uns verbindet mit dem, was noch nicht ist und was erst sein soll. Unser Jetzt, mag es noch so sehr vom Zuvor bedingt sein, erfahren wir als verbunden mit dem, was sein könnte, wenn wir es wollen. Eine Art umgekehrtes Bedingtsein: Wir bedingen uns selbst durch das, was wir erst wirklich werden lassen wollen. Diesem Wollen aber darf, so Kant, kein Triebgrund in uns selbst zu Hilfe kommen. Dann blieben wir ja Opfer unserer Sinnlichkeit, die Gewalt über uns hat. Deshalb muß bekanntlich dieses *Wollen* ein *Sollen* sein. Nicht mit der geheimen Naturkraft des Wollens soll das Sollen ausgestattet sein, sondern umgekehrt: Ein Sollen erhebt sich gegen den Naturtrieb des Wollens und bringt aus eigener Kraft ein Wollen hervor. Du willst, weil du sollst. Du sollst wollen. Auch hat das Sollen nicht auf das Können Rücksicht zu nehmen, sondern, unbedingt wie das Sollen eben ist, beweist es seine Kraft, indem es das Können hervorbringt. Kant schließt nicht vom Können auf das Sollen, sondern vom Sollen auf das Können. »Was du sollst, kannst du«, lautet der schneidende Imperativ des *Gewissens*. Im Gewissen – und nur hier – sind wir herausgerissen aus dem Reich der Notwendigkeit. Im Gewissen meldet sich das ›Ding an sich‹, das wir selbst sind. Hier bekommen wir einen Zipfel unserer transzendenten Existenz zu packen; hier erfahren wir etwas von der »absoluten Spontaneität der Freiheit« (Kant), die wir selbst sind.

Das Mysterium der Freiheit ist aber dadurch nicht gelöst, sondern bleibt dunkel, weil die doppelte Perspektive der Selbsterfahrung nicht verschwindet. Denn auch jede von einem so verstandenen ›Gewissen‹ motivierte Handlung ist, aus empirischer Perspektive, eine Handlung aus vorhergehenden Bestimmungsgründen, geht *notwendig* daraus hervor und muß deshalb als unfreie Handlung verstanden werden. Auch das ›Gewissen‹ kann, unter empirischer Perspektive, als eine Kausalität unter anderen begriffen werden. Und doch gemahnt uns das ›Gewissen‹ in jedem Jetzt, daß wir auch anders könnten, weil wir anders sollten. Es gilt das Paradox: Das Gewissen macht uns frei, weil es uns nicht freispricht. Und umgekehrt: Das Denken in Kausalitäten spricht uns frei, weil es uns im notwendigen Sein untergehen läßt.

Kant nennt die Dimension des Seins, die sich uns durch das Gewissen erschließt, unser »intelligibles« Sein. Für ihn besteht zwischen unserem empirischen und unserem »intelligiblen« Sein eine zerreißende Spannung. Warum das so sein muß und warum man die Spannung nicht entspannen darf und wie man mit ihr leben kann – das darzutun ist der Zweck des ganzen Kantschen transzendentalphilosophischen Unternehmens. Es gehört philosophische und Lebenskunst dazu, in Kantscher Art auf der Spitze des Problems zu balancieren. Die Nachfolger haben in der Regel diese Balance nicht aufrechterhalten können. Sie stürzen ab und befestigen sich an einem der in Spannung gehaltenen Pole; die einen beim empirischen, die anderen beim »intelligiblen« Sein. Zunächst sind die »Intelligiblen«, die Metaphysiker des Subjektes, an der Reihe.

Fichte argumentiert, wie später Sartre, ganz aus der »absoluten Spontaneität der Freiheit« (Kant) heraus: »Wer aber seiner Selbständigkeit und Unabhängigkeit von allem, was außer ihm ist, sich bewußt wird – und man wird dies nur dadurch, daß man sich unabhängig von allem durch sich selbst zu etwas macht –, der bedarf der Dinge nicht zur Stütze seines Selbst, und kann sie nicht brauchen, weil sie jene Selbständigkeit aufheben und in leeren Schein verwandeln. Das Ich, das er besitzt, und welches ihn interessiert, hebt jenen Glauben an die Dinge auf.«

1809, nach der von der interessierten Öffentlichkeit mit Pauken und Trompeten kommentierten Trennung von Fichte, läßt Schelling seine Schrift Über das Wesen der menschlichen Freiheit erscheinen und projiziert das heikle Kantsche Doppel aus Freiheit und Notwendigkeit, das ja nur für die menschliche Erfahrung gilt, in das Sein schlechthin. Sein und Gott sind aber, wie schon bei Spinoza, Wechselbegriffe. Doch anders als bei Spinoza ist bei Schelling das Sein nicht ein Kosmos von Dingen, sondern ein Universum von Prozessen, von Geschehnissen, von Tätigkeiten. ›Dinge‹ sind gleichsam Kristallisationen, Verfestigungen von Geschehnissen. Man muß also die Verdinglichung wieder in die ihnen zugrundeliegenden Prozesse auflösen. So entwickelt Schelling in einer genialen Wendung seinen Begriff des Unbedingten: »Unbedingt nämlich ist das, was gar nicht zum Ding gemacht werden kann.« Dieser Satz findet sich bereits in Schellings Jugendschriften und ist, sehr Fichteanisch, aufs ›Ich‹ gemünzt. In der Freiheitsschrift von 1809 jedoch geht Schelling über Fichte hinaus. Aufgabe sei es zu zeigen, schreibt er dort, »daß alles Wirkliche (die Natur, die Welt der Dinge) Tätigkeit, Leben und Freiheit zum Grund habe . . ., daß nicht allein die Ichheit alles, sondern auch umgekehrt, alles Ichheit sei«.

Das »Alles«, das ganze Sein und besonders auch ›Natur‹ soll als ›Ich‹ begriffen werden. Der Ichartigkeit des Ganzen gibt Schelling den Namen ›Gott‹. Und so muß das dunkle Mysterium der Freiheit, wie es der Mensch in sich selbst erfährt, zu einem Mysterium im Sein selbst, in Gott, werden. Das Kantsche Doppel aus Notwendigkeit und Freiheit in der Selbsterfahrung wird zur umgreifenden Ambivalenz im Sein, in Gott.

»Nur wer Freiheit gekostet hat«, schreibt Schelling, »kann das Verlangen empfinden, ihr alles analog zu machen, sie über das ganze Universum zu verbreiten.« Dasselbe aber gilt auch von der Erfahrung der Notwendigkeit. Auch sie ist von solcher Evidenz, daß sie »über das ganze Universum« verbreitet wird. Das Sein ist in einer Ordnung, in Regeln, Gesetzen, d. h. eben in Notwendigkeiten gebunden – aber der letzte Grund dieser geregelten Ordnung ist Spontaneität. Das ist Schellings Kerngedanke. Das geregelte Sein ist Resultat einer Selbstbindung der absoluten Spontaneität, die Schelling ›Gott‹ nennt. In der Welt, wie sie sich uns darbietet, schreibt Schelling, ist »alles Regel, Ordnung und Form; aber immer liegt noch im Grunde das Regellose, als könnte es einmal wieder durchbrechen . . . Dieses ist in den Dingen die unergreifliche Basis der Realität, der nie aufgehende Rest, das, was sich mit der größten Anstrengung nicht in Verstand auflösen läßt, sondern ewig im Grunde bleibt.«

Die Regellosigkeit im Grunde, die Freiheit also, ist der Abgrund des Seins, auch zugleich der Abgrund im Menschen. Und auf abgründige Selbstreflexion hat es Schellings weitausholende metaphysische Gebärde abgesehen. Wie später Sigmund Freud, der, wenn er über den Triebabgrund im Menschen räsoniert, ins Erzählen kommt und über Moses, Ödipus, Elektra und andere mythologische Prominenz spricht, so gerät auch Schelling in den Sog einer narrativen Überbietung des Unvordenklichen. Er ›erzählt‹ uns von den zwei Wesensarten in Gott: vom Gott dem Chaoten, der sich in seinem Gestalten und seinen Gestalten gleichsam zur Ordnung ruft und doch Rebell bleibt gegen sein geordnetes Selbst.

Schopenhauer hat seinerseits Schelling zur Ordnung gerufen. In seiner PREISSCHRIFT ÜBER DIE FREIHEIT DES WILLENS (1841) kommentiert er die Schellingsche Freiheitsschrift so: »Ihr Hauptinhalt ist... ein ausführlicher Bericht über einen Gott, mit welchem der Herr Verfasser intime Bekanntschaft verrät, da er uns sogar dessen Entstehung beschreibt; nur ist zu bedauern, daß er mit keinem Wort erwähnt, wie er denn zu dieser Bekanntschaft gekommen sei« (III, 609).

Das allerdings trifft nicht zu. Zu dieser »Bekanntschaft« mit dem Abgrund in Gott, im Sein, ist Schelling gekommen durch die intime Bekanntschaft mit der eigenen Abgründigkeit. Die Schellingsche Freiheitsschrift ist deshalb so kühn, weil sie das Mysterium der Selbsterfahrung der Freiheit zur Metaphysik des Chaos als Weltengrund monumentalisiert und damit, noch vor Schopenhauer, Einspruch erhebt gegen den nach Kant aus dem Subjekt herausgezogenen Panlogismus. Nachdem Schelling entdeckt hat, daß die Natur im Menschen eine zerstörerische, heillose Macht sein kann, sucht er das Wesen der Natur überhaupt neu zu fassen. Von allen Zeitgenossen Schopenhauers ist er derjenige, der noch am nächsten an den Schopenhauerschen Willensbegriff herankommt: »Wollen ist Ursein«, schreibt Schelling, »und auf dieses allein passen alle Prädikate desselben: Grundlosigkeit, Ewigkeit, Unabhängigkeit von der Zeit, Selbstbejahung.«

Auch bei Schelling ist der Wille nicht mehr eine Funktion des Verstandes, sondern umgekehrt: Der Verstand ist eine Funktion des Willens. So wird auch die Ordnung des Verstandes vom chaotisierenden Willen zerschlagen, aber – und das ist Schellings letztes Wort in dieser Sache – noch stärker ist der »Geist«, in dem die »Liebe« wirkt. »Die Liebe aber ist das Höchste. Sie ist das, was da war, ehe denn der Grund und ehe das Existierende (als getrennte) waren...« Schelling lenkt wieder ein. Noch eine Schicht tiefer, unter dem Abgrund, gibt es »Liebe«, »göttliche Liebe«, die uns bindet und trägt.

Uns fesselt die Notwendigkeit – erste Ebene. Wir entdecken unsere Freiheit, in der sich zugleich der bedrohliche Abgrund des Chaos öffnet – zweite Ebene.

Noch tiefer hinunter fühlen wir uns getragen und gebunden von dem Gefühl, daß doch alles eins und gut ist – dritte Ebene.

Oder: *Du mußt – Du kannst – Du darfst.*

Das Mysterium der Freiheit. Man wird bemerkt haben: In Schellings Freiheitsschrift ist noch einmal die ganze Dunkelheit des Problems prachtvoll ausgegossen. Und das ist vielleicht ihre größte Qualität.

Im Jahre 1838 nimmt sich auch Schopenhauer des Problems der Freiheit an.

1837 war er auf die in der »Hallischen Literaturzeitung« ausgeschriebene Preisfrage der Königlich-Norwegischen Gesellschaft der Wissenschaft zu Drontheim gestoßen. Allerorten war »Freiheit das Panier« (Freiligrath), und so lag denn auch die Preisfrage gut im Trend: »Läßt sich die Freiheit des menschlichen Willens aus dem Selbstbewußtsein beweisen?«

Schopenhauer macht sich über die Aufgabe her, ermuntert von einem kleinen Erfolg, der ihm soeben zuteil geworden ist.

Den Herausgebern einer neuen Kant-Ausgabe, den Professoren Schubert und Rosenkranz, hatte er im Sommer 1837 in einem ausführlichen Schreiben ans Herz gelegt, für die Edition doch die erste, unverstümmelte Auflage der KRITIK DER THEORETISCHEN VERNUNFT zugrunde zu legen. Die zweite Auflage (1787) mache, und das weist Schopenhauer detailliert nach, deutliche Abstriche von der ursprünglichen Radikalität des Textes, akkommodiere sich an Religion und Commen sense. Die Herausgeber befolgen seinen Ratschlag und drucken im Vorwort sogar die Hauptstellen seines Briefes ab. Wenigstens darf sich Schopenhauer jetzt als anerkannte Kant-Autorität fühlen. Solche Bestätigung gibt Mut und dämpft den Grimm über die andere Nachricht vom Juni 1837, als ihm nämlich der Verleger von ÜBER DEN WILLEN IN DER NATUR meldet, es seien inzwischen erst hundertfünfundzwanzig Exemplare verkauft worden.

Mit neuangeregter Unternehmungslust arbeitet Schopenhauer an der Preisschrift. Er hat sie noch nicht abgeschlossen, als er von einem weiteren Preisausschreiben erfährt, das ebenfalls das Problem einer philosophischen Ethik angeht. Die Königlich Dänische Societät der Wissenschaft stellt der philosophischen Zunft die etwas umständliche Preisfrage: »Ist *die Quelle und Grundlage der Moral zu suchen* in einer unmittelbar im

Bewußtsein (oder Gewissen) liegenden Idee der Moralität und in der Analyse der übrigen aus dieser entspringenden moralischen Grundbegriffe oder aber in einem andern Erkenntnisgrunde?«

Die Schrift zur ersten Preisfrage schickt Schopenhauer Ende 1838 ab. Sie erhält im Januar 1839 den ersten Preis. Schopenhauer, der sich über eine solche Auszeichnung wie »ein Kind« (Hornstein) freuen konnte, erwartet ungeduldig die Medaille und rennt deshalb in den nächsten Monaten dem norwegischen Residenten in Frankfurt die Tür ein. Inzwischen arbeitet er an der zweiten Preisfrage, schickt seine Schrift im Frühsommer 1839 ab und schreibt siegesgewiß und ungeduldig bereits im Juli 1839 an die »hochverehrliche Societät« in Kopenhagen: »Von dem errungenen Sieg bitte ich mich alsbald durch die Post benachrichtigen zu wollen. Den mir zuerkannten Preis aber hoffe ich... auf diplomatischem Wege von Ihnen zugeschickt zu erhalten« (B, 675).

Doch die hochverehrliche Societät in Kopenhagen ist anderen Sinnes. Sie hält Schopenhauers Schrift – die einzige, die auf das Ausschreiben hin eingegangen ist – für durchaus nicht preiswürdig. Der Autor sei nicht auf die Fragestellung eingegangen. »Auch«, so schreiben die Kopenhagener, »kann nicht verschwiegen werden, daß mehrere hervorragende Philosophen der Neuzeit so unziemlich erwähnt werden, daß es gerechten und schweren Anstoß erregt.«

Die beiden Abhandlungen läßt Schopenhauer 1841 bei einer kleinen Frankfurter Verlagsbuchhandlung erscheinen unter dem Gesamttitel: DIE BEIDEN GRUNDPROBLEME DER ETHIK, BEHANDELT IN ZWEI AKADEMISCHEN PREISSCHRIFTEN. Auf dem Titelblatt bezeichnet Schopenhauer die erste Schrift ausdrücklich als »gekrönt zu Drontheim, am 26. Januar 1839«, die zweite als »nicht gekrönt zu Kopenhagen, den 30. Januar 1840«. Das war als schallende Ohrfeige gemeint; erst ein Jahrzehnt später, als sein Ruhm beginnt, hat er damit Eindruck machen können.

In beiden Schriften durfte Schopenhauer nicht das Ganze seiner Metaphysik voraussetzen – die Einsendung mußte anonym erfolgen –, sondern er hatte »induktiv«, ausgehend von der Fragestellung, seine Position zu entwickeln. Die Frage der norwegischen Gesellschaft (»Läßt sich die Freiheit des menschlichen Willens aus dem Selbstbewußtsein beweisen?«) beantwortet Schopenhauer so: Man mag im Selbstbewußtsein noch so sehr herumkramen, man wird dort keine Freiheit, sondern nur die Illusion der Freiheit finden.

Dies kann er aber nur behaupten, wenn er zuvor geklärt hat, was denn unter »Selbstbewußtsein« zu verstehen sei; schließlich muß man wissen, in welcher Sphäre man nach der Existenz oder Nichtexistenz des freien Willens zu suchen hat.

Schopenhauer definiert also zunächst »Selbstbewußtsein«: Es ist das Bewußtsein, das übrig bleibt, wenn man absieht vom »Bewußtsein von andern Dingen«. Das »Bewußtsein von andern Dingen« füllt uns fast gänzlich aus; was enthält nun also der ›Rest‹? Wie schon der Ausdruck sagt: das Bewußtsein des eigenen »Selbst« (sofern es nicht ein »anderes Ding« ist). Schopenhauer fragt: »Wie wird der Mensch sich seines eigenen Selbst bewußt?« und gibt die Antwort: »durchaus als eines Wollenden«. Das Selbst, dessen das nicht »nach außen« gerichtete Bewußtsein unmittelbar gewahr wird, ist ein Wollendes. Was in einem »will«, das erschöpft sich nicht in den zur Tat werdenden Willensakten und »förmlichen Entschlüssen«, sondern umspannt das weite Gebiet aller »Affekte und Leidenschaften«, als da sind: »alles Begehren, Streben, Wünschen, Verlangen, Sehnen, Hoffen, Lieben, Freuen, Jubeln u. dgl., nicht weniger alles Nichtwollen oder Widerstreben, alles Verabscheuen, Fliehen, Fürchten, Zürnen, Hassen, Trauern, Schmerzleiden« (III, 529). Diese Willensstrebungen und Willenserregungen, so innerlich sie sind, beziehen sich natürlich immer auf etwas Äußeres, auf das sie gerichtet oder von dem sie angeregt sind. Jedoch fällt dieses Äußere schon nicht mehr in den Bereich des Selbst-Bewußtseins, sondern gehört in das Gebiet des »Bewußtseins anderer Dinge«. Diese Unterscheidung ist nicht so akademisch-spitzfindig, wie es vielleicht den Anschein hat, denn aus der strengen Fassung des Begriffs ›Selbstbewußtsein‹ (ein die Ereignisse des Willens unmittelbar begleitendes Bewußtsein) kann Schopenhauer die Illusion der Freiheit erklären: Wenn das Selbstbewußtsein ein unmittelbares Bewußtsein des eigenen Willensgeschehens ist, so kann es auch nicht weiterreichen als dieses von innen her erfahrbare Geschehen selbst. Der selbsterfahrene Wille ist dem Selbstbewußtsein etwas Anfängliches und muß ihm etwas Anfängliches sein, weil ja das Bewußtsein von äußeren Dingen, die motivierend, verursachend usw. den Willen anregen könnten, zunächst ausgeschaltet bleibt.

Die Aussage des Selbstbewußtseins über die eigenen Willensakte, »welche Jeder in seinem eigenen Innern behorchen mag«, kann, auf ihren »nackten Gehalt zurückgeführt«, sich so formulieren lassen: »Ich kann tun, was ich will: will ich links gehn, so geh ich links; will ich rechts gehn, so gehe ich rechts. Das hängt ganz allein von meinem Willen ab: ich bin also frei« (III, 536). Eine Selbsttäuschung, so Schopenhauer. Denn im Dunkeln bleibt, ob denn der Wille selbst, den ich in meinem Selbstbewußtsein immer schon in Aktion erlebe, frei ist. Wenn ich frei bin, bestimmte Dinge zu tun, bin ich denn auch frei zu wollen, lautet die Frage. Aus der Perspektive des unmittelbaren Selbstbewußtseins ist darauf keine Antwort möglich, denn fürs Selbstbewußtsein ist der Wille etwas Anfängliches. Dem Selbstbewußtsein ist der Wille so sehr etwas Anfängliches, daß man selbst strenggenommen erst dann weiß, was man will, wenn man schon gewollt hat. Bewußtsein des eigenen Willens gibt es eigentlich nur ›post festum‹.

Auskunft über die Frage, ob denn nun der Wille selbst frei sei, erhält man also nicht vom Selbstbewußtsein her – das führt uns nur in ein »dunkles Innen«, wo immer schon der Wille in uns lebt; Auskunft erhält man nur, wenn man das unmittelbare Selbstbewußtsein überschreitet in Richtung auf das Bewußtsein »von andern Dingen«; das heißt: wenn man sich selbst als Ding unter Dingen betrachtet, von außen also. Dann verändert sich die Szenerie. Dann gibt es eine ganze Welt von Dingen, Menschen usw. um mich herum, die auf meinen Willen einwirken, ihn in seinen Regungen bedingen, ihm Objekte liefern, Motivationen vorhalten. Das Verhältnis zwischen dieser ›Umwelt‹ und meinem Willen ist, unter dieser Perspektive, als ein streng kausales anzusehen, behauptet Schopenhauer. So wie der Stein fällt, die Pflanze reagiert, handelt der Mensch – notwendig auf bestimmte Motivationen hin. Motivation ist die durch das Erkennen im weitesten Sinne (also auch durch unbewußte Wahrnehmung usw.) hindurchgehende Kausalität. Der Wille kann, wenn bestimmte Motive in sein ›Blickfeld‹ treten, nicht anders, als in bestimmter Weise reagieren. Zwischen dem auf den Willen einwirkenden Motiv und dem Agieren des Willens besteht eine strenge Kausalität, eine Notwendigkeit, die Freiheit ausschließt. Der Mensch kann jedoch »mittelst seines Denkvermögens die Motive, deren Einfluß auf seinen Willen er spürt, in beliebiger Ordnung abwechselnd und wiederholt sich vergegenwärtigen, um sie seinem Willen vorzuhalten, welches *überlegen* heißt: er ist deliberationsfähig und hat vermöge dieser Fähigkeit eine weit größere *Wahl*, als dem Tiere möglich ist. Hierdurch ist er allerdings *relativ frei*, nämlich frei vom unmittelbaren Zwange der *anschaulich gegenwärtigen*, auf seinen Willen als Motive wirkenden Objekte, welchem das Tier schlechthin unterworfen ist: er hingegen bestimmt sich unabhängig von den gegenwärtigen Objekten nach Gedanken, welche *seine* Motive sind. Diese *relative* Freiheit ist wohl auch im Grunde, was gebildete, aber nicht tief denkende Leute unter der Willensfreiheit, die der Mensch offenbar vor dem Tiere voraushabe, verstehn« (III, 554). Dieses »Überlegen«-Können ändert aber nichts daran, daß mein Wille und das für ihn stärkste Motiv zusammenfinden und daß dann zwischen diesem Motiv und meinem Handeln eine strenge Kausalität, eine strenge Notwendigkeit herrscht.

Da gibt es also meinen Willen, das bin ich selbst; das ist, so Schopenhauer, mein »Charakter«, dessen Identität von innen nicht zu erkennen ist, der aber doch so fest, so bestimmt, so unveränderlich ist wie die Identität eines Steines. Und da gibt es eine ganze Welt, die auf diesen Willen einwirkt und ihn in der einen oder anderen Weise in Bewegung setzt, wie ein Stein, der, mit einer bestimmten Kraft geschleudert, eine bestimmte Flugbahn beschreibt und dann zu Boden fällt. Der Stein muß fliegen, wenn er geworfen wird, und ich muß in bestimmter Weise wollen, wenn mein Wille von bestimmten Motiven bewegt wird.

So entwirft Schopenhauer das Bild eines Universums von gnadenloser Notwendigkeit – aber, wie gesagt, aus der Perspektive des Bewußtseins von »äußern Dingen«, aus der Perspektive also eines verdinglichenden Bewußtseins.

Doch damit endet Schopenhauer nicht. Er kehrt auf vertrackte Weise wieder ins unmittelbare Selbstbewußtsein zurück, und was dort zunächst als Illusion der Freiheit erschien, erhält jetzt seine Wahrheit. »Wenn wir nun«, so schreibt er im Übergang zur Schlußbetrachtung, »infolge unserer bisherigen Darstellung alle Freiheit des menschlichen Handelns völlig aufgehoben und dasselbe als durchweg der strengsten Notwendigkeit unterworfen erkannt haben; so sind wir eben dadurch auf den Punkt geführt, auf welchem wir *die wahre moralische Freiheit*, welche höherer Art ist, werden begreifen können« (III, 618). Wie Kant beruft sich nun auch Schopenhauer auf das Bewußtsein, der Täter der eigenen Tat zu sein, auf das damit verbundene Gefühl der Verantwortlichkeit; ein Gefühl, das sich hartnäckig im unmittelbaren Selbstbewußtsein hält, auch und gerade dann, wenn dieses Bewußtsein sich durch Erklären entschulden kann. »Vermöge dieses Bewußtseins kommt es keinem, auch dem nicht, der von der im bisherigen dargelegten Notwendigkeit, mit welcher unsere Handlungen eintreten, völlig überzeugt ist, jemals in den Sinn, sich für ein Vergehn durch diese Notwendigkeit zu entschuldigen und die Schuld von sich auf die Motive zu wälzen, da ja bei deren Eintritt die Tat unausbleiblich war« (III, 618). Schopenhauer weiß natürlich auch, daß Versuche, die Schuld abzuwälzen, stets unternommen werden. Was er sagen will, ist dies: Die Entlastung funktioniert nicht, das Verantwortungsgefühl läßt sich zuletzt doch nicht verdrängen, in wie auch immer verzerrter Form bewahrt es seine bohrende Präsenz. Auf eine radikale Weise ist man für sich selbst verantwortlich. Schopenhauer kommt zu der unerhört paradoxen Formulierung: »Die *Freiheit*, welche daher im ›operari‹ (Handeln) nicht anzutreffen sein kann, *muß im ›esse‹ (Sein) liegen*« (III, 622).

Und so bekommen am Ende der Untersuchung die zu Anfang zurückgewiesene Illusion der Freiheit und das Gefühl der souveränen Eigenmacht ihr Recht. In diesen Befunden des unmittelbaren Selbstbewußtseins offenbart sich eine überraschende Wahrheit: »Das alle unsere Taten trotz ihrer Abhängigkeit von den Motiven unleugbar begleitende Bewußtsein der Eigenmächtigkeit und Ursprünglichkeit, vermöge dessen sie *unsere* Taten sind, trügt demnach nicht: aber sein wahrer Inhalt reicht weiter als die Taten und fängt höher oben an, indem unser Sein und Wesen selbst, von welchem alle Taten (auf Anlaß von Motiven) notwendig ausgehn, in Wahrheit mit darin begriffen ist. In diesem Sinne kann man jenes Bewußtsein der Eigenmächtigkeit und Ursprünglichkeit, wie auch das der Verantwortlichkeit, welches unser Handeln begleitet, mit einem Zeiger vergleichen, der auf einen entfernteren Gegenstand hinweist, als der in derselben Richtung näherliegende ist, auf den er zu weisen scheint« (III, 623).

In welche Richtung dieses Gefühl weist, das uns in die Verantwortung nimmt, das uns, trotz Einsicht in unsere Determiniertheit, Schuld auflädt – kann Schopenhauer in der vorliegenden Schrift kaum andeuten, weil er sonst seine ganze Metaphysik des Willens entfalten müßte, nur soviel läßt er durchblicken: Am Grunde des paradoxen Schuldgefühls, der paradoxen Verantwortlichkeit liegt die *Schuld der Individuation*, die Schuld, derjenige zu sein, der man ist, und durch das, was man ist, durch seine schiere Existenz ein Partikel zu sein des in sich zerrissenen, sich im universellen Streit verzehrenden Willenskosmos. Das unmittelbare Selbstbewußtsein, das ja gänzlich von der Selbsterfahrung dieses zugleich treibenden und zehrenden Willens erfüllt ist, weiß im Gefühl der Freiheit und der Verantwortlichkeit und ebenso im Gefühl der Reue von dieser Schuld.

Wenn Schopenhauer ins unmittelbare Selbstbewußtsein zurückkehrt und dort die verborgene Wahrheit der Illusion aufdeckt, dann beschreibt er wiederum jenen Zirkel einer immanenten Metaphysik, die auch in der Kritik der Erfahrung die Erfahrung nicht verrät. Er kehrt zurück zu einer Evidenz im unmittelbaren Selbstbewußtsein, nachdem er diese Evidenz (das Gefühl der Freiheit und Verantwortlichkeit) zunächst im *Erklären* (Kette der Notwendigkeit) aufgelöst hat. Er kehrt zurück, indem er diese Evidenz, die trotz aller Erklärung nicht verschwindet, nunmehr zu *verstehen* sucht, indem er danach fragt, was es eigentlich *bedeute*, wenn die Stimme, die uns schuldig spricht, die uns zum Täter unserer Taten stempelt, die uns Verantwortung auflädt, nicht verstummen will.

Das sind wieder die beiden Dimensionen: die Beruhigung,

auch Entlastung durch das *Erklären* und die bleibende Unruhe, die das »unbekannte x«, das bei jedem Erklären übrig-
bleibt, sich anverwandeln will im *Verstehen*. Die Illusion der
Freiheit löst Schopenhauer mit einem erklärenden Ausgriff
auf das notwendige Sein auf, wendet sich dann aber zirkulär
zurück zu dem *Sein* dieses *notwendigen* Seins. Und die analy-
tisch aufgelöste Anfangserfahrung der Freiheit besagt jetzt:
Mit mir und in mir fängt dieses Sein immer neu an.

Heidegger wird hier von der ›Gelassenheit‹ sprechen und
Adorno von jenem ›Nichtidentischen‹, das dem Zwang einer
verdinglichenden Identität widerstreitet.

Schopenhauers immanente Metaphysik »reißt sich von der
Erfahrung nie ganz los, sondern bleibt die bloße Deutung und
Auslegung derselben« (II, 237). So formuliert Schopenhauer
sein metaphysisches Programm im zweiten Band des Hauptwerkes.

Auf das Freiheitsproblem bezogen heißt das: Die Erklärung
zeigt mir, *warum* ich etwas tue und getan habe. Das Verstehen
fragt, was ich eigentlich *bin*, daß ich solches tue.

Man sieht: Auch bei Schopenhauer bleibt die Freiheit ein
Mysterium. Aber ein Mysterium, das uns gleichzeitig so nahe, so alltäglich ist, daß es einer ganzen Entlastungskultur bedarf, um ihm auszuweichen – beispielsweise des Mythos
vom Handlungssubjekt ›Gesellschaft/Geschichte‹, an das wir
unsere Verantwortung delegieren können, von dem wir Freiheiten einfordern, damit wir unsere Freiheit loswerden.

Schopenhauer hatte am Ende seiner Freiheitsschrift von
der »wahren moralischen Freiheit« gesprochen. ·Um die
»Grundlage der Moral« nun geht es in seiner zweiten, der
»nicht gekrönten« Preisschrift.

Sehr selbstbewußt schreibt er in der Einleitung: »Wer
gesehn hat, wie alle bisher eingeschlagenen Wege nicht zum
Ziele führten, wird williger mit mir einen davon sehr verschiedenen betreten, den man bisher entweder nicht gesehn hat
oder aber verächtlich liegenließ; vielleicht weil er der natürlichste war« (III, 640).

Die Wege, die zum Ziel führen, besonders den Weg Kants,
läßt Schopenhauer zunächst Revue passieren. Seine Kritik
läßt sich auf zwei Aspekte reduzieren: Kritik an der Über-

schätzung der Vernunft in Fragen der Moral und Kritik an der heimlichen Allianz von Moral und Egoismus.

Zum ersten: Man hat die Grundlage der Moral lange Zeit fälschlich im Intellekt gesucht. An eine solche intellektuelle Moral aber wird »im Ernst und Drang des Lebens« kein Mensch sich kehren. Eine solche ›Moral‹ ist dem übermächtigen Willen, den Leidenschaften gegenüber so viel wie eine »Klystierspritze bei einer Feuersbrunst« (III, 670). Mit dem »apriorischen Kartenhäuserbau« der Kantschen ›praktischen Vernunft‹ ist nichts auszurichten, denn der Mensch ist nicht so geartet, daß er auf den Einfall käme, »sich nach einem *Gesetz* für seinen Willen, dem dieser sich zu unterwerfen und zu fügen hätte, umzusehn und zu erkundigen« (III, 669). Überhaupt habe Kant, so Schopenhauer, den unverzeihlichen Fehler begangen, seine trefflichen Einsichten ins Apriori unserer Erkenntnisfähigkeit zu moralisieren. Kant habe fälschlich die Kraft der theoretischen Vernunft, die den Erfahrungsstoff in seine Kategorien einfängt, auf das moralische Gebiet übertragen. Er habe eine Vernunft konstruiert, die, ebenso apriorisch wie die theoretische Vernunft die Erfahrung, ihrerseits nun als moralische Vernunft das praktische Tun regiere. Heraus komme dabei das, was Morallehren in der Regel immer schon mehr oder weniger verkappt gewesen sind, nämlich – und das ist der zweite Aspekt der Schopenhauerschen Kritik – theoretische Rechtfertigung des Egoismus.

Egoismus ist nichts anderes als die Naturmacht unserer Willensexistenz. Der Wille ist von sich aus egoistisch, will sein eigenes »Wohl und Weh« und bedarf keiner moralischen Stütze. Egoismus geschieht sowieso. Eine Moral, die egoistischen Interessen dient, ist nicht Moral, sondern eben Egoismus in moralischer Verkleidung. Wer in Erwartung jenseitiger Belohnung Gutes tut, handelt darum eben nicht moralisch, sondern egoistisch. Der Gläubige gibt Kredit, weil er auf die hohen Zinsen des Jenseits spekuliert. Auch Kant habe, so Schopenhauer, nach vielem Hin und Her denen, die seinem kategorischen Imperativ folgten, schließlich doch eine Belohnung in Aussicht gestellt und damit seine Moral auf den Egoismus gestützt.

Bei der Kritik des moralischen Scheins ist Schopenhauer,

wie später Nietzsche, ein Meister der psychologischen Entlarvung: Er spürt dem Egoismus auf seinen Schleichwegen nach, deckt Maskierungen und Wechselfälschereien auf. Kurz und bündig lautet seine Definition der Handlungen von »echtem moralischen Wert«. Es sind dies die Handlungen »freiwilliger Gerechtigkeit, reiner Menschenliebe und wirklichen Edelmuts« (III, 726). Es sind Handlungen, die geschehen gegen die Triebkräfte des Egoismus. Handlungen, die nicht, auch nicht über Umwege, aufs eigene Wohlsein abzielen. Aber – und das ist für Schopenhauer ein ganz entscheidender Punkt – auch diese Handlungen bedürfen einer Triebkraft, die »Klystierspritze« des bloßen Intellekts könnte sie nie zustande bringen. Die Moral habe, so Schopenhauer in der Einleitung, eine Grundlage, die man übersehen habe, weil sie die natürlichste sei; die Grundlage also ist: das Mitleid.

Das Mitleid mag »natürlich« sein und bleibt doch für Schopenhauer ein »Mysterium«, das in den Kern seiner Metaphysik führt.

In der Freiheitsschrift war Schopenhauer zuletzt auf die *Schuld der Individuation* gestoßen, jetzt geht es um den *Schmerz der Individuation*.

Das Mitleid ist ein Geschehen noch in der Sphäre des Willens selbst und nicht etwa in der der Reflexion. Im Mitleid zerreißt der »Schleier der Maja«, beim Anblick der Leiden des anderen erlebe ich, wie »die Schranke zwischen Ich und Nicht-Ich für den Augenblick aufgehoben ist«, das Leiden des anderen leide ich mit, wie ich sonst nur »mein Weh fühle« (III, 763).

Dieser Vorgang ist »mysteriös: denn er ist etwas, wovon die Vernunft keine unmittelbare Rechenschaft geben kann und dessen Gründe auf dem Wege der Erfahrung nicht auszumitteln sind« (III, 763).

Im Mitleid bin ich schmerzhaft verbunden mit einer Welt voller Qual. Das ist die Schopenhauersche Pathodizee: Das Sein ist Leiden, weil es Wille ist; und für Augenblicke aus den Grenzen des Individuums, aus den Grenzen der egoistischen Selbstbehauptung *meines* Willens herausgerissen, werde ich frei für die Teilhabe am leidenden Sein. Dieses Einswerden vollzieht sich beim Mitleid nicht als kontemplative, universalistische Schau, sondern als Verwicklung in den konkreten einzelnen ›Fall‹. Das muß man erfahren haben, wenn daraus Handlung werden soll. Mitleid kann man nicht predigen. Man hat es oder hat es nicht. Es ist eine Art der Seinsverbundenheit, die höher ist denn alle Vernunft der Selbstbehauptung. Mitleid ist ein Geschehen in der Dimension des Willens. Wille, der an sich selbst leidet und beim Anblick der anderen Schmerzen für Augenblicke davon abläßt, sich selbst nur in seiner individuellen Abgegrenztheit zu wollen.

Für Schopenhauer ist das Mitleid ein »Urphänomen und der Grenzstein, über welchen hinaus nur noch die metaphysische Spekulation einen Schritt wagen kann« (III, 741).

Seine Mitleidsethik ist mit Recht eine »praktische Mystik« genannt worden (Lütkehaus). Das Mitleid kommt aus der spirituellen Überwindung des Principii individuationis und spekuliert nicht auf jenseitige oder gar diesseitige Belohnung; es ist im radikalen Sinne ›selbstlos‹; vor allem aber ist es eine Solidarität ›trotz Geschichte‹. Das Mitleid hofft nicht auf eine geschichtliche Überwindung des Leides und des Elends. Man kennt das gespannte Verhältnis zwischen den großflächigen Verbesserungstheorien und den punktuellen Mitleidsakten. In der Regel werden sie denunziert, weil sie aussichtslos seien, weil sie vom ›Hauptübel‹, das durchs instrumentell-strategische Handeln der ›Emanzipation‹ zu beseitigen sei, nur ablenkten. Mitleid erscheint in dieser Perspektive als Sentimentalität gegenüber ›Symptomen‹. In den »Brei des Herzens« werde die Energie verrührt, die man besser für die harte Arbeit der Wurzelbehandlung nutzen sollte. Auf Schopenhauers Mitleidsethik greift Max Horkheimer zurück, wenn er gegen die überstrategische instrumentelle Vernunft der ›Emanzipation‹ argumentiert: »Sei mißtrauisch gegen den, der behauptet, daß man entweder nur dem großen Ganzen oder überhaupt nicht helfen könne. Es ist die Lebenslüge derer, die in der Wirklichkeit nicht helfen wollen und die sich vor der Verpflichtung im einzelnen bestimmten Fall auf die große Theorie hinausreden. Sie rationalisieren ihre Unmenschlichkeit.«

Schopenhauers Mitleidsethik ist eine Ethik des ›Trotzdem‹; ohne geschichtsphilosophische Deckung und Rechtfertigung und auf dem Hintergrund einer trostlosen Metaphysik plädiert sie für jene Spontaneität, die das perennierende Leiden wenigstens lindern will. Sie ermuntert zum Kampf gegen das Leiden und erklärt zugleich, daß die Aufhebung des Leidens keine Chance hat. Sie ist, wie Lütkehaus sehr treffend formuliert, eine »Praxisphilosophie des als ob«.

Schopenhauers Bilder des universellen Leidens bleiben nicht nur großformatig, sie zeugen auch von einem wachen Blick für das sehr zeitgenössische soziale Elend.

Im zweiten Band des Hauptwerkes zeichnet er das Bild der Welt als einer »Hölle, welche die des Dante dadurch übertrifft, daß einer der Teufel des andern sein muß« (II, 740). Angerichtet wird solche »Hölle« vom »grenzenlosen Egoismus« oder gar von absichtlicher »Bosheit«. Schopenhauer weist zunächst auf die »Negersklaverei« hin und fährt dann fort: »Man braucht nicht so weit zu gehn: im Alter von fünf Jahren eintreten in die Garnspinnerei oder sonstige Fabrik und von dem an erst zehn, dann zwölf, endlich vierzehn Stunden täglich darin sitzen und dieselbe mechanische Arbeit verrichten heißt das Vergnügen, Atem zu holen, teuer erkaufen. Dies aber ist das Schicksal von Millionen, und viele andere Millionen haben ein analoges« (III, 740).

Nun hat sich aber im Revolutionsjahr 1848 dieses soziale Elend gerührt, das Schopenhauer mit den grellen Farben der Empörung zu schildern weiß, ist rebellisch geworden, hat Barrikaden gebaut und da und dort auch zu den Waffen gegriffen. Arthur Schopenhauer hat darauf mit mitleidloser Wut und Angst reagiert.

In den Märztagen kommt es, wie überall in Deutschland, zu sozialen und politischen Unruhen in der Stadt.

Schon Ende 1847 hatte der preußische Gesandte an den Frankfurter Senat eine Warnung gerichtet vor dem Überhandnehmen des politischen Vereinswesens; es werde Aufruhr gepredigt, Empörung gegen das Bestehende, unter Handwerkern würden kommunistische und sozialistische Ideen verbreitet, das bürgerliche Publikum schenke den »demokratischen Hetzern« Gehör. Das Polizeiamt schreibt zurück, in einer so blühenden und reichen Stadt wie Frankfurt gebe es kein unzufriedenes Proletariat, für die Armen sei gut gesorgt, das Bürgertum sei erfüllt vom Gemeinsinn und halte in Treue zur Stadtverfassung von 1816. Wo es Stadtfreiheit gebe, hätten die »Demagogen« nichts zu bestellen.

Dem war aber durchaus nicht so. Die Märztage von 1848 zeigen es.

Die Forderungen, die man überall in Deutschland erhebt, werden auch in Frankfurt laut: Pressefreiheit, Versammlungsfreiheit, Einschränkung der Macht des vorwiegend patrizischen Senats, Erweiterung der Befugnisse des »Bürgerkollegs«, Judenemanzipation, Geschworenengerichte.

Vereine schießen aus dem Boden, das »Montagskränzchen«, der »Bürgerverein«. Der Turnverein nennt sich jetzt »Arbeiterverein«. Die Mitglieder des »Sängerkranzes« setzten sich schwarzrotgoldene Mützen auf. Ein Handwerkerkongreß tritt zusammen. Man verabschiedet einen »feierlichen Protest von Millionen Unglücklichen gegen die Gewerbefreiheit«. Hier tritt man für Regelung der Arbeit im zünftlerischen Sinne ein gegen die »französische Freiheit« des Kapitalismus. Noch geben die Meister den Ton an. Aber seit Mai 1848 erscheint die weitaus radikalere »Frankfurter Arbeiterzeitung«. Deren Redakteure werden ausgewiesen, sie hatten gegen die »liberalen Geldsäcke« gewettert. Im benachbarten Offenbach tagt am 2. April die Generalversammlung des »Deutschen Arbeitervereins«. Man beschließt eine Resolution, die am nächsten Tag auch in Frankfurt Aufsehen erregt: »Die deutschen Arbeiter sind noch keine Kommunisten, sie wollen keinen Krieg gegen die Reichen und das Eigentum, sie verlangen nur Beschäftigung und einen für ihren Unterhalt ausreichenden Lohn für die Mühe und Arbeit, sie verlangen persönliche Freiheit, freie Presse und Gleichheit der Rechte; und darum wünschen sie Frieden.« Die Frankfurter Arbeitervereine fühlen sich ermuntert zu der Forderung, es sollten Arbeiterdeputierte zur Paulskirche zugelassen werden. Sie bezeichnen sich selbst als die »besten, biedersten, treuesten, sittlichsten« Glieder des Volkes. Der Ton wird selbstbewußter, drohender. »Wider die elende Machination der Fürsten, Geldaristokratie, Bourgeoisie und wie die Feinde des Volkes alle heißen mögen«, trompetet ein Flugblatt, das in der Stadt verteilt wird. Unterdessen tagt das erste frei gewählte Parlament Deutschlands in der Frankfurter Paulskirche und berät den Kanon der Menschenrechte. Am Portal prangt der Spruch: »Des Vaterlands Größe, des Vaterlands Glück, / O schafft sie, o bringt sie dem Volke zurück.«

Im März 1848 hat Schopenhauer sogleich, wie er in einem Brief an Frauenstädt vom 11. Juli berichtet, »zu allerlei Restriktionen« gegriffen, hat seine Geldausgaben reduziert, Bücherbestellungen rückgängig gemacht. Man muß das Seine zusammenhalten, »erhebt sich der Sturm, so zieht man alle Segel ein« (B, 231).

Die Paulskirchenversammlung hat inzwischen einen Reichsverweser gewählt, den Erzherzog Johann. Für Schopenhauer ein Silberstreif am Horizont: Vielleicht kehrt doch wieder Ordnung ein. Schlimmes habe er durchmachen müssen, schreibt er in diesem Juli 1848 an Frauenstädt, »geistig habe ich diese 4 Monate schrecklich leiden müssen, durch Angst und Sorge: alles Eigentum, ja der ganze gesetzliche Zustand bedroht! in meinem Alter wird man von dergleichen schwer afficiert – den Stab, an dem man das ganze Leben zurückgelegt und dessen man sich werth bewiesen, wanken zu sehn« (B, 231).

Schopenhauers wachsender Widerwille gegen die Revolution ist vielschichtig in seinen Motiven und vielgestaltig in seinen Ausdrucksformen. Manches Mal ist er von panischer Angst ergriffen, die Revolution könnte ihm sein Eigentum rauben, das es ihm erlaubt, für die Philosophie zu leben. Manchmal kippt der Widerwille um in berserkerhafte Wut. Dann wird Schopenhauer sogar im »Englischen Hof«, dem bevorzugten Quartier der Konservativen und Konstitutionellen, zur Witzfigur. Er übertreibe seine »Demokratenfresserei«, meint man hier. Selbst seine »Lieblinge«, so berichtet Robert von Hornstein, »die aristokratischen Offiziere der Table d'hote des Englischen Hofs, die er als Gesellschaftsretter verhätschelte, gingen nicht immer säuberlich mit ihm um«. Schopenhauer erhebt sein Glas auf den blutbesudelten Konterrevolutionär, den »edlen Fürsten Windischgrätz«, und bedauert lauthals dessen »zu große Empfindsamkeit«. Den »Blum (ein radikaler Demokrat, R. S.) hätte er nicht erschießen, sondern henken sollen« (G, 222).

Im September 1848 stimmt die Paulskirche dem Waffenstillstand von Malmö zu. Preußen war gegen Dänemark, das Territorialansprüche in Schleswig erhoben hatte, ins Feld gezogen. Man empfand das als patriotische Tat, um so mehr galt Preußens Rückzug als Verrat. Die Zustimmung der Paulskirche wurde als Beweis von Ohnmacht und nationaler Ehrvergessenheit gewertet. Der allgemeine Unmut der Enttäuschten, die von den Märztagen sozial und politisch mehr erwartet hatten, kam hinzu.

Am 18. September 1848 bricht das alles mit Gewalt hervor. Eine empörte Volksmenge will das Parlament stürmen. In den Straßen werden Barrikaden gebaut, es wird scharf geschossen. Zwei prominente Vertreter der Gegenrevolution, der Fürst Lichnowsky und der General Auerswald, werden von der Volksmenge auf grausame Weise umgebracht. Dem einen schlägt man den Kopf ab, dem anderen bricht man die Arme und macht dann ein Scheibenschießen mit ihm. Der alte Ernst Moritz Arndt klagt: »Die Flut, welche über uns hereingebrochen ist, war von Dummheit, Habsucht und Herrschsucht über ein Menschenalter aufgestaut; sie hat ihren Durchbruch gemacht und den Schlamm und Dreck aus der untersten Tiefe uns auf die Köpfe gespült.«

Schopenhauer hat das Pech, an diesem turbulenten Tag unter die streitenden Parteien zu geraten. Er gibt die Ereignisse bei der Polizeibehörde zu Protokoll, er will zur Identifizierung der Rebellen beitragen: »Am 18. September d. J., ungefähr halb ein Uhr, sah ich aus meinem Fenster einen großen, mit Mistgabeln, Stangen und einigen Gewehren bewaffneten Pöbelhaufen, dem eine rote Fahne vorangetragen wurde, von Sachsenhausen her über die Brücke ziehen... Ungefähr acht oder zehn mit Gewehren Bewaffnete... blieben zum Teil am Eingang der Brücke, zum Teil auf der Mitte derselben in den Rondellen und hinter einem daselbst umgestürzten Wagen, und schossen dieselben mit größter Ruhe und Überlegung in die Fahrgasse hinein, stets mit größter Aufmerksamkeit zielend. Einer dieser Schützen, der ein graues Kamisol an hatte und einen großen roten Bart trug, war besonders tätig...« (Bw 16, 164).

In einem Brief an Frauenstädt berichtet Schopenhauer ein bezeichnendes Detail: »plötzlich Stimmen und Geboller an meiner verschlossenen Stubentüre: ich denke, es sei die souveräne Kanaille, verrammle die Tür mit der Stange: jetzt geschehn gefährliche Stöße gegen dieselbe: endlich die feine Stimme meiner Magd: ›es sind nur einige Österreicher!‹ Sogleich öffne ich diesen werten Freunden: 20 blauhosige Stockböhmen stürzen herein, um aus meinem Fenster auf die Souveränen zu schießen; besinnen sich aber bald, es gienge vom nächsten Hause besser. Aus dem ersten Stock rekognoscirt der Officier das Pack hinter der Barrikade: sogleich schicke ich ihm den großen doppelten Opernkucker« (B, 234).

Schopenhauers Wut gegen die »souveräne Kanaille« richtet sich zuallererst gegen deren intellektuelle Wortführer. Soweit ist sein Widerwille gewissermaßen ›philosophisch‹ begründet, denn er bezieht sich auf den »Weltverbesserungsdünkel«, auf die »ruchlose Denkart« des Optimismus. Für ihn ist die »souveräne Kanaille« eine irregeleitete Meute, die glaubt, an der Misere ihres Lebens seien staatliche Einrichtungen schuld und man schaffe dem Glück Raum, wenn man den bestehenden Staat zerstöre und einen anderen an seine Stelle setze. Für Schopenhauer ist das linksgewendeter Hegelianismus fürs Volk. Der Staat ist keine Fortschrittsmaschine; will man ihn dazu machen, so betreibt man unweigerlich Staatsvergottung. Schopenhauer verteidigt den autoritären Staat mit dem Hinweis auf die Gefahr des ›Totalitarismus‹, wie wir heute sagen würden.

In seiner Moral-Schrift von 1841 hatte er formuliert, was der alleinige Zweck des Staates zu sein habe: »die einzelnen vor einander und das Ganze vor den äußeren Feinden zu schützen. Einige deutsche Philosophaster dieses feilen Zeitalters möchten ihn verdrehn zu einer Moralitäts-Erziehungs- und Erbauungsanstalt: wobei im Hintergrunde der ... Zweck lauert, die persönliche Freiheit und die individuelle Entwicklung des einzelnen aufzuheben, um ihn zum bloßen Rade einer chinesischen Staats- und Religionsmaschine zu machen. Dies ist aber der Weg, auf welchem man weiland zu Inquisition ... und Religionskriegen gelangt ist« (III, 750).

Solche Staatsvergottung sieht Schopenhauer bei dem »Pack« hinter der Barrikade am Werk, und auch das zweite »Gebrest des Zeitalters« ortet er dort: den plumpen Materialismus. Man gebe sich der Illusion hin, daß die Befriedigung der materiellen Bedürfnisse schon einen Ausweg aus dem Elend der menschlichen Existenz darstelle. Die Wortführer der Bewegung seien eigentlich, so Schopenhauer, »verdorbene Studenten, genauer »Junghegelianer«, die zur »absolut physischen Ansicht herabsinken, welche zu dem Resultate führt: edite, bibite, post mortem nulla voluptas, und insofern als Bestialismus bezeichnet werden kann.«

Doch alle diese ›philosophischen‹ Gründe des Widerwillens können die manches Mal hervorbrechende Angst und berserkerhafte Wut Schopenhauers nicht erklären. Deren harter Kern ist und bleibt eben doch Schopenhauers Angst um sein Eigentum.

Gerade während der Revolutionstage packt ihn die Furie der Selbsterhaltung und Selbstbehauptung, die ihn gänzlich stumpf macht gegen die Qualen des sozialen Elends und der politischen Bedrückung, Qualen, für die er sonst in seiner Mitleidsphilosophie ergreifende Worte gefunden hat. Da hockt er in seinem Haus ›Schöne Aussicht Nr. 17‹ und verteidigt sein Principium individuationis auf eine Art, die Don Quichote alle Ehre gemacht hätte. Denn sein Hab und Gut ist wahrlich nicht gefährdet, und ihm selbst will keiner ans Leder. Aber wie nasses Leder zieht er sich um seinen Geldsack zusammen.

Er braucht den Geldsack, um nicht *von* der Philosophie leben zu müssen, um auf keinen Verleger, kein Ministerium, kein zahlendes Publikum Rücksicht nehmen zu müssen – das erklärt er jedem, der es hören will, und so rechtfertigt er sich vor sich selbst. Das Argument trifft zu und verdeckt doch auch eine tiefe Unwahrheit. Denn was ihn unabhängig machen soll, der Geldsack, hindert ihn in diesen Wochen daran, die Einsichten seiner Philosophie – die Philosophie des Mitleids, die Philosophie der ›praktischen Mystik‹ – wenigstens ein Stück weit zu *leben*. Seine Philosophie legt wahrlich keine Sympathie für die Revolution nahe, aber ein tiefes Verständnis ihrer sozialen und politischen Motive. Und dieses Verständnis hätte ihn eigentlich davon abhalten müssen, seinen »Opernkucker« als Zielfernrohr anzubieten. In den Tagen der Revolution jedenfalls sieht man Schopenhauer zusam-

der Revolution jedenfalls sieht man Schopenhauer zusammenschrumpfen auf den Selbsterhaltungswillen eines philosophierenden Couponschneiders.

Drei Jahre später ist wieder das Mitleid am Zuge. Am 26. Juni 1852 setzt er in seinem Testament zum Universalerben ein den »in Berlin errichteten Fonds zur Unterstützung der in den Aufruhr- und Empörungskämpfen der Jahre 1848 und 1849 für Aufrechterhaltung und Herstellung der gesetzlichen Ordnung in Deutschland invalide gewordenen preußischen Soldaten, wie auch der Hinterbliebenen solcher, die in jenen Kämpfen gefallen sind.«

Dreiundzwanzigstes Kapitel

Der Berg kommt zum Propheten. Apostel, Evangelisten und
das große Publikum. Schopenhauers ›Philosophie für die Welt‹:
APHORISMEN ZUR LEBENSWEISHEIT. *Der Geist des*
Realismus. Das ›Als ob‹. Lob der Inkonsequenz.
SIEBTES PHILOSOPHISCHES SZENARIO:
SCHOPENHAUER UND EINIGE FOLGEN

Schopenhauer und sein Hab und Gut überleben die Revolution. Die Revolution aber stirbt. Man hatte es auch mit ihr nicht zu weit getrieben: Eine konstitutionelle monarchische Verfassung wird verabschiedet und dem preußischen König das Angebot unterbreitet, er möge doch fürderhin deutscher Erbkaiser von Volkes Gnaden sein. Das geschieht am 28. März 1849. Doch der König, durchdrungen von seinem eigenen Gottesgnadentum und der Legitimität des habsburgischen Kaisertums in Deutschland, lehnt ab. Die Parlamentskrone aus »Dreck und Letten« gilt ihm als »Hundehalsband, mit dem man mich an die Revolution von 1848 ketten will«.

Friedrich Wilhelm IV. hatte seine guten, realpolitischen Gründe, denn er hätte bei Annahme der konstitutionellen, neureichsdeutschen Krone den Widerstand Rußlands und Österreichs bis hin zum Krieg gewärtigen müssen. Aber entscheidend für ihn war doch, daß er sich nicht mit der wie immer gezähmten liberalen Revolution verbinden wollte.

Nach der königlichen Ablehnung verzichtet ein Teil der Paulskirche darauf, für die beschlossene Reichsverfassung einzutreten und sie durchzusetzen. Die Konstitutionellen verlassen Frankfurt, übrig bleibt ein machtloses linkes Rumpfparlament, das nach Stuttgart umzieht. Dort sperrt am 18. Juni 1849 die württembergische Regierung das Sitzungslokal, und damit ist die Geschichte des deutschen Parlamentarismus vorerst beendet. In diesen Wochen kommt es da und dort, im Zuge der sogenannten ›Reichsverfassungskampagne‹, noch einmal zu Aufständen. In Dresden beispielsweise geht der spätere Schopenhauerianer Richard Wagner zusammen mit Bakunin auf die Barrikade. Mit massiven Militärein-

sätzen, mit Standgerichten und Todesstrafe, mit Hochverrats-
prozessen und Zuchthaus setzen die Regierungen wieder Ruhe und Ordnung durch. Richard Wagner, den NIBELUNGEN-
RING im Kopf, flieht in die Schweiz. Schopenhauer kann in
Frankfurt aufatmen: Vor der Schönen Aussicht Nr. 17 rumort
nicht mehr die »souveräne Kanaille«. Schopenhauer setzt
sein Leben fort wie bisher: morgens Schreiben, vor dem Essen
die Querflöte, mittags in den »Englischen Hof«, nachmittags
ins »Casino« zum Zeitunglesen, dann Spazierengehen,
abends Lektüre, vor dem Zubettgehen Andacht mit den UPA-
NISHADEN. Noch ist der Kaspar Hauser der Philosophie nicht
aus dem Dunkel getreten. Aber der Augenblick ist nah.

Im März 1844 war die zweite, auf zwei Bände erweiterte Ausgabe des Hauptwerkes erschienen. Der Verleger hatte sich zunächst gesträubt, zuletzt aber doch nachgegeben. Schopenhauer indes mußte auf das Honorar verzichten. »Nicht den
Zeitgenossen, nicht den Landsgenossen – der Menschheit
übergebe ich mein nunmehr vollendetes Werk«, schreibt
Schopenhauer in der Vorrede. Was er und der Verleger geahnt
haben, trifft ein: Noch ist der »Widerstand der stumpfen Welt«
nicht zu besiegen. Das Werk findet nur eine einzige ins Gewicht fallende Besprechung, die von Carl Fortlage in der
»Jenaischen Literaturzeitung« von 1845. Die Rezension lobt
das Werk etwas gönnerhaft als »Übergangs- und Ergänzungs-
glied« zwischen Kant und Fichte. Schmeichelhaft ist das nicht
für einen Philosophen, der von sich glaubt, daß mit ihm eine
neue philosophische Zeitrechnung beginnen werde.

Als Schopenhauer im August 1846 nach dem Absatz seines
Werkes fragt, erhält er von Brockhaus die Antwort: »(Ich
kann) Ihnen zu meinem Bedauern nur sagen, daß ich damit
ein *schlechtes* Geschäft gemacht habe, und die nähere Auseinandersetzung erlassen sie mir wol.«

Und doch beginnt sich in den vierziger Jahren um Arthur
ein Fähnlein von Aufrechten zu sammeln. Seine »Evangelisten« und »Apostel«, wie er sie nicht nur scherzhaft nennt.

Der »Urevangelist« ist der Oberlandgerichtsrat in Magdeburg, Friedrich Dorguth (1776-1854). Dieser Jurist, als ehemaliger Regierungsrat in Warschau mit dem ebenfalls dort

amtierenden Regierungsrat E.T.A. Hoffmann bekannt, betreibt Philosophie als Liebhaberei. Mit seinen voluminösen »Kritiken«, die eine am »Idealismus«, die andere am »Realidealismus«, liegt er einer Öffentlichkeit in den Ohren, die ihn nicht hören will. Er hat Ende der dreißiger Jahre Schopenhauer für sich entdeckt und stößt nun in die Trompete: »Ich kann nicht umhin, Schopenhauer als den ersten realen systematischen Denker in der ganzen Litteraturgeschichte anzuerkennen.« Natürlich kann ein Dorguth mit solchen Hymnen wenig ausrichten.

Der nächste »Evangelist« ist der Berliner Privatgelehrte der Philosophie, Julius Frauenstädt (1813-1879). Er hatte während seines Studiums nie etwas von Schopenhauer vernommen, war dann aber in einer philosophischen Enzyklopädie auf einige wenige Zeilen gestoßen, in denen der »geistreichen und originellen WELT ALS WILLE UND VORSTELLUNG« gedacht wurde. Er hatte sich das Werk besorgt und war hingerissen. 1841 verkündete er in den »Hallischen Jahrbüchern«: »Schopenhauer ist unter den neueren Philosophen meines Wissens bis jetzt der einzige, welcher eine *reine*, ebenso tief- als scharfsinnige Philosophie geliefert hat, die zwar bis jetzt noch wenig oder gar nicht beachtet worden, die aber dafür desto sicherer ihre Zukunft hat, wie er sich selbst auch dessen vollkommen bewußt und gewiß ist.«

Die zweite Auflage des Hauptwerkes von 1844 gewinnt Arthur zwei neue Jünger, die beiden, die ihm die liebsten sind: Johann August Becker (1803-1881) und Adam von Doß (1820-1873).

Beide gehören sie nicht zur philosophischen Zunft, beide sind Juristen. Becker, ein Mainzer Advokat, wendet sich 1844 brieflich an Schopenhauer. Er will ihm einige »Dubia« vortragen und zeigt dabei eine solch intime Kenntnis des Schopenhauerschen Werkes, daß Schopenhauer sich zu einer ausführlichen brieflichen Auseinandersetzung bereitfindet, die einzige übrigens, der Schopenhauer selbst Wert beigemessen hat. Becker hatte sich nicht nur mit seinen Zweifeln, sondern auch mit seinem Unbehagen an der nachkantischen Philosophie eingeführt. Damit erwirbt er sich Schopenhauers Gunst. Becker bleibt der einzige, um dessentwillen Schopenhauer bisweilen Frankfurt verläßt; an schönen Sommertagen fährt er mit der Eisenbahn hinaus zu ihm nach Mainz. Zu seinem Leidwesen aber bleibt Becker ein »Apostel« und kann sich nicht ermutigen, als schreibender »Evangelist« aufzutreten.

Rühriger dagegen ist Adam von Doß.

Der soeben examinierte Jurist unternimmt nach Lektüre der WELT ALS WILLE UND VORSTELLUNG 1849 eine Pilgerfahrt nach Frankfurt. Schopenhauer empfängt ihn und läßt sich von dem jugendlichen Enthusiasmus des Adepten bezaubern. Er nennt ihn seinen »Apostel Johannes«, und da er seine noch kleine Gemeinde gerne anstacheln möchte, gibt er Frauenstädt einen Bericht von dem erfreulichen Besuch: »An genauer Kenntniß aller meiner Schriften und Ueberzeugung von meiner Wahrheit kommt er Ihnen *wenigstens* gleich, wenn er Sie nicht übertrifft: sein Eifer ist unbeschreiblich und hat mir viel Freude gemacht... Ich sage Ihnen, ein Fanatikus« (B, 240).

Doß ist zwar auch kein »Evangelist«, aber ein »Apostel«, der Briefe schreibt an gebildete und bekannte Leute, die er persönlich gar nicht kennt, um ihnen zu sagen, sie sollten doch endlich Schopenhauer lesen...

Der nach außen Aktivste dieser Gemeinde, Julius Frauenstädt, ist eigentlich derjenige, den Schopenhauer, obwohl er ihn seinen »Erzevangelisten« nennt, am schlechtesten behandelt. Frauenstädt ist der wackere Famulus; er publiziert eifrig, kommentiert die Lehre des Meisters, bekämpft die Gegner. Er fahndet in Büchern und Zeitschriften nach Bemerkungen über Schopenhauer und erstattet getreulich Bericht über seine Funde. Er besorgt für Schopenhauer Literatur und hilft auch schon einmal mit Nachrichten über Börsenkurse aus. Und doch wird er von ihm oft grimmig zurechtgewiesen. Frauenstädt ist eine etwas unstete, eilfertige, übernervöse Natur; seine Fassungskraft ist seiner Neugier nicht gewachsen. Deshalb verstrickt er sich in alle möglichen Mißverständnisse. So verklärt er beispielsweise den »Willen«, wahrscheinlich um ihn den Theologen schmackhaft zu machen, zu einem schlechthin erfahrungstranszendenten Absolutum. Schopenhauer weist ihn zurecht: »Ich muß mein werther Freund, mir alle Ihre vielen und großen Verdienste um die Verkündigung meiner

Philosophie vergegenwärtigen, um nur nicht außer aller Geduld und Fassung zu gerathen... Vergebens z. B. habe ich geschrieben, daß Sie das Ding an sich nicht zu suchen haben in Wolkenkukuksheim (d. h. da, da wo der Judengott sitzt), sondern in den Dingen dieser Welt, – also im Tisch, daran sie schreiben, im Stuhl unter Ihrem Werthesten... Meine Philosophie redet nie von Wolkenkukuksheim, sondern von *dieser Welt*, d. h. sie ist *immanent*, nicht transscendent« (B, 290).

Als sich Frauenstädt einmal gegen das grobianische »Brüllen« zur Wehr setzt – Schopenhauer hatte ihm vorgeworfen, er liebäugele mit der Moral des »bestialischen« Materialismus –, da bricht Arthur den Briefverkehr ab. Frauenstädt aber, diese treue Seele, bleibt Evangelist. Einige Jahre später, 1859, hat Schopenhauer es ihm gedankt und ihn zum Erben seiner Werke und seines literarischen Nachlasses eingesetzt.

In der zunächst kleinen Schar von Aposteln und Evangelisten genießt Schopenhauer die Rolle des Kirchenoberhauptes. Es ist eine Kirche in der Diaspora, über die Schopenhauer, der Kritiker des philosophischen Dogmatismus, bisweilen dogmatisch streng wacht. Kritik kann er, zumal wenn sie aus der Gemeinde kommt, schwer ertragen: Sie sollen das »Wort lassen stan«, heißt es dann. Wenn er hört, daß Gemeindemitglieder sich untereinander treffen, so pflegt er zu sagen: »Wo zwei in meinem Namen versammelt sind, bin ich mitten unter ihnen« (G, 139).

Vor dem Durchbruch zum Ruhm pflegt Schopenhauer diesen konventikelhaft-geheimbündlerischen Umgang, der seinem durch das langwährende Inkognito schroffer gewordenen Stolz schmeichelt. Noch Anfang der fünfziger Jahre hat dieser Stolz kränkende Zurückweisung zu verkraften.

1850 vollendet Schopenhauer die PARERGA UND PARALIPOMENA, an denen er die zurückliegenden sechs Jahre gearbeitet hatte. Es sind »Nebenwerke« und »Zurückgebliebenes« oder, wie Schopenhauer sagt, »vereinzelte, jedoch systematisch geordnete Gedanken über vielerlei Gegenstände«, darunter befinden sich die nachmals so berühmten APHORISMEN ZUR LEBENSWEISHEIT.

Schopenhauer bietet das Werk am 26. Juli 1850 Brockhaus an: »Ich gedenke nach diesem nichts mehr zu schreiben; weil ich mich hüten will, schwache Kinder des Alters in die Welt zu setzen, die den Vater anklagen und seinen Ruhm schmälern« (B, 242). Das Werk sei »ungleich populärer als alles Bisherige«, es sei gewissermaßen seine »Philosophie für die Welt« (B, 244). Brockhaus mag das nicht glauben, er lehnt ab. Auch andere Verlage zeigen sich desinteressiert. Da springt Frauenstädt ein und gewinnt eine Berliner Buchhandlung dafür, die PARERGA herauszubringen. Die beiden Bände erscheinen im November 1851. Das ist der Wendepunkt. Mit dieser »Philosophie für die Welt« wird Arthur endlich durchdringen, doch nicht allein und aus eigener Kraft: Der gewandelte Zeitgeist kommt ihm auf halbem Weg entgegen. Und so kommen sie endlich zusammen: Schopenhauer und seine Zeit.

Die gängige Meinung, nach dem Scheitern der Revolution hätten Weltschmerz, Enttäuschung, ein allgemeines Kopfhängertum und Pessimismus die kulturelle Szene beherrscht und deshalb sei Schopenhauers große Zeit angebrochen, entspricht den Tatsachen keineswegs.

Natürlich gab es bei den Aktivisten, vor allem bei den radikaleren, Enttäuschung, Depression und das Gefühl der Vergeblichkeit, und natürlich ist hier Schopenhauers Philosophie auf fruchtbaren Boden gefallen. Herwegh ist ein gutes Beispiel dafür. Dieser Sänger auf den »Zinnen der Partei«, ein militanter Aktivist – er beteiligte sich im April 1848 am militärischen Aufstand in Baden –, vertiefte sich nach seiner Flucht im Schweizer Exil ins Schopenhauersche Werk und vermochte auch seinen Freund Richard Wagner für den Philosophen zu begeistern.

Im breiten bildungsbürgerlichen Publikum indes – und dort begann Schopenhauers »Philosophie für die Welt« zu wirken – ist von einer pessimistischen Grundstimmung wenig zu spüren. Im Gegenteil. Der Glaube an den Fortschritt ist weit verbreitet und wächst womöglich sogar. Allerdings wechselt er die Gestalt: Er wird, wie die Zeitgenossen sagen, »realistisch«. Weg von den Überspanntheiten, den windigen Spekulationen, das Forcierte erscheint lächerlich. Man höre endlich damit auf, übertriebene Forderungen an die Wirklichkeit zu stellen, und übe sich in Geduld! Statt der subjektiven Tendenz des Geistes gibt es jetzt die ›objektive‹ Tendenz in den Dingen und Verhältnissen selbst. Aus allen Ecken, aus der Welt der Politik, der Literatur, der Wissenschaft, des Alltagslebens und eben auch der Philosophie ertönt der Ruf: Zurück auf den Boden der Tatsachen! Der Liberale Ludwig August von Rochau läßt 1853 seine GRUNDSÄTZE DER REALPOLITIK erscheinen und schenkt der Epoche damit ein zählebiges Schlagwort für eine Politik des Machbaren, für eine Politik der Veränderung durch Anpassung ans Gegebene, das heißt konkret: die preußische Lösung der ›nationalen Frage‹. Auch Marx sucht auf dem Boden der Tatsachen Fuß zu fassen. Die messianische Mission des Proletariats gerät in den Hintergrund; in mühevoller Kleinarbeit seziert er den Gesellschaftskörper, und dessen Seele ist das ›Kapital‹; es schließt sich die Frage an: Vielleicht machen doch nicht Menschen, sondern Strukturen die Geschichte?

Anfang der fünfziger Jahre überschwemmen einige vulgärmaterialistische Bestseller den Buchmarkt: Moleschotts *Kreislauf des Lebens*; Vogts *Bilder aus dem Tierleben* und vor allem Ludwig Büchners *Kraft und Stoff*. Hier wird gegen die Metaphysik, gegen spekulative Gedanken überhaupt zu Felde gezogen, indem auf Tatsachen in ihrer handgreiflichsten Form zurückgegriffen wird. Der Gedanke, so wird man belehrt, verhalte sich zum Gehirn etwa so wie die Galle zur Leber oder der Urin zur Niere.

Das selbstgefällige Behagen dieses Materialismus hat, auf einem höheren philosophischen Niveau, Czolbe 1855 ausgesprochen: »Es ist eben ... (ein) Beweis von ... Anmaßung und Eitelkeit, die erkennbare Welt durch Erfindung einer übersinnlichen verbessern und den Menschen durch Beilegung eines übersinnlichen Teiles zu einem über die Natur erhabenen Wesen machen zu wollen. Ja gewiß – die Unzufriedenheit mit der Welt der Erscheinungen, der tiefste Grund der übersinnlichen Auffassung ist kein moralischer, sondern eine moralische Schwäche.«

Die Überlegungen münden in den Satz: »Begnüge Dich mit der gegebenen Welt«. Für Czolbe (und für viele seiner Zeitgenossen) gibt es so etwas wie eine sittliche Pflicht zum ›Realismus‹.

Auch Fontane – und mit ihm eine ganze Literaturströmung

– läßt sich in die Pflicht des Realismus nehmen. Nur wenige Jahre nachdem er sich während der 48er Revolution in einer Theaterrequisitenkammer eine Holzflinte besorgt hatte, formuliert er sein ästhetisches Programm: »Was unsere Zeit nach allen Seiten hin charakterisiert, das ist ihr *Realismus*. Die Ärzte verwerfen alle Schlüsse und Kombinationen, sie wollen Erfahrungen; die Politiker (aller Parteien) richten ihre Augen auf das wirkliche Bedürfnis und verschließen ihre Vortrefflichkeitsschablonen ins Pult... Dieser Realismus unserer Zeit findet in der *Kunst* nicht nur sein entschiedenstes Echo, sondern äußert sich vielleicht auf keinem Gebiet unsers Lebens so augenscheinlich wie gerade in ihr...; der Realismus ist der geschworene Feind aller Phrase und Überschwenglichkeit; ... er schließt nichts aus als die Lüge, das Forcierte.«

Philosophisch ist Hegel nun passé. Schon in der Vormärzzeit hatte man ihn »auf die Füße gestellt«. Die ›Wirklichkeit‹, zu der man dabei vordringen wollte, hatte aber eine eigenartige Aura; der Zugang zu ihr blieb nämlich spekulativ: In Feuerbachs »Leib« oder in Marx' »Proletariat« steckte bekanntlich ein metaphysischer Mehrwert. ›Wirklichkeit‹ war das, was man entdeckte, wenn man den spekulativen Weg gleichsam rückwärts ging, so bei Feuerbach, bei Marx, beim späten Schelling. Das spekulative Erbe konnte nicht einfach ignoriert, es mußte weggearbeitet werden. ›Wirklichkeit‹ war ein Sehnsuchtsziel, sie war nicht jene selbstverständliche Wirklichkeit der ›nach-48er Philosophie‹, die sehr schnell platt werden konnte, wenn die erste Phase der Auseinandersetzung mit ihr vorbei war.

Hegel ist so endgültig passé, daß man sein Werk beiseite werfen kann, ohne seine Textur erst noch aufzulösen zu müssen. Zeittypisch ist Friedrich Albert Langes Verdikt von 1875: »Ausartungen der Begriffsromantik«.

Auf dem Boden der Tatsache will man zu Erfolgen, Fortschritten kommen, in der Philosophie, der Politik, der Literatur, der Wissenschaft. In der Wissenschaft vor allem. Der Chemiker Justus Liebig zeigt, wie man es macht. In seinem Gießener Laboratorium erschließt er für die exakte Experimentalwissenschaft das Gebiet der ›organischen Chemie‹. Mit seinen Entdeckungen tritt er eine Lawine los: die

Agrarchemie, die Kunstdüngerwirtschaft. Seine praktischen Erfolge erlauben es ihm, mit beispielloser Schärfe gegen die verbliebenen Reste der Naturphilosophie in der medizinischen Ausbildung zu polemisieren. Er nennt die Naturphilosophie die »Pestilenz unseres Jahrhunderts«, und weiter: »Einen Menschen, der im Zustand seiner Tollheit einen anderen umbringt, sperrt man ein, der Naturphilosophie erlaubt man heutzutage noch, unsere Ärzte zu bilden und ihnen diesen ihren eigenen Zustand der Tollheit mitzuteilen, die ihnen mit Gewissensruhe und nach Prinzipien erlaubt, Tausende zu töten.« Man merkt, hier werden alte Rechnungen beglichen. Allzulang stand die exakte Wissenschaft im Schatten der spekulativen. Das angesammelte Ressentiment kann jetzt, in der neuen Zeit des ›Realismus‹, sein Mütchen kühlen.

Der Boden der Tatsachen wird tüchtig unterpflügt, damit die Wirklichkeit gedeihen kann.

Die Tatsachen: Man muß sie erstens durch *Erfahrung* feststellen. Das war, bei Hegel etwa, durchaus nichts Selbstverständliches. Das Konkrete war für ihn noch nicht gefunden, wenn die Erfahrung es verbürgte: Es mußte im konstruierenden Begriff eingefangen werden, erst dann war es etwas ›Wirkliches‹.

Zweitens muß man dafür sorgen, daß die Erfahrung untrüglich ist. Es muß eine *kontrollierte* Erfahrung sein, sie muß *experimentell* wiederholbar sein. Das aber heißt: Sie muß *kommunikabel* sein. Das ist der immanente Demokratismus der empirischen Wissenschaften: wahr ist, was unter gegebenen (experimentell hergestellten) Bedingungen in jedermanns Erfahrung fällt. In der wissenschaftlichen Empirie gibt es keine Erfahrungshierarchie, keine Geistesaristokratie, sondern, der Tendenz nach, nur Angestellte eines Forschungsprozesses. Auf eine vertrackte Weise wird im Innern der empirischen Wissenschaft eine bürgerliche Fortschrittsforderung – die Gleichheit – ein Stück weit eingelöst. Es ist deshalb nicht erstaunlich, daß nicht nur die praktischen Ergebnisse der empirischen Wissenschaften, sondern auch ihre Erfahrungsstruktur den Fortschrittsgedanken wachhalten müssen.

Drittens müssen diese ›Tatsachen‹ kleingearbeitet, atomisiert werden, damit man weiß, woraus sie sich zusammensetzen, vielleicht lassen sich dann die entdeckten Elemente auch wieder zu neuen ›Tatsachen‹ zusammensetzen.

Über das ›Leben‹, diesen großen, synthetisierenden, das Ganze umfassenden Begriff, kann man nun anders sprechen, seit die Physiologie die Zelle als die kleinste Lebenseinheit entdeckt hat. Das ist fast eine Renaissance der Leibnizschen Monadenlehre, doch da man den Organismus als Prozeß der ebenfalls neu entdeckten Zellteilung erklärt, braucht man nicht auf die Leibnizsche ›prästabilierte Harmonie‹ zurückzugreifen. Auch das Lebensfeindliche kann man nun in einer kleinen Einheit lokalisieren. Die Feindaufklärung entdeckt Bakterien. Die Medizin nimmt gegen sie den Kampf auf, Rudolf Virchow ist hier der Feldherr.

Dasjenige, was leben und was sterben läßt, verwandelt sich in etwas, das man unter dem Mikroskop beobachten kann: eine Natur ohne jede Metaphysik. Die Annahme einer wie auch immer spirituellen ›Lebenskraft‹ hat ausgespielt.

Ausgespielt haben unter dem Andrang der Darwinschen Evolutionslehre auch jegliche Restbestände des Schöpfungsglaubens.

Darwins großes Werk Über die Entstehung der Arten durch natürliche Zuchtwahl, 1859 erschienen, hatte dem Geist der (realistischen) Anpassung ans Bestehende reichliche Nahrung gegeben. Denn gerade die Anpassungsmodifikationen der Lebewesen an ihre Umwelt und die damit verbundenen größeren Überlebenschancen im »struggle of life« erhob Darwin zur Triebkraft der Evolutionsgeschichte, die vermittels der Überlebensprämie der Angepaßten durchaus als Geschichte des materiellen Fortschritts gedeutet werden konnte; ein Fortschritt allerdings, der den Schwachen nicht wohl gesonnen war: Hier spiegelte sich der englische Wirtschaftsliberalismus im zeitgenössischen Naturbild. Später hieß das: Sozialdarwinismus.

Die andere große entmystifizierende, den ›Realismus‹ befördernde Tendenz der Zeit war der Historismus. Der Historismus verfuhr mit der Wahrheit napoleonisch. Alle ›geistigen Fürstentümer‹ wurden durch ihn mediatisiert. Statt der Philosophie gab es jetzt Philosophiegeschichten. Eine literarisch dürftige Zeit brachte große Literaturgeschichten hervor.

Rankes Ruhm drang vor bis in die Lesebücher der Volksschulen. Im Historismus schrumpfte die (metaphysische) Frage nach dem Sein und dem Sinn von Sein zusammen auf die Frage nach dem Geworden-Sein. Man weiß genug, wenn man weiß, wie etwas zustande gekommen ist. Die Wahrheit zersplittert sich in das historische Spiel der ›Wahrheiten‹. Der Plural erweist sich als große Kraft des Relativismus.

Und doch: Dieser imponierend auf alle Gebiete der Kultur ausgreifende ›Realismus‹, der ja nichts anderes darstellt als einen neuerlichen Säkularisierungsschub, hat einen tauben Kern. Auch und gerade unter den Naturwissenschaftlern spürt man das. Auf der Naturforscherversammlung 1854 in Göttingen kommt es zum großen Streit. Eine Gruppe von Wissenschaftlern versucht die ›Seele‹ zu retten und muß es sich gefallen lassen, des »Köhlerglaubens« bezichtigt zu werden.

Daß sich im grassierenden Materialismus und Naturalismus Wissenschaftler hinter der ›Seele‹ verschanzen, ist ein Symptom für ein Unbehagen, das die Verständnisbereitschaft für die Schopenhauersche Metaphysik erhöht. Denn in ihr findet man ein Denken, das schon lange Zeit quer zur soeben verworfenen Geistphilosophie steht und doch auch nicht in restlosen Materialismus und Naturalismus umkippt. Zwar konnte man Schopenhauer auch materialistisch mißverstehen, doch zu offenkundig kontrastierte die Willensmetaphysik mit dem kruden Materialismus des Zeitgeistes. Eine andere Dimension tat sich auf: Man glaubte bei Schopenhauer einen verdunkelten Vitalismus entdecken zu können. Der gab jener empirisch-nüchternen ›Immanenz‹, auf die man nun eingeschworen war, jene ›Tiefe‹, nach der das Unbehagen verlangte.

Bei Schopenhauer fand man ein Lob auf den nüchternen Realitätssinn, auf das materialistische Erklären und eine an Kant anknüpfende Begründung dafür, warum unsere empirische Neugier auf dieser Bahn gehen muß. Man fand bestätigt, was man materialistisch betrieb. Zugleich aber fand man bei Schopenhauer den emphatischen Nachweis, daß *dieser* Zugang zur Wirklichkeit nicht der *einzige* ist. Auch die materiell vorgestellte Welt ist eben doch nur Vorstellung. Schopenhauer brachte eine neue Kant-Renaissance auf den Weg *und eröff-nete die Möglichkeit eines ›Materialismus als ob‹.* Man konnte auf die streng empirische Wissenschaft setzen, konnte sich dem materialistischen Geist hingeben und brauchte sich doch nicht total von ihm einfangen zu lassen. Mit dem Schopen-hauerschen ›Jenseits‹ des an sich selbst erfahrenen Willens konnte man dem Sog der nur materiell aufgefaßten Imma-nenz widerstehen.

Noch wirksamer als dieser Als-ob-Materialismus war die Als-ob-Ethik, die Schopenhauer mit seiner »Philosophie für die Welt« entwarf. Nach 1850 wurden die Aphorismen zur Lebensweisheit sehr schnell zum Hausbuch des gebildeten Bürgertums.

Seine ›eigentliche‹ Ethik hatte Schopenhauer bekanntlich in das Mysterium des Mitleids münden lassen: in das Eins-werden mit dem Leiden des ganzen Daseins, das Durchbre-chen der Mauer des Individuationsprinzips, die Abrüstung im Selbstbehauptungskampf. Indem das Individuum das Lei-den der anderen in sich hineinläßt, ist es bereits in geheimer Allianz mit dem großen Nein zum Lebenswillen verbunden. Der mitleidige Wille ist ein Wille, der bereits dabei ist, sich zu »wenden«. Das alles läßt sich, wie gesagt, nicht fordern, keine Lebensklugheit gebietet es; es geschieht oder geschieht nicht. Es ist ein Nachlassen der egoistischen Spannungen, ist dar-um, gemessen an der Vernunft der Selbsterhaltung, unver-nünftig. Die Mitleidsethik hat es nicht mit dem eigenen Glückserwerb zu tun. Die ›Als-ob‹-Ethik, die Schopenhauer in den Aphorismen entwirft, steht demgegenüber unter gänz-lich anderen Vorzeichen. Hier handelt es sich um eine ›Anpas-sung‹ an das Prinzip der Selbsterhaltung und an das Verlan-gen, sein Leben in Maßen ›glücklich‹ hinbringen zu können. Eine Anweisung zum glücklichen Leben kann Schopenhauer aber nur unter Vorbehalt geben. Sein »höherer metaphysisch-ethischer Standpunkt« leitet zur Verneinung des Lebens hin, daran erinnert er nochmals in der Einleitung: »Folglich be-ruht die ganze hier zu gebende Auseinandersetzung gewisser-maßen auf einer Akkommodation, sofern sie nämlich auf dem gewöhnlichen empirischen Standpunkt bleibt und dessen Irr-tum festhält« (IV, 375).

Der grundierende Pessimismus wird gedämpft, und die sonst gescholtene Überlebens- und Selbstbehauptungsklugheit erfährt eine pragmatische Aufwertung: Tun wir einmal so, als würde sich das Leben lohnen, wie sollte man es dann führen, um das erreichbare Optimum an Glück daraus zu ziehen – so lautet die Frage, auf die die APHORISMEN eine Antwort geben wollen. Das ist »Philosophie für die Welt«. Sie klammert den metaphysischen Skandal aus. Sie schwächt das esoterische Nein zum Leben ab zu einem gedämpften exoterischen Ja: Wenn wir nicht umhinkönnen mitzumachen, dann wenigstens mit der gebotenen Skepsis, mit Enttäuschungsfestigkeit; dann wenigstens die Einsätze geringhalten im Spiel und möglichst wenig Kredit geben. Wenn man schon mitspielen muß und will in der Komödie oder der Tragödie des Lebens, dann sollte man doch wenigstens dafür sorgen, daß man »Zuschauer und Schauspieler zugleich« (IV, 525) ist.

Schopenhauer ermuntert zu einer Haltung des ›als ob‹; heutzutage heißt das: »Du hast keine Chance, aber nutze sie!«

Solch relatives ›Glück‹ – woher kann es kommen?

Schopenhauer gibt drei Quellen an: Es kommt aus dem, »was einer ist«; aus dem, »was einer hat«, und aus dem, »was einer vorstellt«. In diesen drei Dimensionen – dem eigenen Sein, dem Haben und dem Gelten – spielt sich nach Schopenhauer die Komödie der Glückssuche ab.

Im Stil der Stoa gewichtet Schopenhauer nach der Verläßlichkeit und Sicherheit. Was kann man mir nehmen, wovon hänge ich ab, worüber habe ich die wenigste Macht?

Das ›Gelten‹ ist die Spiegelung meiner Existenz in den Augen der anderen, darüber habe ich die allergeringste Gewalt. Erwarten wir von dorther das Glück, so bauen wir auf den unsichersten Grund. Außerdem kann es uns leicht passieren, daß wir uns verlieren, wenn wir für die anderen etwas sein wollen.

Was wir ›haben‹, gibt uns Bequemlichkeit und Schutz (Schopenhauer spricht hier sehr deutlich pro domo), aber es kann uns leicht geraubt werden. Zudem hat das ›Haben‹ eine umkehrende Kraft: Am Ende hat uns das ›Haben‹. Das beste ist ›haben, als hätte man nicht‹.

Arthur Schopenhauer plädiert für den »Rückzug«, dafür,

die Fronten zu verkürzen, um weniger Angriffsflächen zu bieten. Der Glücksgewinn dieses »Rückzugs« ist der, daß er »uns uns selber zurückgibt« (IV, 428). Wir sollen entdecken, was wir sind und daß wir uns zwar verfehlen, uns aber nie entkommen können. Das Ideal ist eine Art Autarkie: Genuß aus sich selbst ziehen, aus den geistigen Anlagen, der Phantasie, der Einbildungskraft, aus dem eigenen Temperament und aus der Fähigkeit, auf alles dies durch bewußte Ausgestaltung der Persönlichkeit, durch Selbstbildung einen günstigen Einfluß zu nehmen. Natürlich wird man es dabei mit der Macht des eigenen Willens zu tun bekommen, der ja gerade nicht in sich ruht, sondern, als Begehren sich äußernd, uns in die Welt des Besitzes und in die Welt der anderen hineinreißt. Zu solcher Autarkie gehört bereits Dämpfung des Willens. Eine Besonnenheit muß vorherrschen, die nicht allein aus der dem Realitätsprinzip verpflichteten Lebensklugheit kommt, sondern schon eine Beimischung der Willensverneinung enthält. Insofern setzt Schopenhauer in gewissem Sinne doch jenen »höheren metaphysisch-ethischen Standpunkt« voraus, den er eigentlich ausklammern möchte.

Schopenhauer zieht – in existentialistischer Manier – das Selbst aus der Welt der ›Uneigentlichkeit‹ des Besitzes und der Geltung bei anderen heraus, um dann aber doch im überwiegenden Teil seiner APHORISMEN über das Handgemenge mit dieser ›äußeren‹ Welt nachzudenken. Das hat seine Logik: Indem man das Selbst so energisch herauszieht, werden schmerzhaft die tausend Fäden spürbar, die uns mit dem Draußen verknüpfen. Schopenhauer bekennt es selbst: Die Welt der anderen in uns selbst ist der am meisten »peinigende Stachel«, den wir am schwersten aus »unserm Fleisch« (IV, 427) herausziehen können. So entrichtet Schopenhauer, anders als die alte Stoa, der Übermacht des Gesellschaftlichen seinen Tribut. Aber für ihn bleibt es dabei: Glück gibt es nicht *durch* die Gesellschaft, sondern nur *trotz* der Gesellschaft.

Wie man der Gesellschaft, in die man verstrickt ist, das geringe Glück abtrotzen kann, dafür gibt Schopenhauer Ratschläge. Den wichtigsten und denjenigen, aus dem alle anderen folgen, formuliert er in einem Bild, das er bereits vierzig Jahre zuvor im Manuskriptbuch festgehalten hat. Man kann die »Gesellschaft einem Feuer vergleichen, an welchem der Kluge sich in gehöriger Entfernung wärmt, nicht aber hineingreift wie der Tor, der dann, nachdem er sich verbrannt hat, in die Kälte der Einsamkeit flieht und jammert, daß das Feuer brennt« (IV, 514).

Das berühmte Stachelschweingleichnis aus den PARALIPOMENA – zum ersten Mal hat er es der ehemals angebeteten Karoline Jagemann Anfang der dreißiger Jahre erzählt – enthält dieselbe Lehre: »Eine Gesellschaft Stachelschweine drängte sich an einem kalten Wintertage recht nahe zusammen, um durch die gegenseitige Wärme sich vor dem Erfrieren zu schützen. Jedoch bald empfanden sie die gegenseitigen Stacheln; welches sie dann wieder voneinander entfernte. Wann nun das Bedürfnis der Erwärmung sie wieder näher zusammenbrachte, wiederholte sich jenes zweite Übel; so daß sie zwischen beiden Leiden hin und her geworfen wurden, bis sie eine mäßige Entfernung von einander herausgefunden hatten, in der sie es am besten aushalten konnten« (V, 765). Auf diese Lebenskunst der »mäßigen Entfernung« sind alle weiteren Ratschläge bezogen. Man soll seine Einsamkeit in die Gesellschaft mitnehmen. Schopenhauer plädiert für Höflichkeit, die er eine »stillschweigende Übereinkunft« nennt, »gegenseitig die moralisch und intellektuell elende Beschaffenheit von einander zu ignorieren und sie sich nicht vorzurücken« (IV, 552); er empfiehlt, Geheimnisse zu bewahren, weil man ziemlich sicher sein kann, daß sie irgendwann einmal gegen einen verwendet werden – auch von den Menschen, die wir jetzt noch lieben. Er warnt vor der Torheit des Nationalstolzes, denn der »verrät in dem damit Behafteten den Mangel an *individuellen* Eigenschaften, auf die er stolz sein könnte, indem er sonst nicht zu dem greifen würde, was er mit so vielen Millionen teilt« (IV, 429).

Alle Ratschläge setzen Gesellschaft voraus als einen Zusammenhang der latenten Verfeindung, des wechselseitigen Übelwollens. Liebe und Freundschaft sind zwar Bastionen des Wohlwollens, doch werden sie in der Regel schneller geschleift, als man glaubt. Man tut gut daran, auch Liebe und Freundschaft unter die Güter zu setzen, die man haben sollte, als hätte man sie nicht. Um die Liebe, die sich in einer Ehe verfestigt, steht es noch schlechter. Mit einer grimmig-lakonischen Bemerkung fertigt er sie ab: »Zu dem, *was einer hat*, habe ich Frau und Kinder nicht gerechnet; da er von diesen vielmehr gehabt wird« (IV, 420). Die Ehe also hat mit der Ökonomie des mäßigen Glücks nichts zu tun.

Schopenhauer gibt nicht nur Ratschläge; in den APHORISMEN zeichnet er auch, aus gelassener Distanz, ein Selbstporträt letzter Hand; etwa wenn er die Sorgfalt beschreibt, mit der man seine Gesundheit – das höchste Gut – pflegen sollte. Hier entfaltet er die Diätik seiner Lebensführung; wenn er Ratschläge gibt, wie eine besonnene Vermögensverwaltung die Verlustrisiken gering hält; wenn er darüber nachdenkt, wie man sich aufs Sterben einschult; oder wenn er über Ruhmsucht und Eitelkeit räsoniert. Schopenhauer, der lange Zeit sehr darunter gelitten hat, Anerkennung nicht gefunden zu haben, weiß sehr gut, wovon er in den folgenden Passagen redet: »In eudaimonologischer Hinsicht ist also der Ruhm nichts weiter als der seltenste und köstlichste Bissen für unsern Stolz und unsere Eitelkeit. Diese aber sind in den meisten Menschen, obwohl sie es verbergen, übermäßig vorhanden, vielleicht sogar am stärksten in denen, die irgendwie geeignet sind, sich Ruhm zu erwerben und daher meistens das unsichere Bewußtsein ihres überwiegenden Wertes lange in sich herumtragen müssen, ehe die Gelegenheit kommt, solchen zu erproben und dann die Anerkennung desselben zu erfahren: bis dahin war ihnen zumute, als erlitten sie ein heimliches Unrecht« (IV, 475).

Handschriftlich hat Schopenhauer dazu später, kurz vor seinem Tod, noch folgenden Zusatz gemacht: »Da unser größtes Vergnügen darin besteht, *bewundert* zu werden, die Bewunderer aber, selbst wo alle Ursache wäre, sich ungern dazu herbeilassen; so ist der Glücklichste der, welcher, gleichviel wie, es dahin gebracht hat, sich selbst aufrichtig zu bewundern. Nur müssen die andern ihn nicht irremachen« (IV, 475).

Schopenhauer hatte es tatsächlich fertiggebracht, sich solange selbst zu bewundern, bis ihm endlich Bewunderung von außen zuteil wurde, und zwar vor allem der APHORISMEN wegen.

Warum gerade dieses Werkes wegen?

In Schopenhauers »Philosophie für die Welt« gibt es einen Pessimismus zum halben Preis; als Grundierung dringt dieser Pessimismus überall durch, doch werden gerade nicht die radikalen Konsequenzen der Verneinung gezogen. Das große Unbehagen wird zwar angedeutet, dann aber doch ausgeklammert, dem Leben zuliebe. Schopenhauer bietet eine Lebenslehre an, wie man trotz allem weitermachen kann. Schließlich hat er selbst ja auch weitergemacht. Herausgekommen ist dabei eine Lehre, die, weil sie mit dem Schlimmsten rechnet, sich auf die Klugheit versteht, das jeweils kleinere Übel herauszufinden. Die »Sehnsucht nach Glück« ist herabgestimmt zur klugen »Besorgnis vor Unglück« (IV, 523).

Schopenhauer wirkt auf diejenigen, die sich keinem Projekt mit Haut und Haaren verschreiben wollen: weder der Verzweiflungs- noch der Fortschrittskultur. Es waren sehr biedere, fest und zumeist auch mäßig erfolgreich im Leben stehende Menschen, die zu Schopenhauers ersten Anhängern zählten. Ist darum Schopenhauers »Philosophie für die Welt« zuletzt doch eine biedermeierliche? Gewiß, wenn die Weigerung, radikale praktische Konsequenzen aus einer Lehre zu ziehen, als biedermeierlich gescholten zu werden verdient. Ich zweifle aber daran. Nietzsche wird später den Gedanken entwickeln, daß es Wahrheiten gibt, bei denen man gut beraten ist, sie nicht ›verwirklichen‹ zu wollen, die man sogar besser verschweigt, die man auf jeden Fall nicht unters Gebot der Konsequenz stellen sollte. Warum überhaupt Konsequenz?

Das Denken soll im Handeln aufgehen, heißt es; man soll konsequent sein und nach der erkannten Wahrheit leben. Jedoch: Erzeugt solches Konsequenzgebot am Ende nicht doch eine Selbstzensur? Man traut sich schließlich nur das zu denken, was man auch glaubt leben zu können; oder umgekehrt: Man will um jeden Preis, auch um den der Zerstörung, etwas leben, bloß weil man es gedacht hat. Das eine Mal verfehlt man das radikale Denken, das andere Mal opfert man dem reinen Denken die Gemengelage des lebendigen Handels auf. Muß man nicht Denken und Handeln auseinanderreißen, damit das Denken und das Handeln jeweils zu ihrem Recht und ihrer Wahrheit kommen? Spinoza sagt einmal sinngemäß: ›Nur wenn ich nicht alles tun darf, kann ich alles denken.‹

Gesetzt also, daß das radikale Denken vor den Handlungskompromissen und diese vor dem radikalen Denken geschützt werden müssen, so ist in der Tat Verzicht zu leisten auf: Konsequenz.

Es gibt lebbare und nichtlebbare Wahrheiten. Man muß an beiden festhalten, was man aber nur kann, wenn man die gefährliche Illusion ihrer wechselseitigen Konvertierbarkeit aufgibt. Ein heikler Balanceakt. Nur wer schwindelfrei ist, wird einen Blick in die Tiefe wagen. Nur wer sich seines Lebenswillens sicher ist, wird den Mut haben, die Abgründigkeit, die Negativität des Lebens zu Ende zu denken. So war es bei Schopenhauer: Der Gedanke der Verneinung des Willens ist bei ihm *willensgeschützt*. Er bleibt ein Zaungast der Verneinung und zieht aus dem Milieu des wachsenden Unbehagens an der Kultur andere an, die sich zu ihm auf den Zaun setzen. Hier ist man vor dem totalen Zugriff sicher: Dem Ja kann man ins Nein entkommen und umgekehrt. ›Leben als ob‹ ist immer noch die Spielart, die am besten schützt vor Fanatismen, selbstgezimmerten Gefängnissen und tatendurstigen Projekten, die aufs Ganze gehen und darum so verhängnisvoll wirken.

Die Schopenhauersche Philosophie ist doppelbödig. Sie läßt sich auf die Pragmatik des Lebens und der individuellen Selbstbehauptung ein und erklärt zugleich, daß es ›eigentlich‹ nichts sei mit dem Individuum, daß es ›eigentlich‹ nichts sei mit dem Leben überhaupt, daß ›eigentlich‹ alles eins sei. Diese Doppelbödigkeit war es, die, weit über die Einflüsse der Schopenhauerschen Kunstphilosophie im engeren Sinne hinaus, auf die Künstler der zweiten Hälfte des 19. Jahrhunderts bis heute gewirkt hat. Sie spricht einen ästhetischen Sinn an, eine ästhetische Haltung zum Leben. Sie gibt dem Lebensernst die Grundierung des Nichtigen. Jeder muß zwar »im großen Marionettenspiel des Lebens doch mitagieren« und »den Draht« fühlen, »durch welchen auch er damit zusammenhängt und in Bewegung gesetzt wird« (V, 495); jedoch vergönnt ihm die Philosophie einen Blick auf das Ganze des Theaters. Für Augenblicke hört man auf, Akteur zu sein, und wird zum Zuschauer. Das ist ein philosophischer Augenblick, aber zugleich auch ein ästhetischer: unbeteiligtes Sehen, ohne in den blind machenden Ernst verwickelt zu sein. Aus dieser Haltung kommt Thomas Manns Ironie. Er wußte das und hat sich bei Schopenhauer bedankt für jenen Blick auf das »Eben-noch-sein-können« der Welt.

Aus diesr ästhetischen Perspektive ist auch das grandiose Bild entworfen, mit dem Schopenhauer den zweiten Band des Hauptwerkes eröffnet: »Im unendlichen Raum zahllose leuchtende Kugeln, um jede von welchen etwa ein Dutzend kleinerer beleuchteter sich wälzt, die, inwendig heiß, mit erstarrter, kalter Rinde überzogen sind, auf der ein Schimmelüberzug lebende und erkennende Wesen erzeugt hat – dies ist die empirische Wahrheit, das Reale, die Welt« (II, 11).

Es ist offensichtlich, daß, hat man sich einmal auf diese Perspektive eingestellt, über das wichtigtuerische Leben und Regen im »Schimmelüberzug« kaum anders als mit Ironie oder sogar derber Komik geredet werden kann. »Anthropofugales Denken« nennt Ulrich Horstmann das und vermutet darin eine Lust an der Selbstauslöschung.

Sind aber die Nichtigkeitserklärungen aus ästhetischer Perspektive tatsächlich Vorgriffe auf die Vernichtungsfeldzüge des universell verfeindeten Lebensernstes? Vielleicht gilt das Umgekehrte, vielleicht vermag die ästhetische Nichtigkeitserklärung den Lebensernst so zu *entspannen*, daß er nur noch wenig Laune hat, sich in die wirklichen Vernichtungsfeldzüge zu stürzen.

Auf diese Weise ›entspannend‹ hat Schopenhauer auf jeden Fall gewirkt. Wie die Thomas Mannsche Ironie, so ist der Humor der großen deutschen Realisten der zweiten Jahrhunderthälfte Schopenhauer verpflichtet. Das gilt für Wilhelm Busch, für Theodor Fontane, für Wilhelm Raabe.

Wilhelm Busch deutet nach der Lektüre Schopenhauers in einem Brief an, aus welchem Kontrast er seinen Humor bezieht: »Im Oberstübchen sitzt der Intellekt und schaut dem Treiben zu. Er sagt zum Willen: ›Alter! Laß das sein! Es giebt Verdruß!‹ Aber er hört nicht. Enttäuschung; kurze Lust und lange Sorgen; Alter, Krankheit, Tod, sie machen ihn nicht mürbe; er macht so fort. Und treibt es ihn auch tausendmal aus seiner Haut, er findet eine neue, die's büßen muß.« Busch schreckt auch nicht davor zurück, die distanzierende Perspektive seines Meisters auf diesen selbst anzuwenden: »Enthaltsamkeit ist das Vergnügen an Dingen, welche wir nicht kriegen.«

Fontane erlebte seine Initiation in die Schopenhauersche Doppelbödigkeit bei dem ›Apostel‹ Wiesike, einem reichen Gutsbesitzer in Plauen, der dem Verehrten eine Art Kapelle errichtet hatte und jedesmal zu Schopenhauers Geburtstag eine Tafelrunde einlud. 1874 ist Fontane dabei und berichtet: »Nachdem schließlich der Kaffee von allen Seiten her als das Hauptgift der Menschheit festgestellt worden war, schritt man dazu ihn einzunehmen.«

Wie Fontane mit dem Schopenhauerschen Pessimismus umgeht, bekennt er 1888 seinem Sohn: »Man kann seinen Pessimismus auch... auf Heiterkeit abrichten. Mehr, man kann auch wirklich wieder heiter dabei werden... Man erkennt zuletzt in allem ein Gesetz, überzeugt sich, daß es nie anders war, und findet für sich persönlich sein Genüge in Arbeit und Pflichterfüllung. Das den Dingen scharf ins Gesicht sehn ist nur momentan schrecklich; bald gewönt man sich nicht nur daran, sondern findet in der gewonnenen Erkenntis, auch wenn die Ideale darüber in die Brüche gingen, eine nicht geringe Befriedigung.« Fontante schreibt dies, während er am STECHLIN arbeitet.

Die letzten Worte des sterbenden Stechlin sind: »Das Ich ist nichts – damit muß man sich durchdringen.« Die Melusine des Romans trägt den Namen einer Wassernixe, die es unter die Zweifüßler auf fester Erde verschlagen hat und die doch zuletzt ins ozeanische Element zurück muß. Die Gräfin Melusine des Romans hindert den Gendarmen Uncke daran, ein Loch in den gefrorenen See zu hacken. Sie fürchtet, eine Hand würde sich daraus emporstrecken, sie packen und hinabziehen. Nein, auf das Ich ist kein Verlaß, das Elementare nimmt es mit sich fort. Der alte Stechlin ist darüber weise geworden und hat Gelassenheit gefunden. Wille ist alles, in steter Wiederholung. Wenn in der Welt irgendwo der gallische Hahn kräht, so taucht er auch aus dem Wässerchen des Stechlin-Sees empor.

Ungefähr zur selben Zeit schreibt Wilhelm Raabe seinen STOPFKUCHEN – eine einzige Hommage an den Frankfurter

Philosophen. Die Hauptfigur Heinrich Schaumann liegt »unter der Hecke« auf seiner »Roten Schanze«, blickt aus gehöriger Distanz ins Treiben der Welt und läßt sich im übrigen den Bauch von der Sonne bescheinen. Aus der ›Welt‹ da draußen kommt ein ehemaliger Schulfreund, Eduard; dem hat Raabe ein Emblem aufgeprägt: Er läuft im Rad des »Satzes vom zureichenden Grunde«, ein Empiriker also, den sein unstillbares Verlangen überall in der Welt herumschickt. Heinrich Schaumann bleibt, wo er ist, deutlich im Bunde mit dem Erzähler: »Ja, im Grunde läuft es doch auf ein und dasselbe hinaus, ob man unter der Hecke liegenbleibt und das Abenteuer der Welt an sich herankommen läßt, oder ob man sich … hinausschicken läßt, um es … draußen aufzusuchen.« Vor dem »Übermaß der Sterne«, die dieser Buddha von der »Roten Schanze« unter der Hecke liegend über sich erblickt, schrumpft die »Bruderschaft der Erde« beträchtlich ein. Das sind dann die Augenblicke einer »behaglichen Weltverachtung«.

Kein Zweifel, bei diesen ›Realisten‹ nimmt der grundierende Pessimismus besonders behagliche Züge an.

Ein anderer, sicherlich der größte Schüler Schopenhauers, Friedrich Nietzsche, ist nun gerade gegen dieses Behagen Sturm gelaufen. Er glaubt, Schopenhauer gegen den »Filzsokken«-Pessimismus in Schutz nehmen zu müssen. »Ethische Luft, faustischer Duft, Kreuz, Tod und Gruft« – das war es, was ihn nach eigenen Worten an Schopenhauer anzog. Der trotzige »Unzeitgemäße«, der Geistesaristokrat, der sich nicht um die Moden des intellektuellen Pöbels kümmert.

Schopenhauers Radikalisierung der Kantschen Erkenntniskritik empfand Nietzsche als große Ermunterung. Wenn die Grenzen der Erkenntnis so eng und streng gezogen sind, dann darf Philosophie Gedankendichtung sein. Nicht nur Richard Wagner, auch Schopenhauer war es, der dem »ängstlichen Adler« (Ross) den Mut gab, mit seiner GEBURT DER TRAGÖDIE die philologischen »Kleinkrämer« herauszufordern.

Nietzsche blieb auf den Spuren Schopenhauers. Er knüpft an dessen Willensmetaphysik an und formuliert sie mit heroischem Pathos um zum »Willen zur Macht«. Dem Schopenhauerschen ›Nein‹ ruft er mit sich überschlagender Stimme ein ›Ja‹ entgegen. Sloterdijk hat sehr einfühlsam herausgespürt, wie das Forcierte dieses ›Ja‹ dem Umstand geschuldet ist, daß Nietzsche zuallererst sich selbst zum eigenen Seinkönnen überreden mußte.

Auch was den Tod Gottes betrifft – bei Schopenhauer findet er eher eine geräuschlos-selbstverständliche Beerdigung –, stößt Nietzsche gewaltig ins Horn. Der Schmerz über den Verlust vermischt sich bei ihm mit den Wehen der Geburt eines neuen Gottes: Zarathustra. Der Gott der vollendeten Immanenz, des Immergleichen, der steten Wiederkehr. »Circulus vitiosus Deus«, so lautet sein Name in Nietzsches Schrift Jenseits von Gut und Böse.

Nietzsche verwirft Schopenhauers antidionysische unio mystica des Mitleids. Das Über-Menschentum, das Überwinden des armen, abgespaltenen Ichs, das Eingehen in den energetischen Strom des Lebens vollzieht sich bei Nietzsche als Erotik des Erkennens und des Seins. Insofern sind Nietzsche und Schopenhauer zugleich Antipoden, aber doch mit der gemeinsamen Einsicht, daß das Sein weder als monströses Ich (Subjekt) noch als ›Klotzmaterie‹ (Objekt) gedacht werden kann, sondern ein ›Es‹ ist.

Diese Ontologie des ›Es‹ wird dann am Ende des Jahrhunderts von Freud und den Folgen psychohydraulisch um- und kleingearbeitet. So mündet die Schopenhauersche Philosophie ein in die nun gänzlich alle Metaphysik preisgebende Naturwissenschaft der Seele. Auf diesem Weg wird das ›Es‹ verdinglicht zum Objekt unter Objekten und gerät ins Fadenkreuz therapeutischer Maßnahmen. Schopenhauer hatte aus dem von innen erlebten Willen Seinsgewißheit und das heißt: Eine über vergegenständlichende Empirie hinausgehende Metaphysik gewonnen. Heute dagegen sucht man das Gespräch mit ›seinem‹ Unbewußten. Das wird nun plötzlich hemmungslos redselig und plaudert all die langweiligen Geschichten aus, die man ihm zuvor beigebracht hat. Noch einmal eine Entzauberung.

Merkwürdige Aspekte des Schopenhauerschen Wirkens in der zweiten Hälfte des 19. Jahrhunderts sind mit den beiden Namen Eduard von Hartmann und Philipp Mainländer verbunden. Eduard von Hartmann, dem abgedankten Offizier, wollte es nicht recht einleuchten, was Schopenhauer über die Verneinung des Willens geschrieben hatte. Die ›Verneinung‹ – für Schopenhauer selbst ein Mysterium, das sich eigentlich nicht erklären, sondern nur an den großen Asketen und Heiligen demonstrieren läßt – diese ›Verneinung‹ mußte untermauert, sozusagen ›systematisch durchgeführt‹ werden. Für diese ›Systematik‹ holt sich Hartmann Hilfe bei keinem anderen als Hegel. Heraus kommt bei dieser eigenartigen Synthese ein monströses Werk – *Die Philosophie des Unbewußten* (1869) –, darin sich eine penibel ausgemalte geschichtliche Drei-Stadien-Theorie der Desillusionierung des Willens zum Leben findet. Deren Quintessenz: Auf eigene Faust kann sich der individuelle Wille zum Leben nicht verneinen, das muß man vielmehr – gut hegelisch gedacht – dem Geschichtsprozeß überlassen. Hartmann lobt die »Kraft des pessimistischen Bewußtseins der Menschheit«. Der pessimistische Weltgeist, noch wirkt er ›unbewußt‹, wird zu sich selbst kommen, wenn er alle Illusionen des Glücks – die Illusion des Glücks im Jenseits, des Glücks in der Zukunft und des Glücks im Jetzt – weggearbeitet hat und die Welt sodann in sich zurücknimmt und verschwindet. »Indes« gesteht Hartmann, »sind unsere Kenntnisse viel zu unvollkommen..., um uns auch nur mit einiger Sicherheit von jenem Ende des Prozesses eine Vorstellung bilden zu können.«

Komisch wirkt der emsige Arbeitseifer des pessimistischen Weltgeistes, auch die gleichsam zukunftsfrohe Beschwingtheit, mit der Hartmann seine Verneinung korrekt durchführt – und doch nimmt man seine große historische Perspektive der Selbstauslöschung der Menschheit heute, im Zeitalter der Bombe, mit einiger Beklemmung zur Kenntnis.

Philipp Mainländer, wahrlich ein trauriger Mensch, hat eine Philosophie des Willens zum Tode entworfen. Der Wille zum Leben sei überhaupt nur dazu da, daß er sich verzehre, um zum Nichts zu werden. Mainländer hatte sich offenbar vom neu entdeckten Entropiegesetz anregen lassen.

Damit man sich nicht in der Täuschung wiege, es seien nur die zu hoch hängenden Trauben, die man verwerfe, entwickelt er ein Programm der allgemeinen Volksbeglückung, das jedermann erkennen lasse, daß es mit den Gütern des Lebens nichts auf sich habe. Mainländers zur Zeit der Sozialistengesetze erschienenes Werk *Philosophie der Erlösung* (1879) nimmt sich der »Lösung der socialen Frage« an: Man muß diejenigen, die entbehren, enttäuschen, indem man ihnen gibt, was sie begehren. Dann werden sie sich selbst von der Nichtswürdigkeit des Lebens überzeugen, und dann wird endlich mit allem Schluß sein.

Mainländer selbst mochte nicht so lange warten und wählte den Freitod.

Diese ausladenden ›Systeme der Verneinung‹ begleiten wie ein Schatten den gründerzeitlichen Aufbaueifer und ahmen dessen Imponiergebärden nach. Das eifernde Nein, das doch sehr tatendurstig klingt, ist heute herabgestimmt zum Zweifel, zur Skepsis. Man fragt sich, ob die Philosophie den Erfahrungen von Auschwitz und Hiroschima noch gewachsen ist. Vielleicht bei Günther Anders. Die Praxisphilosophie der Frankfurter Schule jedenfalls hält immer noch, wenn auch vorsichtig, an einer Utopie der Versöhnung fest. Vor allem Horkheimer denkt einen ›Als-ob-Utopismus‹, und in diesem Denken rumort nicht Hegel, sondern Schopenhauer. »Mit theoretischem Pessimismus«, so Horkheimer, »könnte eine nicht unoptimistische Praxis sich verbinden, die, des universalen Schreckens eingedenk, das Mögliche trotz allem zu verbessern sucht.«

Adorno, der wenig von Schopenhauer hielt, blieb auf andere Weise eigenartig mit diesem verbunden: Im Nachdenken über die Musik. Adorno hat die ›Wahrheit‹ der Gesellschaft und den geschrumpften Rest dessen, was einmal metaphysische ›Wahrheit‹ über das Leben war, vor allem in der Kunst, besonders aber in der Musik zu fassen gesucht. Für ihn bildet Musik nichts außer ihr Liegendes ab. Gerade darum vollzieht sie in ihrer eigenen Logik die ›Logik‹ des geschichtlichen Augenblicks. In Schopenhauers Terminologie heißt das: Die Musik ist nicht das Abbild einer Erscheinung, sondern in ihr spielt der Wille ohne Materie, ohne Erscheinung, ohne Bezug auf etwas anderes. Musik ist Willensgeschehen ohne Materie, und darum spricht sie aus dem »Herzen der Dinge« – sie ist das klingende ›Ding an sich‹. Sie verweist auf nichts außer ihr, sie ist ganz sie selbst. Adornos Formel dafür:

»Kunstwerke sind die vom Identitätszwang befreite Sichselbstgleichheit.«

Wie Adorno die ›Wahrheit‹ des Ganzen in der Musik sucht, so findet auch Schopenhauers metaphysische Neugier in der Musik ihr Genügen: »Wer mir gefolgt und in meine Denkungsart eingegangen ist, (wird) es nicht so sehr paradox finden, wenn ich sage, daß, gesetzt, es gelänge, eine vollkommen richtige, vollständige und in das einzelne gehende Erklärung der Musik, also eine ausführliche Wiederholung dessen, was sie ausdrückt, in Begriffen zu geben, diese sofort auch eine genügende Wiederholung und Erklärung der Welt in Begriffen ... also die wahre Philosophie sein würde« (I, 368).

Für Schopenhauer (wie für Adorno) rührt das Nachdenken über die Musik ans Geheimnis der Welt, und zwar gerade deshalb, weil die Musik die erscheinende Welt nicht abbildet, sondern selbst unmittelbar das ist, wovon die Welt die Erscheinung ist.

Das für einen Musikanten Schmeichelhafte dieser Musikphilosophie hatte noch zu Schopenhauers Lebzeiten Richard Wagner enthusiastisch aufgegriffen. In anderem hatte er Schopenhauer ›verbessern‹ wollen: Den Willen wollte er – wen wundert es – durch die Liebe erlösen.

Strenger als Wagner hat dann Schönberg (auf den sich seinerseits Adorno beruft) an die Schopenhauersche Musikphilosophie angeknüpft, indem er fordert, die Musik habe sich aller Abbildlichkeit zu entschlagen. Ihre ›Wahrheit‹ sei rein selbstbezüglich.

Es ist dieselbe Wiener Szene des Jahrhundertanfangs, in der Ludwig Wittgenstein in Analogie zur Schopenhauerschen Musikphilosophie seine logische Mystik des *Tractatus Logico-Philosophicus* entwickelt. Wie Schopenhauer trennt auch Wittgenstein vom logischen Denken eine Art ›besseres Bewußtsein‹ ab. Wittgenstein will, wie Schopenhauer, die Grenze zwischen dem Sagbaren und dem Unsagbaren markieren. Die Logik der Sprache, mit der wir zwar auf das hinweisen, was außer ihr »der Fall ist«, ist selbst doch auch »der Fall«. Sie ist selbstbezüglich, spielt ihre Sprachspiele. Die Spiele der Sprache sind für Wittgenstein, was für Schopenhauer die Musik ist. Die Sprache ›besagt‹ etwas, indem sie auf die Dinge weist;

und gleichzeitig zeigt sie sich selbst; sie *zeigt* sich als etwas, das ›Sinn‹ produzieren kann, ohne doch selbst ›Sinn‹ zu sein.

Musik spricht von sich selbst, Sprache spricht von sich selbst. Indem sie das tun, vollzieht sich durch sie hindurch jenes unsagbares Sein, das wir immer schon sind, aber nie vor uns bringen können, es also nie sehen und sagen können. Wir müßten ›außerhalb‹ sein, aber dann *sind* wir nicht. Wenn wir die Musik von der Musik und die Sprache von der Sprache sprechen lassen, kommen wir vielleicht dieser Grenze nahe.

Der Wille – dieses Schopenhauersche »ens realissimum« –, der in der Musik spielt, ist er nicht dabei, im Spiel zu verschwinden? Ist sein Spiel nicht schon eine Einübung in das, was aus der Perspektive des Willens ›Nichts‹ ist, aber von dem aus umgekehrt alles, was der Wille ist, auch ›Nichts‹ ist? »Wovon man nicht sprechen kann, darüber muß man schweigen« (Wittgenstein).

Vierundzwanzigstes Kapitel

›Die Menschheit hat Einiges von mir gelernt, was sie nie
vergessen wird.‹ Die letzten Jahre. Die Komödie des Ruhms.
Sterben: Der Nil ist in Kairo angekommen.

Es war nicht lange vor seinem Tode, daß Schopenhauer sagte:
»Die Menschheit hat Einiges von mir gelernt, was sie nie
vergessen wird...« Man hat von ihm gelernt, hat aber auch
vergessen, daß man von ihm gelernt hat.

Schopenhauer ist der Philosoph des Säkularisierungs-
schmerzes, der metaphysischen Obdachlosigkeit, des verlorenen Urvertrauens. Kein ›Himmel hat die Erde still geküßt,
daß sie im Blütenschimmer von ihm nun träumen müßt‹. Der
Himmel ist leer. Doch es gibt bei ihm noch ein metaphysisches
Staunen, auch Entsetzen über die gnadenlose Immanenz des
Lebenswillens, der kein Jenseits kennt. Er hat mit den Ersatz-
göttern (Naturvernunft, Geschichtsvernunft, Materialismus,
Positivismus) zu einem Zeitpunkt aufgeräumt, als die Flucht
in diese neuen ›Religionen‹ des Machbaren erst so richtig begann.

Er hat das ›Ganze‹ der Welt und des menschlichen Lebens
zu denken versucht, ohne von diesem ›Ganzen‹ ein Heil zu
erwarten. Er fragt: Wie kann man leben, wenn es keine vorge-
gebenen Sinnhorizonte, keine Sinngarantie gibt. So hat er sein
Leben versucht, ein Leben ohne Gewähr, versiert in der Klugheit der kleineren Übel.

Er hat die großen Kränkungen des menschlichen Größenwahns zusammen- und zu Ende gedacht.

Die kosmologische Kränkung: Unsere Welt ist eine der
zahllosen Kugeln im unendlichen Raum, auf dem ein »Schimmelüberzug lebender und erkennender Wesen« existiert. Die
biologische Kränkung: Der Mensch ist ein Tier, bei dem die
Intelligenz lediglich den Mangel an Instinkten und die mangelhafte organische Einpassung in die Lebenswelt kompensieren muß. Die psychologische Kränkung: Unser bewußtes Ich
ist nicht Herr im eigenen Hause.

Schopenhauer hat, fast ein Jahrhundert vor Freud, die das

abendländische Denken beherrschende Bewußtseinsphilosophie umgedreht. Bei Schopenhauer gibt es zum ersten Mal
eine ausgeführte Philosophie des Unbewußten und des Leibes. Das Sein bestimmt das Bewußtsein. Aber das Sein ist
nicht, wie bei Marx, der Gesellschaftskörper, sondern unser
wirklicher Körper, der uns allem gleichmacht und doch auch
uns mit allem verfeindet, was lebt. Schopenhauer hat vom
Leib, vom Willen, vom Leben gesprochen ohne Messianis-
mus. Unser Leib wird uns nicht erlösen, unsere Vernunft auch
nicht. Er hat die Ohnmacht der Vernunft gegenüber dem Willen drastisch gezeigt. Aber er war der »rationalste Philosoph
des Irrationalen« (Thomas Mann). Er wußte: Man muß dem
Schwächeren beistehen, der Vernunft. Für die Torheit, den
Willen, diesen Riesen, zu sich selbst befreien zu wollen, hatte
er nur Verachtung übrig. Er jedenfalls wollte sich nicht dazu
hergeben, als Schwanz mit dem Hund zu wackeln.

Einen anderen Traum träumte Schopenhauer: Vielleicht,
daß sich die Vernunft, für Augenblicke wenigstens, vom Willen lösen würde, damit der Wille sich zum Spielen und die
Vernunft zum reinen Sehen entspannen könne. Er hat diesen
Traum geträumt in der Philosophie, in der Kunst, vor allem
aber in der Musik. Noch nie zuvor und niemals seitdem ist so
ergreifend über die Musik philosophiert worden wie bei Schopenhauer.

Sein größter Traum aber: die Verneinung des Willens, sein
Verschwinden. Er hat ihn geträumt, indem er, wie keiner zuvor, die abendländische Tradition der Mystik verband mit
den Weisheitslehren des Orients. Es gibt in seinem Leben Augenblicke des Selbstverschwindens, sein ›besseres Bewußtsein‹, das ihn hat spüren lassen, wovon er sonst nur sprechen
und schreiben kann.

Er will *mit seinem Werk* den ›Schleier der Maja‹ zerreißen,
und – welche Ironie – *durch dieses Werk* bleibt er doch auch ans
›prinzipium individuationis‹ gefesselt. Er, der in Bereiche vordringt, wo alles ungesagt und ungehört bleiben kann, will gehört werden; er kann diesen einen paradoxen Schritt nicht
weitergehen: Er erwirbt sich nicht die Gelassenheit des Ver-
stummens und des Lachens. Er wird nicht zum Buddha von
Frankfurt. Das Schweigen um ihn herum kann er schwer er-

tragen. Er will Antwort, horcht auf die Klopfzeichen. Als diese dann zum Dröhnen anschwellen, kann er sterben.

Arthur Schopenhauer war kein Buddha, und zu seinem Glück zwang er sich auch nicht dazu, es werden zu wollen. Klug ist er jener Tragödie ausgewichen, die darin besteht, daß einer versucht, den eigenen Inspirationen, den eigenen Einsichten hinterherzuleben. Schopenhauer hat sich nicht mit sich selbst verwechselt. Einsichten und Inspirationen von bestimmter Evidenz und Kraft sind etwas Lebendiges, das durch uns hindurchgeht. Ein anonymes Geschehen, das man nicht ichhaft in Besitz nehmen kann. Und versucht man es doch, so kommt nur Zwang, Inszenierung dabei heraus; das Lebendige stockt, und man geht vor die Hunde, auch wenn man es nicht merkt. Nein, es geht nicht gut aus, wenn man versucht, sich selbst beim inspirierten Wort zu nehmen, versucht, es zu ›verwirklichen‹, ›umzusetzen‹, ›anzueignen‹. Man sollte das Selbst geschehen lassen. Selbstgeschehenlassen und nicht Selbstaneignung ist das Geheimnis des Schöpferischen. Das wußte Schopenhauer, und deshalb konnte er ohne Befremden und ohne Angst darüber staunen, daß es etwas anderes war, das in ihm das Beste seiner Philosophie hervorgebracht hat. In seinen letzten Lebensjahren sagte er einmal zu Frauenstädt: »Glauben Sie . . ., daß man sich jeden Augenblick Rechenschaft ablegen kann über das, was man gemacht hat? ich wundere mich selbst manchmal darüber, wie ich das Alles habe machen können. Denn im gewöhnlichen Leben ist man gar nicht Das, was man in den erhöhten Momenten der Produktion ist« (G, 124).

Er hat sich nicht damit gequält, diese beiden Leben zur Deckung zu bringen. Damit hat er wahrscheinlich beidem, der ›Produktivität‹ und dem »gewöhnlichen Leben«, einen Gefallen getan.

Sein »gewöhnliches Leben« aber geht nun zu Ende. Nach dem Erscheinen der PARERGA, nach der Veröffentlichung der englischen Artikel in der »Vossischen Zeitung« steht Schopenhauer plötzlich im Mittelpunkt nicht nur des philosophischen Interesses. Es wächst die Zahl der Besucher, die bei ihm vorgelassen werden wollen. Neugierige finden sich im »Englischen Hof« ein, um einen Blick auf den Philosophen werfen zu können. Richard Wagner läßt eine Einladung nach Zürich übermitteln; er könne, als politischer Flüchtling, nicht nach Deutschland hereinkommen. Schopenhauer lehnt die Einladung ab. Die Textfassung des RINGS DES NIBELUNGEN, die ihm Wagner mit einer Widmung zugeschickt hatte, veranlaßt Arthur einem Mittelsmann gegenüber zu der Bemerkung: »Sagen Sie Ihrem Freunde Wagner in meinem Namen Dank für die Zusendung seiner Nibelungen, allein er solle die Musik an den Nagel hängen, er hat mehr Genie zum Dichter! Ich, Schopenhauer, bleibe Rossini und Mozart treu ...« (G, 199).

Friedrich Hebbel sucht ihn auf. Dem erzählt Schopenhauer das wunderschöne Gleichnis der Komödie seines Ruhmes: »Ich komme mir sonderbar vor mit meinem jetzigen Ruhme. Sie haben gewiß schon gesehen, wie vor einer Vorstellung, als das Theater dunkel wird und der Vorhang aufgeht, ein vereinzelter Lampenanzünder noch bei der Rampe beschäftigt, dasteht und sich dann eiligst in die Kulisse flüchtet – und grade geht der Vorhang in die Höhe. So komme ich mir vor; ein Verspäteter, Übriggebliebener, während die Komödie meines Ruhmes anhebt« (G, 308).

Manches ist wirklich komisch. Ein stiller Anhänger, August Kilzer, fahndet nach der ersten Auflage des Hauptwerkes, der weggelassenen Stellen wegen. Der erste Schopenhauer-Philologe. Ein anderer schafft sich Schopenhauers Werke dreimal an: einmal für die eigene Andacht, einmal für den Sohn und einmal zum Verleihen. Einer stöbert die Inschrift auf, die Schopenhauer 1813 in die Fensterscheibe seines Zimmers in Rudolstadt eingeritzt hatte. Der bereits erwähnte Gutsbesitzer Wiesike kauft das erste Porträt Schopenhauers und baut eigens dafür ein Haus. Ein Pastor schickt ihm huldigende Epigramme. Ein Stellmacher will von ihm Lektüre empfohlen haben. Ein Herr in Böhmen bekränzt Schopenhauers Bildnis alle Tage neu. Kadetten einer Militärerziehungsanstalt schlagen sich die Nacht um die Ohren bei der mehrfachen und heimlichen Lektüre der METAPHYSIK DER GESCHLECHTERLIEBE. Aus dem benachbarten Homburg treffen Mitglieder eines Vereins ein, der sich, mit deutscher Gründlichkeit, der Pflege des Pessimismus widmet. Sogar die philosophische Zunft gibt sich jetzt ein Stelldichein. Da man hier Schopenhauers Grimm kennt, begnügt man sich zumeist damit, im »Englischen Hof« inkognito vom Nachbartisch aus an seinen Tischgesprächen teilzuhaben. Einer der Philosophieprofessoren hatte sich doch einmal in die Höhle des Löwen gewagt. Ihm erzählte Schopenhauer die Skorpion-Geschichte: Wenn Skorpione Licht sehen und es keinen Ausweg ins Dunkle gibt, so bohren sie sich den eigenen Giftstachel in den Kopf und sterben. »Sehen Sie, lieber Freund, die brennende Kerze, das ist meine Philosophie. Und die Skorpione, die wahrlich lang genug gezwickt haben, sollten nun auch den Mut haben, da sie dem Licht doch nicht entschlüpfen können, sich selbst auszulöschen« (G, 181). Der Hegelianer Rosenkranz nennt jetzt, durchaus maliziös, Schopenhauer den »neuerwählten Kaiser der Philosophie in Deutschland«. Auf deutschen Lehrstühlen beginnt die Schopenhauer-Exegese. Die philosophische Fakultät der Universität Leipzig schreibt einen Wettbewerb aus zum Thema »Darlegung und Kritik der Schopenhauerschen Philosophie«.

Arthur Schopenhauer kann sich nun darüber wundern, welchen Zuspruch er mit seinem Werk auch bei Frauen findet. Ein schlesisches Fräulein widmet ihm das Gedicht »Der Fremdling im Vaterland«. Im »Englischen Hof« unterhält er sich stundenlang mit einer Gisella Niclotti aus Rom, einer Rike von Hasse aus Hamburg und einer Ada van Zuylen aus Amsterdam. In solcher Gesellschaft kann er wie ein Verliebter über Probleme der Logik, beispielsweise über den Identitätssatz A=A, reden. Schopenhauers Frauenbild kommt ins Wanken. Im Gespräch mit Malwida von Meysenbug, der Freundin Richard Wagners, bekennt er einmal: »Ich habe noch nicht mein letztes Wort über die Frauen gesprochen. Ich glaube, wenn es einer Frau gelingt, sich der Masse zu entziehen oder vielmehr sich über sie zu erheben, so wächst sie unaufhörlich und mehr als der Mann« (G, 376). Der neu erwachte Sinn für das Weibliche macht ihn denn auch empfänglich für die Reize der jungen Bildhauerin Elisabeth Ney, die im Oktober 1859 nach Frankfurt kommt, um eine Büste von ihm zu fertigen. Vier Wochen arbeitet sie in seiner Wohnung. Arthur ist selig. Einem Besucher erzählt er: »Sie arbeitet den ganzen

Tag bei mir. Wenn ich vom Essen komme, trinken wir zusammen Kaffee, sitzen beieinander auf dem Sopha, da komme ich mir dann vor wie verheiratet« (G, 225).

Auch wer den Philosophen nicht liest, kennt den Spaziergänger mit seinem unvermeidlichen Pudel. In Frankfurt schreitet man zur nachahmenden Anschaffung von Pudeln.

Im Winter 1857 stürzt Schopenhauer beim Spaziergang. Der Frankfurter Presse ist das eine Nachricht wert: »Der hier lebende Philosoph Schopenhauer hat sich durch einen Fall nicht unbedeutend an der Stirn verletzt; doch wird er (wie wir auf Anfrage bemerken) sicherlich in kurzer Frist hergestellt sein.«

An einem der letzten Apriltage des Jahres 1860 befällt ihn, auf dem Heimweg vom Mittagstisch, Atemnot und Herzklopfen; es wiederholt sich die folgenden Monate. Da er von seiner Gewohnheit des schnellen Gehens nicht abrücken will, verkürzt er die Spaziergänge. Aber sonst verändert er seine Lebensweise nicht, sogar auf die Gewohnheit kalter Bäder im Main verzichtet er nicht. Am 18. September trifft ihn ein neuer heftiger Erstickungsanfall. Wilhelm Gwinner besucht ihn. Mit ihm hat Schopenhauer das letzte Gespräch. Es geht um den Mystiker Jakob Böhme, um das eigene Lebenswerk.

»Daß seinen Leib nun bald die Würmer zernagen würden, sei ihm kein arger Gedanke: dagegen denke er mit Grauen daran, wie sein Geist unter den Händen der ›Philosophieprofessoren‹ zugerichtet werden würde« (G, 394).

Schopenhauer erinnert sich der Jugend, der Zeit der »genialen Konception« und äußert Befriedigung darüber, daß auch noch die letzten, im siebzigsten Jahr gemachten Zusätze zum Hauptwerk, »dieselbe Frische«, denselben »lebendigen Fluß« zeigten. Über dem Gespräch wird es dunkel. Die Haushälterin zündet eine Kerze an. Schopenhauer wird weicher. Gwinner: »Ich konnte mich noch seines hellen Blicks freuen, in dem nichts von Krankheit und Alter zu lesen war. Es wäre doch erbärmlich, meinte er, wenn er jetzt sterben sollte: er habe den Parergen noch wichtige Zusätze zu geben« (G, 395). Gwinner bricht auf. Schopenhauer verabschiedet ihn mit den Worten: »es würde für ihn nur eine Wohltat sein, zum absoluten Nichts zu gelangen, aber der Tod eröffne leider keine Aussicht darauf. Allein, es gehe, wie es wolle, er habe ›zum wenigsten ein reines intellektuelles Gewissen‹ …« (G, 396).

Drei Tage später, am 21. September – es ist ein Freitag wie der Tag der Geburt –, steht Schopenhauer morgens etwas später als gewöhnlich auf. Die Haushälterin öffnet das Fenster, um herbstliche Morgenluft hereinzulassen. Entfernt sich dann. Kurz darauf kommt der Arzt. Arthur Schopenhauer lehnt in der Ecke seines Sofas. Er ist tot. Das Gesicht unentstellt, ohne Spur eines Todeskampfes.

Der Nil war in Kairo angekommen.

Anhang

Werkausgaben, Quellen, Abkürzungsverzeichnis

Die benützten Werkausgaben und Quelleneditionen werden unter folgenden Abkürzungen zitiert:

Arthur Schopenhauer, Sämtliche Werke. Textkritisch bearbeitet und herausgegeben von Wolfgang Freiherr von Löhneysen. 5 Bände. Stuttgart/Frankfurt a. M. – Nachdruck 1986, Frankfurt a. M. (Suhrkamp-Taschenbuch)

Die Welt als Wille und Vorstellung (Bd. 1)	I
Die Welt als Wille und Vorstellung (Bd. 2)	II
Kleinere Schriften	III
Parerga und Paralipomena (Bd. 1)	IV
Parerga und Paralipomena (Bd. 2)	V

Arthur Schopenhauer, Über die vierfache Wurzel des Satzes vom zureichenden Grunde (Dissertation 1813, Urfassung). – In: A. S., Sämtliche Werke. Herausgegeben von A. Hübscher. Band 7 – Wiesbaden 1950.   D

Arthur Schopenhauer, Philosophische Vorlesungen. Herausgegeben von Volker Spierling. 4 Bände. München/Zürich 1985 (Serie Piper)

Vorlesung: Theorie des Gesammten Vorstellens, Denkens und Erkennens	VTE
Vorlesung: Metaphysik der Natur	VMN
Vorlesung: Metaphysik des Schönen	VMSch
Vorlesung: Metaphysik der Sitten	VMS

Arthur Schopenhauer, Der handschriftliche Nachlaß. Herausgegeben von A. Hübscher. 5 Bände. Frankfurt a. M. 1966 ff. – Nachdruck 1985 (Deutscher Taschenbuch Verlag)

Frühe Manuskripte (1804-1818)	HN I
Kritische Auseinandersetzungen (1809-1818)	HN II
Berliner Manuskripte (1818-1830)	HN III
Die Manuskriptbücher der Jahre 1830-1852	HN IV, 1
Letzte Manuskripte. Gracians Handorakel	HN IV, 2
Randschriften zu Büchern	HN V

Arthur Schopenhauer, Reisetagebücher aus den Jahren 1803 bis 1804. Herausgegeben von Charlotte von Gwinner. Leipzig 1923   RT

Arthur Schopenhauer, Gesammelte Briefe. Herausgegeben von A. Hübscher. Bonn 1978   B

Arthur Schopenhauer, Der Briefwechsel. Herausgegeben von C. Gebhardt und A. Hübscher. 3 Bände innerhalb der von Paul Deussen veranstalteten Werkausgabe. München 1929 ff.

Erster Band (1799-1849)	Bw 14
Zweiter Band (1849-1860)	Bw 15
Dritter Band (Nachträge, Anmerkungen)	Bw 16

Arthur Schopenhauer, Gespräche. Herausgegeben von A. Hübscher. Stuttgart 1971   G

Jahrbuch der Schopenhauer-Gesellschaft, 1912-1944; seither *Schopenhauer-Jahrbuch*. Herausgegeben von Paul Deussen u. a. Frankfurt a. M.

Jb.
(und Jahreszahl)

Literatur

Aus der Literaturliste möchte ich folgende Werke hervorheben. Sie haben mich besonders inspiriert:

Günther Anders, Die Antiquiertheit des Menschen. 2 Bände. – München 1956 und 1980

Michel Foucault, Die Ordnung der Dinge. – Frankfurt a. M. 1974

Martin Heidegger, Über den Humanismus. – Frankfurt a. M. 1947

Dieter Henrich, Selbstverhältnisse. – Stuttgart 1982

Stanislaw Lem, Solaris. – Düsseldorf 1972

Odo Marquard, Abschied vom Prinzipiellen. – Stuttgart 1981

Jean-Paul Sartre, Die Transzendenz des Ego. – Reinbek b. Hamburg 1982

Peter Sloterdijk, Der Denker auf der Bühne. Nietzsches Materialismus. – Frankfurt a. M. 1986

Bibliographie

Arthur Hübscher, Schopenhauer-Bibliographie – Stuttgart 1981.
(Ergänzungen werden regelmäßig im ›Jahrbuch‹ veröffentlicht)

Zu Schopenhauer

Walter Abendroth, Schopenhauer. – Reinbek b. Hamburg 1967 (Rowohlt-Monographie)

Hansjochen Autrum, Der Wille in der Natur und die Biologie heute. –
In: Jb. 1969

Hans Dieter Bahr, Das gefesselte Engagement. Zur Ideologie der
kontemplativen Ästhetik Schopenhauers. – Bonn 1970

Aloys Becker, Arthur Schopenhauer und Sigmund Freud. Historische
und charakterologische Grundlagen ihrer gemeinsamen Denk-
strukturen. – In: Jb. 1971

Rudolf Borch, Schopenhauer. Sein Leben in Selbstzeugnissen, Briefen und Berichten. – Berlin 1941

Ders., Schopenhauer in Gotha. – In: Jb. 1944

W. Bröcking, Schopenhauer und die Frankfurter Straßenkämpfe am
18. 9. 1848. – In: Jb. 1922

Ewald Bucher (Hg.), Von der Aktualität Arthur Schopenhauers.
Festschrift für A. Hübscher. – Frankfurt 1972

Ernst Cassirer, Das Erkenntnisproblem in der Philosophie und Wissenschaft der neueren Zeit. Band 3. – Darmstadt 1971

Alwin Diemer, Schopenhauer und die moderne Existenzphilosophie.
– In: Jb. 1962

Friedrich Dorguth, Schopenhauer in seiner Wahrheit. – Magdeburg
1845

Hans Ebeling/Ludger Lütkehaus (Hg.), Schopenhauer und Marx. Philosophie des Elends – Elend der Philosophie. – Königstein/Ts.
1980

Walter Ehrlich, Der Freiheitsbegriff bei Kant und Schopenhauer. –
Berlin 1920

Kuno Fischer, Schopenhauers Leben, Werk und Lehre. – Heidelberg
1934 (4. Auflage)

Julius Frauenstädt, Briefe über die Schopenhauersche Philosophie. –
Leipzig 1854

Ders., Neue Briefe über die Schopenhauersche Philosophie. – Leipzig 1876

Laura Frost, Johanna Schopenhauer. Ein Frauenleben aus der klassischen Zeit. – Leipzig 1920

Helmuth v. Glasenapp, Das Indienbild deutscher Denker. – Stuttgart
1960

Wilhelm v. Gwinner, Schopenhauers Leben. – Leipzig 1910

Wolfgang Harich (Hg.), Schopenhauer. – Berlin (Ost) 1955

Hermann Hartmann, Schopenhauer und die heutige Naturwissenschaft. – In: Jb. 1964

Heinrich Hasse, Arthur Schopenhauer. – München 1926

Ders., Schopenhauers Erkenntnislehre als System einer Gemeinschaft des Rationalen und Irrationalen. Ein historisch-kritischer
Versuch. – Leipzig 1913

Ders., Schopenhauers Religionsphilosophie. – Frankfurt a. M. 1924

Rudolf Haym, Schopenhauer. – Berlin 1864

Bernhard Heidtmann, Pessimismus und Geschichte in der Philosophie Schopenhauers. – Berlin 1969

Paul Th. Hoffmann, Schopenhauer und Hamburg. – In: Jb. 1932

Max Horkheimer, Die Aktualität Schopenhauers. – In: Jb. 1961

Ders., Schopenhauer und die Gesellschaft. – In: Jb. 1955

H. H. Houben, Johanna Schopenhauer. Damals in Weimar. – Leipzig 1924

Arthur Hübscher, Denker gegen den Strom: Arthur Schopenhauer gestern, heute, morgen. – Bonn 1973

Ders. (Hg.), Materialismus, Marxismus, Pessimismus. – In: Jb. 1977

Ders., Arthur Schopenhauer. Biographie eines Weltbildes. – Leipzig 1952

Ders., Arthur Schopenhauer. Ein Lebensbild. – Wiesbaden 1949

Ders., Schopenhauers Anekdotenbüchlein. – Frankfurt a. M. 1981

Ders., Schopenhauer und die Existenzphilosophie. – In: Jb. 1962

Ders., Schopenhauer als Hochschullehrer. – In: Jb. 1958

Ders., Ein vergessener Schulfreund Schopenhauers. – In: Jb. 1965

Karl Jaspers, Schopenhauer. Zu seinem 100. Todestag 1960. – In: K. J., Aneignung und Polemik. – München 1968

Ingrid Krauss, Studien über Schopenhauer und den Pessimismus in der deutschen Literatur des 19. Jahrhunderts. – Bern 1931

Michael Landmann, Schopenhauer heute. – In: Jb. 1958

Ludger Lütkehaus, Schopenhauer. Metaphysischer Pessimismus und ›soziale Frage‹. – Bonn 1980

Hildegard von Marchtaler, Lorenz Meyers Tagebücher. – In: Jb. 1968

Jacob Mühlethaler, Die Mystik bei Schopenhauer. – Berlin 1910

Wolfgang Pfeiffer-Belli, Schopenhauer und die Humanität des großen Asiens. – Bad Wörishofen 1948

Karl Pisa, Schopenhauer. Geist und Sinnlichkeit. – München 1978 (Taschenbuchausgabe)

Ulrich Pothast, Die eigentlich metaphysische Tätigkeit. Über Schopenhauers Ästhetik und ihre Anwendung durch Samuel Beckett. – Frankfurt a. M. 1982

Jörg Salaquarda, Erwägungen zur Ethik. Schopenhauers kritisches Gespräch mit Kant und die gegenwärtige Diskussion. – In: Jb. 1975

Ders., Zur gegenseitigen Verdrängung von Schopenhauer und Nietzsche. In: Jb. 1984

Ders. (Hg.), Wege der Forschung: Schopenhauer. – Darmstadt 1985

Harald Schöndorf, Der Leib im Denken Schopenhauers und Fichtes. – München 1982

Adele Schopenhauer, Gedichte und Scherenschnitte (Hg. H. H. Houben und H. Wahl). – Leipzig 1920

Dieselbe, Tagebuch einer Einsamen (Hg. H. H. Houben). – München 1985 (Reprint)

Dieselbe, Tagebücher. 2 Bände. – Leipzig 1909

Johanna Schopenhauer, Ihr glücklichen Augen. Jugenderinnerungen, Tagebücher, Briefe (Hg. R. Weber). – Berlin (Ost) 1978

Johanna Schopenhauer, Reise durch England und Schottland. – Frankfurt a. M. 1980

Dieselbe, Gabriele. – München 1985 (Deutscher Taschenbuch Verlag)

Wolfgang Schirmacher (Hg.), Schopenhauer und Nietzsche – Wurzeln gegenwärtiger Vernunftkritik. – Jb. 1984

Ders., Schopenhauer bei neueren Philosophen. – In: Jb. 1983

Ders. (Hg.), Zeit der Ernte. Studien zum Stand der Schopenhauer-Forschung. – Stuttgart 1982

Alfred Schmidt, Drei Studien über Materialismus. Schopenhauer – Horkheimer – Glücksproblem. – Frankfurt/Berlin/Wien 1979 (Ullstein)

Ders., Die Wahrheit im Gewande der Lüge. Schopenhauers Religionsphilosophie. – München/Zürich 1986

Walther Schneider, Schopenhauer. – Wien 1937

Walter Schulz, Bemerkungen zu Schopenhauer. – In: W. S. (Hg.), Natur und Geschichte. K. Löwith zum 70. Geburtstag. – Stuttgart 1967

Georg Simmel, Schopenhauer und Nietzsche. – München/Leipzig 1920

Bernhard Sorg, Zur literarischen Schopenhauer-Rezeption im 19. Jahrhundert. – Heidelberg 1975

Volker Spierling (Hg.), Materialien zu Schopenhauers ›Die Welt als Wille und Vorstellung‹. – Frankfurt a. M. 1984

Ders., Schopenhauers transzendentalidealistisches Selbstmißverständnis. – München 1977

Richard Tengler, Schopenhauer und die Romantik. – Berlin 1923

Theodor Vaternahm, Schopenhauers Frankfurter Jahre. – In: Jb. 1968

Anacleto Verrecchia, Schopenhauer e la vispa Theresa. – In: Jb. 1975

Hans Voigt, Wille und Energie. – In: Jb. 1970

Johannes Volkelt, Schopenhauer. Seine Persönlichkeit, seine Lehre, sein Glaube. – Stuttgart 1900

Wolfgang Weimer, Schopenhauer. Erträge der Forschung. – Darmstadt 1982

Heinrich Zimmer, Schopenhauer und Indien. – In: Jb. 1938

Theodor W. Adorno, Ästhetische Theorie. – Frankfurt a. M. 1973

Ders., Negative Dialektik. – Frankfurt a. M. 1975

Theodor W. Adorno / Max Horkheimer, Dialektik der Aufklärung. – Frankfurt a. M. 1969

Günther Anders, Die Antiquiertheit des Menschen. 2 Bände. – München 1956 und 1980

Dieter Arendt (Hg.), Nihilismus. Die Anfänge – Von Jacobi bis Nietzsche. – Köln 1970

Per Daniel Atterbom, Reisebilder aus dem romantischen Deutschland. – Berlin 1867 (Nachdruck Stuttgart 1970)

Günther Baum, Aenesidemus oder der Satz vom Grunde. Eine Studie zur Vorgeschichte der Wissenschaftstheorie. – In: Zeitschrift für philosophische Forschung, Jg. 1979

Ernst Bloch, Das Materialismusproblem, seine Geschichte und Substanz. – Frankfurt a. M. 1972

Hans Blumenberg, Arbeit am Mythos. – Frankfurt a. M. 1981

Ders., Die Lesbarkeit der Welt. – Frankfurt a. M. 1986 (Taschenbuch)

Hartmut Böhme/Gernot Böhme, Das Andere der Vernunft. – Frankfurt a. M. 1985 (Taschenbuch)

Jakob Böhme, Von der Gnadenwahl (Hg. G. Wehr). – Freiburg i. Br. 1978

Max von Boehn, Biedermeier. – Berlin o. J.

Rudolf Borch, Die Gothaer Lehrer. – In: Jb. 1942

Friedrich Bothe, Geschichte der Stadt Frankfurt am Main. – Frankfurt a. M. 1977

Heinrich Eduard Brockhaus, Friedrich Arnold Brockhaus. Sein Leben und Wirken nach Briefen und anderen Aufzeichnungen. – Leipzig 1876

W. H. Bruford, Die gesellschaftlichen Grundlagen der Goethezeit. – Frankfurt/Berlin/Wien 1975

H. Brunschwig, Gesellschaft und Romantik in Preußen im 18. Jahrhundert. Die Krise des preußischen Staates am Ende des 18. Jahrhunderts und die Entstehung der romantischen Mentalität. – Frankfurt/Berlin/Wien 1975

Gautama Buddha, Die vier edlen Wahrheiten. Texte des ursprünglichen Buddhismus (Hg. K. Mylius). – München 1985 (dtv-Klassik)

Georg Büchner, Sämtliche Werke (Hg. P. Stapf). – Berlin 1963

E. M. Cioran, Lehre vom Zerfall. – Stuttgart 1979

Matthias Claudius, Sämtliche Werke (Hg. H. Geiger). – Berlin 1964

René Descartes, Ausgewählte Schriften (Hg. I. Frenzel). – Frankfurt a. M. 1986 (Fischer-Taschenbuch)

Hoimar v. Ditfurth, Der Geist fiel nicht vom Himmel. Die Evolution unseres Bewußtseins. – München 1980

Ders., So laßt uns denn ein Apfelbäumchen pflanzen. Es ist so weit. – Hamburg/Zürich 1985

Meister Eckhart, Einheit im Sein und Wirken (Hg. D. Mieth). – München 1986 (Serie Piper)

Joseph v. Eichendorff, Werke. – München 1966 (Hanser-Klassiker)

Norbert Elias, Über den Prozeß der Zivilisation. 2 Bände. – Frankfurt a. M. 1976

Johann Eduard Erdmann, Philosophie der Neuzeit. – Reinbek b. Hamburg 1971 (Rowohlts deutsche Enzyklopädie)

Ludwig Feuerbach, Gesammelte Werke (Hg. W. Schaffenhauer). – Berlin (Ost) 1971

Ders., Grundsätze der Philosophie der Zukunft. – Frankfurt a. M. 1983 (Reprint)

J. G. Fichte, Werke (Hg. I. H. Fichte) – Berlin 1971 (Reprint)

Michel Foucault, Die Ordnung der Dinge. – Frankfurt a. M. 1974

Ders., Sexualität und Wahrheit. – Frankfurt a. M. 1979

Manfred Frank, Eine Einführung in Schellings Philosophie. – Frankfurt a. M. 1985

Ders., Der unendliche Mangel an Sein. – Frankfurt a. M. 1975

Ders., Der kommende Gott. Vorlesungen über die Neue Mythologie. – Frankfurt a. M. 1982

Sigmund Freud, Fragen der Gesellschaft. Ursprünge der Religion. Band IX der Studienausgabe. – Frankfurt a. M. 1974

Michael Freund, Napoleon und die Deutschen. Despot oder Held der Freiheit. – München 1969

Egon Friedell, Kulturgeschichte der Neuzeit. – München 1965

Richard Friedenthal, Goethe. Sein Leben und seine Zeit. – München 1963

L. Geiger, Berlin 1688 bis 1840. Geschichte des geistigen Lebens der preußischen Hauptstadt. – Berlin 1892

Bernhard Geyer, Das Stadtbild Alt-Dresdens. – Berlin 1964

J. W. Goethe, Werke (Hamburger Ausgabe). – München 1981

G. Günther/L. Wallraf (Hg.), Geschichte der Stadt Weimar. – Weimar 1975

Klaus Günzel, König der Romantik. Das Leben des Dichters Ludwig Tieck in Briefen, Selbstzeugnissen und Berichten. – Tübingen 1981

Arsenij Gulyga, Hegel. – Frankfurt a. M. 1981

Ders., Immanuel Kant. – Frankfurt a. M. 1985

Karl Gutzkow, Wally – Die Zweiflerin. – Göttingen 1965 (Reprint)

Jürgen Habermas, Der philosophische Diskurs der Moderne. – Frankfurt a. M. 1985

E. Haenel / E. Kalkschmidt (Hg.), Das alte Dresden. – Frankfurt a. M. 1977 (Reprint)

Eduard von Hartmann, Philosophie des Unbewußten. 2 Bände. – Leipzig 1913

Arnold Hauser, Sozialgeschichte der Kunst und Literatur. – München 1953

Rudolf Haym, Hegel und seine Zeit. – Berlin 1857

G. W. F. Hegel, Sämtliche Werke (Hg. H. Glockner). – Stuttgart 1927 ff.

Martin Heidegger, Über den Humanismus. – Frankfurt a. M. 1947

Ders., Der Satz vom Grund. – Pfullingen 1957

Ders., Sein und Zeit. – Tübingen 1963

Ders., Gelassenheit. – Pfullingen 1959

Heinrich Heine, Sämtliche Schriften (Hg. K. Briegleb). – München 1976

Klaus Heinrich, Vernunft und Mythos. Ausgewählte Texte. – Frankfurt a. M. 1982

Robert Heiss, Der Gang des Geistes. – Berlin 1959

Erich Heller, Enterbter Geist. – Frankfurt a. M. 1981

Dieter Henrich, Selbstverhältnisse. – Stuttgart 1982

J. Hermand (Hg.), Der deutsche Vormärz. Texte und Dokumente. – Stuttgart 1967 (Reclam)

Ders. (Hg.), Das Junge Deutschland. Texte und Dokumente. – Stuttgart 1966 (Reclam)

Friedrich Hölderlin, Sämtliche Werke und Briefe (Hg. G. Mieth). – München 1970 (Hanser-Klassiker)

Max Horkheimer (H. Regius), Dämmerungen. Notizen in Deutschland. – Zürich 1934

Ulrich Horstmann, Das Untier. Konturen einer Philosophie der Menschenflucht. – Frankfurt a. M. 1985

A. Huyssen (Hg.), Die deutsche Literatur in Text und Darstellung: Bürgerlicher Realismus. – Stuttgart 1974 (Reclam)

Wilhelm G. Jacobs, Johann Gottlieb Fichte. – Reinbek b. Hamburg 1984 (Rowohlt-Monographie)

Karl Jaspers, Psychologie der Weltanschauungen. – Berlin/Göttingen/Heidelberg 1960

Immanuel Kant, Werke in 12 Bänden (Hg. W. Weischedel). – Frankfurt a. M. 1964

Dietmar Kamper, Zur Geschichte der Einbildungskraft. – München 1981

Hermann Kesten, Dichter im Café. – Frankfurt 1983

Erich Keyser, Geschichte der Stadt Danzig. – Kitzingen a. M. 1951

Eckart Kleßmann (Hg.), Die Befreiungskriege in Augenzeugenberichten. – München 1973

R. Köhler / W. Richter (Hg.), Berliner Leben 1806 bis 1847. Erinnerungen, Berichte. – Berlin (Ost) 1954

Franklin Kopitzsch, Lessing und Hamburg. – In: Wolfenbüttler Studien 2, 1975

Hermann August Korff, Geist der Goethezeit. 4 Bände. – Leipzig 1959

Reinhart Koselleck, Kritik und Krise. – Freiburg/München 1959

Wolfgang Kraus, Nihilismus heute oder Die Geduld der Weltgeschichte. – Frankfurt a. M. 1985

Friedrich Albert Lange, Geschichte des Materialismus. 2 Bände. – Frankfurt a. M. 1974 (Nachdruck)

Stanislaw Lem, Solaris. – Düsseldorf 1972

Max Lenz, Geschichte der Königlichen Friedrich Wilhelm-Universität zu Berlin. 3 Bände. – Halle 1910

Wolf Lepenies, Melancholie und Gesellschaft. – Frankfurt a. M. 1972

G. E. Lessing, Werke (Hg. H. Göpfert). – München 1971 ff.

Karl Löwith, Von Hegel zu Nietzsche. Der revolutionäre Bruch im Denken des 19. Jahrhunderts. – Stuttgart 1953

Konrad Lorenz, Die Rückseite des Spiegels. Versuch einer Naturgeschichte der menschlichen Erkenntnis. – München 1973

Georg Lukács, Die Zerstörung der Vernunft. – Berlin 1954

Johann Mader, Zwischen Hegel und Marx. Zur Verwirklichung der Philosophie. – Wien/München 1975

Philipp Mainländer, Die Philosophie der Erlösung. – Berlin 1879

Thomas Mann, Doktor Faustus. – Frankfurt a. M. 1974

Friedrich Majer, Brahma oder die Religion der Indier als Brahmanen. – Leipzig 1818

Ludwig Marcuse, Philosophie des Un-Glücks. – Zürich 1981

Ders., Philosophie des Glücks. – Zürich 1972

Odo Marquard, Abschied vom Prinzipiellen. – Stuttgart 1981

Karl Marx/Friedrich Engels, Werke (MEW). – Berlin (Ost) 1959 ff.

Heinz Maus, Kritik am Justemilieu. Eine sozialphilosophische Studie. – Bottrop 1940

Walter Migge, Weimar zur Goethezeit. – Weimar 1961

Michel de Montaigne, Die Essais (Hg. A. Franz). – Stuttgart 1969 (Reclam)

Alfred Mühr, Rund um den Gendarmenmarkt. – Oldenburg 1965

Friedrich Nietzsche, Werke (Hg. K. Schlechta). – Frankfurt/Berlin/Wien 1979 (Taschenbuch)

Thomas Nipperdey, Deutsche Geschichte 1800-1866. – München 1983

Walter Nissen, Göttingen heute und gestern. – Göttingen 1972

Novalis, Werke (Hg. H. J. Mähl/R. Samuel). – München 1978 (Hanser-Klassiker)

Heinrich Albert Oppermann, Hundert Jahre 1770 bis 1870. – Frankfurt a. M. 1982 (Reprint)

Hans Ostwald, Kultur- und Sittengeschichte Berlins. – Berlin 1924

Blaise Pascal, Gedanken. – Wien 1981

Jean Paul, Werke (Hg. N. Miller). – München 1960 ff.

K. O. Petraschek, Die Rechtsphilosophie des Pessimismus. – München 1929

Platon, Sämtliche Werke (Hg. Walter F. Otto u. a.). – Reinbek b. Hamburg 1957 (Rowohlt-Klassiker)

H. Pleticha (Hg.), Das klassische Weimar. Texte und Zeugnisse. – München 1983

Karl R. Popper/John C. Eccles, Das Ich und sein Gehirn. – München/ Zürich 1982

Werner Post, Kritische Theorie und metaphysischer Pessimismus. – München 1971

Max Preitz, Friedrich Schlegel und Novalis. Biographie einer Romantikerfreundschaft in Briefen. – Darmstadt 1957

Marcel Proust, Auf der Suche nach der verlorenen Zeit. – Frankfurt a. M. 1964

Ortrud Reichel, Zum Beispiel Dresden. – Frankfurt a. M. 1964

Ludwig Richter, Lebenserinnerungen eines deutschen Malers. – Frankfurt a. M. 1980

Manfred Riedel, Theorie und Praxis im Denken Hegels. – Frankfurt/ Berlin/Wien 1976

H. K. Röthel, Die Hansestädte. – München 1955

Richard Rorty, Der Spiegel der Natur. Eine Kritik der Philosophie. – Frankfurt a. M. 1981

Werner Ross, Der ängstliche Adler. Friedrich Nietzsches Leben. – München 1984

Jean-Jacques Rousseau, Die Bekenntnisse. – München 1981 (dtv-Klassik)

Ders., Emile oder Über die Erziehung. – Stuttgart 1963 (Reclam)

Jean-Paul Sartre, Die Transzendenz des Ego. – Reinbek b. Hamburg 1982

Ders., Bewußtsein und Selbsterkenntnis. – Reinbek b. Hamburg 1973

F. W. J. Schelling, Ausgewählte Schriften. 6 Bände (Hg. M. Frank). – Frankfurt a. M. 1985

Ders., Über das Wesen der menschlichen Freiheit. – Frankfurt a. M. 1975 (Taschenbuch)

Friedrich Schiller, Sämtliche Werke. Säkular-Ausgabe (Hg. E. v. d. Hellen). – Berlin o. J.

Friedrich Schlegel, Über die Sprache und Weisheit der Indier. – Heidelberg 1809

Alfred Schmidt, Emanzipatorische Sinnlichkeit. – München 1973

Kurt Schmidt, Gotha. – Gotha 1931

Hermann Schmitz, System der Philosophie. Der Leib. – Bonn 1965

Herbert Schnädelbach, Philosophie in Deutschland 1831-1933. – Frankfurt a. M. 1983

Franz Schneider, Pressefreiheit und politische Öffentlichkeit. – Neuwied 1966

Gerhard Schulz, Die deutsche Literatur zwischen Französischer Revolution und Restauration. – München 1983

Walter Schulz, Philosophie in der veränderten Welt. – Pfullingen 1974

Friedrich Schulze, Franzosenzeit in deutschen Landen. – Leipzig 1908

Richard Sennett, Verfall und Ende des öffentlichen Lebens – Die Tyrannei der Intimität. – Frankfurt a. M. 1983

Peter Sloterdijk, Der Denker auf der Bühne. Nietzsches Materialismus. – Frankfurt a. M. 1986

Ders., Kritik der zynischen Vernunft. 2 Bände. – Frankfurt a. M. 1983

Jacques Solé, Liebe in der westlichen Kultur. – Frankfurt/Berlin/ Wien 1979

Robert Spaemann/Reinhard Löw, Die Frage Wozu? – München/Zürich 1985

Germaine de Staël, Über Deutschland. – Stuttgart 1962 (Reclam)

Heinrich Steffens, Anthropologie. Band 1. – Breslau 1822

Adolf Stern, Der Einfluß der französischen Revolution auf das deutsche Geistesleben. – Stuttgart/Berlin 1928

B. Studt/H. Olsen, Hamburg. Die Geschichte einer Stadt. – Hamburg 1951

Ludwig Tieck, Werke in vier Bänden (Hg. M. Thalmann). – Darmstadt 1977

Paul Tillich, Der Mut zum Sein. – In: P. T., Sein und Sinn. – Frankfurt a. M. 1982

Upanishaden. Geheimlehre der Inder (Hg. A. Hillebrandt). – Düsseldorf/Köln 1977 (Diederichs Gelbe Reihe)

Hans Vaihinger, Die Philosophie des Als ob. – Berlin 1913

K. A. Varnhagen von Ense, Denkwürdigkeiten des eigenen Lebens. – Berlin 1922

Florian Vaßen (Hg.), Die deutsche Literatur in Text und Darstellung. Restauration, Vormärz und 48er Revolution. – Stuttgart 1975 (Reclam)

Wilhelm Heinrich Wackenroder, Schriften. – Reinbek b. Hamburg 1968 (Rowohlt-Klassiker)

Rolf Wiggershaus, Die Frankfurter Schule. – München 1986

Ludwig Wittgenstein, Tractatus logico-philosophicus. – Frankfurt a. M. 1963

Theobald Ziegler, Die geistigen und sozialen Strömungen des Neunzehnten Jahrhunderts. – Berlin 1910

Heinrich Zimmer, Philosophie und Religion Indiens. – Frankfurt a. M. 1973

Ders., Maya. Der indische Mythos. – Frankfurt a. M. 1978

Belege

Erstes Kapitel

(17) »Nur wenige...« zit. W. Gwinner, Schopenhauers Leben, 349
»Die allerwenigsten...« zit. ebenda, 350
(18) »Der Nil...« zit. A. Hübscher, Lebensbild, 115
»Reisen sollte...« J. Schopenhauer, Ihr glücklichen
Augen, 204
(19) »Da stehen...« zit. E. Keyser, Geschichte der Stadt
Danzig, 24
»Freilich wohl...« J. Schopenhauer, Ihr glücklichen Augen,
83
(20) »Voila les...« ebenda, 203
»Ich danke...« ebenda, 5
(22) »Herr M. ...« ebenda, 82
»Hängt unsere...« zit. E. Keyser, Geschichte der Stadt Danzig, 180
(23) »Daß mein:..« J. Schopenhauer, Ihr glücklichen Augen, 241
(24) »Von allen...« ebenda, 242
»Und nun...« ebenda, 243
(25) »Meine stille...« ebenda, 243
(26) »Mein Mann...« ebenda, 189
»Nie legte...« ebenda, 189
»Glühende Liebe...« ebenda, 177
(27) »erste Liebe...« ebenda, 172
»Ich meinte...« ebenda, 177
»Glanz, Rang...« ebenda, 146
(28) »Meine Eltern...« ebenda, 177
(29) »Wie alle...« ebenda, 253
»terrassenförmig angelegten...« ebenda, 190
»Jameson konnte...« ebenda, 261
»im Wechsel...« ebenda, 262
»durch welches...« ebenda, 261
(30) »in der...« ebenda, 190
»Die schöne...« Bw 14, 15

Zweites Kapitel

(35) »wichtigsten Teil . . .« zit. B. Studt/H. Olsen, Hamburg, 159

(36) »Hamburgs Flagge . . .« ebenda, 128

(37) »weit über . . .« zit. Jb. 1932, 210
»Die Verfassung . . .« zit. B. Studt/H. Olsen, Hamburg, 120

(39) »Oh, dreimal . . .« zit. ebenda, 156
»Hamburg brüstet . . .« zit. ebenda, 155
»Ist's nicht . . .« zit. H. K. Röthel, Die Hansestädte, 95

(40) »Was diesem . . .« zit. ebenda, 327
»Madame Chevalier . . .« zit. Jb. 1932, 218
»Der Himmel . . .« H. Heine, Schriften 1, 515
»Und als . . .« ebenda, 516

(41) »Wenn so . . .« Bw 14, 109

(42) »Man sah . . .« zit. B. Studt/H. Olsen, Hamburg, 253
»ein kritisches . . .« G. E. Lessing, Werke 4, 233

(43) »Die Galerie . . .« ebenda, 257
»Meldet sich . . .« zit. F. Kopitzsch, Lessing und Hamburg, 60
»Ich ziehe . . .« zit. B. Studt/H. Olsen, Hamburg, 153

(44) »auf eine . . .« zit. H. K. Röthel, Die Hansestädte, 314
»Dem Aufnehmen . . .« zit. ebenda, 314
»die Verfertigung . . .« zit. B. Studt/H. Olsen, Hamburg, 151

(45) »Bewunderung, fast . . .« zit. ebenda, 151

(46) »Nichts geht . . .« zit. H. K. Röthel, Die Hansestädte, 325

(47) »Du trauerst . . .« Bw 14, 19

(48) »nichts als . . .« zit. K. Pisa, Schopenhauer, 81

(50) »Du wirst . . .« Bw 14, 5
»Dein Vater . . .« Jb. 1971, 84
»Ich habe . . .« Jb. 1970, 32

(51) »Auch dir . . .« ebenda, 33

(52) »Du hast . . .« Bw 14, 3

(53) »Hierauf hielt . . .« Jb. 1968, 102

(54) »daß die . . .« Jb. 1968, 102
»von der . . .« ebenda, 103
»Wie ich . . .« ebenda, 103
»wie man . . .« ebenda, 104
»Herr Runge . . .« ebenda, 108

(55) »Den Abend . . .« ebenda, 103
»Den Abend . . .« ebenda, 105

Drittes Kapitel

(59) »daß sie…« zit. K. H. Röthel, Die Hansestädte, 115
»Gestern ist…« zit. Jb. 1932, 211

(61) »bei nächtlicher…« zit. Jb. 1968, 99

(62) »Überhaubt wünschte…« Jb. 1971, 88

(67) »so wenig…« Jb. 1971, 85
»Ich wollte…« Bw 14, 16

(73) »ein allgemeiner…« J. Schopenhauer, Reise durch England und Schottland, 168

(74) »Daß du…« zit. K. Pisa, Schopenhauer, 120
»Wie kannst…« Jb. 1971, 88

(76) »Fast wohn…« F. Hölderlin, Werke 2, 931

(77) »An Feiertagen…« F. Hölderlin, Werke 1, 389

Viertes Kapitel

(85) »so will…« Bw 14, 14

(86) »Und was…« Bw 14, 16
»Vom Tantzen…« Bw 14, 16
»Ich wollte…« ebenda, 16
»So müßtest…« zit. K. Pisa, Schopenhauer, 136

(87) »Ich kenne…« zit. W. Gwinner, Schopenhauers Leben, 27
»Du weist…« Jb. 1971, 86
»Du weist wohl…« Jb. 1971, 89

(89) »Ich erfülle…« zit. K. Pisa, Schopenhauer, 142
»Sie fand…« Adele Schopenhauer, Tagebücher 2, 32

(90) »Man braucht…« Bw 14, 18
»Mein Wunsch…« Bw 14, 19

(91) »Der Umgang…« Bw 14, 27

(92) »Schwermüthige Entfernung…« zit. W. Lepenies, Melancholie und Gesellschaft, 103
»Die Zeit…« M. Claudius, Sämtliche Werke, 507
»Der Mensch…« ebenda, 506

(93) »Sei rechtschaffen…« ebenda, 507

(94) »Was Du…« ebenda, 506

(99) »Als wenn…« zit. K. Günzel, König der Romantik, 63

(100) »das Rad…« W. H. Wackenroder, Schriften, 153

(102) »Grab der…« ebenda, 171
»heilige Musik« Novalis, Werke 2, 749

(102) »Vermittlung des...« zit. E. Friedell, Kulturgeschichte der Neuzeit, 920

(103) »Gott ist...« zit. G. Schulz, Die deutsche Literatur zwischen Französischer Revolution und Restauration, 211
»Nicht der...« zit. ebenda, 209
»Salto mortale...« zit. ebenda, 208
»Aber man...« W. H. Wackenroder, Schriften, 167

(104) »Wenn ein...« L. Tieck, Werke 1, 238
»Bald ist...« W. H. Wackenroder, Schriften, 156

(106) »Umarmungen einer...« Jb. 1932, 217
»dieser Tage...« ebenda, 217
»das Leben...« A. Schopenhauer, Gespräche, 15

Fünftes Kapitel

(108) »Du bist...« Bw 14, 34

(109) »zu entschlossen...« Bw 14, 130
»Gottlob, daß...« ebenda, 110
»Doch will...« ebenda, 91

(110) »nicht zu...« ebenda, 91
»Lieber Freund...« ebenda, 108
»Endlich hab...« Jean Paul, Briefe 3, 236

(111) »Dem wallfahrtenden...« zit. H. Pleticha (Hg.), Das klassische Weimar, 16
»Sie übersehen...« zit. ebenda, 12

(112) »Der Kot...« zit. G. Günther/L. Wallraf (Hg.), Geschichte der Stadt Weimar, 231

(113) »wenn nicht...« J. W. Goethe, Werke (Weimarer Ausgabe), Abt. 4, 12, 50
»auf das...« zit. G. Günther/L. Wallraf (Hg.), Geschichte der Stadt Weimar, 238
»Zwar hat...« zit. H. Pleticha (Hg.), Das klassische Weimar, 13

(114) »Unter den...« zit. ebenda, 13
»Vergebens würde...« zit. ebenda, 18

(115) »Sie besuchen...« zit. ebenda, 13
»Schick dein...« zit. R. Friedenthal, Goethe, 397

(116) »Als ich...« zit. H. Pleticha (Hg.), Das klassische Weimar, 287
»Besonders fiel...« zit. ebenda, 65

(116) »Der Bürgerliche...« zit. ebenda, 17

(117) »Zwischen beiden...« zit. ebenda, 17
»Dein natürlicher...« zit. R. Friedenthal, Goethe, 417
»Wenn es...« zit. ebenda, 399
»Meine Existenz...« Bw 14, 64
»einheimischer als...« ebenda, 69

(118) »Goethe sagte...« ebenda, 69
»Hier ist...« ebenda, 36

(119) »Zwar brannte...« J. W. Goethe, Werke 10, 491

(120) »Jedes Herz...« Bw 14, 42
»Da ging...« ebenda, 46

(121) »Jetzt ras'ten...« ebenda, 49
»Die Noth...« ebenda, 50

(122) »Denk Dir...« ebenda, 52
»ganz niedlich...« ebenda, 52
»er hätte...« ebenda, 56

(123) »Ich könnte...« ebenda, 62
»der Tod hilft...« ebenda, 63
»Ich freue...« ebenda, 63
»jetzt, da...« ebenda, 64
»Man meldete...« ebenda, 43

(124) »Aber in...« zit. H. Blumenberg, Arbeit am Mythos, 537
»Mußt mir...« J. W. Goethe, Werke 1, 45
»Man möchte...« zit. H. H. Houben, Damals in Weimar, 47
»Obgleich schon...« zit. H. Pleticha (Hg.), Das klassische Weimar, 264

(125) »in den...« zit. H. Blumenberg, Arbeit am Mythos, 535
»in Friedenszeiten...« Bw 14, 69
»Goethe ließ...« zit. R. Friedenthal, Goethe, 438
»etwas darein...« zit. H. Pleticha (Hg.), Das klassische Weimar, 289

(126) »am selben...« Bw 14, 69
»Der Zirkel...« ebenda, 87

(127) »Daß du...« ebenda, 130
»Ich wünsche...« ebenda, 116

(128) »Wie noch...« ebenda, 125
»Er sprach...« ebenda, 120
»langen ernsthaften...« ebenda, 125

(129) »mit Thränen...« ebenda, 135
»Ich weiß...« ebenda, 130
»Hoffnung einst...« ebenda, 132
»ein mäßiges...« ebenda, 132
»damit du...« ebenda, 132

(129) »Bist du . . .« ebenda, 132
(130) »Aber einem . . .« zit. W. Gwinner, Schopenhauers Leben, 44

Sechstes Kapitel

(131) »Daß du . . .« Bw 14, 137
        »Du kannst . . .« ebenda, 138
        »daß ich . . .« ebenda, 138
(132) »Ich lebe . . .« Bw 16, 620
(133) »Als alter . . .« ebenda, 620
        »ohne viel . . .« ebenda, 620
        »Mit der . . .« zit. W. Gwinner, Schopenhauers Leben, 289
(136) »Ueber deine . . .« Bw 16, 4;
        »Daß es . . .« Jb. 1971, 92
(137) »Ich beneide . . .« Bw 16, 4
        »Es gefällt . . .« Jb. 1971, 94
(138) »als reicher . . .« ebenda, 94
        »meine letzten . . .« ebenda, 104
        »wenn ich . . .« Bw 14, 134
        »Wenn du . . .« Jb. 1971, 94
(139) »Ich habe . . .« Bw 14, 72
        »Ich selber . . .« Jb. 1971, 94
        »An Anbetern . . .« Bw 14, 124
        »Art Celebrität« Jb. 1971, 99
(141) »Du bist . . .« Jb. 1971, 971
(142) »Bringe guten . . .« ebenda, 95
        »heftigen Auftritt . . .« ebenda, 99
(143) »beyder Freyheit . . .« ebenda, 101
        »Da dünckt . . .« ebenda, 103
(145) »Höre allso . . .« Jb. 1971, 104
(147) »Von allen . . .« ebenda, 104
(148) »immer ein . . .« Bw 14, 88
        »Es konnte . . .« zit. H. H. Houben, Damals in Weimar, 56
        »eine von . . .« zit. ebenda, 91
(149) »Hilla Lilla . . .« zit. ebenda, 91
        »Wenn die . . .« zit. ebenda, 91
(152) »Sie wissen . . .« zit. H. Pleticha (Hg.), Das klassische Wei-
                mar, 105
        »das, was . . .« zit. H. H. Houben, Damals in Weimar, 176
        »die gewöhnlichen . . .« zit. Pleticha (Hg.), Das klassische
                Weimar, 106

(153) »Zwischen den...« zit. ebenda, 187
      »Seine Vornehmthuerey...« Jb. 1971, 92

Siebtes Kapitel

(156) »Mittelpunkt deutscher...« zit. K. Pisa, Schopenhauer, 200
      »Stück Fleisch...« H. A. Oppermann, Hundert Jahre, Teil 5,
      272
(157) »Einige behaupten...« H. Heine, Schriften 3, 104
      »Sein Disputieren...« zit. W. Schneider, Schopenhauer, 126
      »Die Stadt...« H. Heine, Schriften, 103
(159) »das vollkommenste...« W. Schneider, Schopenhauer, 123
      »Gipfelpunkt der...« zit. ebenda, 123
      »wagenden Schritt...« zit. A. Hübscher, Der Denker gegen
      den Strom, 111
(163) »Bisher nahm...« I. Kant, Werke 3, 25
(167) »sich nicht...« ebenda, 63
(168) »den Stammbaum...« ebenda, 120
      »produktive Einbildungskraft« ebenda, 149
      »Daß die...« ebenda, 176
(169) »höchsten Punkt...« ebenda, 136
(171) »Das Land...« ebenda, 267
(172) »Die menschliche...« ebenda, 11
(173) »Es fehlt...« G. Büchner, Werke, 33
(174) »Wenn ich...« I. Kant, Werke 4, 432
(175) »Der Mensch...« zit. A. Gulyga, Immanuel Kant, 143
      »Du wirst...« J.-J. Rousseau, Emile, 557
(177) »es giebt...« zit. A. Gulyga, Immanuel Kant, 186
      »Gern dien...« zit. ebenda, 187
(178) »zwischen dem...« H. Heine, Schriften 5, 531
      »Monument sinnlicher...« ebenda, 532
(179) »Handle nur...« I. Kant, Werke 7, 51
(180) »Weise ist...« zit. A. Gulyga, Immanuel Kant, 249
      »Es klingt...« ebenda, 243
      »Hier muß...« zit. ebenda, 243

Achtes Kapitel

(185) »Der feine...« zit. R. Köhler/W. Richter (Hg.), Berliner
        Leben 1806 bis 1847, 301
        »In Berlin...« zit. ebenda, 308
        »lebendige Modejournal...« P. D. Atterbom, Reisebilder aus
        dem romantischen Deutschland, 48
(186) »Berlin ist...« G. de Staël, Über Deutschland, 101
(187) »eine tätige...« zit. W. G. Jacobs, Johann Gottlieb Fichte,
        122
        »Gegensatz zwischen...« zit. M. Lenz, Geschichte der Kgl.
        Friedrich Wilhelm-Universität zu Berlin 1, 416
(189) »Man hat...« zit. W. G. Jacobs, Fichte, 34
(190) »das ›ich denke‹...« I. Kant, Werke 3, 136
(191) »Aller Realität...« J. G. Fichte, Grundlage der gesamten
        Wissenschaftslehre als Handschrift für seine Zuhörer, 55
(192) »Ach, wenn...« Jean Paul, Siebenkäs
(193) »Ich alleine...« J.-J. Rousseau, Bekenntnisse, 9
(194) »Wer vermag...« F. Hölderlin. Werke 2, 743
(195) »Ich Flüchtling...« M. Preitz, Friedrich Schlegel und Nova-
        lis. Biographie einer Romantikerfreundschaft in Briefen, 43
        »sie hatten...« zit. D. Arendt (Hg.), Nihilismus, 33
(196) »Der Phantast...« F. Schiller, Werke 12, 263
(197) »Fliege mit...« L. Tieck, Werke 1, 670
        »Es folgt...« J. Paul, Vorschule der Ästhetik
        »Nach innen...« Novalis, Werke 2, 201 ff.
(198) »dann aber...« zit. H. A. Korff, Geist der Goethezeit, 3, 253

Neuntes Kapitel

(204) »Und ich...« J. v. Eichendorff, Werke, 9
(208) »Der Sex...« M. Foucault, Sexualität und Wahrheit, 89
(210) »Es ist...« Th. Mann, Doktor Faustus, 197

Zehntes Kapitel

(216) »Wohin man...« Varnhagen von Ense, Denkwürdigkeiten,
        1, 244

(217) »Hier ist...« zit. M. Lenz, Geschichte der Kgl. Friedrich Wilhelm-Universität zu Berlin 1, 469

»Unsere hiesigen...« zit. ebenda, 469

»dem Totengeruch« zit. ebenda, 471

(218) »Es ist...« zit. ebenda, 482

(219) »Die Überreste...« zit. ebenda, 482

(222) »Gelingt der...« zit. ebenda, 499

»in frommer...« zit. ebenda, 495

»Denn solange...« zit. ebenda,

»Lesen kann...« zit. ebenda, 496

(223) »Während Landsturm...« zit. ebenda, 505

Zwölftes Kapitel

(249) »Die Schopenhauer...« zit. H. H. Houben, Damals in Weimar, 183

»Ich habe...« Adele Schopenhauer, Tagebücher 1, 128

(253) »Besonders aber...« Jb. 1973, 125

»Gans ist...« ebenda

»Über mir...« K. Pisa, Schopenhauer, 264

(254) »Du scheinst...« ebenda, 125

»Ich wollte...« ebenda, 124

(255) »wollte ich...« ebenda, 125

»Antworte mir...« ebenda, 126

(256) »Die Thüre...« ebenda, 128

(257) »Du hast...« ebenda, 126

(259) »Adele ist...« zit. Adele Schopenhauer, Tagebuch einer Einsamen (Hg. H. H. Houben), XIV

»Von der...« ebenda, XV

»mit entsetzlichem...« ebenda, XIX

(260) »Wer konnte...« Adele Schopenhauer, Tagebücher 2, 46

»Jeder leere...« Adele Schopenhauer, Tagebuch einer Einsamen (Hg. H. H. Houben), 132

»Wie der...« ebenda, 98

(261) »Meine Tage...« Adele Schopenhauer, Tagebücher 2, 5

(263) »Wohl ist...« Adele Schopenhauer, Tagebücher 1, 148

»Wir sind...« Adele Schopenhauer, Tagebuch einer Einsamen (Hg. H. H. Houben), 290

(264) »Ferdinand hab...« Adele Schopenhauer, Tagebücher 1, 85

»aber wenn...« ebenda, 93

(264) »Ich denke...« Adele Schopenhauer, Tagebuch einer Einsamen (Hg. H. H. Houben), 49
»Mein Bruder...« Jb. 1977, 133
(265) »Von meinem...« Jb. 1977, 134

Dreizehntes Kapitel

(266) »Die Sinne...« J. W. Goethe, Werke 12, 406
»Eines Tages...« G, 26
(267) »Der junge...« G, 28
»mit anderen...« G, 27
(268) »Es ist...« J. W. Goethe, Werke 13, 318
(269) »Und wenn...« zit. R. Friedenthal, Goethe, 456
(269) »Auf alles...« zit. ebenda, 455
(270) »daß man...« J. W. Goethe, Werke 14, 256
(271) »eine aus...« zit. E. Heller, Enterbter Geist, 56
(273) »die Phänomene...« zit. ebenda, 44
»Ich werde...« zit. H. Blumenberg, Die Lesbarkeit der Welt,
215
(274) »Freunde flieht...« J. W. Goethe, Werke 13, 614
(275) »Chromatische Betrachtung...« ebenda, 629
»Wir glauben...« ebenda, 337
»Denn es...« ebenda, 324
(276) »Trüge gern...« ebenda, 622
(286) »Dr. Schopenhauer...« J. W. Goethe, Werke (Weimarer Ausgabe) 36, 112

Vierzehntes Kapitel

(288) »alles gute...« zit. E. Haenel/E. Kalkschmidt, Das alte Dresden, 165
(289) »Wir hatten...« L. Richter, Lebenserinnerungen, 40
»diese ihrem...« zit. E. Haenel/E. Kalkschmidt, Das alte
Dresden, 151
(293) »Wenn ich...« zit. ebenda, 245
(298) »natürlichen und...« I. Kant, Werke 3, 311
(303) »Inlebnisse, Ingeistnisse...« zit. H. v. Glasenapp, Das Indienbild deutscher Denker, 65

Fünfzehntes Kapitel

(322) »sagen...« vgl. M. Proust, Auf der Suche nach der verlore-
    nen Zeit 1, 185
(330) »In der...« G. W. F. Hegel, Werke 4, 23
(331) »Werkmeister seines...« G. W. F. Hegel, Werke 2, 244
    »Bedeutender Eindruck...« zit. M. Riedel, Theorie und Pra-
    xis im Denken Hegels, 219
    »täuschen wir...« zit. ebenda, 223

Sechzehntes Kapitel

(340) »wem regt...« Novalis, Werke 1, 227
(341) »Unsere Erde...« H. Steffens, Anthropologie, 14
(344) »Wer so...« F. Schleiermacher, Monologen

Siebzehntes Kapitel

(355) »Ew. Wohlgeb....« Bw 14, 224
(356) »Wenn Sie...« Bw 14, 243
    »Ich hatte...« Bw 14, 244
(358) »wunderbar weiche...« ebenda, 249
    »Als ich...« J. W. Goethe, Werke 11, 87
(360) »der Vater« Bw 14, 250
    »Da der...« zit. A. Hübscher, Denker gegen den Strom, 78
    »Wenigstens bist...« Bw 14, 151
(361) »Mit Schopenhauer...« G, 44
(362) »Es sind...« zit. H. Kesten, Dichter im Café, 316
(363) »Deine Geschichte...« Jb. 1977, 160
(364) »Lieber Freund...« Jb. 1975, 189
    »Möchtest Du...« Jb. 1977, 160
(365) »innerlich recht...« ebenda, 160
    »Mein Bruder...« ebenda, 133
    »Von meinem...« Adele Schopenhauer, Tagebücher 1, 3
    »Arthur hat...« Jb. 1977, 134
    »Längst sollte...« Jb. 1977, 134
(366) »empörende Antwort...« Adele Schopenhauer, Tagebücher
    1, 12·
    »Du kannst...« Adele Schopenhauer, Tagebücher 1, 63

(366) »Früh einen . . .« Jb. 1977, 137
»Sein Mädchen . . .« Adele Schopenhauer, Tagebücher 2, 20
(367) »nimm Deine . . .« Jb. 1977, 157
»Kan ich . . .« ebenda, 157
»Daß Deine . . .« ebenda, 182
»Umwälzung . . .« ebenda, 161
(368) »Es schmerzt . . .« ebenda, 164
»meine Pläne . . .« ebenda, 168
»Nimm die . . .« ebenda, 169
»obgleich Sie . . .« ebenda, 140
(369) »Sie sprach . . .« ebenda, 140
»Sterben war . . .« Adele Schopenhauer, Tagebücher 2, 32
(369) »Zu einigem . . .« Jb. 1977, 142
»Ich will . . .« ebenda, 173
(371) »Endlich Arthurs . . .« Adele Schopenhauer, Tagebücher 2, 42

Achtzehntes Kapitel

(373) »wie er . . .« G, 35
(374) »ich empfing . . .« Adele Schopenhauer, Tagebücher 2, 35
»Ein Besuch . . .« zit. G, 35
(375) »daß man . . .« Bw 14, 276
»Bestimmt ausgesprochene . . .« Bw 14, 272
»Seit Hegel . . .« Bw 14, 272
(376) »Sie geben . . .« zit. A. Gulyga, Hegel, 167
(377) »Heerführer dieser . . .« zit. ebenda, 163
»So lange . . .« Hegel, Werke 11, 556
(378) »Ich halte . . .« zit. M. Lenz, Geschichte der Kgl. Friedrich
Wilhelm-Universität zu Berlin 2, 220
(379) »Das Ziel . . .« G. W. F. Hegel, Phänomenologie des Geistes,
564
»Den Kaiser . . .« zit. A. Gulyga, Hegel, 81
(380) »Das Wahre . . .« zit. J. E. Erdmann, Philosophie der Neuzeit
7, 168
»alle Eingeweide . . .« G. W. F. Hegel, Werke 2, 191
»Die Gedanken . . .« G. W. F. Hegel, Werke
(381) »Diese Zeit . . .« R. Haym, Hegel und seine Zeit, 4
»Die frühgealterte . . .« zit. A. Gulyga, Hegel, 246
(382) »Daß Sie . . .« zit. ebenda, 279
»auf keiner . . .« zit. M. Lenz, Geschichte der Kgl. Friedrich
Wilhelm-Universität zu Berlin II, 1, 183

(383) »Eine Stadt...« zit. M. v. Böhn, Biedermeier, 440
»Na, einen...« zit. ebenda, 440
(384) »Sie tanzt...« zit. ebenda, 454
(388) »Der Philosophie...« G. W. F. Hegel, Werke 16, 353
(389) »welche in...« zit. M. Lenz, Geschichte der Kgl. Friedrich
Wilhelm-Universität zu Berlin II, 1, 118

Neunzehntes Kapitel

(402) »daß ich...« Jb. 1974, 47
»daß ich nicht...« ebenda, 47
(410) »Schopenhauers Welt...« zit. K. Pisa, Schopenhauer, 342
»Ich hütete...« G, 53
(411) »Metaphysik ohne...« zit. A. Gulyga, Hegel, 272
(415) »empfand eine...« G, 59

Zwanzigstes Kapitel

(417) »Du bist...« zit. W. Gwinner, Schopenhauers Leben, 242
(418) »Das Geld...« zit. F. Bothe, Geschichte der Stadt Frankfurt
am Main, 273
(419) »Hierher nach...« Jb. 1968, 112
»Es ist...« zit. ebenda, 112
»seltene Naturerscheinungen...« zit. ebenda
(422) »Es war...« G, 88
(423) »Wir waren...« G, 62
(427) »Ordentlich leben...« Jb. 1976, 112
»Zwei Monat...« Jb. 1976, 114
(429) »Hör, Sophie...« Jb. 1978, 114
(431) »keine einzige...« ebenda, 133
»Mich kennt...« ebenda, 134
»Fürchte kein...« ebenda, 134
(432) »Daß Du...« ebenda, 136
»Ich werde...« ebenda, 137
(433) »Erlaube mir...« Adele Schopenhauer, Tagebuch einer Einsamen (Hg. H. H. Houben), LXI

(441) »Der 3. August...« zit. M. Lenz, Geschichte der Kgl. Friedrich Wilhelm-Universität zu Berlin II, 1, 395

(442) »Doch hat...« Hegel, Briefe 3, 323
»Ich kann...« H. Heine, Schriften 7, 55
»Die Philosophie...« MEW 1, 391
»Daß endlich...« zit. Th. Ziegler, Die geistigen und sozialen Strömungen des 19. Jahrhunderts, 179

(443) »Ich habe...« zit. J. Hermand (Hg.), Das Junge Deutschland. Texte und Dokumente, 185

(444) »Partei. Partei!...« zit. F. Vaßen (Hg.), Die deutsche Literatur in Text und Darstellung. Restauration, Vormärz und 48er Revolution, 174

(445) »Zeige mir...« K. Gutzkow, Wally – Die Zweiflerin, 114
»Wir werden...« ebenda, 302

(446) »menschgewordene Gott...« zit. Th. Ziegler, Die geistigen und sozialen Strömungen des 19. Jahrhunderts, 195

(447) »systematische und...« F. Nietzsche, Werke 1, 143
»schleichende Filzsocken...« ebenda, 157
»Wir fordern...« ebenda, 163

(448) »das oberste...« L. Feuerbach, Der Anfang der Philosophie, 152
»in den...« L. Feuerbach, Grundsätze der Philosophie der Zukunft, § 34

(449) »Der einzelne...« ebenda, § 61
»Gott war...« zit. Th. Ziegler, Die geistigen und sozialen Strömungen des 19. Jahrhunderts, 203

(450) »Einsamkeit ist...« L. Feuerbach, Grundsätze der Philosophie der Zukunft, § 62

(451) »Die Philosophen...« MEW 3, 7
»platonischen und...« MEW EB 1, 267

(452) »Es ist...« MEW 1, 379
»Die Kritik...« MEW 1, 379
»Die Reform...« MEW 1, 346

Zweiundzwanzigstes Kapitel

(456) »Sie produziert...« MEW 4, 474
(462) »Wer aber...« J. G. Fichte, Werke 1, 433

(462) »Unbedingt nämlich...« F. W. J. Schelling, Werke 1, 56
　　　 »daß alles...« F. W. J. Schelling, Über das Wesen der
　　　 menschlichen Freiheit, 46
(463) »alles Regel...« ebenda, 54
(464) »Wollen ist...« ebenda, 46
　　　 »Die Liebe...« ebenda, 97
(475) 　»Sei mißtrauisch...« M. Horkheimer, Dämmerung, 251
(477) »Die deutschen...« zit. F. Bothe, Geschichte der Stadt
　　　 Frankfurt, 295
(479) »Die Flut...« zit. F. Bothe, Geschichte der Stadt Frankfurt,
　　　 296

Dreiundzwanzigstes Kapitel

(484) »Ich kann...« Bw 14, 609
(485) »Ich kann...« zit. A. Hübscher, Lebensbild, 107
　　　 »Schopenhauer ist...« ebenda, 107
(489) »Es ist...« zit. F. A. Lange, Geschichte des Materialismus 2,
　　　 557
(490) »Was unsere...« zit. A. Huyssen (Hg.), Die Deutsche Litera-
　　　 tur in Text und Darstellung: Bürgerlicher Realismus, 52
(491) »Einen Menschen...« zit. Th. Nipperdey, Deutsche Ge-
　　　 schichte 1800-1866, 488
(501) »Anthropofugales Denken« vgl. U. Horstmann, Das Untier
(502) »Nachdem schließlich...« zit. Jb. 1970, 155
　　　 »Man kann...« zit. ebenda, 158
(504) »Circulus vitiosus...« F. Nietzsche, Werke 3, 617
(505) »Indes sind...« E. v. Hartmann, Philosophie des Unbewuß-
　　　 ten 2, 222
(506) »Mit theoretischem...« Jb. 1971, 6
(507) »Kunstwerke sind...« T. W. Adorno, Ästhetische Theorie,
　　　 190

1788   *22. Februar*: Arthur Schopenhauer als Sohn des Großkaufmanns Heinrich Floris Schopenhauer und sei-
ner Frau Johanna, geb. Trosiener, in Danzig geboren.

1793   Kurz vor der Besetzung der Stadt durch die Preußen
übersiedelt die Familie nach Hamburg.

1797   Geburt von Adele Schopenhauer.

             Juli: Arthur reist mit dem Vater nach Paris und Le
Havre. Dort lebt er für zwei Jahre bei der Familie
Grégoire de Blésimaire. Befreundet sich mit Anthi-
me, dem Sohn der Familie.

1799   *August*: Rückkehr nach Hamburg. Besuch der Rungeschen Privatschule (bis 1803).

1803   *März*: Arthur entscheidet sich – gemäß dem väterlichen Wunsch – gegen Gymnasialstudium und Ge-
lehrtenberuf und für die Ausbildung zum Kaufmann. Als Belohnung darf er die Eltern auf ihrer
Europareise begleiten (Holland, England, Frankreich, Schweiz, Österreich).

             3. Mai: Reisebeginn.

1804   *25. August*: Ende der Reise.

             September: Kaufmannslehre beim Handelsherr Kabrun
in Danzig (bis Dezember).

1805   Kaufmannslehre beim Großkaufmann Jenisch in
Hamburg.

             20. April: Selbstmord(?) des Vaters.

1806   *September*: Nach Auflösung des Handelsgeschäftes übersiedelt die Mutter mit der Tochter Adele nach Weimar.

             Oktober: Beginn der Freundschaft zwischen Johanna
Schopenhauer und Goethe. Johanna begründet ih-
ren Teesalon.

1807   *Mai*: Arthur bricht, mit Unterstützung der Mutter, die
Kaufmannslehre ab. Verläßt Hamburg, um am Go-
thaer Gymnasium die Universitätsreife zu erwerben.

             Dezember: Wegen eines Spottgedichtes muß er die Schu-
le verlassen. Übersiedlung nach Weimar, wohnt
nicht bei der Mutter. Privatunterricht. Verliebt sich
in Karoline Jagemann.

1809	Gymnasialpensum bewältigt. Bekommt väterliches Erbe ausgezahlt. Die Mutter verwaltet es.
	9. Oktober: Studienbeginn in Göttingen.
1809-1811	Studium in Göttingen. Naturwissenschaften, Platon, Kant.
1811	*Ostern*: Besuch in Weimar. Schopenhauer zu Wieland: »Das Leben ist eine mißliche Sache: ich habe mir vorgesetzt, es damit hinzubringen, über dasselbe nachzudenken.«
	Herbst: Universität Berlin.
1811-1813	Berliner Studienjahre. Hört Fichte, Schleiermacher, Wolf.
1813	*2. Mai*: Vor den Kriegsunruhen flüchtet Arthur Schopenhauer aus Berlin. Kurzer Aufenthalt in Weimar. Streit mit der Mutter. Rückzug ins benachbarte Rudolstadt.
	Juli bis November: Verfaßt die Dissertation »Über die vierfache Wurzel des Satzes vom zureichenden Grunde«.
	5. November: Rückkehr ins Haus der Mutter.
	Winter: Gespräche mit Goethe über die Farbenlehre.
1814	*April*: Höhepunkt der Auseinandersetzungen zwischen Schopenhauer, der Mutter und deren Freund Gerstenbergk.
	Mai: Endgültige Trennung von der Mutter. Schopenhauer verläßt Weimar.
1814-1818	Lebt in Dresden.
1815	»Über das Sehen und die Farben«. Entwurf und Ausführung der ersten Fassung des Hauptwerkes »Die Welt als Wille und Vorstellung«.
1818	*März*: Manuskript abgeschlossen. Gewinnt Brockhaus als Verleger.
	Herbst: Beginn der Italienreise (Florenz, Rom, Neapel, Venedig).
1819	*Januar*: »Die Welt als Wille und Vorstellung« erscheint.
	Sommer: Finanzkrise der Familie infolge des Zusammenbruchs des Danziger Handelshauses Muhl. Deshalb kehrt Schopenhauer nach Deutschland zurück. Neue Spannungen zwischen ihm und der Mutter. Zerwürfnis auch mit der Schwester Adele.
	25. August: Wieder in Dresden.
	Bewirbt sich um Dozentur an der Universität Berlin. Wird angenommen.

1820	*23. März*: Beginn der Vorlesungen. Nur sehr wenige Hörer.
1821	Verliebt sich in die Sängerin Caroline Medon. Beginn der ›Affäre Marquet‹ (Handgreiflichkeit gegen die Näherin und Injurienprozeß).
1822	*27. Mai*: Zweite Italienreise (Mailand, Florenz, Venedig).
1823	*Mai*: Rückkehr. Ankunft in München. Schwere Krankheit, Depression (seine Philosophie dringt nicht durch).
1824	Aufenthalte in Bad Gastein, Mannheim und Dresden.
1825	*April*: Zurück nach Berlin. Noch einmal der Versuch, Vorlesungen abzuhalten. Erfolglos. Versucht sich, ebenfalls erfolglos, als Übersetzer.
1831	*August*: Flucht aus Berlin wegen Choleraepidemie. Zunächst nach Frankfurt a. M.
1832-1833	Wohnt in Mannheim (Juli 1832 bis Juni 1833).
1833	*6. Juli*: Schopenhauer läßt sich für 28 Jahre, den Rest seines Lebens, in Frankfurt nieder.
1835	»Über den Willen in der Natur«.
1838	Tod der Mutter.
1839	Preisschrift »Über die Freiheit des menschlichen Willens« preisgekrönt.
1840	Preisschrift »Über das Fundament der Moral« nicht preisgekrönt.
1844	»Die Welt als Wille und Vorstellung« erscheint, um einen Band erweitert, in der zweiten Auflage.
1849	Tod der Schwester Adele.
1851	»Parerga und Paralipomena«.
1853	Schopenhauers Ruhm beginnt.
1859	»Die Welt als Wille und Vorstellung« erscheint in der dritten Auflage.
1860	*21. September*: Arthur Schopenhauer stirbt.

Register

Adorno, Theodor W[iesen-
grund] 12, 472, 506f
d'Alembert, Jean le Rond 135
Alexander I. Pawlowitsch, Zar
119
Altenstein, Karl, Freiherr von
Stein zum 376
Anders, Günther 506
Anna Amalia, Herzogin von
Sachsen-Weimar 117, 154
Anquetil-Duperron, Abraham
Hyacinthe 302
Anselmus, Person in E.T.A.
Hoffmanns »Der Goldene
Topf« 290
Antonio, Person in »Torquato
Tasso« von Goethe 271
Apoll, griechischer Gott 205
Aristoteles 282
Arndt, Ernst Moritz 279, 479
Arnim, Achim von 131, 150, 223
Arnim, Bettina (Bettine) von
223
Asher, David 266
Astor, Johann Jakob 158
Astor, William Backhouse 158
Auerswald, Hans Jakob von 479
Augustin, Aurelius 322, 458

Baader, Franz von 301
Bach, Johann Sebastian 165
Bähr, Carl 407
Bakunin, Michail Aleksandro-
witsch 456, 483
Bartels, Hamburger Familie 45
Basedow, Johann Bernhard 52f
Bauer, Bruno 444, 454
Becher, Johann August 485f
Beckett, Samuel 328, 390
Beneke, Eduard 388

Bernstorff, Christian Günther,
Graf von 383
Bertuch, Friedrich Johann Ju-
stin 113, 115, 247
Biedenfeld, Freiherr von 292,
295
Bismarck, Otto, Fürst von 418
Bloch, Ernst 174
Blum, Robert 478
Blumenbach, Johann Friedrich
156, 159, 372, 374f
Boeckh, August 222
Böhl, Doris 55
Böhl, Malchen 55
Böhl, Marianne 55
Böhme, Jakob 203, 514
Börne, Ludwig 382, 442, 444
Böttiger, Karl August 248, 287f
Bonaparte, s. Napoleon
Bonaventura [Pseud.] »Nacht-
wachen des B.«, Titel einer
romantischen Erzählung 98
Brandis, Joachim Dietrich 435
Braun, Scharfrichter 373
Brentano, Bettina 150
Brentano, Clemens von 131,
150, 195, 197, 199, 385
Brockes, Barthold Hinrich 44
Brockhaus, Friedrich Arnold
292, 354–357, 409, 413, 428,
434, 484, 487f
Brogi, Berliner Student 1806
187
Buddha, s. Gautama
Büchner, Georg 173, 444
Büchner, Ludwig 489
Bürger, Gottfried August 214,
281
Buff, Charlotte 118
Bunsen, Karl Josias von 157f

549

Die Arbeit an dem Buch wurde gefördert
durch ein Senatsstipendium für Berliner Autoren